Heide Kaufmann

171J Foto: bs

Gerd Simper, Petra Brixel

Jemen

„Jemenitisch ist der Glaube,
und aus dem Jemen kommt die Weisheit."

Hadith, Ausspruch des Propheten *Mohammed*

Impressum

Gerd Simper, Petra Brixel
Jemen

erschienen im
Reise Know-How Verlag Peter Rump GmbH,
Osnabrücker Str. 79, 33649 Bielefeld

7., neu bearbeitete, aktualisierte und neu gestaltete Auflage 2008

Gestaltung
Umschlag: G. Pawlak, P. Rump (Layout);
Katja Schmelzer (Realisierung)
Inhalt: G. Pawlak (Layout); M. Luck (Realisierung)
Karten: M. Luck, B. Spachmüller, Catherine Raisin, der Verlag
Fotos: G. Simper und P. Brixel (bs)
Titelfoto: G. Simper und P. Brixel

Lektorat (Aktualisierung): Katja Schmelzer

Druck und Bindung: Media Print, Paderborn

ISBN 978-3-8317-1654-8
Printed in Germany

Dieses Buch ist erhältlich in jeder Buchhandlung Deutschlands, der Schweiz, Österreichs, Belgiens und der Niederlande.
Bitte informieren Sie Ihren Buchhändler über folgende Bezugsadressen:

Deutschland
Prolit GmbH,
Postfach 9, D-35461 Fernwald (Annerod)
sowie alle Barsortimente
Schweiz
AVA-buch 2000
Postfach, CH-8910 Affoltern
Österreich
Mohr Morawa Buchvertrieb GmbH
Sulzengasse 2, A-1230 Wien
Niederlande, Belgien
Willems Adventure, www.willemsadventure.nl

Wer im Buchhandel trotzdem kein Glück hat, bekommt unsere Bücher auch über unseren **Büchershop im Internet: www.reise-know-how.de**

Wir freuen uns über Kritik, Kommentare und Verbesserungsvorschläge.

Alle Informationen in diesem Buch sind von den Autoren mit größter Sorgfalt gesammelt und vom Lektorat des Verlages gewissenhaft bearbeitet und überprüft worden.

Da inhaltliche und sachliche Fehler nicht ausgeschlossen werden können, erklärt der Verlag, dass alle Angaben im Sinne der Produkthaftung ohne Garantie erfolgen und dass Verlag wie Autoren keinerlei Verantwortung und Haftung für inhaltliche und sachliche Fehler übernehmen.

Die Nennung von Firmen und ihren Produkten und ihre Reihenfolge sind als Beispiel ohne Wertung gegenüber anderen anzusehen. Qualitäts- und Quantitätsangaben sind rein subjektive Einschätzungen der Autoren und dienen keinesfalls der Bewerbung von Firmen oder Produkten.

47] Foto: bs

Vorwort

Seit der Vereinigung der Arabischen Republik Jemen und der Demokratischen Volksrepublik Jemen zur **Republik Jemen** im Mai 1990 und aufgrund des Golfkriegs haben sich einschneidende Veränderungen in **„arabia felix"** ergeben. Der nationalen Begeisterung im Zuge der Vereinigung folgte die Ernüchterung durch die Auswirkungen des Golfkriegs. Nach der Ausweisung rund einer Million jemenitischer Gastarbeiter aus Saudi-Arabien und den Golfstaaten fehlte der Ökonomie das Geld der Gastarbeiterüberweisungen und hunderttausende von Arbeitskräften drängten auf den heimischen Arbeitsmarkt zurück. Arbeitslosigkeit mit all ihren Folgen ist seitdem zu einem drückenden Problem geworden.

Während der Jemen bis Anfang der 1970er Jahre vom Tourismus weitgehend unberührt geblieben war, stiegen die Touristenzahlen in den 1980er Jahren kontinuierlich an, erreichten 1989 die 100.000er Marke und lagen im Jahr 2007 bei 349.000. Reiseberichte und Werbetexte stellten den Jemen in der Regel als „Bilderbuch-Land" und „sagenumwobenes Reich der Königin von Saba" dar. Begriffe wie „unberührt, ursprünglich und exotisch" verpassten dem Land das Image von zauberhaftem Mittelalter, und bei Trekkingtouren und Expeditionen sollten Reisende „unvergessliche Abenteuer" erleben.

Inzwischen ist die Berichterstattung dazu übergegangen, wirtschaftliche, politische und soziale Krisen in den Vordergrund zu stellen. Über Entführungsfälle wird ausführlich berichtet. All das gibt nun dem Jemen das Image eines unberechenbaren Landes und lässt Reisende eher zögern bei der Wahl dieses Urlaubszieles.

Die Wahrheit liegt - auch hier - in der Mitte. Der Jemen war nie „das Land aus 1001 Nacht", und er hatte schon immer mit den Problemen eines Entwicklungslandes zu kämpfen, heute mehr denn je. Doch hat eine realistische Sichtweise noch nie geschadet und den Erfolg einer Reise eher erhöht als getrübt.

So wollen wir mit diesem Buch den Jemen als ein Reiseziel vorstellen, das zwar ein Entwicklungsland mit all seinen Aspekten ist, das aber aufgrund seiner vielseitigen Natur, faszinierenden Architektur, kulturellen Vergangenheit, lebensfrohen Märkte und nicht zuletzt wegen seiner herzlichen und gastfreundlichen Menschen ein Land ist, in das es sich zu reisen lohnt.

Mit den Städten Sana'a, Schibam und Zabied bietet der Jemen drei architektonische Höhepunkte, die auf der UNESCO-Liste des Weltkulturerbes stehen.

Wir wollen mit der vollständig neu bearbeiteten 7. Auflage dem Touristen ein Buch an die Hand geben, das ihm ermöglicht, seine Reise detailliert zu planen und erfolgreich durchzuführen. Sicherheit lag uns dabei besonders am Herzen. So haben wir in dieser Ausgabe auf einige der in den vorherigen Auflagen beschriebenen Wanderungen und Bergbesteigungen verzichtet.

Der gut vorbereitete Tourist, der offen, interessiert und respektvoll den Jemen erkundet, wird erleben, dass das Land nachhaltige Eindrücke hinterlässt. Dieses Buch will dazu beitragen, die Faszination zu verstehen, die vom Jemen ausgeht.

Wir haben uns bemüht, die Interessen der Pauschal- und Individualtouristen gleichermaßen abzudecken. Während bis Ende der 1990er Jahre Individualtourismus eine große Rolle spielte, ist diese Art des Reisens aufgrund der Sicherheitslage fast zum Erliegen gekommen.

Geführte Reisen werden entweder durch einen europäischen Reiseveranstalter oder bei einer jemenitischen Agentur gebucht.

Aufgrund der zeitweise unklaren Situation in Bezug auf **Bewegungsfreizügigkeit** in allen Landesteilen raten wir, sich vor Antritt der Reise beim Auswärtigen Amt, bei der Deutsch-Jemenitischen Gesellschaft und der Jemenitischen Botschaft über die Reisebedingungen zu informieren. Auch die Autoren dieses Buches beraten gerne (Kontakt über den Verlag).

Mit der 7. Auflage legen wir ein Werk vor, in dem die Informationen auf den aktuellen Stand gebracht sind.

„Reisen veredelt den Geist und räumt mit allen unseren Vorurteilen auf“, sagte der irische Schriftsteller *Oscar Wilde*. Möge sich dies bei einer Jemen-Reise bewahrheiten. Unser Handbuch möchte dazu beitragen. Wir wünschen allen „Anwendern“ kenntnisreiches und entspanntes Reisen!

Stuttgart, im Mai 2008
Gerd Simper, Petra Brixel

Reiseziel Jemen

Dass der Jemen ein attraktives Reiseland ist, hat der boomende Tourismus in den 1990er Jahren gezeigt. Die Träume jedoch, mit jährlich 500.000 Touristen ins 3. Jahrtausend zu gehen, ließen sich nicht verwirklichen, und es wären auch Zweifel angebracht, ob die Infrastruktur so viele Reisende hätte bewältigen können.

Mit der Arabischen Halbinsel sind Vorstellungen endloser Sandwüsten verbunden, was für den Jemen nur eingeschränkt zutrifft, denn der mittlere Teil des Landes ist Hochgebirge. Abgesehen vom Küstenstreifen liegen alle größeren Städte oberhalb von 1300 m.

Der Jemen ist das fruchtbarste und infolgedessen am dichtesten besiedelte Land der Arabischen Halbinsel. An der Westseite der Hochgebirge regnen sich Monsunwinde ab und ermöglichen in vielen Landesteilen eine intensive Terrassen-Landwirtschaft. Wegen der häufigen Regenfälle und des fruchtbaren Bodens war der Jemen in der Antike als „arabia felix“, das glückliche Arabien, bekannt.

Der **Ursprung des Namens „Jemen“** ist nicht gesichert. Eine Erklärung – sie wird auch von der jemenitischen Tourismusbehörde favorisiert – sieht die Lage des Landes rechter Hand von Mekka („jamien“ bedeutet im Arabischen „rechts“) für die Namensgebung verantwortlich.

Die **Blütezeit des Jemen** lag zwischen 500 v.Chr. und 500 n.Chr., während der bedeutende Königreiche entstanden. Wohlstand brachte neben Einnahmen aus der Landwirtschaft der

Handel mit Europa und Indien, in dem Jemeniten als Zwischenhändler eine wichtige Rolle innehatten.

Der Jemen war zusammen mit Oman und Somalia Herkunftsland des Weihrauchs, der auf der **Weihrauchstraße** mit Kamelkarawanen von der südarabischen Küste bis zum Mittelmeer transportiert wurde.

Aus der Blütezeit des Jemen haben sich zahlreiche **Stadtanlagen** und **Bauwerke** erhalten. Von ganz besonderem Interesse sind die Tempel und Bewässerungsanlagen in Marib. Da die Behörden Grabungslizenzen an Ausländer nur selten vergeben und eigene Spatenforschung kaum betrieben wird, sind viele historische Stätten noch nicht ausgegraben.

Beeindruckend ist die **Architektur** des Jemen. Je nach Region sind die unterschiedlichsten Baustile zu finden: von der dichten, festungsartigen Besiedlung des Hochlandes in Stein- und Lehmarchitektur über die Hochhäuser des Wadi Hadramaut bis zu den Kralhütten der Tihama und den Wohnzelten der Beduinen. Besonders faszinierend sind das mittelalterliche Stadtbild von Sana'a und die Lehmhäuser der „Wolkenkratzerstadt" Schibam im Wadi Hadramaut . Beide Städte sowie die Altstadt von Zabied in der Tihama wurden von der UNESCO als kulturelles Erbe der Menschheit und somit als besonders erhaltenswert klassifiziert.

Der **Nordjemen** war bis zur Revolution (1962) ein Königreich und von der Außenwelt abgeschlossen. Autos, Asphaltstraßen, Fabriken, Fernseher, westliche Kleidung und moderne Architektur hielten dort erst in den 1970er Jahren Einzug. Der **Südjemen** versuchte bis zur Vereinigung im Jahre 1990 einen marxistischen Weg zu gehen.

Der Jemen ist ein traditionelles, arabisch-islamisches Land. Der Jemenite ist stolz auf seine Herkunft, sein Land und seine Religion. In nachhaltiger Erinnerung wird dem Reisenden die **Gastfreundschaft** der Menschen bleiben. Oft werden Einladungen zum Tee und Essen ausgesprochen.

Kontakte zu Einheimischen werden in öffentlichen Verkehrsmitteln wie Bussen und Sammeltaxen, beim Bummeln durch Gassen und Märkte geknüpft. Vor allem Letztere sind Orte pulsierenden Lebens, an denen sich der Tourist wohl fühlt. Die **Umgangssprache** ist Arabisch, nur in guten Hotels wird Englisch gesprochen.

Für **Fotografen** bieten Märkte, Architektur und Landschaft fantastische Motive. Zu beachten ist das Fotografierverbot von militärischen Einrichtungen, Regierungsgebäuden, See- und Flughäfen. Nur nach ausdrücklicher Zustimmung dürfen Frauen abgelichtet werden.

Aus religiösen Gründen verboten ist das Handeln mit und Trinken von **Alkohol.** Nur einige wenige Hotels schenken Alkohol aus.

Thema Sicherheit

Der Jemen hatte bis Mitte der 1990er Jahre den Ruf eines sicheren Reiselandes. Bei Überfällen auf Ausländer hatten es die Täter vorwiegend auf Geländefahrzeuge abgesehen, Personen kamen dabei nie zu Schaden.

001J Foto: bs

Ab Mitte der 1990er Jahre verlagerten sich **Überfälle** auf die Reisenden selber, die als Geiseln genommen wurden, um Lösegelder oder Sachleistungen von der eigenen oder der ausländischen Regierung zu erpressen. In der Regel ging es um nicht eingehaltene Zusagen der jemenitischen Regierung bezüglich Straßenbau, Krankenhäuser, Schulen u.a. Versprochene Infrastrukturmaßnahmen in Stammesgebieten sollten durch die Geiselnahme beschleunigt oder inhaftierte Stammesangehörige freigepresst werden. Meistens endeten die Aktionen nach wenigen Tagen unblutig, wobei nie publiziert wurde, ob die Forderungen der Entführer erfüllt worden waren.

Die psychischen Folgen für die betroffenen Touristen werden oftmals verharmlost und die gute Behandlung der Entführten wird hervorgehoben. Tatsächlich haben sich Entführer und Entführte in einigen Fällen so gut verstanden, dass die Betroffenen anschließend wieder in den Jemen gereist sind, um ihre „Gastgeber" zu besuchen.

In den letzten Jahren nahmen Übergriffe auf Touristen eine neue Dimension an, denn Attentate im Sommer 2007 und Anfang 2008 hatten politische Hintergründe und wurden mit Al-Qaida in Zusammenhang gebracht.

Die jemenitische Regierung reagiert auf den Rückgang der Touristenzahlen mit einem Paket von **Sicherheitsmaßnahmen.** Potenzielle Entführer sollen durch hartes Durchgreifen abgeschreckt werden, so steht auf Entführung die Todesstrafe und zur Befreiung von Geiseln wurden militärische Aktionen initiiert. In besonders gefährdeten Regionen erhalten die Autos der Reiseagenturen militärischen oder polizeilichen Begleitschutz. Die europäischen und jemenitischen Reiseveranstalter antworten mit zusätzlichen Sicherheitsmaßnahmen, so z.B. mit zeitweiser Meidung der Marib-Provinz.

In der jemenitischen Presse sowie in der Bevölkerung werden Entführungen verurteilt, beispielsweise mit Anti-Kidnapping-Demonstrationen.

Bei der Überarbeitung dieser 7. Auflage haben wir einem gesteigerten **Sicherheitsinteresse** des Reisenden Rechnung getragen und alle Touren auf ihre Durchführbarkeit hin neu überprüft. Im Text werden daher immer wieder Hinweise auf Sicherheitsaspekte gegeben.

Es ist zu bedenken, dass im Jemen vieles im Fluss ist. Da sich Sicherheitslagen rasch verändern können, sind die Hinweise des jeweiligen Auswärtigen Amtes im Internet zu beachten:

- **Deutschland:** www.auswaertiges-amt.de/diplo/de/laenderinformationen/Jemen
- **Österreich:** www.bmeia.gv.at
- **Schweiz:** www.dfae.admin.ch

Es besteht bei Drucklegung dieses Buches ein **Reisehinweis** des Deutschen Auswärtigen Amtes für die Provinzen **Marib, Hadramaut** und **Saada.**

Militärschutz beim Besuch in Sirwah

Hinweise zum Gebrauch des Buches

Die **praktischen Tipps von A–Z** sind als Basis der Vorbereitung und für das Reisen im Lande gedacht. Die Agenturen in Sana'a richten sich nach den Wünschen der Reisenden, die sich anhand dieses Buches die Route individuell zusammenstellen können. Inwieweit das mit europäischen Veranstaltern möglich ist, muss im Einzelfall erfragt werden.

Der **landeskundliche Teil** beschäftigt sich mit der Geschichte und gibt Informationen zu Politik, Wirtschaft, Religion und Kultur sowie zur sozialen Struktur, kurz gesagt: zu Land und Leuten.

Im **Reiseteil** werden zunächst die Hauptstadt **Sana'a** und ihre Umgebung vorgestellt. Die Vorschläge zu den **Rundreisen** sehen in ihrer Unterteilung auf den ersten Blick schablonenhaft aus (1. Tag, 2. Tag, 3. Tag etc.). Die Gliederung nach Tagen verschafft jedoch einen raschen Überblick, was bei einem dicht gepackten Programm an einem Tag „geschafft“ werden kann. Abstecher, Tourenergänzungen und Ruhetage können individuell geplant werden und lockern das Programm auf.

Höhenangaben in Landkarten und anderer Literatur sind widersprüchlich. Die in diesem Buch gemachten Angaben sind Messungen mit dem eigenen Höhenmesser.

Die **Schreibweise** jemenitischer Orte und Landschaften sowie arabischer Ausdrücke weicht in diesem Reisehandbuch von der in Landkarten, Prospekten und in der Jemen-Literatur üblichen Form ab. Wir haben eine Umschrift gewählt, die von deutscher Zunge direkt gesprochen werden kann. Einzige Ausnahme ist das „th“, das wie ein englisches „th“ (wie z.B. in „this“) gesprochen wird. Wenn im Text z.B. das Wort „Bukka“ (ein Grenzort) erscheint, dann kann es unmittelbar gelesen werden, und der jemenitische Gesprächspartner wird das Gesagte verstehen. In spitzen Klammern sind dazu die Schreibweisen erwähnt, die in Landkarten, Büchern und Reiseprospekten verwendet werden, im Fall von Bukka also <Buqa> bzw. <Albuqe>.

Inhalt

Tabellen und Exkurse

Rundreise 2

Anhang

Karten und Pläne

145j Foto: bs

Praktische Reisetipps A–Z

142J Foto: bs

144J Foto: bs

Auch Kameltransporter gibt es noch

Einladung zum Frühstück

Bankautomat in Sana'a

Als Gast im Jemen

Was erwartet den Touristen im Jemen?

Allgemeines

Männliche Jemeniten sind Ausländern gegenüber aufgeschlossen und kennen andere Länder aus eigener Erfahrung: Sie waren als Gastarbeiter im Ausland oder zur ärztlichen Behandlung in Europa. Auch das Fernsehen erlaubt den Blick über die Grenzen hinaus.

Der Tourist kann auf den Märkten und Geschäftsstraßen **ungestört bummeln,** kann schauen, sich beraten lassen und Preise vergleichen, ohne zum Kauf gedrängt zu werden. Schlepper, die Touristen gezielt in Geschäfte bringen, sind im Jemen (noch) unbekannt. Außer bei Schmuck und Antiquitäten wird **kaum** um den Verkaufspreis **gefeilscht.** Lebensmittel und Gerichte in den Restaurants haben feste Preise.

In größeren Städten wird täglich ein **Markt** abgehalten, in kleineren Orten nur einmal wöchentlich.

Arbeitsfreier Tag im Jemen ist der **Freitag.** Behörden – auch deutsche, wie z.B. die Deutsche Botschaft – haben auch am Donnerstag geschlossen.

Infrastruktur

Die Infrastruktur ist für ein Entwicklungsland **überraschend gut.** Linienbusse verkehren zuverlässig zwischen den größeren Städten des Landes. Sammeltaxen verbinden alle wichtigen Orte. Taxen und Sammeltaxen sorgen für den Transport innerhalb der Städte. Das Verkehrsaufkommen ist hoch, aber nicht chaotisch (Verkehrsampeln werden beachtet).

Straßennamen spielen in den Städten keine Rolle. Wer z.B. zur Deutschen Botschaft in Sana'a möchte, gibt als Ziel „safahra alemahnia“ an und nicht die Straße.

Das **Post- und Telefonsystem** funktioniert gut. Auch in kleinen Städten gibt es private Telefongesellschaften, von wo Gespräche ins Ausland möglich sind. Telefonate sind auch von den Hotels zu führen. Das **Mobiltelefon** kann nahezu lückenlos benutzt werden.

Öffentliche **Toiletten** gibt es in Hotels, Restaurants und Moscheen (Letztere sind nur Moslems zugänglich). Mit sauberen Toiletten kann nicht immer gerechnet werden. Außerhalb der Hotels sind meist Hock-Klosetts anzutreffen. Toilettenpapier ist mitzuführen.

Krankenhäuser gibt es in jeder Stadt, Gesundheitszentren auch in kleineren Orten, Apotheken überall.

Das **Hotelangebot** ist im ganzen Land ausreichend. Der Schlaf wird durch Straßenlärm, den Ruf der Moscheen zum Gebet, das Rattern von Generatoren und Wasserpumpen und Hundegebell gestört.

Es gibt eine große Zahl an kleinen **Restaurants** und **Garküchen.**

In Plastikflaschen abgefülltes **Mineralwasser** ist selbst in kleinsten Orten erhältlich.

Reisen im Land

Wer in den letzten zwanzig Jahren den Jemen wiederholt bereist hat, konnte feststellen, dass sich die Modalitäten bezüglich der Reisefreizügigkeit häufig geändert haben. Es gab Zeiten, in denen sich der Tourist relativ frei im Land bewegen konnte, an den Straßenkontrollen (Checkpoints) wurden nur Kopien des Visums verlangt. Zu anderen Zeiten musste sich der Tourist bei einer bestimmten Behörde eine **Reiseerlaubnis** einholen, auf der alle Orte eingetragen waren, die er zu besuchen beabsichtigte. Mit diesem **„tasriech“** konnte er sich dann frei im Lande bewegen. Seit einigen Jahren haben sich die Bestimmungen verschärft, so dass nun Regionen wie z.B. Marib, Schabwa und die Strecke Mukalla – Aden nur mit **militärischem Begleitschutz** zu bereisen sind. Außerdem ist für alle Landesteile eine Reiseerlaubnis erforderlich, die an Straßensperren kontrolliert wird. Welches System gerade aktuell ist, kann bei der Deutsch-Jemenitischen Gesellschaft erfragt werden (siehe Kapitel „Reisetipps A–Z, Informationsstellen“).

Für Infos und Reisehinweise zum Jemen siehe auch: **www.auswaertiges-amt.de**

Je nach **politischer Lage** werden Touristen von Reiseveranstaltern nicht in alle Landesteile gefahren (z.B. in die Grenzregionen, in die Provinz Saada oder in die Wüstengebiete im Osten).

Nur wenige **Moscheen** können von Touristen betreten werden und es besteht Fotografierverbot. Die Schuhe müssen am Eingang ausgezogen werden.

Anmerkungen zu menschlichen Begegnungen

Der Jemen gehört zu den am wenigsten entwickelten Ländern der Erde. Zwar prallen soziale Gegensätze nicht so sichtbar aufeinander wie in manch anderem Entwicklungsland, doch ist die **Armut** inzwischen stärker im Straßenbild der Großstädte präsent als noch vor wenigen Jahren. Tagelöhner warten an bestimmten Plätzen auf Arbeit, bettelnde Frauen und Kinder kommen ans Auto, Taxi oder in den Bus und sprechen auch Touristen an.

Der Jemenite betrachtet den Touristen als **Gast** in seinem Land, in ländlichen Gebieten oft als seinen persönlichen Gast. Reisenden, auch wenn sie kein Arabisch sprechen, wird bereitwillig geholfen.

Jemeniten sehen ihr Land, ihre Kultur und den Islam der europäischen Kultur und dem Christentum gegenüber als überlegen an. Für die streng gläubigen Menschen ist es undenkbar, nicht an Gott zu glauben. Sie ehren ihre **Traditionen** und picken sich aus dem Angebot des Westen das heraus, was sie in ihren Alltag integrieren können. Sie nutzen die westliche Technik, übernehmen aber nicht das westliche Wertesystem.

Jemenitische **Kinder** sind aufgeschlossen, meistens lieb und manchmal frech. Sie fragen Touristen nach *gallam* (Kugelschreiber), *ßuhra* (Foto) und Geld. Gelegentlich aber werden Reisende auch mit Steinen beworfen.

Der Tourist sollte auf keinen Fall **Geschenke oder Geld** verteilen.

Der Tourist wird als **Gast** angesehen und sich so verhalten, d.h. sich angemessen kleiden, keinen Alkohol in der Öffentlichkeit trinken, nicht mit Geld oder teurer Ausrüstung protzen, nur erlaubte Objekte fotografieren.

Der Jemenite ist stolz auf sein Land. **Kritische Äußerungen** über Menschen, Religion, Nahrung oder Hygiene belasten das zwischenmenschliche Verhältnis.

Ein Jemenite darf nach dem Wohlbefinden des Vaters, der Kinder und unter Umständen der Mutter gefragt werden. Nach der Ehefrau zu fragen, ist eine Beleidigung.

Zu Gast in einem jemenitischen Haus

Die **Gastfreundschaft** der Jemeniten wird dem Touristen in nachhaltiger Erinnerung bleiben, ja, die Freundlichkeit, Offenheit und Hilfsbereitschaft ist für viele Reisende der eigentliche Grund, zu „Wiederholungstätern" zu werden und immer wieder zurückzukommen.

Außerhalb der Städte werden Touristen gelegentlich zum Tee, Essen oder Übernachten in Häuser geladen. Gesprächsthemen sind: wie einem das Land gefällt, Familienstand, Zahl der Kinder. Nett ist es, wenn Bilder von der Familie in Deutschland (züchtig bekleidet), die eigenen Hochzeitsfotos oder Ansichtskarten vom Heimatort gezeigt werden können.

Im Haus wird der Gast in die Mafratsch (das Wohnzimmer) geführt. An der Schwelle zum Raum sind die Schuhe auszuziehen. Männliche Touristen sollten alle Männer, nicht aber die Frauen des Hauses (falls sie diese überhaupt zu Gesicht bekommen) mit Handschlag begrüßen. Weibliche Touristen begrüßen sowohl Männer als auch Frauen. Nachdem auf den Matratzen Platz genommen wurde, gibt es Tee *(schai)* oder Kaffee *(bun* oder *gischer)*.

Vor dem **Essen** wird im Flur eine Schüssel zum Waschen der Hände bereitgestellt. Gegessen wird rasch. Wer sich nicht beeilt, verunsichert den Gastgeber („Schmeckt es dem Ausländer etwa nicht?"). Wer fertig ist, sollte „allhamdullila" (Gelobt sei Gott) sagen und aufstehen, dies ein Signal, dass das Essen ausreichend war. Hilfreiche Redewendungen sind: *al akl tamam* (das Essen schmeckt gut); *ana mabßut* (ich bin zufrieden).

Im Jemen wird **mit der rechten Hand gegessen.** Die linke Hand gilt als unrein und wird allenfalls zum Festhalten von Nahrung und Schüsseln benutzt. Auch Besteck und Gläser sollten nicht mit der linken Hand zum Mund geführt werden.

Reis, Fleisch und Gemüse werden direkt **mit der Hand** gegriffen, flüssige Speisen mit einem Stückchen Fladenbrot gelöffelt. Die Suppe wird aus dem Schälchen getrunken. Das Fladenbrot kann mit der linken Hand zum Abreißen der Stückchen gehalten werden, zum Mund wird es mit der rechten Hand geführt. Das Brot darf nicht zweimal in den Topf getaucht werden, wird also jedesmal mitgegessen.

Ein Gebot der Gastfreundschaft ist, dass der Hausherr immer wieder die besten Stücke dem Gast auf den Teller oder auf die ihm zugewandte Seite des großen Tabletts häuft.

Als **Sitzhaltung** beim Essen empfiehlt sich die Hocke oder der Schneidersitz. Beleidigend ist es, Jemeniten die Fußsohlen entgegenzustrecken. Frauen müssen darauf achten, auch in dieser beengten Sitzhaltung die Beine bis zum Knöchel bedeckt zu halten. Schon aus diesem Grund sind eine lange Hose und lange Bluse bzw. Kleid darüber die angemessene Kleidung.

Nach dem Essen die Hände waschen und zum Tee oder Kaffee Platz nehmen.

Eine Essenseinladung am Donnerstag oder Freitag beinhaltet oftmals das anschließende **Katkauen.**

Noch ein Wort zur **Einrichtung der Wohnung:** Tische, Stühle, Schränke, Polstersessel und Betten sind nahezu unbekannt, auch wenn inzwischen in den Städten das Angebot an Möbeln floriert und in manch einem Haushalt die westliche Wohnkultur Einzug hält. In 90% aller Haushalte wird auf stoffbezogenen Matratzen mit Rückenstützen und Armlehnen gesessen. An Einrichtungsgegenständen sind in einer Mafratsch Fotos , Wasserpfeifen, Spucknäpfe, der Fernseher und möglicherweise eine Blechtruhe zu sehen.

Für die Toilettenbenutzung sollte Papier mitgebracht werden.

Geschenke für den Hausherrn oder die Kinder sind unüblich. Die Hausfrau, die das

003 J Foto: bs

Essen zubereitet und nur an der Mahlzeit teilnimmt, wenn es ihr Mann erlaubt, wird sich über ein Kopftuch freuen. Touristen, die mehrfach dieselbe Familie besuchen, werden wissen, was in diesem Hause Freude bereitet. Passende Geschenke für Frauen sind glitzernde Kopftücher, Lippenstift/Schminkset/gute Hautcreme, Baumwollstoffe in hellen, leuchtenden Farben, modische Handtaschen, feine Unterwäsche. Für Kinder: Obst, Süßigkeiten/Schokolade, geräuschvolle Spielzeuge, Malsachen, Papier, Hefte/Schreibzeug, Babykleidung. Für Männer: Bildbände von Deutschland/Städten/Landschaften, Zigaretten/Feuerzeuge, einfache, vollautomatische Kamera mit Film oder Digitalkamera. Für alle: Personenfotos vom letzten Besuch auf Posterformat vergrößert und mit Rahmung.

Als Touristin allein

Als Frau in ein arabisch-islamisches Land zu reisen, ist nicht so mühelos zu bewältigen wie die Reise in ein Land unseres westlichen Kulturkreises.

Verhalten von und Erwartungen an Frauen sind **vom Islam geprägt.** Allein zu reisen, Hotels, Taxi, Bus und öffentliche Einrichtungen in Anspruch zu nehmen, ist Jemenitinnen traditionell nicht erlaubt, wird als *aib* (schandhaft) angesehen. Wenn eine Jemenitin auf Reisen ist, dann mit männlichem Schutz (Bruder, Vater, Ehemann, Sohn).

Die **westliche Touristin** ohne männlichen Schutz bewegt sich **außerhalb der Norm.** Freiere Kleidung, Alleinreisen, Kontakt mit Männern, Benutzung der öffentlichen Einrichtungen und Verkehrsmittel, Bewegen in der Männergesellschaft ist eine Herausforderung der islamischen Normen und ein krasser Widerspruch zur jemenitischen Tradition. Diese „Provokation" kann auf Toleranz, aber auch auf **Unverständnis** und **Ablehnung** stoßen. Die Reaktionen gehen von Nicht-Beachtung (was als Respekt gewertet wird) über verbale bis zu aggressiver Ablehnung.

Traditionelles Wohnzimmer (Mafratsch)

Ob die Touristin angestarrt, angesprochen, eingeladen, angefasst oder sexuell belästigt wird, hat sie nur begrenzt in der Hand. Manchmal kommen Reaktionen unvermittelt, und die Touristin ist sich keiner „Schuld" bewusst.

Die Touristin sollte folgende **fünf Grundregeln** beachten:

- **Kleidung** so **züchtig** wie möglich;
- **selbstbewusst** auftreten;
- aufmunternden **Blick- und Körperkontakt mit Männern vermeiden** (z.B. direktes Anlachen, kameradschaftliches Auf-die-Schulter-Klopfen);
- **Alleinsein mit Jemeniten vermeiden;**
- den **Status einer verheirateten Frau annehmen**

Kleidung

Alles bedecken außer Gesicht und Händen. Lange, dünne Pluderhosen (bequemer beim Sitzen und in der Hitze), langes, weites Kleid oder lange Bluse darüber (Po und Oberschenkel unbedingt bedecken), lange Ärmel, Kopftuch. Auch wenn Touristinnen zu sehen sind, die sich nicht angepasst kleiden – es ist schandhaft, mit Spaghettiträgern und kurzem Rock bzw. Bermudashorts aufzutreten.

Bummeln auf dem Suk

Da es nicht möglich ist, sich dem Gewühl der Märkte zu entziehen, lässt sich Körperkontakt im Gedränge nicht vermeiden, aber erfreulicherweise gab es bisher selten Belästigungen.

Beim Einkaufen sollte sich die Touristin nicht in den Nebenraum des Geschäfts füh-

Buchtipps:
- Harald A. Friedl
Respektvoll reisen
- Birgit Adam
Als Frau allein unterwegs
Beide Bände
Reise Know-How Verlag, Praxis-Reihe
- Kirstin Kabasci
KulturSchock Jemen, Reise Know-How

ren lassen, wo sie allein mit dem Verkäufer ist.

Bei Dunkelheit allein auf den Haupteinkaufsstraßen der großen Städte zu bummeln, ist problemlos.

Hotels

Hotels gehobenen Standards können von weiblichen Singles ohne Bedenken besucht werden, aber auch einfache Hotels respektieren westliche Touristinnen. Beachten: eigenen Schlafsack aus hygienischen Gründen mitbringen, Zimmer müssen abschließbar sein, auch die Balkontür. Nur Zimmer mit Bad nehmen und in unmittelbarer Nähe von Hotels schwimmen oder sonnenbaden (Badeanzug statt Bikini).

Zeltübernachtungen für allein reisende Frauen sind indiskutabel.

Teestuben/Restaurants

Diese Einrichtungen sind für westliche Frauen ohne Einschränkung zu benutzen. Restaurants und Teestuben werden zwar nur von jemenitischen Männern besucht (selten hat ein Restaurant einen abgetrennten Nebenraum, in dem das Ehepaar/die Familie vor Blicken geschützt sitzt), eine westliche Frau wird aber ohne Probleme akzeptiert und schnell und respektvoll bedient.

Öffentliche Verkehrsmittel

Im Überlandbus sollte sich die Frau weit nach vorn setzen und einen Platz neben einer Jemenitin oder einem anderen Ausländer suchen. Bei aufdringlichem Verhalten während der Fahrt deutlich machen, dass Körperkontakt unerwünscht ist oder sich an den Busbegleiter (steht oder sitzt neben dem Fahrer) wenden.

In innerstädtischen Taxis sollte sich die Frau auf die Rückbank hinter den Fahrer setzen und Gespräche vermeiden. Vom Benutzen eines Einzeltaxis auf Überlandstrecken raten wir ab. Das Benutzen von Sammeltaxis bei Fernfahrten erfordert Sensibilität. Diese Autos sind voller Männer, so dass Körperkontakt unvermeidlich ist. Wer unbedingt ein Sammeltaxi nehmen muss, sollte zwei Plätze bezahlen (neben dem Fahrer).

Nicht per Anhalter fahren!

Einladungen zum Teetrinken und Essen in Privathäusern

Auf dem Suk oder in den Gassen werden gelegentlich Einladungen zum Mittagessen oder Teetrinken ausgesprochen. So verlockend es ist, die häusliche Atmosphäre zu erleben – wir raten davon ab, dass eine Frau allein ein jemenitisches Haus betritt. (Zu zweit oder in der Gruppe ist es dagegen ein schönes Erlebnis.)

Zwar wird die westliche Frau auch im Männerbereich respektiert, sie dürfte mit Männern essen und Kat kauen, doch können ungezwungene Situationen in Anzüglichkeiten umschlagen. Die Touristin wäre nur im Frauenbereich am richtigen Platz.

Einladung zum Übernachten in einem jemenitischen Privathaus

Diese Einladung sollte nicht angenommen werden, selbst wenn sie von einer Frau ausgesprochen wird und sich die Touristin im Frauenbereich des Hauses aufhält. Ein einfaches Hotel gibt einer westlichen Frau mehr Sicherheit als ein Haus, in dem die Gesetze der patriarchalischen Gesellschaft gelten.

An-, Ein- und Ausreise

Anreise mit dem Schiff

Der Seeweg ist der schwierigste Zugang zum Jemen. Von den Häfen Aden, Hudäida, Mukalla, As Salief, Mocha und Nischtun existiert nur zwischen Djibuti, Hudäida und Aden unregelmäßiger Frachtverkehr.

Schiffsverbindungen bis Saudi-Arabien (es werden auch Autos mitgenommen) bestehen zwischen Suez – Jidda bzw. Akkaba – Jidda. Von Jidda sind es auf asphaltierter Straße 770 km bis zur jemenitischen Grenze.

Auf dem Landweg

Die Anreise kann von Deutschland auf durchgehend asphaltierter Straße über Istanbul, Damaskus, Amman, Medina, Jizan erfolgen oder über Amman, Saudi-Arabien, V.A.E. und Oman.

Saudi-Arabien gestattet die Einreise nur mit einem **Transitvisum;** das Land muss in fünf Tagen durchfahren sein. Abstecher sind nicht erlaubt. Visa können bei Konsulaten des Königreichs Saudi-Arabien in Europa, Syrien oder Jordanien beantragt werden. Es kann sein, dass das Visum beim Konsulat in Berlin abgelehnt, beim Konsulat in Amman/Jordanien jedoch erteilt wird.

Für die Einreise vom **Oman** stehen zwei Asphaltstraßenverbindungen zur Verfügung. Im Norden heißt der Übergang auf omanischer Seite **Al Maziouna,** auf jemenitischer Seite **Schehenn** <Shihan>. An der Küste – am Indischen Ozean – ist der Übergang bei Hauf <Hawf>. Die Visa-Angelegenheiten müssen zuvor von Deutschland aus geregelt worden sein, desgleichen muss von Deutschland aus schon mit einer jemenitischen Reiseagentur Kontakt aufgenommen worden sein. So kann vereinbart werden, dass ein Vertreter der Agentur die Touristen an der Grenze in Empfang nimmt und dabei behilflich ist, die Formalitäten zu erledigen. Die Fahrt im Jemen ist nur in Begleitung eines Fahrzeuges eines einheimischen Reiseveranstalters erlaubt. Die Weiterreise von der Grenze erfolgt entweder von Schehenn auf der neuen Asphaltstraße über Rumah und **Thamud** in das Wadi Hadramaut oder auf einer guten Asphaltstraße nach **Al Räitha** <Al Ghaydah> entlang der Küste nach **Mukalla.** Individualtouristen ohne Fahrzeug können den regelmäßigen Busverkehr zwischen Salalah (Oman) und Sejuhn (Jemen) nutzen.

Wer mit dem eigenen Fahrzeug in den Jemen reist, muss sich vor Antritt der Fahrt die gültigen Reisebestimmungen, Transit- und Einreisevisa der Transitländer besorgen. Auskünfte geben die Botschaften der Transitländer sowie die Automobilclubs:

- **ADAC,** www.adac.de, Tel. 0180/5101112
- **AvD,** www.avd.de, Tel. 01802/162516
- **ÖAMTC,** www.oeamtc.at, Tel. 0810/120 120
- **TCS,** www.tcs.ch, Tel. 022/4172424

Folgende Punkte sind zu beachten:

- **Internationaler Führerschein** und **Internationaler Fahrzeugschein** sind in einigen Ländern nicht erforderlich, sollten aber mitgeführt werden. In den Internationalen Fahrzeugschein sollte (notfalls eigenhändig) die Motornummer eingetragen werden.
- Es sind 10–15 **Passfotos** des Fahrzeughalters nötig. Das Fahrzeug muss im Internationalen Fahrzeugschein auf den Namen eines Reiseteilnehmers ausgestellt sein.
- **Carnet de Passage:** Ein *Carnet* erlaubt dem Touristen eine vorübergehende zollfreie Einfuhr eines Fahrzeugs in ein betreffendes Land. Diesem Land garantiert das *Carnet,* dass das Fahrzeug wieder ausgeführt wird, ansonsten wird ein Einfuhrzoll erhoben. Dieser Importzoll wird über den Automobilclub des Landes beim Automobilclub des Heimatlandes eingefordert, der sich wiederum an den Wageninhaber hält. Als Sicherheit wird bei Ausstellung des *Carnets* eine Bürgschaft verlangt. Es wird – soweit für die Anfahrtsroute erforderlich – von den Automobilclubs ausgestellt, die das *Carnet de Passage* auch an Nichtmitglieder erteilen (s.o.).

Die **Gebühren** für das *Carnet* beim ADAC betragen für Motorrad/PKW für Mitglieder 150 Euro, für Nichtmitglieder 250 Euro, hinzu kommt eine Bürgschaft. Diese kann als Bankbürgschaft gestellt werden oder als Bargeldhinterlegung beim Aussteller.

Die **Carnets** sind **ein Jahr gültig.** Nur der Carnetinhaber bzw. seine Reisebegleiter sind zum Führen des Fahrzeugs berechtigt. Bei Autodiebstahl muss der Halter die Einfuhrzölle tragen. Bei der Ausreise muss unbedingt die Ausfuhr des Fahrzeugs von den Zollbehörden des jeweiligen Landes bestätigt werden, ansonsten werden über den Aussteller des *Carnets* die Zollgebühren fällig.

- **Autoversicherung:** Einige Länder verlangen bei der Einreise den Abschluss einer lokalen Versicherung, deren Deckungssumme jedoch gering ist. Darüber hinausgehende Ansprüche sollten durch eine Zusatzversicherung abgedeckt werden:
- **Tour-Insure:** *Agentur für Touristenversicherungen,* Herrengraben 5, 20459 Hamburg, Tel. 040/25172150, www.tourinsure.de, service@tourinsure.de.

Diese Firma vermittelt Versicherungen außerhalb Europas (Haftpflicht und Kasko, wenn das Auto nicht älter als fünf Jahre ist), für die Türkei, Saudi-Arabien, die V.A.E., Oman und den Jemen, nicht aber für Jordanien und Syrien.

Einreise mit dem eigenen Fahrzeug: Der Jemen ist dem Carnet-System angeschlossen, akzeptiert das *Carnet de Passage* aber nicht grundsätzlich. So wurden Touristen vom Oman kommend an der Grenze zurückgewiesen, konnten jedoch mit Hilfe des Vertreters einer jemenitischen Reiseagentur die Einreiseerlaubnis erhalten. Touristen ist die Einreise sowohl mit Diesel- als auch mit Benzinfahrzeugen gestattet.

Informationen zu den **Transitländern:**

- **Türkei:** Kein *Carnet de Passage* erforderlich.
- **Syrien:** Das *Carnet* wird anerkannt. Kann keines vorgelegt werden, wird an der Grenze eine Einfuhrerlaubnis für einen Monat erteilt, die um einen Monat verlängert werden kann. In Syrien wird eine Straßenbenutzungsgebühr und Dieselsteuer erhoben. Pickups dürfen nur von Juni bis Oktober einreisen.
- **Jordanien:** Eintragung des Fahrzeugs in den Reisepass. Es wird ein *Carnet* empfohlen. Motorräder müssen nach zwei Wochen Jordanien wieder verlassen, Dieselfahrzeuge nach drei Monaten.
- **Vereinigte Arabische Emirate/Oman:** Ein *Carnet de Passage* ist erforderlich.
- **Ägypten:** Ein *Carnet de Passage* wird verlangt, zudem eine Bürgschaft von 3000 Euro.
- **Saudi-Arabien:** Saudi-Arabien ist dem Carnet-System nicht angeschlossen. Fahrzeuge mit Dieselmotor sind im Transit erlaubt. Saudi-Arabien muss in fünf Tagen durchfahren werden.

Anreise auf dem Luftweg

Fluggesellschaften

Der Jemen ist gut an das internationale Flugnetz angeschlossen. **Nonstop-Linienflug-Verbindungen** aus dem deutschsprachigen Raum bestehen jeweils drei Mal wöchentlich mit *Lufthansa* von Frankfurt nach Sana'a (Mo, Mi, Do) und mit *Yemenia* von Frankfurt nach Sana'a (Di, Do, Sa).

Daneben gibt es **Umsteigeverbindungen** aus dem deutschsprachigen Raum mit *Turkish Airlines* (über Istanbul), *Egypt Air* (über Kairo), *Royal Jordanian* (über Amman), *Emirates* (über Dubai), *Gulf Air* (über Bahrain oder Muscat), *Qatar Airways* (über Doha), *Saudi Arabian Airlines* (über Jeddah oder Riad) und *Syrian Airlines* (über Damaskus. Diese können billiger sein als Nonstop-Flüge, aber die Flugzeit ist deutlich länger. Der Direktflug von Frankfurt nach Sana'a beträgt 6½ Stunden.

Flugpreise

Je nach Fluggesellschaft, Jahreszeit und Aufenthaltsdauer kostet ein Economy-Return-Ticket von Deutschland, Österreich und der Schweiz **ab ca. 650 Euro** (inkl. aller Steuern und anderen Gebühren).

Stopover-Tipp

Emirates (für Dubai) und *Gulf Air* (für Bahrain und Muscat) bieten interessante Stopover-Programme, Transport vom/zum Flughafen, günstige Übernachtungen in guten Hotels, Stadtrundfahrten usw. an.

Buchung

Zuverlässige Reisebüros mit günstigen Angeboten:

- **Jet-Travel,** Buchholzstr. 35, 53127 Bonn, Tel. 0228 284315, Fax 284086, info@jet-travel.de, www.jet-travel.de. Auch für Jugend- und Studententickets.
- **Globetrotter Travel Service,** Löwenstr. 61, 8023 Zürich, Tel. 01 2286666, zh-loewenstrasse@globetrotter.ch, www.globetrotter.ch. Weitere Filialen, siehe Website.

Das Gepäck

Die verschärften Sicherheitsbestimmungen auf internationalen Flughäfen sehen vor: Taschenmesser, Nagelfeilen, Nagelscheren, sonstige Scheren u.ä. sowie Flüssigkeiten über 100 ml gehören **in das aufzugebende Gepäck.**

Generelles Mitnahmeverbot: Feuerwerke, leicht entzündliche Gase (Sprühdosen, Campinggas), entflammbare Stoffe.

In der Economy-Class darf man in der Regel **Gepäck bis zu 20 kg pro Person** einchecken (steht auf dem Flugticket) und zusätzlich ein Handgepäck von 7 kg in die Kabine mitnehmen, das die Größe von 55 x 40 x 23 cm nicht überschreiten sollte. In der Business Class sind es meist 30 kg pro Person und zwei Handgepäckstücke, die insgesamt nicht mehr als 12 kg wiegen dürfen.

Sperrige Gepäckstücke (z.B. Fahrräder) müssen bei der Fluggesellschaft vorab angemeldet werden. Die Zusatzkosten sind je nach Airline unterschiedlich.

Der Check-in

Bei den meisten internationalen Flügen muss man **zwei Stunden vor Abflug** am Schalter der Airline eingecheckt haben. Viele Airlines neigen zum Überbuchen, und wer zuletzt kommt, hat möglicherweise Probleme.

Rückbestätigung

Bei den meisten Airlines ist die **Bestätigung des Rückfluges** nicht notwendig. Allerdings empfehlen alle Airlines, sich telefonisch nach der aktuellen Abflugzeit zu erkundigen, denn kurzfristige Änderungen kommen häufiger vor.

Wenn die Airline eine Rückbestätigung *(reconfirmation)* **bis 72 oder 48 Stunden vor dem Rückflug** verlangt, sollte man dies auf keinen Fall versäumen.

- **Egypt Air.** www.egyptair.de
- **Emirates,** www.emirates.de
- **Gulf Air,** www.gulfairco.com
- **Lufthansa,** www.lufthansa.de
- **Qatar Airways,** www.qatarairways.com
- **Royal Jordanian,** www.rja.com.jo
- **Saudi Arabian Airlines,** www.saudiairlines.com
- **Syrian Airlines,** www.syriaair.com
- **Turkish Airlines,** www.turkishairlines.de
- **Yemenia,** www.yemenia.de

Einreiseformalitäten

Für den Jemen ist ein **Einreisevisum** nötig. Dieses kann bei der Ankunft am Flughafen in Sana'a für 60 US$ erworben werden oder vor Reiseantritt bei der jemenitischen Botschaft in Berlin bzw. beim Generalkonsulat in Frankfurt/Main. Das Visum kann zur mehrfachen Ein- und Ausreise und für die Dauer von drei bzw. sechs Monaten beantragt werden.

Zum Verfahren: Vordrucke von der Homepage der Botschaft herunterladen, ausdrucken, ausfüllen und an das Konsulat in Berlin oder Frankfurt (www.botschaft-jemen.de) schicken:

- ein **Antrag**
- **Reisepass** (er muss zum Zeitpunkt der Einreise noch sechs Monate gültig sein)
- ein **Passbild** für den Visumsantrag
- **Gebühren** von 40 Euro per Verrechnungsscheck oder Überweisungsauftrag schicken und die Kopie des Auftrags dem Visumsantrag beilegen.
(Konto-Nr. 2675130 bei Berliner Commerzbank, BLZ 100 400 00, Kontoinhaber Botschaft der Republik Jemen).
- frankierter Einschreiben-**Rückumschlag**

Ein **israelisches Visum** sollte nicht im Pass stehen, da dies bei der Einreise in Sana'a zu erheblichen Schwierigkeiten und eventueller Zurückweisung führen kann.

Der deutsche **Kinderausweis** muss ein Lichtbild enthalten.

Deutschen Staatsbürgern wird eine dreimonatige, Schweizern und Österreichern eine vierwöchige Aufenthaltsgenehmigung in den Pass gestempelt sowie das Ausreisevisum. Verlängerungen können beim Immigration Office in Sana'a beantragt werden.

Achtung: Bei einem Verlängerungsvisum muss vor der Ausreise beim Immigration Office ein **Exit-Visum** geholt werden. Von allen Dokumenten (Pass, Visum, Flugticket, Impfausweis, Führerschein, Kfz-Papiere) bereits im Heimatland Fotokopien anfertigen. Im Jemen eine Kopie des Einreisevisums machen.

Ein **Impfpass** ist **nicht erforderlich,** wenn die Einreise aus Westeuropa direkt erfolgt.

Deutsche und Österreicher können sich ihr Touristen- oder Businessvisum auch über einen **Visa-Dienst** beschaffen. Dies bietet sich vor allem dann an, wenn man gleich mehrere Visa für Transitländer besorgen muss. Die Bearbeitungszeit beträgt eine Woche, das Visum für den Jemen inkl. aller Gebühren ca. 70 Euro.

- **CIBT Visum Centrale,** Tel. 0228/367870, www.visum-centrale.de
- **Visa Dienst,** Tel. 030/3101160, www.visum.de
- **VES Visa-Express-Service,** Tel. 030/8440 9060, www.visa-express.de

Botschaften der Republik Jemen

- **In Deutschland:** Budapester Str. 37, 10787 Berlin, Tel. 030/8973050, Fax 89730562, Konsularabteilung: Tel. 030/832259-01 oder -02, Fax 83225903, www.botschaft-jemen.de, info@botschaft-jemen.de, Bürostunden: Mo bis Fr 10–14 Uhr.

  Konsulat der Republik Jemen in Frankfurt: Oeder Weg 11, 60318 Frankfurt, Tel. 069/95507893, Fax 069/95507849; konsulat-frankfurt@botschaft-jemen.de, Bürostunden: Mo–Fr 9–15 Uhr.
- **In Österreich:** Wasagasse 6/10, 1090 Wien, Tel. 01/50329-30 oder -31, Fax 5053159, yemenembassy.vienna@aon.at, Bürostunden: Mo–Do 9–15 Uhr.
- **In der Schweiz:** Chemin du Jonc 19, 1216 Cointrin, Tel. 022/7990510, Fax 7980465, mission.yemen@ties.itu.int. Bürostunden: Mo–Fr 9–12, 14.30–17 Uhr.
- **In den Niederlanden:** Nassaulaan 2a, 2514 JS Den Haag, Tel. 070/3653936/7, Fax 070/3563312, info1@yemenembassy.nl.

Weitere Hinweise zur allgemeinen Sicherheitslage und aktuelle Reisehinweise zu allen Transitländern erteilen diplomatische Vertretungen und das Auswärtige Amt:

- **Deutschland:** www.auswaertiges-amt.de und www.diplo.de/sicherreisen (Länder- und Reiseinformationen), Tel. 030/50000, Fax 50003402.
- **Österreich:** www.bmeia.gv.at (Bürgerservice), Tel. 05/011504411, Fax 05/011590.
- **Schweiz:** www.dfae.admin.ch (Reisehinweise), Tel. 031/3238484.

Ausreise

Wer länger als im Visum angegeben bleiben will, sollte eine Woche vor Ablauf des Aufenthaltsvisums bei der **Immigrationsbehörde** eine Aufenthaltsgenehmigung für weitere zwei Wochen beantragen. Sie wird in der Regel ohne Probleme erteilt. Die Behörde in Sana'a ist im Innenministerium *(Wasara al dachliea)* untergebracht, das im Stadtteil Hassaba gegenüber dem Stadtpark liegt (siehe Karte „Unternehmungen in Sana'a", Nr. 203).

Der **Abflugtermin** muss 72 Std. im Voraus bei der Fluggesellschaft **rückbestätigt** werden. Da in Sana'a **keine Flughafenbusse** verkehren, muss mit einem Taxi (2000 Rial) zum Flughafen gefahren werden. Eine Abfluggebühr wird derzeit nicht erhoben.

Am Flughafen wird das unbegleitete Fluggepäck wie auch das Handgepäck durchleuchtet. Der Zoll konzentriert sich vor allem auf Waffen und unerlaubte Ausfuhr von Antiquitäten bzw. archäologischen Funden.

Ausrüstung

Die Ausrüstung **sollte der Reiseart entsprechen** und richtet sich danach, ob eine Rundreise oder Wanderreise geplant ist. Außer Teilen, die zur Spezialwanderausrüstung gehören (Zelt, Schlafsack, Kocher, Leichtgewichtsnahrung), sind in den größeren Städten des Jemen alle wichtigen Dinge erhältlich. Da der erste Urlaubstag in Sana'a nicht mit der Suche nach Fachgeschäften verschwendet werden soll, folgt hier eine **Liste der Dinge, die in das Reisegepäck gehören:**

- Sonnenhut mit Krempe und Sonnenbrille
- Sonnencreme mit hohem Faktor
- Hautcreme, Körperlotion (der geringen Luftfeuchtigkeit wegen)
- Nassrasierer und Ersatzklingen
- Tampons, eine Rolle Toilettenpapier, Papiertaschentücher
- Waschlappen, Handtuch
- Taschenmesser, Kompass, Landkarten, Taschenlampe, Batterien
- 3 m Nylonleine
- Schreibstift, Notizbuch
- Vitamintabletten, Mineralsalztabletten,
- Mückenschutzmittel
- Kleidung (siehe „Kleidung")
- Fotoausrüstung (siehe „Fotografieren")
- Reiseapotheke (siehe „Gesundheit")
- Engmaschiges Moskitonetz mit langen Bändern und Reißnägeln zur Befestigung
- Jugendherbergsschlafsack (aus dünnem Leinen oder Seide)

Eine **Wasserflasche** muss nicht mitgenommen werden, da es Mineralwasser in Plastikflaschen (0,7 l) überall zu kaufen gibt.

Wir empfehlen (wegen der kühlen Bergregion), zwischen November und März einen **gefütterten Schlafsack** mitzubringen.

Buchtipps:
- Erich Witschi,
Clever buchen – besser fliegen
- Frank Littek
Fliegen ohne Angst
- Rainer Höh
Wildnis-Ausrüstung

Alle Bände
Reise Know-How Verlag, Praxis-Reihe

Essen und Trinken

Die jemenitische Gastronomie ist vorwiegend auf den einheimischen Gast eingestellt. Außerhalb der wenigen großen Hotels und abgesehen von Sana´a gibt es im ganzen Land kaum Restaurants für Touristen, die gemütlich und in gepflegter Atmosphäre speisen möchten.

Jemenitisches Essen schmeckt gut, ist bekömmlich und nicht allzu scharf. Das Angebot ist in allen Restaurants und im ganzen Land ähnlich. Die **Hygiene** ist im Vergleich zu anderen Dritte-Welt-Ländern gut, europäischer Standard wird nur in den großen Hotels erreicht.

Durchfallerkrankungen sind auch bei größter Vorsicht kaum zu verhindern. In den Restaurants stehen auf den Tischen Karaffen mit abgefülltem Leitungswasser, das aber zu meiden ist. Auch frisch gepresste Fruchtsäfte, ungekochtes Gemüse und Salate begünstigen Durchfall! Wegen der Belastung durch Insektizide sollten Früchte und Gemüse vor dem rohen Verzehr gut geputzt oder geschält werden.

Bei Restaurants gibt es **kaum Abstufungen** in der Qualität des Essens und der Sauberkeit von Küche und Geschirr. Es ist daher unwesentlich, Restaurants oder Garküchen auf Sauberkeit hin auswählen zu wollen.

Die ersten Eindrücke in einem Restaurant werden bestimmt vom hohen Lärmpegel, den eng gedrängten Tischen und der raschen Bedienung.

Für die Bestellung der Mahlzeit ist **Arabisch unumgänglich.** In kaum einem Restaurant beherrscht die Bedienung eine Fremdsprache.

Da der Jemenite beim Essen keine Zeit hat, ist das Gericht bereits vorgekocht und kommt somit häufig nur lauwarm auf den Tisch, was kein Grund für eine Reklamation ist. Fleisch mit zu viel Fett kann zurückgewiesen werden.

Serviert wird in kleinen Aluminiumschüsselchen (*Salta* auch im Steintopf). Besteck wird meist nur auf Nachfrage gereicht, da – wie in Teilen der arabischen Welt üblich – **mit den Fingern der rechten Hand gegessen** wird. Der Tourist sollte diese Tradition respektieren und die Nahrung nur mit der

Jemenitische Gerichte

F = Frühstück, **M** = Mittags, **A** = Abends, **Preis in Rial (100 Rial=0,50 Euro)**

schai (Tee)	10
chubs (Fladenbrot, je nach Größe)	50–100
fuhl (Brei aus dicken braunen Bohnen, Zwiebeln, Tomaten und Chilipfeffer) F/A	80
bäith (Omelett) F/A	100
kamira (in Fett ausgebackene süße Hefeteilchen) M	30
salta (Eintopf) M	150
makkarona (Nudeln) M	100
ruß (Reis) M/A	100
ruß ma dageig (Reis mit Huhn) M/A	220
lachem rannam (gekochtes Schaffleisch in Brühe) M	850
lachem dagga (gebratenes Hackfleisch) M	200
lachem hadied (geschmortes Fleisch in Alu-Folie) M	600
nuss/ruba dageig (halbes/viertel Hähnchen) M/A	300/150
kibda (gebratene Leberstücke) F/A	400
ßammak (Fisch) M/A	200–500
salata (grüner Salat) M	50
puding, machlabia (Pudding) M	50–100
lachem fi marag (gekochtes Rindfleisch in Brühe) M	700
lachem surah (gebratenes geschnetzeltes Fleisch) F/A	400
schips (Kartoffelchips) M/A	50–100
muschakkil (gebratenes Gemüse) M	100
fasuhlia (gebratene Erbsen) F/A	80
schorba (adas, chodar, burr = Linsensuppe, Gemüsesuppe, Getreidesuppe) M/A	100
marag lachem (Fleischbrühe) M/A gibt es zum Essen	
lachem hanied (Lammfleisch mit Gewürzen, im Spezialofen gekocht) M/A	500
kabsa (Reis mit Rosinen und Kalbfleisch) M/A	500
badich (Hackfleisch mit Kartoffeln und grünen Bohnen) M/A	500
schafut (Fladenbrot aus Hirse mit Tomaten, Lauch, Knoblauch, Gewürzen und Joghurtsoße) M/A	100
schairia (süße Nudeln mit Safran, Rosinen, Kardamom)	80
schakschuge (Eier, Zwiebeln, Tomaten) F/M/A	100
hariesch (Fladen aus Hirseschrot mit Honig)	100
asied (Hirsebrei mit Fleischbrühe)	100
fuhl dschilaba (nur im Südjemen; zerquetschte Bohnen, in der Pfanne mit Tomaten und Zwiebeln gebraten) F/A	100
fuhl dscherra (in einem Aluminiumtopf gekocht, der die Form einer Kalebasse hat; nur im südlichen Jemen; Bohnen ohne Schale, in Wasser gekocht, zu Brei pürriert, serviert mit Sesamöl und scharfer Tomatensoße) F/A	100

In der Tihama und im Südjemen gibt es **fatta** (zerkleinertes Fladenbrot) für 100 Rial. Je nachdem, ob man das zerkleinerte Brot mit Bananen, Brühe, Honig oder Datteln mischt, heißt es *fatta mauz, fatta marag, fatta asl* oder *fatta tammar.* Fatta schmeckt ausgezeichnet, man muss ja beim Herstellen nicht zugucken.

Hinweise:

Die angegebenen Preise sind Näherungswerte, die sowohl regional als auch bedingt durch Preissteigerungen veränderlich sind.

An verschiedenen Orten kann ein Abendgericht durchaus mittags gegessen werden und umgekehrt. Was tatsächlich vorhanden ist, sollte erfragt werden.

Wer Salta (Helba) isst, hat am nächsten Tag Maggi-Geruch im Urin.

Wichtige arabische Ausdrücke im Restaurant

fi ...?	Gibt es ...?
Beispiel: fi kibda?	Gibt es Leber?
aiwa fi!	Ja, gibt es!
mafisch!	Gibt es nicht!
äsch andakum?	Was gibt es (zu essen)?
aschti ...!	Ich möchte ...!
Beispiel: aschti kibda!	Ich möchte Leber!
fäin al ...?	Wo bleibt der/die ...?
Beispiel: fäin al kibda?	Wo bleibt die Leber?
bikamm al ...?	Wie viel kostet der/die ...?
Beispiel: bikamm al kibda?	Was kostet die Leber?
bikamm kull?	Wie viel kostet alles?
schukran	danke
bi saha wa al afia!	Guten Appetit!
al akkl tamam/al akkl dscheid	Das Essen schmeckt gut.
ana mabßut	Ich bin zufrieden.
lau samacht, malaaga!	Bitte, bringen Sie mir einen Löffel!

004] Foto: bs

rechten Hand zum Mund führen (auch bei Gebrauch von Essbesteck).

Flüssige Gerichte (Hühner- und Fleischsuppen) werden aus dem Schälchen getrunken, feste Nahrung wird mit dem zu jedem Essen gehörenden Fladenbrot bzw. mit den Fingern gegriffen. Das als Klammer benutzte Stückchen Brot wird mit aufgegessen, d.h. darf aus hygienischen Gründen nicht mehrmals benutzt werden. Wird gemeinsam bestellt, so kommt das Essen meist in einer Schüssel auf den Tisch, aus der gemeinsam gegessen wird.

Einladung zum Essen in einem Bürgerhaus

Da die Hand wichtigstes Essbesteck ist, hält jedes Restaurant Wasser zum Händewaschen bereit: in einem Wassertank vor der Tür oder innen mit einem Waschbecken.

Gezahlt wird an der Kasse neben dem Ausgang. Da alle Gerichte einen festen Preis haben, ist Handeln nicht nötig. Trinkgelder sind in jemenitischen Restaurants unbekannt.

Ein komplettes Gericht kostet außerhalb der großen Hotels etwa 600 Rial, warmes Kochfleisch mit Nudeln oder Reis als Beilage etwa 800 Rial.

In den Restaurants ist eine **reine Männergesellschaft** anzutreffen. Reist doch einmal eine jemenitische Frau (in Begleitung des Ehemannes oder Bruders), wird ihr das Essen in das Hotelzimmer, den Bus oder das Auto gebracht. Vereinzelt bieten Restaurants einen „Familienraum" an, in dem auch jemenitische Frauen essen können.

Toiletten gibt es in vielen Restaurants, ihr Zustand ist jedoch häufig schlecht.

Getrunken wird zum Essen stark gesüßter Schwarztee (oft mit Milch), Mineralwasser ohne Kohlensäure oder Limonade (Cola,

Sinalco, Canada Dry). Da Restaurants meistens kein Mineralwasser verkaufen, kann es mit hineingenommen werden.

Alkohol wird nur in wenigen großen Hotels ausgeschenkt.

Selbstversorger finden in Supermärkten, kleinen Läden und auf den Suks ein ausreichendes Angebot an Brot, Butter, Joghurt, Milch, Käse, Obst, Gemüse, Reis, Nudeln und Dosenfisch.

Brot gibt es in Bäckereien *(machbas)* oder bei Straßenbacköfen. Das Fladenbrot *(chubs)* schmeckt nur in warmem Zustand. Die haltbareren Roggenmehlbrötchen *(kudamm)* verkaufen fliegende Händler auf dem Suk.

Gern werden nach der Heimkehr Gerichte gekocht, die man während der Reise gegessen hat. Hier ein jemenitisches **Fuhl-Rezept,** das leicht zuzubereiten ist:

Fuhl, das ursprünglich aus Ägypten stammt, wird in allen Ländern der Arabischen Halbinsel gegessen. Man kann sich Dosen mit Fuhl-Bohnen (Ful Medames) und die Gewürze wie Kreuzkümmel und Bisbas (getrocknete rote Chilischoten) aus dem Jemen mitnehmen oder kauft in Deutschland Dosen mit dicken Bohnen bzw. Kidneybohnen.

Für 4 Personen werden 2 Dosen dicke braune Bohnen/Kidneybohnen (zus. 500 g), 4 Tomaten, Knoblauchzehen, grüne und rote Chilischoten – oder Peperoni – nach Belieben, 1 Zwiebel, ½ Teelöffel Kreuzkümmel und andere Gewürze wie Pfeffer, Oregano und Koriander genommen. Die Bohnen weich kochen, die weiteren Zutaten klein schneiden und zusammen mit den Gewürzen dazugeben. Vor dem Servieren einen Esslöffel Olivenöl untermischen. Am besten lässt sich das Fuhl mit Fladenbrot essen.

Hinweise

- Da Jemeniten nur süßen **Tee** trinken, muss ungezuckerter Tee *(schai bidun sukar* bzw. *schai murr)* ausdrücklich bestellt werden. Gewählt werden kann zwischen *schai achmar* (d.h. roter Tee, ohne Milch) und *schai halieb* (Tee mit Milch). Gewürzt wird der Tee gelegentlich mit Gewürznelke, Kardamom und Pfefferminze. *Schai arabi* zum Beispiel heißt Tee mit Kardamom.
- **Kaffee** *(bun)* wird nur selten in Restaurants ausgeschenkt, ebenso wenig ein in Privathäusern beliebter Aufguss aus den Schalen der Kaffeebohnen, *gischer* genannt.
- Plastikflaschen mit **Mineralwasser** guter Qualität können überall gekauft werden.
- Für **Vegetarier** ist der Jemen ein unproblematisches Reiseland, da sie sich in den Restaurants Gerichte ohne Fleisch zusammenstellen können.

Feiertage und Kalender

Im Jemen richtet sich das Leben (weltliche Feiertage, Flugpläne, Hotelbuchungen und Verabredungen) zumeist nach dem gregorianischen (dem uns bekannten) Kalender.

Der **islamische Kalender** ist wichtig, da sich die **religiösen Feiertage** nach ihm richten. Am 16. Juli 622 zog der Prophet *Mohammed* von Mekka nach Medina. Dieses Datum wurde vom Kalifen *Omar* als Beginn der islamischen Zeitrechnung festgelegt (2008 entspricht dem islamischen Jahr 1429). Da der Auszug nach Medina – die Hidschra – auf einen Freitag fiel, erlangte dieser Tag besondere Bedeutung. Das islamische Jahr richtet sich nach dem Mondkalender und ist zehn bis elf Tage kürzer als das Jahr nach dem gregorianischen Kalender. Daher beginnt der Fastenmonat Ramadan jedes Jahr zehn bis elf Tage früher.

Arbeitsfreier Wochentag ist der **Freitag.** An diesem Tag haben alle Staatsbetriebe geschlossen. Fällt ein Feiertag auf einen Freitag, dann ist der folgende Samstag bei den Behörden dienstfrei. Die Busse fahren am Freitag zu normalen Zeiten. Privatgeschäfte haben sieben Tage die Woche geöffnet, von etwa 8 bis 21 Uhr, am Freitag jedoch kürzer.

Bedeutung der Feiertage für den Touristen

Die staatlichen Feiertage werden dem Touristen kaum auffallen. **Die religiösen Feiertage** bedeuten für die Bewegungsmöglichkeit des Touristen eine derart drastische Beschränkung, dass hierzu im Abschnitt „Klima und Reisezeit" gesondert eingegangen wird.

Fernwanderungen und Bergsteigen

„Ich bin bereit überall hinzugehen, wenn es nur vorwärts ist."
(*David Livingstone,* 1813–1873)

Fernwanderungen

Der Bergjemen eignet sich mit stabilem Wetter und wegen den in Höhenlagen erträglichen Temperaturen hervorragend zum Wandern. Markierte Wanderwege oder Touren mit touristischer Infrastruktur gibt es jedoch nicht.

Islamische Feiertage

	2008	**2009**	**2010**
Ramadan	1.9.–1.10.	22.8.–21.9.	11.8.–10.9.
Kleiner Ihd (ihd al fitr = Ende des Ramadan)	2.10.	22.9.	11.9.
Großer Ihd (ihd al ather = Opferfest)	17.12.	27.11.	12.11.
Islamischer Neujahrstag	10.1. und 29.12.	18.12.	7.12.

Hinweis: Der Fastenmonat Ramadan beginnt mit der ersten (sichtbaren) Sichel des Mondes nach dem Neumond. Da diese Sichel in den verschiedenen islamischen Ländern der Erde unterschiedlich früh wahrgenommen wird, kann das Datum des ersten Tages des Ramadan von Land zu Land um einen Tag variieren.
Das islamische Neujahr 1430 ist am 29.12.2008, Neujahr 1431 am 18.12.2009 und Neujahr 1432 am 7.12.2010.

Staatliche Feiertage

Neujahr – 1. Januar; Tag der Arbeit – 1. Mai.; Tag der Vereinigung von Nord- und Südjemen – 22. Mai; Tag der Unabhängigkeit des Südjemen von den Briten – 30. November.

Hinweis: Der Revolutionstag im Südjemen (14. Oktober) und der Revolutionstag des Nordjemen (26. September) sind keine Feiertage mehr, sondern werden seit der Vereinigung im Jahre 1990 als nationale Gedenktage begangen.

005J Foto: bs

Bis in die 1990er Jahre waren Wanderungen auf eigene Faust möglich. Aufgrund der Sicherheitslage (Entführungen von Touristen) sind **derzeit keine individuellen Wandertouren erlaubt.** Gruppenreisende oder Einzeltouristen mit jemenitischen Begleitern können jedoch weiterhin große Teile des Landes erwandern.

Wanderungen können **bei europäischen Reiseveranstaltern** gebucht werden. Wenn nicht die nötige Anzahl an Klienten zusammenkommt, werden solche Touren jedoch abgesagt. Wer dieses Risiko nicht eingehen möchte, sollte direkt **bei einer jemenitischen Agentur** buchen (siehe „Reiseveranstalter"). Dies ist auch für Touristen eine günstige Alternative, die gern alleine oder in Kleinstgruppen reisen. Für den Fall von Streitigkeiten (mit jemenitischen Agenturen) muss berücksichtigt werden, dass der Gerichtsstand nicht in Europa ist.

Wir empfehlen, im Internet die Wandervorschläge jemenitischer Agenturen zu prüfen bzw. per Mail oder Fax dort anzufragen, ob eine der nachstehend aufgeführten Touren ganz oder teilweise durchgeführt werden kann.

Unsere Routen überbrücken **große Distanzen;** landschaftlich reizlose Strecken sollten mit dem begleitenden Auto des Reiseveranstalters zurückgelegt werden. Die Frage der **Ausrüstung** ist vorab zu klären, d.h. ob der Reiseveranstalter Zelte, Schlafsäcke usw. stellt.

Wanderung am Dschebbel Barrasch

Wanderung 1: Schahaara – Hadscha – Machwiet

Zeitbedarf: 6–8 Tage
- Wanderung: von Schahaara über die Brücke hinweg nach Rahaaba
- Auto: von Rahaaba nach Habur
- Wanderung: Habur, Rarab, Wadi Akhraf, Wadi Malach, Gallagil
- Auto: Gallagil, Kuchlan, Hadscha
- Wanderung: Hadscha, Al Tafain, Suk Schammada, Dschebbel Maswar
- Wanderung: Dschebbel Maswar, Wadi Adua, Suk Hammam im Wadi La'ah
- Auto: Suk Hammam, Machwiet

Wanderung 2: Menaacha – Machwiet

Zeitbedarf: 2–3 Tage
- Auto: Menaacha, Maggraba
- Wanderung: Wadi Al Jabass, Wadi Daian, Wadi Surdud, Wadi Scheia, Al Atha
- Auto: Al Atha, Mahall Jariem, Machwiet

Wanderung 3: Menaacha – Ibb

Zeitbedarf: 6–8 Tage
- Wanderung: Menaacha, Kahel, Dschebbel, Aiana, Al Urr
- Auto: Al Urr, Al Zenzil
- Wanderung: Al Zenzil, Hurabi, Al Muhammadi, Massil
- Auto: Massil, Al Hadehla, Uball, Suk Gutfah
- Wanderung: Suk Gutfah, Äbu, Dschauara, Al Jabien
- Auto: Al Jabien, Suk Al Dahall, Suk Gassier
- Wanderung: Suk Gassier, Dschebbel Maswar, Wadi Sachien, Wadi Riema, Wadi Näha, Dubbia, Subbaha, Wassab al Ali, Suk Ribat Benni Masaud, As Salf, Tonniba
- Auto: Tonniba, Markaz Ad Dann, Sahgit
- Wandg.: Sahgit, Wadi Mahar, Suk Rabuhr
- Auto: Suk Rabuhr, Wadi Zabied, Suk al Thluth, Dschib'dschib, Mafrak, Ibb

Wanderung 4: Ibb – Mudäikirah – Taiz

Zeitbedarf: 3 Tage
- Auto: Ibb, Dschibbla
- Wanderung: Ruhz, As Safia, Suk Gauala al Hafar, Mudäikirah
- Auto: Mudäikirah, Taiz

Wanderung 5: Taiz – At Turrba

Zeitbedarf: 3 Tage
- Auto: Taiz, Al Araus auf dem Berg Sabir
- Wanderung: Dschebbel Sabir, Dschebbel Sahmi, Al Äin, At Turrba

Wanderung 6: Mocha – Hocha

Zeitbedarf: 3 Tage
- Wanderung: Mocha, Yakthull, Molk, Sarrahi, Mohsche, Ma'am, Hocha

Wanderung 7: Dschebbel Burra

Zeitbedarf: 3 Tage
- Auto: Hudäida, Mansuhria, As Suchna
- Wanderung: As Suchna, Dimna, Mandil, Ather, Maggraba, Rukahb, Dschudäida, Dschuran, Dscharaib.
- Auto: Dscharaib, Wadi Sihahm, Ba'dschil

Bergsteigen

Bergtouren sind seit Ende der 1990er Jahre für Touristen ohne Begleitung jemenitischer Reiseveranstalter nicht erlaubt.

B 1: Umm Läila <Umm Layla> (2020 m)

- **Fahrzeit:** 1 Std. ab Saada
- **An- und Abstieg:** je ¾ Std.

Hinweis: Derzeit erhalten Touristen für die Provinz Saada keine Reisegenehmigung.

55 km nördlich von Saada führt die Straße von Saada über Bagim nach Dachraan direkt an Umm Läila („Mutter der Nacht") vorbei, dem **touristisch bekanntesten Berg dieser Region.**

Auf gut ausgebauter Straße geht es durch das breite Saada-Becken und die folgende schroffe Cañonlandschaft bis zum Fuße Umm Läilas, 6 km hinter der Ortschaft **Rughafah.** Der Berg ragt 400 m aus der Ebene und hat im oberen Teil – bis auf wenige Ausnahmen – ringsherum senkrechte Felswände.

Am Fuß des Berges folgen wir links einer Piste, die auf der linken Seite Umm Läilas hinauf zu einem Pass führt, wo die Straße Saada – Bagim wieder in Sicht kommt. Die Piste endet auf einem Wendeplatz.

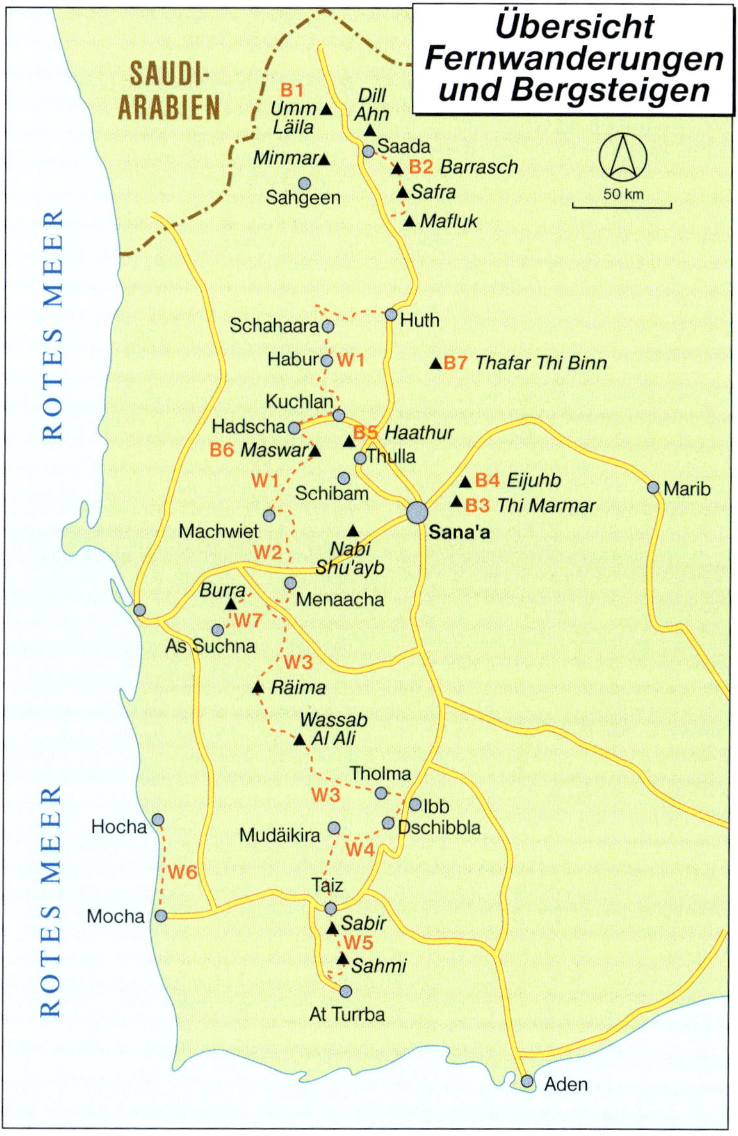
Übersicht Fernwanderungen und Bergsteigen
SAUDI-ARABIEN
ROTES MEER
ROTES MEER
50 km
B1 Umm Läila
Dill Ahn
Saada
Minmar
Sahgeen
B2 Barrasch
Safra
Mafluk
Huth
Schahaara
Habur
W1
B7 Thafar Thi Binn
Kuchlan
Hadscha
B5 Haathur
B6 Maswar
Thulla
W1
Schibam
B4 Eijuhb
B3 Thi Marmar
Marib
Sana'a
Machwiet
W2
Nabi Shu'ayb
Burra
Menaacha
W7
As Suchna
W3
Räima
Wassab Al Ali
Tholma
W3
Ibb
Hocha
Mudäikira
Dschibbla
W4
W6
Taiz
Mocha
Sabir
W5
Sahmi
At Turrba
Aden

Hier hangparallel (ohne Auf- oder Abstieg) nach Süden gehen, bis nach 10 Minuten ein Fußweg erreicht ist, der waagerecht weiterläuft, dann rechts abknickt und in einem Steilstück in Serpentinen empor führt. Ist der Weg zuerst noch relativ gut erhalten und durch Treppenstufen leicht zu begehen, wird er oben schwieriger. Die einst kunstvolle Steinmetzarbeit hat sich in ein Geröllfeld verwandelt, dessen Brocken im steilen Gelände gefährlich locker liegen. Eine letzte Hürde bedeutet am Ende des Steilanstiegs das Erreichen des verfallenen **Zugangstores.** Die letzten Meter vor dem Tor sind bis auf ein schmales, etwa 20 cm breites Steinband völlig zerstört.

Hinter dem Zugang sind kreisrunde Wasservorratslöcher von 50 cm Durchmesser im Boden zu beachten. Knapp unterhalb der Oberfläche erweitern sie sich und bilden Kammern von 3 m Durchmesser und gleicher Tiefe. Weiter oben auf dem Berg gibt es unzählige dieser Löcher.

Direkt hinter dem Tor führt ein Pfad links weiter leicht bergan. Nach kurzer Zeit geht es an zwei gut erhaltenen **Staubecken** vorbei (30 m lang). Auf einem breiten Steinplattenweg weiter zum höchsten Punkt des Berges zu einem verfallenen Wohnhaus oder Fort aufsteigen. Neben dem Zugang befindet sich eine 2 x 2 m große Felsplatte mit **vorislamischen Inschriften,** die über Instandhaltungsarbeiten an den Verteidigungsanlagen und Zisternen angesichts der Bedrohung durch ausländische Mächte berichten.

Von der Ruine bietet sich ein guter Rundblick über die weite, kahle Ebene, auf bizarre Hügel und Berge bis zum Horizont. Ein nach Süden ausgerichteter Hauserker gestattet den Blick auf das größte Ruinengelände Umm Läilas: 50 m tiefer sind auf einer ebenen Fläche Gebäude, Staumauern und eine **Moschee** mit eingebrochenem Dach und drei frei im Raum stehenden Rundbogen zu erkennen. Gut erhalten sind die etwa 4 m tiefe **Zisterne** und die hinabführenden, zu Kabinen gemauerten Treppen, ehemals Waschplätze für die Betenden. Hinter dem Staubecken an der Moschee bedeutet eine nach Süden bergab führende Rinne einen weiteren Zugang nach Süden bergab, ein weiterer Zugang nach Umm Läila, der für den Abstieg genutzt werden kann.

B 2: Dschebbel Barrasch (2360 m)

- **Fahrzeit:** 1 Std. ab Saada
- **An- und Abstieg:** je 2 Std.

Hinweis: Derzeit erhalten Touristen für die Provinz Saada keine Reisegenehmigung.

Der Barrasch, 18 km südöstlich von **Saada,** ist die Schlotfüllung eines einst sehr viel höheren Vulkans. Der Berg ist umgeben von einem bis auf halbe Höhe reichenden Schotterfeld, in dem – knapp unterhalb des nackten Felsens – ein **Ruinenfeld** auf 2070 m Höhe liegt. Jemeniten stufen die Anlage in die Zeit der osmanischen Besetzung ein. Uns scheinen die Häuser und Zisternen viel älter zu sein. Die Anlage ist auf einer Autospur zu erreichen, die an der Nordwestseite des Barrasch hochführt. Der Normalanstieg zum Gipfel verläuft an den Hausresten vorbei nach Norden, etwa 15 Höhenmeter unterhalb der Stelle, wo der steile Fels beginnt.

Wenige Minuten hinter den Ruinen erreicht der Pfad die Felswand, wo sich die erste Schlüsselstelle befindet, da der Weg z.T. abgerutscht ist. Nach Querung einer Wasserrinne geht es in einer etwa 20 m breiten Felsspalte steil bergan. Der hier einst emporführende Steinstufenweg ist bis auf wenige Reste abgerutscht. Das am Ende des Steilanstiegs gelegene **befestigte Tor** mit den Resten von **Wehrtürmen,** ist nach 1½ Stunden Anstieg auf 2240 m Höhe erreicht. Hier scharf rechts abbiegend geht es durch ein Schotterstück steil hoch, bis 50 m weiter der Anfang eines breiten Steinstufenweges erreicht ist. An verfallenen Befestigungsanlagen vorbei ist nach 30 Minuten auf 2360 m der **Gipfel des Barrasch** mit den Resten einer größeren Zisterne, einer längeren Wehrmauer aus dicken Felsbrocken und einigen Gemäuern erreicht. Die Anlage muss eine **wichtige militärische Bedeutung** gehabt haben, wie die behauenen Steinblöcke und der kunstvoll angelegte Zugangsweg beweisen.

Der Gipfel des Barrasch beeindruckt mit **Basaltpfeilern,** die in senkrechter Ausrichtung frei liegen. Die schönsten dieser Pfeiler, zum Teil in gebogenem Zustand, sind auf der

Praktische Reisetipps A–Z

nordöstlichen Seite des Berges zu finden.

Gipfelblick: Die Berge Safra und Mafluk liegen in 162°, Schahaara in 210°, Minmar in 290°, Mutauak in 298°, die Sinara-Burg in 310°, dahinter (verdeckt) Saada, Dill Ahn in 332°. Nachts ist in 25° die Lichtkuppel der saudi-arabischen Stadt Natschraan am Horizont erkennbar.

B 3: Dschebbel Thi Marmar (2410 m)

- **Fahrzeit:** 45 Min. ab Sana'a
- **An- und Abstieg:** je 2 Std.

Die Anfahrt ist in Rundreise 2, 1. Tag, bei Km 19 beschrieben.

40 Minuten nach der Abfahrt in **Sana'a** liegt links der Straße der Canada-Dry-Abfüllbetrieb. 5 Minuten später bei einer Tankstelle rechts zur 1 km entfernten Ortschaft **Gharas** am Fuße des Thi Marmar abbiegen. Am Ortsanfang verarbeiten mehrere **Brennöfen** und Mahlwerke Kalkstein zu Gips. Gips ist im Jemen ein wichtiger Baustoff für die Herstellung von Oberlichtern und für Stuckarbeiten im Haus. „Thi Marmar" bedeutet „Alabaster-Berg" und vom Abbau dieses Gesteins berichtete der Geschichtsschreiber *Hamdani* bereits im 10. Jahrhundert. Der milchige, schichtartige Gips fand bis in das 19. Jh. als Fensterglas Verwendung.

Vom rechten Ortsrand führt ein Steinstufenweg in die dem Thi Marmar entgegengesetzte Richtung auf den ersten Höhenzug hoch. Dort knickt der Weg nach links ab und läuft auf den Berg zu. Rechts am Steilabhang vorbei führt auf der Rückseite ein Zickzackweg das Massiv bis zur halben Höhe hoch. Am Ende des Weges geht es links horizontal weiter. Auf 2300 m Höhe muss der Graben

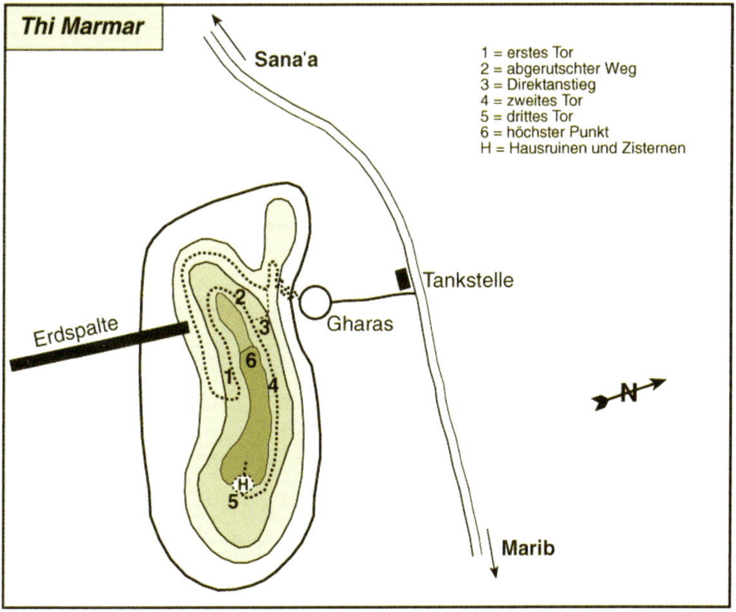

006J Foto: bs

vor dem **ersten befestigten Tor** durchklettert werden. Hier gibt es mehrere in den Berg gehauene Räume, die an Einsiedeleien erinnern.

An zwei Hausruinen vorbei ist auf der Westseite des Berges der Weg auf 10 m Länge abgerutscht. Diese Problemstelle lässt sich 5 m tiefer umgehen (nicht einfach). Gleich dahinter hat sich eine **Zisterne** erhalten. Der Pfad führt jetzt leicht bergauf zur Nordseite und durch das **zweite befestigte Tor** zur Ostseite des Berges. Hier, auf 2390 m, ist zwei Stunden ab der Asphaltstraße das **dritte Tor** auf dem Gipfelplateau mit mehreren Hausruinen und drei größeren Zisternen erreicht. Interessant sind der Gipfelblick, die Stuckarbeiten in einer Hausruine und die gepflasterte Zulauffläche an einer der Zisternen.

Der Thi Marmar war bis Mitte des 20. Jhs. neben dem Dschebbel Nukum der wichtigste Militärstützpunkt in der Sana'a-Ebene. Im Kampf um Sana'a war dieser Berg immer wieder Ausgangspunkt für Angriffe bzw. Rückzugsort geschlagener Truppen. Von den Rassuliden als Festung ausgebaut, war der Thi Marmar Anfang des 14. Jhs. und 1676–1681 Sitz zaiditischer Imame. Im Jahr 1983 wurden am Thi Marmar in einer Höhle **einbalsamierte Mumien** gefunden (siehe dazu auch Museen in Sana'a). Eine Beschreibung der Ruinen des Thi Marmar bieten die Veröffentlichungen des Deutschen Archäologischen Instituts: „Archäologische Berichte aus dem Yemen, Band 1".

Dschebbel Thi Marmar

B 4: Dschebbel Eijuhb <Jebel Ijub>

- **Fahrzeit:** 45 Min. ab Sana'a
- **An- und Abstieg:** je 1 Std.

Die Anfahrt ist in Rundreise 2, 1. Tag, bei Km 26 beschrieben. Auf dem Gipfel soll das **Grab des Propheten Hiob** (*Eijuhb* bzw. *Ijub*) liegen.

Beim zuvor beschriebenen km 26 rechts abbiegen und am linken Rand des breiten Tales bis zu den ersten Häusern und Kalkbrennöfen fahren. Hier in das von links kommende kleinere Seitental abbiegen und bis zum letzten allein stehenden Haus fahren, von wo die Moschee auf dem Eijuhb und der erste Teil des Anstiegs, die in den Fels gemeißelten **Steinstufen,** gut zu erkennen sind. Am Ende der Steinstufen ist der erste Absatz des Berges erreicht und auf einem schwach erkennbaren Fußweg geht es über ein Schotterfeld leicht links versetzt zu der Moschee hinauf. Die letzten Meter zum Gipfelplateau werden wieder auf einem Steinstufenweg zurückgelegt. Auf der lang gestreckten Hochfläche stehen wenige bewohnte Häuser und die Moschee mit dem Grab des Propheten *Hiob.*

Von Südosten führen zwei Autopisten den Berg hinauf. Da es keine Verkaufsläden gibt, muss Wasser mitgebracht werden.

B 5: Dschebbel Haathur <Jebel Hadur> (3140 m)

- **Fahrzeit:** 2 Std. ab Sana'a
- **An- und Abstieg:** je 1 Std.

Die Fahrt von Sana'a nach Thulla ist als Tagestour von Sana'a beschrieben. Die Straße

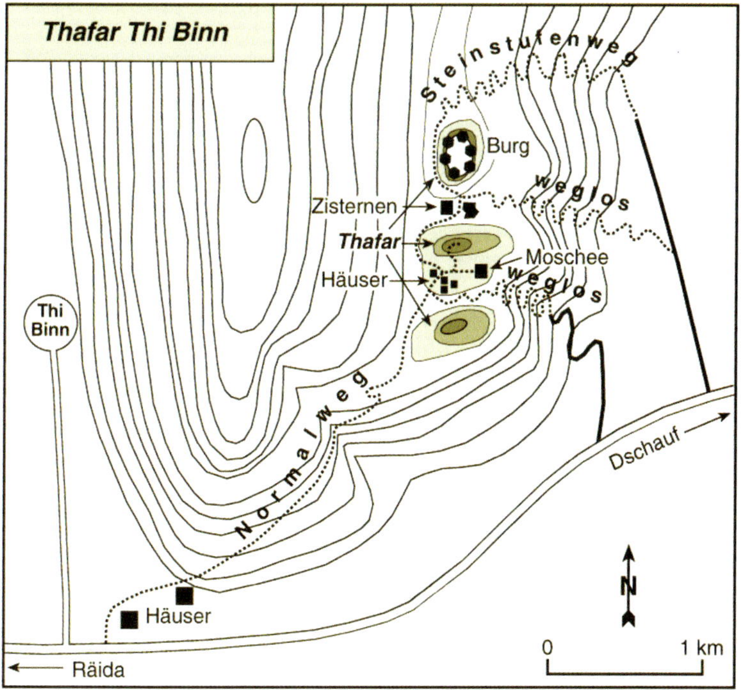

007 Foto: bs

führt in **Thulla** außen um die Stadtmauer herum und läuft nach Westen. Kurz hinter Thulla an einer Gabelung halb links halten. Am Fuße des Haathur (5 km hinter Thulla) den Abzweig nach links zum Ort **Haathur al Scheich** (2870 m) nehmen.

Im ersten Drittel des Dorfes weglos in einem Wadi bergan bis auf 2950 m Höhe, zum Anfang eines guten Steinstufenwegs gehen. Der jetzt folgende Steilanstieg ist gepflastert mit verrosteten Blechbüchsen aus dem Bürgerkrieg. Kurz unterhalb des Gipfels führt der Weg durch ein Loch in der Wehrmauer. Wichtig, sich die letzten 100 m vor dieser Stelle für den Rückweg einzuprägen.

Das Gipfelplateau mit Zisternen, **Ruinen** und den Resten einer Moschee, ist nach knapp 1 Stunde erreicht. Gut erhalten ist ein aus dicken Felsbrocken aufgeschichteter **Wehrturm.** Nur der östliche Teil des Haathur-Plateaus war für Verteidigungszwecke ausgebaut, der westliche Teil ist eine kahle Geröllebene.

Der Haathur mit seinen **Befestigungsanlagen** liegt am ehemaligen Verbindungsweg von Sana'a nach Amran und weiter in den zaiditischen nördlichen Jemen. Der Berg diente (wie Kaukaban und Thulla) als wichtiger Stützpunkt zaiditischer Truppen im Kampf gegen das von ausländischen Mächten besetzte Sana'a. Von den zwei **Goldminen** im Haathur aus sabäischer und himjaritischer Zeit – der Geschichtsschreiber *Hamdani* berichtet davon im 10. Jh. – ist nichts erhalten.

Vom Haathur liegt Thulla in 105° und Kaukaban in 150°.

Burganlage Thafar Thi Binn

B 6: Dschebbel Maswar (3120 m)

- **Fahrzeit:** 3 Std. ab Sana'a
- **An- und Abstieg:** ab Bäit Adhaka je 2 Std.

Die Anfahrt erfolgt von Sana'a entweder über Amran (Rundreise 1, 7. Tag, Abstecher nach Hadscha, Km 20,4) oder über Thulla (Tagestour von Sana'a, Weiterfahrt von Thulla) nach Bäit Adhaka am Fuße des Maswar.

Von **Bäit Adhaka** geht es zum Gipfel des Maswar wie folgt: Vom Ort führt eine Fahrstraße direkt auf den Dschebbel Maswar (sie sollte für den Abstieg benutzt werden).

Für den **Aufstieg** empfehlen wir die zweite Piste, die rechts am Steilabbruch des Maswar zu einem Pass hochführt und auf der Rückseite des Berges nach Suk Schammada verläuft.

Nachdem Bäit Adhaka außer Sicht ist (wenige Meter hinter dem Pass), zweigt links ein nur schwach erkennbarer **Fußweg** ab. Knapp unterhalb des Gipfelplateaus führt der Pfad durch ein befestigtes Tor zu einigen Hausruinen. Vom Tor nicht weglos steil aufsteigen, sondern rechts leicht bergan weitergehen. Sobald die Hochfläche erreicht ist, geht es links an der Steilklippe zum ersten **Wehrturm,** von dem sich ein schöner Blick über den Berg bietet.

Der Maswar ist auf gut 3000 m Höhe eine Welt für sich, mit Ortschaften, Terrassenfeldern, Hügeln und Tälern. Da der Berg ringsherum steil abfällt, hatte das Plateau mit sieben schwer befestigten Zugängen eine ideale Verteidigungsanlage.

Vom Wehrturm geht es durch die erste Ortschaft - vorbei an einer dicht bewachsenen Grotte, in die Wasser tropft - zum höchsten Punkt der Hochfläche. Dort liegt die **Festung Bäit Faez** aus der Osmanenzeit, von der außer der ringförmig angelegten Wehrmauer nicht viel erhalten ist. Unterhalb der Festung läuft eine Fahrpiste zu der am anderen Ende des Plateaus liegenden Ortschaft **Bäit al Fakki** (nicht zu verwechseln mit der gleichnamigen Stadt in der Tihama).

Der Rückweg nach Bäit Adhaka erfolgt auf der Piste nach links.

Wenig steil bergab geht es zunächst an einer **Befestigungsanlage** mit großen, behauenen Steinen vorbei. Kurz hinter diesem Gemäuer fällt (im Wortsinne) der Fahrweg die steile Wand hinunter. Im steilsten Stück durchbricht die Piste (sie verläuft durch eine ca. 20 m breite, 500 m lange Felsspalte) eine alte **Verteidigungsmauer,** die hier, strategisch günstig, den Bergzugang abriegelt. Wenig später ist Bäit Adhaka erreicht.

B 7: Thafar <Zafar> (2080 m)

- **Fahrzeit:** 2½ Std. ab Sana'a
- **An- und Abstieg:** je 1½ Std.

Hinweis: Bei diesem Burgberg handelt es sich nicht um die gleichnamige Hauptstadt des himjaritischen Reiches!

Die Anfahrt erfolgt von Sana'a über Räida (Rundreise 1, 7. Tag, Abstecher 1 von Räida). Startpunkt der Wanderung ist der Abzweig zum 2 km entfernten Thi Binn von der Straße in Richtung Dschauf. Der Fußweg beginnt etwa 300 m vom Abzweig entfernt, führt unterhalb des ersten Hauses vorbei und dann oberhalb der Weingärten bis zum Beginn des Bergsteigs.

Auf dem ersten Abschnitt laufen zeitweise zwei „Wege" in wenigen Metern Abstand parallel, der untere ist ein Wasserkanal. Auf 1900 m ist ein schöner Aussichtspunkt in das nach Nordost ziehende breite Wadi erreicht. 100 m hinter dieser Stelle ist links am Weg eine kleine **Zisterne** erhalten. Von dem Becken gesehen liegt Thafar hinter einem Pass in 25°. Auf der Erhebung rechts vom Pass sind Ruinen des südlichen Teils der Thafar-Anlage zu erkennen.

Nach 75 Minuten Wanderung ist in 2080 m Höhe Thafar erreicht, dessen **Befestigungsanlage** sich über drei Bergkuppen erstreckt. Zwischen den beiden ersten liegen bewohnte Häuser und eine **Moschee** mit einem Minarett aus gebrannten Ziegeln (schöne Ziegelsteinmuster), die u.a. Schlangen zeigen, welche sich gegenseitig anschauen. Dies ist wegen des Abbildungsverbots von Mensch und Tier im Islam eine ungewöhnliche Ausschmückung. Für uns ist es eines der schönsten Minarette im Jemen. Die Moschee wurde Anfang des 13. Jhs. unter Imam Abdallah Bin Hamza errichtet, dessen Grab sich im Innern befindet. Das Gebäude wurde zweimal mit internationaler Hilfe restauriert.

Von den Häusern führt ein treppenähnlicher Zugang an Türmen und Wehrmauern vorbei auf den mittleren Teil der Anlage. Dort bietet sich der schönste Blick nach Norden, zur **Burganlage,** den dazwischenliegenden Ruinenfeldern und zu **vielen Zisternen**. Der Burgberg verfügt über eine gut erhaltene Mauer mit Wehrtürmen.

Auf dem Treppenweg geht es zurück zu den Häusern und rechts in einen Wasserkanal, der durch ein befestigtes Tor führt. Das Tor ist in eine Verteidigungsmauer integriert, deren Lehmbauweise überrascht, ist dies doch das einzige Lehmbauwerk in Thafar.

Auf den Burgberg leitet ein weitgehend zerstörter Steinstufenweg. Oben befinden sich eine Hausruine mit schönen Stuckarbeiten, eine Zisterne, bei der noch die Überdachungskonstruktion erkennbar ist, und zwei der für den Jemen typischen, in den Boden gemeißelten Wasserkammern.

Thafar stellt andere historische Orte des Jemen in den Schatten. Verglichen mit den Bauwerken in Marib, Na'it, Thafar (bei Kitab) und Nagb al Hadscher ist diese Anlage riesig. Ähnlich weitläufig und relativ gut erhalten ist nur Baraagisch.

Welch große Bedeutung muss Thafar einmal gehabt haben! Die drei Burgberge liegen hoch über dem Schnittpunkt zweier Täler und eigneten sich hervorragend, herannahende Karawanen und Feinde zu erspähen. Von dem am weitesten südlich gelegenen (kleinsten) Teil der Anlage lässt sich auch das Tal in Richtung Räida überblicken. Faszinierend die Landschaft mit schwarzem Lavageröll. Wo das Gestein weggeschoben wurde, sind Wein- und Katfelder angelegt, deren Grün weithin leuchtet.

Von der Thafar-Anlage führen zwei Fußwege direkt in ein Tal hinunter (es ist nicht dasjenige von Thi Binn), eine Alternative zu dem beschriebenen (schöneren) Anstiegsweg.

Fotografieren

Der Jemen bietet mit seinen grandiosen Landschaften, mit Märkten und Menschen so viele Motive, dass häufig ein „Fotorausch" die Folge ist. Damit das Fotografieren in diesem traditionellen, islamischen Land konfliktfrei bleibt, sind einige Punkte zu bedenken:

- **Die islamische Tradition verbietet das Ablichten von Personen.** Touristen müssen dieses Verbot respektieren und vor dem Fotografieren von Menschen deren Erlaubnis einholen.
- **Frauen** dürfen grundsätzlich **nicht fotografiert** werden.
- **Kinder** können fotografiert werden. Touristen sind ohnehin oft von einem Kinderschwarm umgeben, der „ßuhra, ßuhra", d.h. „Foto, Foto", schreit.
- **Militärische Objekte** (Kasernen, Panzerstellungen, Waffen, Straßensperren, Militärfahrzeuge, Soldaten) dürfen nicht fotografiert werden.
- **Staatliche Gebäude,** Schulen, Krankenhäuser, Brücken, See- und Flughäfen dürfen nicht fotografiert werden.

Kauf von Filmen und Speicherchips

Nehmen Sie genügend **Filmmaterial, Speicherchips, Ersatzbatterien und das Aufladegerät von zu Hause** mit. Filme und Apparat sollten vor Sand/Staub und Hitze gut geschützt sein.

Speicherchips für Digitalkameras können in Sana'a gekauft werden (z.B. in einem Sony-Geschäft in der Al-Qaser-Straße hinter der Post). Ein Speicherchip mit 256 MB kostet ca. 60 Euro.

Negativfilme (350–500 Rial) sind in allen größeren Städten erhältlich. **Diafilme** (1000 Rial) gibt es in Sana'a, Taiz und Aden.

Labors in Sana'a

- links neben dem *Sheba-Hotel* (Zabara Labs)
- in der 26.-September-Straße, Ecke Tachrier-Platz (Zabara Labs)

Kamera-Reparatur

Reparaturen sind innerhalb eines Tages möglich bei: **Khaled Camera Service** in Sana'a, Tel. 273620, gegenüber der Hauptpost in der zweiten kleinen Gasse rechts vom Bab as Sabah (siehe Stadtplan „Sana'a Altstadttouren").
Hier gibt es auch eine gute Auswahl an neuen Kameras.

Buchtipps:
- Helmut Herrman, **Reisefotografie**
- Volker Heinrich, **Reisefotografie digital**

Beide Bände
REISE KNOW-HOW Verlag, Praxis-Reihe

Geld

Die Währung des Jemen ist der **Rial.** Münzen sind 5, 10 und 20 Rial (Aufdrucke bei 5 und 10 Rial nur in arabischer Sprache). Die Rückseite der 5-Rial-Münze zeigt die Zentralbank in Sana'a, der 10-Rial-Münze die Brücke von Schahaara, der 20-Rial-Münze einen Drachenblutbaum. Banknoten mit dem Aufdruck in arabischer und englischer Sprache sind zu 20, 50, 100, 200, 500 und 1000 Rial im Umlauf.

Die **Wechselkurse** der Banken sind denen der privaten Wechselstuben angeglichen. Zu etwas schlechteren Kursen wird in den Hotels getauscht. Der Wechselkurs betrug im Mai 2008:

- 1 Euro = 198 Rial
- 1 US$ = 183 Rial

Die aktuellen **Wechselkurse** können täglich auf der Homepage der Yemen Times angesehen werden: **www.yementimes.com,** mit einem Link zu „Exchange Rates".

Nur in wenigen Hotels und Geschäften werden **Kreditkarten** akzeptiert. Einige Banken in Sana'a und Taiz und die *Arab Bank* in Aden (Madram Street) haben ATM-Automaten für Kreditkarten (Sana'a: *Arab Bank* an der Zubeiry Street und im Sana'a Trade Center, *International Bank of Yemen, Tadhamon International Islamic Bank*). Auch auf dem Tachrier-Platz gegenüber dem Militärmuseum und an der Zubeiry-Straße zwischen Kreuzung Abdul-Mughni-Straße und Bab al Yemen befinden sich ATM-Automaten für Mastercard, Visa, AMEX und Maestro. Die Auszahlung erfolgt in US$ oder Rial.

Private **Geldwechselstuben** gibt es in allen Städten, sie tauschen Euro oder Dollar, wobei die Wechselkurse in allen Orten nahezu gleich sind.

Vor dem zunehmenden **Schwarzmarkt** (Touristen werden gezielt auf der Straße von fliegenden Händlern angesprochen) möchten wir dringend warnen!

Vollständigkeitshalber ist zu erwähnen, dass der **Maria-Theresien-Taler** im Jemen bis 1962 eine offizielle Währung war und bis in die 1980er Jahre (aufgrund seines Silbergehalts) in der Saada-Provinz als Zahlungsmittel diente. Noch heute werden die Silberstücke auf dem Suk At-Talach gehandelt. Ein Maria-Theresien-Taler kostet ca. 2200 Rial.

Bei **Verlust der Kreditkarte** siehe Kapitel „Notfälle".

Hinweise

- **Banken** wechseln Bargeld (Euro, Dollar).
- **Travellerschecks** werden fast nirgendwo akzeptiert.
- In den Jemen sollte **Bargeld mitgeführt** werden (private Geldhändler akzeptieren nur Bargeld).
- Die **Einfuhr** der jemenitischen Währung **Rial** durch Touristen ist **verboten.**
- Inlandsflüge, jemenitische Reiseveranstalter, Mietwagen und wenige Hotels müssen mit US-Dollar bezahlt werden, d.h. auch **US-Dollar-Scheine mitnehmen.**
- Die **privaten Wechselstuben** nehmen bevorzugt 50-US$- und 100-US$- sowie 50- und 100-Euro-Scheine. Kleinere Werte werden oftmals zurückgewiesen oder zu einem deutlich schlechteren Kurs gewechselt. Druckfrische, saubere, unbeschädigte 100-US-$ oder -Euro-Scheine erzielen einen etwas besseren Kurs.

Gesundheit

Laut Krankenhausstatistiken sind **Malaria, Bilharziose, Hepatitis** und **Typhus** im Jemen weit verbreitet. Um Bilharzioseerkrankungen zu vermeiden, sollte in Bachläufen und Wasserlöchern nicht gebadet werden.

Häufige **Reisekrankheiten** sind Durchfall, Höhenanpassungsprobleme (Kreislauf), Sonnenstich und Reiseübelkeit.

Impfungen

Vor Antritt der Reise sollte das nächste Tropenmedizinische Institut, die Landesimpfanstalt oder der Hausarzt wegen der nötigen/möglichen Impfungen befragt werden. Bei der direkten Einreise aus Westeuropa wird in Sana'a kein **Impfpass** verlangt. Für den Krankheitsfall sollte dieses Dokument jedoch mitgenommen werden. Bei der Einreise aus diversen Drittweltländern wird eine Gelbfieber-Impfbescheinigung verlangt.

Bilharziose

Die Erkrankung wird durch Würmer in stehenden Gewässern übertragen. Die Vermehrung der Würmer geschieht durch Süßwasserschnecken als Zwischenwirte. Die Larven der Würmer dringen durch die Haut des Menschen ein und wandern über Lymph- und Blutgefäße in die Leber, wo sie sich zu Pärchenegeln entwickeln. Anschließend verbreiten sie sich über die großen Venen des Körpers und befallen v.a. Harnblase, Darm, Leber, Lunge und Gehirn. Anfängliche Anzeichen einer Erkrankung sind juckender Hautausschlag an der Eintrittsstelle der Larven, akute fieberhafte Erkrankung, Schmerzen im Oberbauch und beim Wasserlassen/Stuhlgang, dazu kommen extreme Müdigkeit/Abgeschlagenheit. Es kann aber auch ohne Anfangsbeschwerden ablaufen und bei Nichtbeachtung zu Spätschäden kommen. Die Diagnose erfolgt durch Nachweis von Eiern in Stuhl und Urin. Seit einigen Jahren sind wirksame Medikamente auf dem Markt, die zu einer Ausheilung führen.

Cholera

Cholera ist eine durch Bakterien ausgelöste Durchfallerkrankung. Unbehandelt ist sie in bis zu 60% der Fälle tödlich. Die Übertragung erfolgt durch das Trinken von mit Bakterien kontaminiertem Wasser. Die Bakterien bilden ein Gift (Exotoxin), das im Darm zu massiven Flüssigkeitsverlusten führt. Symptome sind plötzlich auftretende schmerzlose, wässrige Durchfälle, Übelkeit und Erbrechen, aber kein Fieber. Wegen des großen Flüssigkeits- und Mineralienverlusts kommt es zu Muskelkrämpfen und Schockzuständen. Unbehandelt tritt der Tod durch Kreislaufkollaps und Nierenversagen ein. Als sofortige Therapie muss ein Ersatz von Flüssigkeit und Elektrolyten erfolgen (Infusion). Es sind Impfstoffe auf dem Markt, doch in ihrer Wirksamkeit fragwürdig. Die beste Vorbeugung ist eine konsequente Lebensmittelhygiene. Cholera ist im Jemen seit 1992 im Anstieg begriffen.

Hepatitis

Hepatitis ist eine entzündliche Erkrankung der Leber, ausgelöst durch Bakterien, Parasiten, Medikamente, Alkohol oder Chemikalien, am häufigsten jedoch durch Viren. Die fünf Virustypen A, B, C, D und E werden je nach Virustyp unterschiedlich übertragen.

Hepatitis A: Die Übertragung geschieht durch Schmierinfektion (fäkal/oral) über die Nahrung, durch Benutzung von Wasserpfeifen u.a. Die Infektion verläuft zunächst unbemerkt, nach 2 bis 9 Wochen treten die Symptome wie Müdigkeit/Abgeschlagenheit, Appetitlosigkeit, Gewichtsverlust, Muskel- und Gelenkbeschwerden, Druckgefühl im rechten Oberbauch, Erbrechen und Fieber auf. Später kommt es zu einer Dunkelfärbung des Urins, Hellfärbung des Stuhls, Gelbfärbung der Augen und zu Juckreiz. Bei Ansteckung wird Bettruhe, fettarme Kost und Verzicht auf Alkohol verordnet.

Anzuraten ist eine Impfung. Zwei Impfungen (Havrix) in einem Abstand von einem halben Jahr gewähren Schutz für mehrere Jahre.

Hepatitis B: Übertragung auf dem Blutweg (sexuell oder Blutübertragung). Die Inkubationszeit beträgt 1 bis 6 Monate. Die Symptome sind wie bei Hepatitis A. Eine Schutzimpfung ist möglich.

Hepatitis C: Übertragung auf dem Blutweg (z.B. Bluttransfusion, beim Sex sicherlich Restrisiko). Es ist keine Schutzimpfung verfügbar, daher sind Vorsichtsmaßnahmen anzuraten.

Hepatitis D und E spielen für den Jemen-Reisenden keine Rolle.

Malaria

Malaria tropica gehört zu den fieberhaften Tropenkrankheiten, wird durch Mücken übertragen und führt unbehandelt nicht selten zum Tode. Etwa 6 Tage nach dem Stich einer infizierten Anophelesmücke kann es zu ersten Symptomen kommen, die letztendlich zu einem lebensbedrohlichen Organversagen führen. Eine frühzeitige Therapie ist immer erfolgreich. Wird Zeit durch Abwarten verschenkt, so kommt es zu einer starken Vermehrung der Parasiten in den Blutgefäßen. Eine Malaria tropica „tarnt" sich häufig als Grippe oder Durchfallerkrankung, die Symptome können auch erst nach der Rückkehr ins Heimatland auftreten. Eine gute Impfvorsorge gibt es nicht. Eine Prophylaxe schützt nicht in jedem Fall vor einer Infektion, doch kann dadurch der Krankheitsverlauf deutlich abgemildert werden. Malaria tritt **ganzjährig** auf. Auch die schwere Malariaform (M. tropica) kommt im Jemen vor. Die Höhenlagen (Sana'a) gelten als malariafrei. Ein mittleres Risiko besteht im Tiefland unterhalb 2000 m von September bis Februar und nach Regenperioden. In den übrigen Monaten und in Trockenzeiten ist das Risiko gering.

Ein konsequenter **Mückenschutz** in den Abend- und Nachtstunden verringert das Malariarisiko erheblich. Anzuraten ist die Mitnahme und konsequente Aufhängung eines Mückenschutz-Netzes für die Nacht. Abends sollte sich der Reisende mit einem Anti-Mücken-Mittel einreiben und körperbedeckend kleiden.

Ergänzend ist die Einnahme von Anti-Malaria-Medikamenten (**Chemoprophylaxe,** z.B. *Malarone, Lariam*) zu empfehlen. Zu Art und Dauer der Chemoprophylaxe fragen Sie Ihren Arzt oder Apotheker bzw. informieren sich in einer reisemedizinischen Beratungsstelle. Malariamittel sind verschreibungspflichtig. Die Chloroquin-Resistenz der Malaria-Stämme im Jemen wird als eher gering angegeben, so dass manche Reisende auch nur Resochin nehmen; hiermit ist die Sicherheit aber geringer. Doxycyclin ist als Malaria-Mittel in Deutschland nicht zugelassen, wird aber auch genommen.

Die Mittel der Chemoprophylaxe belasten die Leber, und ein 100%-iger Schutz ist nicht gegeben. Manche Menschen reagieren stark auf die Medikamente, was die Urlaubsfreude beeinträchtigt. Auf der anderen Seite bewegt sich der Tourist – selbst wenn er nur im Hochgebirge reist – auch auf Höhen unter 1500 Meter, wo die Anophelesmücke zu finden ist.

Buchtipps:
- Armin Wirth
Erste Hilfe unterwegs
- David Werner
Wo es keinen Arzt gibt
- Dr. Dürfeld, Dr. Rickels
Selbstdiagnose und Behandlung unterwegs

Alle drei Titel
Reise Know-How Verlag, Praxis-Reihe

Polio

Die so genannte Kinderlähmung wird durch Viren übertragen. Eine Infektion kann zu bleibenden Lähmungen oder zum Tode führen. Die Übertragung erfolgt durch Tröpfchen- und Schmierinfektion, aber auch durch Lebensmittel. In 95% der Erkrankungen entwickeln sich keine speziellen Symptome oder Polio zeigt sich als harmlose Durchfallerkrankung. Anfangssymptome sind Kopf- und Gliederschmerzen, Schnupfen, Bronchitis, Fieber und Durchfall. Nur 1% der Erkrankungen führen zu Lähmungserscheinungen. Dennoch ist eine Impfung bzw. Auffrischung angeraten.

Tetanus

Diese Infektionskrankheit wird durch das Gift der Tetanusbakterien hervorgerufen. Die Erreger befinden sich im Erdreich und in Tierexkrementen. Die Infektion erfolgt durch Eindringen der Bakterien in Hautverletzungen. Das Gift zieht entlang von Nerven und auf dem Blutweg ins Gehirn. Die Inkubationszeit beträgt 4 bis 14 Tage. Es kommt zu einer krampfartigen Starre der Muskulatur (Wundstarrkrampf), beginnend im Gesicht, später am ganzen Körper. Bei einer Infektion gibt es keine Therapie.

Eine Grundimpfung haben die meisten Bundesbürger. Eine Auffrischung ist alle 10 Jahre angeraten, auf jeden Fall vor einer Jemenreise.

Typhus

Gehört zur Gruppe der Salmonellen-Infektionen, wird durch spezielle Salmonellen-

Reiseapotheke – Grundausstattung

- **Durchfall:** Imodium zum Stoppen des Durchfalls. Dann ggf. Antibiotika (z.B. *Ciprobay*) gegen die Infektion des Darmbereichs. Gleichzeitig viel Flüssigkeit aufnehmen, verbunden mit Salz und Mineralstoffen oder Salztabletten (z.B. Schwedentabletten, *Elotrans*) für den Mineralhaushalt. *Perenterol forte* für die Normalisierung der Darmflora.
- **Hautverletzungen:** *Mercurocrom*-Lösung, *Traumasept* Salbe, Verbandsmittel (Pflaster).
- **Kompressionsbinde:** bei Verstauchungen, Blutergüssen, gegen Thrombosen
- **Nasenentzündung:** Nasensalbe oder Gel (extreme Lufttrockenheit führt leicht zu Nasenreizungen und zu Austrocknung, Entzündung und Schwellung der Nasenschleimhaut)
- **Augenentzündung** (durch Staub und Wind): Augentropfen (z.B. *Berberil N*)
- **Insektenstiche:** *Autan, Perysan,* Kühlsalbe
- **Malaria** (nach Rücksprache mit dem Arzt): *Malarone, Lariam, Resochin* u.a.
- **Reiseübelkeit:** geeignete Tabletten (der vielen Straßenserpentinen wegen)
- **Schmerz:** *Aspirin* o.Ä. (ASS auch als gewisser Schutz gegen Thrombose bei Langstreckenflügen)
- **Sonne:** Sonnencreme (Lichtschutzfaktor 8–10)
- **Sonnenbrand:** Kühlsalbe, *Labiosan* für die Nase
- Zur Stärkung der körpereigenen **Abwehrkräfte:** *Echinacea Stada,* Multivitamin-Tabletten mit Mineralstoffen und Spurenelementen (z.B. *Eunova*); *Hepa-Besch* als Leberschutz
- **Fieber:** Mittel gegen fiebrige Infekte, Fieberthermometer
- **Erkältung:** Hustenmittel, Halstabletten

Bakterien ausgelöst. Die durch Nahrungsmittel oder Wasser aufgenommenen Bakterien führen zur Infektion. Es kommt zu hohem Fieber, bis 40 °C. Als Therapie wird Antibiotikum gegeben. Bei Infektionsgefahr ist eine Impfung möglich, deren Wirksamkeit aber nur bei 60% liegt. Die angeratene Vorsichtsmaßnahme ist eine konsequente Lebensmittelhygiene.

Tollwut

Eine Viruserkrankung von Tieren, die durch Biss u.a. Kontakte (z.B. Speichel) auf den Menschen übertragen wird. Tollwut endet unbehandelt tödlich. Neben Hunden sind Katzen, Füchse, Mäuse, Ratten und Rinder Überträger. Symptome sind Schmerzen an der Bissstelle, Übelkeit, Erbrechen, Fieber, Taubheitsgefühl, Muskelkrämpfe, Erregungszustände und Lähmungen, die nach zwei Wochen zum Tode führen. Eine Impfung gegen Tollwut ist möglich. Tollwut ist im Jemen weit verbreitet. Wer sicher gehen will, sollte wegen der überall in großer Zahl streunenden Hunde und Katzen eine Tollwutimpfung vornehmen lassen.

Häufig gestellte Fragen

Schlangen

Von den 40 Schlangenarten des Jemen sind mindestens vierzehn giftig. Nach einem Schlangenbiss sollte das nächste Krankenhaus aufgesucht werden, wo Gegengift – hoffentlich – bereitsteht.

Skorpione

Sie kommen häufig vor, sind unter Steinen, in Mauerritzen, aber auch in Häusern anzutreffen. Der Stich mit dem Giftstachel am Schwanz ist schmerzhaft und verursacht starke Schwellungen. Es sollte sofort ein Krankenhaus zwecks Gegenserum aufgesucht werden.

Durchfall

Dieses Thema könnte lang und breit beschrieben und diskutiert werden. Kaum ein Reisender entkommt ihm, da Gläser und Geschirr oft nur oberflächlich gereinigt werden und das Immunsystem des Touristen durch Stress, Umstellung und Hitze geschwächt ist. Der Darm reagiert empfindlich auf ungewohnte Bakterien, so ist ein Durchschnittsdurchfall ganz normal. Vorsichtsmaßnahmen sind: Nur Mineralwasser trinken und zum Zähneputzen benutzen, nur Gekochtes/Gebratenes essen, keine Salate.

AIDS

Auch im Jemen leben Menschen mit HIV-Infektion, derzeit sollen es 12.000 sein. Die Ansteckungsrisiken sind bekannt. Von Touristen wird bei der Einreise kein HIV-Nachweis verlangt, solange sie sich touristisch und weniger als zwei Monate im Jemen aufhalten. Bei einem Aufenthalt von mehr als zwei Monaten wird ein negativer HIV-Testnachweis verlangt. HIV-Positive werden umgehend ausgewiesen.

Krankenhäuser

Jede größere Stadt im Jemen hat ein Krankenhaus *(mustaschfa)*, kleinere Orte verfügen über ein Gesundheitszentrum *(mustausaf)*. In den letzten Jahren haben vermehrt private Arzt- und Zahnarztpraxen und Krankenhäuser eröffnet, deren Ärzte oftmals im – westlichen – Ausland studiert haben.

In Sana'a gibt es zwei Kliniken, in denen auch Deutsch gesprochen wird: das *Yemen German Hospital* und das *Modern German Hospital* (siehe Sana'a).

Informationen zur medizinischen Versorgung in **Notfällen** gibt die Deutsche Botschaft in Sana'a (unter Tel. 413174 und 413177/8). Die Botschaft verschickt auch per E-Mail eine aktuelle Ärzteliste (germemba sanaa@y.net.ye).

Apotheken

Apotheken *(ßaidelia)* sind vielerorts zu finden, aber es wird dort in der Regel kein Englisch gesprochen. Reisende werden viele bekannte westliche Medikamente in den Regalen sehen, deren Verfallsdatum beachtet werden sollte. Zum Teil sind Tabletten (beispielsweise Malaria, Vitamine) billiger als in Deutschland.

Informationen

Reisemedizinische Fachinformationen:

- **Centrum für Reisemedizin/TravelMED®**
Hansaallee 321, 40549 Düsseldorf
Tel. 0211/90429-0, -60
Fax 0211/90429-99, -69
info@crm.de, info@travelmed.de
www.crm.de, www.travelmed.de

Empfehlenswerte **Internet-Seiten** zum Thema Krankheiten und Reisemedizin sind:

- www.auswaertiges-amt.de
- netdoktor.de

Informationsstellen

Deutsch-Jemenitische Gesellschaft e.V.

Die Gesellschaft bemüht sich seit 1970 um die „Pflege und Förderung der deutsch-jemenitischen Freundschaft". Der Mitgliedsbeitrag beträgt 50 Euro im Jahr. Die DJG erteilt aktuelle Reiseinformationen und gibt den zweimal jährlich erscheinenden **Jemen-Report** heraus. Diese Zeitschrift enthält interessante Informationen zur politischen und wirtschaftlichen Entwicklung des Landes sowie zu Geschichte und Kultur. Die Zeitschrift kann von Nicht-Mitgliedern für 6 Euro plus Versandkosten bezogen werden, für Mitglieder ist sie kostenlos. DJG-Mitglieder erhalten eine Ermäßigung bei der Erteilung des Einreisevisums. Die Autorin dieses Reisehandbuchs ist als Beirätin in der DJG tätig.

- **Deutsch-Jemenitische Gesellschaft e.V.**
(Geschäftsstelle):
Kartäuserstr. 23, 79102 Freiburg,
Tel. 0761/7071113, Fax 0761/7071114,
www.djg-ev.de, jemen@t-online.de.
1. Vorsitzender und Ressort Tourismus bzw. allg. Fragen zur DJG:
Peter Hellmuth,
Johann-von-Weerth-Str. 15, 79100 Freiburg,
Tel./Fax 0761/406196,
peter.h.hellmuth@t-online.de

Jemenitisch-Deutsche Gesellschaft e.V.

Am 4. Oktober 1990 wurde die Jemenitisch-Deutsche Freundschaftsgesellschaft in Sana'a gegründet. In ihrem Emblem sind das Brandenburger Tor in Berlin und das Stadttor Bab al Jemen in Sana'a dargestellt. Die Räumlichkeiten der Gesellschaft (mit Bibliothek) befinden sich in der Straße Abu Al-Hassan Al-Hamdani in der Nähe der Kreuzung Hadda-Straße/60. Straße.

Internet

Bei der allgemeinen Suche nach Informationen zum Thema Jemen und Reisen sollten die bewährten **Internet-Suchmaschinen** (z.B. www.google.com, www.lycos.de, www.altavista.de) in Anspruch genommen werden. Unter den Begriffen **„Reisen"** und **„Jemen"** erscheinen Tausende von Eintragungen. Es gibt Links zu interessanten www-Adressen.

- **www.derjemen.de**
„Das Fenster zum Jemen", viele gute Informationen über den Jemen.
- **www.y.net.ye**
Links zu *Travel and Tourism, Yemeni Newspapers, Governmental Web Pages, Yemeni Universities and Schools, Organizations and Embassies, Banks and Insurance Companies.*
- **www.yementourism.com**
Die Seite der offiziellen *Yemen Tourism Company (Ministry of Tourism).*
- **www.al-bab.com**
Links zu verschiedenen Themen der arabischen Welt und des Jemen (englischsprachig). Empfehlenswert.
- **www.djg-ev.de**
Deutsch-Jemenitische-Gesellschaft
- **www.wikipedia.org/wiki/Jemen**
Alles über den Jemen, freie Enzyklopädie, wo jeder alles schreiben kann.
- **www.sanaa.diplo.de/de/Startseite.html**
Website der Deutschen Botschaft in Sana'a.
- **www.auswaertiges-amt/diplo.de/laenderinformationen**
Links zu Politik und Wirtschaft.
- **www.friendsofsoqotra.org**
Viel Interessantes über die Insel Sokotra.
- **www.uni-rostock.de/fakult/manafak/biologie/wranik/socotra/index.htm**
Ausführliche Informationen über Sokotra.
- **www.jena-jemen.de**
Mit dem Fahrrad von Jena in den Jemen.

Internetcafés

Auch im Jemen wird das Internet immer mehr genutzt. In Sana'a gibt es inzwischen mehr als 50 Internet-Cafés, in Aden bzw. Taiz mehr als 20, selbst im Wadi Hadramaut und in vielen kleineren Städten sind sie zu finden. Eine Minute im Internet kostet 2–3 Rial.

Kleidung

„Was soll ich anziehen?," ist die am meisten gestellte Frage bei der Vorbereitung der Reise. Trotz aller Hinweise in Reisebüchern werden für den Jemen-Besuch häufig die gleichen Kleidungsstücke wie für einen Mallorca-Urlaub eingepackt. Urlaub und leichte Kleidung, das scheint unverrückbar zusammenzugehören.

Rücksichtslos der tiefreligiösen Tradition des Landes gegenüber verhalten sich immer wieder Touristen in Shorts und Touristinnen mit kurzen oder engen Hosen, T-Shirts und Leggings. In einem Land, wo Frauen das Haus zumeist nur voll verschleiert verlassen, wo kein Mann in kurzer Hose auf die Straße geht (diese gelten als Unterhosen), sollten sich Touristen als Gäste, die sie im Land sind, entsprechend kleiden. Kurz gesagt sollte die Reisekleidung aus leichtem Baumwollmaterial sein, je nach Jahreszeit mit Jacke oder Pullover/Anorak darüber. Feste Schuhe und Strümpfe sind angebracht.

Die **angemessene Bekleidung** für den männlichen Touristen besteht aus Hosen, die Ober- und Unterschenkel bedecken. Die Unterarme können unbedeckt bleiben.

Frauen sollten Ober- und Unterschenkel sowie Oberarme vollständig bedecken. Enge Hose, die den Po, und Oberbekleidung, die

008J Foto: bs

den Busen abzeichnet, sind anstößig. Gut geeignet ist eine leichte, weite und bequeme lange Baumwollhose (Pluderhose), darüber eine lange, weite, nicht die Figur betonende Baumwollbluse, die die Oberschenkel auf jeden Fall bedeckt, also bis zu den Knien geht und möglichst darüber.

Je länger und weiter die Kleidung, desto anständiger ist sie, desto mehr respektiert sie das islamische Verständnis von einer ehrbaren Frau. Das mag unserem Verständnis von Individualität widersprechen, wenn wir uns jedoch in einem streng islamischen Land aufhalten, sollten wir diese moralische Regel respektieren.

Kontakte zur Bevölkerung, Einladungen und das Essen im Schneidersitz lassen sich in angemessener Kleidung ungezwungener handhaben.

Das **Bedecken des Kopfhaars** ist für Frauen islamischer Länder eine Selbstverständlichkeit. Von Touristinnen wird dies nicht erwartet. Ist es sinnvoll für eine Touristin sich in „Landestracht" zu kleiden also mehr oder weniger zu verschleiern? Diese Art der Anpassung halten wir für unangemessen. Der *Scharschaf* (die dreiteilige schwarze Verschleierung) oder der lange schwarze Mantel *(balto)* sind Ausdruck von Tradition und religiösem Bekenntnis. Würde sich eine Touristin verschleiern, so müsste sie sich auch in anderen Bereichen anpassen: nicht ins Restaurant gehen, nicht mit jemenitischen Männern sprechen, nicht reisen, die Männerbereiche meiden.

Ein Wort zu der **„unerträglichen Hitze"**, auf die der Reisende mit leichter Kleidung reagiert. Unerträglich heiß ist es nur im Sommer, und auch nur in der Küstenregion bzw. in der Wüste im Osten. Damit der Wind seinen Kühleffekt ausüben kann, darf die Kleidung **zwei Nummern größer** sein als zu Hause.

Die am häufigsten gestellte Frage:
Was ziehe ich an?

Dem Klima des Hochlandes (eine Kombination aus kühlem Wind und stechender Sonne) lässt sich am ehesten durch **weite, luftige Kleidung** begegnen. Heiß wird das Wetter immer dann empfunden, wenn unbedeckte Körperpartien der Sonne ausgesetzt sind.

Aufgrund enormer Temperaturschwankungen (Tag/Nacht, Küste/Hochland) empfehlen wir leichte Kleidung, die sich übereinander anziehen lässt, d.h. in der Reihenfolge: Unterwäsche, T-Shirt, Oberhemd, Pullover, kombinierte Wind/Regenjacke aus dünnem Synthetik.

Weiße Kleidung ist wegen des unerbittlichen Staubs ungeeignet. Von Sandalen raten wir wegen Schmutz und Staub ab. Günstig sind **atmungsaktive Turnschuhe** (kein Kunstleder oder Synthetik) oder sportliche Halbschuhe. Für Duschräume empfehlen sich leichte **Badesandalen.** Wanderer benötigen festes Schuhwerk.

Wäschereien und Reinigungsanstalten finden sich in allen großen Städten. Das Waschen bzw. Reinigen kostet zwischen 250 Rial (Jeans) und 350 Rial (feine Hose).

Klima und Reisezeit

Klima

Der Jemen lässt sich in drei ausgeprägte **Klimazonen** unterteilen: den feuchtheißen Küstenstreifen inkl. die Inseln Sokotra und Kamaran, die trockenheiße Wüste im Osten („Ruhb al Chali", d.h. das „Leere Viertel") bzw. das Wadi Hadramaut und schließlich das kühle Hochland (der in Nord-Süd-Richtung gesehen mittlere Teil des Jemen).

Faustregeln für das Hochland:

- **Frühling:** Luft kühl, Sonne angenehm, nachts kalt
- **Sommer:** Luft warm, Sonne heiß, nachts angenehm
- **Herbst:** wie Frühling
- **Winter:** Luft kalt, Sonne warm, nachts schneidend kalt

Das aktuelle Wetter im Jemen kann täglich auf der Homepage der Yemen Times abgefragt werden: **www.yementimes.com**, mit einem Link zu Weather.

Zur abgebildeten **Klimatabelle** muss eine wichtige **Einschränkung** gemacht werden: Die Sonneneinstrahlung im Hochland ist stark, die Lufttemperatur hingegen ausgeglichen bis kühl. Fast ganzjährig weht ein leichter bis kräftiger Wind, Sandstürme (sie beeinträchtigen die Fernsicht) und Sandhosen sind keine Seltenheit.

Zum Temperaturempfinden des Besuchers tragen die Faktoren Sonneneinstrahlung, Lufttemperatur, Luftfeuchtigkeit und Windstärke bei, und das kann keine Klimatabelle berücksichtigen.

In den der Küste vorgelagerten Randgebirgen kann es zu heftigen Regengüssen kommen, nicht nur zu den „offiziellen" Regenzeiten. Im Bergland treten Niederschläge häufig in Form von Gewittern auf, zum Teil sogar mit Hagelschlag.

Buchtipps:
- Volker Heinrich, **Kommunikation von unterwegs**
- Günter Schramm, **Internet für die Reise**

Beide Bände
Reise Know-How Verlag, Praxis-Reihe

Maximun- und Minimumtemperaturen in °C

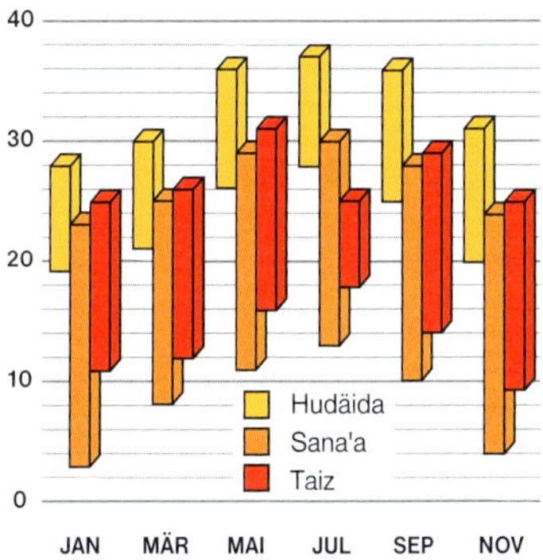

Luftfeuchtigkeit in %

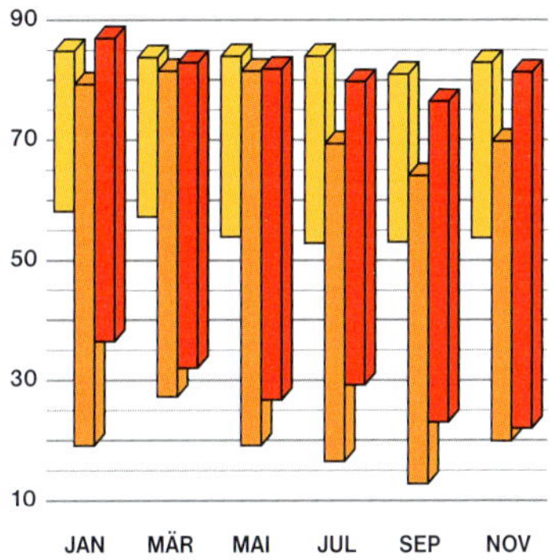

Klima der Küstenregionen

Die Westküste am Roten Meer sowie die Südküste am Golf von Aden mit der Insel Sokotra zählen mit **feuchtheißem Wetter** zu den klimatisch unangenehmsten Gebieten der Erde (70–80% Luftfeuchtigkeit im Sommer). Die Niederschläge in Aden (40 mm pro Jahr) und Mukalla (80 mm) sind unbedeutend.

Die **heißesten Monate** sind Mai bis Juli mit Temperaturen bis 45 °Celsius. Die Monate Mai, Juni und September sind wegen fehlender Luftbewegung körperlich belastend. Die Monate Oktober bis März sind hingegen angenehm warm. Der Oktober bringt gute Fernsicht und kühlen Wind. Die **Wassertemperaturen** im Golf von Aden und im Roten Meer sinken auch im Winter nicht unter 20 °Celsius.

Reisezeit

Die u.E. **günstigste Reisezeit** ist im **Oktober und November.** Wer den grünen Jemen erleben möchte, sollte zwischen Juni und November kommen.

Der Besuch des Küstenstreifens, des Wadi Hadramaut und Maribs während der Sommermonate (Mai bis Oktober) ist eine Tortur, der sich ein Tourist nicht ohne Grund aussetzen sollte. Wer im März/April bzw. Juli/August/September den Jemen bereist, gerät in die **Regenzeit.** Diese zeigt sich mit kurzen, heftigen Regengüssen, im Gebirge auch mit Hagelschauern. Die Mitnahme eines kleinen Regenschirms wäre nicht falsch.

Wer **Wanderungen** plant, dem werden Höhenlagen unter 1500 m im Sommer zu heiß und die Nächte in den Hochlagen von Dezember bis März zu kalt sein.

In den Sommermonaten Juli und August hängt wegen der **Sandstürme** häufig eine Dunst- und Staubwolke über dem Land, was schlechte Fernsicht zur Folge hat.

Hinweise

Die Abenddämmerung beginnt im Jemen ganzjährig zwischen etwa 17.30 und 18 Uhr, die Morgendämmerung gegen 5 Uhr. In der Ostprovinz Machra sind auf Grund der großen Entfernung Sonnenaufgang und Sonnenuntergang **fünfzig Minuten früher** als an der Küste zum Roten Meer.

Die Sonne steht in Sana'a am 2. Mai und am 15. August mittags senkrecht. Zwischen dem 2. Mai und 15. August steht sie im Norden, zwischen dem 15. August und dem 2. Mai im Süden.

Da der Jemen nördlich des Äquators liegt, ist dort zur gleichen Zeit Frühling, Sommer, Herbst und Winter wie in Europa.

Was bedeutet Ramadan für Touristen?

- Die öffentlichen Verkehrsmittel fahren nicht zu den im Reiseführer angegebenen Zeiten, sondern früher (5 u. 13 Uhr) und weniger häufig. Auch die Sammeltaxen fahren seltener.
- Es ist tagsüber schwierig, zu jeder Zeit Lebensmittel zu kaufen.
- Restaurants öffnen erst kurz vor Sonnenuntergang.
- Wer um die Zeit des Fastenbrechens (ca. 19 Uhr) in ein Restaurant kommt, wird dieses übervoll erleben und kaum Platz finden.
- Behördengänge können sich langwierig gestalten.
- Das Essen in der Öffentlichkeit tagsüber muss aus Respekt vor der islamischen Religion unterlassen werden.
- Wer den Ramadan unbedingt erleben möchte, könnte seinen Urlaub so legen, dass die letzte bzw. erste Urlaubswoche in diese Zeit fällt.

Die **Touristenzahlen** halten sich das ganze Jahr über auf einem ziemlich gleichen Niveau, nur in der letzten Dezember- und ersten Januarwoche sowie in der Osterzeit ist ein stärkerer Andrang zu verzeichnen.

Der Fastenmonat Ramadan

Neben dem Klima sollten die religiösen Feiertage bei der Planung der Reisezeit berücksichtigt werden. Ein **einschneidendes Ereignis im Lebensrhythmus der islamischen Welt** ist der Fastenmonat Ramadan (der 9. Monat des islamischen Kalenders). Der Ramadan bedeutet für Moslems ein Verbot der Nahrungsaufnahme von Sonnenaufgang bis Sonnenuntergang. Vormittags wird geschlafen, erst am Nachmittag beginnt das Leben in den Straßen. Restaurants und Teestuben sind tagsüber geschlossen. Viele Läden öffnen erst am Nachmittag. Auf den Märkten ist tagsüber wenig Betrieb. Die Nächte sind um so lauter, es wird bis morgens um vier Uhr gegessen, ferngesehen und gebetet. Die Behörden arbeiten sporadisch nur am späten Vormittag (s.a. Feiertage).

Der Ihd

Als Reisezeit noch ungünstiger sind die einwöchigen Ihd-Feiertage im Anschluss an Ramadan bzw. neun Wochen danach (Opferfest, vier Feiertage). In dieser Zeit fahren keine Busse, und die wenigen Taxen verlangen stark überhöhte Fahrpreise. Hotelzimmer sind oft ausgebucht und überteuert. Viele Restaurants sind geschlossen. In den Ihd-Feiertagen besuchen sich die Familien gegenseitig. Es herrscht rege Reisetätigkeit, aber der Dienstleistungssektor wird nur schlecht versorgt.

Medien

Englischsprachige Nachrichten strahlt das jemenitische Fernsehen (zwei Kanäle, Sana'a und Aden) täglich um 23 Uhr aus. Die Deutsche Welle ist über Satellit (ArabSat) in Sana'a gut zu empfangen.

Seit der Vereinigung beider Jemen und der Schaffung einer neuen Verfassung gilt die **Pressefreiheit.** Das wird deutlich an der großen Zahl von Zeitungen. Die arabischsprachigen Tageszeitungen *Al-Thawra* (Sana'a), *Al-Jumhuriya* (Taiz) und *14th of October* (Aden) sind der Regierung nahestehend und werden von einem Großteil der Bevölkerung gelesen. Doch auch oppositionelle Meinungen schlagen sich in Zeitungen nieder.

In englischer Sprache erscheinen *Yemen Times, Yemen Post* und *Yemen Observer.*

Yemen Times: Dieses renommierte Blatt („An Independent Economic and Political Weekly") war die erste englischsprachige Wochenzeitung im Jemen. Sie bringt seit 1990 aktuelle Artikel mit konstruktiv-kritischer Tendenz. Die Zeitung erscheint montags und donnerstags, kostet 40 Rial und ist an vielen Kiosken erhältlich.

- **Yemen Times,** P.O.Box 2579 Sana'a, Tel. 268-661, Fax 268-276, editor@yementimes.

com, **www.yementimes.com.** Teile einer jeden Ausgabe werden ins Internet gestellt. Über einen Link können auch alte Ausgaben bis 1997 aufgerufen werden.

- **Yemen Observer:** Diese Wochenzeitung, erscheint seit 1996 (30 Rial, samstags), P.O.Box 19183 Sana'a, Tel. 203393, 203214 Fax 207239, contact@yobserver.com. Auch diese Zeitung ist im Internet zu lesen: **www.yobserver.com.**
- **Yemen Post,** erscheint seit 2007 (30 Rial, montags). P.O.Box 15531 Sana'a, Tel. 4502 62, Fax 450261, editor@yemenpost.net. Online zu lesen und mit Archiv: **www.yemenpost.net.**

Alle drei Zeitungen bieten Ausländern einen guten Einblick in Vorgänge und Probleme des Landes. Die Bereiche Wirtschaft, Politik, Kultur und Gesellschaft sind sehr informativ abgedeckt.

Der *Yemen Observer* bringt seit 2007 das Monatsmagazin **„Yemen Today"** mit aktuellen Artikeln heraus, **www.yementoday.info.**

Die amerikanischen Nachrichtenmagazine *Times* und *Newsweek* sind gelegentlich in großen Hotels erhältlich.

Notfälle

Verlust von Kreditkarten

Bei Verlust oder Diebstahl der Kreditkarten müssen diese sofort gesperrt werden. Für deutsche Maestro- und Kreditkarten gibt es die einheitliche Sperrnummer 0049 116116 und im Ausland zusätzlich 0049 30 40504050. Für österreichische und schweizer Karten gelten:

- **Maestro-Karte,** (A)-Tel. 0043 1 2048800; (CH)-Tel. 0041 44 2712230, UBS: 0041 800 888601, Crédit Suisse: 0041 800 800488.
- **MasterCard/VISA,** (A)-Tel. 0043 1 71701 4500 (MasterCard) bzw. Tel. 0043 1 7111 1770 (VISA); (CH)-Tel. 0041 58 9588383.
- **American Express,** (A)-Tel. 0049 69 9797 1000; (CH)-Tel. 0041-44 6596333.
- **Diners Club,** (A)-Tel. 0043 1 5013514; (CH)-Tel. 0041 44 8354545.

Geldüberweisungen

Geldtransfer kann über **Western Union** vorgenommen werden. Der Überweiser des Geldes füllt bei einer Western Union Vertretung (in Deutschland u.a. bei der Postbank) ein entsprechendes Formular aus und teilt Ihnen den Code der Transaktion mit. Mit Code und Reisepass geht man vor Ort zu einer Vertretung von Western Union (siehe www.westernunion.com), wo das Geld ausgezahlt wird. In Sana'a sowie anderen größeren Städten im Jemen gibt es zahlreiche *Western Union* Büros.

Ausweisverlust/Notfälle

Der Diebstahl des Reisepasses muss bei der örtlichen Polizei gemeldet werden. Von der diplomatischen Auslandsvertretung seines Landes wird ein Reiseausweis zur Rückkehr ausgestellt.

Auch in **dringenden Notfällen,** z.B. medizinischer oder rechtlicher Art, Vermisstensuche, Hilfe bei Todesfällen, Häftlingsbetreuung o.Ä. sind die Auslandsvertretungen bemüht vermittelnd zu helfen.

Diplomatische Vertretungen in Sana'a:
Deutschland:

- **German Embassy,** nahe Hadda Road (äußere Ringstraße), Tel. 01/4131-74, -77 -78. Bereitschaftsdienst: 711118585, Bürostunden: Sa bis Mi 8–17 Uhr, So 8–14 Uhr, Do/Fr geschlossen.

Österreich:

- **Austrian Consulate,** Bagdad Street 56, Tel. 01/445491, Bürostunden: Sa bis Mi 17–19 Uhr, Do/Fr geschlossen.

Schweiz:

- **Swiss Consulate,** 60-M Street, Amran Road, Tel. 01/330080-114, Bürostunden: Sa bis Mi 8–17 Uhr, Do 8–12 Uhr, Fr geschlossen.

Öffnungszeiten

Arbeitsfreier Tag ist der **Freitag,** an dem viele Läden geschlossen haben.

Poststellen

Hauptpost in Sana'a: Sa bis Do 8.30–13.30, 16–20 Uhr; Fr 9–11, 16–19 Uhr.

Banken

Sa bis Mi 8.30–13.00 Uhr.

Märkte (Suks)

In den Städten und größeren Orten 8–20 Uhr. In der Mittagszeit von 13–15.30 Uhr sind viele Suk-Läden geschlossen. Auch am Freitag ist weniger los.

Privatgeschäfte

8–12.30 Uhr, 16–21 Uhr. Es gibt im Jemen **keine gesetzlichen Ladenzeiten.** In der Mittagszeit sind viele Läden geschlossen. Zu den Betzeiten ist der Betrieb eingeschränkt.

Die günstigste Zeit für einen Marktbesuch ist außerhalb Sana'as zwischen 9 und 11 Uhr und in Sana'a vormittags bzw. von 16 bis 18 Uhr. Im Ramadan herrscht der größte Betrieb auf den Suks ab 20 Uhr.

Post und Telefon

Post

Postämter *(maktab al bariet)* und **Telefonzentralen** *(muassalat)* gibt es in allen Städten.

Gelbe Postbriefkästen und gelbe Postautos mit dem Posthorn zeigen, dass das Postsystem im Jemen mit deutscher Hilfe aufgebaut wurde.

Postbriefkästen sind im ganzen Land zu finden, es ist aber sicherer, Karten und Briefe bei den Postämtern abzugeben bzw. einzuwerfen.

Die **Gebühren** für Postsendungen nach Deutschland betragen für eine Postkarte 100, für einen Luftpostbrief 120 Rial.

Die Deutsche Botschaft in Sana'a nimmt Briefsendungen an und legt sie im Foyer aus. Anschrift:

Name des Empfängers
c/o Botschaft der
Bundesrepublik Deutschland
P.O.Box 41 oder 2562, Sana'a/Republic of Yemen

Telefonsystem

Das Telefonieren erfreut sich auch im Jemen großer Beliebtheit. Handy-Geschäfte und Telefonzentralen sind in den letzten Jahren wie Pilze aus dem Boden gesprießt, sodass in großen und kleinen Orten problemlos mit der Außenwelt kommuniziert werden kann.

Die **Telefonzentralen** sind täglich geöffnet, in der Regel von 8–24 Uhr. In den Kabinen der privaten Telefonzentralen werden die Gebühren in Rial fortlaufend digital angezeigt. Eine Minute nach Deutschland kostet ca. 250 Rial.

Die **Vorwahl für Deutschland ist 0049,** die erste Null des deutschen Ortsnetzes wird nicht mitgewählt.

Vorwahlnummern im Jemen

01 Sana'a
02 Aden
03 Hudäida
04 Taiz/Ibb/Hammam Dammt
05 Mukalla, Ataak, Sejuhn, Sokotra, Al Räitha/Machra
06 Damahr, Rada, Al Bäitha, Marib
07 Hadscha/Machwiet, Saada

Ländervorwahlnummern

Jemen: 00967
Deutschland: 0049
Österreich: 0043
Schweiz: 0041

Mobiltelefone

Bei Mobiltelefonen liegt der Jemen voll im Trend, denn neben der Dschambija hängt nun auch das Handy am Gürtel. Handy-Läden und ihre Werbung dominieren manche Straße. Selbst in der Wüste von Machra trafen wir Beduinen mit Handys an.

Der Tourist kann sein eigenes Mobiltelefon mitnehmen. Mit wenigen Ausnahmen ist es möglich, von allen Teilen des Landes aus mobil zu telefonieren. Die meisten europäischen Mobilfunkgesellschaften haben **Roamingverträge** mit den jemenitischen Gesellschaften. Gleiches gilt für die Transitländer, siehe **www.gsmworld.com.**

Falls das Mobiltelefon **SIM-lock-frei** ist, können Handy-Benutzer sich aber auch bei den drei Anbietern *Spacetel, Sabafon* oder *Yemen Mobile* Telefonkarten für das eigene Handy kaufen (in Schreibwaren- und Computerfachgeschäften). Diese Karten zum Preis von 800 bis 4000 Rial sind für Gespräche im Jemen und ins Ausland gültig. Es muss ein Vertrag abgeschlossen werden, der eine eigene Handynummer für die Zeit des Aufenthalts beinhaltet.

- **Spacetel Yemen,** im Gebäude der *International Bank of Yemen,* Zubeiry-Straße, Sana'a, www.spacetelyemen.com.

Preise

Die Kosten für Waren des täglichen Lebens und der konstante Preisanstieg sind für Jemeniten ein großes Problem. Demonstrationen in den Großstädten nach Preiserhöhungen für Lebensmittel oder Benzin zeigen, dass die **Preisschraube** viele Familien stark belastet. Angesichts eines Lohnniveaus im mittleren Einkommensbereich von 20.000 Rial monatlich (ca. 70 Euro) ist es schwer nachvollziehbar, wie eine Familie davon leben kann.

Der Tourist aus Europa jedoch wird den Jemen als **preisgünstiges Reiseland** empfinden. Wie aus den Angaben von Hotels und öffentlichen Verkehrsmitteln ersichtlich wird, liegt das Preisniveau weit unter dem europäischen. Angesichts des günstigen Wechselkurses stellen sich dem Touristen die Preise für Dinge des täglichen Lebens und öffentlichen Transport als gering dar.

Kosten, die zu Buche schlagen, betreffen den Flug und den Reiseveranstalter.

Aufgrund der **Wechselkursschwankungen** sind Einzelhandelspreise starken Veränderungen unterworfen. Die aufgeführten Preise beziehen sich auf März 2008 und gelten nur als Richtwert.

Preisbeispiele

0,7 l Mineralwasser = 50 Rial
1 Flasche Cola, Sinalco = 50 Rial
1 Tüte Fruchtsaft 0,3 l = 50 Rial
1 Fladenbrot (je nach Größe) = 50–100 Rial
1 Liter Milch = 270 Rial
1 Becher Yoghurt, klein = 50 Rial
1 Kilo Bananen = 200 Rial
2 Rollen Toilettenpapier = 200 Rial
1 Farbfilm 100/36 = 500 Rial
1 Kodak-Diafilm 100/36 = 1000 Rial
1 Fotokopie = 10 Rial
1 Kugelschreiber = 30 Rial
1 Flasche Shampoo = 100–300 Rial
1 Seife = 100 Rial
1 Liter Benzin = 60 Rial
1 Liter Diesel = 50 Rial
1 Glas Tee = 10–20 Rial
1 Ruti (längliches Weißbrot) = 10 Rial
3 Kudamm (Vollkornbrötchen) = 30 Rial
1 Packung Kekse = 50–100 Rial
1 Kilo jemenitischer Kaffee = 1600 Rial
500 g Honig, beste Qualität = 4000 Rial
1 Flasche alkoholfreies Bier = 120–150 Rial
1 Postkarte = 50 Rial
Porto Postkarte = 100 Rial
Porto Brief = 120 Rial
1 Min. Telefon nach Europa = 250 Rial
1 Minute Internet-Benutzung = 2–3 Rial
1 Gramm Gold = 5500 Rial

Reisen im Jemen

Flugzeug

Der Jemen verfügt über **13 Flughäfen**: Sana'a, Aden, Taiz, Mukalla/Riyan, Hudäida, Sejuhn, Marib, Ataak, Saada, Al-Räitha, Al-Bukka, Al-Bäitha und auf Sokotra. Nur Sana'a hat internationalen Anschluss. Zu den Inlandsflugverbindungen der *Yemenia* siehe die einzelnen Orte im Reiseteil.

Informationen zu den aktuellen Flugzeiten und Preisen sind bei *Yemenia* in Frankfurt (Tel. 069/288272-3) einzuholen. In Verbindung mit einem Auslandsflugticket der *Yemenia* ermäßigen sich die Inlandsflüge erheblich.

Eisenbahn

Eisenbahnlinien gibt es im Jemen nicht. Von 1916 bis 1920 verkehrten Eisenbahnen im Südjemen auf einer von den Engländern gebauten 45 km langen Strecke von Laheck nach Aden. Sie wurde mit sechs Dampflokomotiven und einer Tenwheeler-Schnellzuglok betrieben.

Während der osmanischen Besetzung war im Norden der Bau einer Eisenbahnlinie von Hudäida nach Sana'a geplant. Diese als Erweiterung der Hijaz-Bahn gedachte Linie sollte von Hudäida durch die Tihama nach Taiz führen und weiter nach Damahr und Sana'a. Von dort war eine Verlängerung über Amran in Richtung Mekka geplant. Vorbereitende Vermessungsarbeiten wurden ab 1911 durchgeführt, mussten aber wegen des Ausbruchs des Ersten Weltkriegs eingestellt werden. Eisenbahnfans werden Interesse finden an dem Artikel von *Hans-Peter Bärtschi:* Konstantinopel – Jemen: Die unvollendete Hedjaz-Bahn; zu lesen im Jemen-Report Heft 2/1999.

Busse

Die Gültigkeit der in diesem Abschnitt gegebenen Informationen ist abhängig von der Freizügigkeit für Individualreisende. Touristen sollten sich nur allein auf den Weg machen, wenn sie im Besitz einer vom *Ministry of Tourism* bzw. der damit verbundenen Touristenpolizei *(schurta as siachi)* ausgestellten **Reiseerlaubnis** (Permit = **tasriech**) sind. Ohne Reiseerlaubnis wird der Tourist am ersten Checkpoint wieder nach Sana'a zurückgeschickt.

Buslinien bedienen Städte und auch kleinere Orte im gesamten Land: Entlang der Tihama, im Gebirge zwischen Saada im Norden und Aden im Süden, von Sana'a nach Osten ins Wadi Hadramaut, weiter auf der Asphaltstraße durch die Provinz Machra bis an die omanische Grenze und nach Al Räitha und im Südjemen zwischen Al Räitha und Aden.

Zu den **Busstrecken, Preisen** und **Abfahrtszeiten** verweisen wir auf den Reiseteil dieses Buches.

Der **Qualitätsstandard** der Busse ist gut, teilweise fahren Luxusbusse mit Video-Fernsehern. Da nur so viele Fahrgäste mitgenommen werden, wie Sitzplätze vorhanden sind, gibt es keine überfüllten Busse.

Leider sind einige Busgesellschaften dazu übergegangen, ihre Fahrzeuge als Werbeflächen zu vermieten. Nicht nur die Karosserien, sondern auch die Fenster sind oft mit Werbung verklebt, so dass in der hinteren Hälfte der Plätze die Passagiere keine Aussicht haben. Der Tourist sollte darauf dringen, vorne zu sitzen um die jemenitische Landschaft genießen zu können.

Unterwegs hält der Fahrer auf Handzeichen immer dann, wenn Plätze frei sind.

Rückfahrkarten gibt es nicht, **Vorausbuchungen** für den nächsten Tag sind in Sana'a, Aden und Mukalla anzuraten. Die Fahrkartenverkäufer sprechen meist kein Englisch.

Spätestens eine Stunde vor Abfahrt des Busses sollte der Tourist am Fahrkartenschalter stehen. Die Überlandbusse gehören der staatlichen *Yemen Transport Corporation* oder privaten Busgesellschaften wie z.B. *Rowaishan/Yemitco.*

Moderne vierspurige Straße bei Mukalla

An den Busstationen gibt es **Teestuben** und **einfache Garküchen.** Auf längeren Strecken wird eine Pause an einem Restaurant gemacht. In den Bussen herrscht vor der Abfahrt ein dichtes Gedränge von Passagieren, fliegenden Händlern und Bettlern.

Autofahren im Jemen

Die Praxis hat gezeigt, dass Auto- bzw. Motorradtouristen bislang mit ihrem nationalen Führerschein ohne Schwierigkeiten zurechtgekommen sind. Polizei und Militär an Straßensperren lassen sich nur die Reiseerlaubnis *(tasriech)* zeigen. Die Mitnahme eines Internationalen Führerscheins ist dennoch ratsam.

Hinweise für Auto- und Motorradtouristen

Derzeit (Mai 2008) sind keine individuellen Reisen im Jemen möglich. Touristen mit eigenem Fahrzeug müssen sich von einer lokalen Agentur begleiten lassen.

Es werden fast **ausschließlich japanische Autos** gefahren (Ausnahme Peugeot-Taxis). Ersatzteile für japanische Autos sind einfach zu erhalten, Teile für europäische Autos sind kaum vorhanden.

Orts-, Kilometer- und Hinweisschilder sind häufig zweisprachig (arabisch und englisch), es gibt sie jedoch nur in geringer Zahl entlang des Asphaltstraßennetzes.

Gute **Straßenkarten** sind die der Deutsch-Jemenitischen Gesellschaft im Maßstab von 1:1 Mio. und die von world mapping project/ Reise Know-How im Maßstab von 1:900.000 (siehe Anhang).

Tankstellen (Benzin/Diesel) gibt es in großer Zahl. Preise: Benzin 60 Rial, Diesel 50 Rial (jeweils pro Liter). Es ist auch der Mengenbegriff „dibba" gebräuchlich: 1 dibba Benzin = 20 Liter.

Der **Verkauf von Autos** und anderen zollfrei eingeführten Gütern ist verboten.

Straßen

Nachdem im Jahr 1961 die erste Asphaltstraße (von Sana'a nach Hudäida) eröffnet

008j Foto: bs

wurde, ist das Land inzwischen von einem Netz befestigter Straßen durchzogen. Am Ausbau des Straßennetzes – zum Teil auch auf vierspurig – wird seit Jahren mit Hochdruck gearbeitet.

Die von Touristen besuchten Orte (Ausnahme ist Schahaara) sind allesamt auf Asphaltstraßen erreichbar. Im gebirgigen Jemen lassen sich die Verkehrswege folgendermaßen beschreiben: eine Aneinanderreihung von **Serpentinen,** enge Kurvenradien, starkes Verkehrsaufkommen, Busse und Autos schaffen trotz rasanter Fahrweise nur ein Stundenmittel von 50 km.

Sammeltaxen

Sammeltaxen *(taxi rukab* oder *taxi ala maschi)* sind das **wichtigste Transportmittel.** Sie fahren von bestimmten Plätzen ab, verkehren bis abends (19–21 Uhr, je nach Strecke), fahren immer dann ab, wenn sie voll sind, sind 10–20% teurer als der Bus und auf abgelegenen Strecken das einzige öffentliche Verkehrsmittel.

Auf Pisten verkehren Toyota-Saloons, die für acht Fahrgäste gedacht sind, aber mit zehn bis zwölf Passagieren besetzt werden.

Auf den Asphaltstraßen fahren Peugeot-Caravans, auf deren sieben Sitzplätzen sich zehn Personen drängen.

Da es im Jemen keine **TÜV-Prüfungen** gibt, sind Privatwagen und Taxen häufig in einem schlechten Zustand. Der Fahrgast vertraut sich oftmals einem Fahrzeug an, das in Europa bereits aus dem Verkehr gezogen worden wäre.

Da **Sammeltaxen nur abfahren, wenn sie voll sind,** kann es vorkommen, dass bis zur Abfahrt lange gewartet werden muss. Um die Wartezeit zu verkürzen, können auch **mehrere Plätze** bezahlt werden.

Im Gegensatz zu Bussen sind Sammeltaxen qualvoll eng. Wer sich darüber ärgert, sollte bedenken, dass nur so der niedrige Fahrpreis zustande kommt. Natürlich kann ein Sammeltaxi komplett gemietet werden (eine interessante Alternative, wenn die Reisegruppe aus mehreren Personen besteht). Der Fahrpreis ist dann Verhandlungssache und sollte 6- bis 8-fach über dem Einzelfahrpreis liegen.

Sammeltaxen sind mit einem **seitlichen Farbstreifen** gekennzeichnet:

- **Grün:** Sana'a – Taiz/Aden
- **Blau:** Sana'a – Hudäida
- **Rot:** Taiz – Hudäida (Mocha, At Turrba)
- **Rot:** Hudäida – Suk Abs – Harath
- **Gelb:** Sana'a – Marib
- **Braun:** Sana'a – Saada – Hadscha
- **Schwarz:** Städtische Taxen und Sammeltaxen im Nahverkehr

In einigen Orten (vor allem in der Tihama und im Wadi Hadramaut) stehen **Motorradtaxen** für Fahrten in umliegende Dörfer bereit.

Taxen/Mietwagen

Einzeltaxen

Einzeltaxen *(taxi complet, taxi indschies, taxi special)* fahren den Gast gegen Bezahlung überall hin. Wichtig ist, vor Fahrtantritt das genaue Ziel anzugeben und den Preis auszuhandeln. Er sollte aber nicht mehr als das 6- bis 8-fache einer Einfach-Fahrt in einer Sammeltaxe betragen.

Taxi Raha: In Sana'a hat sich ein Taxiunternehmen mit dem Anspruch etabliert, die Kunden mit gut gewarteten Fahrzeugen zuvorkommend und mit klaren Preisen zu bedienen. Die Fahrzeuge sind erkennbar an ihrer leuchtend gelben Farbe und Werbung auf dem Auto. Die Fahrer in dunklen Hosen, gelben Hemden und schwarz-gelben Krawatten vermitteln Seriosität. Das Neue an *Raha Taxi* ist, dass die Autos mit Funk überwacht und nummeriert sind, über Klimaanlagen verfügen und die Abrechung über ein Taxameter läuft.

Der erste Kilometer kostet 100 Rial, der 2. Km 70 Rial, der 3. Km 50 Rial, danach jeder weitere Km 30 Rial. Wird das Taxi pro Stunde gemietet, so sind es 1500 Rial/Std.

Taxi Raha bietet auch Tagestouren innerhalb Sana'as (12.000 Rial), Fahrten zum Flughafen (2000 Rial) und in andere Städte an.

Auf der Website (Link zur englischen Version) werden Preisbeispiele für Überlandfahrten genannt: nach Taiz (einfach) 16.000, Aden 18.000, Hudäida 17.000 Rial. Weitere

Tage zw. 12.000 und 14.000 Rial. Fernfahrten können in US$ bezahlt werden.

• **Raha Taxi**: Raha Transport Co. Ltd., 60th Street, Sana'a, Tel. 00967-1-771144, (Taxi-Ruf) 44 88 88, Fax 00967-1-771199, info@rahataxi.com, www.rahataxi.com.

Mietwagen mit Fahrer

Reiseagenturen in Sana'a (siehe Kapitel „Reiseveranstalter“) bieten die Möglichkeit, sich ein Auto mit Fahrer für einen oder mehrere Tage zu mieten. Diese Art zu reisen hat in den vergangenen Jahren auch bei Individualtouristen großen Anklang gefunden, besonders dann, wenn die Reisegruppe mehrere Personen umfasst und der Fahrpreis geteilt werden kann.

Mietwagen ohne Fahrer

Bei *Europcar, Avis* und *Hertz* können auch Wagen ohne Fahrer gemietet werden (Selbstfahrer). Der Preis von 50 US$ (billigste Kategorie) pro Tag erscheint moderat, der Vertrag ist jedoch im Falle eines Diebstahls oder Unfalls sehr ungünstig. Bei einem Unfall mit Personenschaden oder sogar Toten ist die Rechtslage für den ausländischen Fahrer (unabhängig von der Schuldfrage) so undurchsichtig (bis zur Klärung der Sachlage ist Inhaftierung möglich), dass wir dringend vom Selbstfahren abraten.

• **Hertz Universal Rent a Car,** 60th Street, Sana'a, Tel. 00967-1-4409, Fax 00967-1-440310, utthertz@y.net.ye.
• **Europcar Rent a Car,** *Sam City Hotel,* Sana'a, Tel. 00967-1-270751, Am Flughafen Sana'a, Tel. 00967-1-34666, www.europcar.de.
• **Avis Rent a Car,** Abu Sarhen-Building, Ring Road, Sana'a, Zubairy Street, Sana'a und Flughafen Sana'a, www.avis.de.

Trampen/Per Anhalter

Wegen der eher niedrigen Fahrpreise der Busse und Sammeltaxen ist das touristische Trampen auf den Hauptstrecken nicht üblich und derzeit sowieso **nicht durchführbar.** Beim Trampen ist der Preis vor der Fahrt auszuhandeln, denn auch Jemeniten müssen für diese Art der Fortbewegung zahlen.

Fahrrad

Es gibt Radfahrer, die sich den Jemen als Härtetest aussuchen. Wegen den vielen Gebirgspassagen, Pässen und Steilaufstiegen und den klimatischen Bedingungen ist eine Radtour eine **Herausforderung** der besonderen Art. Doch gibt es immer wieder Sportler, die dieser Qual etwas abgewinnen können. Ihnen gilt unsere Bewunderung.

Individuelles Radfahren ist abhängig von der Sicherheitslage und der Ausstellung einer Reiseerlaubnis. Auf einigen Strecken werden Radfahrer durch ein Polizeiauto begleitet. Aufsehen erregt der Radfahrer in jedem Fall, da eigentlich nur Kinder im Jemen Rad fahren. Kleidungsmäßig sollte sich der Radfahrer auf die Landessitten einstellen, d.h. auf keinen Fall die typische enge (und alle Körperteile abzeichnende) Kleidung anziehen. Auch Frauen sei empfohlen sich bedeckt, weit und lang zu kleiden. Das mag unbequem klingen, ist aber für den Gast im Land angebracht.

Jemenitische Reiseagenturen haben sich auf Radtouristen eingestellt und bieten **geführte Touren** an, die durch landschaftlich reizvolle Gebirgsgegenden und Täler gehen. Das eigene Mountain Bike muss mitgebracht werden. Gepäck, Zelte und Lebensmittel werden von einem Auto ans jeweilige Tagesziel gefahren. Die Route kann auch von Deutschland aus geplant und mit der Agentur zur Organisation abgesprochen werden. Anbieter sind z.B. die Agenturen *Jewel Tourism* und *Socotra Tours.*

Siehe auch www.jena-jemen.de (mit dem Fahrrad von Jena in – und durch – den Jemen).

Reiseveranstalter

Während in den 1990er Jahren noch eine große Anzahl von Touristen den Jemen auf eigene Faust erkundete, mit Bus, Sammeltaxi und auch per Anhalter unterwegs war, hat sich dieses Bild inzwischen gewandelt. Ein Großteil der Touristen schließt sich entweder schon in Deutschland einer Reisegruppe an oder sucht sich in Sana'a eine Reiseagentur und fährt mit Mietauto und einheimischem Fahrer durchs Land.

Dabei gibt es **drei Versionen des Reisens:**

- Sie wenden sich an einen **deutschen Reiseveranstalter** und buchen eine im Katalog ausgeschriebene Reise (zumeist mit deutschem Reiseleiter).
- Sie wenden sich an einen **Reiseveranstalter** in Sana'a und buchen dort eine von ihm ausgeschriebene Reise (mit jemenitischem Reiseleiter, z.T. gut deutsch sprechend).
- Sie planen Ihre Reiseroute selber und wenden sich mit dem Programm an eine **Reiseagentur** in Sana'a zwecks Überprüfung der Durchführbarkeit und Organisation. Die Agenturen richten sich mittlerweile auf fast jeden Wunsch des Kunden ein und stellen Routen ganz individuell zusammen: z.B. Wanderungen, Radtouren, Kameltrekking, thematische Reisen, Sprachkurse u.a.

Die **Rundreise** im Land wird mit Geländewagen durchgeführt, obwohl die Fahrt fast immer auf Asphaltstraßen verläuft. Bei der Auswahl des Reiseveranstalters sollte verglichen werden, ob die Autos mit vier oder mehr Personen (einschließlich Fahrer und Reiseleitung) besetzt werden. Komfortabel sind drei Personen plus Fahrer pro Fahrzeug.

Zu bedenken ist auch die **Größe der Reisegruppe,** denn je umfangreicher sie ist, desto mehr Autos werden im Konvoi durch das Land fahren. Fotostopps und andere Pausen führen bei mehreren Autos zu starken Zeitverzögerungen.

Eine 14-tägige Pauschalreise kostet zwischen 1800 und 2500 Euro. Werden die Angebote einer jemenitischen Reiseagentur in Anspruch genommen, so ist mit einem Tagespreis (Auto mit Fahrer, ohne Hotel und Verpflegung) von 60–90 US$ zu rechnen.

Jemen-Reiseveranstalter

In Deutschland

- **Bedu Expeditionen,** Neureutherstr. 10, 80799 München, Tel. 089/62439791, Fax 089/62439885, mail@bedu.de, www.bedu.de.
- **Biblische Reisen,** Silberburgstr. 121, 70176 Stuttgart, Tel. 0711/61925-0, info@biblische-reisen.de, www.biblische-reisen.de.
- **Blass-Travel,** Erzbergerstr. 5, 78224 Singen, Tel. 07731/87500, info@blasstravel.com www.blasstravel.com
- **DAV Summit Club,** Am Perlacher Forst 186, 81545 München, Tel. 089/64240-0, info@dav-summit-club.de, www.dav-summit-club.de.
- **Gebeco/ Dr. Tigges,** Holzkoppelweg 19, 24118 Kiel, Tel./Fax 0431/54460, info@gebeco.de, www.gebeco.de.
- **Hauser Exkursionen,** Spiegelstr. 9, 81241 München, Tel. 089/235006-0, info@hauser-exkursionen.de, www.hauser-exkursionen.de.
- **Klingsöhr Reisen,** Cosimastr. 117, 81925 München, Tel. 089/9570001, www.klingsoehr-reisen.de.
- **Nomad Reisen,** Albertinumweg 5, 54568 Gerolstein, Tel. 06591/949980, Fax 06591/9499819, info@nomad-reisen.de, www.nomad-reisen.de.
- **Profi Team Reisen,** Sonnenstr. 3, 85609 Aschheim, Tel. 089/9045051, Fax 089/9033980, info@profiteam.de, www.profiteam.de.
- **Rotel-Tours,** Herrenstr. 11, 94104 Tittling/Passau, Tel. 08504/4040, info@rotel.de, www.rotel.de,

- **Studiosus Reisen,**
Riesstr. 25, 80992 München,
Tel. 089/500600,
tours@studiosus.com,
www.studiosus.com.
- **Wikinger Reisen,**
Kölner Str. 20, 58135 Hagen,
Tel. 02331/904741,
mail@wikinger.de,
www.wikinger.de.

In Österreich

- **Natur und Reisen – Erlebnisreisen,**
Linzerstr. 4-6, 4650 Lambach,
Tel. 07245/20700,
zentrale@kneissltouristik.at,
www.kneissltouristik.at.

In der Schweiz

- **Arabica Orient-Reisen,**
Dornhaldestr. 79, 3627 Heimberg,
Tel. 079/3351100,
info@arabica-orientreisen.ch,
www.arabica-orientreisen.ch.

010j Foto: bs

Warnung vor Wanderdünen

Reiseveranstalter in Sana'a

Wer nicht mit öffentlichen Verkehrsmitteln reist, sich aber auch nicht einer Pauschalreise anschließen möchte, für den gibt es im Jemen zahlreiche Reiseveranstalter. Diese Reiseform bedeutet: Buchung (entweder schon von Europa aus oder vor Ort in Sana'a) eines **Autos mit lokalem Fahrer** für Ein- oder Mehrtagesfahrten. Die Veranstalter gehen auf Wünsche bezüglich Route, Hotel und Tagesetappen ein, es gibt aber auch fertig ausgearbeitete Programme zu Themenschwerpunkten bzw. Aktivurlaub: Frauenreisen, Radtouren, Wanderungen, Trekking, Klettern, Kameltrekking, Paragliding, Tauchen, Hochseeangeln, Vogelbeobachtung, Arabischkurse, Fotoreisen, Sokotra, Provinz Machra, Übergang in den Oman u.a.

Bei der Buchung muss die Mindeststundenzahl für den Sport klar definiert sein. Die Gerätebereitstellung ist ebenfalls abzuklären. Kameltrekking gibt es zwischen Zabied und dem Roten Meer, in der Wüste zwischen Marib und Schabwa (beide Gebiete sind wegen des heißen Klimas nur zwischen November und Februar anzuraten) und im Bergland von Al Bäida.

Bis auf die Region Dschauf und das Gebiet um Saada wird derzeit jedes Gebiet durch jemenitische Reiseveranstalter befahren. Änderungen sind jedoch kurzfristig möglich.

Der **Tagessatz** liegt **zwischen 60 und 90 US$** (je nach Strecke) und beinhaltet Auto plus Fahrer. Hotel und Verpflegung für den Touristen sind darin nicht enthalten. Die Konditionen sollten verglichen werden. Bei der einen Agentur sind die Gelder für die begleitenden Soldaten im Preis inbegriffen, bei andern Agenturen muss der Tourist die Militärbegleitung zusätzlich zahlen.

Bei **Wüstendurchquerungen** ist mit weiteren 350 US$ für den zusätzlichen ortskundigen Führer zu rechnen.

Bei einer Buchung sind **folgende Punkte zu klären:** Genaue Fahrtroute und den Preis pro Tag festlegen. Wer zahlt die Verpflegung und die Übernachtung für den Fahrer/Reiseleiter (übernimmt i.d.R. die Agentur)? Wer zahlt den/die begleitenden Soldaten, wenn erforderlich? Wer zahlt Verpflegung, Getränke, Kat, Spesen und die Rückfahrt für die begleitenden Soldaten? Wer trägt die Kosten für den Führer bei Wüstenfahrten?

In Anbetracht vieler Fragestellungen sollten Preise miteinander verglichen werden, um dann einen Festpreis zu vereinbaren.

Jede Agentur hat gut deutsch oder/und englisch sprechende Fahrer bzw. Reiseleiter. Wer Wert auf deutschsprachige Reiseleitung legt, sollte dies vorher ausdrücklich betonen.

Die **Fahrer/Reiseleiter** sind oftmals „für alles" verantwortlich. Sie besorgen die notwendigen Papiere (Reiseerlaubnis für alle Gebiete), organisieren Mahlzeiten und Unterkünfte bzw. Zelte, stehen mit der Tourismusbehörde sowie mit ihrer Agentur in Handy-Kontakt. Sie ermöglichen Kontakte zu Einheimischen (Familienbesuche) und Festlichkeiten und vermitteln bei Problemen.

Jemenitische Agenturen

- **Dubai Travel & Tourism,**
P.O.Box 735, Sana'a,
Tel. 00967-1-275452, Fax 00967-1-272335,
dubai-tours@y.net.ye,
www.yemen-track.com.
- **Socotra Tours,**
P.O.Box 18566, Sana'a,
Tel. 00967-1-280212, Fax 00967-1-280213,
Mobil 00967-777280713,
socotratours@y.net.ye,
www.socotratours.com.
- **La Lamaa Touristik,**
P.O.Box 8613, Sana'a,
Tel. 00967-1-253153, Fax 00967-1-1222166,
almaas@y.net.ye,
www.jemen-diamonds.de.
- **Jewel Travel San'a,**
P.O.Box 5120, Sana'a,
Tel. 00967-1-320951, Fax 00967-1-334001,
jewelmsarem@yahoo.de,
www.jewel-tours.de.
- **Cameleers Tours,**
P.O.Box 20373, Sana'a,
Tel. 00967-1-464793, Fax 00967-1-289568,
cameleers@y.net.ye,
- **Radfan Tourist Agency,**
Mobil 00967-777707656,
Fax 00967-1-272231, Sana'a,
RTA@y.net.ye.
- **Al-Mamoon International Tours,**
P.O.Box 3072, Sana'a,
Tel. 00967-1-276299, Fax 00967-1-240984,
al-mamoon@y.net.ye,
www.al-mamoon-group.com.
- **Arabian Beauty Tours Agency,**
P.O.Box 4273, Sana'a,
Tel./ Fax 00967-1-230458,
Mobil 00967-777122031,
abta@yemen.net.ye.
- **Universal Touring Company,**
Al Bounia Street, P.O.Box 10473, Sana'a,
Tel. 00967-1-272861/2/3,
Fax 00967-1-275134,
touring@utcyemen.com,
www.utcyemen.com.
- **ATG (Abu Taleb Group),**
P.O.Box 25321, Sana'a,
Tel. 00967-1-441260, Fax 00967-1-441259,
atg@y.net.ye,
www.atg-yemen.com.
- **Magellan Tours,**
P.O.Box 1206, Sana'a,
Tel. 00967-1-276183, Fax 00967-1-273878,
Magellan.Tours@y.net.ye,
www.magellantours.org.
- **Al-Scharei Jemen Holidays,**
P.O.Box 4003,
Tel. 00967-1-514416,
info@jemen-reisen.de,
www.jemen-reisen.de.
- **Agentur für Aktivurlaube:**
(Paragliding, Klettern u.a.):
Yemen Trek Tours,
Mobil 00967-777728062,
Fax 00967-1-516957,
noman@yementrek.com,
www.yementrek.com.
- **Tauchen im Jemen,**
www.twomoondiving.com,
www.redseayemenislands.com,

Es gilt zu bedenken, dass es im Jemen keine Möglichkeit gibt, auf Tauchunfälle medizinisch adäquat zu reagieren (Unterdruckkammer).

Agentur auf der Insel Sokotra:

- **Socotra Adventure Tours,** Tel. 00967-5-5660136, Mobil 00967-777779618, info@socotraislandadventure.com, www.socotraislandadventure.com.

Souvenirs

Beliebte Andenken

Goldschmuck (der Verkaufspreis richtet sich nach Gewicht (1 Gramm ca. 5500 Rial), **Silberschmuck** (nur alte Stücke sind interessant), Bernstein- und Korallenketten, Öllampen aus Stein und Alabaster, alte traditionelle Kleidungsstücke, arabische Tücher, kleine jemenitische Häuschen und Fenster aus Gips und **Krummdolche** (Dschambijas).

Billig sind Musikkassetten und CD's mit arabischer, Rock- und Klassik-Musik.

Poster, kolorierte Stiche und Grafiken mit jemenitischen Motiven gibt es in den ehemaligen Karawansereien Samsarat Al Nahass und Samsarat Al Manzurah in Sana'a, in der Galerie in der Altstadt von Ibb und in den Läden einiger großer Hotels in Sana'a, Aden, Taiz und Seyun.

Original jemenitischer **Kaffee** ist in Sana'a in Geschäften an der Hadda-Street (100 m hinter der Kreuzung mit der Zubeiry-Street) und an der Hauptsukgasse (150 m vom Bab al Jemen) zu bekommen.

In den Werkstätten von Frauen-Vereinigungen in Sana'a und Zabid werden **textile Objekte** angeboten; dort kann auch den Frauen bei der Arbeit zugeschaut werden.

In der Saada-Provinz gibt es bunte **Korbflechtwaren,** Steintöpfe aus dem Raasach-Gebiet und Maria-Theresien-Taler (Kopien mit fragwürdigem Silbergehalt). Hinweise zum Handeln sind im Abschnitt „Wirtschaft/Der Suk“ aufgeführt.

Die letzte Chance, jemenitische Andenken von guter Qualität zu kaufen, besteht im Flughafen in Sana'a in der Abflug-Wartehalle nach der Passkontrolle.

Wer große, schwere oder sperrige Andenken kauft, kann sie **per Luftfracht nach Deutschland** schicken. Bei DHL-Express (tägl. 24 Std. geöffnet) dauert dies 3 Tage.

- **DHL-Worldwide Express,** 100 Haddah Street, Sana'a, Tel. 00967-1-441096/7/8/9, Fax 00967-1-441095, www.dhl.com.

Dschambija

Zum Outfit eines komplett angezogenen Berg-Jemeniten gehört unter anderem der **Krummdolch,** die Dschambija, die als Nahkampfwaffe heute überwiegend dekorativen Charakter hat.

Das Tragen einer Dschambija hat lange Tradition. Bereits auf vorislamischen Steinen finden sich Menschendarstellungen mit dieser Waffe. Die Dschambija ist die **Zierde des Mannes** und sagt über dessen **Status** eine Menge aus. Die Ausstattung des Griffes, der Klinge und der Scheide ist vielfältig und variiert je nach Alter und Güte im Preis. Die Krümmung der Scheide täuscht eine ebenso starke Krümmung der Klinge vor, die tatsächlich nur leicht gebogen ist.

Der **Griff** der Dschambija ist aus Horn (Kuhhorn bei einer billigen, Nashorn oder Giraffenhorn bei der teuren Ausführung). Die Scheide ist aus Leder, bei alten Ausführungen aus Silber. Zur kompletten Dschambija gehört der bestickte Gürtel.

Die Teile der Dschambija (Griff, Klinge, Scheide und Gürtel) werden von verschiedenen Handwerkszweigen hergestellt. Die Herstellungsschritte lassen sich auf dem Suk von Sana'a gut verfolgen. Handbestickte **Gürtel** werden von Frauen in Heimarbeit gefertigt, die Mehrzahl der Gürtel ist allerdings industrielle Importware.

Alte Dschambijas haben eine **Klinge** aus Vollstahl. Bei den neuen Klingen handelt es sich um Importe aus Südostasien, hier sind zwei Nirosta-Stahlblechhälften zusammengepresst. Klingen dieser Fertigungsart sind innen hohl und lassen sich erwartungsgemäß nicht gut schärfen. Für den Fall, dass es tatsächlich etwas zu schneiden gibt, steckt im Gürtel zudem ein scharfes Küchenmesser. Auf Märkten ist der Klingenputzer häufig vertreten.

011 Foto: bs

Aus Gründen des Artenschutzes besteht seit 1984 ein **Importverbot für Nashorn-Hörner.** Wegen der Verwendung dieses Horns für Dschambija-Griffe war der Jemen in den vergangenen Jahrzehnten zu etwa 40% am Rückgang dieser Tierart beteiligt.

Dschambijas sind schon ab 10 US-Dollar auf dem Markt zu erwerben. Die wertvollste Dschambija wechselte 2005 für 1 Million Dollar den Besitzer. Dieses kostbare Stück gehörte einst *Imam Ahmad.* Heute trägt sie ein wohlhabender jemenitischer Scheich.

Der Dschambija ähnlich, jedoch nur von Männern der religiösen Schicht (den Sa'da) getragen, ist die **Thuma.** Dieser Dolch ist weniger gebogen als die Dschambija und wird in der Scheide am Gürtel an der rechten Seite getragen. Eine Thuma sieht „edler" aus als die Dschambija; Griff, Scheide und Gürtel sind aufwendig mit Silber verziert.

Silberschmuck

Während bis in die 1970er Jahre die Brautgabe in Form von Silberschmuck erbracht wurde, hat sich der Geschmack heute dem Gold zugewendet. Daher haben viele ältere Jemenitinnen ihr Silber verkauft und sich auf Gold umgestellt. Nur noch Beduinenfrauen und alte Landfrauen tragen Silberreifen oder Ketten mit Anhängern.

Der Silberschmuck zeigte den **sozialen und ökonomischen Status** der Frau. Steine wie Türkis, Achat, Koralle oder Bernstein haben besondere Bedeutung als Amulette. So gibt es Steine, die der Heilung von Krankheiten dienen (z.B. Koralle gegen Blutungen) oder die Milchproduktion stillender Mütter anregen sollen. Andere Steine sollen Dämonen und den bösen Blick abwehren.

Aktive **Silberschmiede** gibt es auf den Suks kaum noch. In den Verkaufsbuden sitzen Händler inmitten einer Flut von Ketten und gebrauchten Silberteilen. Allenfalls setzen sie neue Ketten aus alten Stücken zusammen.

Grundlage für das Silberhandwerk waren Silbermünzen wie Maria-Theresien-Taler und osmanisches Geld. Um den Glanz zu verbessern, wurden kleine Mengen von Kupfer zugesetzt. Der Silbergehalt der Teile ist kaum zu beurteilen. Letzten Endes muss der Käufer sich auf die Aussagen des Händlers verlassen oder nach Geschmack kaufen.

Der Silberschmuck sollte des geringen Silbergehalts wegen, nur mit einem weichen Silberputztuch abgerieben werden!

Stromversorgung

Die größeren Orte im Jemen werden mit Überlandleitungen aus zentralen Kraftwerken versorgt (220 V, 50 Hz). Wegen Netzüberlastungen liegt in einigen Orten die **Spannung unter 220 V.** Orte, die nicht am Fernnetz angeschlossen sind, werden durch Dieselgeneratoren ganztägig mit Strom versorgt.

Vorbereitet sein sollte der Tourist auf **Stromausfälle** am Abend. Kerzen, Streichhölzer und Taschenlampe sollten im Hotelzimmer griffbereit liegen, Abendspaziergänge **nicht ohne Taschenlampe** unternommen werden.

Vielfältig wie die Nationen, mit denen der Jemen Handel treibt, sind die **Steckdosen.** Wer auf elektrisch betriebene Geräte nicht verzichten will, sollte ein Reisesteckerset mitbringen, das in Reisebedarfsgeschäften gekauft werden kann.

Trinkgelder

Der arabische Begriff **„Bakschisch"** für Trinkgeld hat im Laufe der Zeit - auch durch die Bücher Karl Mays - eine Bedeutungswandlung erlebt. Während Trinkgeld eigentlich ein berechtigtes Entgelt für eine Dienstleistung ist, wird Bakschisch im arabischen Raum - von Touristen - oftmals mit Schmiergeld gleichgesetzt. Wir haben in diesem Reisehandbuch vermieden von Bakschisch zu reden, da ein angemessenes Trinkgeld/Entgelt bei vielen Dienstleistungen gerechtfertigt ist. Trinkgelder sind **Ermessenssache.** In einem Land, wo Gastfreundschaft groß geschrieben wird und gleichzeitig in vielen Bereichen des öffentlichen Lebens nur Sonderzuwendungen einen Dienst beschleunigen oder erst ermöglichen, ist es nicht einfach, die Höhe von Trinkgeldern festzulegen. So liegt es im Belieben des Gastes, ob er für zufriedenstellenden Service ein Trinkgeld gibt.

In **Hotels** sollten Angestellte, die einem persönlich gut geholfen haben, ein Trinkgeld von 300 Rial pro Übernachtung bekommen.

Im **Restaurant** wird kein Trinkgeld erwartet, die Summe wird auf den Rial genau an der Kasse gezahlt. Auch die Bedienung bekommt kein Trinkgeld.

Taxifahrer, mit denen man innerhalb der Städte oder von einem Ort zum anderen gefahren ist, erwarten kein Trinkgeld. Taxifahrer, mit denen man mehrere Tage unterwegs war, sollten ein Trinkgeld erhalten, das 10% des Fahrpreises nicht überschreitet.

Fahrer einer Reiseagentur erwarten ein Trinkgeld von der Gruppe. Angesichts der Freundlichkeit, vielen Dienstleistungen und Rundum-Betreuung sollte dieses finanzielle Dankeschön 35 Euro pro Woche bei 2 Reisenden und 50 Euro pro Woche bei 4 Reisenden im Fahrzeug liegen.

An einigen touristischen Zielen (z.B. Schibam/Hadramaut, Bäit Baus und Thulla bei Sana'a, Dschibbla bei Ibb) hat sich ein **„Kinderhilfsdienst"** gebildet, d.h. Kinder des Ortes begleiten die Touristen auf Schritt und Tritt, sprechen sie an und wollen Führer sein. Sie erwarten dann ein Trinkgeld, fordern es auch ganz bewusst ein. Oft ist die Grenze zwischen Trinkgeld und Bettelei verschwommen. Wird dieser Dienst in Anspruch genommen, so ist zuvor klar zu definieren, wer der Führer ist und wie viel verlangt wird.

Thuma, Krummdolch des religiösen Adels

Unterkunft

Der Begriff **„Funduk"** ist das arabische Wort für Hotel, egal, ob es sich um ein 5-Sterne-Hotel (z.B. Funduk *Sheraton*) oder um ein Matratzenlager handelt.

Pauschalreisen

Pauschalreisenden wird die Quartierwahl vom Reiseveranstalter abgenommen. Die Touren (Ausnahmen bei Wanderreisen) sind in der Regel so geplant, dass **in guten Hotels** größerer Städte übernachtet wird.

Individualreisen

Individualreisende oder Touristen, die mit einer Agentur unterwegs sind und selber für ihre Unterkunft sorgen, finden Hotels der gehobenen und mittleren Preisklasse in allen größeren Städten (die Unterkünfte sind in diesem Reisehandbuch am Ende einer jeden Ortsbeschreibung angegeben).

Spitzenhotels

Gute Hotels für den anspruchsvollen Gast gibt es in Sana'a, Aden, Taiz, Hudäida, Marib, Mukalla, im Wadi Hadramaut und im Wadi Do'an (siehe dort).

Einfache Hotels

Einfache Hotels sind auf Touristen mit gehobenen Ansprüchen nicht eingestellt. Die Sauberkeit von Bettwäsche, Zimmern und sanitären Einrichtungen ist oft mäßig bis schlecht. Mit einer warmen Dusche kann nicht immer gerechnet werden. Die Übernachtung ist meist ohne Frühstück.

Massenlager

Massenlager (Lokanda) bieten ihre Dienste in jeder größeren Ortschaft an. Unmengen an Betten sind auf engstem Raum aufgestellt. Der obligatorische Fernseher, die gluckernden Wasserpfeifen, die Kat kauenden Männer und die kurze Nachtruhe machen jede Übernachtung zu einem „unvergesslichen Erlebnis".

Zelten

Touristisches Zelten ist im Jemen ungewöhnlich. Öffentliche Campingplätze gibt es nicht. Bei organisierten Reisen sind gelegentlich Zeltübernachtungen eingeplant. In der Wüste, auf dem Dschol, auf dem Dschebbel Maswar, auf der Insel Sokotra – wo auch immer gezeltet wird, da berichten die Reisenden von grandiosen Nächten unter einem prachtvollen Sternenhimmel. Die jemenitischen Reiseleiter sorgen für Zelte, Matratzen, Kochgeschirr, Lebensmittel und Brennmaterial.

Versicherungen

Für alle abgeschlossenen Versicherungen sollte die Notfallnummer notiert und mit der Policenummer aufgehoben werden. Bei Eintreten eines Notfalles ist die Versicherungsgesellschaft umgehend telefonisch zu verständigen!

Auslandskrankenversicherung

Die Kosten für eine Behandlung im Jemen oder auch in den Nicht-EU-Transitländern werden von den gesetzlichen Krankenversicherungen in Deutschland und Österreich nicht übernommen, daher ist der Abschluss einer privaten Auslandskrankenversicherung unverzichtbar. Diese kann z.B. in Deutschland für 12 Euro pro Jahr abgeschlossen werden.

Schweizer Staatsangehörige sollten bei ihrer Krankenversicherungsgesellschaft nachfragen, ob die Auslandsdeckung auch für den Jemen gilt. Bei nicht vorhandener Auslandsdeckung, kann man sich bei Soliswiss (Gutenbergstr. 6, 3011 Bern, Tel. 031-3810494, info@soliswiss.ch, www.soliswiss.ch) über mögliche Krankenversicherer informieren.

Zur Erstattung der Kosten werden ausführliche Quittungen (Datum, Namen, Art, Umfang und Kosten der Behandlung, Medikamente) benötigt.

Andere Versicherungen

Ob es sich lohnt, weitere Versicherungen abzuschließen (Reiserücktrittsversicherung, Reisegepäckversicherung, Reisehaftpflichtversicherung oder Reiseunfallversicherung), ist individuell abzuklären. Gerade diese Versicherungen enthalten viele Ausschlussklauseln, so dass sie nicht immer Sinn machen.

Die Reiserücktrittsversicherung empfiehlt sich nur für teure Reisen (Konditionen beachten).

Auch die Reisegepäckversicherung ist kritisch zu bedenken, da z.B. bei Flugreisen verlorenes Gepäck oft nur nach Kilopreis, bzw. der Zeitwert nach Vorlage der Rechnung ersetzt wird. Wurde eine Wertsache nicht im Safe aufbewahrt, gibt es bei Diebstahl keinen Ersatz. Gepäck im unbeaufsichtigt abgestellten Fahrzeug ist nicht versichert. Die Liste der Ausschlussgründe ist lang ....

Der Jemen war bislang ein sicheres Reiseland. Es gibt **nur wenige Fälle, wo Touristen Ausrüstungsgegenstände entwendet wurden.** Falls es dennoch passiert sein sollte und eine Reisegepäckversicherung abgeschlossen wurde: bei einer Polizeistelle Meldung machen, die gestohlenen Sachen schriftlich bestätigen lassen, das Schriftstück in Deutschland von einem amtlichen Übersetzer ins Deutsche übertragen lassen und die Formulare der Versicherungsgesellschaft schicken.

Die amtliche jemenitische Schadensmeldung kann bei der Deutschen Botschaft in Sana'a gegen Bezahlung übersetzt und beglaubigt werden. Infolge der Sprachprobleme ist jede Schadensmeldung bei den zuständigen Behörden eine frustrierende Angelegenheit.

Zeitverschiebung

Der Jemen ist **der Mitteleuropäischen Zeit (MEZ) voraus.**

- Jemen = MEZ + 2 Std.
- Jemen = MESZ (Sommerzeit) + 1 Std.

Zollvorschriften

Einreise

Bei der Einreise wird das Gepäck stichprobenartig kontrolliert.

- Die **Einfuhr von 1 Liter Alkohol ist für Nicht-Moslems erlaubt** (mögliche Ausnahme ist der Fastenmonat Ramadan).
- **Videokassetten und DVDs** werden bei der Einreise beschlagnahmt und auf pornografischen Inhalt untersucht.
- Jemenitische Währung darf nicht eingeführt werden.
- Waren größeren Umfangs, die nicht eindeutig als Reisezubehör erkennbar sind, bedürfen eines Begleitschreibens in englischer Sprache (z.B. Spendenzwecke).
- Ein **Einfuhrverbot** gilt für Güter, die in Israel produziert wurden; für Drogen (ausgenommen Kat); für Waffen, Munition, explosive Stoffe, Feuerwerkskörper; für Tiere und Pflanzen, die nach dem Artenschutzabkommen geschützt sind und Produkte daraus; für Medien pornografischen Inhalts.

Zollfreie Einfuhr

- Gebrauchte persönliche Gegenstände
- Geschenke im Wert von bis ca. 650 Euro
- Persönliches Sportgerät, Werkzeug, Fahrräder, Rollstühle
- Goldschmuck bis zu 350 Gramm

Ausreise

- **Antiquitäten, die vor 1948 hergestellt wurden, dürfen nicht ausgeführt werden.**
- Aufgrund zahlreicher Diebstähle aus Museen während des Bürgerkriegs 1994 und an archäologischen Stätten werden bei der Ausreise **verschärfte Kontrollen** durchgeführt. Wir warnen davor, an Ausgrabungsstätten wie z.B. in Marib „Souvenirs" (alte Münzen, Inschriftensteinen oder Statuen) zu kaufen. Diese können echt oder gefälscht sein, Ärger gibt es in jedem Fall bei der Ausreise.

Für Infos und Reisehinweise zum Jemen siehe auch: www.auswaertiges-amt.de

152| Foto: bs

Land und Leute

165J Foto: bs

151J Foto: bs

Messingwarenhändler im Suk von Sana'a

Die Burka, traditionelle Verschleierung im östlichen Jemen

Granatapfelblüte

Naturraum

Geologie

Der Jemen ist Teil der **Arabischen Platte,** die sich - durch das Rote Meer getrennt - immer weiter von der Afrikanischen Platte entfernt.

Wie ein Blick auf die Landkarte zeigt, hat das Horn von Afrika (Somalia) einmal nahtlos an den **südwestlichen Jemen** gepasst. Der Grabenbruch des Roten Meeres setzt sich nach Süden über Djibuti als Ostafrikanische Senke fort und findet seine nördliche Verlängerung über den Golf von Aqaba zum Jordangraben.

Mit Djibuti als Schnittpunkt bildet ein zweiter Grabenbruch den Golf von Aden. Es ist in Spreizungszonen ein häufiges Phänomen, dass die Erdkruste in Form eines Dreisterns aufreißt. Dabei ist ein Arm sehr aktiv (in diesem Fall der Golf von Aden), der zweite öffnet sich weniger schnell (Rotes Meer) und der dritte fristet ein eher kümmerliches Dasein, wobei Wissenschaftler nie genau sagen können, ob sich daraus ein Meeresarm entwickeln wird (Ostafrikanischer Graben).

Der **äußerste Südwesten des Jemen** passt nicht genau in die heutige Küstenkontur von Djibuti. Der Grund ist ein kontinentales Splitterstück im Küstenbereich (Danakil Block), das beim Abdriften Arabiens zurückgeblieben ist. Hinter diesem 550 km langen, 70 km breiten und bis zu 2000 m hohen Gebirgs-

012j Foto: bs

rücken befindet sich die bis zu 156 m unter dem Meeresspiegel liegende, 150.000 km^2 große Danakil-Senke, die einst eine Bucht des Roten Meeres war. Der Boden der Danakil-Senke ist übersät mit Vulkankegeln, Lavaströmen und heißen Quellen. Die hier austretende Lava ist basaltisch und legt Zeugnis dafür ab, dass in der Senke ein Meeresboden-Riftsystem aktiv ist.

Die Trennung Arabiens und Afrikas setzte im Mittleren Tertiär, das heißt vor 40 Mio. Jahren, ein und war vom Austritt mächtiger **Lavaströme** begleitet. Es wird angenommen, dass damals ein Hot Spot *(Afar Mantle Plume)*, mit dem Zentrum unter dem heutigen Djibuti, ein Gebiet mit mehreren 100 km Durchmesser 3 km hoch angehoben hat und dass dabei viele Jahrtausende lang Lavaströme ausgetreten sind, die heute im jemenitischen Hochland eine Mächtigkeit von gut 2,5 km haben.

Zum besseren Verständnis kann sich der Prozess wie folgt vorgestellt werden: Ein Gebiet mit ca. 800 km Durchmesser wölbt sich kuppelförmig auf und erreicht im Zentrum eine Höhe bis zu drei Kilometer. In diesem aufgewölbten Zustand reißt die „Kuppel" in der Mitte auseinander, wobei eine rund 3 km hohe Bruchkante zurückbleibt. Die arabische Hälfte der Kuppel driftet nach Nord-Nordost fort und sinkt dabei nur unbedeutend ab. Der steile Aufbau des jemenitischen Hochlandes hinter dem flachen Küstenstreifen repräsentiert die Bruchlinie der vorgenannten Aufdomung. Auf afrikanischer Seite befindet sich das Gegenstück in Form des äthiopischen Hochlands.

Für diese These spricht, dass die **Lavadecken** *(Yemen Volcanics)* des jemenitischen Hochlands nach Norden und Osten einfallen und bis in 2000 m Höhe versteinerte Meeresmuscheln zu finden sind. Die Lavaströme des Hochlands, bei denen es sich um Basalte, Rhyolithe und Ignimbrite handelt, sind besonders eindrucksvoll aufgeschlossen am Sumarah-Pass (Rundreise 1, 1. Tag, zwischen Jariem und Ibb) - wo sie nahezu waagerecht liegen - und am Übergang vom flachen Küstenstreifen **Tihama** zum Hochland (Rundreise 1, 5. Tag) - wo sie aufgrund des nicht einheitlichen Hebungsprozesses gekippt liegen. Weiter im Osten, Richtung Marib, ist das gehobene Grundgebirge durch Erosion freigelegt und nicht von vulkanischen Gesteinsschichten überlagert.

Der **Afar Hot Spot** ist auch heute noch aktiv und schiebt Arabien mit einer Rate von jährlich 2 cm von Afrika nach Nord-Nordost fort. Diese Drift ist für die Erdbeben im Iran sowie die dortige Auffaltung des Zagros-Gebirges verantwortlich und wird dazu führen, dass sich der Persische Golf in einigen Millionen Jahren schließt.

Die **Risslinie,** die Arabien von Afrika trennt, liegt im Roten Meer und wird durch aufsteigendes Magma immer wieder verschlossen, wobei sich basaltischer Ozeanboden bildet.

Die Öffnung des Roten Meeres (das Meereswasser drang hier erstmals vor rund 6 Mio. Jahren ein) war kein konti-

Vulkankrater bei Bir Ali

nuierlicher Prozess. Immer wieder wurden Teile von der Wasserzufuhr abgeschnitten und trockneten aus. Die dabei entstandenen **Salzlager** werden u.a. bei Salief abgebaut. Die aus Korallen-Kalkstein bestehende Insel Kamaran im Roten Meer hat sich in mehreren Etappen aus dem Meer erhoben (wie ehemalige Strandterrassen belegen). Für diese Aufwärtsbewegung ist ein aufdringender Salzstock unterhalb der Insel verantwortlich.

Das **Rote Meer** weist Tiefen bis zu 3000 m auf, am Bab al Mandab sind es nur max. 120 Meter. Entlang der Bruchlinie im Roten Meer, die sich immer wieder mit frischem Magma auffüllt, gibt es zahlreiche mineralhaltige heiße Quellen (Schwarze Raucher), die ausgedehnte Erzlagerstätten gebildet haben. Einige Vulkankegel im Roten Meer haben die Wasseroberfläche durchstoßen und bilden vulkanische Inseln.

Am 30. September 2007 wurde die jemenitische **Insel Jabal al Tair** vulkanisch aktiv, wobei sieben oder acht dort stationierte Soldaten den Tod fanden. Lavaströme und Asche legten sich über die Insel. Die Eruption dauerte bei Redaktionsschluss dieser Auflage an. Jabal al Tair liegt rund 82 km westlich von Kamaran.

Auch das jemenitische Festland ist tektonisch aktiv.

Erdbeben sowie Heißwasser- und Wasserdampfquellen, die vielerorts zu finden sind, geben einen Eindruck von den Kräften, die an der Arabischen Platte wirken.

Es gibt an Land keine tätigen, aber viele erloschene Vulkane. Ausgeprägte **Vulkangebiete** liegen an den Straßen Damahr – Rada, Sana'a – Amran (dort sind Basaltschichten bis zu 1,5 km dick), Sana'a – Marib, Marib – Sirwah, Bir Ali – Mukalla und um Aden. Die Vulkangebiete bei Amran und an der Südküste bei Bir Ali sind jünger als 1,5 Mio. Jahre. Eine genauere Datierung liegt noch nicht vor.

Vulkanische Förderschlote und Spaltenfüllungen sind durch Erosion vielerorts aufgeschlossen. Da dieses Material zumeist härter als das angrenzende Gestein ist und langsamer erodiert, haben sich entlang der Straße Taiz – At Turrba und Jariem – Hammam Dammt bis zu 4 m hohe Mauern gebildet. Kissenlava, d.h. unter Wasser ausgetretene Lava, ist häufig zu finden und repräsentiert Vulkanismus unter dem Meeresspiegel, bevor sich der Jemen auf heutiges Niveau gehoben hat.

Von großem Interesse sind die **erloschenen Vulkane** Al Isi und Isbill (Damahr-Rada) mit ihren Wasserdampfquellen, Barrasch und Mafluk bei Saada, die **erodierte Förderschlote** ehemals gewaltiger Vulkane darstellen, sowie der Adener Vulkan. Diese Berge und die vielen **heißen Quellen** (die bedeutendste ist Hammam Dammt) sind im Reiseteil dieses Buches beschrieben.

Flaschenbaum

Ein **Erdbeben** im Dezember 1982 forderte in der Damahr-Region etwa 3000 Menschenleben. Im November 1991 gab es bei einem Erdbeben in Udäin bei Ibb zehn Tote und zahlreiche zerstörte Gebäude. Erdbeben in Sana'a mit Gebäudeschäden sind für die Jahre 1666 und 1897 überliefert.

Das **älteste** im Jemen gefundene **Gestein** ist 600 Mio. Jahre alt. Aus dieser Zeit stammen die Marmorvorkommen von Taiz und Hadscha. Versteinerte **Muscheln** und **Korallen**, Zeugen tektonischer Veränderungen in vorgeschichtlicher Zeit, sind im Jemen allerorts und in jeder Höhenlage zu finden. Sie repräsentieren ein Heben der arabischen Landmasse. Große Kalksteinvorkommen liegen westlich der Straße Sana'a – Amran und bei Ba'dschil. Sie versorgen die dortigen Zementwerke. Auch das bis zu 2000 m hohe Dschol-Plateau zwischen dem Indischen Ozean und dem Wadi Hadramaut ist ein mächtiger, von Erosionsrinnen durchfurchter **Kalksteinblock.**

Ein eindrucksvolles Beispiel vorgeschichtlicher Erdkräfte ist das in umgedrehte Richtung fließende Wasser im Wadi Hadramaut (hier entspringt heute das Wasser im einstigen Delta des Flusses und fließt zu dessen ehemaligem Quellgebiet).

Bodenschätze sind im Jemen seit vielen Jahrhunderten bekannt, bislang aber nur in kleinen Lagerstätten gefunden worden. Der Geschichtsschreiber *Hamdani* berichtet im 10. Jh. von acht Gold- und drei Silberminen. Zwei der Goldminen – so Hamdani – seien im Berg Haathur bei Thulla angelegt.

013j Foto: bs

Aus sabäischer und himjaritischer Zeit sind **Erzminen** belegt. Das bedeutendste sabäische Blei-, Silber-, Zink- und Kupferbergwerk wurde Anfang der 1980er Jahre am Dschebbel Salab bei Al Jufra (südlich der Straße Sana'a – Marib) wieder entdeckt.

Alabaster, das traditionelle Fensterglas, wurde im Tagebau (Brüche) an der Straße von Sana'a nach Marib gewonnen. Von geologischem Interesse und bis heute genutzt sind die **Salzstöcke** von Salief (bei Hudäida), Luhäia und Marib. Weitere Steinsalzminen finden sich bei Schabwa, Timna und im Wadi Hadscher.

In den 1980er Jahren wurden die **Erdölvorkommen** bei Schabwa und Marib entdeckt.

Geografie

Wegen der relativ häufigen Regenfälle liegt der Jemen klimatisch günstig und ist aufgrund seines guten landwirtschaftlichen Potenzials mit 22 Mio. Einwohnern volkreichster Staat der Arabischen Halbinsel.

Mit einer Fläche von ca. 537.000 km² ist der Jemen etwa 1½-mal so groß wie die Bundesrepublik Deutschland.

Es gibt in **West-Ost-Richtung drei geografische Regionen:**

Der an das Rote Meer grenzende flache, etwa 20–50 km breite **Küstenstreifen (Tihama)** und das **Küstengebiet des südöstlichen Jemen.** Der geringen Niederschlagsmenge wegen ist das landwirtschaftliche Potenzial beider Regionen unsicher. Dennoch wird in der Tihama intensive Landwirtschaft betrieben, wo das mit Pumpen geförderte Grundwasser reiche Ernten ermöglicht.

Der **mittlere, gebirgige Teil** ist ein ausgeprägtes Wasserscheidengebirge. Von Saada bis kurz vor Taiz liegt kein Teil der Fernstraße tiefer als 1500 m. Hochebenen bzw. -becken wechseln mit schroffen Tälern ab. Die vom Roten Meer heranziehenden Wolken regnen sich im Gebirge ab, wobei die Niederschlagsmenge von Süd nach Nord abnimmt. Eindrucksvoll im südlichen und mittleren Bergjemen sind die ausgedehnten Terrassenfelder. Höchster Berg des Jemen und der Arabischen Halbinsel ist der Nabi Schuayb (3660 m) westlich von Sana'a.

Die **Wüste im Nordosten;** hier tendiert die Niederschlagsmenge gegen Null. Landwirtschaft ist nur in den Flusstälern möglich, vornehmlich mit Grundwasserbewässerung.

Pflanzen

Die Flora überrascht durch ihre Vielfalt, denn mehr als **2000 Pflanzenarten** sind registriert, wobei die Palette von anspruchslosen Wüstenpflanzen bis zu subtropischen Wasserpflanzen reicht.

Der Jemen hat heute keine Wälder mehr. Urwaldähnlicher Bewuchs mit Bäumen, Büschen, Farnkräutern und Schlingpflanzen ist in den abgelegenen Flusstälern zu finden. Im Jahr 1993 wurden im Auftrag der Weltbank die **Wälder** des Jemen mit insgesamt 1,9 Mio. Hektar ermittelt.

72% davon sind Buschland mit **Akazienvorkommen** und einer Durchschnittshöhe von 3 m. Ausgedehnte Flächen mit **Palmenhainen** gibt es vor allem im Hadramaut. Wälder haben keine Chance, da die Bäume meistens Brennholzlieferanten sind, zur Produktion von Holzkohle geschlagen und durch weidende Tiere am Nachwachsen behindert werden.

Als einzigartig auf der Arabischen Halbinsel wird der **Schluchtwald am Dschebbel Burra** angesehen. Mit seinem Baum- und Buschbestand und den dort lebenden Tieren wie z.B. Waranen, Stachelschweinen, Pavianen, Reptilien, Vögeln und Schmetterlingen ist er ein von offizieller jemenitischer Seite anerkanntes Bioreservat *(Bura'a Natural Protected Area)* und wurde zum ersten Naturschutzgebiet des Landes erklärt

Schon im Jahr 1970 begann die Food and Agriculture Organisation (FAO) mit der forstwirtschaftlichen Entwicklungszusammenarbeit im Jemen. In Taiz wurde eine erste Baumschule errichtet, weitere folgten. In den 1980er Jahren fanden **Aufforstungen** zur Erosionskontrolle im Haraz-Gebiet (Stützpunkt Menaacha) statt. Die Stabilisierung von Dünen in der Tihama und im Marib-Gebiet und Anpflanzungen gegen Winderosion sind dort erfolgreich, wo intensiver Kontakt mit der Bevölkerung (Stämmen) geführt und die Sinnhaftigkeit von Bewuchs ohne wirtschaftlichen Nutzcharakter verstanden wurde.

In **Baumschulen** besteht heute eine hohe Nachfrage nach Fruchtbäumen und dekorativen Pflanzen; Bäume zur Aufforstung werden dabei meist kostenlos abgegeben, da solche Maßnahmen noch auf mangelndes Interesse stoßen. Geeignete Stellen hat man an Straßenrändern gefunden, wo der Oberflächenabfluss genutzt werden kann.

Im trockenen Norden und Süden des Landes bestimmen **Akazien** mit ihren dornenbesetzten Zweigen und kleinen grünen Blättern das Landschaftsbild. Dass sie zu den Mimosengewächsen gehören, zeigen die weißen und gelben Blütchen. Zur Brennholzbeschaffung wird dieser Bestand jedoch immer weiter gerodet. Verbliebenen Bäumen werden regelmäßig die Äste abgeschnitten, sie wachsen wieder nach.

Die **Tamarinde,** die in den gleichen Regionen wie Kaffeesträucher wächst, liefert Holz für den Hausbau; die Blätter geben ein Säuerungsmittel für Soßen. In Flusstälern fallen die hohen, weit ausladenden Sträucher der immergrünen **Tamarisken** auf.

Aus den Zweigen des **Arakstauches** wird das Zahnputzholz Miswak gewonnen, mit dem sich Moslems vor dem Gebet die Zähne reinigen.

Mangroven sind im Küstenbereich des Roten Meeres sowie in Restbeständen auf Sokotra anzutreffen.

Feigenbäume wachsen sowohl wild wie auch kultiviert. Im Mai/Juni werden die Früchte auf den Märkten im Gebirgsjemen verkauft.

Vielseitig verwendbar ist der **Ilb-Baum** mit dem lateinischen Namen *Ziziplus Spina Christi* (auf die Dornenkrone Christi hindeutend, die aus den Zweigen dieses Baumes geflochten worden sein soll). Der Ilb-Baum soll auch der Lotusbaum des Koran sein (Sure 34, Vers 16).

Im Jemen wächst der Ilb-Baum in Tälern und auf Hochebenen, die einen großen Teil des Jahres über trocken sind; er wird auch auf Plantagen kultiviert. Das Holz der Stämme und Äste findet Verwendung beim Haus- und Bootsbau, die Zweige dienen als Brennholz im Brotbackofen. Zweige und Blätter sind Viehfutter, die kleinen gelben Früchte (*dom* genannt) werden im frischen oder getrockneten und gemahlenen Zustand gegessen. Die unreifen Früchte – getrocknet, gemahlen und mit Wasser angerührt – ergeben ein Haarwaschmittel. Die Blüten dienen den Bienen zur Honigproduktion. **Ilb-Honig** erfreut sich großer Beliebtheit und wird in den Städten des Wadi Hadramaut verkauft.

Weit verbreitet sind **Flaschenbäume,** die bis zu 3 m hoch werden und sich durch einen knollenähnlichen Stamm und wenige Blätter auszeichnen. Im Frühjahr sind Flaschenbäume mit rosa Blüten bedeckt. Fruchtstände und Stamm haben eine Flaschenform.

Eng verbunden mit der Insel Sokotra ist der **Drachenbaum,** wegen seines roten Harzes auch **Drachenblutbaum** *(A'arhiuhb)* genannt. Es sind aber auch einige Exemplare auf dem Dschol zu finden. Der Baum kommt auf Sokotra in Höhen zwischen 500 und 1000 Meter vor; er hat eine typische Form mit geradem Stamm und zahlreichen Ästen, die sich erst in der Höhe verzweigen und eine pilzartige Krone bilden. Das rötliche Harz wird nach Anritzen des Stammes gewonnen, getrocknet und in der Volksmedizin verwendet.

Besonders in den Monaten Mai und Juni beeindrucken im gesamten Bergland die mit leuchtend roten Blüten über und über bedeckten **Flamboyant-Bäume** *(Delonix regia).* Die gefiederten Blätter fallen in der Blütenpracht kaum auf. In und um Taiz sind diese Exemplare stark vertreten.

Wegen der verschiedenen Höhenlagen wachsen im Jemen die unterschiedlichsten **Nutzpflanzen.** Weit verbreitet auf Terrassen und Hochebenen ist der Anbau von **Hirse,** die als Futtergetreide Sorghum *(durra)* dient und nur in geringem Umfang in Haushalten Verwendung findet. Während noch vor 30 Jahren Hirse ein Grundnahrungsmittel war, wird das Fladenbrot heute aus importiertem Weizenmehl hergestellt. Eine weitere häufig angebaute Futterpflanze ist **Luzerne** *(alfalfa).*

Im südöstlichen Jemen, vor allem auf der Insel Sokotra, wächst der **Weihrauchbaum** *(Boswellia-Arten),* der das bekannte Baumharz produziert. Die eingetrockneten gelben Harzkörner *(Olibanum)* sind dann Bestandteil einer Mischung verschiedener Harze (u.a. Myrrhe, Benzoe, Storax, Tolubalsam) und getrockneter Drogen (Zimtrinde, Lavendelblüten u.a.), die beim Verbrennen den typisch aromatisch-narkotisierenden Duft entwickeln.

Die **Dattelpalme** wird vor allem im Wadi Hadramaut, im Wadi Doan und in der Tihama gepflegt und ist dort zu einem Wirtschaftsfaktor geworden. Kokospalmen – sie werden in der Provinz Hadramaut angebaut – haben keine große Bedeutung.

Ausgedehnte **Baumwollfelder** sind in der Tihama zu finden, wo in einigen Orten Textilien aus Baumwolle (Stoffe, Tücher) hergestellt werden.

Jemenitisches **Henna** ist ein Produkt, das auf den Märkten reichlich Absatz findet, auch wenn der Import floriert. Henna ist wichtig zur Körperbemalung bei Festlichkeiten (v.a. Hochzeiten) und zum Färben von Haaren. Im Wadi Hadramaut und in der Tihama gibt es ausgedehnte Henna-Anpflanzungen. Die Ernte der niedrigen Buschpflanze mit rötlichen Wurzeln, einem harten Holz und winzigen dunkelgrünen Blättern ist kurz nach Beginn der Monsunniederschläge. An Ort und Stelle werden die Blätter zu Pulver vermahlen und für den Eigengebrauch oder den Export in Säcke gefüllt. (Das Dekorieren des Körpers der Braut mit roten Henna-Mustern hat stark zugenommen. Vor Hochzeiten und bei anderen großen Ereignissen sind professionelle Henna-Malerinnen gefragt; eine gute Henna-Malerin kann einen Monatsverdienst von 200.000 Rial erlangen. Das Bemalen einer Braut kostet fast 30.000 Rial.)

Der Jemen ist neben Äthiopien Ursprungsland des **Kaffees;** Näheres dazu und zu **Kat** unter „Landwirtschaft".

Unter den wild wachsenden Pflanzen fallen die **Sukkulenten** auf, die jahrelang ohne Wasserzufuhr überleben. Die verdickten Blätter (oftmals eher an Stängel erinnernd) speichern in ihren großzelligen Geweben Wasser. Zu den Sukkulenten zählen die Arten der **Aloe,** die mit ihren leuchtend roten, länglichen Blütenständen vor allem dem Wanderer abseits der Asphaltstraßen ins Auge fallen. Auch auf der Insel Sokotra ist die Aloe heimisch. Aristoteles soll im 4. Jh. v.Chr. seinem Schüler *Alexander* zur Eroberung der Insel geraten haben wegen einer Pflanze mit außergewöhnlichen Heilkräften – der Aloe.

In Gebirgsregionen mit hoher Luftfeuchtigkeit (Ibb, Taiz, Menaacha) beeindrucken die bis zu 3 m hohen fleischigen Stängel der **Wolfsmilchgewächse** (z.B. *Euphorbia ammak).* Der weiße Milchsaft enthält einen Giftstoff (Euphorbon), der tödliche, aber auch heilende Wirkung haben kann (je nach Dosierung).

Feigenkakteen *(Opuntien)* sind in vielen Teilen des Bergjemen zu finden. Die weit ausladenden Sträucher wachsen in großer Zahl an Berghängen. Die handtellergroßen „Blätter" tragen im Frühjahr große, leuchtend gelbe Blüten und im Sommer schmackhafte, mit feinsten Stacheln besetzte Früchte, die auf den Märkten verkauft werden.

Ebenso auffallend ist die große, hellgelbe Blüte des **Stachelmohns** mit dem dunkelroten Stempel im Zentrum.

Akanthuspflanzen (oder Bärenklau), deren stilisierte Blätter als Schmuckwerk die Kapitelle griechischer Säulen zieren, gibt es häufig.

Die dunkelrot blühende **Wunderblume** mit ihren trichterförmigen Blüten begleitet den Wanderer auf vielen Wegen, so auf dem Pfad zwischen Schibam und Kaukaban.

Erfreuliche Farbtupfer sind auch die gelben Blüten des **Flohkrauts** und die ausgefransten, leuchtend blauen Blüten der niedrigen **Wegwarte.**

In sehr trockenen Regionen (z.B. Provinzen Marib und Schabwa) fällt der z.T. bis zu 3 Meter hohe **Oscher** (auch Fettblattbaum genannt) auf. Die Pflanze gehört zu den Hundsgiftgewächsen, Rinde und Blätter werden in der traditionellen Medizin verwendet. Die apfelähnliche, hohle Frucht des Oscher (darin die Samen) wird als **Sodomsapfel** bezeichnet. In Kunst und Literatur steht er als Symbol für Heuchelei (von außen als genießbar angesehen, innen jedoch hohl).

Wer sich mit der Pflanzenwelt des Jemen näher beschäftigen möchte, wird Gefallen an folgendem Buch finden: *Hubaishi, Müller-Hohenstein,* „An introduction to the vegetation of Yemen".

Tiere

Größere Tiere wie **Leoparden,** Gazellen und **Antilopen** haben sich im Jemen nur in kleinsten Beständen erhalten. Bei seiner Reise 1935 von Hadramaut nach Schabwa sah der Deutsche *Hans Helfritz* noch Rudel von **Steinböcken** und **Gazellen.** Steinbockhörner zieren gelegentlich als Fruchtbarkeitssymbol den oberen Bereich von alten Gebäuden (Lehmhäusern).

Die meisten der über **100 Säugetierarten** wird der Tourist nicht zu Gesicht bekommen, da sie sehr zurückgezogen leben, von Jemeniten gejagt werden und somit stark dezimiert sind.

Arbeits-, Last- und Nutztiere sind **Dromedare, Schafe, Ziegen, Rinder** und **Esel. Hunde** und **Katzen** pflegen ein geduldetes Dasein, wobei Hunde im Islam verachtete Tiere sind und nur selten als Wach-, nie als Hütehunde gehalten werden. Äußerst selten sind **Hyänen** und **Wildkatzen,** gelegentlich jedoch **Wölfe, Schakale, Füchse** und in großen Herden **Mantelpaviane** in der Nähe von Wasserstellen zu finden.

Es sind etwa 40 Arten von **Nagetieren** bekannt, so die Wüstenspringmaus, die Hausmaus und Ratten.

Nur in der Nacht aktiv sind das **Stachelschwein**, der **Igel, Fledermäuse** und **Flughunde.**

Die **Vogelwelt** zeigt mit über 360 Arten eine erstaunliche Vielfalt. Hinzu kommen 220 Arten, die den Jemen jedes Jahr als Zugvögel besuchen. Etwa 250.000 Vögel nehmen im Herbst den Weg über die Arabische Halbinsel und überqueren das Rote Meer an der günstigen (schmalen) Stelle am Bab Al-Mandab.

Ausgestorben ist der Arabische Strauß, erhalten konnte sich die **Arabertrappe,** die bis zu 90 cm groß wird.

Verbreitete Vögel sind der **Haussperling,** die **Haustaube** und die Indische **Hauskrähe,** die in den 1940er Jahren in den Jemen kam und inzwischen wegen starker Vermehrung und damit verbundenen Ernteschäden zu einer Plage wurde.

Eindrucksvoll sind die gelben **Webervögel** mit ihren an den Bäumen hängenden Kugelnestern (vor allem im Küstenbereich Tihama). Webervögel sind Verwandte der Spatzen. Die Männchen flechten die kunstvollen Nester, oftmals mehrere in einer Brutsaison.

Der **Schmutzgeier** (auch Ägyptischer Geier genannt) und zwei andere Geier-

015j Foto: bs

Termitenhügel

arten leben in Kolonien im Bergjemen; sie sind am ehesten auf Mülldeponien anzutreffen. Auf der Insel Sokotra ist der Schmutzgeier nahezu handzahm, da er dort nicht gejagt wird. **Flamingos** und **Pelikane** sind in den Küstengewässern der Tihama und bei Aden auf Nahrungssuche.

Von den etwa **40** im Jemen vorkommenden **Schlangenarten** sind mindestens 14 giftig. Es gibt zwei Kobraarten und sieben Arten von Vipern, unter denen die bis zu 1,5 m lange Puffotter zu den gefährlichsten gehört.

Auf Wanderungen durch gelegentlich Wasser führende Wadis sind **Schildkröten** (oder ihre Panzer), Kröten, Frösche und Fische anzutreffen. Es ist erstaunlich, wie diese Tierarten die oftmals langen Trockenzeiten überstehen.

Rund **90 Echsenarten** sind im Jemen nachgewiesen. Den **Gecko** finden wir in vielen jemenitischen Häusern.

Das **Chamäleon** ist genauso heimisch wie der gefährliche, bis maximal 1,5 m lange **Wüstenwaran.**

Insekten wird der Reisende tagtäglich begegnen. **Kakerlaken** existieren überall, wo es feucht und dunkel ist und etwas zu fressen gibt.

Die etwa 50 Arten von **Skorpionen** leben versteckt in Mauerritzen und unter Steinen. Der Giftstachel am Hinterleib wird bei einem kleinen Opfer nicht eingesetzt, der Feind wird mit den Vorderscheren überwältigt.

Bettwanzen sind im Jemen kaum, hingegen **Flöhe** nicht selten anzutreffen.

Die **Anophelesmücke** (die Weibchen übertragen beim Blutsaugen Malaria) ist in Höhen unter 1500 m verbreitet.

Heuschrecken verursachen Schäden, sobald sie ein- bis zweimal jährlich in Schwärmen auftreten und über die Getreide-, Zitronen- und Gemüseernte herfallen. Von Jemeniten werden sie gerne geröstet gegessen.

Nicht zu überhören sind abends **Zikaden,** die in den Bäumen sitzen.

Termiten gehören zu den Insekten, die große Schäden anrichten, u.a. durch das Aushöhlen von Holzteilen in Gebäuden. Sichtbar wird ihre Existenz an den Termitenhügeln (z.B. an der Fernstraße Ataak – Mukalla). In einem Termitenbau können bis zu 3 Mio. Insekten leben, deren Weibchen täglich Tausende Eier legen. Termitenhügel bestehen aus einer Masse, die aus Erde, Holzresten, zermalmten Pflanzen, Speichel und Kot hergestellt wird. Ein Termitenbau ist von Gängen und Lüftungsröhren durchsetzt.

Unter den Käfern wird der Reisende vor allem in der Wüste den **Pillendreher** finden, der sein Ei in eine Kugel von Kamel- oder Schafmist einrollt.

Der **Schwarzkäfer** fällt durch seine besonders langen Beine auf, die ihm das Leben auf dem Sand erleichtern.

Der **Küstenbereich** bietet einer Vielzahl von Tieren Lebensraum. So gibt es hier Krebse, Schnecken, Krabben, Muscheln, Seesterne, Seeigel, Seegurken, Schrimpse, Tintenfische, Lobster, Kraken und Quallen.

Über den Strand und in einem fremden Panzer rennt der **Einsiedlerkrebs.**

Besonders auffällig benimmt sich die **Reiter- oder Geisterkrabbe.** Sie lebt in bis zu 60 cm tiefen, spiralförmigen Höhlen nahe der Hochwasserlinie.

Während der Paarungszeit bauen die Männchen kleine, spitze Sandhügel, mit denen sie ihren Einflussbereich abgrenzen und den Weibchen ein Zeichen zur Paarungsbereitschaft geben. Die Strände der südjemenitischen Küste sind übersät mit diesen rund 20 cm hohen Sandpyramiden.

Von den **Porzellanschnecken** sind die Kauri-Arten begehrt, die man an südjemenitischen Stränden findet. Als Zahlungsmittel waren sie weltweit im Einsatz, in China bereits um 200 v. Christus. Als Schmuck, Fruchtbarkeitssymbol und zur Geisterabwehr sind sie an alten Kleidungsstücken und Gebrauchsgegenständen zu sehen.

Die **Perlmuschel** ist weit verbreitet, aber ein professionelles Perlentauchen gibt es im Jemen nicht mehr (zuletzt wurde bei Luhäia/Tihama getaucht).

Meeresschildkröten kommen zum Ablegen der Eier an jemenitische Strände (z.B. auf der Insel Sokotra), doch werden sie auch hier verfolgt.

Delphine, Wale und **Haie** leben in Küstengewässern. Etwa 50 Haiarten gibt es in den Gewässern Südarabiens. Der kleine Katzenhai wird oft gefangen und liegt auf den örtlichen Märkten zum Verkauf. Größere Haiarten u.a. Fische werden am Strand zerlegt und stückweise getrocknet. Das Trockenfleisch wird bis in den Wüstenbereich als wichtiges Nahrungsmittel verkauft. In Restaurants im Wadi Hadramaut und entlang der Südküste können entsprechende Fischgerichte gegessen werden.

Rochen, Muränen und **Barakudas** sind Meereslebewesen, die auch Tauchern gefährlich werden können.

Korallen sind im gesamten Küstenbereich zu finden, wobei es im Roten Meer ausgedehnte Riffe gibt, im Golf von Aden nur wenige. Aufgrund des Kaltwasserauftriebs an der südjemenitischen Küste (die Wassertemperatur fällt zeitweise auf unter 20 °Celsius) kommt es dort nicht zu einer Riffbildung.

Geschichte

„Wenn Du reisen willst, musst Du die Geschichte dieses Landes kennen und lieben."
Theodor Fontane

Über die Geschichte des Jemen ist noch vieles unbekannt. Zeugnisse alter Kulturen, Schriftsteine, ja – ganze antike Städte ruhen unberührt unter Wüstensand bzw. Geröllfeldern. Vieles ist Spekulation. Für die **Königin von Saba,** von einigen Autoren in Marib angesiedelt, ist bisher **kein Grabungsbeweis** erbracht. Die bislang durchgeführte Spatenforschung erlaubt noch kein geschlossenes Geschichtsbild.

Legenden ranken sich um die **Präsenz biblischer Personen** im Gebiet des Jemen. So sollen *Kain* und *Abel* in Aden begraben sein. In Aden soll *Noah* seine Arche gebaut haben, die auf dem Dschebbel Schuayb (3660 m) bei Sana'a gestrandet sein soll.

Sana'a soll von *Sem* (dem Sohn *Noahs)* gegründet worden sein. Das Grab des Propheten *Hiob* soll auf dem Dschebbel Eijuhb nahe Sana'a liegen, die Gräber der Propheten *Hud* (der Eber des Alten Testaments) und *Hanzal* im Wadi Hadramaut. Die Königin von

Saba (ihr Besuch bei König *Salomo* in Jerusalem ist in Bibel und Koran beschrieben) soll in Marib residiert haben. Im Hafen von Ma'alla (Aden) soll sie sich für ihren Besuch bei Salomo eingeschifft haben. Die Gebeine der Heiligen Drei Könige – sie ruhen im Kölner Dom – sollen im 3. oder 4. Jh. von Gesandten der Kaiserin *Helena* (Mutter von Konstantin d. Gr.) bei Azzahn ausgegraben worden sein.

Steinzeit/Bronzezeit

Zahlreiche Siedlungsplätze aus der Zeit von 8000 bis 6000 v.Chr. sind im Jemen nachgewiesen. Sie liegen hauptsächlich zwischen dem Hochland und der östlichen Wüste, aber auch in der Tihama wurden in den letzten Jahren mit Midaman und Hagger al Gajemm zwei rund 5000 Jahre alte Stätten entdeckt. Die Menschen lebten in einem feuchteren Klima als dem heutigen und überwiegend von der Jagd. In den 1980er Jahren im Wadi Darr sowie Anfang der 1990er Jahre in der Region von Saada wurden Zeugnisse aus der **Jungsteinzeit** erforscht: Felsgravuren, Steinwerkzeuge, Pfeilspitzen, Tierknochen und Feuerstellen.

Als um 2200 v.Chr. die **Bronzezeit** im Jemen begann, wurde der Siedlungsraum beibehalten, aber das Klima war trockener geworden. Da die Jagd alleine zur Sicherstellung der Ernährung nicht mehr ausreichte, wurde Ackerbau betrieben. Aufgrund der seit 1994 im Wadi Tuban nördlich von Aden durchgeführten Feldforschungen wird angenommen, dass es sich bei dieser so genannten **Sabir-Kultur** um eine kulturell und politisch sehr gut entwickelte Gesellschaft handelte, die außer von der Landwirtschaft auch von Viehzucht und der Keramik-Produktion, vom Fischfang und Fernhandel lebte.

Um die Mitte des 2. Jahrtausends v.Chr. wurden die bisherigen Siedlungsplätze aufgegeben, da vermutlich die Böden durch schwere saisonale Regenfälle fortgeschwemmt worden waren. Als neuer Siedlungsraum diente das flache Gelände, wo die Täler des Hochlandes in die östliche Wüstenebene hinaustraten. Dort entstanden die Hochkulturen der altarabischen Königreiche.

Die Weihrauchstraße

„Der Weg zur Macht führt durch die Paläste; der zum Reichtum durch die Bazare. Der Weg zur Weisheit aber führt durch die Wüste!" *Arabisches Sprichwort*

Im alten Ägypten wurden die Baumharze **Weihrauch** und **Myrrhe** zum Einbalsamieren der Pharaonen und als wohlriechende Räucherstoffe zur Religionsausübung verwendet. Babylonier und Perser benutzten Weihrauch und Myrrhe ab Mitte des sechsten vorchristlichen Jahrhunderts. Überliefert sind Tributzahlungen Nordarabiens an den Perserkönig *Darius* in Form von jährlich tausend Talenten Weihrauch.

Griechen und Römer brauchten Weihrauch zu religiösen und weltlichen Anlässen. Die rasche Ausdehnung des römischen Imperiums hatte eine ständig steigende Nachfrage an Weihrauch zur Folge. **Plinius der Ältere** (23–79 n.Chr.) beschreibt den Luxuskonsum

Kein Fest ohne Weihrauch

Die Weihrauchstraße ist Geschichte, der Weihrauch dagegen spielt auch heute noch eine große Rolle im Alltags- und Festtagsleben. Auf den Märkten werden große Mengen jemenitischer und somalischer Weihrauchmischungen angeboten. Dabei ist der eigentliche Weihrauch nur eines von vielen Produkten innerhalb der Mixture.

Jemenitinnen stellen auch selber ihre Weihrauchmischung her, wozu viele Zutaten gehören. Hier ein Beispiel:

Mische und erhitze eine Flasche Rosenwasser und ein Kilo Zucker, bis der Zucker sich vollständig aufgelöst hat. Zerkleinere Sandelholz, Aloe und Vogelkrallen (welche vorher zwei Tage in Henna und Wasser eingeweicht wurden). Schütte ¼ Kilo Vogelkrallen, etwas Aloe und Ambra in die Rosenwasser-Zucker-Lösung. Mische drei Flaschen Teegewürz, zwei Flaschen Khair-Lana-Aroma, zwei Flaschen Aloe-Aroma, zwei Flaschen Moschus-Aroma, zwei Flaschen Janat-Al-Naiem-Aroma und eine Flasche Luqmani-Aroma. Gieße die Hälfte dieser Mischung in die erhitzte Rosenwasser-Zucker-Aloe-Ambra-Vogelkrallen-Mischung. Diese Mixtur muss nun auskühlen und erhärten. Sie wird anschließend in Stücke gebrochen und in Behältern verschlossen.

Diese Rezeptur verdeutlicht, dass Weihrauch auch heute noch eine Wissenschaft ist, und jede Frau hat ihr ganz persönliches Rezept, auf das sie schwört.

Die Weihrauchstücke (bahur) werden auf Holzkohle erhitzt, so dass sie zerfließen und verdampfen und den Wohlgeruch verbreiten. Bei Hochzeiten wird die Kleidung der Braut und ihrer Gäste mit Weihrauch parfümiert. Auch bei Geburtszeremonien – um Mutter und Baby vor dem bösen Blick, Missgunst und Krankheit zu schützen – ist Weihrauch ein wichtiger traditioneller Bestandteil.

Es ist also nicht allein der Duft des Weihrauchs, der ihn unverzichtbar macht, sondern es ist seine Aufgabe, die Menschen vor Unglück und Krankheit zu schützen: Entweder als Prophylaxe vor dem bösen Blick, vor Neid und Missgunst oder zur Heilung einer schon vom bösen Blick und Satan befallenen Person wird Weihrauch angewendet. Dabei wird die Person einzeln oder das ganze Zimmer bzw. die Eingangstür des Hauses beräuchert.

Alte Weihrauchbrenner aus Stein oder Alabaster sind auf den Märkten von Sana'a und Taiz zu finden, heute werden jedoch Weihrauchgefäße aus Messing benutzt und elektrische Weihrauchbrenner lösen das Holzkohlefeuer ab.

Bei Touristen weniger bekannt ist das Verbrennen und der Duft des Uhdholzes (Sandelholz, Aloeholz), das dem in Borneo und Vietnam wachsenden Adlerholzbaum entstammt. Das Holz wird – ähnlich wie Weihrach – zur Beräucherung von Räumen, Kleidung, Haut und Haaren benutzt und war schon im Altertum in Indien, Ägypten und Arabien geschätzt. Uhdöl hat als Parfüm einen hervorragenden Ruf. Je nach Qualität und Geruch (von süßlich bis herb-bitter) gibt es verschiedene Preisklassen, wobei ein Kilogramm bis zu 50.000 Euro kosten kann. Dies erklärt auch, dass auf dem Suk von Sana'a und in speziellen Geschäften der Abdul Nasr-Straße Uhdholz nur in kleinen Mengen verkauft wird.

seiner Landsleute: „Nach den niedrigsten Schätzungen entziehen Indien, die Serer (China) und die Halbinsel Arabien unserem Staate alle Jahre 100 Mio. Sesterzen, soviel kosten uns Luxus und Frauen." Tatsächlich entsprach der Preis von einem Kilo Weihrauch dem Monatslohn eines Arbeiters. Der gleiche Autor berichtet, dass Kaiser *Nero* anlässlich des Todes seiner Frau *Poppäa*

(im Jahre 65) eine ganze Jahresproduktion Weihrauch verbrennen ließ.

Als das Christentum ab dem 4. Jh. Weihrauch und Myrrhe für religiöse Zwecke verwendete, war deren Transport von der Weihrauchstraße bereits auf das Rote Meer verlegt worden.

Die **Weihrauchstraße** blieb bis in das 1. Jh. n.Chr. für die antike Welt ein Mysterium, ein dunkles Loch, aus dem die Luxusgüter sprudelten, die in ihrer Kultur benötigt wurden. Fälschlicherweise wurde das südliche Arabien als Ursprung der Edelmetalle und Duftstoffe angesehen. *Herodot* schreibt im 5. Jh. v.Chr., dass Arabien das einzige Land sei, wo Weihrauch, Myrrhe, Zimt und Gummiharz gewonnen werden. Die Weihrauchbäume würden von geflügelten Schlangen bewacht.

Plinius berichtet im 1. Jh. n.Chr.: „Die Sabäer sind das reichste Volk. Ihren Reichtum verdanken sie der Fruchtbarkeit ganzer Wälder aromatischer Pflanzen, ihren Goldminen, ihrem bewässerten Kulturland sowie ihrer Honig- und Wachsproduktion." Das Gebiet des heutigen Jemen wurde **„arabia felix"**, das glückliche Arabien, genannt.

Mit dem **Sommermonsun** ließen sich südarabische und indische Seefahrer nach Indien und mit dem Wintermonsun zur Küste Südarabiens treiben. Gleichzeitig gelang es den Südarabern, den Handel Ostafrikas von Sansibar bis

Weihrauchbaum auf Sokotra

Somalia auf ihre Häfen zu konzentrieren. Ein nicht versiegender Strom an Edelmetallen, Edelhölzern, Weihrauch, Myrrhe, Zimt, Textilien, Gewürzen, Elfenbein, Seide und Federn ergoss sich in die Hafenstädte Südarabiens, wurde dort auf Kamele gepackt und zum Mittelmeer transportiert.

Südarabische Hafenstädte wie Aden und Qana blühten auf und wurden weit über die Arabische Halbinsel hinaus bekannt. Belegt sind **Reisen von Gesandtschaften** zwischen Südarabien und China, selbst Handelsschiffe verkehrten zwischen beiden Erdteilen. Nebenprodukte des Handels waren der kulturelle Austausch und ein Produktionsschub für Handwerk und Landwirtschaft.

Von den auf der Weihrauchstraße transportierten Gütern stammte nur ein geringer Teil aus Südarabien. Edelmetalle wurden dort in unbedeutenden Mengen gefunden, zusammen mit Dhofar (im heutigen Oman) und Somalia hatte Südarabien jedoch das **Weihrauchmonopol.** Über die zur damaligen Zeit produzierte Menge an Duftstoffen gibt es keine verlässlichen Überlieferungen. Als Messlatte mögen die Zahlen aus dem Jahre 1934 gelten, als in Britisch-Somalia 450 t, in Italienisch-Somalia 550 t und in Dhofar 1000 t Weihrauch gewonnen wurden.

Eine Schätzung für die **Weihrauchproduktion** in Südarabien macht *Nigel Groom:* „Frankincense and Myrrh", London 1981. Er geht von 2500–3000 t pro Jahr aus, davon verbrauchte allein das römische Imperium 1500 t. Der Transport dieser Weihrauchmenge umfasste 7000–10.000 Kamelladungen.

Es war eine große Leistung der südarabischen Staaten, dass es ihnen gelang, den Warenstrom an die Weihrauchstraße zu binden. Die Landkarte zeigt, dass die Waren auf allen anderen Wegen einfacher als über die wasserarme, heiße Wüstenpiste hätten transportiert werden können.

Die **Anfänge der Weihrauchstraße** liegen im 8.–10. Jh. v.Chr. Der erste geschichtlich belegte Transport von Weihrauch, Gold, Myrrhe, Edelsteinen und exotischen Hölzern von Südarabien nach Palästina fand im 10. Jh. v.Chr. anlässlich des **Besuchs der Königin von Saba bei König Salomo** statt. Zitat 1. Buch Könige: „Dann schenkte sie dem König hundertzwanzig Talente Gold und eine überaus große Menge Spezereien und Edelsteine. Niemals mehr ist eine solche Menge Spezereien eingeführt worden, wie sie die Königin von Saba dem König Salomo geschenkt hat." Da die Herkunft der Königin von Saba bislang nicht gesichert ist, kann nur vermutet werden, dass die Reise auf der Weihrauchstraße verlief.

Den sabäischen Truppen und der unbarmherzigen Arabischen Wüste musste sich im Jahre 24 n.Chr. ein **römisches Heer** unter *Aelius Gallus* (dem Präfekten in Ägypten) geschlagen geben, als es nach einem strapaziösen Marsch zwar die Stadtmauer von Marib erreichte, aber nicht mehr die Kraft hatte, durch die Eroberung der sabäischen Hauptstadt die Kontrolle über die Weihrauchstraße zu erlangen.

Der Warentransport auf der Weihrauchstraße wäre ohne die Domestizierung des Kamels im 2. Jahrtausend vor

Chr. unmöglich gewesen. Nur **Kamele** konnten die 2800 km bzw. 80 Kameltagesmärsche lange Strecke (Timna – Gaza) entlang der wasser- und vegetationsarmen Ostseite der südwestarabischen Gebirge bewältigen. Vom Produktionsgebiet Dhofar bis Gaza waren es 3400 km oder 100 Tagesmärsche.

Die Kamelkarawanen meisterten diese Strecke natürlich nicht in einem Zug. Eine komplexe Infrastruktur mit Straßenstationen, Wasserstellen, Futter- und Lebensmittelmärkten sowie Karawansereien als Rast- und Warenumschlagplätze entstand. Außerdem musste die Sicherheit der Karawanen gegen Überfälle gewährleistet sein.

Dies war der Rahmen für die Entstehung von Städten und Königreichen ab dem 8. Jh. v.Chr., hier lag die Ursache für die Entwicklung hochtechnisierter Bewässerungsanlagen.

Die **wichtigsten Königreiche Südarabiens** entstanden entlang der Weihrauchstraße: Kataban und Hadramaut an der Küste des Indischen Ozeans, dort, wo die Weihrauchstraße ihren Anfang nahm. Dann Saba und Ma'in als Binnenländer, die durch spätere Gebietserweiterungen Meeresanschluss erhielten. Nicht die Häfen des Roten Meeres oder der Besitz der fruchtbaren Böden des Hochlandes hatte für die Staatenbildung Bedeutung, sondern allein die Existenz der Weihrauchstraße.

Der gesamte südarabische Raum war zur Zeit der Weihrauchstraße umkämpft, aber nirgendwo wurde so ausdauernd um Machtsphären gerungen wie in den Gebieten entlang der Weihrauchstraße. Hier lagen die „Fleischtöpfe", von denen sich die Königreiche nur bei Strafe des Untergangs vertreiben lassen konnten. Keines der südarabischen Königreiche ließ sich von der Weihrauchstraße abdrängen und existierte abseits derselben weiter.

Interessant auch, dass es keiner außenstehenden Macht gelang, eines der Königreiche im südlichen Abschnitt der Weihrauchstraße zu erobern. Als dies die Himjariten 260 n.Chr. in Marib vollbrachten, hatte bereits der Niedergang der Weihrauchstraße eingesetzt.

Seine **Blütezeit** erlebte der Handel auf der Weihrauchstraße vom 5. Jh. v.Chr. bis zum 1. Jh. n.Chr. Die Jahrhunderte währende Prosperität der Weihrauchstraße brachte einen enormen Reichtum in die Städte. Die Nutzung der städtischen Infrastruktur und den Schutz der Karawanen ließen sich die Regenten mit Abgaben bis zu 10% der transportierten Waren bezahlen. Mächtige Städte mit Wehrmauern, Regierungspalästen und Tempelanlagen entstanden, Zentren der religiösen Anbetung bildeten sich. Bedeutende Ingenieurleistungen wie die Bewässerungsanlagen von Marib, der Bewässerungstunnel von Bainun und die Passstraße Mablaqa bei Beihahn wurden erbracht. Während der Südabschnitt der Weihrauchstraße mit den Stationen Qana, Schabwa, Timna, Marib, Ma'in, Natschraan und bis vor die Tore von Mekka von den südarabischen Königreichen beherrscht wurde, kontrollierten die Nabatäer den Nordabschnitt mit den Städten Medina <Yathrib>, Al Ula <Dedan>, Tabuk, Petra und Gaza.

Kerngebiete jemenitischer Königreiche

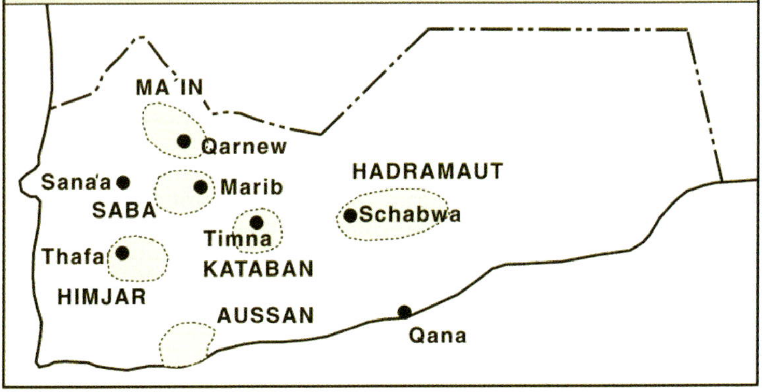

Das einträgliche Nebeneinander änderte sich, als 45 n.Chr. der griechische Seefahrer *Hippalos* das Geheimnis der **Monsunwinde** wieder entdeckte und nachdem 106 n.Chr. römische Truppen den Nordabschnitt der Weihrauchstraße eroberten und zur Provinz Arabia Petraea machten. Mit den **Römern** nahm die **Schifffahrt im Roten Meer** – bislang durch die Nabatäer behindert – einen rasanten Aufschwung. Nach Strafexpeditionen römischer Flotten gegen sabäische Hafenstädte wurde auch der Südabschnitt des Roten Meeres für die Schifffahrt sicher. Der nun abnehmende Warenstrom auf der Weihrauchstraße führte zu einer Schwächung der südarabischen Königreiche.

Nach heftigen Kämpfen wurde Saba 260 n.Chr. von Himjar erobert. Die himjaritisch gewordenen Hafenstädte mussten römischen Schiffen zur Benutzung geöffnet werden, die **Weihrauchstraße war überflüssig geworden.**

Mit dem Fortfall der Einnahmen aus der Weihrauchstraße wurde den einstigen Zentren der Lebensnerv abgeschnitten. Dass nicht eine blühende Landwirtschaft den Fernhandel bedingt hatte, sondern umgekehrt, zeigte sich nun. Staatsapparat sowie Infrastruktur konnten allein mit Einnahmen aus der Landwirtschaft nicht finanziert werden. Nach mehreren Reparaturarbeiten wurden die Bewässerungsanlagen von Marib 570 n.Chr. endgültig fortgespült, und eine Zehntausende zählende Bevölkerung zerstreute sich über die Arabische Halbinsel. Die Zentren Südwestarabiens verlagerten sich in das fruchtbare Hochland, nach Taiz, Dschibbla und Sana'a.

Die alten Königreiche

Für das Gebiet des heutigen Jemen beginnt die bekannte Geschichte im dritten Jahrtausend vor Christi Geburt. Sechs antike Königreiche sind bekannt.

In Feldzügen und wechselnden Koalitionen wurden Reiche erobert bzw. durch Spaltungen neue geschaffen.

Saba (ca. 2000 v.Chr.–260 n.Chr.)

Saba ist mit antiken Bauwerken, Ausgrabungsaktionen und Verweisen in Bibel und Koran das **bekannteste vorislamische Königreich.** Während die Bibel gleich an mehreren Stellen über Saba berichtet (Genesis 10:7, Psalmen 72:10 +15, Jesaja 43:3, 45:14, 60:6, Jeremia 6:20, Ezechiel 27:22 und Joel 4:7), wird im Koran in Sure 34:16-18 über dieses Königreich Zeugnis abgelegt.

Älter als die anderen Reiche, wurden seine Ursprünge bislang auf das 8. Jh. v.Chr. datiert. Aus dieser Zeit stammen die ältesten Inschriftensteine, in dieser Zeit entstand der **Damm von Marib** in seiner ersten Form als Erdwall. Neueste Forschungen haben wenige hundert Meter von dem bekannten Damm entfernt Stau- und Wasserverteilungsanlagen entdeckt, deren Alter auf das 3. Jahrtausend v.Chr. datiert wird.

Ungeklärt ist die Herkunft der **Königin von Saba.** Von einigen Forschern wird sie in Äthiopien, von anderen an der Südgrenze Palästinas angesiedelt. Bekannt ist, dass sie um das Jahr 950 v.Chr. König *Salomo* in Jerusalem besuchte (siehe Exkurs „Die Königin von Saba").

Nicht Marib, sondern das 30 km westlich gelegene **Sirwah** war ursprünglich die Hauptstadt des sabäischen Reiches. Sirwahs beengte Gebirgslage, sein begrenztes landwirtschaftliches Potenzial, seine wachsende Bevölkerung und die zunehmende Bedeutung der östlich verlaufenden Weihrauchstraße führten zum Aufschwung Maribs als Mittelpunkt des sabäischen Reiches. Dort entstand das Zentrum der sabäischen Staatsreligion mit der Errichtung gewaltiger Sakralbauten.

Finanziert wurden Beamtenschar, Armee sowie Sakral- und Profanbauten mit den Einnahmen aus der Weihrauchstraße, an der Marib als bedeutender Rastplatz strategisch günstig lag. Hier gab es ausreichend Wasser zum Tränken der Kamele, hier konnte Futter gekauft werden für die nächsten Etappen.

017Foto: bs

Inschriftenstein aus Marib

Da Marib kein natürliches landwirtschaftliches Potenzial hat(te) – der Niederschlag tendiert gegen Null, Wasser fließt im Wadi Adhana nach Gewittern im Hochland ein- bis zweimal im Jahr –, war die Bewässerungsanlage das bedeutendste Bauwerk des Ortes. Mit dem Bau der als „Staudamm von Marib" bekannten Anlage wurde im 8. Jh. v.Chr. begonnen, die heute sichtbaren Überlaufwehre und Wasserverteilungskanäle stammen aus dem 7. Jh. v. Chr.

Während seiner **Blütezeit** vom 5. Jh. v.Chr. bis zum 2. Jh. n.Chr. erstreckte sich Saba vom Indischen Ozean bis zum Roten Meer und im Norden weit in das heutige Saudi-Arabien hinein. Neben der Hauptstadt Marib erlangte Sana'a Bedeutung als Garnisonsstadt. Im Schnittpunkt zweier Handelsstraßen gelegen, wurde Sana'a Sammelplatz und Ausgangspunkt für Feldzüge des sabäischen Reiches.

Wie das Königreich Aussan besaß Saba im 5. und 4. Jh. v.Chr. **Kolonien** in Ostafrika und dominierte nach der Zerschlagung Aussans den Handel Arabiens mit Afrika. Der griechische Geschichtsschreiber *Agatharchides* berichtet sogar von sabäischen Handelsniederlassungen in Südindien.

Das **Königreich Aksum,** das im 1. Jh. nach Christi Geburt in Abessinien entstand und das im 6. Jh. n.Chr. eine bedeutende Rolle in der jemenitischen Geschichte spielte, war eine Gründung sabäischer und später himjaritischer Aussiedler und Händler.

Als um 260 n.Chr. Saba von Himjar erobert wurde, hatte die Weihrauchstraße bereits ihre Bedeutung verloren. Zwar verlegten die himjaritischen Könige ihren Hauptsitz von Thafar (bei Ibb) nach Marib, aber der Niedergang des Gebietes war unaufhaltsam.

Der erste historisch belegte **Dammbruch** wird auf die Mitte des 4. Jh. n.Chr. datiert. Nach Reparaturen und weiteren Dammbrüchen wurde Marib schließlich 570 n.Chr. aufgegeben, die Bevölkerung des Gebietes zerstreute sich über die gesamte Arabische Halbinsel.

Zu den Dammbrüchen in Marib siehe auch im Koran, Sure 34, Vers 16–18.

Von den Auseinandersetzungen um die politische Macht in der Region sind folgende Ereignisse belegt:

450 v.Chr.: Saba besiegt Aussan und unterstellt das Gebiet seinem Vasallenstaat Kataban.
410 v.Chr.: Eine Schwächeperiode Sabas nutzend, sagen sich Ma'in und Kataban von Saba los. Sie verbünden sich mit Hadramaut.
343 v.Chr.: Siegreicher Feldzug Sabas gegen Kataban.
100 v.Chr.: Aus dem unabhängig gewordenen Kataban lösen sich die Provinzen Himjar und Radman. Sie werden von Saba unterstützt.
50 v.Chr.: Saba erobert Ma'in zurück.
24 v.Chr.: Der römische Südarabienfeldzug endet ergebnislos vor den Toren Maribs.
150 n.Chr.: Hadramaut erobert die Reste des katabanischen Reiches.
220 n.Chr.: Unter König Scha'irum Antar erobert Saba Hadramaut.
260 n.Chr.: Himjar erobert Saba.

Ma'in (700–50 v.Chr.)

Ma'in war dem mächtigen südlichen Nachbarn tributpflichtig. Eine Schwächeperiode des sabäischen Reiches ausnutzend, sagte sich Ma'in gegen Ende des 5. Jhs. v.Chr. von Saba los. **Barragisch** – später Qarnew – wurde **Hauptstadt des minäischen Reiches.** Als Binnenland am Rande der Wüste war Ma'in wirtschaftlich auf die Weihrauchstraße angewiesen. Als **Händler** sind die Minäer in die Geschichte eingegangen, sie bereisten das Mittelmeer bis hinauf nach Griechenland. Auf der Kykladen-Insel Delos befindet sich ein Altar, den minäische Kaufleute ihrem Mondgott *Wadd* im 2. Jh. v.Chr. errichtet haben.

An der Weihrauchstraße unterhielten die Minäer Handelsniederlassungen, von denen die in **Dedan** im heutigen Saudi-Arabien die bekannteste war.

Während seiner **Blütezeit** konnte Ma'in sein Staatsgebiet bis nach Natschraan (im heutigen Saudi-Arabien) im Norden und bis zum Roten Meer im Westen ausdehnen. Inschriften am Felsen Uqlah bei Schabwa berichten, dass einige Könige des Hadramaut gleichzeitig über Ma'in herrschten bzw. die Macht dort durch Familienmitglieder ausüben ließen.

Bekannt sind Bemühungen von Ma'in und Hadramaut, die Weihrauchstraße von Schabwa über die Wasserstelle Al Abr direkt nach Ma'in ziehen zu lassen, d.h. Marib zu umgehen.

Im Jahre **50 v.Chr.** wurde Ma'in **von Saba erobert** und zu einem Vasallenstaat gemacht. Qarnew, die Hauptstadt Ma'ins, wurde bei der Eroberung zerstört und nicht wieder aufgebaut.

Im Gegensatz zu Marib, das am Austritt des engen Wadi Adhana in der Wüste errichtet wurde, bildeten sich in Ma'in – im kilometerbreiten Unterlauf des Wadi Dschauf – mehrere Städte heraus, aber bislang ist dort kaum Spatenforschung betrieben worden. Als **historische Orte** mit mächtigen Stadtmauern und Tempelanlagen bekannt sind Barragisch, Qarnew (heutiger Name Ma'in), Khirbat al Hazm, Khirbat Kumnah, Al Sawdah, Al Beidha sowie die Gebäude auf dem Berg Dschebbel Lawdh. Die **Stadtmauer von Barragisch** ist neben dem Damm von Marib und der Burganlage von Thafar (Thi Binn) die besterhaltene antike Stätte im Jemen.

Aussan (bis 450 v.Chr.)

Die Geschichte Aussans ist nahezu unbekannt. Das Zentrum seiner Macht lag im Oberlauf des Wadi Beihahn sowie weiter östlich im Wadi Markha.

Während seiner Blütezeit beherrschte Aussan die Südwestküste Arabiens und gründete **Handelsniederlassungen** an der ostafrikanischen Küste. Viele Südaraber verschlug es damals nach Ostafrika und Abessinien.

450 v.Chr. eroberte Saba Aussan und unterstellte es seinem Vasallen Kataban. Aussanische Städte wie Miswara im Wadi Beihahn, Hadscher an Nab im Wadi Markha und Tubanaw (Laheck) wurden bei der Eroberung zerstört. Inschriften berichten, dass 16.000 Menschen getötet wurden und 40.000 in sabäische Gefangenschaft gingen. Statuen der Herrscher von Aussan stehen im Nationalmuseum von Aden.

Die entscheidende Prägung der Iberischen Halbinsel
durch jemenitische Einwanderung und Landnahme im 8. Jahrhundert

Interview mit Dr. Hadi Eckert, Sozioökonom, CIM-Berater der Altstadtbehörde in Sana'a. Er lebt und arbeitet seit 1996 im Jemen, war ab 1991 als Kurzzeitkonsultant für UNESCO, PRO HELVETIA und GTZ in den Städten Alt-Sana'a, Schibam/Hadramaut und Zabied tätig. Das Gespräch wurde im Mai 2002 in Sana'a geführt.

„Als Anführer nur der gilt, unter dessen Leitung Wasser aus der Erde quillt."
Alte sabäische Spruchweisheit

Frage: Herr Eckert, womit beschäftigen Sie sich in Sana'a?
Antwort: Ich arbeite im Rahmen der Öffentlichen Anstalt für die Erhaltung historischer Städte, GOPHCY, die als technische Behörde des Kulturministeriums ihren Sitz in Sana'a hat, nicht nur in Sana'a, sondern auch in anderen historischen Städten, namentlich Zabied, das im Jahre 2000 von der UNESCO zum „gefährdeten Kulturerbe" erklärt worden ist. Mit jungen Jemeniten, die ich nach und nach ausgebildet habe, mache ich Bestandsaufnahmen und versuche Mittel und Wege vorzuschlagen, die dem Verfall und der baulichen Verschandelung Einhalt gebieten und gleichzeitig den Einwohnern verbesserte Lebensbedingungen und Arbeitsmöglichkeiten verschaffen und neue Einkommensquellen erschließen.
F: Sie befassen sich außerdem mit dem jemenitischen Einfluss in Spanien. Wie kam es zu diesem Kulturtransfer auf die Iberische Halbinsel ?
A: Der Weg vom Jemen nach Spanien ist ein langer. Auch für mich. Bei meinen ersten Besuchen im Jemen heimelten mich als Wahl-Tuniser die hier gesprochenen Dialekte an, da sie den nordafrikanischen verblüffend ähnlich sind. Mein langsam gesprochenes Tuniser „Maurisch" verstand hier jedermann. Das war in anderen Ländern des Mittleren Ostens nie der Fall gewesen.

So begann ich, jener fast unbekannten Westwanderung der Jemeniten nachzugehen. Viel erfuhr ich aus jemenitischer Literatur und Forschungsarbeiten von Nordafrikanern.

So wurde mir Folgendes klar: Bei den islamischen Eroberungen stellten die Jemeniten bis zu 80% der Heereskontingente. Die mekkanische Sippe der Omaijaden verstand es, sich mit den jemenitischen Verbänden eine Hausmacht zu schaffen und das Kalifat an sich zu reißen. Es entstand eine Schicksalsgemeinschaft zwischen omaijadischen Führern sowie jemenitischen Truppen und deren Tross.

Der omaijadische *Kalif Abdelmalik* in Damaskus willigte in den Vorschlag der Jemeniten ein, nach Nordafrika zu ziehen und von dort mit Berberverbänden nach Spanien.

Im Jahre 711 überschritten die jemenitischen Feldherren *Tariq Ibn Ziyad, Tarif Ibn Malik al-Ma'afari* und *Mussa Ibn Nucayr* in omaijadischen Diensten die Meerenge beim heutigen Gibraltar, 714 nahmen die jemenitischen Heere Saragossa ein und 720 das Roussillon. Zwischen 711 und 755 sickerten zahlreiche jemenitische Trecks in Spanien ein. Der Eindruck drängt sich auf, dass eine regelrechte Völkerwanderung in Gang kam. Im Verbund mit Berbern siedelten sich Jemeniten auf rund zwei Drittel der Iberischen Halbinsel an. Schwerpunkte waren Süd- und Ostspanien, die südliche Meseta, Aragonien und die Balearen.
F: Wie lässt sich das rekonstruieren?
A: Die frühen Chroniken berichten über eine massive Teilnahme jemenitischer Verbände an der islamischen Eroberung von Syrien, dem Irak und Ägypten. Der tunesische Histori-

ker *Radhi Daghfous* hat nachgewiesen, dass auf einen jemenitischen Krieger an die zehn Personen im Tross kamen.

Bei der Landnahme in Spanien verdrängten die jemenitischen Stammesgruppen allerdings nicht die autochthone Bevölkerung, da sie vor allem die unerschlossenen Gebirgsgebiete besiedelten. Dazu waren sie in der Lage, da sie aus dem Jemen uralte erprobte Techniken der Meisterung von Flutwasser, der Bewässerung und des Landbaus mitbrachten, also die grundlegende Technologie der alten sabäischen Kultur.

Die Vermutungen konnte ich in Gesprächen mit dem spanischen Mediävisten *Miquel Barceló* von der Freien Universität Barcelona bestätigen und erhärten.

Meine Hypothese formulierte ich anhand einer aussagekräftigen Konzentration arabischer Orts- und Flurnamen in besonders schwierigen, jedoch wasserreichen Gebirgsgegenden der Iberischen Halbinsel. Besonders aufschlussreich war hier das Studieren der Provinzkarten im Maßstab 1:200.000 des Geografischen Instituts in Madrid.

F: Woher wissen Sie, dass es sich bei den islamischen Siedlern um Jemeniten handelte?

A: Die arabischen Ortsnamen fallen zunächst dadurch auf, dass sie in der Regel den arabischen Artikel „al" beibehalten. Bekannt sind Städte wie Alcalá de Henares, Algeciras, San Pedro de Alcántara. „Al-qántara" ist ein heute noch im Jemen und in Nordafrika übliches sabäisches Wort für Brücke. Nun sind die Namen für städtische Siedlungen mehrheitlich arabisch. Doch sobald Relief und Gelände oder gar Hydraulik und Landwirtschaft benannt werden, sind die Wörter über das Arabische nicht mehr zu deuten. Es sind sabäische Wörter, welche sabäische Wahrnehmungen einer gebirgigen Umwelt und sabäische Techniken belegen. Für die feine Beschreibung des Reliefs wie auch die Bezeichnung der spezifisch sabäischen Techniken fehlen dem Arabischen einfach die Wörter. So drängt sich der Schluss geradezu auf, dass sich hier Jemeniten angesiedelt haben.

F: Können Sie einige solcher Begriffe nennen?

A: Da gibt es in Spanien Ortsnamen wie Alcaudete, Alcola, Alcor, Aljarafe und Taha, die man vergeblich in arabischen Lexika sucht. Im Jemen sind sie als Ortsnamen noch quicklebendig. Sie bezeichnen Hügel, steile Berge und Bergrücken oder Gebirgsformationen mit imposantem Steilabfall und hoch aufragende Felsgipfel. Alberca, Almajal, Alzarabes, Henares und Noria sind sabäische Namen für hydraulische Anlagen. Nur das sabäische Wehr wurde arabisiert und erscheint als Azud oder Sot wie z.B. Sot de Ferrer.

Quellen, Wasserläufe und Trockenflussbetten heißen Algayón, Azaila, Jiloca, Záncara, Batea; Arten des bewässerten Feldbaus Algars, Almarcha, Almunia und Rafal. Aus dem Jemen vertraute Flora wird belegt mit Namen wie Acebuche (wilde Olivenbäume), Alcardete (Akazien) oder Alhambre (Tamarinden). Den Obstanbau weisen Namen aus wie Atamaria (Datteln), Albaricoque (Aprikosen), Iznalloz (Mandeln) oder Albalat dels Tarongérs (Orangenplantage).

F: Und diese Wörter werden heute noch von der spanischen Bevölkerung und auf den Landkarten benutzt?

A: Ja, was Landkarten und die Namen von Ortschaften, Reliefs und Wasserläufen betrifft. Wichtiger Bestandteil der spanischen Sprache sind noch heute die mehrheitlich jemenitischen Namen für Olive, Öl, Orange, Baumwolle, Zucker, Gemüsearten und Gewürzkräutern: aceite, aceituna, tarunja oder naranja, algodón, azúcar, alfaz, alhucema, alhena usw. Das sehr konservative Portugiesisch hat vor allem in Brasilien einen reichen sabäisch-arabischen Wortschatz bewahrt. Dort heißt der Staudamm immer noch Acude und der Verkehrsstau Azáfama. Allerdings muss man sich zunächst den Schlüssel erarbeiten für die spanische Schreibung sabäischer Wörter. Jene 29 dem Sabäischen eigenen Konsonanten werden vereinfacht wiedergebeben, so dass manche Laute in der Umschrift zusammenfallen.

Die orthografische Anpassung der jemenitischen und/oder arabischen Vokabeln hat einen langen historischen Prozess durchgemacht. Manche Wörter wurden bis zur Unkenntlichkeit verändert. So fällt es zunächst schwer, in einem „Tales“ einen jemenitischen Felsengipfel zu erkennen oder in einer „Alfavila“ einen jemenitischen für landwirtschaftliche Nutzung ungeeigneten Bergfuß. Dieser stand womöglich Pate bei der Benennung der brasilianischen „Favela“, einem Squattergebiet auf landwirtschaftlich nicht nutzbaren Berghängen.

F: Wie viele jemenitische Siedlungsplätze haben Sie bis jetzt mit Ihrer Methode in Spanien gefunden?

A: Mein Inventar beläuft sich auf ungefähr 200 Toponyme. Davon sind einige noch ungeklärt. Andererseits habe ich bis jetzt für jedes jemenitisch verankerte Toponym bis zu dreißig Belege sammeln können, also ungefähr 2000 Orts- und Flurnamen auf einem knappen Dutzend spanischer Provinzkarten. Damit habe ich weniger als die Hälfte des „maurischen“ Spaniens abgedeckt.

F: Finden sich die jemenitischen Siedlungen über das gesamte omaijadische Herrschaftsgebiet verteilt oder gibt es Häufungen?

A: Grundsätzlich ist die Streuung flächendeckend. Konzentrationsräume erscheinen trotz starker berberischer Teilnahme an der Erschließung dieser Gebiete auf den Balearen, in der Levante, in Ostandalusien und in Aragonien.

F: Womit sind diese Häufungen zu erklären?

A: Das ist ist schwierig zu beantworten, da zahlreiche jemenitische Namen romanisiert worden sind, was mir mittels der „sabäischen Thematik“, also der Zugrundelegung von Relief und Wasser, aufgefallen ist.

Häufungen treten in besonders schwierigen Gebirgsräumen mit komplizierten Wasserläufen und Schluchten auf. So in den Provinzen Granada, Almeria, Albacete und Cuenca, im Süden der Provinz Toledo, in den Provinzen Saragossa und Huesca und auf den intensiv maurisch erschlossenen Balearen. Aber auch im ostspanischen Hügel- und Flachland am Mittelmeer. In diesen Gebieten dürfte die jemenitische Besiedlung besonders dicht und prägend gewesen sein.

F: Wenn die Jemeniten die Hauptstreitmacht der Omaijaden stellten, warum akzeptierten sie dann eine omaijadische Herrscherschicht? Warum stellten sie nicht selbst die Herrscherklasse?

A: Damals waren im Jemen die Staaten der sabäischen Reichseiniger längst zerfallen in eine Vielzahl von Stammesfürstentümern. Die Jemeniten waren untereinander zerstritten, wie die zahlreichen Kleinstaaten des mittelalterlichen Deutschlands. Die Omaijaden waren keine Jemeniten und standen als Führer über dem Gerangel. So riefen sogar die jemenitischen Gouverneure des nun maurischen Spaniens um 750 den letzten damaszenischen Omaijadenkalifen *Abderrahman* nach „Al-Andalus“, wie das Land jetzt hieß.

Vereinfachend darf man sagen, dass Jemeniten und Omaijaden zu einer pragmatischen und zweckgebundenen Symbiose fanden.

F: Warum verließen gerade in jener Zeit so viele Jemeniten ihr Land?

A: Um 630 traten die meisten großen Stammesverbände des Jemen zum Islam über und schickten Abordnungen zum Propheten nach Medina. Die alten Chroniken vermitteln den Eindruck, dass sie im Propheten des Islam so etwas wie einen neuen Reichseiniger sahen. Als der Prophet 632 starb, lebte die Mehrzahl der Muslime im Jemen. Die Führung in Medina bestimmte den ersten Kalifen oder Amtsverweser des Propheten ohne jede Rücksprache mit dem Jemen, worauf die Stämme die Anerkennung des Kalifen verweigerten. In Medina war man entrüstet über die Abtrünnigkeit der Jemeniten. Strafexpeditionen verheerten nun ein Land, das nach einem Jahrhundert äthiopischer und später persischer Okkupation wirtschaftlich und politisch darnieder lag. Den Jemeniten bot sich keine Aussicht mehr, ihrem Elend zu entrinnen und sie erinnerten sich der alten sabäischen Praxis der Auswanderung in Krisenzeiten.

Die Vorgänge knapp raffend, darf man annehmen, dass plötzlich riesige jemenitische Bauerntrecks mit Lastkamelen und Ochsenkarren vor den Mauern des zutiefst erschreckten Medina auftauchten. Und die medinensische Führung nutzte die islamische Eroberung, um die kriegerischen Konvois mit Frauen, Kindern und Klienten loszuwerden. Syrien, Mesopotamien und Ägypten wurden in Eilmärschen und Blitzschlachten genommen und besetzt. Doch die Jemeniten trieb es sonderbarerweise nach Westen und nicht nach dem geografisch viel näher liegenden und damals weitgehend unterbevölkerten Zentralasien. Dafür gibt es triftige Gründe, die über unser Thema hinausgehen.

F: Wann etwa werden Sie die Ergebnisse Ihrer Forschungen publizieren?

A: Ich habe mir vorgenommen, die Ergebnisse meiner Nachforschungen druckreif aufzuarbeiten, so der Schöpfer uns Leben verleiht, wie man in Tunis sagt. Fraglich bleibt, ob ich einen Verleger finden werde, der bereit ist, eine ketzerische Schrift zu veröffentlichen, die der frommen Legende eines „arabischen Spaniens" mit handfesten Beweisen endgültig das Wasser abgräbt und jene launisch dahersprudelnden Fluten in die festen Kanäle der Sabäer und damit der historischen Wahrheit lenkt.

„Wir grüßen und vermehren diese Grüße mit mehr Ehre und Freude."

نسلم ونزيد السلام مزيد العز والاكرام

Kataban (600 v.Chr.–150 n.Chr.)

Kataban mit seinem Zentrum **Timna** im Unterlauf des Wadi Beihahn wurde etwa 400 v.Chr. von Saba unabhängig.

Auf dem Höhepunkt seiner Macht im 3. und 4. Jh. v.Chr. kontrollierte Kataban die Küste zwischen Perim und Abian und landeinwärts das Gebiet bis Juba (40 km südlich von Marib). Bedeutende architektonische Leistungen Katabans sind seine Hauptstadt Timna, die befestigten Passstraßen Nakd Marqad und Mablaqa sowie die Bewässerungssysteme im Wadi Beihahn.

Nachdem sich 100 v.Chr. die Provinzen Himjar und Radman von Kataban gelöst hatten, verlor der Rumpfstaat 150 n.Chr. seine Unabhängigkeit an Hadramaut.

Bekannt wurde Kataban durch Grabungen der amerikanischen **Wendell-Phillips-Expedition** in den Jahren 1949/50 in Timna.

Hadramaut (4. Jh. v.–220 n.Chr.)

Die bekannte Geschichte des Königreichs Hadramaut beginnt im 4. Jh. vor Christi Geburt. Zum Königreich Hadramaut gehörte die Weihrauch produzierende Provinz **Dhofar.** Von dort sowie in der Hafenstadt Qana nahm die Weihrauchstraße ihren Anfang.

Hadramische Händler unternahmen **Handelsfahrten** bis in den Mittelmeerraum, wie ein steinerner Altar auf der Kykladen-Insel Delos beweist, der der obersten Gottheit des Hadramauts, *Sin Dhu Ilim,* geweiht ist.

Hadramaut eroberte seinen Nachbarn Kataban um 150 n.Chr., verlor seine Unabhängigkeit aber 220 n.Chr. an Saba. Bei der Eroberung durch Saba wurde die **Hauptstadt Schabwa** zerstört und nicht wieder aufgebaut. Nach dem Niedergang Sabas und einer kurzen Regierungszeit hadramischer Fürsten wurde Hadramaut im Jahre 340 von Himjar erobert.

Himjar (100 v.Chr.–525 n.Chr.)

Um das Jahr 100 v.Chr. hatten sich die Provinzen Himjar und Radman aus dem Königreich Kataban gelöst. Unterstützt durch das mit Kataban konkurrierende Saba, gründeten sie das Reich Himjar mit der **Hauptstadt Thafar.**

Bedingt durch die Lage des neuen Königreiches abseits der Fernhandelswege, wendete sich Himjar auf der Suche nach Einnahmequellen zuerst der Kontrolle der Seefahrt auf dem Roten Meer zu. Mocha und das 40 km nördlich gelegene Mohsche wurden himjaritische Hafenstädte. *Plinius* (1. Jh. n.Chr.) bezeichnet einen dieser Orte als Mouza, „... wimmelnd von arabischen Schiffsherren und Seefahrern und geschäftig bewegt vom Handelsgetriebe".

Nach einer Konsolidierungsphase begann ein jahrzehntelanger Kampf um das Staatsgebiet Sabas, das die Himjariten schließlich **260 n.Chr.** eroberten.

Unter seinem König *Damar'ali Yuhabirr* eroberte Himjar 340 n.Chr. Hadramaut und damit den gesamten Südwesten der Halbinsel. Um ihre Bedeutung zu unterstreichen, legten sich die Herrscher den Titel eines Königs von Saba, Dhu Raidan (der Name des Burgbergs von Thafar), Hadramaut und Yamanat (das Gebiet westlich von Hadramaut) zu. Zwischen 420 und 440 n.Chr. unternahm der Himjarenkönig *Abu Asad* Feldzüge bis hinauf nach Medina.

Staatsgott des himjaritischen Reiches war der **Mondgott Wadd.** Motivsteine aus dieser Zeit mit Schlangenabbildungen sind im heutigen Jemen noch vielerorts zu finden.

Eine wichtige Zäsur in dem von Naturreligionen geprägten Südarabien war die Eroberung der Tihama durch das **christliche Aksum** um 150 n.Chr.

517 n.Chr. trat der Himjarenkönig *Dhu Nawas* zum **Judentum** über. Als es durch ihn zu Christenverfolgungen kam, setzte Aksum 525 n.Chr. mit einem Invasionsheer über das Rote Meer und zerschlug das Himjarenreich.

Der abessinische **Feldherr Abraha** machte sich 530 n.Chr. auf südarabischem Boden selbstständig, unter ihm wurde **Südarabien christlich.** Es wurden Kirchen in Aden, Thafar, Sana'a, Mocha, Marib, Sokotra und Natschraan gebaut. Ein Inschriftenstein in Marib berichtet, dass unter Abraha der Bewässerungsdamm repariert wurde.

Nachdem ein Mekkaner die Kirche in Sana'a geschändet hatte, unternahm *Abraha* 570/71 mit einer Streitmacht und Kriegselefanten einen **Feldzug gegen Mekka,** um dort dem heidnischen Götterglauben der Kaaba ein Ende zu machen. Die Expedition scheiterte vor den Toren Mekkas an einer Choleraepidemie im Heer Abrahas. In Sure 105 des Korans heißt es dazu: „Im Namen Allahs, des Allbarmherzigen. Hast du denn nicht gesehen, wie dein Herr mit den Führern der Elefanten verfuhr? Hat er nicht ihre verbrecherische List irregeleitet und einen Schwarm Vögel gegen sie gesandt, welcher auf sie Steine von gebranntem Lehm herabwarf? So machte er sie gleich abgeweideten Halmen (einer Viehweide)."

575 n.Chr. gelang es dem himjaritischen König *Saif bin Dhi Yazan* mit Hilfe sassanidischer Truppen, die Abessinier aus dem Land zu werfen. Dem Sassanidenkönig in Persien tributpflichtig, kam Südarabien noch einmal unter himjaritische Kontrolle.

597 n.Chr. wurde Südarabien eine Provinz des Sassanidenreiches. Eine nur von wenigen Phasen der Selbstbestimmung unterbrochene Zeit der Fremdherrschaft setzte ein.

Die **Herrschaft der Himjariten** ist im Jemen **unvergessen.** Seine Geschichte verbindet der Jemenite mit den Himjariten und nicht mit den anderen Königreichen. Vorislamische Funde werden automatisch den Himjariten zugeschrieben. Imam *Yachya* (gest. 1948) und sein Sohn Imam *Ahmad* (gest. 1962) bezeichneten sich als Nachfolger himjaritischer Könige. **Rot,** die **Staatsfarbe Himjars,** benutzten die Imame für ihre Korrespondenz: Sie schrieben mit roter Tinte und führten ein rotes Siegel. Die Fahne des Imamats war ebenfalls rot mit weißen Symbolen (Sterne und Schwert).

Die islamische Geschichte des Jemen (bis zum 17. Jh.)

628 n.Chr. trat *Badhan* – der sassanidische Statthalter im Jemen – zum Islam über und setzte damit die **Islamisierung Südarabiens** in Gang. Mit ihm

konvertierte der größte Teil der Bevölkerung Südarabiens zum Islam.

Die politische und geistliche Führerschaft in Südarabien sicherten sich in den nächsten Jahrhunderten die jeweiligen islamischen Machtzentren in Damaskus, Bagdad, Kairo und Istanbul. Einzig der zaiditische nördliche Teil des Jemen blieb eigenständig und konnte im ständigen Wechselspiel der Kräfte seinen Machtbereich immer wieder einmal über die magische Linie Sana'a hinaus nach Süden vorschieben.

Omaijaden
(im Jemen 660–750 n.Chr.)

Die Omaijaden, ein altes Familiengeschlecht aus Mekka, stellten mit **Othman,** dem Schwiegersohn des Propheten *Mohammed,* von 644–656 den **3. Kalifen** des Islam. Da mit der Ermordung *Othmans* sein Nachfolger *Ali* in Verbindung gebracht wurde, kam es zur **Spaltung des Islam in Schiiten** (die Anhänger *Alis)* **und Sunniten** (die Anhänger der Omaijaden).

Der omaijadische Feldherr *Muawija* besiegte 661 in einer Schlacht um die Führerschaft die Truppen Alis, der den Tod fand. *Muawija,* der 5. Kalif wurde, verlegte den Kalifensitz von Medina nach **Damaskus.** Von 661–750 wurden die Kalifen von den Omaijaden gestellt. 750 n.Chr. wurden sie von den Abbasiden abgelöst.

Die Omaijaden zogen sich nach ihrer Vertreibung aus Damaskus nach Südspanien zurück, wo sie in der Zeit von 756–929 als Emire und dann von 929–1031 als Kalifen mit Sitz in Córdoba herrschten.

Der Jemen – weitab von den Schauplätzen des sich im 7. und 8. Jh. rasch ausbreitenden Islam – wurde von 660–750 von omaijadischen Statthaltern in Sana'a regiert.

Abbasiden
(im Jemen 750–847 n.Chr.)

Die Abbasiden führten sich auf *Abbas Ibn al Muttalib* zurück, den Onkel *Mohammeds.* Die Dynastie der Abbasiden – sunnitische Glaubensrichtung – wurde 749 von *Abbas Abd Allah Abul* gegründet. Im Jahr 750 gelang es den verbündeten Schiiten und Abbasiden, die omaijadischen Truppen zu besiegen. Im Machtkampf mit den Schiiten setzte sich Abbas durch und wurde Kalif. Die Abbasiden – mit ihrem von Damaskus nach **Bagdad** verlegten Hauptsitz – stellten zwischen 750 und 1258, dem Jahr des Mongoleneinfalls in Syrien, die Kalifen.

Ihre **Blütezeit** in Kultur und Kunst erlebte die Abbasidendynastie unter **Harun al Raschid** (Kalif von 786–800). Nach der Eroberung Bagdads durch die Mongolen (1258) siedelten die abbasidischen Kalifen nach Kairo um, wo sie als Marionetten der Mamelucken bis 1515 die Kalifenwürde innehatten. Im Jemen regierten ab 750 n.Chr. abbasidische Statthalter.

825 n.Chr. sagte sich der abbasidische Statthalter *Ziyad* von Bagdad los und gründete die Dynastie der Ziyadiden mit der **Hauptstadt Zabied.** In der Mitte des 10. Jhs. wurde die Universität von Zabied eröffnet, noch vor der Al-Azhar-Universität in Kairo im Jahre 971. Jahrhundertelang war dann Zabied ne-

ben Kairo die bedeutendste Lehrstätte der islamischen Welt.

Neben den Ziyadiden in der Tihama (sie herrschten bis 1018) gab es mit den Ju'firiden von 841–960 im zentralen Hochland ein zweites Machtzentrum.

Ju'firiden (841–960 n.Chr.)

Die Ju'firiden mit ihrem Stammsitz in **Kaukaban** nutzten 841/842 eine abbasidische Schwächeperiode und griffen deren Statthalter in Sana'a an. Aus dem Irak herbeigeeilte Verstärkungen schlugen die Ju'firiden zurück, belagerten jedoch Schibam im Jahre 843 vergeblich. Auch ein zweiter Angriff auf Schibam 844 führte nicht zum Erfolg. Im Jahre 847 eroberten die Ju'firiden den nördlichen Jemen von Saada bis Dschanaad (bei Taiz) und begründeten die erste jemenitische Dynastie in islamischer Zeit.

Der von den Ju'firiden beherrschte Jemen blieb Teil des abbasidischen Reiches, behielt beispielsweise dessen Münzen bei. Im Jahr 872 wurde **Schibam** (bei Sana'a) Hauptstadt des ju'firidischen Jemen.

In den Jahren 901/902 konnte der zaiditische *Imam al Hadi* von Saada aus das ju'firidische Sana'a für einige Monate einnehmen, wurde aber von ju'firidischen Truppen zurückgetrieben. 905 eroberte der fatimidische Herrscher *Al Fadl* von Mudäikira aus Sana'a und begrenzte das Gebiet der Ju'firiden auf Schibam und Kaukaban.

916, nach der Ermordung *Al Fadls,* gelang den Ju'firiden die Rückeroberung des mittleren Jemen. 944 starb der letzte große Ju'firiden-Heerführer *As'ad.* Der Einfluss seiner Nachfolger nahm stetig ab, und mit *Abdallah* endete 998 die Linie der Ju'firiden.

Zaiditen (897–1962)

Der **Jemen** war in seiner Geschichte **selten ein einheitliches politisches Gebilde.** Unter der jeweiligen Zentralmacht dominierten die Stämme bis weit in das 20. Jh. das politische Leben. Von wenigen Ausnahmefällen abgesehen, regelten die Stämme ihre wirtschaftlichen, politischen und juristischen Angelegenheiten selbst. Während die jeweiligen Regenten und Dynastien sich meist auf die Kontrolle der Städte mit ihrem Hinterland konzentrierten, beherrschten die Stämme den ländlichen Bereich.

Bei einer der häufigen Fehden hatten sich 896 n.Chr. zwei Stämme in der Saada-Region (im nördlichen Jemen) derart zerstritten, dass als Vermittler der zaiditische **Imam Yachya ibn al-Husain** aus einer vom Kalifen *Ali* abstammenden Familie aus Medina als Vermittler gerufen wurde. Nachdem er vom Stamm der Haulan in Saada als Imam anerkannt worden war, trug er den Titel „Hadi ila al-haqq" („Führer zum absoluten Recht" und „Fürst der Gläubigen") und stellte sich somit auf eine Stufe mit dem abbasidischen Kalifen in Bagdad. *Yachya al Hadi* war bei der Schlichtung der Streitigkeiten so erfolgreich, dass die nördlichen Stämme die zaiditisch-islamische Glaubensrichtung annahmen und ihn als religiöses und weltliches Oberhaupt anerkannten.

Al Hadi war der Erste in einer Reihe von **65 zaiditischen Imamen im Jemen,** deren Ende erst in der Revolution von 1962 kam.

Während den abbasidischen, fatimidischen, aijubidischen und rassulidischen Regentschaften lag das Zentrum zaiditischer Macht im Norden, d.h. in der Saada-Region. Je nachdem, wie die Stämme ihre Gunst verteilten, reichte der zaiditische Machtbereich mehr oder weniger weit bis Sana'a.

1324 nahmen zaiditische Truppen Sana'a ein und drängten den rassulidischen Herrschaftsbereich nach Taiz und Aden zurück. 1454 wurde der Süden des Jemen erobert und damit die Herrschaft der Rassuliden beendet. Sana'a wurde 1324 Hauptstadt des von zaiditischen Imamen regierten Landes.

Bevor über die zaiditische Periode bis zur Revolution im Jahre 1962 berichtet wird, folgt eine Beschreibung der anderen Herrschaftsgebiete im Jemen.

Fatimiden (im Jemen 900–916 und 1037–1138)

Die Fatimiden führen sich auf **Fatima,** die Tochter des Propheten, zurück. Die Dynastie der Fatimiden – sie gehört der schiitischen Glaubensrichtung an – wurde 910 von *Obeidallah* gegründet.

Nach der Eroberung Ägyptens und Syriens stellten Fatimiden von 973 bis 1171 Kalifen mit Sitz in Kairo. Mit den Fatimiden gab es neben den Abbasiden in Bagdad und den Omaijaden in Córdoba drei Kalifate gleichzeitig. Mit der Eroberung Kairos 1171 durch den Aijubiden *Salah ad Din* endete die Fatimiden-Dynastie.

Bereits 881 n.Chr. trafen aus Tunesien (der Keimzelle der Fatimiden) zwei Missionare im Jemen ein. Der Iraker **Al Hassan bin Farah** ließ sich auf dem Berg Maswar (bei Hadscha) nieder und verbreitete von dort den Fatimidenglauben. Der Jemenite **Ali ibn al Fadl** machte Mudäikira (bei Taiz) zu seinem Hauptsitz und eroberte mit seinen Anhängern im Jahre 905 Damahr, Sana'a und Schibam. Mit dem Tode *Al Hassans* 915 und *Al Fadls* Ermordung 916 ging das erste Fatimidenreich im Jemen unter.

Eine zweite Phase fatimidischer (sulaihidischer) Herrscher erlebte der mittlere Landesteil, als **Ali al Sulaihi** 1037 seine Anhängerschaft vergrößern konnte und im Haraz-Gebirge bei Menaacha herrschte. Es gelang ihm rasch, den mittleren Jemen und die Tihama für den fatimidischen Glauben zu gewinnen. 1056 eroberten die Fatimiden Sana'a, 1063 kontrollierten sie den gesamten südlichen und mittleren Jemen von ihrer Hauptstadt Sana'a aus.

Auf einer Pilgerfahrt nach Mekka wurde *Ali al Sulaihi* 1063 in der nördlichen Tihama ermordet. Sein Sohn *Al Mukarram Ahmad* übernahm die Regentschaft und heiratete 1068 *Arwa bint Ahmad.* 1086 übernahm *Arwa* die Herrschaft von ihrem Mann. Sie verlegte den Regierungssitz nach Dschibbla, von wo aus sie das Gebiet zwischen Aden und Sana'a bis zu ihrem Tode im Jahr 1138 regierte. **Königin Arwa** ist die einzige schriftlich belegte Herrscherin im Jemen und wegen ihrer Klugheit und Großherzigkeit unvergessen. In der unter ihrer Regentschaft gebauten Großen Moschee in Dschibbla – ein viel besuchter Gedenkplatz – liegt sie begraben. Zusammen mit dem Tode *Arwa bint Ahmads* endete auch die fatimidische Periode im Jemen.

Aijubiden (im Jemen 1173–1228)

Salah ad Din (auch *Saladin* genannt), ein kurdischer Heerführer im Dienste der abbasidischen Kalifen in Bagdad, eroberte 1169 Ägypten und machte dort der Herrschaft der Fatimiden ein Ende. Im Jahr 1171 begründete Saladin in Ägypten und Syrien die Aijubidendynastie und erkannte die Abbasidenkalifen in Bagdad nur als religiöse Autoritäten an.

1173 eroberte ein aijubidisches Heer unter Führung von **Turanschah** – dem Bruder *Saladins* – weite Teile des Jemen und 1189 Sana'a. Durch die Besteuerung von Landwirtschaft und Handel wurde der Jemen für sie zu einer Goldgrube. Allein die Hafensteuer in Aden erbrachte jährlich Einnahmen von 600.000 Dinaren.

Anfang des 13. Jahrhunderts wurden die Probleme im aijubidischen Kernland so drängend, dass größere Truppenteile aus Südarabien abgezogen werden mussten. 1228 verließ der letzte aijubidische Regent den Jemen und übertrug die Verantwortung für die verbliebenen kurdisch-türkischen Truppenteile dem Kommandanten **Nur ad Din.** Der Herrschaft im abgelegenen Jemen überdrüssig geworden, soll bei der Machtübergabe der Befehl ausgegeben worden sein, nur ja keine Aijubiden mehr in das Land zu lassen, und kämen sie in den Falten eines Briefes.

Rassuliden (1228–1455)

Von den Aijubiden als Statthalter eingesetzt, begründete **Nur ad Din** 1228 die Dynastie der Rassuliden. Sie waren als turkmenische Truppenteile in das Land gekommen, legten sich aber einen jemenitischen Stammbaum zu und betrachteten sich fortan als Abkömmlinge der Banu Lakhm oder Lakhmiden, die – so wird vermutet – im 2. Jh. den Jemen in Richtung südlichen Irak verlassen hatten. Sie beherrschten zur Zeit der größten Macht die südwestarabische Küste von Mekka bis Dhofar sowie das fruchtbare Hochland von Taiz bis Sana'a. Einzig der Nordosten des Jemen blieb unter dem Einfluss zaiditischer Imame.

Unter den Rassuliden erlebte das Land eine bis in das 20. Jh. nicht wieder erreichte Blüte. Moscheen, Paläste, Schulen und Burgen entstanden, wobei insbesondere die Aschrafija-Moschee in Taiz mit ihren kostbaren Deckengemälden herausragt. Neben der **Architektur** blühten **Kunst** und **Wissenschaft** auf; rassulidische Sultane waren häufig die führenden Köpfe. Als wissenschaftliche Glanzleistungen rassulidischer Regenten haben sich ein medizinisches Werk (Bayerische Staatsbibliothek, Code Arab 1244) und ein von *Sultan al Aschraf* 1291 angefertigtes **Astrolabium** (für astronomische Berechnungen) erhalten.

Das Rassulidenreich unterhielt enge kulturelle Beziehungen zum aijubidischen und später mameluckischen Ägypten, tauschte Gesandtschaften mit Indien und sogar mit China aus. Allein aus den Steuereinnahmen ihrer Hafenstädte flossen jährlich 2,3 Mio. Dinare in die Hauptstadt Taiz.

1324 verloren die Rassuliden Sana'a an das zaiditische Imamat, 1455 endete ihre Herrschaft unter dem Ansturm der

Truppen der sunnitischen Tahiriden-Dynastie auch im Süden.

Herrschaft der Zaiditen (1324–1548)

Nach dem Niedergang der Rassulidendynastie 1455 endete die Fremdherrschaft im Jemen. Der Süden der Arabischen Halbinsel lag abseits der Interessen der großen Mittelmeermächte, d.h. der Mamelucken in Ägypten und der Osmanen. Die Situation änderte sich, als der Portugiese *Vasco da Gama* 1497/1500 mit der Umsegelung Südafrikas den Seeweg nach Indien öffnete. Die Mamelucken, die bislang den europäischen Indienhandel am Roten Meer kontrolliert hatten, fürchteten ein Versiegen dieser wichtigen Einnahmequelle. Der Schlüssel des Indienhandels lag mit dem neuen Seeweg nicht mehr länger in Alexandria, sondern in Südarabien.

Mamelucken (1515–1517 im Jemen)

Die Mamelucken (*mameluck* = Sklave) kamen als **versklavte Söldner** während der Aijubidenzeit nach Ägypten. Türkischer oder tscherkessischer Abstammung, gelang ihnen 1255 der Sturz der Aijubidendynastie und die Machtübernahme in Ägypten bis zur Eroberung Kairos durch osmanische Truppen 1517. Unter den Osmanen herrschten Mamelucken dort noch als Beys bis 1811.

1515 eroberte ein **mameluckisches Heer** die Tihama, Taiz und Sana'a (der zaiditische Imam musste sich nach Thulla zurückziehen), scheiterte aber an Aden. Die mameluckische Besetzung war von kurzer Dauer, da 1517 osmanische Truppen unter *Sultan Salim I.* Ägypten einnahmen. Mameluckische Söldner, bei denen es sich in erster Linie um türkische Freiwillige handelte, konnten sich bis 1537 (dem Einmarsch der Osmanen) in der Tihama halten.

Osmanen (1537–1636 im Jemen)

Durch die Eroberung Ägyptens waren die Osmanen zur **beherrschenden Macht des Mittelmeeres** geworden. Im Zuge der Ausweitung ihres Reiches bis Marokko und Ungarn besetzten osmanische Truppen 1537 die Tihama, 1538 Aden und 1548 Sana'a. Es gelang ihnen sogar die Eroberung der zaiditischen Kernlande um Saada, die sie von 1606 bis 1617 besetzt hielten.

Der Widerstand der Jemeniten war hartnäckig und für die osmanischen Truppen ermüdend. 70.000 Soldaten fielen allein in den Jahren 1537–1600. Der Jemen – nunmehr eine osmanische Provinz – wurde in dieser Zeit als das „Grab der Türken" bezeichnet.

Während der osmanischen Periode im 16. und 17. Jh. erlebte das Land einen **wirtschaftlichen Aufschwung.** Handwerk und Handel blühten, forciert wurde der Anbau von Kaffee in den westlichen Randgebirgen. Mocha wurde durch den **Kaffee-Export** einer der bedeutendsten Häfen der Welt. Ein weiteres Exportgut war das in Salief bei Hudäida abgebaute Steinsalz. Eine wichtige Einnahmequelle für die Osmanen war die Hafensteuer von Aden.

Anfang des 17. Jhs. war die Hauptstreitmacht des Osmanischen Reiches auf dem Balkan gebunden, 1627 kam es zu schweren Kämpfen im Irak mit persischen Angreifern. Die ausgedünnten osmanischen Truppen im Jemen konnten dem Heer *Imam Mu'ayyads* nicht lange widerstehen und zogen sich 1629 nach Zabied zurück. Über das Rote Meer herbeigeeilte osmanische Truppenverstärkungen konnten den Südwestjemen teilweise zurückerobern, kapitulierten aber 1636 in der Tihama.

Jemenitische Geschichte vom 17.–19. Jh.

Nach dem **Ende der ersten osmanischen Besetzung** im Jahre 1636 regierten zaiditische Imame das Land mit Sana'a als Hauptstadt. Unter *Imam Mutawakkil Ismail* (1644–1676) reichte der Jemen bis Dhofar im heutigen Oman. Nach seinem Tode wurde der zaiditische Einfluss im südlichen Landesteil geringer, die südöstlichen Provinzen erklärten sich selbstständig. 1731 wurde Laheck/Aden ein eigenes Sultanat.

Im 18. Jh. lag der Jemen abseits der großen Weltpolitik. Das änderte sich durch den Ägyptenfeldzug *Napoleons* 1798–1801. Zum Schutz seiner Indienschifffahrt besetzte England 1799 die Insel Perim am Ausgang des Roten Meeres. Das durch den Abfall der Südprovinzen reduzierte zaiditische Staatsgebiet erlebte 1803 eine weitere Schwächung mit der Besetzung der Tihama durch die **Wahhabiten,** einer sunnitisch konservativen Reformbewegung, die im 18. Jh. im Zentrum der Arabischen Halbinsel von *Mohammed ibn Abd al Wahhab* gegründet worden war. Sie stellten nach dem Ersten Weltkrieg mit *Ibn Saud* den Gründer Saudi-Arabiens.

Gegen die Wahhabiten rief das zaiditische Imamat im Jahr 1826 die in teilweiser Unabhängigkeit vom osmanischen Reich in Ägypten regierenden Mamelucken zur Hilfe. Die Wahhabiten wurden vertrieben, dafür setzten sich die Mamelucken in der Tihama fest.

1839 trennten sich die Wege Nord- und Südjemens. Zum Schutz der Schifffahrt im Roten Meer und nach Indien **besetzte England 1839 Aden.** Die Tihama und das Hochland zwischen Taiz und Sana'a wurden 1849 von osmanischen Truppen erobert, Sana'a 1872 eingenommen. Der Jemen war somit zum zweiten Mal unter türkischer Herrschaft, wieder eine osmanische Provinz und der Imam seiner souveränen Rechte enthoben. 1905 legten Osmanen und Briten die gemeinsame Grenze vertraglich fest.

Bis zur Revolution 1962 im Nordjemen

Während der britisch-osmanischen Besetzung des südlichen und mittleren Jemen (ab Mitte des 19. Jh.) reduzierte sich der zaiditische Einfluss auf die Nordprovinzen. Der Imamssitz wechselte zwischen Saada und Gaffla.

1904 starb Imam *Hamid ad-Din al-Mansur,* sein Sohn *Yachya* trat die Nachfolge an. Unter **Imam Yachya ibn Hamid ad-Din al-Mutawakkil** verstärkte sich der Kampf gegen die Osmanen. Im Januar 1911 erklärte er dem Osmanischen Reich den Krieg, noch im gleichen Jahr kam es zum **Abkommen von**

Da'an (20 km nordwestlich von Amran), in dem die Osmanen die zaiditische Herrschaft im nördlichen Jemen sowie in Menaacha und Taiz vertraglich anerkannten. Mit der Niederlage im Ersten Weltkrieg endete die osmanische Herrschaft im Jemen. Unterstützt von den Stämmen Haschid und Bakil konnte *Yachya* im November 1918 in Sana'a einziehen und im **Vertrag von Lausanne** (23. Juli 1923) wurde er von den Siegermächten des Ersten Weltkriegs als weltliches Oberhaupt des Nordjemen anerkannt.

1926, nach erfolgreicher Rückeroberung Hudäidas von den Briten (die hatten die Stadt 1918 nach dem Abzug der Osmanen besetzt), legte sich der Imam die **Königswürde** zu.

Die Attacken zaiditischer Truppen richteten sich fortan gegen die Briten im Südjemen. Nach mehreren Gefechten und Luftangriffen der Royal Air Force gegen nordjemenitische Städte mussten sich 1928 die Truppen *Yachyas* der überlegenen britischen Feuerkraft beugen. *Imam Yachya* schloss einen Friedensvertrag und erkannte 1934 die Grenze zum Südjemen an.

1934 griff der Nordjemen Saudi-Arabien an, das sich als überlegen erwies und die Tihama bis Hudäida eroberte. Im **Friedensvertrag von Taif** (20. Mai 1934) fielen das Asir- und Natschraangebiet für zwanzig islamische (Mond-) Jahre an Saudi-Arabien. Der Vertrag wurde 1954 für weitere zwanzig Jahre verlängert und war seitdem wie die gesamte Grenze zu Saudi-Arabien ein offener Streitpunkt. Im Juni 2000 wurde mit der Unterzeichnung eines Vertrages zum endgültigen Grenzverlauf ein Schlussstrich unter jahrzehntelange Konflikte gezogen.

Imam Yachya regierte den Nordjemen in Form eines **absoluten Monarchen.** Alle Angelegenheiten selbst entscheidend, riegelte er das Land weitgehend von ausländischem Einfluss ab. Ohne Genehmigung des Königs durfte kein Ausländer das Land betreten, Jemeniten durften ohne einen vom König ausgestellten Passierschein nicht im Lande herumreisen. Auslandsreisen waren der Bevölkerung untersagt.

Die **Isolation des Nordjemen** ging so weit, dass es in Sana'a keine diplomatischen Vertretungen gab. Erst nach dem Zweiten Weltkrieg akkreditierten sich Botschafter, die ihren Wohnsitz im saudi-arabischen Jidda hatten. Außer in Kairo und Riad hatte das Imamat keine Auslandsvertretungen. Nur wenige ausländische Experten waren während seiner Regentschaft im Lande tätig. 1946 trat der Jemen der Arabischen Liga bei, 1947 bereitete sein Sohn und Kronprinz *Ahmad* die Aufnahme des Staates in die Vereinten Nationen vor.

Mehr und mehr regte sich jedoch **Widerstand** gegen die Autokratie, 1944 wurde in Aden der Bund Freier Jemeniten gegründet. Als der 80-jährige *Imam Yachya* im Jahre 1948 bei einem Ausflug erschossen wurde, befand sich der zaiditische Jemen im **Zustand eines mittelalterlichen Staates:** Es gab keine Industrie, die Infrastruktur bestand aus wenigen Straßen, das Gesundheitswesen steckte in allerersten Anfängen, und bei den wenigen vorhandenen Schulen handelte es sich um Koranschulen.

Nach der Ermordung *Yachyas* wurde in Sana'a *Abdallah al Wazir* von den Reformisten als Herrscher ausgerufen. Imam Yachyas ältester Sohn *Ahmad* floh zu den Stämmen des Nordens, die er für sich gewinnen konnte. Im März 1948 gelang ihm die **Rückeroberung** der Hauptstadt mit 20.000 Stammeskriegern. Die Sieger plünderten anschließend Sana'a, ein Akt, der noch heute unvergessen ist. *Saif al-Islam Ahmad* wurde als rechtmäßiger Imam anerkannt, nahm den Königstitel an und ließ *Al Wazir* mit Tausenden seiner Anhänger hinrichten.

Imam Ahmad verlegte seinen Sitz nach Taiz. Den Jemen verließ er nur zweimal: 1955 für eine Begegnung mit König *Abdulaziz as-Saud* von Saudi-Arabien und Präsident *Nasser* von Ägypten und 1959 für einen Kuraufenthalt in Italien.

Weiterhin wurde das Volk mit rigiden Mitteln unterdrückt. Die Getreideernte sank in den Jahren 1945–1959 von 20.000 t auf die Hälfte, die Kaffeeernte von 12.000 t auf 5000 t im Jahr. Hungersnöte, Unterernährung, der Mangel an Schulen, Krankenhäusern und Ärzten und eine Säuglingssterblichkeit von 70% zeichneten die Regierungszeit Imam *Ahmads* aus. Der „Spiegel" widmete ihm 1958 Titelbild und -geschichte unter der Überschrift „Arabiens letztes Glück. Der kugelfeste Pascha".

Mitte der 1950er Jahre bildeten sich Oppositionsgruppen, es kam zu **Revolten,** 1961 entging der Imam schwer verwundet einem Attentat. Er übergab die Regierungsgewalt seinem Sohn *Mohammed al Badr,* der den Regierungssitz nach Sana'a verlegte. Am 19. September 1962 starb Imam *Ahmad.*

Da sich die Oppositionellen von seinem Sohn und Nachfolger *Al Badr* keine grundlegenden politischen und wirtschaftlichen Reformen versprachen, kam es am 26. September 1962 zu einem **Militärputsch** gegen den neuen Imam.

Die Revolution im Nordjemen (September 1962)

Im Juni 1944 war in Aden der **Bund Freier Jemeniten** gegründet worden, ein Zusammenschluss nordjemenitischer Intellektueller; prominentestes Mitglied war *Prinz Ibrahim,* einer der Söhne *Imam Yachyas.* Ihr Ziel war ein moderner, weltoffener Staat.

Nach der Ermordung Imam *Yachyas* 1948 rief der Bund Freier Jemeniten in Sana'a mit *Al Wazir* einen neuen Imam aus. *Ahmad,* Sohn und Erbfolger Imam *Yachyas,* gelang mit den Stämmen des Nordens die Rückeroberung Sana'as. *Al Wazir* wurde geköpft, viele Freie Jemeniten hingerichtet. Nach dem Tode Imam *Ahmads* regierte sein Sohn *al Badr* das Land nur für eine Woche: Am **26. September 1962** wurde er in einem **Militärputsch** gestürzt. Letzter Anlass war eine Rede des bis dahin als gemäßigt angesehenen *al Badr,* in der er den Reformisten mit dem Tode drohte.

Während des Putsches gelang *al Badr* die Flucht aus Sana'a zu den Stämmen des Nordens. In einem **siebenjährigen Bürgerkrieg** wurden die Republikaner von Ägypten, die Royalisten von Saudi-Arabien unterstützt. In einem Kampf, der mehrmals auf Messers Schneide stand, setzten sich die Republikaner durch. Am 8. März 1969 ging *al Badr* ins saudische, dann ins britische Exil, wo er 1996 starb. Am 16. März 1969 tagte in Sana'a das erste Parlament der siegreichen Republik. Am 25. Mai 1970 kam es zur Versöhnung der republikanischen und royalistischen Machtträger in Sana'a. Als **erster Präsiden**t des Nordjemen wurde **Al Irijani** gewählt.

Der Nordjemen 1970–1990

Nach Versöhnung und Rückkehr von Royalisten in die Regierung gab es im Mai 1970 Wahlen für eine konsultierende Versammlung *(Majlis asch Schura)*. Diese Versammlung beschloss im Dezember 1970 eine **neue Verfassung.**

Im September 1970 kam es zum ersten **Grenzkrieg** mit dem 1967 unabhängig gewordenen Südjemen, an dessen Ende ein Waffenstillstand und die Aufnahme von Vereinigungsverhandlungen standen.

Im Juni 1974 reichte der Parlamentarische Rat seinen Rücktritt ein. In einem Militärputsch wurde **Al Hamdi** Präsident und löste das Parlament auf.

Zwischen 1974 und 1976 regierte ein Militärkomitee unter Vorsitz *Al Hamdis* den Nordjemen. Stämme und sonstige Persönlichkeiten waren darunter nicht vertreten.

Am 11. Oktober 1977 wurde *Al Hamdi* am Vorabend einer Reise nach Aden ermordet. Der neue Präsident **Al Ghasmi** bemühte sich um das Wohlwollen der Stämme und setzte den von *Al Hamdi* aufgelösten Volksrat wieder ein.

Nach achtmonatiger Amtsführung wurde *Al Ghasmi* am 26. Juni 1978 ermordet. Der Volksrat unter *Al Arashi* überdauerte den Mord, beförderte den Gouverneur der Provinz Taiz, **Ali Abdallah Salach** (geb. am 21. März 1942 in Bäit al Ahmar, Provinz Sana'a), vom Leutnant zum Oberst und wählte ihn am 17. Juli 1978 zum **Präsidenten** des Landes.

Im Februar 1979 kam es erneut zu Kämpfen zwischen Nord- und Südjemen, an dessen Ende wieder ein Waffenstillstand und die Bekräftigung des Willens zur Vereinigung standen.

Ali Abdallah Salach wurde im Mai 1983 von der Volksversammlung wiedergewählt. Am 5. Juli 1988 fanden **Parlamentswahlen** statt, die ersten in der Geschichte des Nordjemen. Präsident Salach wurde durch das neue Parlament am 10. Juli 1988 im Amt bestätigt.

Der Nordjemen verstand sich als eine parlamentarisch-konsultative Republik mit einem Einkammerparlament. In den **ersten freien Wahlen 1988** wurden 128 Volksvertreter in das Parlament gewählt. 31 weitere Personen wurden vom Präsidenten als Parlamentarier ernannt. Der Einfluss des Parlaments auf die Regierungstätigkeit war gering, die große Politik wurde im engen Regierungszirkel gemacht. Parteien waren nicht zugelassen.

Der **Allgemeine Volkskongress** trat einmal im Jahr zusammen. Eine Ständige Kommission mit 75 Mitgliedern erledigte die Parlamentsarbeit zwischen den Sitzungen des Kongresses.

Wichtig für den Nordjemen waren die Beziehungen zu Saudi-Arabien, das etwa ein Drittel des Haushalts des

Nachbarlandes finanzierte. Zu den engen Partnerländern zählte wegen der Unterstützung im Bürgerkrieg Ägypten. Der mehrfach versuchte Aufbau eines Staatenbundes zwischen Nordjemen, Ägypten und anderen arabischen Ländern ist fehlgeschlagen.

Mit der politischen Neuorientierung des Ostblocks und der ausbleibenden finanziellen Unterstützung für den Südjemen begann Ende 1989 eine Phase intensiver Verhandlungen, die am **22. Mai 1990 zur Vereinigung beider Jemen führte.**

Geschichte des Südjemen ab 1839

Eine Zäsur bedeutete die **Besetzung** der Hafenstadt Aden **durch britische Truppen** 1839. Aden war für Großbritannien wegen seiner strategischen Lage an der Schifffahrtsstraße von Europa nach Indien interessant. Da damals im südlichen Jemen keine nennenswerten Rohstoffvorkommen bekannt waren und auch das landwirtschaftliche Potenzial gering war, reduzierte sich das Interesse der Briten auf Aden und auf das zwischen Aden und Laheck gelegene Trinkwasser im Wadi Tuban. Das Hinterland hatte für die Kolonialmacht nur insofern Bedeutung, als hier Menschen lebten, die die britische Herrschaft in Aden hätten gefährden können.

Aufgrund des Krieges mit den Osmanen 1914 vor Aden und den italienischen Feldzügen in Eritrea und in Abessinien wurde das damalige Protektorat Aden per Dekret von einstmals 207 km² auf 11.000 km² (1914), 72.000 km² (1933) und 132.000 km² (1936) vergrößert.

Die Ruhe im südlichen Jemen versuchten die Briten durch eine Politik der **Unterstützung lokaler Machthaber** herzustellen. Dem Sultan von Laheck wurden zwischen 1843 und 1962 jährlich 6000 Dollar Entschädigung für die Abtretung von Aden bezahlt. Mit den Sultanen von Mukalla und Sejuhn wurden Freundschafts- und Beistandsverträge geschlossen. Die Krieger befreundeter Sultanate wurden von britischen Offizieren geschult. Diese kleinen, gut ausgebildeten Truppen bedeuteten zwar für die britische Herrschaft in Aden keine Gefahr, waren aber für die Sultane ein Mittel, um lokale Aufstände niederzuschlagen, und das lag allemal im Interesse der Kolonialmacht.

Bis zur sozialistischen Revolution 1967 war das Land in **23 Sultanate und Emirate** zersplittert. Hungersnöte und ökonomischer Stillstand führten zu Auswanderung und oft auch zu Aufständen gegen die lokalen Herrscher.

Im Februar 1959 verbündeten sich unter britischem Druck sechs Sultanate und Emirate zur **Föderation Südarabischer Staaten.** Diesem lockeren Bund schlossen sich bis 1962 16 der 17 westlichen (außer Ober-Yafi) Herrschaftsgebiete an. 1963 trat Aden der Vereinigung bei. Die Qaiti- und Kathiri-Sultanate im östlichen Landesteil blieben dem Abkommen fern.

Von 16 Ministern dieses Bundes wurde die Politik des Südjemen geleitet. Wichtige Ressorts wie Außenpolitik, Finanzen und Armee wurden vom britischen Hohen Kommissar verwaltet. Die

Geschichte in Zahlen

ca. 600 v.Chr.	Bau des Staudamms von Marib
24 v.Chr.	Ein römisches Heer unter *Aelius Gallus* belagert Marib ergebnislos.
ca. 260 n.Chr.	Saba wird durch Himjar erobert.
ca. 300 n.Chr.	Himjar hat die südwestliche Arabische Halbinsel erobert.
ca. 350 n.Chr.	Erster historisch belegter Dammbruch in Marib
517	Der himjaritische König *Dhu Nuwas* nimmt den jüdischen Glauben an.
525	Wegen Christenverfolgung im Jemen wird der abessinische König um Hilfe gerufen. Das Gebiet des heutigen Jemen wird erobert, und für 50 Jahre ist das Christentum offizielle Religion. Kirchenbauten in Aden, Thafar, Sana'a und Natschraan.
542 und 570	Weitere Dammbrüche in Marib
570	Geburt des Propheten *Mohammed*
570/71	Die christlichen abessinischen Besatzungstruppen versuchen vergeblich Mekka zu erobern.
575	Wegen der abessinischen Besetzung werden die Perser (Sassaniden) um Hilfe gerufen. Einsetzen eines persischen Statthalters.
628	Der persische Statthalter konvertiert zum Islam und wird vom Propheten als Statthalter im Jemen eingesetzt.
632	Tod des Propheten *Mohammed*
660	Der Jemen kommt unter Kontrolle der Omaijaden und wird von Damaskus aus regiert.
750	Der Jemen kommt unter Kontrolle der Abbasiden und wird von Bagdad aus regiert.
825	Der Statthalter Zaid fällt von Bagdad ab und erklärt sich zum König im Jemen. Hauptstadt wird Zabied. Gründung der Universität Zabied.
897	Yachya al Hadi kommt nach Saada und wird erster zaiditischer Imam im Jemen. Der Machtbereich bleibt bis 1381 auf das Saada-Gebiet begrenzt.
1173–1228	Von Ägypten kommend, besetzen die Aijubiden den Jemen bis auf die zaiditische Nordprovinz.
1228	Wegen Nachfolgeproblemen setzen die Aijubiden in Sana'a einen rassulidischen Statthalter ein.
1324	Die Rassuliden verlieren Sana'a an den zaiditischen Imam, halten sich aber im südlichen Landesteil.
1381–1548	Zaiditische Imame regieren den Jemen; Hauptstadt Sana'a.
1455	Die rassulidische Herrschaft endet auch im Süden des Jemen.
1497–1499	Der Portugiese *Vasco da Gama* umsegelt das Kap der Guten Hoffnung, wodurch ein Teil des europäischen Indienhandels auf diesen Seeweg umgeleitet wird. Dadurch wird Südarabien für die ägyptischen Mamelucken und die Osmanen interessant.
1513	Portugal versucht vergeblich Aden zu erobern.
1515	Die Mamelucken erobern Kamaran, Zabied, Taiz und Sana'a, scheitern aber an Aden.

1517	Der osmanische *Sultan Salim I.* erobert Ägypten. Die Mamelucken ziehen sich in die Tihama zurück. Sana'a wird wieder Sitz eines zaiditischen Imams.
1537	Einnahme Zabieds durch die Osmanen
1538	Einnahme Adens durch die Osmanen
1537–1548	Eroberung des Jemen durch die Osmanen. Der Kaffeeanbau wird forciert. Wachsende Bedeutung Mochas als Kaffee-Exporthafen.
1630–1636	Nach mehrjährigen Aufständen räumen die Osmanen 1630 Aden und 1636 den Nordjemen.
18. Jh.	Das Imamat verliert seinen Einfluss auf das Gebiet des südlichen Jemen an die dortigen Stämme.
1798–1801	*Napoleon* führt Krieg in Ägypten und macht den Jemen für Großbritannien interessant, das 1799 die Insel Perim besetzt.
1803	Einfall der Wahhabiten in die Tihama. Die vom Imam zu Hilfe gerufenen Ägypter (Mamelucken) besetzen die Tihama.
1839	Zur Kontrolle der Schifffahrt im Roten Meer und auf der Indienroute besetzt Großbritannien Aden.
1840	Die Mamelucken ziehen sich aus dem Jemen zurück. Saudische Stämme übernehmen die Macht in der Tihama und der Taiz-Region.
1841	Zaiditische Truppen erobern von Sana'a aus Taiz und Mocha.
1849	Die Osmanen erobern ausgehend von der Tihama in den folgenden Jahren den Nordjemen bis hinauf nach Amran.
1904	*Imam Muhammad* stirbt. Sein Sohn *Yachya* wird Imam.
1905	Osmanisch-britischer Grenzvertrag. Der festgelegte Grenzverlauf gilt bis 1990 als Grenze zwischen Nord- und Südjemen.
1911	Nach langen Kämpfen anerkennen die Osmanen den zaiditischen *Imam Yachya* als Oberhaupt des nördlichen (zaiditischen) Teils des Nordjemen. Unterzeichnung des Da'an-Abkommens am 22.09.1911.
Nov. 1918	Mit dem ersten Weltkrieg endet die osmanische Herrschaft im Jemen. *Imam Yachya* regiert das Land von Sana'a aus.
1934	Nach erfolglosen Feldzügen gegen die Briten erkennt *Imam Yachya* die Grenzziehung von 1905 an.
1934	Grenzkrieg mit Saudi-Arabien. Die Saudis erobern die Tihama bis Hudäida. Im Vertrag von Taif fallen Asir und das Gebiet um die Stadt Natschraan an Saudi-Arabien.
1948	*Imam Yachya* wird erschossen. Sein Sohn *Ahmad* wird Nachfolger und regiert den Nordjemen von Taiz aus.
1947–1950	Etwa 60.000 Juden verlassen die beiden Jemen.
19.09.1962	Tod des *Imam Ahmad*. Sein Sohn *al Badr* übernimmt die Herrschaft für eine Woche.
26.09.1962	Militärputsch. Ausrufung der Republik im Nordjemen.
1962–1969	Bürgerkrieg im Nordjemen zwischen Republikanern und Royalisten. Auf Seiten der Republik kämpfen ca. 40.000 Ägypter. Die Royalisten werden von Saudi-Arabien unterstützt.
30.11.1967	Gründung der Demokratischen Volksrepublik Jemen (Südjemen)

02.03.1969	Friedensvertrag im Nordjemen. *Al Badr* geht in das Londoner Exil, wo er Anfang 1996 stirbt.
1970	*Al Irijani* wird Präsident im Nordjemen. Grenzkrieg zwischen den beiden Jemen. Es kommt zum Waffenstillstand und Vertrag zur Aufnahme von Wiedervereinigungsverhandlungen.
1974	Militärputsch im Nordjemen. *Al Hamdi* wird neuer Präsident.
1976	Erste diplomatische Beziehungen zwischen den beiden Jemen.
Okt. 1977	*Al Hamdi* wird ermordet. Neuer Präsident wird *Al Ghasmi.*
Juni 1978	Ermordung von *Al Ghasmi.* Neuer Präsident wird *Ali Abdallah Salach.*
Jan./Febr. 1979	Neuerlicher Grenzkrieg zwischen den beiden Jemen.
Jan. 1986	Nach 1969, 1978 und 1980 vierter Umsturz einer südjemenitischen Regierung. Schwere Kämpfe. Zehntausende von Toten. Zerstörung weiter Teile Adens.
1986	Eröffnung des neuen Staudamms von Marib und Inbetriebnahme des ersten Erdölfelds im Nordjemen
22.05.1990	Vereinigung der beiden Jemen. Präsident wird *Ali Abdallah Salach.* Hauptstadt wird Sana'a.
Mai 1991	Die Verfassung des vereinigten Jemen wird in einer Volksabstimmung angenommen.
27.04.1993	Erste gesamtjemenitische Parlamentswahlen.
Mai/Juni 1994	Sezessionsversuch des Südjemen. Kriegerische Auseinandersetzungen zwischen nord- und südjemenitischen Truppen. Einnahme Adens durch nordjemenitische Truppen und Erhalt der Einheit.
28.11.1994	Verfassungsänderung: Die Scharia, das islamische Rechtssystem, ist Rechtsquelle der gesamten Gesetzgebung.
27.04.1997	Zweite Parlamentswahlen im Jemen.
1998	Aufnahme diplomatischer Beziehungen zum Vatikan.
29.07.1998	Es werden zwei neue Provinzen geschaffen: Amran und At-Thali. Damit hat der Jemen 20 Provinzen und die Hauptstadtprovinz Sana'a.
23.09.1999	*Ali Abdallah Salach* wird als Präsident in der ersten direkten Präsidentenwahl bestätigt.
22.05.1999	Eröffnung der Freihandelszone in Aden von Präsident Salach. Einweihung weiterer Infrastrukturprojekte: Flughafen auf Sokotra und Verbindungsstraße von Marib in das Wadi Hadramaut.
19.12.1999	Urteil des Haager Intern. Gerichtshofs im Streit zwischen Jemen und Eritrea um die Hanisch-Inseln zugunsten des Jemen
06.06.2000	Grenzvertrag zwischen Jemen und Saudi-Arabien nach jahrzehntelangen Konflikten.
Feb. 2001	Erste Regionalwahlen.
Febr. 2001	Verfassungsänderung: Parlamentswahlen sollen alle sechs Jahre stattfinden.
27.04. 2003	Dritte Parlamentswahlen
Juli 2004	Festlegung der Seegrenzen mit Oman
Sept. 2006	Präsidentenwahl
2009	Vierte Parlamentswahlen

Souveränität der Sultanate und Emirate ging jedoch so weit, dass jedes dieser politischen Gebilde eigene Pässe ausstellte (Exponate sind im Militärmuseum Aden und in den Museen von Mukalla und Sejuhn zu sehen).

Der Putsch gegen das zaiditische Imamat im Nordjemen 1962 hatte für die unzufriedenen Kräfte im Südjemen Signalwirkung. Zehntausende von Südjemeniten beteiligten sich auf Seiten der Republikaner am Bürgerkrieg.

Im Südjemen wurde am 14. Oktober 1963 der britische Militärflugplatz Habiläin von Aufständischen angegriffen. Dieser Tag gilt als der erste Tag des **Aufstands gegen die Briten.** Trotz 2000 Soldaten, die aus Großbritannien herbeigeschafft wurden, konnte dieser Aufruhr erst nach sechs Monaten niedergeschlagen werden.

Durch streikende Arbeiter wurde der Kampf in den folgenden Jahren bis nach Aden getragen. Am 20. Juni 1967 kam es zu größeren Kampfhandlungen in der Stadt, die von der britischen Kolonialmacht erst nach 17 Tagen beendet werden konnten. 13 Tage war der Stadtteil Crater in den Händen der **NLF (National Liberation Front).** Im Juni 1967 errichtete die NLF ihre Herrschaft über den Bezirk At Thali, im Juli fielen Jaffei und Audhali, im August Laheck. Ende August kontrollierte die NLF 12 Staaten im Südjemen. Am 3. September floh der Emir von Beihahn nach Saudi-Arabien. Am 17. September verließen die Qaiti- und Kathiri-Sultane Mukalla mit dem Schiff nach Saudi-Arabien. Im Oktober eroberte die NLF die Provinz Machra. Einen Tag vor der Unabhängigkeit besetzte die NLF Sokotra. Am 7. November 1967 unterstellte sich die von Briten ausgebildete Armee des Südjemenitischen Föderationsbundes der NLF.

Vom 21. bis zum 29. November 1967 verhandelten in Genf NLF und Vertreter Großbritanniens über Machtübergabe und Rückzug der Kolonialmacht. **Am 30. November 1967 wurde die Volksrepublik gegründet.** Die letzten britischen Truppen zogen sich aus Aden und dem Südjemen zurück.

Aufgrund der britischen Besatzungszeit gab es Inseln, die mit der Ausrufung der Volksrepublik zum Südjemen kamen bzw. hätten kommen müssen, da sie vordem vom britischen Aden aus administriert worden waren.

Die **Insel Kamaran,** nordwestlich von Hudäida im Roten Meer gelegen und von den Briten verwaltet, befand sich zwar innerhalb der nordjemenitischen 12-Meilen-Zone, verblieb aber bis 1967 beim Südjemen und wurde dann vom Nordjemen annektiert.

Die **Kuria-Muria-Inseln** waren 1854 den Briten vom Sultan von Muskat überlassen worden, zur Errichtung einer Telefonkabelstation und zum Abbau von Guano. Die Inselgruppe wurde bis zum 30. November 1967 vom britischen Aden aus verwaltet und am Tage des Abzugs der Briten aus Aden und dem Südjemen vom Oman besetzt. Der sozialistische Regierung protestierte zwar gegen diese Maßnahme (auch Teile der Provinzen Machra und Dhofar kamen auf diese einseitig gewaltsame Weise zum Oman), konnte sich aber mit seinen Ansprüchen nicht durchsetzen. Die Grenzen des Jemen zum Oman und der Verbleib der Kuria-Muria-Inseln bei Oman wurden mit einem Grenzvertrag am 1. Oktober 1992 endgültig bestätigt.

Geschichte der Demokratischen VR Jemen

(Südjemen, 1967–1990)

Die Kämpfe gegen die britischen Besatzer in den 1960er Jahren wurden getragen von der sozialistisch-kommunistischen NLF *(National Liberation Front)* und der von Ägypten unterstützten **FLOSY (Front for the Liberation of Occupied South-Yemen),** die ihr Hauptquartier in Taiz hatte.

Kurz vor der Unabhängigkeit des Südjemen bereiste ein UNO-Ausschuss das Land und empfahl den Briten, die Macht nicht allein der NLF zu übertragen. Aufgrund der Auseinandersetzungen in Palästina entschieden sich die Briten jedoch gegen eine Nasser-freundliche politische Strömung und bereiteten mit der Machtübergabe an die NLF den Weg für eine sozialistische Entwicklung. Der britische Unterhändler *Trevelyan* ließ zum Abschluss der Verhandlungen verlauten: „Ich habe meine Aufgabe bestens erledigt, die britischen Truppen sind in Frieden abgezogen, *Nasser* ist aus dem Jemen vertrieben, und weil ich ein revolutionärer Mensch bin, habe ich ein revolutionäres System errichtet."

Nach der **Machtübernahme durch die NLF** am 30. November 1967 kam es zum Verbot aller politischen und gewerkschaftlichen Gruppierungen neben der Staatspartei.

Am 22. Juni 1969 wurde der erste Präsident des Südjemen, *Qahtan asch Schaabi,* durch den linken Flügel der NLF gestürzt, neuer Präsident wurde **Salim Rubai Ali,** der die **orthodox-sozialistische Politik** durchsetzte. Alle Großbetriebe und Banken wurden verstaatlicht, Mietshäuser in Gemeineigentum überführt. Die Besitztümer der Sultane, Emire, Scheichs und ihrer Angehörigen wurden verstaatlicht, Teile der nationalisierten Besitztümer in Staatsfarmen umgewandelt. Eigentum von Personen, die das Land aus politischen oder anderen Gründen verlassen hatten, wurde entschädigungslos beschlagnahmt.

Die Scheichtümer, Emirate und Sultanate wurden **1967** zu **sechs Provinzen** zusammengefasst: Hadramaut, Laheck, Abian, Schabwa, Machra und Aden mit den Inseln Sokotra, Perim, Kamaran (nordwestlich von Hudäida) und den Kuria-Muria Inseln vor der Südküste von Oman (ungefähr 400 km östlich der jemenitisch-omanischen Grenze).

Am 27. Juni 1978, einen Tag nach dem Mord am nordjemenitischen Präsidenten *Al Ghasmi,* wurde *Salim Rubai Ali* in Aden unter der Anklage hingerichtet, einen Staatsstreich geplant zu haben. Der bisherige Generalsekretär der NLF, **Abdulfatah Ismail,** bekam das Präsidentenamt und hielt den Südjemen auf orthodox-sozialistischem Kurs.

Die NLF wurde am 13. Oktober 1978 in **JSP (Jemenitische Sozialistische Partei)** umbenannt. Ende desselben Jahres fanden Wahlen zum **Obersten**

Volksrat statt, zu denen auch Frauen zugelassen waren.

Am 31. Oktober 1978 verabschiedete der Südjemen eine **neue Verfassung.** In ihr waren u.a. die **Gleichberechtigung von Mann und Frau,** die Religionsfreiheit und als Ziel die Vereinigung beider Jemen festgelegt.

Im April 1980 setzte sich der gemäßigte Sozialist **Ali Nasser Muhammad** durch und wurde neuer Präsident, scheiterte aber im Januar 1986 mit einem Staatsstreich gegen den ultralinken Flügel seiner Partei. Nach heftigen Kämpfen – es wird von Zehntausenden von Toten gesprochen – emigrierte *Ali Nasser Muhammad* mit 25.000 Gefolgsleuten in den Nordjemen. Seine Gegenspieler *Abdulfatah Ismail, Ali Ahmad N. Antar, Salach M. Kasim* und *Ali Sch. Hadi* kamen in den Kämpfen um und wurden anschließend als Helden gefeiert. Neuer Präsident wurde der orthodox-kommunistische *Bakr al Attas.*

Der Südjemen versuchte nach dem Abzug der Briten (1967) mit finanzieller und personeller Hilfe des Ostblocks den Aufbau einer sozialistischen Ökonomie. Mit der **Agrarreform** von 1968–1970 wurde der Großgrundbesitz der Sultane an landlose Bauern verteilt. Es setzte eine Kollektivierung der Landwirtschaft in Form von Produktionsgenossenschaften ein. Da sich die Genossenschaften als wenig attraktiv erwiesen, verkauften die Landwirte den Ertrag in eigener Regie. Bei der Vereinigung beider Jemen (1990) wurde nur schließlich noch 15% der Agrarproduktion in staatlichen Kooperativen erzeugt.

Obwohl 20% der südjemenitischen Erwerbstätigen im Ausland arbeiteten und mit ihren Geldüberweisungen die Ökonomie stützten, scheiterte das sozialistische Experiment am Geldmangel. Mit dem politischen Wandel im Ostblock verlor der Südjemen seine sozialistische Brückenkopffunktion und die finanzielle Unterstützung. Ausdruck der geringeren Hilfeleistungen war 1989 der Anstieg des jährlichen Haushaltsdefizits auf 600 Mio. US-Dollar.

Der **drohende Staatsbankrott** wurde die Triebfeder zur politischen Umorientierung. Präsident **Bakr al Attas** gab in einem Zeitungsinterview 1989 freimütig Fehler des Sozialismus zu: „Die Zeit der Einparteiensysteme ist vorbei, das Volk will demokratische Mitbestimmung." Seit dem 1. Juli 1988 durften Jemeniten die gemeinsame Grenze ungehindert passieren. Am 24. Dezember 1989 einigten sich Nord- und Südjemen auf einen Verfassungsentwurf. Im März 1990 wurde mit der Nasseristischen Unionistischen Organisation die erste Oppositionspartei erlaubt.

Am **22. Mai 1990** fand die **Vereinigung beider Jemen** statt. Dass die Vereinigung Wirklichkeit wurde, kam für alle Außenstehenden unerwartet. Zu groß schien die Kluft zwischen dem sozialistischen Süden und dem Norden mit seiner Mischung aus Staats- und Privatwirtschaft.

Als **Flagge** der Republik Jemen wurden die Querstreifen mit den Farben Rot, Weiß, Schwarz gewählt: Schwarz für die dunkle Vergangenheit des Landes vor der Revolution, Rot für das vergossene Blut der Märtyrer und den revolutionären Geist während der Revolution und Weiß für die helle Zukunft.

Das **Wappen** zeigt einen goldenen Adler über einem goldenen Band, darin als Inschrift der Name des Staates. Die Brust des Greifvogels ziert ein Wappenschild, das den Damm von Marib und eine Kaffeepflanze zeigt. Links und rechts des Schildes befinden sich goldene Fahnenstangen mit der Flagge der Republik. Der Adler mit seinen ausgebreiteten Flügeln im Wappen soll den Aufschwung des geeinten Landes symbolisieren. Er wird auch „Saladins" bzw. „Arabischer Adler" genannt, nach dem kurdischen Sultan *Saladin* (1137–1193), der dieses Symbol benutzte. Die Wappen vieler arabischer Staaten tragen den goldenen Saladin-Adler mit schwarzen Federn, nur durch den Brustschild und die arabische Schrift unterschieden.

Die Nationalhymne

„Vereinte Republik" heißt die Nationalhymne des Jemen. Sie wurde von *Abdallah Abdulwahab Noman* (1916–1982) geschrieben und von *Ayob Tarish* (geb. 1943) komponiert. Das Lied war zuvor das Nationallied des Südjemen und wurde bei der Vereinigung beider Landesteile 1990 zur Nationalhymne des gesamten Landes. Die Übersetzung lautet sinngemäß:

Wiederhole, oh Welt, mein Lied,
wiederhole es immer wieder.
Erinnere dich mit Freuden an jeden
Märtyrer.
Umhülle ihn mit den kostbaren
Umhängen unserer Feier,
Wiederhole, oh Welt, mein Lied.
In Glauben und Liebe bin ich Teil der
Menschheit.
Ein Araber bin ich in meinem ganzen
Leben.
Mein Herz schlägt im Einklang mit
Jemen.
Kein Fremder soll über den Jemen
herrschen.

Politik

Der Jemen (Nord und Süd) war selten ein einheitliches politisches Gebilde mit einer starken Zentralregierung gewesen. Die jeweilige Regierung war und ist zudem von der Gunst der Stämme abhängig und muss sich deren Unterstützung bis heute mit Geldgeschenken, Straßenbauten, Krankenhäusern und anderen Infrastrukturmaßnahmen erkaufen.

Eine Durchdringung der Stammesgebiete mit staatlich administrativen Einrichtungen und Militärstationen setzte im Südjemen 1967 nach der sozialistischen Revolution ein, im Nordjemen hingegen erst etwa 20 Jahre später.

Die **starke Stellung der Stämme** und den konservativen Islam kann keine jemenitische Regierung ignorieren, entsprechend vorsichtig und taktierend hat die Politik auszusehen.

Außenpolitisch ist das Land fest an das arabische Lager gebunden. Der Jemen ist Mitglied in verschiedenen internationalen Organisationen: in den Vereinten Nationen mit Unterorganisationen, bei Weltbank und Weltwährungsfond, in der Arabischen Liga, der Islamischen Konferenz und der Blockfreien-Bewegung. Ein Aufnahmeantrag in die

Welthandelsorganisation (WHO) wurde 2000 gestellt.

Am **22. Mai 1990** wurde die **Republik Jemen** mit der Hauptstadt Sana'a geschaffen. Die Regierungsform ist ein parlamentarisch kontrolliertes **Präsidialregime** mit Generalleutnant **Ali Abdallah Salach** als Staatsoberhaupt. 1991 wurde eine neue Verfassung in einer Volksabstimmung angenommen. In ihr zeigt sich das Land auf dem Weg zur Demokratie. In rund 40 Parteien haben sich Anhänger unterschiedlicher politischer Strömungen und Ideologien zusammengeschlossen. Ein unabhängiger Gewerkschaftsbund mit 300.000 Mitgliedern wurde gegründet.

Pressefreiheit ist verfassungsmäßig garantiert und äußert sich in einem großen Angebot an Publikationen.

Der Jemen hat dem UNO-Embargo gegen Irak zugestimmt, sich im **Kuwait-Konflikt** 1990/91 aber nicht eindeutig auf saudi-arabische Seite gestellt. Deshalb wurde die Finanzhilfe aus dem Nachbarland und den Golfstaaten gestrichen. Die **Ausweisung jemenitischer Gastarbeiter** aus Saudi-Arabien nach dem Golfkrieg wurde zu einem unlösbaren Problem, da rund 1 Mio. Arbeiter Saudi-Arabien 1990 verlassen mussten. Die fehlenden Geldüberweisungen in der Folge belastete die Finanzierung des Staatshaushalts. Inzwischen leben und arbeiten wieder ca. 700.000 Jemeniten in Saudi-Arabien, und ihre Überweisungen an Angehörige machen etwa 25% des jemenitischen Bruttosozialprodukts aus.

Politisch griff die Regierung in der Zeit zwischen der formellen Vereinigung (1990) und der ersten Parlamentswahl (1993) zu dem Mittel der **parallelen Stellenbesetzung,** d.h. alle führenden Posten des Staates (das Präsidentenamt eingeschlossen) wurden doppelt besetzt. Einem nordjemenitischen Minister wurde einer aus dem Süden beigestellt und umgekehrt. Neben Präsident *Salach* aus dem Norden übernahm auch *Ali Salim al Beidh* aus dem Süden Regierungsaufgaben.

Die Integration der nördlichen und südlichen **Armeen** sollte später vollzogen werden, was sich im Krieg 1994 als folgenschwerer Fehler erwies. Auch Polizei und Staatssicherheitsdienste blieben getrennt. Beide Landeswährungen (Rial und Dinar) waren weiterhin gültig.

Am **27. April 1993** erlebte die Republik ihre **ersten freien Wahlen.** Von den 301 Parlamentssitzen entfielen auf den Allgemeinen Volkskongress 122 Sitze (GPC; konservativ orientierte Bewegung der Mitte, Partei des Präsidenten *Salach),* auf die Jemenitische Vereinigung der Reform 62 Sitze (Islah; religiös orientierte Partei) und auf die Sozialistische Partei 56 Sitze (YSP; Partei des ehemaligen Südjemen mit *Al Beidh* an der Spitze).

Trotz aller Euphorie über die Vereinigung und die erfolgreich abgeschlossene Parlamentswahl konnten in den folgenden Monaten **politische und wirtschaftliche Probleme** nicht gelöst werden. Die religiös ausgerichtete Islah-Partei strebte eine Revision der säkularen Gesetze des Südens an. Forderungen der Sozialistischen Partei nach politischen, militärischen und wirtschaftlichen Reformen blieben unerfüllt. Einnahmen aus den südjemenitischen Ölfeldern flossen in die Hauptstadt Sana'a und kamen nicht – wie gefordert – dem wirtschaftlichen Aufbau Adens zugute.

Sana'a entwickelte sich zum **wirtschaftlichen und politischen Mittelpunkt des Landes,** was im Süden als Vorherrschaft des Nordens missbilligt wurde. Im Süden stieg die Arbeitslosigkeit, im Norden nahm die Korruption zu. Es kam zu einem Anstieg der Alltagskriminalität, zu Attentaten auf Mitglieder der Sozialistischen Partei und zu finanziellen Erpressungsversuchen einiger Stämme mittels Geiselnahme von Touristen und Mitarbeitern von Ölfirmen. Die Inflationsrate stieg auf 50%. Meinungsverschiedenheiten zwischen Präsident *Salach* und seinem Stellvertreter *Al Beidh* über Maßnahmen zur gerechten Verteilung der politischen Macht und der wirtschaftlichen Ressourcen verschärften die Krise, in deren Verlauf Al Beidh nach Aden zurückkehrte. Im Februar 1994 wurde eine **Versöhnungscharta** unterzeichnet, die jedoch Gefechte zwischen nord- und südjemenitischen Armeeteilen nicht verhindern konnte.

Anfang Mai 1994 eskalierten diese Auseinandersetzungen **zu einem Krieg.** Südjemenitische Raketen töteten 30 Bewohner Sana'as. Am 5. Mai rief die Regierung in Sana'a den Notstand aus, Vizepräsident *Al Beidh* sowie aus dem Süden stammende Minister wurden abgesetzt. Nordjemenitische Truppen begannen den Marsch auf Aden, wobei die Front bald 30 km nördlich von Aden erstarrte. Am 20. Mai erklärte *Al Beidh* den Südjemen zur unabhängigen Demokratischen Republik Jemen und zog sich nach Mukalla zurück. Die Erwartung der Anerkennung des neuen Staates durch andere Nationen wurde enttäuscht; kein Land folgte dem Aufruf.

Für die Regierung in Sana'a war der Krieg eine „Meuterei von Separatisten", also abtrünnigen Militärs und Politikern. Vermittlungen der Arabischen Liga wurden abgelehnt mit dem Hinweis auf „innere Angelegenheiten".

Anfang Juni beschäftigte sich der UN-Sicherheitsrat mit der Lage im Jemen. Trotz einer Resolution zum Waffenstillstand und obwohl die Politiker in Sana'a Verhandlungsbereitschaft zeigten, gingen Beschuss und Belagerung Adens weiter. Kampfentscheidend war die Unterbrechung der Wasserzufuhr am 27. Juni durch Einheiten des Nordens (die Pumpstationen liegen 20 km nördlich der Stadt); Aden war ohne Trinkwasser. Bereits ab dem 19. Juni war Aden bombardiert worden. 400 Tote und 2700 Verletzte waren das Ergebnis. **Am 7. Juli 1994 wurde Aden durch nordjemenitische Truppen erobert.** *Al Beidh* und seine Anhänger flüchteten in den Oman. Nach der Einnahme Adens kam es zu Plünderungen öffentlicher und privater Einrichtungen. Die Bierbrauerei wurde mit Hinweis auf den Koran zerstört. Es wird geschätzt, dass dieser Konflikt zwischen 3000 und 15.000 Soldaten und Zivilisten das Leben kostete.

Etwa 5000 Südjemeniten, die während des Bürgerkriegs geflohen waren, kehrten nach einer **Amnestie** wieder in den Jemen zurück. Lediglich vier ehemaligen hochrangigen Politikern *(Ali S. Al Beidh, Al Gafri, Heidar A. Al Attas* und

Heitham G. Taher), die in Mukalla eine Interimsregierung gebildet hatten, ist die Wiedereinreise verboten. *Ali S. Al Beidh* ließ sich im Oman nieder, wo er im Jahr 2005 die Staatsbürgerschaft erhielt.

In einer **Reform** vom 28. November 1994 wurden der fünfköpfige Präsidialrat aufgelöst und keine Mitglieder der Sozialistischen Partei in die nach dem Bürgerkrieg neu zusammengesetzte Regierung aufgenommen. Die **Scharia,** das islamische Rechtssystem, wurde zur Rechtsquelle der Gesetzgebung.

Im Jahr 1998 kamen mit den Provinzen Amran und At-Thali zwei neue Provinzen hinzu. Der Jemen gliedert sich nun in **20 Provinzen** und die **Hauptstadt-Provinz Sana'a.**

Die jemenitische Regierung

Das **parlamentarisch kontrollierte Präsidialsystem** besteht aus dem Staatspräsidenten (der auch Oberkommandierender der Streitkräfte und Vorsitzender des Obersten Justizrates ist) und dem Parlament mit dem Premierminister. Der Präsident wird alle sieben Jahre vom Volk gewählt, die Verfassung sieht maximal zwei Amtszeiten vor. Im September 1999 wurde erstmals in der Geschichte des Jemen ein Staatsoberhaupt durch direkte Wahlen bestimmt: Es war Ali Abdallah Salach, Kandidat der Regierungspartei GPC (Allgemeiner Volkskongress) und der Islah-Partei, der seit 1978 dieses Amt innehatte.

Das Parlament wird alle sechs Jahre gewählt. Die derzeitige Volksvertretung wurde nach den dritten **Parlamentswahlen** im April 2003 gebildet, die nächsten werden im Jahr 2009 stattfinden. Bei den Wahlen 2003 gab es eine Beteiligung von 77% (58% der wahlberechtigten Frauen gingen zur Urne); 22 Parteien mit 991 Kandidaten (davon 11 Frauen) und 405 Unabhängige hatten sich aufstellen lassen. Themen wie soziale Gerechtigkeit, bessere Bildung, Gesundheitsversorgung und der Kampf gegen Terrorismus standen im Vordergrund des Wahlkampfes.

Allerorten sind die „Wahlplakate" mit den **Parteisymbolen** und -slogans zu finden, die auf Häuserwände, Straßenbegrenzungen, Felswände und sonstige Flächen gemalt wurden. Um Analphabeten die Wahl zu erleichtern, legte sich jede Partei ein Symbol zu: z.B. das Pferd für die GPC, die Sonne für die Islah-Partei, eine weiße Taube mit Zweig im Schnabel für die Sozialistische Partei, der Kugelschreiber für die Al-Haq-Partei, die Waage für die schiitische Partei. Andere Symbole wie Hand, Kerze, Bussard oder Kopf sind Werbezeichen für die Volksvertreter eines Dorfes oder Stadtviertels.

Sechs Parteien sind seit 2003 im Parlament vertreten: Allgemeiner Volkskongress (GPC) mit 229 Sitzen, die religiös-konservative Islah-Partei mit 45 Sitzen, die Jemenitische Sozialistische Partei (JSP, 7 Sitze), Nasseristische Partei (3), Baath-Partei (2), Union der Volkskräfte (1), Al-Haq-Rechtspartei (1 Sitz) und Unabhängige (13). Mit 229 von 301 Abgeordneten ist der Allgemeine Volkskongress in der Lage, Verfassungsänderungen ohne eine starke Opposition durchzusetzen und alle Parlamentsausschüsse zu dominieren. Lediglich eine Frau wurde ins Parlament gewählt, sie gehört dem GPC an. Parlamentspräsident und -sprecher war bis zu seinem Tod Ende Dezember 2007 Scheich *Abdallah Hussein al-Ahmar,* auch „Scheich aller Scheichs" genannt, Führer des wichtigsten Stammesverbands (Haschiden) und Vorsitzender der Islah-Partei. Er garantierte das **politische Gleichgewicht** im Land und den Einfluss der Stämme. Regierungspartei ist der Allgem. Volkskongress, die Oppositionsparteien sind in zwei Blöcken zusammengeschlossen: *National Block for Opposition* und die *Democratic Union.* 30% der Parlamentsmitglieder sind Stammesführer, 26% Geschäftsleute, 13% Mitglieder einflussreicher Familien, 12% Angestellte, 8% Militärs, 4% Akademiker und 7% Sonstige.

Im Kabinett mit Premierminister *Ali M. Mujawwar* (GPC) an der Spitze gibt es 34 Minister, darunter zwei Frauen (die Staatsministerien für Menschenrechte und für Arbeit und Soziales).

Neben dem Parlament gibt es noch den Konsultativrat **Madschlis al-Schura** mit 111 vom Präsidenten ernannten Mitgliedern. Dieses Gremium trägt der Tatsache Rechnung, dass im Jemen ein sehr komplexes System von Einflussstrukturen besteht: Die Stämme im Norden des Landes mit ihren Stammesführern erheben Anspruch auf Teilhabe an der Macht, außerhalb der Parteien. Genauso wollen die Vertreter des ehemaligen Südjemen an der Macht beteiligt sein. Mit dem Konsultativgremium wird auf diese außerparlamentarischen Machtverhältnisse Rücksicht genommen.

Der **Demokratisierungsprozess** des Landes mit seinem politischen Pluralismus und einer relativen Meinungsfreiheit wird, trotz mancher Schwächen, als vorbildlich auf der Arabischen Halbinsel angesehen. Fast alle Parlamentssitzungen mit zum Teil heftigen Debatten werden im staatlichen Fernsehen übertragen und gelangen somit bis in den letzten Winkel des Landes.

Die jemenitische Bevölkerung steht mehrheitlich hinter ihrer Regierung, auch wenn Unzufriedenheit wegen gestiegener Lebenshaltungskosten, Korruption, Einführung von Steuern, Abbau von Subventionen und Arbeitslosigkeit sie zu Demonstrationen auf die Straße zwingt. Das Regime selber wird nicht angegiffen.

Eine Herausforderung der Autorität der Regierung war der Aufstand des ehemaligen Parlamentsabgeordneten **Al-Houthy** in der nördlichen Saada-Provinz. Im Sommer 2004 hatte *Al-Houthy* sich mit teils politischen, teils religiösen Motiven zum Anführer einer Gruppierung gemacht, mit anti-amerikanischen bzw. anti-israelischen Parolen viele Anhänger gewonnen und sich in die Berge westlich von Saada abgesetzt. Nach dem Scheitern von Verhandlungen wurden in offenen Kämpfen und mit Einsatz von Kampfflugzeugen *Al-Houthy* und viele seiner Anhänger, aber auch viele Hunderte Zivilpersonen, getötet. Noch immer ist die Stimmung in den Bergen um Saada angespannt, auch ein Grund, Touristen keine Reiseerlaubnis für diesen Landesteil zu geben. Die Menschenrechtslage im Jemen ist weiterhin schlecht. Die

Verhängung von Todesstrafe, willkürliche Festnahmen und Misshandlungen durch die Geheimpolizei werden in Berichten von *Amnesty International* dokumentiert.

Ein wichtiger Schritt zur Dezentralisierung der Verwaltung wurde 2001 mit den **ersten Regionalwahlen** gemacht. Auf Provinz- und Distriktebene (20 Gouvernorate und die Hauptstadt Sana'a) wurden Kandidaten der Parteien GPC, Islah, YSP und Unabhängige gewählt.

Jemens Verhältnis zu seinen Nachbarstaaten, den USA und der EU

Das Jahr 1990 brachte für den Jemen tief greifende Veränderungen mit dem Ende des Ost-West-Konflikts, den Folgen des Golfkriegs und der Vereinigung von Nord- und Südjemen. Bis zum Golfkrieg 1990 war das Verhältnis des Jemen zu den **USA** ausgesprochen gut. Die von den USA als pro-irakisch interpretierte Position der jemenitischen Regierung im Golfkrieg hat jedoch die Beziehungen zu den Ländern der Golfregion, zu den USA und zu Großbritannien stark belastet. Erste Auswirkung war die drastische Reduzierung der US-Entwicklungshilfe. Im Oktober 2000 kam es nach einem Anschlag auf den US-Zerstörer Cole im Adener Hafen (wobei 17 Menschen starben) und dem Anschlag auf den französischen Tanker Limbourg 2002 zu weiteren Belastungen. Zuletzt kamen Ende 2002 drei US-Ärzte bei einem Anschlag im Krankenhaus von Dschibbla ums Leben.

Die Terrorakte in New York am 11.9. 2001 wurden auch im Jemen verurteilt. Kritik wurde anschließend am militärischen Vorgehen der USA gegen Afghanistan laut. Die Vermutung, der Jemen gewähre Terroristen Unterschlupf oder Unterstützung, stieß in Sana'a auf Empörung. Die Regierung erklärte sich zur Zusammenarbeit mit den USA und zum **Kampf gegen Terrorismus** bereit. So verhafteten die Sicherheitsbehörden Ende September 2001 so genannte Arab Afghans und extreme Islamisten. Mehr als 14.000 illegal im Jemen lebende Ausländer wurden ausgewiesen. Ende 2001 besuchte Präsident *Salach* die USA zu Gesprächen über Sicherheitsfragen und Belange der wirtschaftlichen Zusammenarbeit.

Im Juli 2004 folgte Präsident *Salach* einer Einladung Präsident *Bushs* zur Teilnahme am G8-Gipfel.

So konnte das Verhältnis zu den USA verbessert werden, auch wenn der Jemen den Rückzug aller Besatzungstruppen aus dem Irak fordert. Die USA nimmt am Minenräumungsprogramm teil, leistet Unterstützung beim Aufbau der Küstenwache und engagiert sich in der Entwicklungszusammenarbeit.

Innenpolitisch kommt es jedoch immer wieder zu Spannungen (steigender Antiamerikanismus), ausgelöst durch Maßnahmen, die die Regierung beim Kampf gegen den Terrorismus ergreift. Die Bevölkerung fordert eine größere Unabhängigkeit von amerikanischen Politikzielen.

Konfrontiert mit dem Gedankengut von Fundamentalisten und angesichts von 420 Söldnern und Al-Qaida-Anhängern, die aus Afghanistan zurückgekehrt waren, hat im Jahr 2002 ein **Umerziehungsprogramm** in Form eines **Dialogs** begonnen. Ein hoher Richter, *Hamoud al-Hitar,* Vorsitzender des Berufungsgerichts der Provinz Sana'a, und weitere dreißig Rechtsgelehrte treffen sich mit inhaftierten Muslimen, um mit ihnen über den Islam und seine Ziele zu diskutieren. Mit religiösen Argumenten sollen Islamisten von ihren radikalen Positionen abgebracht und von der Friedensbotschaft des Islam überzeugt werden. Männer, die ihre Einstellung zum Fanatismus ändern, können freigelassen werden. Seit das Komitee für Dialog gegründet wurde, sind mehr als 360 Inhaftierte auf Bewährung freigekommen. Dieses **weltweit einzigartige Konzept** stößt auf Interesse. (Zwei deutsche Dokumentarfilmer haben den Dialogprozess im Jahr 2005 verfolgt; siehe Literaturliste.)

Im US-Lager Guantanamo auf Kuba waren Anfang 2008 knapp 100 Jemeniten inhaftiert; beschuldigt des Kampfes für Al-Qaida und das Taliban-Regime in Afghanistan. Sie stellten die größte nationale Gruppe unter den 275 Gefangenen dar.

Wichtigstes **Ziel der jemenitischen Außenpolitik** bleibt die Annäherung an die Staaten des Golfkooperationsrates (GKR) nach den tief gehenden Spannungen aufgrund der Haltung des Jemen im 2. Golfkrieg. Die Beziehungen zu Katar, den Vereinigten Arabischen Emiraten und Oman haben sich gut entwickelt, zu Kuwait entspannt. Die GKR-Staaten wirken an der wirtschaftlichen Entwicklung des Jemen mit; 2,3 Mrd. US$ Fördergelder wurden zugesagt. Katar hat im Houthy-Konflikt in der Provinz Saada eine maßgebliche Vermittlerrolle übernommen.

Die Grenze zum **Sultanat Oman** konnte in einem **Abkommen** am 1. Oktober 1992 geregelt werden, die Seegrenzen wurden im Juli 2004 festgelegt.

Auch das **Verhältnis zu Saudi-Arabien** verbesserte sich, nachdem im Memorandum vom 25. Februar 1995 die umstrittene Region Asir, die seit den 1930er Jahren von Saudi-Arabien verwaltet worden war, nun offiziell an Saudi-Arabien abgetreten wurde. Im **Juni 2000** konnte dieses Problem mit der Unterzeichnung eines endgültigen **Grenzvertrags** (Vertrag von Jidda) ad acta gelegt werden. Die Demarkierung der Grenze wurde im Juni 2006 mit der Zeichnung endgültiger Karten abgeschlossen.

Dennoch ist Saudi-Arabien weiterhin an einer Destabilisierung des demokratischen Jemen interessiert, könnte doch demokratisches Gedankengut das konservativ-wahhabitische Saudi-Arabien beeinflussen. So bekommen die Stämme an der Nordgrenze traditionell finanzielle Unterstützung vom nördlichen Nachbarn, wenn es um Auseinandersetzung mit der Regierung in Sana'a geht. Auch separatistische Strömungen im Südjemen werden von Saudi-Arabien gefördert.

Durch Zerstörungen von Heiligengräbern und Moscheen im südlichen Jemen und gleichzeitige Förderung von Moscheebauten mit wahhabitischen Geldern nehmen religiöse saudische Gruppen Einfluss.

Der Jemen unterstützte immer die Position **Palästinas.** Nach dem Auszug der PLO aus Beirut nahm der Jemen im Jahr 1982 mehrere Kontingente palästinensischer Kämpfer auf. Nach der Proklamation der Staates Palästina am 15. November 1988 wurde er sowohl vom Nord- als auch vom Südjemen sofort anerkannt. Heute leben noch etwa 10.000 Palästinenser im Jemen.

Die **Sowjetunion** hatte vor 1990 den Südjemen mit Militär- und Wirtschaftshilfe massiv unterstützt. Aber auch der Nordjemen hatte sowjetische Militärhilfe erhalten. Nach 1990 konnten die GUS- und andere osteuropäische Staaten ihre dominierende Rolle nicht weiterführen; dennoch hat Russland weiterhin für den Jemen Bedeutung bei der Ausrüstung der Streitkräfte.

Die jemenitische Regierung ist sehr an einem guten Verhältnis zu den Mitgliedsstaaten der **Europäischen Union** interessiert. Die Beziehungen haben sich v.a. in der entwicklungspolitischen Zusammenarbeit vertieft. Seit 1998 bestehen diplomatische Beziehungen zwischen Sana'a und dem Vatikan. Ein Kooperationsabkommen mit der EU ist am 1. Juli 1999 in Kraft getreten. Seit 2004 ist die Europäische Kommission in Sana'a mit einer Delegation vertreten. Frankreich, die Niederlande, Spanien und Großbritannien betreiben erfolgreiche Entwicklungszusammenarbeit.

Zum Jemen gehören die im Roten Meer und Indischen Ozean gelegenen **Inseln Kamaran, Hanisch, Perim und Sokotra.** Ende des 19. Jh. hatten England und Italien die Inseln im Roten Meer unter sich aufgeteilt, wobei Kamaran und Perim britisch wurden, ebenso wie Sokotra vor der südjemenitischen Küste.

Für den unbewohnten **Hanisch-Archipel** zeigte keiner Interesse, seither war der Status „ohne nationale Zugehörigkeit" in allen internationalen seerechtlichen Abkommen bestätigt worden. Als im Sommer 1995 der Jemen auf der Großen Hanisch Insel eine Garnison Soldaten zur Überwachung eines Hotelneubaus stationierte, besetzte Eritrea eine Nachbarinsel. Das Ende des bewaffneten Konflikts setzte ein internationales Schiedsgericht, das am 19. Dezember 1999 dem Jemen die volle Souveränität über die Inselgruppe zusprach.

Das Verhältnis Jemen – Deutschland

Die Beziehungen zwischen dem **Nordjemen** und der Bundesrepublik waren **stets freundschaftlich,** seit dem Jahr 1969 gibt es kontinuierlich diplomatische Beziehungen. Die Bundesrepublik Deutschland hat auch in Krisenzeiten stets „zum Jemen gehalten", so z.B. beim Golfkrieg 1990, mit einer klaren Haltung zur Einheit des Jemen im Sezessionskrieg 1994 und nach dem 11. September 2001. Regelmäßige gegenseitige Besuche auf parlamentarischer und Ministerebene, zeigen die gute Kommunikation. Staatspräsident *Salach* hält sich des Öfteren in der Bundesrepublik auf.

Der **Warenaustausch** zwischen beiden Ländern belief sich im Jahr 2006 auf 190 Mio. Euro. Dabei lagen die Ex-

porte in den Jemen bei 183 Millionen Euro (Maschinen, Kraft- und Nutzfahrzeuge, chemische und elektrotechnische Erzeugnisse) und die Importe aus dem Jemen bei 7 Millionen Euro (vor allem Agrarerzeugnisse).
Jemen ist **Schwerpunktland der deutschen Entwicklungszusammenarbeit.** Mit einem Volumen von 943 Mio. Euro seit 1969 ist Deutschland der größte bilaterale Geldgeber des Jemen.

Für den Zeitraum von 2007 bis 2015 wurden Finanzhilfen in Höhe von 870 Mio. Euro zugesagt. Ca. 608 Mio. Euro wurden über die Kreditanstalt für Wiederaufbau im Rahmen der finanziellen Zusammenarbeit bereitgestellt und seit 1979 als nicht rückzahlbarer Zuschuss gewährt. Etwa 335 Mio. Euro erhielt das Entwicklungsland im Rahmen der technischen Zusammenarbeit, v.a. über die Deutsche Gesellschaft für Technische Zusammenarbeit und über die Bundesanstalt für Geowissenschaften und Rohstoffe.

Hinzu kommen Leistungen für Projekte der deutsch-jemenitischen Zusammenarbeit. **Deutsche Organisationen,** die in Sana'a mit Büros vertreten sind, sind die Gesellschaft für Technische Zusammenarbeit (GTZ), die Kreditanstalt für Wiederaufbau (KfW), der Deutsche Entwicklungsdienst (DED), das Centrum für Internationale Migration und Entwicklung (CIM), die Bundesanstalt für Geowissenschaften und Rohstoffe (BGR), die Friedrich-Ebert-Stiftung, CARE Deutschland und der Deutsche Akademische Austauschdienst (DAAD).

Der Jemen ist eines von weltweit vier Pilotländern in einem von der Bundesregierung beschlossenen Aktionsprogramm, dessen Ziel die Halbierung der extremen Armut bis zum Jahr 2015 ist. **Schwerpunkte der** deutsch-jemenitischen **Zusammenarbeit** sind Wirtschaftsförderung, Wasserver- und -entsorgung, Gesundheitsprojekte, technische Ausbildung, verbesserte Grund- und Sekundarbildung, ländliche Entwicklung, Pflanzenschutz, Verkehrsinfrastruktur, Institutionsberatung, Aufbau und Stärkung von Mikrofinanzinstitutionen, Hilfe bei der Korruptionsbekämpfung, Erhaltung des kulturellen Erbes und die Stadtplanung. Aktuelle Beispiele dafür sind das Abwasserprojekt in Zabied, an dem die BRD mit 60% der Kosten beteiligt ist und die Erneuerung der Abwassersysteme in Badschil und Bäit al Fakki, wo die BRD 85% der Kosten übernommen hat. Für das Restaurierungsprogramm in Zabied sind 5 Mio. Euro zugesagt worden.

Die kulturellen Beziehungen sind gut. Im Jahr 2007 ist das deutsch-jemenitische Kultur- und Wissenschaftsabkommen in Kraft getreten. Auf großes Interesse stoßen in Deutschland archäologische oder ethnografische Ausstellungen über Südarabien. Bei der EXPO 2000 in Hannover hinterließ der Pavillon der Republik Jemen einen hervorragenden Eindruck und war bestens besucht.

Seitdem das **Deutsche Haus** in Sana'a als Kulturzentrum im Jahr 2001 gegründet wurde, finden dort deutsch-jemenitische Begegnungen statt: Deutschkurse, Ausstellungen, Vorträge und Filme werden angeboten. An einigen Gymnasien, an der Universität Sana'a und ab

2008 auch an der Universität Aden, wird Deutsch gelehrt. Das **Deutsche Archäologische Institut** arbeitet seit 1978 im Jemen. Ausgrabungen in Marib, Sirwah, Sabir bei Aden und auf dem Dschebbel Aut bei Ibb helfen das kulturelle Erbe des Landes zu sichern. Deutsche Restauratoren schlossen im Jahr 2000 ein langjähriges Projekt zur Restaurierung von Koranmanuskripten in Sana'a ab. In den Jahren 2002 und 2004 besuchte der Literatur-Nobelpreisträger *Günter Grass* den Jemen und beteiligte sich an Diskussionen mit arabischen Schriftstellern. Als Sana'a im Jahr 2004 Kulturhauptstadt der arabischen Welt war, traten Musiker der Europa-Philharmonie Magdeburg vor der Kulisse der Altstadt auf.

Seit dem Jahr 2003 finden gemeinsame **deutsch-französische Kulturprojekte** statt, mit einem Straßenkunstfestival, Konzerten und Workshops.

Erwähnt werden sollen auch nichtstaatliche deutsche Organisationen, die mit großem sozialem Engagement im Jemen tätig sind: z.B. das Hammer Forum e.V. (Humanitäre medizinische Hilfe für Kinder aus Kriegs- und Krisengebieten), Vision Hope International e.V. (Hilfsprojekte in ländlichen Regionen) oder Experiment e.V. (Austausch zwischen Menschen aller Kulturen, Religionen und Altersgruppen).

Zu einer Belastung der Beziehungen kam es im Januar 2003, als der Imam und Angehörige des Parteirats der Islah-Partei, Scheich *Mohammed Al-Moyad,* in Deutschland festgenommen und später – trotz scharfer Proteste des Staatspräsidenten Salach und der jemenitischen Öffentlichkeit – an die USA ausgeliefert wurde. Nach der Verurteilung des Scheichs wegen Unterstützung des Al-Qaida-Kampfes zu 75 Jahren Haft haben sich die Beziehungen zu Deutschland jedoch wieder normalisiert.

Gesundheit und Bildung

Gesundheitswesen

Ein Gesundheitssystem wurde im Jemen erst **nach dem Bürgerkrieg** (ab 1969) **aufgebaut.** Zum Stand der medizinischen Versorgung Mitte des 20. Jh. sind zwei Bücher interessant: Die deutsche Ärztin *Eva Hoeck* beschreibt in dem Buch „Ich sah den Jemen ohne Schleier" ihre Erlebnisse am Hofe des *Imam Ahmad* in Taiz und Schibam/Hadramaut. Die Französin *Claude Fayein* schildert anschaulich ihre Jahre als Ärztin in Sana'a.

Als in den 1970er Jahren westliche Ärzte und medizinisches Personal ins Land kamen und Krankenhäuser mit ausländischen Geldern errichtet wurden, waren die Städte bevorzugt. Neben städtischen (staatlichen) **Krankenhäusern** gibt es heute **Health Centers, Primary Health Care Units** (Tageskliniken mit oder ohne Betten und mit wenig Personal) und **Maternity Centers.** Nach Schätzungen des Gesundheitsministeriums haben jedoch nur 50% der Bevölkerung einen schnellen Zugang zu medizinischen Einrichtungen.

Pflegepersonal bildet der Jemen seit 1967 aus, eigene Ärzte erst seit wenigen Jahren. Die Gehälter im öffentlichen Dienst sind so niedrig, dass geringe Motivation zur Arbeit in Krankenhäusern besteht und viele Ärzte – vor allem in den Städten – private Praxen und Kliniken eröffnen.

Entwicklungshelfer verschiedener Nationen sind im Gesundheitsbereich schwerpunktmäßig tätig. Die Bundesrepublik Deutschland ist im jemenitischen Gesundheitssektor mit den Organisationen GTZ und DED beteiligt. Auch die Schwestern der Nächstenliebe, deren Oberhaupt *Mutter Teresa* war, bemühen sich in Sana'a, Taiz und Hudäida um behinderte Kinder und alte Menschen, in Taiz sind sie in der Leprastation tätig.

Die Inanspruchnahme des Gesundheitswesens ist – außer bei Entbindungen – nicht kostenlos. Jemeniten, die es sich finanziell leisten können, gehen zu frei praktizierenden Ärzten, die zumeist im Ausland studiert haben.

Die Teilnahme an **Impfkampagnen** wird ernst genommen. Flächendeckende Impfaktionen gegen Tuberkulose, Polio, Masern, Mumps, Diphtherie und Tetanus zeigen Wirkung, wenn auch landesweit nur etwa 50% der Kinder gegen diese Krankheiten geimpft sind.

Nur etwa 17% der **Neugeborenen** werden während der ersten Lebensmonate gestillt. Dies ist bedenklich, da unsachgemäß hergestellte Babynahrung (zu wenig Milchpulver wird mit unsauberem Wasser angerührt) zu Unterernährung oder Durchfallerkrankungen und nicht selten dann zum Tode führt. 46% der Kleinkinder leiden unter Fehlernährung, 13% an Auszehrung, 52% an Wachstumsstörungen. Erst in den letzten Jahren konnte die Säuglingssterblichkeit auf 9% und die Müttersterblichkeit auf 10% gesenkt werden. 19% der Babys haben bei der Geburt Untergewicht, was auch auf das Katkauen von Müttern während der Schwangerschaft zurückgeführt wird.

Viele Krankheiten resultieren aus **unreinem Trinkwasser.** Verunreinigungen des Oberflächen- und Grundwassers führt dazu, dass nur 65% der Bevölkerung Zugang zu hygienisch einwandfreiem Wasser hat. Nur ein Viertel der städtischen Häuser sind ans Kanalisationsnetz angeschlossen. Für 50% der Kindersterblichkeit sind Durchfallerkrankungen die Ursache, für weitere 30% Malaria und Typhus.

Mehr als 15.000 Menschen sterben jedes Jahr an **Malaria,** wobei die Dunkelziffer hoch ist. Im Rahmen einer landesweiten Anti-Malaria-Kampagne wurden im Januar 2008 über 400.000 Moskitonetze an vor allem im Küstenbereich gefährdete Familien verteilt.

1987 wurde der erste Fall von **Aids** gemeldet. Die offizielle Statistik 2006 verzeichnete 12.000 Aids-Infizierte, von denen 40% Afrikaner sein sollen.

Eine besondere Stellung im Gesundheitswesen nehmen **Frauen** ein, da religiöse und kulturelle Einschränkungen ihnen den Zugang zu den vielfach nur mit männlichem Personal ausgestatteten Gesundheitseinrichtungen erschweren. Frauen lassen sich nur von Krankenschwestern, Hebammen bzw. Ärztinnen untersuchen.

Im Hochland wird die Beschneidung von Mädchen nicht praktiziert. In den Küstenbereichen der Provinzen Hudäida, Aden, Hadramaut und Machra gibt es nach Untersuchungen von jemenitischen Frauenorganisationen Mädchenbeschneidungen, wobei es sich um die „leichte", rituelle Beschneidung handeln soll. Hier ist vor allem der Einfluss von Einwanderern aus Afrika festzustellen.

Traditionelle Medizin

Die traditionelle Medizin spielt weiterhin eine **Rolle.** Engel, Teufel und Dämonen sind mit ihrer Erwähnung im Koran Bestandteil des jemenitischen Alltags. Dämonen und der Teufel bringen Unglück und Krankheiten. Die Menschen schützen sich davor mit Amuletten, bestimmten Kräutern, häufigen Anrufungen Gottes und durch ein gottgefälliges Leben.

Der Islam geht davon aus, dass der **Teufel** auf der linken Schulter des Menschen Platz nimmt. Jemenitische Kopfbedeckungen sind daher so gebunden, dass der Tuchzipfel links vom Kopf endet und bei Kopfbewegungen die linke Schulter freifächert.

Opfer des **bösen Blickes** sind bevorzugt Kinder und so werden Kleinkindern Amulette (sie enthalten Zettel mit Koranversen) umgehängt.

Die **traditionellen Heiler** behandeln ihre Patienten mit pflanzlichen Extrakten, Tees, Wurzeln, Blüten und Baumrinde, sie lassen zur Ader und brennen Gewebe mit glühenden Steinen oder Eisen, um die Krankheitsdämonen auszutreiben. Viele Jemeniten haben aus diesem Grund Brandmale auf der Stirn oder an anderen Körperpartien. Auf den Märkten verkaufen Heilkundige traditionelle Medizin.

In den Straßen sind gelegentlich Männer zu sehen, die sich die Zähne mit dem traditionellen Zahnputzhölzchen *(miswak)* reinigen. **Miswak** ist eine stark fluorhaltige Wurzel (s.a. *Armin Schopen:* „Traditionelle Heilmittel im Jemen").

Bildung und Erziehung

Wie das Gesundheitswesen und die Industrie wurde auch die Volksbildung während der Zeit der Imame vernachlässigt.

Eine **allgemeine Schulbildung** gibt es im Nordjemen erst seit 1962. Zu dieser Zeit besuchten 62.600 Schüler den Unterricht. 1969 lag die Einschulungsquote bei 7%, für Mädchen nur bei 1%. Derzeit kann eine Einschulungsrate von 75% angegeben werden, doch zeigt eine Quote von 47,7% am Ende der Grundschulzeit an, dass viele Kinder die Basisbildung nicht bis zum Ende durchlaufen.

Das Schulsystem im Nordjemen wurde bis zur Kuwait-Krise 1990 von ca. 20.000 ausländischen Lehrkräften gestützt, neben 85% Ägyptern auch Syrer, Iraker, Jordanier und Sudanesen. Sie hatten 4- oder 5-Jahres-Verträge und wurden z.T. von anderen arabischen Staaten bezahlt. Mit der Kuwait-Krise 1990 stellten die Ölstaaten die Zahlungen ein, und die ausländischen Lehrer verließen Jemen.

In dieser Krisenzeit wurde die **Nationalisierung des Schulwesens** vorange-

Genussmittel des Jemen

Kat <Qat>

Das gesellschaftliche Leben im Jemen wird vom Kat geprägt. Besprechungen, Geschäftsabschlüsse, Nachmittagspausen, Hochzeiten und andere Feiern – nichts geht ohne „die Droge".

Kat *(Catha edulis)* ist ein bis zu 4 m hoher Strauch, dessen zarte Triebe gekaut werden. Die Pflanze ist in Ostafrika heimisch und wächst von Äthiopien bis Südafrika wild. Die Zweige tragen grüne Blätter und winzige Blüten in Büscheln. Bereits im 13. Jh. wurde Kat als Mittel gegen Hunger und Müdigkeit erwähnt. Von Äthiopien brachten es fromme Gelehrte im 16. Jh. in den Jemen, wo es zunächst nur von Männern der Aristokratie gekaut wurde. Ihre Begründung für den Konsum war die Beschleunigung mystischer Erlebnisse.

Da die Nachfrage auf eine kleine Schicht begrenzt war, blieb die Anbaufläche gering. Erst im 17. Jh., als Kaufleute und Handwerker infolge der wirtschaftlichen Blüte des Jemen zu Wohlstand kamen, stieg die Nachfrage. Als im 19. Jh. der Kaffeeanbau stark zurückging, konnten frei werdende Flächen für den Anbau von Kat genutzt werden, da beide Produkte ähnliche Wachstumsbedingungen haben.

20% des Bruttosozialprodukts des Jemen entfällt auf den Kat-Sektor; 7% der landwirtschaftlichen Nutzfläche gehört dem Katanbau, wovon sich 38% in der Provinz Sana'a befinden.

Kat wirft die höchsten Gewinne in der Landwirtschaft ab. Güte und Ertrag der Pflanzen sind abhängig von Lage, Klima, Bodenbeschaffenheit und Bewässerungsmenge. Der Anbau geschieht in subtropischen und gemäßigten Regionen, früher im Regenfeldbau, heute vor allem mit Bewässerungslandwirtschaft. Dafür werden 30% der gesamten Grundwassernutzung verwendet, jährlich etwa 800 Mio. Kubikmeter Wasser.

Kat gedeiht in Höhenlagen zwischen 1000 und 2500 m und braucht weniger Wasser als Hirse oder Kaffee. In manchen Gegenden (Wadi Darr, Muhaabisha, Dschebbel Sabir) wächst Kat in Monokultur. Da die Pflanzen sehr frostempfindlich sind, werden sie im Winter mit Plastikplanen abgedeckt.

26% aller Erwerbstätigen sind mit der Produktion und der Vermarktung von Kat beschäftigt. Der Anbau bringt den Bauern den fünffachen Geldertrag im Vergleich zu Weintrauben und zehnmal mehr als Bananen.

Im Gegensatz zum Kaffee wachsen Katsträucher nicht zusammen mit Schattenbäumen. Vermehrt werden kann Kat durch Steckhölzer wie z.B. bei Weiden. Die Ernte, d.h. das Pflücken der Zweige beginnt nach 2 bis 4 Jahren und kann drei- bis viermal jährlich vorgenommen werden, da sie nachwachsen. Ein Wirkungs- und Geschmackverlust tritt nach 24 Stunden ein, deshalb müssen die Bündel rasch auf den Markt und an den Käufer gebracht werden. Zum Transport werden die Zweige in angefeuchtete Säcke gepackt oder in Bananenstaudenrinde (Bananenblatt-Scheiden) eingewickelt.

Der Verkauf findet zwischen 11 und 15 Uhr auf speziellen Kat-Märkten statt. Der Kunde prüft Frische und Qualität (um den Preis wird selten gehandelt) und trägt seine Ration in einer Plastikumwicklung nach Hause. Die Qualität und die verschiedenen Handelsbezeichnungen richten sich danach, ob der Kat vor oder nach dem Regen geerntet wurde, härter oder weicher ist und aus welcher Region er stammt.

Zu einer Katrunde bringt jeder Teilnehmer seine Portion mit, Ausnahmen sind größere Feiern (Hochzeiten), wo der Gastgeber die Rationen besorgt. Der Hausherr stellt den Raum, die Spucknäpfe und die obligatorischen Wasserpfeifen zur Verfügung.

Die obersten Blätter und Zweigspitzen werden zerkaut, im Mund gedreht und gewendet und in der Backentasche gelagert.

Es ist unfassbar, wie weit sich die Backenmuskulatur nach jahrelangem Training dehnen lässt. Saft bzw. Speichel wird geschluckt oder in einen speziellen Spucknapf gespien.

Alte, zahnlose Männer zerkleinern die Blätter in einer Petersilienmühle und müssen somit auf ihre Kat-Ration nicht verzichten.

Wirkstoffe des Kats sind Katin und Katinon, die über die Mundschleimhäute in den Körper treten, wobei junge, zarte Blätter die stärkste Wirkung haben. Da Wasser hilft, die Wirkstoffe freizusetzen, gehört es – wie Cola – zur Kat-Runde. Das Rauchen von Zigaretten oder Wasserpfeife erhöht die Wirkung. In geringen Mengen sind in den Blättern auch Alkaloide, Tannine, Gerbsäure, Aminosäure und Vitamin-C enthalten.

Kat hat aufgrund der Amphetamine eine leicht aufputschende Wirkung, hält wach und ist ein Appetitzügler. Nebenwirkungen können Schlafstörungen, Probleme mit dem Kreislauf, Verstopfung, Gastritis und erhöhter Blutdruck sein. Die Behauptung einiger Wissenschaftler, die Pflanze fördere Impotenz, weisen Jemeniten weit von sich. Einig sind sich die Mediziner, dass 60% aller Kat-Kauer in irgendeiner Weise gesundheitlich geschädigt sind. Etwa 80% der männlichen und 25% der weiblichen Bevölkerung kaut mehr oder weniger regelmäßig.

Gegen Kat wird von seinen Kritikern angeführt, dass der Anbau die fruchtbarsten Böden beanspruche, dass Geld verschwendet werde (eine Portion kostet je nach Qualität zwischen 100 und 3000 Rial, täglich werden ca. 100 Mio. Rial für die Droge ausgegeben) und die Wirtschaft des Landes am Nachmittag nahezu lahm liege. Theoretisch gehen täglich etwa 20 Mio. Arbeitsstunden infolge von Kat-Zusammenkünften verloren. Zudem bestehen Zweifel, ob der Koran den Genuss der Blätter erlaubt.

Es gab Versuche, den Jemeniten ihren Katkonsum zu verleiden. *Imam Sharaf ad Din* verbot 1558 den Anbau und forderte die Landwirte auf, Plantagen zu vernichten. Die zu dieser Zeit verstärkt angebauten Kaffeesträucher ließ er wegen der anregenden Wirkung des Getränks ebenfalls vernichten. Der Imam wollte die Frage, ob der Koran den Genuss der Blätter zulasse, bei dem schafa'itischen Rechtsgelehrten *Ibn Hajar al Haytami* in Mekka klären lassen. Der sah sich außerstande, endgültig über die aufputschende Wirkung zu richten und riet, den Konsum so weit wie möglich einzuschränken. So geriet das Katverbot des Imam in Vergessenheit.

Die (britische) Aden-Regierung verhängte 1958 ein Verbot für Kat. Dieser Akt wurde in den eigenen Reihen kritisiert, denn Tabak und Alkohol blieben erlaubt. Zudem hatte ein britischer Untersuchungsausschuss im gleichen Jahr herausgefunden, dass Katin – im Gegensatz zu Alkohol und Nikotin – nicht gesundheitsschädlich sei. Der Grund für das Verbot war, dass viele Adener so viel Geld für Kat ausgaben, dass nicht genug für Nahrung, Unterkunft und Kleidung blieb.

1972 startete die nordjemenitische Regierung eine Kampagne gegen die Droge, was nur geringen Erfolg hatte. 1977 verbot die südjemenitische Regierung Handel und Konsum von Kat. Plantagen wurden vernichtet und harte Strafen gegen Protestierende verhängt. Dieses Verbot musste dahingehend gelockert werden, dass der Konsum an zwei Wochentagen erlaubt wurde (Donnerstag und Freitag).

1992 wurde eine Anti-Kat-Vereinigung gegründet. Ihr Ziel ist u.a. eine Medienkampagne zur Aufklärung über seine finanziellen, ökonomischen, sozialen und gesundheitlichen Risiken. In der Zeitschrift „Jemen ohne Kat" wird das Thema öffentlich diskutiert. Präsident *Salach* hat sich an die Spitze der Kampagne gestellt und angeblich das Katkauen aufgegeben. Seit Herbst 1999 ist Angehörigen von Militär, Polizei und öffentlichem

Dienst sowie den Lehrern das Katkauen während der Dienstzeit verboten. Ob solche Einschränkungen durchzusetzen sind, kann bezweifelt werden; immerhin dienen sie der Bewusstmachung von Problemen und der Sensibilisierung für dieses Thema.

Wer den Katanbau in Bausch und Bogen verdammt, denkt unseres Erachtens zu kurz. Würde der Katanbau eingestellt, so hieße das Aufgabe und Verfall wertvoller Terrassen. Die Alternative ist auch nicht etwa Kaffeeanbau, denn jemenitischer Kaffee ist nicht in großen Mengen exportfähig, wie der Niedergang des Kaffee-Exports im 19. Jh. gezeigt hat. Außerdem stünden für den Kaffeeanbau schon jetzt genügend brachliegende Terrassenfelder zur Verfügung. Neben den Überweisungen der Auslandsarbeiter war es der Katanbau, der die geringe Landflucht bedingte, weil Arbeitskräfte dadurch an das Land gebunden werden. Kat ist ein lukratives Produkt, das die Dorfbewohner in den Städten absetzen können und somit eine wichtige Möglichkeit, Geld in großem Stil von den Städten aufs Land zu pumpen.

In den Städten gibt es spezielle Kat-Märkte, die z.T. nicht dem normalen Sukbereich angegliedert sind. Verkauft wird in winzigen Buden, auf der Ladefläche von Pickups oder von fliegenden Händlern. Beliebt sind auch Straßenmärkte außerhalb von Ortschaften.

Eine Portion Kat (was eine Hand umfassen kann) heißt im nördlichen Jemen „Rubda". Im südlichen Jemen wird ein „Schackel" gemessen, wobei vier Schackel ein Rubda sind.

Außer im Jemen wird die Droge in Kenia, Somalia und Äthiopien angebaut. Kat ist aus religiösen Gründen in Saudi-Arabien verboten. Auch andere Länder haben die Pflanze auf dem Index. Seit 1998 ist die Einfuhr von Kat nach Deutschland illegal und fällt unter das Betäubungsmittelgesetz. Dennoch zeigen Zeitungsberichte, dass auch Europa mit dem „Katproblem" zu tun hat. So wurde von „lebhaftem Rauschgifthandel" in Dänemark, Holland, Deutschland, England und der Schweiz berichtet. Die Artikel trugen Überschriften wie „Polizei stellt eine halbe Tonne Kat sicher", „Salatköpfe aus Somalia sind kein Gemüse", „Kat erobert Großbritannien" und „Die Grenzwacht stellt über 180 Kilogramm Kat sicher". Ein Auszug aus der gerichtlichen Vernehmung eines Kathändlers illustriert die unterschiedliche Sichtweise des Themas. Ob er Rauschgift konsumiere, fragte der Vorsitzende Richter den Angeklagten. „Nein, nie", entgegnete Faisal, „nur Kat, in der Freizeit und bei Festen. Das ist für uns wie Nachtisch, wenn wir uns treffen." - „Khat ist doch keine Droge, das ist bei uns ein Genussmittel wie Kaffee oder Kakao", staunte selbst der somalische Dolmetscher. Bis vor wenigen Jahren konnte das afrikanische Rauschkraut noch als Gemüse nach Frankfurt geflogen und unbehelligt durch den Zoll gebracht werden. „Es handelt sich doch nur um so etwas wie Salatköpfe", behauptete der Verteidiger. Der Angeklagte wurde zu einer Haftstrafe von einem Jahr und vier Monaten auf Bewährung verurteilt.

Zum Kat und seine Bedeutung für den Jemen siehe das Buch von *Shelagh Weir:* „Qat in Yemen, Consumption and Social Change",British Museum Publ. Lt.,London 1985.

Kaffee

Äthiopien und der Jemen streiten darum, Ursprungsland des Kaffees zu sein. Von Äthiopien soll schon im 6. Jh. die Kaffeepflanze über das Rote Meer gekommen sein. Der Legende nach hat der spätere Schutzheilige der Stadt Mocha, Scheich *al-Schadili,* den Kaffee im Jemen bekannt gemacht, nachdem er ihn am Hofe des abessinischen Herrschers kennen gelernt hatte. Möglicherweise war der Kaffeegenuss Bestandteil der Riten des sufischen Schadili-Ordens. Der Kaffee wurde einstmals im gesamten Bergjemen in Höhen zwischen 1000 und 1800 m angebaut. Ein wichtiger Binnenumschlagplatz war Bäit al Fakki, zentral zwischen den Häfen Mocha, Hudäida und Luhäia gelegen. Während europäische Aufkäufer ihren Kaffee über Mocha (nach diesem Ort erhielt der Mokka seinen Namen) verschifften, verluden die Osmanen ihre Ware in Hudäida und Luhäia.

Der Gebrauch von Kaffee als Genuss- und Rauschmittel beschränkte sich zunächst auf Mitglieder des Sufi-Ordens, er wurde dann auch bei religiösen Ritualen in Ägypten, Medina und Mekka getrunken. Die zunehmende Nachfrage erhöhte den Anbau. Um 1550 öffneten die ersten Kaffeehäuser in Konstantinopel, wodurch der Kaffee während der ersten osmanischen Besetzung zur Hauptexportware des Jemen wurde.

1583 schrieb der Arzt *Rauwolf* aus Aleppo: „Dieser tranck isst bei ihnen sehr gemein, darumb denn deren, so da solches außschenken, wie auch der Krämer, so die Frücht verkauffen, im Batzar hin und wider nit wenig zu finden sein".

Noch bevor der Kaffee in Europa seinen Einzug hielt, wurde er in islamischen Teilen Indiens und Indonesiens getrunken, bekannt geworden durch Pilger, die das Getränk in Mekka genossen hatten.

Mitte des 17. Jhs., nach der Gründung von Kaffeehäusern in Venedig (1645), Oxford, London, Amsterdam, Paris , Hamburg und Wien, begannen europäische Händler mit dem Aufbau von Handelsniederlassungen in Mocha. Da bis zur Mitte des 18. Jhs. der Jemen das einzige Kaffee-Exportland war und die Anbauflächen begrenzt, stiegen die Kaffeepreise ins Astronomische.

Als der Geograf *Carsten Niebuhr* 1763 nach Mocha kam, äußerte er sich eher abfällig über die dortigen einfachen Kaffeehäuser. Vor allem, weil in ihnen nur Gischer, der Aufguss aus Kaffeebohnenschalen ausgeschenkt wurde.

Obwohl die Jemeniten verhindern wollten, dass Kaffeepflanzen ausgeführt wurden (angeblich legten sie vor dem Verschiffen die Bohnen in heißes Wasser, damit diese nicht mehr keimen konnten), gelang es den Kolonialmächten Mitte des 18. Jhs., den Kaffeestrauch in ihren Kolonien anzupflanzen. Bald war der Jemen mit seinen hohen Produktionskosten (Anbau auf kleinsten Terrassen) nicht mehr konkurrenzfähig und partizipierte Mitte des 19. Jhs. bei gleichbleibender Produktion nur noch mit 1% Prozent an der weltweiten Kaffeeerzeugung, Anfang des 20. Jhs. mit 0,5%.

Heute wird im Jemen nur noch in wenigen Gebieten Kaffee angebaut. Derzeit liegt die Kaffeeproduktion bei 20.000 Tonnen jährlich, doch bemüht sich die jemenitische Regierung um Ausweitung des Anbaus und plant im Rahmen eines ländlichen Entwicklungsprogramms in der Provinz Damahr 96.000 Hektar mit neuen Kaffeepflanzen zu besetzen. Das größte Kaffeeanbaugebiet ist der Dschebbel Burra, kleinere Flächen sind bei Schahaara, im Razach-Gebiet und im Chaulan zu finden. Das größte Kaffeegebiet des ehemaligen Südjemen ist das Jaffei-Gebirge nordöstlich von Aden. Wer jemenitischen Kaffee (gemahlen und verpackt) kaufen will, hat dazu auf dem Suk von Sana'a sowie in Geschäften in der Hadda-Straße viele Möglichkeiten. Im Jemen wird nicht nur Bohnenkaffee (bun oder gachua) getrunken, sondern ebenso gern „gischer", der aus getrockneten Kaffeebohnenschalen gebraut wird. Die Schalen werden zusammen mit Ingwer, Kardamom und wenig Zucker aufgekocht. Da es ein Hausgetränk ist, wird Gischer nur selten in Restaurants oder Teestuben ausgeschenkt.

Gischer oder bun ist für Jemeniten nicht etwa eine Preis-, sondern eine Geschmacksfrage. Andere Länder verwerten Kaffeebohnenschalen als Futter- und Düngemittel; so exportiert der Jemen jährlich 309 Tonnen davon.

Literatur: Von Mokka bis Muckefuck. Zur Botanik und Kulturgeschichte des Kaffees. Katalog zur Ausstellung im Mai/Juni 2001 in Halle/Saale.

trieben, so dass heute über 90% aller Lehrer Jemeniten sind. Die Wende gelang auch, weil Abiturienten mit guten Noten ohne Zusatzausbildung direkt in den Schuldienst übernommen wurden. Der Anteil weiblicher Lehrkräfte ist dabei mit 20% vergleichsweise hoch.

Insgesamt ist die **Schulsituation** jedoch **unbefriedigend,** denn schlecht bezahlte und frustrierte Lehrkräfte unterrichten in mangelhaft ausgestatteten Schulen vor Klassen mit z.T. 80 und mehr Schülern.

Die Fremdsprachenkenntnisse der Schulabgänger sind gering. Zwar wird Englisch in der Sekundarstufe als erste Fremdsprache unterrichtet, doch ist das Sprachniveau unbefriedigend. An den Universitäten werden Englisch, Französisch und seit 1998 auch Deutsch (Universität Sana'a) gelehrt.

Die **Universität von Sana'a** nahm im 15. Jh. ihren Betrieb mit etwa 300 Studenten auf. Nach dem Ende der Revolution 1969 stiegen die Studentenzahlen rasch an. 1970 waren es 64 Studenten, davon vier Frauen, 1994 studierten 512 Frauen an der Universität in Sana'a, im Jahr 2007 waren von ca. 80.000 Studenten 40% Frauen.

1996 wurde die erste private Universität, **die Queen-Arwa-Universität,** gegründet. Sie hat mehr als 1000 Studenten, davon 40% Frauen.

Weitere Universitäten – darunter acht private Gründungen – und mehr als 210 staatliche und private Hochschulen gibt es in Sana'a, Aden, Mukalla, Sejuhn, Hudäida, Taiz, Ibb, Dhamar, Saada und Hudäibu auf Sokotra.

Neben den traditionellen Koranschulen, die immer im Jemen bestanden und während des Imamats die Aufgabe der „Allgemeinbildung" inne hatten, gibt es nach der Vereinigung und der Gründung der religiös geprägten Islah-Partei private und von der Partei unterhaltene Religionsschulen, die nicht der Regierungskontrolle unterstehen. Angesichts

020Foto: bs

Kat-Verkauf

radikaler Tendenzen, die von diesen Schulen ausgehen, strebt die Regierung seit 2001 eine **Säkularisierung des Schulwesens** an und ist dabei, die Religionsschulen in das staatliche Schulwesen einzugliedern.

Die allgemein bildenden Schulen

Das jemenitische Schulsystem basiert auf 9 Jahren Primarschule und 3 Jahren Sekundarschule. In vielen Orten wird wegen großer Schülerzahlen und mangelnder Schulgebäude im **Schichtdienst** unterrichtet.

Es sind **Schulgebühren** (Schulgeld, Materialgeld, Prüfungsgebühren) zu entrichten. Auch wenn der Staat Bücher kostenlos zur Verfügung stellt, so zahlen viele Schüler diese selber, da das Material nicht rechtzeitig und ausreichend zu Schuljahrsbeginn vorhanden ist. Zudem wird Geld eingesammelt für Schulausstattung und notwendige Reparaturen.

Seit einigen Jahren gibt es an jeder Schule **Sozialarbeiterinnen,** aber wegen Fachkräftemangel müssen Lehrkräfte diese Aufgabe übernehmen. Ein neues Gesetz hat die Gründung von **Elternräten** veranlasst. Sie sollen den Lern- und Bildungsprozess und die Belange der Schüler und Verwaltung begleiten.

Die Schaffung von **Kindergärten** wird vor allem in den Städten forciert. Staatlicherseits gibt es erst wenige Kindergärten, doch werden immer mehr private gegründet.

Die **Etablierung eines Berufsschulsystems** im Sinne einer mehrjährigen Berufsausbildung gehört zu den vorrangigen Aufgaben des Erziehungswesens. In Sana'a, Aden, Taiz, Hudäida, Laheck, Abian, Dhamar und Mukalla bieten Berufsschulen eine zwei- bzw. dreijährige Ausbildung in technischen und medizinischen Berufen an.

Im Jemen besteht **Schulpflicht,** was aber nicht bedeutet, dass alle Kinder zur Schule gehen oder zumindest die Grundschule durchhalten. In Dörfern mangelt es oft an weiblichen Lehrkräften für Mädchen. In den Städten gibt es zwar ausgebildete, arbeitslose Lehrerinnen, aber deren Bereitschaft, auf dem Lande zu unterrichten, ist gering. Auch wird im ländlichen Bereich Schulbildung für die Töchter oft als unnötig angesehen, da Mädchen im Haus und auf dem Feld helfen müssen und ihr Bildungsanspruch im Hinblick auf die Verheiratung nicht wichtig erscheint.

Die **Analphabetenrate** liegt im Landesdurchschnitt bei 50% (Männer 30%, Frauen 70%). Im südlichen Landesteil ist der Prozentsatz aufgrund der Bildungsreform während der sozialistischen Zeit wesentlich geringer. Alphabetisierungskurse haben im Jemen eine lange Tradition. Sie werden von Schulsozialarbeiterinnen, engagierten Frauen und Männern einer Gemeinde und Sozialorganisationen durchgeführt.

Trotz der Bildungsstatistiken, die zu den schlechtesten weltweit gehören, ist anzuerkennen, dass vor allem in den letzten Jahren große Anstrengungen zur Hebung des Bildungsstandes gemacht wurden.

Das wachsende Interesse von Regierung und Bevölkerung an Bildung zeigt die seit 1983 jährlich im Oktober in Sana'a stattfindende **Buchmesse Inter-**

national Book Fair mit inzwischen 284 Verlagen und mehr als 400.000 Titeln. Im Jahr 2005 eröffnete in der Nationalbibliothek von Aden die erste Buchmesse mit mehr als 20.000 Titeln.

Wirtschaft

Landwirtschaft und Viehhaltung

Wegen der für arabische Verhältnisse häufigen Regenfälle hat der Jemen ein **gutes landwirtschaftliches Potenzial.** Die Agrarnutzfläche im nördlichen Landesteil beträgt 3 Mio. Hektar. Im südlichen Jemen sind nur 1,2% des Landes ackerbaulich nutzbar.

Das Ackerland im ehemaligen Nordjemen ist zu 50–60% **Großgrundbesitz,** 15–20% gehören dem Staat. 75% des Privatbodens wird im Pachtsystem von Kleinbauern bearbeitet.

60% der Erwerbstätigen arbeiten in der Landwirtschaft, wobei 70% der Aufgaben im Agrarsektor von Frauen geleistet werden. 75% der Gesamtbevölkerung lebt von der Landwirtschaft, die aber nur mit 17% zum Bruttosozialprodukt und 6% zum Gesamtexport beiträgt.

Dass der Jemen zu einem **Lebensmittelimporteur** großen Stils geworden ist (75% der Grundnahrungsmittel werden eingeführt), liegt an der Bevölkerungsexplosion und daran, dass wegen der Abwanderung von Jemeniten als Gastarbeiter in die arabischen Ölstaaten (bis 1991) viele Terrassenfelder aufgegeben wurden. Zudem kann die arbeitsintensive Terrassenlandwirtschaft nicht mit den niedrigen Weltmarktpreisen für Lebensmittel konkurrieren. Hohe Importe zwingen viele Landwirte zur Aufgabe der Produktion bzw. zur Umstellung auf **Kat-Anbau,** was zur wichtigsten Einnahmequelle in der Landwirtschaft geworden ist.

Eine **Terrasse** im Bergland nicht weiter zu bestellen, ist eine irreversible Entscheidung. Werden ihre Mauern nicht ständig repariert, dann schwemmen die heftigen Regengüsse die mühsam aus den Tälern auf die Terrassen geschaffte Erde wieder den Berg hinunter.

Landwirtschaft wird in vielerlei Form betrieben:

- **Terrassenanbau** im Hochland; Terrassen werden in aller Regel nicht künstlich bewässert, so dass die Frucht mit der jährlichen Regenmenge auskommen muss. Da sich die feuchten Luftmassen in erster Linie an der dem Roten Meer zugewandten Bergkette abregnen, liegen ausgedehnte Terrassenfelder entlang der Linie Taiz – Menaacha – Hadscha – Schahaara – Chaulan.
- **Regenfeldbau** in den Becken der Hochgebirge.
- **Überschwemmungslandwirtschaft** am Rande der Gebirge und in den Flusstälern (Paradebeispiel ist der alte Damm von Marib).
- **Grundwasserlandwirtschaft** im trockenen Teil des Hochlandes und im Küstengebiet.

Weniger als 10% der Nutzflächen werden im Regenfeldbau bewässert. In den letzten 20 Jahren hat die **Bewässerung** der Felder mit Grundwasser stark zugenommen. Das Tuckern der Dieselpumpen für die Feldbewässerung wird dem Touristen besonders im nördlichen Landesteil ständig im Ohr sein. Der Grundwasserspiegel sinkt durch diesen **Raubbau** dramatisch schnell ab. Pro Jahr und Einwohner beträgt die durchschnittliche verfügbare Menge an erneuerbarem Wasser nur 150 m^3. Momentan werden 220 m^3 pro Kopf verbraucht. Daher müssen neben dem Niederschlagswasser fossile Grundwasserreserven angezapft werden, die sich aufgrund der rasch steigenden Bevölkerungszahl und den erhöhten sanitären Ansprüchen rasch erschöpfen. Für Bewässerungszwecke werden jährlich 3,1 Mio. m^3 Wasser verwendet (90% des gesamten Verbrauchs), wovon nur 2,1 Mio. m^3 als erneuerbar gelten.

Sehr gut lässt sich das **Wasserproblem** durch einen Blick in alte Ziehbrunnen erkennen. Ihre trockene Sohle misst vielerorts 10 m. Auf der Jagd nach dem absinkenden Wasserspiegel liegt die Brunnentiefe in Sana'a inzwischen bei 600 m, in Saada bei 380 m.

Wegen des günstigen Klimas und der unterschiedlichen Höhenlagen gedeiht im Jemen nahezu alles. Ein Besuch der **Gemüsemärkte** zeigt als Angebot Kartoffeln, Tomaten, Zwiebeln, Möhren, Auberginen, Zucchinis, Okraschoten, Salat, Weiß- und Blumenkohl.

Das **Obstangebot** umfasst Weintrauben, Wassermelonen, Bananen, Granatäpfel, Apfelsinen, Zitronen, Papayas, Aprikosen, Feigen, Datteln, Mangos, Äpfel, Kaktusfrüchte, Mandarinen und Limonen. Die Felder werden zweimal im Jahr bestellt. Üblich ist der **Hirseanbau** im Sommer sowie der **Getreideanbau** im Winter. Tomaten und Kartoffeln machen einen großen Teil des Gemüseanbaus aus.

In der Tihama sowie in der Provinz Hadramaut werden **Baumwolle, Tabak, Henna** und **Palmen** (Dattelpalmen, seltener Kokospalmen) angebaut. Der Baumwollanbau soll vor allem in der Tihama forciert werden, doch gibt es immer wieder Probleme mit ausreichender Bewässerung, Schädlingsbekämpfung, Treibstoffversorgung (für Wasserpumpen) und Düngung, so dass die Ernteerträge noch nicht zufriedenstellend sind.

Auf der Fahrt durch das Land fallen Bienenstände auf: entweder ausgehöhlte Baumstämme oder konventionelle Holzkästen. Mehr als 1,2 Mio. Bienenstöcke werden von den ca. 82.000 Imkern unterhalten. Schon in minäischer Zeit gab es Bienenhaltung im Jemen; auch im Mittelalter berichtete der Geschichtsschreiber *Hamdani* von Honiggewinnung. Jemenitischer **Honig** hat einen ausgezeichneten Ruf. Die begehrteste Marke ist *Al-Do'ani* aus dem Wadi Do'an im Hadramaut. Besondere Qualität hat der Honig *Al Sededi,* den die Bienen von den Blüten des Ilb-Baumes gewinnen. Honig wird in Geschäften in Sejuhn und Tarim verkauft, aber auch in Taiz und Sana'a sowie entlang einiger Überlandstraßen. Von den 5600 t jährlich produzierten Honig gehen 8% in den Export. Ein **Bienenzuchtprogramm** in Taiz mit Trainingskursen für Imker wird seit dem Jahre 1993 durch die Bundesrepublik Deutschland gefördert.

Jede Honigsorte hat ihre bestimmte Saison; so gibt es Ilb-Honig von August bis November, Akazien-Honig im Januar und Februar. Ilb-Honig kostet 5000 Rial pro halbes Kilo, andere Sorten 1500 Rial oder auch 600 Rial.

Ziegen- und Schafherden prägen das Bild großer Teile des Landes, wobei **Ziegen** als Milch- und Fleischlieferanten dienen. Da unablässig Ziegenherden über die Berghänge und durch die Täler geführt werden, kann eine systematische Aufforstung nicht gelingen.

Schafe gehören größtenteils zu den Fettschwanzschafen. Sie sind in der Regel weiß, hornlos und mit einem kurzen Wollfell bedeckt. Ihre Milchleistung ist geringer als die der Ziegen.

Die vergleichsweise kleinen, weißgrauen oder grauen **Rinder** gehören dem Zebutyp mit einem Buckel an. Ihre Aufgabe als Zugtiere in der Landwirtschaft haben sie durch die Technisierung z.T. verloren. Als Fleischlieferant und bei der Milchgewinnung werden sie sehr geschätzt. In den letzten 10 Jahren hat sich die Milchviehhaltung (schwarzbunte Kühe) und Herstellung von Milchprodukten erhöht, wenn auch Produkte aus importiertem Milchpulver überwiegen.

Die **Kamele** des Jemen sind einhöckrig. Das sehr dunkle, fast schwarze und größere Kamel kann Lasten bis zu 350 kg tragen. Es wird vor allem in den Bergen gehalten und obwohl schwerfälliger, so ist es doch trittsicher in schwierigem Gelände. Auch das hellere, kleinere Kamel, das Lasten bis 150 kg trägt, wurde ausschließlich als Zug- und Tragetier verwendet. Nur noch selten sind heute Kamele in der Landwirtschaft als Zugtiere tätig. In den letzten Jahren hat die Kamelzucht im Jemen und der Import der Tiere aus Somalia und Äthiopien an Bedeutung gewonnen. Es wird mehr Kamelfleisch gegessen, da es billiger als Rindfleisch ist.

Pferdezucht spielt heute im Jemen keine Rolle mehr, während bis in die 1950 Jahre das **Pferd** als Reittier beliebt war.

Esel haben für die Landbevölkerung und kleine Kaufleute als Lastentiere bis heute Bedeutung. Vor der Ausbreitung von Asphaltstraßen waren sie auf schwiegen Gebirgsstrecken geschätzte Reittiere.

Maulesel und **Maultiere** wurden früher für militärische Zwecke als Transporttiere gezüchtet und sind heute weniger verbreitet.

Geflügel spielt in der Ernährung eine große Rolle. Waren es früher noch freilaufende Hühner gewesen, die ihr Futter in der Umgebung der Höfe suchten, so sind heute die modernen Geflügelbetriebe mit ihren lang gestreckten Hallen unübersehbar. Hier geht es um Massentierhaltung, die von einer artgerechten Tierhaltung weit entfernt ist.

Wirtschaftliche und industrielle Entwicklung

Der Jemen bzw. Teile davon waren bis in das 20. Jh. immer wieder durch ausländische Mächte besetzt. Auseinandersetzungen mit Besatzern sowie Kriege jemenitischer Herrschaftshäuser untereinander waren kein fruchtbarer Boden für eine industrielle Entwicklung.

Auch ist der Jemenite ein Händlertyp und weniger ein risikobereiter Unternehmer.

An der Spitze des nordjemenitischen Staates stand seit 1918 der zaiditische *Imam Yachya ibn Hamid Al-Din*. Die jahrhundertelange Fremdherrschaft vor Augen, war sein erklärtes Ziel, das Land frei vom fremden Einfluss zu machen und die Kolonialmächte aus dem Jemen fern zu halten. Diese Absicht wird durch eine Aussage aus dem Jahre 1920 deutlich. Damals bemerkte er einem Reporter gegenüber, dass er und sein Volk lieber arm blieben und notfalls Stroh äßen, als Ausländern Abbaukonzessionen für jemenitische Rohstoffe zu geben, egal welcher Wohlstand aus solchen Aktivitäten resultiere.

Unter der Regentschaft *Imam Yachyas* (1904–1948) und der seines Nachfolgers *Imam Ahmad* (1948–1962) lebten und arbeiteten nur wenige Ausländer im Nordjemen. Eine industrielle Entwicklung fand bis zum Sturz des Imamats 1962 nicht statt. Die Infrastruktur in Form von Straßen stand erst am Anfang.

Neben fehlender bzw. mangelhafter Schulbildung, schlechtem Gesundheitssystem und geringen politischen Rechten war die **ökonomische Rückständigkeit** einer der Gründe für den Sturz des Imams im Jahre 1962. 1970 bezeichnete ein Weltbankbericht den Nordjemen als krasses Beispiel von Unterentwicklung.

Erst nach dem Ende des Bürgerkriegs (1969) setzte im Nordjemen ein ökonomischer Aufschwung ein. In den 1970er Jahren lag das Wirtschaftswachstum bei beachtlichen 10% pro Jahr, heute sind es 3,9 %.

Priorität in der Wirtschaftsentwicklung haben derzeit der Abbau von Subventionen auf Grundnahrungsmittel, die Privatisierung von Staatsbetrieben und eine Verwaltungsreform mit den Zielen der Effektivierung und Regionalisierung. Außerdem hat die Regierung ein Zukunftsmodell vorgelegt, in dem bis 2025 der Status eines „Middle Income Country" erreicht werden soll.

Da der Jemen mit einem Pro-Kopf-Einkommen von ca. 650 US$ zu den **„least developed countries"**, den am wenigsten entwickelten Ländern gehört, fließen Entwicklungshilfeleistungen meist als Schenkungen in das Land.

Die **Auslandsverschuldung** lag 2006 bei 5,3 Mrd. US$. Saudi-Arabien finanzierte bis zur Kuwait-Krise (1990) ein Drittel des nordjemenitischen Haushalts und zahlte den Stämmen der Nordregion große Summen. Andere Ölstaaten finanzierten Lehrergehälter und Krankenhäuser. 1996 kam es im Rahmen des Pariser Clubs zu einem Umschuldungsabkommen, das den Erlass von 67% der Handelsschulden vorsah. Daraufhin wurden 1997 diverse bilaterale Umschuldungsabkommen (auch mit Deutschland) unterzeichnet. Das System der freien Wechselkurse funktioniert im Jemen. Der Wechselkurs des Rial zum US-Dollar ist relativ stabil. Das Wirtschaftswachstum ist abhängig von der Weltwirtschaft und den politischen Entwicklungen. Die Inflationsrate liegt bei 15,5%, wobei insbesondere die Grundnahrungsmittel betroffen sind.

Die **industriellen Betriebe** konzentrieren sich auf Sana'a, Aden, Taiz und Hudäida. Hergestellt werden Milchprodukte, Butter, Eiscreme, Fruchtsäfte, Mineralwasser, Softdrinks, Kekse, Süßwaren, Textilien, Zement, Zigaretten, Plastikwaren, Lacke, Farben, Waschmittel, Toilettenpapier und Seife. Das größte Unternehmen ist Hayel Saeed Anam mit Sitz in Taiz. Diese Gruppe hat rund 7500 Mitarbeiter und produziert einen großen Teil der vorgenannten Waren.

Die größten Arbeitgeber sind staatliche Dienstleistungsbetriebe.

Das Wirtschaftsleben des Jemen ist von **Kleinhändlern** und **Kleinunternehmern** (oft als Familienbetriebe) geprägt. Auch in der Großstadt Sana'a überrascht die Vielzahl kleinster Werkstätten, Reparaturbetriebe und Verkaufsläden. Große Einkaufszentren und mehrstöckige Kaufhäuser gibt es in Sana'a, Aden und Taiz.

Zur Industrie der Zukunft gehört die **Petrochemie.** Im Öl- und Gassektor werden ca. 70% der staatlichen Einnahmen bzw. 88% der Exporteinnahmen erwirtschaftet. 1981 wurde in der Marib-Provinz ein großes Erdölfeld entdeckt. Im April 1986 ging dort eine Raffinerie mit einer Kapazität von 10.000 Fass/Tag in Betrieb. Sie produziert Benzin, Diesel und Heizöl. Ende 1987 wurde eine 440 km lange Pipeline eröffnet, die bei maximaler Auslastung 400.000 Barrel Rohöl pro Tag (63,6 Mio. Liter) von Marib zum Rotmeerhafen Salief transportieren kann.

Die Erdölförderung aus den Feldern Marib/Dschauf, Massila, Schabwa und Ayad betrug im Jahr 2007 ca. 270.000 Barrel pro Tag. Ein Drittel des Öls wird im Land verbraucht. **Raffinerien** gibt es in Marib und Aden. Von dem Fördergebiet Schabwa existiert eine Pipeline nach Balhaff am Golf von Aden. Fast der gesamte Jemen ist inzwischen in Explorationsgebiete aufgeteilt, mehr als zwanzig Firmen haben Konzessionen zur Erdölsuche. Dennoch ist die Ölfördermenge im Vergleich zu anderen Erdölländern gering. Es wird davon ausgegangen, dass die Produktion weiter absinkt; jüngste Prognosen des IWF sehen sogar ein Versiegen der Ölquellen bis 2018 voraus.

Der Jemen verfügt über **Erdgasreserven,** die auf 480 Mrd. m^3 geschätzt werden. Begonnen hat die Ausbeutung der Gasvorkommen in Marib/Dschauf. Lieferverträge wurden mit Firmen aus Südkorea, Frankreich und Belgien geschlossen.

Schon in britischer Zeit hatte es in Aden eine erfolgreiche **Freihandelszone** gegeben. Seit Frühjahr 1999 hat die Stadt wieder einen Freihafen mit modernem Container-Terminal. Anschläge auf die US-Fregatte *Cole* im Jahr 2000 und auf den französischen Öltanker *Limbourg* 2002 dämpften jedoch die Hoffnung auf einen raschen Aufschwung der Schiffsbewegungen in der Freihandelszone.

In Ba'dschil, Amran, Aden sowie zwischen Taiz und Mocha arbeiten **Zementwerke.**

Mit einer Küstenlinie von ca. 2230 km und einem großen Fischreichtum im Roten Meer und Golf von Aden ist die **Fischereiindustrie** im südlichen Landesteil ein wichtiger Einkommenszweig.

30.000 Menschen leben dort vom Fischfang. Es werden etwa 200.000 t Fisch pro Jahr gefangen, davon gehen weniger als 10% in den Export. In Mukalla produziert die Fischfabrik täglich 160.000 Dosen Fisch. Die jemenitische Regierung verbindet große Hoffnung mit einem im Dezember 2005 zugesagten Weltbank-Kredit von 25 Mio. US$ zur Unterstützung des Fischereisektors. Es sollen Fang- , Konservierungs- und Vermarktungsmöglichkeiten gefördert werden, um Armut und Arbeitslosigkeit vor allem in den Küstenregionen zu verringern.

Der Jemen bemüht sich um die Aufnahme in die Welthandelsorganisation (WHO). Voraussetzung ist eine Reform von Wirtschafts- und Gesetzesstrukturen. Im Jahr 2005 wurde im Rahmen des Haushaltsgesetzes der Wegfall der Subventionierung von Mineralölprodukten beschlossen. Weitere Reformen sind die Senkung der Zolltarife, Veränderungen im Steuerrecht, die Einführung von Mehrwertsteuer sowie die Reform der Zivilverwaltung.

Ausländische **Investoren** haben seit dem Investitionsgesetz von 2002 überaus günstige Bedingungen – so können sie z.B. im Jemen 100%iges Eigentum erwerben und bis zu 25 Jahre von der Steuer befreit werden. Große Bauvorhaben in Sana'a, Aden und anderen Städten zeugen von der Wirkung dieses Gesetzes, auch wenn nach wie vor administrative Hürden und Korruption das Investitionsklima trüben.

Der **Tourismus** könnte eine ausbaufähige Einnahmequelle sein, doch erleidet gerade dieser Sektor immer wieder erhebliche Rückschläge. Entführungen und Attentate, aber auch innerjemenitische Spannungen erzeugen ein Klima der Unsicherheit, so dass mit diesem Wirtschaftsfaktor kaum verlässlich zu rechnen ist. Im Jahr 2006 betrugen die Einnahmen aus dem Tourismus 309 Mio. US$, was 1,9% des Bruttosozialprodukts ausmachten. Die 349.000 Besucher für das Jahr 2007 bedeuteten nur 0,9% des gesamten Tourismus im Mittleren Osten.

Der Jemen, der so dringend das Geld ausländischer Investoren und die finanzielle Unterstützung großer Organisationen braucht, bekommt seine Probleme nur unzureichend in den Griff. Die **Weltbank** reduzierte im Jahr 2005 ihre Unterstützung um 34% von 420 Mio. auf 280 Mio. US$. Begründet wurde der Abschlag mit der ausbleibenden Umsetzung von Wirtschaftsreformen, der stockenden Realisierung von Entwicklungsprogrammen im Bildungs- und Gesundheitsbereich, dem unattraktiven Umfeld für Investitionen und dem erfolglosen Kampf gegen Korruption. Auch die Unterstützung durch den **Millenniumsfonds** wurde ausgesetzt, da der Jemen die Voraussetzungen nicht erfüllt. Mit einer Geburtenrate von etwa 3,5% wird dem Land keine günstige Prognose gestellt.

Abfallwirtschaft

Der Müll in den Straßen vieler Orte und bunte Plastiktüten in der Landschaft fallen vielen Reisenden unangenehm auf. Rückschauend muss gesagt werden, dass es bis in die 1970er Jahre fast nur

organischen Abfall gab, der von Ziegen gefressen wurde und dass der Jemen in den Folgejahren mit der Beseitigung des modernen Zivilisationsmülls überfordert war. Bis 1999 lag die Zuständigkeit der kommunalen Abfallwirtschaft bei der Zentralregierung, d.h. in die schlecht organisierte Abfallentsorgung waren die lokalen Behörden nicht eingebunden. Organische Abfälle, Plastikflaschen und -tüten, Glas, Metall, medizinische Abfälle ... alles landete auf der Straße oder in großen Containern, die meistens überfüllt waren und selten geleert wurden. Katzen, Hunde und Ratten waren die Folgen dieser mangelhaften Müllentsorgung.

Seit 1999 hat sich vieles geändert; die Städte sind **wesentlich sauberer** als vor 20 Jahren. 1999 wurde die Müllentsorgung an die lokalen Verwaltungen delegiert; diese werden u.a. von ausländischen Organisationen (auch von der deutschen GTZ) finanziell und personell unterstützt. Touristen können die in orangenen Anzügen gekleideten Arbeiter mit ihren Besen fegend durch die Straßen ziehen sehen. Auch die orangefarbenen Müllautos fallen im Straßenbild auf.

Import/Export

Die Handelsbilanz des Jemen hat sich in den vergangenen Jahren verbessert. So fielen die Auslandsschulden aufgrund des Schuldenerlasses und des Strukturanpassungsprogramms von Weltbank und IWF auf 4,8 Mrd. US$.

88% des **Exports** besteht aus Erdöl. 3% machen zusammen Kaffee, Fisch, Häute, Waschpulver, Fette, Schafe und Ziegen, Bananen, Kekse, Mineralwasser und nicht-alkoholische Getränke, Zwiebeln, Milch und Milchprodukte, Baumwolle und Zigaretten aus. China, Thailand, Korea, Indien, Malaysia und Taiwan sind die wichtigsten Zielländer für den Export. Deutschland steht erst an 18. Stelle in dieser Statistik.

Die **Hauptimporte** sind Weizen und Mehl, Zucker, Medikamente, Reis und Milch. Importe kommen aus den V.A.E., Saudi-Arabien, China, den USA, Kuwait, Frankreich und Großbritannien. Deutschland steht hier an elfter Stelle der Handelspartner (jährlich werden Waren im Wert von ca. 183 Mio. Euro exportiert: Maschinen, chemische und elektronische Erzeugnisse, Fahrzeuge).

Bis zum Golfkrieg 1990 verzeichnete Jemen noch einen hohen Überschuss an Importen. Die Devisen, mit denen diese Importe finanziert wurden, kamen zum großen Teil von den etwa 1 Mio. **Gastarbeitern,** die bis zum Ausbruch der Kuwait-Krise im Ausland tätig waren. Deren Geldüberweisungen brachten bis Mitte der 1980er Jahre etwa 900 Mio. US$ Kaufkraft pro Jahr, was theoretisch 75% der Importe abdeckte.

Zu einer Katastrophe in der Zahlungsbilanz kam es 1990, als die jemenitischen Arbeiter Saudi-Arabien wegen der Irak-freundlichen Haltung der jemenitischen Regierung im Kuwait-Konflikt verlassen mussten. Inzwischen arbeiten wieder etwa 700.000 Jemeniten im Ausland.

In die Wirtschaftsstatistiken geht nicht der erhebliche Warenstrom ein, der unregistriert und unverzollt ins Land kommt. Je nach Ware wird der Anteil des **Schmuggelguts** auf 15–45% geschätzt. Die Einnahmeverluste schätzt die Zollbehörde auf über 10% der Staatseinnahmen.

Die Ökonomie im ehemaligen Südjemen

Im ehemaligen Südjemen sind nur 1,2% des Gebiets ackerbaulich nutzbar. Landwirtschaftliche Produktion ist nur in Gebieten möglich, wo große Flusstäler Niederschlagswasser aus den Bergen heranführen.

Die **wichtigsten Anbauprodukte** sind Baumwolle, Tabak, Kaffee, Getreide und vielerlei Obst- und Gemüsesorten. Kaffee wird im Jaffei-Gebirge nordöstlich von Aden kultiviert.

Der **bedeutendste Wirtschaftsfaktor** war bis zur Schließung des Suez-Kanals (1967) der Schiffsverkehr im Adener Hafen. Mit rund 8000 Schiffsbewegungen pro Jahr war Aden zu dieser Zeit der drittwichtigste Hafen der Welt nach New York und Liverpool.

Als die Briten 1967 aus dem Südjemen abzogen, hinterließen sie eine unterentwickelte Ökonomie und Infrastruktur. Es gab nur eine 22 km lange Asphaltstraße von Aden nach Laheck. Pisten führten nach Karsch (im Norden), Lödar/Mukäiras und Mukalla (im Osten). Einige befestigte Straßen waren im Wadi Hadramaut auf Rechnung der reichen Kaufmannsfamilie *Al Kaff* angelegt worden.

Das **größte Industrieunternehmen** war die Ölraffinerie in Aden mit damals 2000 Arbeitsplätzen, die Erdöl aus dem Schabwa-Feld verarbeitete.

Die sozialistische Phase zwischen 1967 und 1990 brachte für die Wirtschaft einschneidende Veränderungen. Der **Großgrundbesitz** wurde **enteignet** und den landlosen Bauern zugeteilt. In einem zweiten Schritt fügte man die bäuerlichen Kleinbetriebe zu landwirtschaftlichen **Produktionsgenossenschaften** nach osteuropäischem Muster zusammen. Zusätzlich wurde auch der Fischfang in Kooperativen organisiert. 1969 erfolgte die Verstaatlichung von Brunnen, Quellen und Wasserläufen. Boden und Wasser waren bis zu diesem Zeitpunkt häufig im Besitz von Sultanen, Emiren und religiösem Adel.

Das erste Gesetz zur Agrarreform beinhaltete 1968 die **Verstaatlichung** der Vermögen und des Grundbesitzes der Sultane, Emire und Scheichs. Der private Grundbesitz wurde auf 25 Feddan (10,5 ha) bewässerten Boden und 50 Feddan nicht bewässerten Boden begrenzt. Eine zweite Bodenreform 1970 diente der Zusammenfassung landwirtschaftlicher Betriebe. Das Gesetz sah vor, dass keine Familie mehr als 4,2 ha bewässertes und 8,4 ha unbewässertes Land besitzt. Das frei gewordene Land wurde Produktionsgenossenschaften zugeteilt.

Die Wirtschaft im Südjemen hatte durchaus Erfolge aufzuweisen. Mit Unterstützung sozialistischer Bruderländer konnte die Infrastruktur rasch ausgebaut werden. Die **Industrieproduktion** wurde von 1970–1990 verdreifacht, das Pro-Kopf-Einkommen verfünffacht. Ein bedeutender Wirtschaftsfaktor waren die **Geldüberweisungen** von Gastarbeitern zwischen 1970 und 1990 in Höhe von 70% des Bruttosozialprodukts.

Das Handwerk

Das Handwerk wurde in den letzten Jahren **starken Veränderungen** unterworfen. Traditionell waren die Handwerksbetriebe auf den Suks angesiedelt, wo die Berufsgruppen in klar abgegrenzten Gassen arbeiteten. Gut sind noch die Bereiche der Tischler, Schmiede, Messingverarbeiter, Fenstermacher und Schneider auf dem Suk von Sana'a zu sehen. Viele Handwerksbetriebe haben jedoch in den vergangenen Jahren die Tore geschlossen, zu übermächtig ist die Konkurrenz der Importwaren geworden.

Mit dem Auszug fast aller Juden aus dem Jemen ist das **Silberschmiedehandwerk** nahezu ausgestorben. Die heute sehr zahlreichen Silberhändler setzen in der Regel nur noch Ketten zusammen und fertigen selten neuen Schmuck an.

Das Schmuckhandwerk erfuhr eine Belebung durch die Eröffnung des **Nationalen Zentrums für Handwerk** im Samsarat al Nahass auf dem Suk in Sana'a. Hier konnten u.a. Schmuckhersteller, die mit Steinen wie Achat arbeiteten, spezielle Fertigkeiten erlernen.

Viele Handwerkszweige sind außerhalb der traditionellen Sukgelände entstanden. Dazu gehören Autoreparaturwerkstätten und Blechverarbeitungsbetriebe (Türen, Wassertanks). Auch Schweißer, Schreiner und Schlosser haben ihre Werkstätten in den Außenbezirken der Städte.

Zahlreich sind Fertigungsstätten für **Oberlichter.** Die halbrunden, mit farbigem Glas ausgelegten Fenster *(gameriya)* werden aus Gips gegossen. In den noch nicht vollständig gehärteten Körper schnitzt der Handwerker unterschiedliche Formen bzw. Koransprüche und legt die freien Felder mit Glas aus.

Bauhandwerker wie Maurer und Stukkateure hatten früher im Jemen aufgrund der aufwendigen Architektur allerorten zu tun. Handwerker, die mit Zementsteinen bauen, werden erst seit den 1980er Jahren benötigt. Traditionell gibt es Maurer, die Lehmziegel herstellen und verarbeiten. Im Wadi Hadramaut und in anderen Teilen des Südjemen sind große Flächen mit zum Trocknen ausgelegten und aufgeschichteten Lehmziegeln zu sehen. Maurer,

Die bedeutendsten und für Touristen interessantesten Wochenmärkte:
- Bäit al Fakki/Tihama (Freitag)
- At Talach/bei Saada (Samstag)
- Wadi Dhabab/bei Taiz (Sonntag)
- Mu'aras/Nord-Tihama (Samstag)
- Saada (Sonntag)
- Rudschum/bei Machwiet (Montag)
- At Tauwilah/bei Machwiet (Montag)
- Dscharrahi/Tihama (Dienstag)
- Machwiet (Mittwoch)
- Qanawis/Nord-Tihama (Donnerstag)
- Schibam/bei Sana'a (Freitag)
- At Turr/Nord-Tihama (Freitag)

Auf dem Markt von Saada

die in der Sabur-Technik bauen (Lehmschichten), gibt es in der Nordprovinz Saada.

Weberei und **Färberei** waren traditionelle Handwerkszweige in der Tihama und im Hadramaut. Auch heute sind dort in kleinen Orten Weber anzutreffen, die qualitativ hochwertige, gestreifte Tücher bzw. Decken herstellen.

In der Nordprovinz Saada fertigen **Steinmetze** Kochgeschirr aus Speckstein an. Im Gebiet Razach werden die vor allem auf dem Suk At Talach verkauften Steintöpfe aller Größen produziert. Auch in Orten, wo die Gräber der Verstorbenen durch prächtige Grabplatten geschmückt werden, sind Steinmetze tätig.

Wegen der großen Zahl an Kamelen, Ziegen und Schafen müsste der Jemen ein Schwerpunktland der **Gerberei, Leder- und Wollverarbeitung** sein. 95% der Felle werden jedoch nicht verwertet, denn im ganzen Land arbeitet nur noch eine Gerberei. Felle werden im Rohzustand ausgeführt und erzielen geringe Preise.

Der Jemen ist kein Herstellungsland von gewebten oder geknüpften Teppichen. Die wenigen, von Beduinen gewebten Teppiche aus schwarzem und weißem Ziegenhaar sind so rar, dass sie der Tourist kaum auf Märkten zu sehen bekommt.

Der Suk

Von altersher hält jeder Stamm mindestens einen **Wochenmarkt** auf seinem Gebiet ab. Auf dem Marktgelände und den Zufahrtswegen herrscht am Markttag **Friedenspflicht.** Die Wochenmärkte sind daher häufig die einzige Gelegenheit verfeindeter Parteien und Stämme, sich zu besprechen und Frieden zu schließen.

Jemenitische Märkte werden von Reisenden gern aufgesucht wegen ihres

Land und Leute

022Foto: bs

„prallen Lebens“: Farbenpracht, Gerüche, Stimmengewirr, ein faszinierendes Warenangebot, der Viehmarkt, die lebhaften Handbewegungen beim Handeln, dazwischen bettelnde Frauen und Kinder, Marktschreier mit Megafon und Losverkäufer.

Bei all dem Trubel auf den Suks wird leicht übersehen, dass die Märkte durch ein hoch differenziertes **Netzwerk von Verantwortlichkeiten** reguliert werden. Der Marktfriede, die öffentliche Sicherheit, die niedere Gerichtsbarkeit, die Organisation der Marktstände und das Eintreiben der Standgebühren – an all dem sind die Suk-Scheichs, die Hakims und die Aqils beteiligt. Andere Funktionsträger sind die Vermittler, Makler, Versteigerer, Scheffler, Agenten und Kommissionäre.

Auf jemenitischen Märkten wird im Vergleich zu anderen arabischen Ländern **wenig gefeilscht.** Viele Produkte (Kaffee, Tee, Gewürze, Nüsse, Brot, Gemüse, Getränke, Obst) haben feste Preise. Die Nachlässe bei Stoffen, Schuhen und Goldschmuck sind relativ gering.

Sozialstruktur

Bevölkerung

Die letzte offizielle Volkszählung fand am 16. Dezember 1994 statt. Damals lebten 15,9 Mio. Jemeniten im Land. Nach Angaben des Planungsministeriums stieg die Zahl im Jahr 2007 auf 22,5 Mio. Die prognostizierte Entwicklung liegt für 2010 bei 26,6 Mio., 2020 bei 40 Mio. und 2050 bei 60 Mio. Einwohnern. Das **Bevölkerungswachstum** beträgt **3,5% pro Jahr,** 47% der Jemeniten sind jünger als 14 Jahre, 50,8% zwischen 14 und 64 Jahre und 2,7% über 64 Jahre. Die durchschnittliche Lebenserwartung beträgt 61,7 Jahre. Auch wenn die Zuwachsraten der Bevölkerung zu den höchsten der Welt gehören, so ist doch eine Veränderung festzustellen, da die Zahl der Geburten pro Frau von 7,7 auf 6,1 zurückging, in den Städten sogar auf unter fünf.

Die hohe **Kindersterblichkeit** (75 Kinder je 1000 Geburten) wird in den kommenden Jahren deutlich sinken, wenn medizinische Versorgung und Impfprogramme genutzt werden. Während früher eine Frau in ihrem Leben mehr als zehn Schwangerschaften hatte, aber nur zwei oder drei Kinder das Erwachsenenalter erreichten, bekommt heute die Frau weniger Kinder, doch diese überleben. Weniger Schwangerschaften, aber mehr Kinder prägen das Familienbild und lassen die Bevölkerungszahl hochschnellen. „Der **Kinderreichtum** ist das Grab des Jemen,“ wird hinter vorgehaltener Hand gesagt, denn Bodenressourcen – vor allem der Wasservorrat – stehen für so viele Menschen nicht zur Verfügung.

Die Zahl der in 75 anderen Ländern lebenden Jemeniten wird auf 2,8 bis 4 Mio. geschätzt. 81% davon im arabischen Raum.

75% der Bevölkerung **wohnt auf dem Land,** eine für andere Länder der Dritten Welt typische Land-Stadt-Bewegung setzt gerade erst ein. Die Geldüberweisungen im Ausland arbeitender

Jemeniten ermöglichen es den zurückbleibenden Familien in Dörfern einen befriedigenden Lebensstandard zu halten. Hinzu kommen die Einnahmen aus dem Katanbau.

Das jährliche **Pro-Kopf-Einkommen** liegt nach amtlichen Angaben bei 650 US$, doch sind staatliche Erhebungen irreführend. Das Einkommen eines Haushalts aus landwirtschaftlicher Produktion und Auslandserwerbstätigkeit entzieht sich dem Wissen der Behörden und geht in deren Statistiken nicht ein. Das Einkommen eines Lehrers bzw. Taxifahrers liegt zwischen 30.000 und 40.000 Rial, eines Polizisten bei 18.000–25.000, eines einfachen Regierungsangestellten bei 30.000, eines Bauingenieurs bei 25.000–28.000, eines Krankenhausarztes bei 20.000–30.000 Rial. Damit kann eine Familie kaum ausreichend leben, so dass nach weiteren Verdienstmöglichkeiten gesucht wird. Eine Studie ergab, dass 40% aller Behördenangestellten überhaupt nicht zur Arbeit erscheinen und von den restlichen 60% nur die Hälfte regelmäßig den Arbeitsplatz aufsucht. Grund für diese Misere ist, dass sich Behördenangestellte während der Dienstzeit mit Zweitjobs eine weitere Einkommensquelle verschaffen.

Auf den ersten Blick macht der Jemen nicht den Eindruck eines Landes, das laut UN-Statistik **zu den ärmsten der Welt** gehört. Die hohe Anzahl an Fahrzeugen, die gute Bausubstanz und der Bauboom, die übervollen Märkte und Geschäfte, ein Fernseher in jedem Haushalt, die Bereitschaft, einen Brautpreis von bis zu 500.000 Rial zu zahlen – all das lässt nicht vermuten, dass mittlerweile 42% der Jemeniten unter der offiziellen Armutsgrenze leben, d.h. sie müssen mit weniger als 2 US$ pro Tag auskommen. Die Zahl der Haushalte, die unter der „food poverty line" leben, also nicht genügend Mittel zur Sicherstellung der Ernährung und weniger als 1 US$ pro Tag zur Verfügung haben, liegt bei 17%.

Bei dem Millennium-Gipfeltreffen in New York im September 2000, an dem Präsident *Salach* teilnahm, stimmte auch der Jemen den so genannten **Millennium-Entwicklungszielen** zu: Reduzierung von Armut und Hunger, Verbesserung von Gesundheits- und Schulsituation, gleiche Chancen für Männer und Frauen, Stärkung von Frauenbedürfnissen und Bewahrung der Umwelt. So versucht der Jemen – mit Hilfe internationaler Organisationen – feiner gesteckte Ziele bis zum Jahr 2015 zu erreichen. Der dritte Fünfjahresplan für Entwicklung und Armutsbekämpfung (von 2006 bis 2010), verfolgt die Ziele des Millennium-Gipfels.

Eine hohe **Arbeitslosenrate** von 35% und das Problem der Unterbeschäftigung erzeugen ein Unzufriedenheitspotenzial. Von einer Sozialversicherung werden nur 2,2% der Angestellten im öffentlichen und privaten Sektor abgedeckt, rund 98% aller Arbeiter haben kein soziales Netz. Tagelöhner an großen Plätzen in Sana'a und wachsende Slumviertel illustrieren zunehmende soziale Instabilität.

„Wenn die Armut durch die Tür hereinkommt, fliegt die Moral aus dem Fenster", heißt ein jemenitisches Sprichwort. Journalisten, Nicht-Regierungsorganisationen und Psychologen befassen sich verstärkt mit den Symptomen wachsender Armut.

Soziale Gruppen

Die Sa'da

Sie stellen die **religiöse Oberschicht** im zaiditisch-schiitischen nördlichsten Teil des Landes. Diese Gruppe – sie nennt sich *Sa'da* (Einzahl *Säi'ed = edler Herr)* – betrachtet sich als direkte Nachkommen des 4. Kalifen *Ali* (ein Vetter des Propheten) und damit als blutsverwandt mit dem Propheten *Mohammed.* Die Gruppe ist auch als Haschemiten bekannt (Angehörige der mekkanischen Sippe der Beni Haschem, welcher die Familie des Propheten angehörte). Die Sa'da stellten zwischen 897 und 1962 die zaiditischen Imame.

Eine weitere Gruppe Sa'da lebt im Wadi Hadramaut. Sie gehört der schafa'itischen Rechtsschule an.

Richter *(Kadi),* Rechtsgelehrte *(Mufti)* und die religiöse Administration rekrutieren sich traditionell aus der Gruppe der Sa'da. Sie verfügen über einen nicht unerheblichen **Grundbesitz,** der zumeist aus Schenkungen von Gläubigen herrührt.

Die Sa'da im Norden (ehemals Royalisten) haben nach dem Übergang des Jemen zur Republik einen Prestigeverlust hinnehmen müssen. Zwar stellen sie auch heute einen Teil der akademischen Elite, doch haben viele von ihnen äußere Symbole wie *Imama* (randloser Hut, mit einem weißen Tuch umwickelt) und *Thuma* (seitlich getragener Dolch) abgelegt. Nur noch Sa'da der älteren Generation kann man vor allem in der Stadt Saada mit Thuma, Imama und blütenweißem Gewand sehen, und auch bei Familienfeiern wie z.B. Hochzeiten werden die Symbole der einstmaligen Aristokratie angelegt. Säi'ed zu sein ist kein Privileg mehr, gelegentlich sogar hinderlich in der Gesellschaft.

Orte mit überwiegender Sa'da-Bevölkerung sind Dachjahn und Hamazat bei Saada im Norden und Tarim im Wadi Hadramaut.

Da die Sa'da traditionell von den Stämmen geschützt wurden, trugen sie keine Feuerwaffen und waren an kriegerischen Auseinandersetzungen nicht beteiligt.

Die Stämme

In der sozialen Hierarchie rangieren hinter den Sa'da die **Landaraber** *(al Arab)* als alteingesessene Bauernschicht und im 6.–10. Jh. eingewanderte Beduinen. Sie sind Stammesangehörige **(Gabieli,** Mehrzahl *Gaba'iel),* die im ländlichen Bereich leben. Die städtische Bevölkerung gehört keiner Stammesföderation an.

Die großen Stämme des nördlichen Jemen sind die **Bakil** und **Haschid,** die sich in zahlreiche Unterstämme gliedern, wobei die Haulan und die Hamdan die größten Gruppen sind.

Dass die Bakil und Haschid nicht das politische Leben des Landes dominieren, liegt an einer wachsenden Stadtbevölkerung und der lockeren Bindung der Stammesangehörigen, die sich in folgender Philosophie äußert: Im Konfliktfall gegen den eigenen Bruder, zusammen mit dem Bruder gegen den Nachbarn, zusammen mit dem Nachbarn gegen den Rest der Welt.

Zweckbündnisse dieser Art sind brüchig. Solcherart organisierte Stämme sind nur in Krisenzeiten stark, d.h. im Falle äußerer Bedrohung. Sobald die Gefahr entfällt, dominieren Partikularinteressen.

Ein Stamm ist nur so stark wie das **Zugehörigkeitsgefühl** des Einzelnen zur Gemeinschaft. Unabhängig vom sozialen Stand hat jeder Angehörige **gleiche Rechte und Pflichten,** die sich im Mitspracherecht (ein Mann, eine Stimme) und der Verpflichtung zum Kampf ausdrücken, wenn der Stammesführer dazu aufruft. Oberhaupt eines Stammes ist der aus freien Wahlen hervorgegangene Scheich, dessen Amt nicht erblich ist. Theorie und Wirklichkeit klaffen jedoch bei der Konzeption des Scheichtums auseinander. Aufgrund seiner Autorität übt ein Scheich sein Amt in der Regel bis zum Tode aus. Sein Nachfolger kommt fast immer aus der eigenen Familie.

Der Scheich ist oberster Feldherr und Richter eines Stammes. Da ein Stamm zumeist ein größeres Gebiet umfasst, existieren Untergruppen, denen lokale Scheichs mit beschränkten Kompetenzen vorstehen.

Die Stämme zeichneten sich bis in die 70er Jahre des 20. Jhs. durch **weitgehende Autonomie** aus. Vom Erziehungs- bis zum Rechtssystem, vom Handel bis zur Verteidigung wurden alle Angelegenheiten innerhalb der Stammesföderation geregelt.

Während der Herrschaft ausländischer Mächte und der Regentschaft zaiditischer Imame waren die Stämme der jeweiligen Zentralregierung selten treu ergeben. Der Herrschaftsanspruch der Regierung über das ganze Land und die Tradition der Stämme, alle Angelegenheiten selbst zu regeln, standen und stehen sich unversöhnlich gegenüber. Um sich die Loyalität der unzuverlässigen Stämme zu sichern, hielten die Imame Kinder von Scheichs als Faustpfand in Sana'a und Taiz fest.

Wichtigste **wirtschaftliche Basis** der Stämme war und ist **Viehzucht** und **Ackerbau.** Zur Versorgung mit Gütern, die nicht selbst hergestellt werden und zum Verkauf eigener Produkte hält jeder Stamm auf seinem Gebiet mindestens einen Wochenmarkt ab.

Der **Gabieli** fühlt sich der in seinen Augen verweichlichten Stadtbevölkerung überlegen. Traditionell hat er das Land bewirtschaftet, doch ergreift auch die Stämme der gesellschaftliche Wandel. So findet man heute Gabielis als Handwerker, Händler und Geschäftsleute, doch niedere Arbeiten wie Frisör, Gerber, Schlachter, Fäkalienbeseitiger und Musikant werden von ihnen nicht verrichtet. Der Gabieli ist laut Stammesrecht zum Waffentragen (Krummdolch, Pistole, Gewehr) berechtigt. Geheiratet wird innerhalb des Stammes. Zieht ein Stammesangehöriger in die Stadt, verliert er den Schutz des Stammes. Stammesland kann nicht ohne die Zustimmung aller an Stammesfremde verkauft werden.

Neben den sesshaften Bergstämmen gibt es im nördlichen, östlichen und südlichen Jemen **Beduinenstämme** (Voll- und Halbnomaden, Schafhirten), deren soziale Struktur in den letzten 20 Jahren auf Grund des allgemeinen gesellschaftlichen und wirtschaftlichen Wandels großen Veränderungen unterworfen war. Die ursprünglichen Beduinen (im Jemen „Bedu" genannt) waren Vollnomaden; sie lebten in Zelten aus schwarzem Ziegenhaar, züchteten Kamele, hielten Ziegen und Schafe und zogen in ihrem Bezirk umher. Am ehesten sind sie noch in der Provinz Machra anzutreffen, z.T. nahe der Asphaltstraße, denn neben den Zelten steht heute das Geländefahrzeug. Halbnomaden züchten keine Kamele, sie halten sich in der Trockenzeit nahe von Siedlungen auf und ziehen nur in den Wintermonaten mit ihren Ziegen- und Schafherden in die Wüste oder Halbsteppe.

Die **Bedeutung der Stämme** hat in den letzten Jahrzehnten **abgenommen.** Ursachen sind zunehmende Migration innerhalb des Jemen, Auslandsarbeit, Wehrpflicht, Ausbildung im Ausland bzw. in der Hauptstadt, Übernahme ausländischer Verhaltens- und Konsummuster und die Durchdringung der Stammesgebiete mit staatlicher Administration (Behörden, Gouverneure, Kasernen, Schulen, Steuer- und Zollabgaben). Schlagzeilen machen Stämme immer dann, wenn es um Fehden mit Blutrache, um Handel und Tragen von Waffen (mehr als 60 Mio. Gewehre sollen sich im Besitz von Stammesangehörigen befinden) und um Geiselnahme von Ausländern geht. Stammesfehden beginnen oftmals wegen Land- und Grenzstreitigkeiten und können zu jahrzehntelangen blutigen Auseinandersetzungen führen.

Das Problem der fast grenzenlosen Verfügbarkeit von Waffen wurde im August 2007 aktiv angegangen. Es gilt seitdem ein **Waffenverbot** in 21 Provinzhauptstädten. Nicht der Besitz von leichten Waffen ist verboten, sondern das Tragen in der Öffentlichkeit. Innerhalb weniger Monate wurden in straff durchgeführten Aktionen an Straßensperren Waffen konfisziert. Ähnliche zuvor durchgeführte Kampagnen hatten nicht den durchschlagenden Erfolg von 2007/2008, als weite Kreise der Bevölkerung und vor allem die Presse die Anti-Waffen-Strategie unterstützten. Es wurde ein Rückgang von Verbrechen in Zusammenhang mit Waffen um 43% gemeldet. Zur Reduzierung der Arsenale der Stämme hat die Regierung ein 2-Milliarden-Rial-Programm aufgelegt, um schwere Waffen, Raketen und Granaten aufzukaufen.

Die Arab Hadar

Zur dritten Gruppe zählte traditionell die **städtische Bevölkerung,** die in geachteten Berufen, also als Händler und Handwerker und im Verwaltungsbereich arbeitete. Dieser Teil der Bevölkerung ist heute großen Veränderungen unterworfen. Inflation und soziale Unsicherheit bei Arbeitslosigkeit, Unterbeschäftigung und Krankheit erschüttern das soziale Gefüge der Familie. Einflüsse, wie schon bei den Stämmen geschildert, lassen Traditionen aufweichen.

Die Juden, die Benni al Chams und die Akdam

Zur vierten Gruppe zählt die Bevölkerung, die laut Stammesrecht **keine**

Waffen tragen durfte: Juden, Angehörige niederer und verachteter Berufe (z.B. Gerber, Frisöre, Fleischer, Schuster, Musikanten, Sänger) sowie Menschen mit nicht reiner arabischer Blutsabstammung.

Die nicht Waffen tragenden Bevölkerungsteile standen traditionell unter dem Schutz der Stämme, durften von einem Waffen tragenden Jemeniten nicht angegriffen werden.

Seit Mitte des 20. Jhs. sind in den Städten des Hochlands **Menschen schwarzer Hautfarbe** zu finden, die **Akdam.** Oftmals leben sie unter schlechtesten Bedingungen in Slumvierteln. Diese auf unterster Sozialstufe stehenden Jemeniten stammen aus dem Küstenstreifen Tihama und sind häufig in der Müllabfuhr beschäftigt. Ihre Vorfahren kamen einst aus Äthiopien und Somalia und haben sich am Roten Meer niedergelassen. Nicht wenige haben ihre biografischen Wurzeln in der Sklaverei, die auch auf der Arabischen Halbinsel verbreitet war.

Flüchtlinge

Laut Statistik des Innenministeriums leben 800.000 afrikanische Immigranten im Jemen, davon 90% als Flüchtlinge aus **Somalia,** 10% aus **Eritrea, Äthiopien** und anderen Ländern.

Das UNHCR hat 70.000 somalische Flüchtlinge registriert, aber die Dunkelziffer ist groß. So haben z.B. die mehr als 40.000 Oromos aus Äthiopien keinen anerkannten Flüchtlingsstatus und leben illegal und unter ärmlichsten Bedingungen. Beim Menschenschmuggel zwischen Ostafrika und Arabien kommt es immer wieder zu Unfällen; so wird für das Jahr 2007 von 1400 Ertrunkenen vor der jemenitischen Küste ausgegangen. Die knapp 300 km Seeweg zwischen Somalia und Jemen gelten der zahlreichen Riffe und starken Strömungen wegen als gefährlich. Viele illegal eingereiste Afrikaner werden ausgewiesen. Das Flüchtlingsproblem bedeutet für den Jemen eine große wirtschftliche und organisatorische Belastung. Nur eine Normalisierung der Lage in Somalia kann eine Entspannung bringen. Präsident *Salach* bemüht sich daher aktiv um eine politische Lösung in Somalia.

In der Nordprovinz Saada muss sich der Jemen mit einem **„hausgemachten" Flüchtlingsproblem** befassen. Durch die im Jahre 2004 ausgebrochenen Kämpfe zwischen jemenitischem Militär und den Anhängern der konservativ-islamischen Al-Houthy-Gruppe waren mehr als 40.000 Menschen gezwungen, ihre Häuser und Dörfer zu verlassen und in schwerer zugängliche Bergregionen zu fliehen. Viele leben seitdem unter schlechtesten Bedingungen in Lagern. Die Vereinten Nationen beteiligen sich mit dem *World Food Programme* an der Versorgung, die derzeit 5000 Familien erreicht. Immer wieder aufflammende Kämpfe erschweren die Lage der Menschen zusätzlich.

Familie

Jemeniten leben traditionell in der **Großfamilie,** d.h. mehrere Generationen wohnen unter einem Dach. Kleinfamilien sind berufsbedingte Entwicklungen neueren Datums. Hausvorstand

Wie sieht der Tagesablauf einer jemenitischen Hausfrau aus?

Aufstehen gegen 5 Uhr. Verrichten des Frühgebets. Zubereiten des Frühstücks. Wohnung säubern, Wäsche waschen, Zubereitung des Mittagessens.

Essen gegen 14 Uhr. Verrichten des Gebets. Ab etwa 15 Uhr bis zum Anbruch der Dunkelheit (um 18.30 Uhr, Abendgebet) haben die Frauen Gelegenheit, sich gegenseitig zu besuchen.

Da Alleinsein keine Tradition hat, sind nicht berufstätige Stadtfrauen nachmittags in Gesellschaft. Neben der Unterhaltung spielen das Fernsehen, Katkauen und Wasserpfeiferauchen eine große Rolle.

Bei Sonnenuntergang ist die Frau wieder zu Hause und verbringt den Abend mit der Familie vor dem Fernsehgerät. Freizeitbeschäftigungen wie Handarbeiten und Nähen werden nur von wenigen Frauen ausgeübt. Da sich das Leben auf engstem Raum abspielt und kein Sport betrieben wird, leiden viele Stadtfrauen an Krankheiten, deren Ursache Bewegungsmangel ist.

ist der alte Vater, ihn vertritt der älteste Sohn. Bei Tod oder Abwesenheit des Vaters sind zwölf- bis fünfzehnjährige Jungen als innerfamiliäre Entscheidungsträger keine Seltenheit.

Die **Männer** des Hauses sind für den **Unterhalt der Familie** verantwortlich. (Dies ist traditionell so, doch tragen immer mehr Frauen ganz oder teilweise zum Familienbudget bei.) Der älteste Sohn zieht nach seiner Verheiratung zumeist mit seiner Frau in das Haus seiner Eltern. Das soziale Netz greift noch in den meisten Fällen, und so sind Altersheime unbekannt. Dennoch ist zu beobachten, dass Arbeitslosigkeit, Armut und andere Herausforderungen vor allem städtische Familien belasten und sie nicht selten in ihrem Zusammenhalt erschüttern.

Der **Jugendliche** übernimmt bereits im frühen Alter (12–14 Jahre) Verantwortung, fährt Auto, bedient im väterlichen Geschäft und wird in vielen Fällen vor dem 18. Lebensjahr verheiratet sein. Im Alter zwischen 2 und 8 Jahren findet die Beschneidung des Jungen statt; mit etwa 14 Jahren bekommt er seine erste Dschambija.

Ein typischer jemenitischer **Name** ist *Ali Mohammed Ahmad,* d.h. *Ali,* Sohn des *Mohammed,* Enkel des *Ahmad.* Ein Sohn des *Ali Mohammed Ahmad* könnte *Abdu Ali Mohammed* heißen, eine Tochter *Fatima Ali Mohammed.* Nachnamen bestehen oft aus Namenszusätzen wie z.B. „der Richter" oder „der aus dem Ort Chulab".

Geheiratet wird früh, teilweise zwischen 14 und 16 Jahren. Im Familiengesetz ist das Mindestalter der Eheschließungen auf 16 Jahre für Frauen und 18 Jahre für Männer empfohlen, aber in einem Land, wo kaum einer weiß, wie alt er genau ist, weil Geburten nur selten registriert werden, kann so eine Bestimmung leicht unterlaufen werden.

Zu bedenken ist, dass im Islam die Verheiratung dringend empfohlen wird und dass eine sexuelle Betätigung nur in der Ehe erfolgen darf. So ist es nur folgerichtig, dass so früh wie möglich geheiratet wird, um Fehlverhalten entgegenzuwirken. Vor allem in streng religiösen Kreisen und in wirtschaftlich armen Familien heiraten Mädchen bereits in der Pubertät.

Die **Eheschließung** wird **nach islamischem Recht** vollzogen, in Form eines Vertrags zwischen Mann und Frau, wobei die Frau in der Regel durch ihren Vater vertreten wird. Ehen werden traditionell von den Eltern arrangiert, die Eheleute lernen sich erst in der Hochzeitsnacht kennen. Da sie oftmals sehr jung sind, über keine Menschenkenntnis verfügen, wenig Informationen über den zukünftigen Partner haben und ihren Eltern vertrauen, stimmen sie der Wahl zu. Innerfamiliäre Heiraten zwischen Vettern und Kusinen sind häufig. 41% aller verheirateter Frauen sind mit Verwandten verheiratet.

In den Straßen aufgehängte Glühlampenketten zeigen eine Hochzeit an. Eine Eigenart jemenitischer Hochzeiten, das Abfeuern von Freudenschüssen, konnte bereits *Carsten Niebuhr* 1762 in Jariem beobachten. Dieser Brauch hat sich in ländlichen Gebieten erhalten. In den Städten werden als Folge des Waffenverbots Knallkörper gezündet.

Es wird eine **Morgengabe** (= Brautpreis) gezahlt, deren Höhe sich nach der sozialen Stellung des Brautvaters richtet, aber auch regional unterschiedlich ist. Die Regierung ist bemüht, den Preis auf 50.000 Rial zu begrenzen. Häufig werden aber bis zu 600.000 Rial gezahlt. Die Morgengabe *(mahr)* ist ein vertraglich festgelegtes Geschenk des Bräutigams an die Braut. Der volle Betrag muss nicht sofort ausgezahlt werden, sondern oftmals erst bei einer eventuellen Scheidung. Angesichts der immensen Kosten für das Eingehen einer Ehe hat sich das Heiratsalter der männlichen Bevölkerung erhöht und Männer aus ärmeren Schichten können sich eine Hochzeit kaum noch leisten. Religiöse Institutionen haben diese Misere erkannt und so werden seit 1992 von Zeit zu Zeit Massenhochzeiten mit jeweils über 1000 Paaren finanziert.

Der Islam erlaubt dem Mann, bis zu **vier Frauen** zu heiraten. Einschränkend heißt es im Koran, dass ein Mann nur mehrere Frauen haben kann, wenn er alle gerecht behandelt (Sure 4:4) und dass dies nicht möglich sei (Sure 4:130). Nimmt der Moslem die Aussagen ernst, so ist eine Mehrehe ausgeschlossen.

Das jemenitische Familiengesetz erlaubt die **Mehrehe.** Sie wird regional unterschiedlich gehandhabt: in der ärmeren Tihama am Roten Meer seltener als bei den wohlhabenden Stadtfamilien und den tief religiösen Familien des zaiditischen Nordens. Männer in hohen Positionen haben in der Regel mehrere Frauen. Oft geht es dabei um die Verbindung wichtiger Familien. Die offizielle Statistik weist 4,5% aller Ehen als Mehrehen aus.

Im ehemaligen Südjemen galt das Gesetz der **Einehe.** Eine zweite Frau durfte nur genommen werden, wenn die erste schwer krank war oder keine Kinder bekommen konnte. Dieses Gesetz wurde nach der Vereinigung aufgehoben.

Scheidungen sind überraschend häufig. Sie gehen in der Regel vom Mann aus, doch auch Frauen können die Trennung unter bestimmten Bedingungen erwirken. Die geschiedene Frau kehrt in das Haus ihrer Eltern zurück. Sie ist nicht sozial geächtet und hat gute Chancen zur Wiederverheiratung.

Frauen zwischen Tradition und Moderne

Auch wenn der Jemen im *Global Gender Gap Report 2007* an letzter Stelle unter 128 Nationen rangiert (verglichen wurden die Möglichkeiten von Männern und Frauen, am politischen und wirtschaftlichen Leben, am Gesundheitswesen und an Bildungsmöglichkeiten in ihrem Land teilzuhaben) und die große Diskrepanz zwischen beiden Geschlechtern im Jemen statistisch dokumentiert wird, so ist doch in den letzten 20 Jahren zu beobachten, dass sich im Frauenbereich eine große Entwicklung vollzogen hat. Der erste Eindruck „verschleierte Frau ist gleich unterdrückte Frau" muss modifiziert werden. Zwar ist es für Frauen in der Gesellschaft schwerer, ihren eigenen Weg zu gehen, ihre Bedürfnisse, Bildungswünsche und familiären Erwartungen zu verfolgen als für europäische Frauen, aber es ist wichtig, das Erreichte wahrzunehmen. Vergleichen wir nicht die jemenitischen Frauen mit den Frauen des Westens, vergleichen wir sie lieber mit ihrer **eigenen Entwicklung.**

Besuche von Restaurants, Krankenhäusern und öffentlichen Einrichtungen sowie Busfahrten machen Frauen nur in Begleitung eines männlichen Familienangehörigen. Dies ist keine Frage der staatlichen Gesetzgebung, sondern die Folge religiöser und familiärer Tradition und gesellschaftlicher Akzeptanz. Doch ist vor allem in den Großstädten ein Wandel in der Einstellung erkennbar. Frauen in Gruppen oder auch allein sind zunehmend im Straßenbild und in öffentlichen Verkehrsmitteln anzutreffen.

Die **Erwerbstätigkeit der Frauen** hat stark zugenommen. Während noch in den 1980er Jahren kaum eine Frau berufstätig war, sind inzwischen 21,8% der Erwerbstätigen Frauen, davon 5% in Führungspositionen. Vor allem im Erziehungsbereich, im medizinischen Sektor, in Büros und auf Behörden sieht man Jemenitinnen. Im Medienwesen arbeiten 20% Frauen. Mit Al Mahra (gegr. 1993) und Al Yamania (gegr. 1998) gibt es zwei Zeitungen, die vor allem Frauen ansprechen (auch Herausgeber und Journalisten sind Frauen).

Seit im Jahr 1990 Nicht-Regierungsorganisationen (NGOs) erlaubt wurden, bildeten sich auch **Frauenorganisationen.** Aktiv für Rechte und Belange von Frauen treten u.a. das *Women's National Committee,* das *Women Rights Forum,* das *Women Studies Center,* das *Sister's Forum,* die *Altahadee Organization* und die *Yemeni Women Union* ein. Darunter ist das *Women's National Committee* die am weitesten verbreitete Vereinigung. Sie setzt sich u.a. für die verstärkte Teilnahme von Frauen in der Politik ein, fordert ein Ministerium für Frauenangelegenheiten und eine Frauenquote in Parlament und Behörden. Neben den Themen allgemeine Rechte, Gesundheit und Bildung werden auch Probleme häuslicher Gewalt, der Beschneidung und Belange weiblicher Gefangener in die Öffentlichkeit gebracht.

Einen Ansporn erhielten die Frauenorganisationen 2001 durch die Ernennung von Frau *Dr. Waheeba Fara'e,* der Präsidentin der Arwa-Universität, zur Ministerin für Menschenrechte. Ihre Nachfolgerin wurde im Jahr 2003 *Amat Al-Alim Al-Soswa*. (Sie war im Jahr 2000 die erste jemenitische Botschafterin in den Niederlanden.) *Al-Soswa* trat 2006 einen Posten als Leiterin des UNDP-Programms für die arabische Welt und stellvertretende UN-Generalsekretärin an. Nach einer Kabinettsumbildung sind seit Anfang 2008 zwei Jemenitinnen in der Regierung: *Amat Al-Razaq Hamad* (Professorin an der Universität Sana'a) als Ministerin für Arbeit und Soziales und *Huda Abd-Latif al-Ban* als Ministerin für Menschenrechte.

Enttäuschend war für jemenitische Frauenorganisationen das Abschneiden der Kandidatinnen bei den Parlamentswahlen im Jahr 2003. Von den 50 Frauen, die an Schulungskursen teilgenommen hatten, wurden nur vier Frauen durch eine Partei nominiert. Weitere sieben ließen sich als unabhängige Kandidatinnen aufstellen. Nur eine Frau kam ins Parlament. Die **Wahlbeteiligung** der Frauen hatte sich jedoch erheblich erhöht. Waren es 16% bei den Parlamentswahlen 1993 gewesen, so lag die Beteiligung 2003 bei 58%. Umfragen ergaben, dass in Großstädten vor allem die Islah-Partei von Frauen gewählt wurde.

Der dritte Fünfjahresplan (2006–2010) für Entwicklung und Armutsbekämpfung hat auch Mädchenbildung, Bildungsgleichheit und **Stärkung von Frauen** in öffentlichen Angelegenheiten auf seiner Agenda. Jemenitinnen haben das Recht zu arbeiten, aber der Ehemann kann seine Zustimmung verweigern. Will die Frau ihr Recht auf Arbeit ausdrücklich sichern, so muss es im Ehevertrag vermerkt werden. In den Städten treten immer mehr Frauen ins Berufsleben ein. Kurse in englischer Sprache, in Kommunikationsmedien und Marketing sind begehrt. Frauen, die sich auf den Arbeitsmarkt begeben, setzen sich oftmals gegen die Konvention der Familie und Gesellschaft durch. Sie erleben das als **Herausforderung,** die viel Kraft fordert. In den Fällen, wo die Familie (Väter, Brüder und Ehemänner) die weiterführende Bildung und Berufswünsche der Frauen unterstützt, machen sie ihren Weg. Anschauliche Beispiele bietet das Buch „Yemeni Voices“ von *Marta Paluch* (siehe Literaturliste).

Das Leben von Stadt- und Landfrauen zeigt immense Unterschiede. Landfrauen haben außer ihrem Haushalt noch die Feldarbeit zu verrichten; oftmals sind sie auch für die Viehhaltung zuständig. Neben der harten Arbeit bleibt den Landfrauen kaum Zeit und Kraft für Bildung. Auf dem Lande ist die Einschulungsquote geringer, die Schulabbruchquote größer und die Analphabetenrate höher als in den Städten.

Kleidung der Jemeniten

Während in anderen arabischen Ländern die Kleidung westlichen (kolonialen) Einflüssen unterworfen war und sich vor allem bei Männern der europäische Stil durchgesetzt hat, sind Jemeniten und Jemenitinnen nach wie vor traditionell gekleidet.

Frauenkleidung

Den Körper fast vollständig zu bedecken und die Körperformen nicht sichtbar zu machen, war für islamische Frauen immer selbstverständlich. Traditionell trugen jemenitische Frauen ein langes, weites Hemdkleid **(qamies)**, das am Halsausschnitt oder am ganzen Vorderteil reich bestickt und mit Münzen, Silberteilen und Kauri-Schnecken besetzt war. Stickmuster und Silberteile hatten Amulettfunktion. Gelegentlich werden solche Kleider noch von Händlern auf dem Silbermarkt verkauft. Diese Gewänder bestanden aus Seide, Baumwolle oder mit Indigo gefärbter Baumwolle.

Bis zum 12. Lebensjahr sind Mädchen unverschleiert und mit einer Kopfbedeckung (Tuch, Spitzkappe) in der Öffentlichkeit anzutreffen. Spätestens mit Beginn der Reife kleidet sich das junge Mädchen dann wie seine Mutter.

Heute verschleiern sich alle Frauen des Jemen auf irgendeine Art (mehr oder weniger). Der Begriff **„Verschleierung“** bedeutet das Tragen von Tüchern und Umhängen über Gesicht und Körper. Diese waren früher von Region zu Region farblich unterschiedlich, heute sind sie jedoch meistens schwarz. In Sana'a fällt ein blau-rot-weiß gemustertes Tuch **(Sitara)** auf, das vor allem von älteren Frauen der Unterschicht benutzt wird.

Bis vor etwa zehn Jahren wurde im ganzen Land der **Scharschaf** getragen, ein dreiteiliges schwarzes Gewand aus Plisséerock, Gesichtstuch und Umhang über Kopf und Oberkörper. Seit einigen Jahren ersetzt ein langer schwarzer Mantel **(Balto)** plus Gesichtstuch oder ein schwarzer Umhang **(Abaya)** plus schwarzes Kopf- und Gesichtstuch den Scharschaf. Auch *Balto, Abaya* sowie Gesichtsverschleierungen sind der Mode unterworfen. Pailletten, feine Muster und Stickereien auf dem schwarzen Stoff bzw. unterschiedlich lange, hauchzarte, wallende Gesichtstücher zeigen Modetrends an.

Der **Grad der Verschleierung** war bis in die 1990er Jahre noch regional unterschiedlich. So waren im Norden (Saada) die Frauen vollständig bedeckt, in Sana'a und Taiz hatten sie freie Augenpartien, in der Tihama und im ehemaligen Südjemen zeigten sie sich mit offenem Gesicht. In abgelegenen Gebirgsregionen waren die Frauen früher überwiegend unverschleiert. Heute halten schwarze Verschleierungen auch in diesen Gebieten Einzug. Zu sozialistischer Zeit war im Südjemen das Tragen von langer Oberbekleidung und Kopftuch in öffentlichen Betrieben, Schulen und anderen Einrichtungen untersagt. Seit der Vereinigung tragen auch hier die Frauen Abaya, Balto und Gesichtstuch. Nach eigenen Angaben ist es sozialer und religiöser Druck (ausgehend von Mitgliedern der Islah-Partei). Um die Bedeckung komplett zu machen, begannen ab den 1990er Jahren die städtischen Frauen mit dem Tragen schwarzer Handschuhe.

012j Foto: bs

In den Städten wird der Schleier als **Schutz** in der Öffentlichkeit gewertet. Unverschleierte Frauen werden von den verschleierten bedauert, da diese den Männerblicken ausgesetzt sind und abfällige Bemerkungen zu hören bekommen. Dennoch ist bei immer mehr privaten Firmen und großen Einkaufszentren die Einstellungsbedingung für eine Sekretärin oder Kassiererin das Weglassen des Gesichtsschleiers. Der Kunde soll wissen, mit wem er es zu tun hat. Nicht immer fühlen sich die Frauen wohl dabei. Sie beklagen anzügliche Bemerkungen und das Gefühl, als attraktives Aushängeschild benutzt zu werden. Auch wenn Besucher aus westlichen Ländern eine unverschleierte Frau als fortschrittlich empfinden und sich fragen, warum nicht mehr freie Gesichter zu sehen sind, sollten die Probleme des „Entschleierns" nicht unterschätzt werden.

Im häuslichen Kreis legt die Frau Schleier und schwarzen Umhang ab, darunter verbirgt sich farbenfrohe Kleidung (Kleid und lange Hose). Das Haar bleibt auch im Haus mit einem Kopftuch bedeckt.

Traditionelle Verschleierung

Zweimal im Jahr kleidet sich die Familie neu ein: am Ende des Fastenmonats Ramadan und aus Anlass des Opferfestes. Auf den Märkten der Städte fallen die großen **Stoffangebote** auf. Sie zeigen, dass oftmals nicht fertige Kleider gekauft werden, sondern Stoffe, die zu Schneidern oder Heimnäherinnen gebracht werden. Auch bei einer Hochzeit bekommt die Braut Stoffe und Kleider (oder das Geld dafür) von ihrem zukünftigen Mann.

Bei **Festlichkeiten** tragen die Jemenitinnen prachtvolle Gewänder. Wer als Gast einer Hochzeit beiwohnt, kommt daher aus dem Staunen nicht heraus. Auf dem Lande haben die Frauen bei Feierlichkeiten glänzende lange Brokatkleider **(Zanna)** an, mit langen Hosen *(sirwal)* darunter und einem aufwendigen Kopfputz, der aus breiten Brokatbändern gemacht wird. In der Stadt beeindrucken vor allem junge Frauen mit hochmodischen Kleidern **(Fustan),** die sich an der europäischen Mode orientieren. Jeanshosen, Leggings und bauchfreie Tops sind bei ihnen beliebt. Zusammen mit Gold- und Modeschmuck, gestylten Frisuren, prächtigem Make-up und einer eleganten Körperbemalung auf Gesicht und Armen sehen die Frauen tatsächlichlich aus wie aus 1001 Nacht. Das alles geschieht aber unter Ausschluss der männlichen Gäste und nur innerhalb der Häuser.

Männerkleidung

Der jemenitische Mann hat traditionell ein gestreiftes Kleid **(Zanna)** mit Gürtel und Dschambija getragen. Sowohl Stoff als auch Schnittmuster wurden Veränderungen unterworfen, als Jemeniten ab den 1960er Jahren in anderen arabischen Staaten arbeiteten und sich in der Kleidung dem Golfstaaten-Stil anpassten. Üblich ist seitdem das fast zum Knöchel reichende, weiße oder graue Gewand **(Gamies)** mit einem Sakko darüber. Daneben ist der um die Hüften gewickelte Rock verbreitet. Handelt es sich dabei um einen einfachen, importierten Stoff und ist dieser in der geschlossenen Form eines Schlauches, so wird der Rock **„Futa"** genannt. Röcke der Spitzenqualität mit leuchtenden Farben, sorgfältig gewebt und im Jemen hergestellt (bis zu 12.000 Rial das Stück), in der Form eines Rechtecks und zum Teil mit Fransen, heißen **Makdab** oder **Mauwaz.** Zu *Gamies, Makdab* oder *Futa* gehört ein schön bestickter Gürtel, daran eine fein gearbeitete Dolchscheide mit dem Krummdolch, der **Dschambija.**

Bei der Jugend und in der städtischen Bevölkerung setzen sich verstärkt Hosen **(Pantalon)** westlichen Schnitts durch. In den Schulen, beim Militär, in der Verwaltung und in Büros im privaten Sektor ... überall werden Hosen getragen, auch wenn *Futa, Makdab* oder *Gamies* zur Freizeitkleidung gehören.

Angesehene und gesellschaftlich hoch stehende Männer tragen über der Schulter als Zeichen ihrer Würde ein sorgfältig gebügeltes **Tuch** (Schal bzw. *Lohfa*). Auch bei Hochzeiten und anderen bedeutenden Ereignissen wird dieses große Tuch angelegt. Wie die Königsstatuen aus vorislamischer Zeit im Nationalmuseum zu Sana'a zeigen, handelt es sich um eine jahrtausendealte Tradition.

023Foto: bs

Im Festtagsgewand

Eine einheitliche **Kopfbedeckung** gibt es nicht, üblich sind verschiedenartige Kappen (Kufia) und um den Kopf gewickelte Tüche (Rutra, Sumata). Das für einen Turban verwendete Tuch heißt Maschaddah. Auf **Schuhwerk** wird wenig Wert gelegt.

Kinder, die **Amulette** umhängen haben, sollen gegen Geister und den bösen Blick geschützt werden. Haustieren werden aus diesem Grund Blechbüchsen oder auch alte Schuhe um den Hals gebunden. Obwohl aus islamischer Sicht Amulette nicht erlaubt sind, hat sich diese Tradition im Jemen erhalten. Die Hand der Fatima hingegen, ein in Nordafrika verbreitetes Amulett, ist im Jemen unbekannt.

Religion

Zur Zeit der großen jemenitischen Königreiche bestimmten **Naturgottheiten** das religiöse Leben. Mond- und Regengötter wurden angebetet, Steinböcke als Besänftigungsopfer gebracht. Aus dieser Zeit sind auf Inschriftensteinen die Namen der Gottheiten überliefert. An der Spitze des vorislamischen Götterhimmels stand *Ather,* eine männliche, kämpferische und beschützende Gottheit und Herr über das Wetter. Ihm untergeordnet war der Mondgott, der bei den Sabäern *Almaqah,* in Kataban *Amm,* in Ma'in *Wadd* und im Hadramaut *Sin* genannt wurde. Der bedeutendste erhaltene sakrale Bau aus dieser Zeit ist der Awam Tempel in Marib.

Während der ersten abessinischen Besetzung kam im 2. Jh. n.Chr. mit dem **Christentum** eine monotheistische Religion in den Jemen. Im Jahre 517 n.Chr. trat der himjaritische Herrscher *Dhu Nawas* zum **Judentum** über. Nach einer weiteren Periode christlich-abessinischer Herrscher (6. Jh. n.Chr.), in der eine große Kirche in Sana'a gebaut wur-

Zeittafel zum Islam

570	Geburt *Mohammeds* in Mekka (zwischen 570 und 580)
610	*Mohammed* hat die ersten Offenbarungen, die ersten Suren entstehen.
622	Auszug *Mohammeds* von Mekka nach Medina („Hidschra“)
624–628	Mehrere Gefechte zwischen Medina und Mekka
630	Mekka wird islamisch.
632	*Mohammed* stirbt in Medina.
632–634	1. Kalif ist *Mohammeds* Schwiegervater *Abu Bakr.*
634–644	2. Kalif ist *Mohammeds* Schwiegersohn *Omar.*
635–643	Der Islam breitet sich bis Ägypten, Syrien und Persien aus.
644–656	3. Kalif ist *Mohammeds* Schwiegersohn *Othman.* In dieser Zeit entsteht die erste offizielle Koranniederschrift.
656–661	4. Kalif ist *Mohammeds* Vetter und Schwiegersohn *Ali.*
661–680	5. Kalif ist *Muawija,* wie *Othman* aus dem Geschlecht der Omaijaden. Spaltung des Islam in Sunniten und Schiiten.
661–750	Die Dynastie der Omaijaden mit Sitz in Damaskus stellt die Kalifen. Ausbreitung des Islam bis zum Indus, nach Indonesien und Spanien.
750	Abbasiden drängen die Omaijaden nach Spanien ab und stellen bis 1258 die Kalifen mit Sitz in Bagdad. Die Omaijaden herrschen noch bis 1031 in Spanien.
910–1171	Von Tunesien kommend begründen die Fatimiden ein eigenes Kalifat in Kairo.
1171	Der kurdische Feldherr *Salah ad Din* zieht siegreich in Kairo ein und begründet die Dynastie der Aijubiden (bis 1254).
1254	Die Mamelucken stürzen die Aijubiden-Dynastie und machen sich zu den Herrschern in Ägypten.
1258	Mit dem Mongoleneinfall endet das Abbasidenkalifat in Bagdad.
1517	*Selim I.* erobert Ägypten und übernimmt das Kalifenamt.
1924	*Atatürk* schafft das Kalifat ab.

„Allah ist fähig, alles zu tun“

de, konvertierte der persische Statthalter im Jahre 628 zum **Islam.**

Die Bevölkerung hat die Glaubenswechsel ihrer Herrscher – wenn überhaupt – zeitversetzt mitgemacht, eine jüdische Minderheit hat sich bis heute erhalten. Änderungen der religiösen Ausrichtung waren häufig mit Massakern an Andersgläubigen verbunden. So erfolgte der abessinische Einmarsch im Jahre 525 aufgrund von Christenverfolgungen durch den jüdisch-himjaritischen Regenten.

Die Geschichte des Islam

Mekka liegt auf einer vegetationslosen Hochebene 70 km vom Roten Meer entfernt, im heutigen Saudi-Arabien. Bedeutung erlangte die Stadt wegen der Lage an der Weihrauchstraße, mit einem der wenigen Wasser führenden Brunnen in diesem Gebiet und durch den heiligen **Stein der Kaaba** (ein ovaler, teilweise aufgeschmolzener, schwarz glänzender Meteorit von ca. 18 cm Durchmesser, der in vorislamischer Zeit bei Mekka niedergegangen war). Die Nomaden bewahrten den Stein in einem Zelt – der *Kaaba* (= kubisch) – in der Nähe des Brunnens *Zem Zem* in Mekka auf. Die Kaaba entwickelte sich zu einem **Wallfahrtsort,** an dem nicht nur der schwarze Stein, sondern auch die von Stamm zu Stamm unterschiedlichen Gottheiten angebetet wurden.

570 n.Chr. wurde **Mohammed** als Enkel eines bedeutenden Stammesführers in Mekka geboren. Im Alter von 25 Jahren heiratete er die 40-jährige *Khadischa bint Kueiled,* mit der er in Einehe lebte und vier Söhne und vier Töchter hatte. Im Alter von etwa 40 Jahren erlebte Mohammed seine ersten Erleuchtungen, in dieser Zeit entstanden die ersten Koran-Suren. Anfangs im engsten Freundeskreis, dann in der Öffentlichkeit offenbarte er, dass er Gesandter des einen und einzigen Gottes sei.

Mohammeds Tochter **Fatima,** die Gattin des späteren vierten Kalifen **Ali** und Mutter von *Hassan* und *Hussein,* wurde die Stammmutter der Fatimiden, *Ali* die zweitwichtigste Person der schiitischen Glaubenslehre.

Wegen seiner Missionierungen und Ablehnung der alten Gottheiten geriet Mohammed in Opposition zu den führenden Familien Mekkas. Einem Mordversuch entging er nur knapp durch die **Flucht nach Medina.** Dieser Tag, die **„Hidschra"** am 20. Juni 622, ist der Anfang der islamischen Zeitrechnung.

Der Islam breitete sich rasch aus. Als Mohammed im Jahr 632 starb, standen islamische Heere schon an der Grenze von Byzanz. Die Nachfolge (arabisch: *Kalif)* trat sein Schwiegervater **Abu Bakr** an, der 634 starb.

Omar, ein Schwiegersohn des Propheten, wurde zweiter Kalif und verlegte seinen Hauptsitz, den islamischen Heeren folgend, nach Dschabija bei Damaskus. Unter *Omar* breitete sich der Islam bis Syrien und Persien aus. 644 wurde *Omar* ermordet, und **Othman** aus dem Geschlecht der **Omaijaden** folgte als dritter Kalif. Unter seiner Leitung entstand die erste offizielle Koranausgabe. 656 wurde *Othman* ermordet, und **Ali,** Mohammeds Vetter und mit dessen Tochter Fatima verheiratet, erlangte die Würde des vierten Kalifen.

Die Umstände der Ermordungen von *Othman* (656) und *Ali* (661) führten zur **Spaltung** der islamischen Gemeinde **in Sunniten** und **Schiiten.** Schon zuvor hatten sich die Charidschiten (= die Herausgetretenen) als erste islamische Sekte abgetrennt.

Fünfter Kalif der Sunniten wurde **Muawija,** der die Linie der Omaijaden-Kalifen mit Sitz in Damaskus begründete. 680, als *Muawija* starb und ihm sein Sohn *Jasid* nachfolgte, ließ sich **Hussein** (*Alis* Sohn) in Kufa (Irak) zum Gegenkalifen ausrufen. In der entscheidenden Schlacht behielten die Omaijaden die Überhand. *Hussein* fiel, seine Söhne setzten als Imame und Führer der Schiiten die Nachfolge *Alis* und *Husseins* fort.

Im Jahre 750 besiegten Schiiten und **Abbasiden** (sie begründen sich auf den Prophetenonkel *Abbas*) das Omaijadenheer. Im Machtkampf setzte sich *Abbas* durch, wurde siebter Kalif und begründete die Reihe der abbasidischen Kalifen bis 1258.

874 verschwand der zwölfte schiitische *Imam Mohammed Abu Chasim* auf rätselhafte Weise. Mit ihm endete die direkte Linie der Nachfolger des Propheten. Der zwölfte Imam wurde als in der Unsichtbarkeit lebend erklärt und

025J Foto: bs

soll eines Tages zurückkehren. Die Rolle der Imame nehmen seit dieser Zeit Statthalter, z.B. Ayatollas, ein.

Beim fünften und siebten Imam hatte es Nachfolgeprobleme gegeben. So spalteten sich beim fünften Imam die **Zaiditen** und beim siebten die **Ismailiten** von der schiitischen Hauptlinie ab.

Im Jahre 900 gründete *Ubaidallah* in Tunesien die Dynastie der **Fatimiden.** Seine Nachfolger eroberten Ägypten und riefen sich als Kalifen aus. Zu dieser Zeit gab es mit den Fatimiden in Kairo, den Omaijaden in Córdoba (Spanien) und den Abbasiden in Bagdad **drei Kalifate nebeneinander.**

1171 besiegte der kurdische Feldherr **Salah ad Din** im Dienste Syriens die Fatimiden. Er begründete in Ägypten und Palästina die Aijubiden-Dynastie, die bis 1254 die Kalifen stellten. 1254 fand ein Aufstand im aijubidischen Heer statt, die Mamelucken (Sklaven) eroberten die Macht in Ägypten. Nach Beendigung des Kalifats der Abbasiden in Bagdad durch die Mongolen (1258) residierten abbasidische Marionetten-Kalifen unter den Mamelucken in Kairo. Das Kalifat wurde 1517 von osmanischen Sultanen übernommen. 1922 trat der letzte Sultan zurück, 1924 schaffte *Kemal Atatürk* das Kalifat ab.

Moschee im Wadi Hadramaut

Grundlagen des Islam

Die islamische Glaubensgemeinschaft umfasst weltweit 900 Mio. Menschen. **90%** bekennen sich zur **sunnitischen Glaubensrichtung** mit den vier Rechtsschulen Hannafiten, Malikiten, Schafaiten und Hanbaliten.

10% der Moslems gehören der **schiitischen Glaubensrichtung** an. Die wichtigsten schiitischen Gruppen sind Ismailiten, Zaiditen, Drusen (in Syrien und Libanon) und Zwölferschia (Staatsreligion im Iran).

Sunniten sind überzeugt, dass sich Gott mit dem Koran, d.h. zu Lebzeiten Mohammeds, abschließend offenbart hat. Schiiten glauben, dass die Periode der Offenbarung noch die zwölf Nachfolger Mohammeds umfasste. Der erste (blutsverwandte) Nachfolger Mohammeds, sein Vetter *Ali* (vierter Kalif), wird in das schiitische Glaubensbekenntnis aufgenommen. Schiiten erkennen nur einen Blutsverwandten des Propheten (die Ali-Linie) als religiöses Oberhaupt an. Sunniten wählen hingegen den besten und fähigsten Moslem als geistlichen Führer.

Der Islam kennt nicht die Dreieinigkeit des Christentums von Gott-Vater, Sohn und Heiligem Geist. Das islamische Glaubensbekenntnis beginnt: „Ich bezeuge: Es gibt keine Gottheit außer Gott ..."

Mohammed wird **nicht** als **Gottes Sohn** verehrt. Für den Moslem ist er der letzte Prophet in einer Reihe von Propheten, zu denen auch Jesus zählt. Mohammed wird nicht als Gründer des Islam angesehen. Er war der Mund, durch den Gott (Allah) den Islam seinen Anfang nehmen ließ.

Die **vier Rechtsgrundlagen des Islam** *(usul al figh)* sind:
1. Die Worte des **Koran.**
2. Die **Sunna** (die Tradition). Sie soll Antworten auf Fragen geben, die im Koran nicht beantwortet sind. Es sind mündliche Überlieferungen (Hadith) des Propheten: seine Worte, sein Vorbild und sein Lebenswandel.
3. Für Fragen, auf die Koran und Sunna keine direkte Antwort geben, sind die Rechtsgelehrten aufgerufen, nach **Parallelfällen in Koran und Sunna** zu suchen.
4. Idschtihad, die Meinung zu einer Frage, die von der Mehrheit der Rechtsgelehrten geteilt wird.

Der Islam basiert auf **drei Prinzipien:** dem Glauben, den fünf Grundsäulen und dem rechten Tun. Die **fünf Säulen des Islam** sind:
1. Das **Glaubensbekenntnis,** dass es keine Gottheit neben Gott (Allah) gibt und dass Mohammed Gottes Prophet ist.
2. Das **fünfmalige Gebet (Salat)** am Tag, in Gemeinschaft anderer, wobei einer der Gruppe als Vorbeter (Imam) fungiert. Das Gebet, dem eine Waschung vorangeht, wird in allen islamischen Ländern auf Arabisch gesprochen.
3. Das **Almosengeben (Zakat)** an Arme und Bedürftige.
4. Das **Fasten (Saum)** im Monat Ramadan. Ausnahmen gelten für Kranke, Schwangere, Menstruierende, Kinder und Reisende.
5. Die **Pilgerfahrt nach Mekka und Medina (Hadsch)** im Anschluss an Ramadan. Jeder Moslem sollte die Reise mindestens einmal im Leben unternehmen, wenn er gesundheitlich und finanziell dazu in der Lage ist.

Der **Aufruf zum Gebet,** wie er fünfmal täglich über die Lautsprecher der Moscheen erschallt, lautet: „Allahu akbar. Aschadu alla ilaha illa Allah. Aschadu ann Mohammed rasul Allah. Hajja ala assalah. Hajja ala al falah. Allahu akbar, la ilaha illa Allah." Jeder Satztteil außer dem letzten wird zweimal gesprochen. Die Zaiditen setzen noch hinter „hajja ala al falah" den Satz „hajja ala chäir amel". Die **Übersetzung** lautet sinngemäß: „Gott ist größer. Ich bezeuge, dass es keinen Gott außer Gott gibt. Ich bezeuge, dass Mohammed Gottes Gesandter ist. Kommet zum Beten. Kommet zur Seligkeit. Kommet zur Besten der Tätigkeiten. Gott ist größer. Es gibt keinen Gott außer Gott."

Der Islam im Jemen

Der Jemen konvertierte rasch zum Islam. Überliefert ist der Besuch des Scheichs *Abu Musa* aus dem Wadi Zabied im Jahre 630 beim Propheten, sein Übertritt zum Islam und der Bau einer Moschee bei Zabied im gleichen Jahr.

Die **Moschee in Dschanaad** (bei Taiz) und die **Große Moschee in Sana'a** gehören zu den **drei ältesten der islamischen Welt** (die dritte steht in Mekka), sie wurden zu Lebzeiten des Propheten erbaut. Der Prophet war von der Religiösität der Jemeniten stark beeindruckt, wie ein Ausspruch zeigt: „Jemenitisch ist der Glaube, und aus dem Jemen kommt die Weisheit".

Dem Touristen wird der Islam zuerst in Gestalt der vielen Minarette in Sana'a begegnen. Einen weiteren nachhaltigen Eindruck hinterlässt der morgendliche Weckruf durch die Muezzine zwischen 4 und 4.30 Uhr.

Täglich fünfmal erklingt der **Gebetsruf.** Das Gebet spielt eine wichtige Rolle im Leben der Bevölkerung. Es gehört zu den fünf Säulen des Glaubens und stellt eine direkte Verbindung zwischen dem Betenden und Gott her. Das rituelle Gebet enthält Verse aus dem Koran. Die **erste Sure des Korans,** die *Fatiha,* wird dabei mehrmals täglich gesprochen: „Im Namen des barmherzigen und gnädigen Gottes. Lob sei Gott, dem Herrn der Menschen in aller Welt, dem Barmherzigen und Gnädigen, der am Tag des Gerichts regiert! Dir dienen wir, und dich bitten wir um Hilfe. Führe uns den geraden Weg, den Weg derer, denen du Gnade erwiesen hast, nicht den Weg derer, die deinem Zorn verfallen sind und irregehen!" Vor dem Gebet sind rituelle Waschungen vorgeschrieben; Wasch- und Toilettenanlagen sind deshalb fester Bestandteil jeder Moschee. Der Koran verlangt in Sure 74, Vers 1–5, dass nicht nur der Körper, sondern auch die Kleidung sauber gehalten werden muss, weil sonst das rituelle Gebet keine Gültigkeit hat.

Die täglichen **Gebetszeiten** hängen vom Sonnenaufgang ab, verändern sich daher im Laufe des Jahres um etwa eine halbe Stunde. Für den Monat Juni sind die Betzeiten wie folgt: 4.20, 11.20, 15.20, 18.45, 19.30 Uhr. Das Gebet am Freitagmittag sollte jeder männliche Moslem in der Freitagsmoschee (auch Große Moschee genannt) in Gemeinschaft Anderer verrichten.

Der **Imam** hält eine Ansprache, die über den religiösen Inhalt hinausgeht und politische sowie gesellschaftliche Themen und Probleme anspricht.

Es gibt keine gesonderten Frauenmoscheen. Viele große Moscheen haben einen Extraeingang für Frauen und im Innern einen abgeteilten Raum, wo sie ungesehen am Gottesdienst teilnehmen können. Die meisten Frauen verrichten jedoch die täglichen Gebete zu Hause.

Ein wichtiges Ereignis in der islamischen Welt ist der **Fastenmonat Ramadan.** Von der Morgen- bis zur Abenddämmerung nimmt der gläubige Moslem keine Nahrung und Flüssigkeit zu sich, auch Katkauen, Geschlechtsverkehr und Rauchen sind verboten. Alte, Kranke, Schwangere, Stillende und Reisende können das Fasten auf einen späteren Zeitpunkt verschieben. Kinder beginnen das Fasten mit Einsetzen der Pubertät. Das Fasten, verbunden mit Gebeten und Lesen im Koran, ist ein Weg zur Selbstfindung. Enthaltsamkeit und Besinnung auf das Wort Gottes sollen das Mitgefühl mit den Armen und das Gute im Menschen fördern.

Eine besondere, gesegnete Nacht ist die 27.; da gedenken die Muslime der Offenbarung des Korans. In der **Nacht der Bestimmung** wurden Mohammed die ersten Suren des Korans offenbart. In dieser Nacht, die mit dem Lesen des Korans und im Gebet verbracht wird, soll Gott alle Gebete erhören, alle guten Werke belohnen und das Schicksal für das kommende Jahr festlegen. In der 97. Sure heißt es: „Die Nacht der Bestimmung ist besser als tausend Monate." Am Ende der Fastenzeit wird drei Tage das Fest des Fastenbrechens gefeiert. Es gibt reichlich Speisen, die nur zu diesem Anlass gekocht werden. Die Festtage sollen eine Zeit der Versöhnung sein, Verwandte und Freunde besuchen sich gegenseitig.

Das **Opferfest,** zwei Monate nach Ende des Ramadan, wird als größtes religiöses Fest aufwendig begangen. Es erinnert an den Propheten *Abraham,* der bereit war, Gott seinen ersten Sohn *Ismael* zu opfern. Zum Gedenken an den Gehorsam *Abrahams* und die Errettung *Ismaels* (statt seiner tötete *Abraham* ein Schaf) feiern Muslime das Opferfest. Dabei werden Schafe, Ziegen und Rinder geschlachtet und das Fleisch wird an Arme, Nachbarn und Verwandte verteilt. Auch an diesen vier Tagen besuchen sich die Familien gegenseitig.

Zur Bedeutung des Ramadan für Touristen s. Kapitel „Klima und Reisezeit".

Friedhöfe im Jemen sind meist einfach und schlicht, nur in Gebieten mit hohem Anteil an Sa'da (Abkömmlinge des Propheten) kann man beschriftete Grabplatten finden. Das Grab wird mit einem Erd- und Steinhaufen bedeckt, darauf kommt ein Stein als Kennzeichnung der Lage des Kopfes.

Im Islam ist eine **Heiligenverehrung** nicht erlaubt, da der Gläubige mit Gott in direkten Kontakt treten soll (durch das Gebet). Dennoch hat sich der Volksislam in vielen Ländern und auch im Jemen so genannte Mittler zu Gott geschaffen. Vor allem im ehemaligen Südjemen gibt es viele Heiligengräber, die von schön geschnitzten Grabkästen und kuppelartigen Gebäuden *(gubba)* überdeckt sind. Heiligenverehrung im südlichen und östlichen Landesteil zeigt sich in den jährlichen Wallfahrten *(ziara* = Besuch) zu den Gräbern bedeutender Heiliger.

Auch am Jemen sind die **Spaltungen des Islam** nicht vorübergegangen. Die wichtigsten Gruppen sind:

- **Zaiditen** (Schiiten): Etwa 35% der Bevölkerung zählen zu den Schiiten. Eine Sonderform bilden die Zaiditen in der Nordprovinz. Sie betonen ihre direkte Abstammung vom Propheten *Mohammed* und leiten daraus einen Herrschaftsanspruch in Form eines Imamats ab. Bei der Erbfolge des vierten Imams der Schiiten einigte sich die Mehrheit auf *Mohammed al Baqir,* für eine Minderheit war sein Bruder *Zaid* der rechtmäßige fünfte Imam. Mit dem Tode *Zaids* endete für seine Anhänger, die Zaiditen, das erbliche Imamat. Sie bestimmen ihre Imame seitdem per Wahl.

Im Jahre 897 begründete *Yachya al Hadi* die zaiditische Dynastie im Norden des Jemen und leitete eine Reihe von 65 zaiditischen Imamen ein. Der Letzte Imam, *Al Badr,* wurde 1962 in einem Militärputsch gestürzt.

- **Schafaiten** (Sunniten): Die Mehrzahl der Jemeniten (60%) bekennt sich zur sunnitischen Glaubensrichtung, überwiegend zu einer der vier Rechtsschulen, den Schafaiten. Sie beziehen sich auf den im Jahre 820 gestorbenen *Asch Schafi.*
- **Ismailiten** (Schiiten): Für Ismailiten gilt *Ismail,* der Sohn des sechsten Imams *Jafar as Sadig,* als letzter Imam. Sie betrachten den siebten Imam als nicht verstorben, sondern erwarten seine Rückkehr als Mahdi („rechtgeleiteter Führer"). Bedeutende ismailitische Gruppen sind die Assassinen (Abspaltung 1080), die Karmaten (890) und die Hodschas mit dem *Aga Khan* als Oberhaupt.

Ismailiten gibt es im Libanon, in Syrien, Afghanistan, Pakistan, Indien, Ostafrika und eine Minderheit im mittleren Jemen bei Menaacha. Hotäb ist ein wichtiger Wallfahrtsort der ismailitischen Welt und zieht viele Pilger an.

Wie sieht das Verhältnis zwischen Christ (als Tourist) und Moslem aus?

Gespräche über Religion sind üblich. „Anta Muslim (Bist du Moslem)?" ist eine Standardfrage.

Wer das nötige arabische Sprachvermögen hat, wird mit den Fakten konfrontiert, dass Christen nie beten (bzw. nicht fünfmal am Tag), Christen an drei Götter glauben

(Heilige Dreieinigkeit) und mit *Maria* (Mutter Gottes) eine vierte Person anbeten.

Ein religiöses Gespräch im Jemen ist selten ein Erfahrungsaustausch, sondern wird vom christlichen Touristen oft als Missionierungsversuch empfunden.

Religiöse Gespräche werden vor dem folgenden Hintergrund verständlich. Auf die Frage, was Islam sei, antwortete *Mohammed:* „Hungerleidenden zu essen zu geben, das Heil denen zu bringen, die man kennt und auch denen, die man nicht kennt. Keiner von Euch wird wirklich Glauben haben, wenn er für seinen Nächsten nicht das wünscht, was er für sich selbst wünscht." (Hadith)

Atheisten haben es schwer. Ein freiwilliges Leben ohne Allah ist für den gläubigen Jemeniten undenkbar.

Juden- und Christentum werden im Islam relativ gut angesehen, da beide mit Thora und Bibel *(in'dschill)* Buchreligionen sind und die drei Religionen gleiche Wurzeln haben. Jesus ist im Islam ein geachteter Prophet, einige Jemeniten tragen seinen Namen *(Äisa)*. Er gilt jedoch nicht als letzter Prophet - der ist *Mohammed* - und schon gar nicht als Sohn Gottes.

Die Juden im Jemen

Seit wann es Juden im Jemen gibt, ist nicht eindeutig belegt. Im Jahre 517 n.Chr. trat der himjaritische **König Dhu Nawas** zum Judentum über und mit ihm große Teile des Volkes. Es kam zur Zuwanderung jüdischer Volksgruppen aus dem Ausland. Seit dem Beginn des Islam im Jemen 628 n.Chr. lebt die jüdische Gemeinde als eine Minderheit in moslemischer Umgebung und überwiegend in friedlicher Koexistenz.

Die Zahl der Juden, die in den ersten Tagen des Islam an ihrem Glauben festhielten, ist nicht bekannt. 897 gab es in Natschraan einen Friedensvertrag zwischen Moslems, Juden und Christen, zu dem der erste **Imam al Hadi** sagte, er hoffe, dass dieses Abkommen wie eine Sunna (Vorbild für die Gläubigen) nach seinem Tode Bestand habe. Den christlichen und jüdischen Minderheiten soll Imam *al Hadi* gesagt haben: „Falls euch jemand belästigt, lasst es mich wissen, damit ich euch Gerechtigkeit geben kann."

Dass islamische Kreise versucht haben, die Juden aus dem Jemen zu vertreiben, wurde mit den Worten Mohammeds begründet, dass keine andere Religion als der Islam im Hijaz zu dulden sei. Andere moslemische Denkrichtungen entgegneten darauf, dass der Jemen nicht Teil des Hijaz sei.

Mehrere Suren sprechen sich für ein **friedliches Nebeneinander der Religionen** aus: Sure 2, Vers 256: „Es soll kein Zwang sein im Glauben"; Sure 10, Vers 99: „Und wenn dein Herr gewollt hätte, würden die, die auf der Erde sind, alle zusammen gläubig werden. Willst du nun die Menschen zwingen, dass sie glauben?"

In den dreizehn Jahrhunderten des Miteinanders im Jemen gab es zwei besonders **schwierige Phasen** für die jüdische Gemeinde. 1676 ließ Imam *Ahmad bin al Hassan* die Synagogen Sana'as zerstören, verbot öffentliche jüdische Gebete und siedelte diejenigen Juden, die nicht zum Islam übertreten wollten, 1679 nach Mauza in die Tihama um. Aufgrund von Bedenken einflussreicher Moslems und wegen Mangel an den von Juden gestellten Handwerkern, wurde die Verbannung ein Jahr später rückgängig gemacht. Die Juden wurden im neuen Stadtviertel

Sana'as (Al Gahr) angesiedelt und durften 22 Synagogen bauen. Unter Imam *al Mahdi Abbas,* einem religiösen Eiferer, wurden dann 1762 alle Synagogen Sana'as zerstört. Unter der Herrschaft seine Sohnes *al Mansur Ali* durften sie 1792 wieder aufgebaut werden (zur Geschichte der Juden in Sana'a siehe dort).

Die Juden im Jemen waren **Vorschriften** unterworfen:

- Sie sollten mit ihrer Kleidung von Moslems unterscheidbar sein.
- Sie hatten Schläfenlocken zu tragen.
- Das Reiten auf Kamelen und Pferden war ihnen verboten. Auf Eseln durften sie nur im Frauensitz reiten, d.h. beide Beine zur gleichen Seite hängend.
- Sie mussten in bestimmten Stadtvierteln wohnen, und ihre Häuser hatten äußerlich schlicht zu sein.
- Ihre Häuser durften nicht höher sein als die moslemischer Bürger.
- Die Häuser in der Neustadt von Sana'a sollten nur zweistöckig sein.
- Ihnen waren bestimmte Berufe vorgeschrieben.
- Das Tragen von Waffen oder Schmuck war ihnen untersagt.
- Die Religionsausübung sollte nicht in der Öffentlichkeit erfolgen.
- Sie wurden selten in Ämter berufen, und ihre Mitsprache in öffentlichen Angelegenheiten war gering.

Sie hatten dafür **besondere Rechte:**

- Sie mussten keinen Kriegsdienst leisten,
- durften von keinem Moslem angegriffen werden,
- durften Wein herstellen, ihn aber nicht an Moslems verkaufen,
- konnten relativ frei reisen,
- waren von der Zwangsarbeit befreit und mussten sich auch nicht um die Bewachung der Städte kümmern.
- Unter einigen Imamen zahlten Juden keine Steuern, was Vorteile gegenüber ihren moslemischen Konkurrenten brachte.

Dass sich viele Imame ganz besonders um das Wohlergehen der Juden kümmerten, hatte auch finanzielle Gründe. Deren Abgaben flossen nicht in den allgemeinen Steuertopf *(zakat),* sondern standen zur freien Verfügung der Imame, d.h. für Infrastruktur, Armee und Geldgeschenke an Stämme.

Der **Kontakt** jemenitischer Juden **mit dem Ausland** war gering. Das änderte sich, als im 19. Jh. verstärkt Europäer das Land bereisten, einige im Auftrag der zionistischen Bewegung, so der Franzose *Joseph Halévy* und der Österreicher *Eduard Glaser. Glaser* forderte gar in einem Zeitungsartikel die Schaffung eines jüdischen Staates auf jemenitischem Boden unter deutscher Protektion.

Juden hatten einen ausgezeichneten Ruf als **Handwerker,** nicht nur als Silberschmiede. Sie betätigten sich als Qadadmeister, Holzschnitzer, Gipsstuckateure und Wanderhandwerker (u.a. als Kesselflicker und Mahlsteinaufrauer) und besuchten die Viehmärkte als Makler.

In der zweiten Hälfte des 19. Jh. kam es zu organisierten **Auswanderungen.** Wegen des Verlustes wichtiger Handwerker wurde daraufhin ein Ausreiseverbot für Juden verhängt. Die Emigration hielt jedoch an, so verließen allein im Jahr 1908 2500 Juden den Jemen. Für 1929 ist überliefert, dass sich der moslemische Mufti in Jerusalem über den Zustrom der Juden nach Palästina beschwerte.

Nach der **Gründung Israels 1948** befürchteten jemenitische Juden Repressalien und stellten Ausreiseanträge. **Bis 1950 verließen rund 60.000 Juden**

Nord- und Südjemen. Imam *Ahmad* hatte für die Ausreise zwei Bedingungen gestellt: Juden mit wichtigen Berufen sollten zuvor moslemischen Handwerkern ihr Wissen weitergeben. Um spätere Forderungen zu vermeiden, mussten die Juden ihren zurückbleibenden Besitz verkaufen. Dafür erließ der Imam die Anweisung, dass Interessenten den jüdischen Grundbesitz nicht unter Wert kaufen durften.

Nicht alle Juden verließen das Land. Große Gemeinden blieben nördlich von Sana'a (Amran, Räida, Schahaara, Saada, Wadi Amlach) bestehen. Doch wanderten gerade in den letzten zehn Jahren auch von hier viele Familien aus, so dass es nur **noch etwa 100 jüdische Familien im Jemen** gibt. Trotz erheblicher innenpolitischer Kontroversen ist es Juden seit Anfang 2000 gestattet, mit einem nicht-israelischen Pass als Touristen in den Jemen zu reisen. In Israel/Palästina lebende jemenitische Juden nutzen diese Möglichkeit zum Besuch von Verwandten.

Das Christentum im Jemen

Das Christentum kam während der ersten abessinischen Besetzung im 2. Jh. in die Tihama und den westlichen Jemen. Massaker an der christlichen Gemeinde Natschraans unter dem jüdisch-himjaritischen Herrscher im Jahre 523 waren der Grund für eine zweite Invasion Abessiniens. Dessen Feldherr *Abraha* gründete **530** ein unabhängiges **christliches Königreich** im Jemen mit der Hauptstadt Sana'a. Der Bau von Kirchen in Aden, Thafar, Sana'a und Natschraan ist überliefert. 575 wurden die Abessinier mit Hilfe sassanidischer Truppen vertrieben.

628 wurde der Jemen ein **islamisches Land.** Christliche Minderheiten hielten sich im nördlichen Landesteil und in Natschraan auf. Vermutlich Anfang des 10. Jh. mussten die letzten Christen Südarabiens Natschraan verlassen und siedelten sich im Irak an.

900 gründeten europäische Missionare eine **christliche Gemeinde auf Sokotra.**Ein Bischof von Sokotra leitete die Missionierung des südlichen Jemen, aber das Christentum hatte auf dem Festland nur kurzen Bestand. Als *Marco Polo* Ende des 13. Jhs. nach Sokotra kam, fand er dort noch Reste einer christlichen Kultur.

Als die **Portugiesen** Anfang des 16. Jhs. Stützpunkte in Südarabien gründeten, begann eine weitere Missionierung. In dem kleinen Ort Suk auf der Insel Sokotra sind die Reste einer christlichen Kirche erhalten (Fußboden mit Säulenbasen). Überliefert ist die Verhaftung zweier portugiesischer Missionare auf den jemenitischen Kuria-Muria-Inseln vor der Küste des heutigen Omans im Jahre 1590 und deren Transport zum osmanischen Statthalter in Sana'a, wo sie mehrere Jahre inhaftiert wurden.

Mit der **britischen Besetzung** Adens kam das Christentum 1839 ein weiteres Mal nach Südarabien. Nach dem Rückzug der Engländer 1967 haben sich fünf Kirchen im Stadtbild von **Aden** erhalten. In der St. Francis Church im Stadtteil Tawahi wird für die katholische Gemeinde Adens einmal wöchentlich eine Messe gelesen. In der protestantischen

Christ Church in Aden/Tawahi werden ebenfalls Gottesdienste abgehalten. In den Adener Stadtteilen Ma'alla und Buräika zeigen sich zwei britische Friedhöfe mit beschrifteten Grabsteinen in wohlgepflegtem Zustand.

Hindus und Parsen

Indische Händler lebten an der Küste Südarabiens seit vorislamischen Zeiten. Schriftstücke aus dem Jahr 1384 berichten von einem hinduistischen Viertel in Aden (Harat al Baniyan). Im 17. Jh. sollen in Schechr 300 indische Händler der brahmanischen Glaubensrichtung gesiedelt haben. Im Jahr 1616 hielt sich der Holländer *Pieter van den Broeke* in der Kaffeemetropole Mocha auf und berichtete von 3000 Baniyans, die den größten Teil der fremden Kaufleute ausmachten. Der gesamte Handel sei einem Baniyanen unterstellt. Erste schriftliche Belege für Hindus in Sana'a **(Baniyans)** gibt es aus dem Jahre 1656.

Durch die Erhebung einer Kopfsteuer gelang es Imam *Mutawakkil Ismail,* die Zahl der Baniyans Mitte des 17. Jhs. zu reduzieren. 1876 zählte *Carsten Niebuhr* 125 Baniyans in Sana'a. Noch zu Imam *Yachyas* Zeiten (Anfang des 20. Jh.) gab es im Nordjemen Baniyans in Sana'a und indisch-moslemische Bohras in Hudäida.

Unter britischer Herrschaft lebte bis Mitte des 20. Jhs. eine starke indische Minderheit in Aden: die ismailitisch-islamischen **Bohras** und die **Parsen.** Der Begründer dieser altpersischen Religion war *Zarathustra,* der im 7. Jh. v.Chr. in Persien lebte und als Prophet bzw. Reformator angesehen wird. Der Parsismus ist eine monotheistische Religion, in der das Feuer eine besondere Bedeutung als heilig und absolut rein hat. So ist es verboten, Tote darin zu verbrennen, um Verunreinigungen zu vermeiden. Stattdessen werden Verstorbene in „Türme des Schweigens" gelegt und den Raubvögeln überlassen. Als Persien 636 n.Chr. unter moslemischen Einfluss geriet, verließen viele Zoroastrier ihre Heimat und siedelten sich in Indien an, wo sie Parsen genannt wurden. Mit den indischen Händlern kam die Religion nach Aden. Auch hier, im Stadtteil Crater, wurde ein „Turm des Schweigens" gebaut.

Kultur

„Es gibt keinen Reichtum wie Verstand und keine Armut wie Unwissenheit, keine Erbschaft wie gutes Benehmen und keinen Helfer wie Beratung". *Ali ibn Abi Talib*

Dass der Jemen ein **Land voller kultureller Höhepunkte** ist, wird an dem Umstand deutlich, dass die UNESCO die Altstädte von Sana'a, Schibam/Hadramaut und Zabied zum kulturellen Erbe der Menschheit erklärt hat.

Die jemenitische Regierung bemüht sich seit Jahren, die Kultur ihres Landes im Ausland bekannt zu machen. So gab es viel beachtete und aufwendige Jemen-Ausstellungen in München, Wien, London, Rom und Paris. Einen bemerkenswerten Einfluss auf den Tourismus hatte die Jemen-Ausstellung im Jahr 1987 im Museum für Völkerkunde in München.

Von privater Seite werden Anstrengungen unternommen, die verschiedenen Bereiche der Kultur zu fördern. 1990 gründete der ehemalige Erziehungsminister *Ahmad Jabir Afif* eine Stiftung mit dem Ziel, die jemenitische Tradition und Kultur zu pflegen. Die **Al-Afif-Kulturstiftung** veröffentlicht Literatur (darunter eine mehrbändige Enzyklopädie des Jemen), sie stellt eine Bibliothek zur Verfügung, und es kommt zu regelmäßigen kulturellen Veranstaltungen mit Musikern, Literaten und anderen Künstlern.

- **Al-Afif Cultural Foundation, Sana'a**
Tel. 1-240148, 260334, alafif@y.net.ye, www.yemconsultant.com/alafif/html.

Die **Architektur** Sana'as bedeutet für fast alle Besucher die erste Begegnung mit der Kunst des Jemen.

Zum typischen Kunsthandwerk gehören die **Stuckarbeiten** in den Repräsentationsräumen der Privathäuser und Hotels. Hier finden geometrische Muster Verwendung. Beherrschende Themen sind Arabesken, d.h. ineinander geflochtene Blüten und Ranken in endloser Wiederholung, aber auch Kalligraphien mit religiösem Inhalt.

Kalligraphien und **Arabesken** bereichern auch das Innere von Moscheen. Mit diesen Kunstwerken soll die Wuchtigkeit der Bethäuser abgemildert werden. Naturalistische Darstellungen lehnt der Islam deshalb ab, weil dies hieße, die Schöpfung Allahs nachahmen zu wollen. Auch soll der Betende in Moscheen nicht durch Bilddetails abgelenkt werden.

Neben der Stadtarchitektur machen **Museen** mit der Kultur des alten Südarabien und der Ethnografie bekannt. Wichtig ist der Besuch der Nationalmuseen in Sana'a, Aden und Taiz sowie der Volkskundemuseen in Sejuhn, Tarim und Dschibbla. Die bedeutendsten Ausstellungsstücke stammen aus der Zeit der großen südarabischen Königreiche von 2000 v.Chr. bis 525 n.Chr.

Mitte des 19. Jahrhunderts gelang die Entschlüsselung der **alten südarabischen Schriften.** Zusammen mit den semitischen Sprachen Äthiopiens und den neusüdarabischen Sprachen (heute noch in Machra und auf Sokotra gesprochen) gehört das Altsüdarabische zum südlichsten Zweig der semitischen Sprachen. Die vier vorislamischen Sprachen Südwestarabiens (Sabäisch, Minäisch, Katabanisch und Hadramitisch) sind durch zahlreiche Inschriftensteine überliefert. Sie unterschieden sich im Wortschatz, hatten verschiedene Dialekte, benutzten aber alle ein Alphabet mit 29 Schriftzeichen, wobei Vokale nicht geschrieben wurden.

Die altarabischen Schriften wurden – wie das heutige Arabisch – von rechts nach links gelesen. Eine Ausnahme war **das Sabäische** im 7.–5. Jh. v.Chr. Es wurde in Schlangenlinien geschrieben, d.h. die erste Zeile von links nach rechts, die folgende von rechts nach links. Ein hervorragendes Beispiel dieser Schriftform ist auf der ca. 80 cm großen Bronzestatue des Königs *Ma'ddi Karib* aus Marib (6./5. Jh. v.Chr.) erhalten. Die im Nationalmuseum von Sana'a ausgestellte Statue zeigt die Schlangenlinienschrift auf Brust- und Hüfttuch.

Die **Buchstaben** der altarabischen Schrift wurden nicht miteinander verbunden, sondern als einzelne Zeichen eingemeißelt oder als Relief herausmodelliert. Inschriftenträger waren Steinplatten, Quadersteine, geglättete Felswände, Bronzetafeln, Statuen, Statuetten, Reliefs, Amulette, Siegel und Münzen.

Aufsehen in der Fachwelt erregten der Fund und die Entschlüsselung der **Minuskelschrift,** die in entrindete Holzstäbchen bzw. verholzte Palmblattrippen eingraviert wurde. Seit Anfang der 1970er Jahre bemühten sich internationale Wissenschaftler, darunter der führende deutsche Sabäist Prof. *Walter W. Müller,* diesen Schrifttyp zu entziffern. Gefunden wurden Texte zu Verträgen und Dokumente zum Rechts- und Wirtschaftsleben, die Kunde vom Leben im 1.–3. Jh. n.Chr. geben.

Literatur

Mit dem arabischen Begriff **„adab"** werden die Bereiche der Unterhaltungs- und Bildungsliteratur umfasst. Adab (= Tugend) soll dem Leser Kenntnisse über Verhalten und Sitten, Musik und Kunst, Politik und Religion sowie Verwaltung und Kriegsführung vermitteln. Dabei ist der Stil dieser Literaturgattung von höchster Bedeutung, was zu einer feinst ausgebildeten Art der poetischen Darstellungsform führte.

Historische und geografische Abhandlungen sind eine weitere Literaturgattung. Darstellungen vom Leben berühmter Personen, von ihren Taten (Heldengedichte) und von Schlachten im Namen des Islam, für die Sache der Araber oder des eigenen Stammes sind Inhalte der Poesie. Dabei spielten die Biografien Mohammeds und seiner Vertrauten sowie seine Aussagen und Lebensweise eine herausragende Rolle.

Für die arabische **Dichtkunst** besonders typisch und bis Ende des Mittelalters in Mode waren Spottdichtungen, in denen der Dichter *(Scha'ir)* Schmähungen gegen die Widersacher seines Stammes und seines Gönners und seine eigenen beruflichen Rivalen aussprach. Es war eine poetische Fehde auf hohem literarischen Niveau. Diese beliebten Schmähdichtungen haben sich aus den klassischen **Qasiden** (= Gedichten) heraus entwickelt. Qasiden sind die früheste und für lange Zeit einzige von Arabern geschaffene Form des poetischen Ausdrucks; sie haben ihren Ursprung in der Beduinengesellschaft.

Der bedeutendste Dichter des nördlichen Jemen im 20. Jh. war **Mohammed Mahmud al Zubayri** (1909–1965). „Wenn du über den Jemen sprichst, so musst du al Zubayri erwähnen; wenn du über Dichtung im Jemen sprichst, so musst du von al Zubayri sprechen; wenn du von der Revolution im Jemen erzählst, so musst du über al Zubayri erzählen", steht in einer Lobpreisung des Künstlers. Diese Worte kennzeichnen den großen „Dichter der Revolutionäre" und den „Freien der Freien". 1909 als Sohn einer angesehenen Familie in Sana'a geboren, studierte er in arabischen Ländern, schrieb Gedichte sowie politische Bücher. Er war Gründungsmitglied der Freien Jemeniten (1944), die sich für die Schaffung einer

Republik im Nordjemen einsetzten, und wurde Erziehungsminister nach der Revolution von 1962. Anhänger der Royalisten ermordeten ihn 1965, seitdem gilt er als Märtyrer. In Sana'a ist eine der großen Straßen nach ihm benannt. Sein Grab befindet sich auf dem Friedhof der Märtyrer in Sana'a (Stadtplan Nr. 152).

Als Verfasser von romantischen und sozialkritischen Gedichten sowie Theaterstücken, als Journalist und aktiver Kulturschaffender in den Jahren 1946 bis 1966 wurde der 1918 in Aden geborene **Ali Mohammed Luqman** (gestorben 1978) ein Wegbereiter für kritischen Literatur.

Von **Zaid Mutier Dammaj** (1943–2000) wurde der Roman „Al Rahina" (Die Geisel) international bekannt und ins Englische (The Hostage) sowie Französische übersetzt.

Auch die Imame haben Qasiden geschrieben, ihre Gedichte sind bis heute hoch geschätzt. Dass Dichtung kein Privileg einer Elite ist, sondern weite Kreise der Bevölkerung selber Gedichte verfassen, zeigt die Charakterisierung eines Stammesangehörigen: „Man muss ihn vier Dinge lehren: die Regeln des Islam, die Handhabung eines Gewehrs, das Tanzen und das Dichten von Versen." Wird ein Jemenite gefragt, ob er schon Gedichte verfasst hat, wird er mit „selbstverständlich" antworten.

Dichter, die bei Kat-Sitzungen und im Fernsehen erscheinen, erfreuen sich großer **Beliebtheit.** „Was für den Europäer die klassische Musik ist, das ist für uns Araber die Wort-Dichtung", sagte ein Jemenite. Einige Poeten treten zusammen mit Musikern, v.a. Ud-Spielern, auf, andere pflegen die Form einer Gedicht-Rezitation im Wechsel, wobei die Verse spontan und als Reaktion auf die Reime eines dichtenden Kollegen gebildet werden.

Abdallah al-Baradouni , *Monira al-Deilami, Mohammed Abdulwalli, Zaid Mutier Damadsch, Abdulkarim al-Razahi, Huda Ablan* und *Ahmad Machfus Omar* sind weitere Vertreter moderner jemenitischer Dichtung mit internationalem Ruf. Der Schriftsteller *Abdulaziz al-Maqalih* ist Kultur-Berater des Präsidenten. Seit einigen Jahren bemühen sich deutsche Übersetzer, jemenitische Dichtung bekannt zu machen, z.B. *Günther Orth* mit der Anthologie „Gesichter und Orte. Moderne Erzählungen aus dem Jemen".

Während Lyrik eine lange Tradition hat, sind **Romane, Erzählungen und Kurzgeschichten** im Jemen eine neue Entwicklung; erst in den 40er Jahren des 20. Jhs. wurden sie als Literaturform gewählt. Von *Günter Orth* ist im Verlag Klaus Schwarz, Berlin, das Buch „Die Farbe des Regens" über die Entstehung und Entwicklung der modernen jemenitischen Erzählliteratur erschienen.

Pressefreiheit hat im Jemen gesetzlich nicht definierte Grenzen. Das Presse- und Veröffentlichungsgesetz von 1990 gibt dem Informationsministerium die Möglichkeit, „illegale" Schriften zu verbieten. Kulturschaffende bewegen sich auf einem unsicheren Terrain und die Grenzen müssen immer wieder ausgetestet werden. Journalisten unterliegen einer starken Selbstzensur, sie müssen mit Einschränkungen, Veröffentlichungsverbot und auch Verhaftung rechnen.

Eine systematische Zensur der Medien gibt es nicht und so erscheinen auch regimekritische Werke auf dem Markt. Die Zeitungen *Yemen Times, Yemen Post* und *Yemen Observer* sind englischsprachige Publikationen, in denen der Leser beispielhaft erfährt, wie weit die Kritik an Regierung und Vorkommnissen im Land gehen darf.

Musik

Musik als Bereicherung des Alltags- und Festtagslebens war im Islam stets umstritten. Während der Koran keine eindeutigen Aussagen macht, stritten Gelehrte in allen Jahrhunderten darüber, ob Musik den Gläubigen von der Hinwendung zu Gott ablenke oder ob die Musik von Gott bewusst geschaffen sei. Die vorherrschende Meinung ist inzwischen, dass der Islam das Singen, Musizieren und Hören von Musik erlaubt, wenn sie nicht obszön ist und den islamischen Werten nicht widerspricht. Musik, die nicht aufreizt und eine frohe Atmosphäre schafft, wird sogar befürwortet. So hört man musikalische Darbietungen auch bei islamischen Feiertagen (z.B. im Ihd), auf Hochzeiten, bei der Heimkehr eines Reisenden und im Jemen bei Kat-Sitzungen.

Mit der Möglichkeit der Tonaufzeichnung durch Phonographen und Wachswalzen konnten auch im Jemen erste

Straßenmusikanten in Sana'a

Tondokumente angefertigt werden. Bekannt geworden ist *Hans Helfritz,* der auf seinen Reisen 1933 und 1935 etwa 300 Wachswalzen und einen Edison-Phonographen mitführte. Auch der Schwede *Carlo Graf von Landberg* (in den 1920er Jahren) und der Brite *Robert B. Serjeant* (seit den 1940er Jahren) erforschten und dokumentierten die südarabische Musikszene.

Die **Ursprünge jemenitischer Musik** lassen sich schon in vorislamischer Zeit dokumentieren; Grabinschriften zeugen von männlichen und weiblichen Musikern. Im 10. Jh. berichtete der jemenitische Geograf und Historiker *Al Hamdani* über die Musik seines Landes.

Musik wurde über die Jahrhunderte **zu verschiedenen Gelegenheiten** gespielt: bei religiösen (Gesänge ohne Instrumente) und häuslichen Festlichkeiten; Lieder wurden während der Arbeit auf dem Feld, beim Wasserholen und Hüten der Herden gesungen; Musik von Kamelhirten, Fischern, Seeleuten, Wasserträgern und Handwerkern ist überliefert; Frauen sangen Lieder beim Mahlen und Zerstoßen des Getreides. In den einzelnen Regionen bildeten sich unterschiedliche Musikstile heraus. Einflüsse aus Ostasien und Afrika gab es durch die Migration von Jemeniten; auch die osmanische Besetzung ging nicht spurlos an der Musik vorbei.

Einen drastischen Einschnitt in der Entwicklung jemenitischer Musik gab es unter **Imam Yachya** in den 1940er Jahren, der das Spielen und Hören von **Musik verbot.** Musikinstrumente wurden in den Straßen verbrannt, Gesänge, Konzerte, Radio, Plattenspieler, Tanz und Theater verboten. Musiker wurden inhaftiert oder gingen in das Exil. Zu dieser Zeit wurden Musiker als Unreine stigmatisiert und der unteren Klasse zugerechnet. Im Südjemen hingegen genossen zur gleichen Zeit die Künstler Freiheiten. Die Musikszene im Norden arbeitete im Geheimen weiter, und nach Imam *Yachyas* Tod wurde 1955 das Musikverbot aufgehoben. Im Gefolge der Revolution 1962 richtete die republikanische Regierung mit dem Kulturministerium eine Abteilung zur Förderung des musikalischen Erbes ein.

Auch wenn heute die Musik im Jemen keinen Sanktionen unterliegt, so hat die traditionelle Musikszene Nachwuchsprobleme. Die Jugend ist wenig daran interessiert, Instrumente wie Ud (Laute), Tamburin, Flöte, Trommel und das Singen zu lernen.

Bei den zu musikalischen Vorträgen benutzten **Instrumenten** hat die **Ud** (= das Holz) eine beherrschende Rolle. Diese dickbauchige Laute aus Holz mit einem kurzen angesetzten Hals hat fünf Doppelsaiten und filigrane Ornamente auf der Vorderseite. Obwohl sie erst in den 1930er Jahren in den Jemen kam, gilt sie als landestypisches Instrument. Sie löste die viersaitige, aus einem Holzstück geschnittene Qambus ab, die seit dem 19. Jh. im Jemen und Hijaz-Gebiet (heutiges Saudi-Arabien) verbreitet war. Die **Qambus** war das wichtigste Instrument zur Gesangsbegleitung, kleiner als

026jj Foto: bs

die Ud und im Gegensatz zur ihr mit Fell oder Pergament bespannt.

Weitere typische Saiteninstrumente sind die Langhalslaute **Tanbur** und die kleine, feinsaitige **Leier/Lyra** *(Samsamiyah),* die vor allem von Musikgruppen in den Küstenregionen von Aden, Hudäida und Mukalla/Schechr gespielt wird. Sie kam im 10. Jh. durch Seefahrer in den Hadramaut, noch vor der Qambus und der Ud.

Interessant ist auch ein einsaitiges Streichinstrument, das traditionell von Beduinen gespielt wurde, die **Rababa.** Diese arabische Geige wurde in den 1930er Jahren durch die europäische Violine ersetzt; heute gibt es nur noch wenige Rababa-Spieler im Jemen.

Bei den Blasinstrumenten ist die **Längsflöte** *(Nay)* zu nennen, ursprünglich eine einfache Bambusflöte der Beduinen. Typisch für den Jemen ist die **Mismar.** Diese Flöte besteht aus zwei zusammengebundenen Rohren, in die je fünf Grifflöcher gebohrt sind. In die Rohre werden zwei kleine Mundstücke aus Bambus gesteckt. Zusammen mit der Trommel ist sie das typische Begleitinstrument im Hadramaut.

Andere Blasinstrumente sind die **Oboe** *(Surnay)* und das **Mezoud,** ein aus der Haut junger Ziegen gefertigter Dudelsack.

Als Begleitinstrumente dienen die **Naqara** (zwei miteinander verbundene Trommeln, mit Stöcken bespielt), die mit Haut überspannte **Darabuka** (Keramiktrommel) und die **Tabla** (Rahmentrommel). Mit ihr wurden bei Karawanen Rast, Aufbruch und das Herannahen eines Feindes angekündigt.

Bei Straßenmusikanten sind verschiedene Ausführungen von mit Häuten bespannten und oftmals mit Schellen versehenen Tamburinen zu beobachten **(Daff).**

Es haben sich im Jemen **fünf Musikstile** herausgebildet.

Der **Sana'ani-Stil** der Hauptstadt basiert auf den mystischen Liedern der Sufis, die mit Volksdichtungen verbunden wurden. Typisches Begleitinstrument für den Sana'ani-Musikstil *(Mouashaha* genannt) ist die Qambus, daneben haben die Ud und das Tamburin Bedeutung. Der sich steigernde Rhythmus prägt diese Musikrichtung.

Im Jahr 2006 hat die UNESCO im Rahmen einer Dokumentation des nicht-materiellen Weltkulturerbes den Sana'ani-Musikstil als besonders erhaltenswert klassifiziert.

Der **Adani-Stil** spiegelt die Rolle Adens als Hafenstadt mit internationalem Flair wider. So hat sich eine Musik mit indischen, somalischen und ägyptischen Einflüssen herausgebildet. Eine lebhafte Musikszene entwickelte sich in den 1930er Jahren mit Exilanten aus dem Norden. In den 1960er Jahre wirkte der Sänger *Khalil Mohammed Khalil,* der 1948 das Adeni Orchester gegründet hatte. Sie bespielten Schallplatten und traten in Kinos zur Untermalung der Filme auf. Einen Rückschlag erlebte die reiche Kulturszene in Aden in den 1970er Jahren, als die sozialistische Regierung Kunst eher als Verstärker ihrer Ideologie betrachtete.

Der **Laheck-Stil** entstand zunächst aus dem Sana'ani-Stil. Neue Texte wurden zu traditionellen Melodien der Bauern gesungen und mit gemischten Reihen- und Paartänzen verbunden. Den neuen Laheck-Stil entwickelte der Prinz von Laheck (Bruder des Sultans), *Ahmad Fadhl Bin Ali Al Qomandan*. Geboren Ende des 19. Jh., stellte er sich an die Spitze aufgeschlossener Musiker und Lyriker, die mit Kunst und Musik experimentierten, um ihren eigenen Stil zu finden, wobei *Al Qomandan* auch vom Mouashaha beeinflusst wurde. Das 1957 gegründete Laheck-Orchester wurde landesweit berühmt durch seine traditionellen und modernen Versionen.

Der **Hadrami-Stil** entstand im Südosten des Landes, wo kulturelle Einflüsse aus Ostasien (v.a. Indien) gesellschaftlich bedingt leicht Fuß fassen konnten. Der 1902 in Mukalla geborene *Mohammed Jomaa Khan* ist eng verbunden mit dem so genannten goldenen Zeitalter des Hadrami-Liedes. Er entwickelte den Hadrami-Stil: mit indischen Einflüssen durchsetzte alte Hadramaut-Weisen. Nach dem Tode *Khans* im Jahr 1963 trug der berühmte Poet *Abubakr Al Midhar* mit seinen Liedtexten zur großen Popularität der Musik des Hadramaut bei.

Eine einzigartige Art des hadramitischen Volksliedes ist der **Dan,** der die Gedanken und Gefühle der Menschen auf ganz besondere Weise ausdrücken soll. In Dan-Zusammenkünften wird gleichzeitig zu einem bestimmten Thema der Text geschrieben, komponiert und gesungen, wobei jeder seine Meinung frei äußern und auf poetische Weise vertreten darf. Ein Künstler beginnt mit seinen Versen, der nächste antwortet in gleichem Reim und Rhythmus. Liebe und Stolz, politische und soziale Themen, Stammeskonflikte und gesellschaftliche Probleme werden angesprochen.

Auch der **Jafa'i-Stil** hat indische Einflüsse und entstand durch familiäre Bindungen zu indischen Söldnern. Der rege Austausch beider Kulturen wirkte sich auf die Musik aus.

Neben diesen fünf Musikrichtungen ist noch die **Musik der Tihama** bemerkenswert. Der Küstenstreifen am Roten Meer war eine Region, die Einflüsse von Afrika (Somalia, Sudan, Äthiopien) aufgenommen hat. Die Musik ist sehr rhythmisch, von Trommeln getragen, in der Leiern *(Tumbarah* genannt) und Flöten (u.a. die *Mismar)* eine wesentliche Rolle spielen. Hochzeiten, Beschneidungen, Beschwörungsriten, Erntefeste und Festtage der Heiligen werden von Gesängen und Tänzen begleitet.

Als eines der ältesten Musikinstrumente im Jemen und nur noch in der Tihama in wenigen Exemplaren zu finden, ist die **Khallool,** eine etwa 1 m lange Flöte mit nur zwei Grifflöchern. Sie wurde aus einem Zuckerrohr geschnitten und zur Begleitung von zeremoniellen Tänzen verwendet.

Für westliche Ohren ist es nicht einfach, einen Zugang zur arabischen wie auch jemenitischen Musik zu finden. Das Tonsystem hat eine komplizierte Vielstufigkeit, wobei mehr als 24 Stufen zu einer Oktave gehören. Vor allem die **Halbtonschritte** sind das vorherrschende Merkmal der orientalischen Musik. Der engräumige Tonumfang lässt die Musik häufig als monoton erscheinen.

Dabei wird ein Ton oben und unten umspielt und der Tonumfang (Melodie) erweitert sich nur langsam.

Tanz

Wie die Musik, so war auch der Tanz bei den islamischen Gelehrten umstritten, wurde aber über die Jahrhunderte gepflegt und immer weiterentwickelt.

Getanzt wird im Jemen **nach Geschlechtern getrennt,** d.h. Frauen tanzen miteinander (zu zweit, dritt oder zu mehreren nebeneinander stehend) innerhalb der Häuser, Männer tanzen (in Gruppen, im Kreis) im Freien.

Beliebt bei Touristen ist freitags ein Ausflug auf die Felskante über dem Wadi Darr, wo Hochzeitsgesellschaften bei Dschambija-Tänzen Freudenschüsse aus Gewehren abgeben. Gruppen von Männern bilden einen Kreis, ziehen ihre Krummdolche und führen den **„Bar'a"** auf, den so genannten **„Djambija-Tanz".** Es handelt sich dabei im engen Sinne nicht um einen Tanz, sondern um ein Ritual, das bei Hochzeiten, Stammesversammlungen, religiösen und staatlichen Feiertagen begangen wird. Bei einer Hochzeit wird der Bar'a am Morgen des ersten, zweiten und letzten Tages aufgeführt, als Begrüßung der Gäste bzw. Abschluss des Festes. Der Bar'a, dem die Touristen oberhalb des Wadi Darr zusehen, gehört zum letzten Tag der Hochzeit.

Wenn die Mitglieder zweier Stämme zu Beratungen, aus Anlass von Rechtsstreitigkeiten oder Vertragsabschlüssen zusammenkommen, wird der Bar'a als Abschluss getanzt, wobei jeder Stamm einen separaten Kreis bildet. Zwei Trommeln begleiten die Gruppe, die aus sehr unterschiedlichen „Könnern" besteht. Am Anfang machen noch Kinder und Unerfahrene mit, sie verlassen nach und nach den Kreis, so dass bald zu den schneller werdenden Rhythmen nur noch die sehr erfahrenen Männer tanzen. Die Djambija wird locker in der rechten Hand gehalten.

Der Tanz verlangt Konzentration und Übung, er hat nicht aufputschende, sondern eher beruhigende, harmonisierende Wirkung.

Der **Bauchtanz** *(raks schargi),* ursprünglich ein Fruchtbarkeitstanz in der arabischen Welt, ist durch die freizügige Bekleidung der tanzenden Frauen in Verruf gekommen und wird heute in einigen islamischen Ländern zur Unterhaltung von Touristen und männlichen Arabern dargeboten. Auch in etlichen Adener Restaurants finden solche Veranstaltungen statt, sie haben aber mit traditionellem jemenitischem Bauchtanz wenig zu tun. Wird im Jemen „Bauchtanz" aufgeführt, so im Rahmen von reinen Frauenveranstaltungen (z.B. bei Hochzeiten), in Privathäusern und ohne das „Entkleiden". Allenfalls nehmen die Tänzerinnen ihr Kopftuch ab und binden es um die Hüfte.

Malerei

Eine Präsentation neuerer jemenitischer Kunst bedeutete 1986 die Eröffnung der ersten Galerie **(Gallery No 1)** in Sana'a, die, unter anderem Namen, inzwischen in das Samsarat al Mazurah in die Altstadt umgezogen ist.

1997 wurde in Sana'a die **Yemeni Plastic Artists Society** gegründet, mit Zweigstellen in Aden und im Hadramaut. Im *National Art Center* in der ehemaligen Karawanserei Samsarat Al Manzurah im Suk von Sana'a hat sich die **Modern Art Group** etabliert.

Wer einen Einblick in die Arbeit zeitgenössischer Künstler bekommen will, dem sei die Galerie im *National Art Center* empfohlen, dessen Direktor *Fuad al-Futaih* ist (siehe Kapitel Sana'a, Suk). Dieser bekannte jemenitische Maler und Gründer der *Gallery No 1* (siehe oben) studierte in den 1970er Jahren moderne Kunst in Deutschland. In vielen internationalen Ausstellungen präsentiert er sich als Maler, der südarabische Motive mit mystischen Themen verbindet. Bekannt sind seine Darstellungen der Altstadt von Sana'a und hölzerne Fensterrahmen mit Miniatur-Malerei auf Alabasterstein. Unweit des Art Center befindet sich in der einstigen Karawanserei Samsarat Al Nahass eine weitere Galerie mit Werken jemenitischer Künstler

Auch der Künstler **Mazher Hassan Ali Nizar** hat eine Galerie in der Altstadt von Sana'a, neben dem Stadttor Bab al Jemen (s. Kap. „Sana'a, Suk"). *Mazher Nizar* wurde in Indien geboren, wo sein aus Menaacha stammender Vater als Religionslehrer tätig war. Nach dem Studium in Kalkutta ließ er sich im Jemen nieder. Neben dem Frauenthema sind Symbole in vielen seiner Werke zu finden. Unter www.nizar-art.com sind Beispiele seiner Arbeit zu sehen.

In Aden hatte bis Anfang der 1990er Jahre **Abdallah al-Ameen,** der bekannteste Maler des südlichen Jemen, seine eigene Galerie. Die Werke des 1954 geborenen Künstlers zeigen sozialkritische sowie historische und traditionelle Themen.

Die in Aden geborene **Alham Ali al-Arashi** studierte – wie viele Kollegen – in Moskau und ist Vorsitzende des Adener Zweiges der Jemenitischen Künstlervereinigung. In ihren Werken beschäftigt sie sich mit den Lebensbedingungen jemenitischer Frauen; spezialisiert hat sie sich auf grafische Arbeiten.

Eine in vielen Ausstellungen vertretene Künstlerin ist **Amnah al-Noseiri.** Als Kunstkritikerin und Jounalistin sind Philosophie der Kunst und Ästhetik ihre Themen; im eigenen Schaffen arbeitet sie mit Symbolen und traditionellen Elementen (Mensch-Sein in einer Welt der Krisen).

Film

Das eingeschaltete Fernsehgerät begleitet in jemenitischen Haushalten den Tagesablauf. Satellitenschüsseln auf den Hausdächern zeigen, dass sich die Menschen auch mit ausländischen Programmen vernetzt haben. In vielen Läden auf den Suks und in den Straßen, in Restaurants und Teestuben läuft ein Fernsehgerät ständig nebenher.

Ein wichtiger Moment in der jemenitischen Filmgeschichte war Ende 2005 die Auszeichnung des Films **„A new day in the Old Sana'a"** als bester arabischer Film beim 29. Internationalen

Kairoer Filmfestival (bei einer Konkurrenz von 150 Filmen aus 48 Ländern). Der Inhalt des Films beschreibt anhand einer Liebesgeschichte den Konflikt zwischen alten und modernen sozialen Werten, zwischen Respekt vor den Regeln des Islam und den Bedürfnissen der jungen jemenitischen Gesellschaft. Gedreht in der Altstadt von Sana'a von dem jemenitisch-britischen Autor *Bader al-Hersi,* soll der Film für die jemenitische Medienindustrie der Beginn einer neuen Ära sein. So wurde Ende 2006 das *First London Yemen Film Festival* ein großer Erfolg.

Theater

Die Entwicklung des jemenitischen Theaters ist eng verbunden mit den Freiheiten der Künstler im britisch besetzten Aden. 1910 wurde „Julius Cäsar" auf Arabisch aufgeführt. Zunächst waren die ausgesuchten Stücke noch Übersetzungen indischer oder englischer Dramen, später wurden arabische historische Stücke auf die Bühne gebracht. In den 1930er Jahren hatte sich das Theater zu einem wichtigen Pfeiler in der Adener Kunstszene entwickelt. Zwischen 1948 und 1974 wurden vier Dramen aufgeführt, die als Meilensteine in der Entwicklung des jemenitischen Theaters gelten.

Feste **Theaterensembles** bildeten sich seit den 1970er Jahren, darunter die National Theater Troupe. Sie spielen arabische und übersetzte ausländische Werke, treten auf Bühnen, in Fernseh- und Festivalprogrammen auf. Viele Gruppen finden sich nur saisonal zusammen, zu nationalen Festtagen oder Festivals, so dass im Jemen sehr wohl Elemente einer Theaterkultur zu finden sind, aber nicht in Form einer regelmäßig bespielten Bühne. Es gibt kein offizielles Theatergebäude in Sana'a.

Architektur

Beeindruckend im Jemen ist sowohl die städtische Architektur mit ihrer engen Bebauung als auch der ländliche Baustil, wo – obwohl genügend Bauplatz vorhanden ist – die Häuser kaum weniger als vier Stockwerke aufweisen.

Die Existenz von **Hochhäusern** in vorislamischer Zeit ist in himjaritischen Inschriften dokumentiert. Steingraffiti zeigen bis zu neun Stockwerke, Abbildungen auf der Großen Stele von Aksum 10 Stockwerke. Der im 3. Jh. n.Chr. in Sana'a errichtete Ghumdan-Palast soll sogar zwanzig Stockwerke hoch gewesen sein.

An Architektur-Beispielen aus der Zeit der **vorislamischen Königreiche** Saba, Ma'in, Himjar, Kataban, Aussan und Hadramaut sind Stadtmauern (Baraagisch, Nagb al Hadscher), Wasserverteilungsanlagen (Marib), Bewässerungstunnel (Bainun), Festungsanlagen (Thafar-Thi Binn) und Sakralbauten (Marib, Sirwah, Raybuhn, Timna, Schabwa, Madabum) erhalten.

Aus den ersten Jahren islamischer Geschichte stammen die **Moscheen** in Dschanaad und Sana'a. Das herausragende Beispiel rassulidischer Baukunst stellt die Aschrafija-Moschee (14. Jh.) in Taiz mit ihren kostbaren Deckengemälden dar.

Die Zabur-Bauweise

Die Zabur-Bauweise (Häuser aus Stampflehm) ist in den nördlichen Provinzen die vorherrschende Bautechnik. In einem einzigen Arbeitsgang werden die Hauswände um eine ca. 60 cm hohe Lehmschicht erhöht.

Lehm, Stroh, Spreu und etwas Sand werden dabei mit Wasser vermischt und zwei Tage zum Durchweichen liegen gelassen. Während dieser Zeit geben Stroh und Spreu Bestandteile an den Lehm ab, der dadurch wetterbeständiger wird.

Das Gemenge wird zu Bällen von ca. 15 cm Durchmesser geformt, die sich die in Reihe aufgestellten Männer zuwerfen, bis die Klumpen – über Treppen und Leitern – an ihrem Bestimmungsort angekommen sind. Dort wirft ihn der Vorarbeiter zielgenau auf das in Bearbeitung befindliche Mauerstück.

Der 60 cm hohe und 40–50 cm dicke Mauerteil wird mit einer Holzlatte derart in Form geklopft, dass die nächste Schicht ca. 1 cm über die darunter liegende auskragt und leicht schräg nach innen zuläuft. In einem gemeinsamen Arbeitsgang werden die Außen- und Innenwände hergestellt, d.h. sie befinden sich während der Errichtung des Hauses auf gleicher Bearbeitungshöhe. Öffnungen für Türen und Fenster werden ausgespart. Außenfenster und Außentüren erhalten einen steinernen Sturz, Innentüren werden oben mit waagerechten Holzbalken begrenzt. Über Fenster- und Türsturz wird die nächste Lehmschicht aufgelegt. Zwischendecken werden mit waagerechten Baumstämmen bzw. Holzbalken gefertigt.

Das Trocknen einer Lehmschicht dauert – je nach Witterung – ein bis zwei Wochen, wobei die Schicht täglich angefeuchtet und festgeklopft wird, um Risse zu vermeiden. Aus Stabilitätsgründen sind die Hausecken hochgezogen.

In der Zabur-Technik errichtete Lehmhäuser unterliegen der Witterung, d.h. die äußeren Lehmschichten waschen mit den Jahren ab. Als Schutz gegen weitere Erosion wird dann eine neue, ca. 5 cm dicke Lehmputzschicht aufgetragen, so dass die 60 cm hohen Lehmlagen nicht mehr zu sehen sind. Bei solcherart verputzten Häusern ist von außen nicht zu erkennen, ob sie in der Zabur-Technik oder aus luftgetrockneten Lehmziegeln gefertigt wurden.

Die dem Wetter ausgesetzten oberen Partien der Lehmhäuser und die Flachdächer werden mit wasserdichten Materialien (Gips oder Zement, früher Qadad) verputzt.

027| Foto: bs

In der **Architektur der Tihama** dominieren aus osmanischer Zeit Verteidigungsanlagen (Bäit al Fakki, Luhäia), Moscheen (Zabied) und Verwaltungsgebäude (Zabied, Hudäida, As Sochra).

Zu den ganz alten Bauwerken – die über die Jahrhunderte immer wieder instand gesetzt wurden – zählen **Zisternen.** Deren wasserdichte Auskleidung erfolgte mit dem **„Zement des Jemen“**, dem **Qadad,** einer Mischung aus Steinstaub, gebranntem Kalk und vulkanischer Asche. Schon beim Bau der alten Bewässerungsanlagen von Marib wurde Qadad verwendet. Es ist ein Material, das wasserundurchlässig und antiseptisch wirkt und zudem eine lange Haltbarkeit aufweist. So wurde Qadad traditionell zum Überziehen von Kuppeln, Moscheen und Heiligengräbern genommen, aber auch zur Bedeckung von Flachdächern und Inneneingängen sowie Treppenaufgängen der Häuser, der Küchen und Baderäume und der Innenwandungen von Zisternen.

Qadad wurde mit Wasser angerührt, in dünnen Lagen auf Boden und Seitenwände der Zisterne aufgetragen und mit einem flachen Stein festgeschlagen. Eine zweite und dritte Schicht musste in den nächsten Tagen in gleicher Art aufgebracht werden. Sobald eine Wandstärke von 8 cm erreicht war, wurde die Oberfläche mit einem Stein poliert und mit Tierfett und Knochenmark versiegelt. Das Herstellen und Auftragen von Qadad ist zeitaufwendig und teuer. Mit Beginn der Restaurierung von Altstadtbauten in Sana'a wurden alte Qadad-Handwerker gesucht und konnte die Technik neu belebt werden.

Traditionell waren jüdische Handwerker für den Qadad zuständig. Sie modellierten auch die Musterung im Verputz: Sechs- und achteckige Sterne, die Lilienform und weitere Motive sind in alten Häusern wohlhabender Bürger zu finden (z.B. in Sana'a und Saada).

Ein architektonisches Denkmal ist die **Altstadt von Sana'a.** Von der UNESCO als **„Kulturerbe der Menschheit“** klassifiziert, ist Sana'a eine der letzten Städte in der arabischen Welt mit noch fast geschlossenem, mittelalterlichem Stadtbild. Die Altstadt eignet sich hervorragend, um die Baukunst des Jemen zu studieren. Neben den weißen Fensterummalungen und farbigen Oberlichtern lockern Friese und Simse die Hauswände Stockwerk für Stockwerk auf. Die 30–80 cm hohen Streifen wurden aus Ziegelsteinen oder Gipsstuck gefertigt. Vorherrschende Motive sind geometrische Muster in Form von Zickzack-, V- und Y-Linien sowie in unendlicher Abfolge verschlungene Bänder.

Islamische sakrale Baukunst

Die ersten Gebets- und Versammlungsräume der islamischen Gemeinde waren Häuser, später – bei wachsender Zahl der Gläubigen – Innenhöfe von Häusern. Mit dem **Verbot figürlicher Darstellungen** im religiösen Bereich und der Verbannung architektonischer Ausschmückungen der Gebetshäuser sollte in der urislamischen Gemeinde jegliche Ablenkung vom gemeinsamen Gebet vermieden werden.

Mit der Ausbreitung des Islam hielten fremde Stilelemente Einzug in den Moscheebau. In Ägypten entstanden gewaltige Kuppelbauten, Persien ist das Ursprungsland der Iwane (Vorhallen zur architektonischen Gliederung langer Fassaden), im Irak und in Kleinasien nahm die Ausschmückung der Fassaden mit Farbkacheln ihren Anfang.

Islamischen Moscheen gemeinsam ist die **Schrift als dekoratives Element,** entweder in Form langer Spruchbänder oder als eng begrenzte Kalligraphie. Zwei Schriftformen sind in der Architektur verbreitet: die geometrische kufische sowie eine geschwungene und formenreiche Schrift.

Das wichtigste Schmuckelement islamischer Moscheen sind **geometrische Muster,** die sich in endloser Vielfalt wiederholen. Die am häufigsten verwendeten Motive sind Ranken, Blüten, Blätter, Vielecke sowie verschiedenfarbige Quadrate.

Am Jemen ist die Vielfalt islamischer **Moscheearchitektur** nahezu spurlos vorbeigegangen. Eine Ausnahme bilden Moscheen, die während der osmanischen Zeit errichtet wurden. Jemenitische Moscheen repräsentieren somit den konservativen, d.h. den schmuckarmen Baustil des ursprünglichen Islam.

Die **jemenitische Moschee** ist in der Regel ein glatter äußerer Baukörper mit 4–6 m hohen Wänden, die als oberen Abschluss allenfalls ein Zinnenband ziert. Die Moscheen haben zumeist Innenhöfe mit einem angrenzenden Gebetsraum, dessen Decke auf einer Vielzahl von Säulen ruht. In diesem Saal befindet sich in der nach Mekka gerichteten Wand die Gebetsnische *(Mihrab),* rechts daneben, mit Treppenstufen erhöht, folgt die Kanzel *(Minbar),* von der die allwöchentlichen Freitagsansprachen gehalten werden.

Der Jemen ist kein Land, um das Innere von Moscheen zu studieren, denn von wenigen Ausnahmen abgesehen ist der **Zutritt von Nicht-Moslems unerwünscht.** Die touristisch interessantesten Moscheen sind die Aschrafija-Moschee in Taiz, die Arwa-Moschee in Dschibbla, die Moscheen in Dschanaad und Yafrus sowie die Midhar-Moschee in Tarim mit dem höchsten Minarett Südarabiens.

Die hervorragend restaurierte **Amerijah-Moschee** von Rada ist als Museum hergerichtet und kann auch von Touristen besucht werden.

Architektur in den Provinzen

Neben der Architektur der Altstadt von Sana'a sind die verschiedenen Baustile in den Provinzen für Touristen attraktiv. Auch wenn das Gesamtbild vieler Orte vor zwanzig Jahren unverfälschter war und heute (zu) viel mit Zement gearbeitet wird, auch wenn im Zuge von Wohnraumerweiterung auf ein Lehm- bzw. Natursteinhaus ein oder zwei Stockwerke in unverputzten Zementsteinen gesetzt wurden, so gibt es doch genug Orte, in denen die alte Bausubstanz erhalten ist.

Steinhäuser sind im Bergjemen der vorherrschende Baustil. Beeindruckend ist die Lage vieler Ortschaften auf den höchsten Bergkuppen, beispielsweise im Haraz-Gebiet bei Menaacha und in der Gegend von Machwiet. Hier drängen sich die Häuser so eng, dass die Außenwände natürliche Stadtmauern bilden.

Zum Bau werden behauene hellbraune vulkanische Tuff- bzw. Ignimbrit- sowie schwarze Basaltsteine von 15 x 15 cm Größe verwendet. Häufig sind beide Arten verarbeitet, wobei die schwarzen Steine zur Heraushebung der Fenster, Türen und Stockwerke dienen.

Häuser aus **Stampflehm** überwiegen in der nördlichen und östlichen Saada-Provinz, im Wadi Amlach bzw. im Baraat und in der Provinz Marib.

Die Lehmhäuser des südöstlichen Landesteils sind aus luftgetrockneten **Lehmziegeln** gebaut, die beeindruckendsten Gebäude stehen in Schibam, Sejuhn und Tarim im Wadi Hadramaut sowie in den angrenzenden Tälern.

Ein scharfer Kontrast zu den Wohnburgen des Bergjemen sind die **Kralhütten** und die aus Korallengestein (darüber eine Verputzung) errichteten Häuser in der Küstenregion Tihama. Auch auf der Insel Sokotra stehen aus Schilf und Palmblättern bzw. Korallengestein gebaute Häuser.

Auffallend an einem traditionellen Dorf ist, dass kaum ein Haus hinsichtlich Größe und Ausstattung aus der Masse herausragt.

Zwar gibt es regionale Unterschiede, d.h., es lassen sich an der Architektur einkommensstarke Landstriche von ärmeren unterscheiden, innerhalb eines Dorfverbands jedoch wirken sich unterschiedliche soziale Stellungen nur in geringem Maße aus. Erst seit wenigen Jahren bauen im Ausland arbeitende oder aus Saudi-Arabien bzw. den Golfstaaten zurückgekehrte Jemeniten Prachtvillen an den Rand kleiner Orte.

Im Süden und Osten des Landes dominieren mit beeindruckender Eleganz die im indonesischen Baustil errichteten ehemaligen **Sultans- und Emirpaläste** sowie die reichen **Kaufmannshäuser** (Wadi Hadramaut).

Bauweisen

- Die großen, kunstvoll behauenen Steinblöcke des alten Jemen (Marib, Sirwah, Schabwa, Baraagisch, Nagb al Hadscher, Thafar, Timna).
- Steinhäuser aus behauenen Steinen (mittlerer Bergjemen).
- Steinhäuser aus grobem Gestein, die Fugen mit kleineren Steinen kunstvoll ausgelegt (nordwestliche Bergregion).
- Häuser aus gebrannten Ziegeln (Sana'a, Aden, Städte der Tihama).
- Häuser aus getrockneten Lehmziegeln (Sana'a, Hadramaut).
- Runde, turmartige Wohnhäuser aus Lehm oder Stein (Sana'a, Provinz Amran, Provinz Saada). Sie repräsentieren einen ganz alten Baustil.
- Häuser aus Stampflehm (Saada, Baraat, Dschauf, Marib).
- Häuser aus Korallengestein, zumeist mit Zement verputzt (Tihama, Insel Sokotra).
- Schilf- und Palmstrohhütten, rund oder eckig (Tihama, Sokotra).
- Nomadenzelte (Wüste im Osten, Provinz Machra).

Eine ausgezeichnete Dokumentation über jemenitische Baustile ist das Buch „Art of Building in Yemen" von *Fernando Varanda.*

Frische Verputzung eines Lehmhauses

029| Foto: bs

Aufteilung eines Hauses

Die traditionelle Bauweise ist das **vier- bis sechsstöckige „Hochhaus"** mit einem Flachdach. Ein- und zweistöckige Häuser sind fast ausschließlich neueren Datums. Der besseren Verteidigung wegen wurden mehrstöckige Häuser wie kleine Fluchtburgen gebaut. Sie weisen in den unteren Stockwerken keine oder nur Fensteröffnungen auf, die von einer erwachsenen Person nicht durchstiegen werden können. In den oberen Stockwerken werden die Fenster größer und schmuckvoller.

Ein **traditionelles jemenitisches Haus** ist wie folgt **unterteilt:**

- Keine Unterkellerung (Ausnahme sind einige Häuser in Sana'a).
- Im Erdgeschoss der Eingang und die Viehställe. Wegen fehlender Fenster sind diese Räume dunkel. In die oberen Etagen führt ein breites Treppenhaus. Wer jemenitische Häuser betritt, wird die z.T. unterschiedlich hohen Treppenstufen bemerken.
- Im 1. Stock sind die Vorratsräume.
- Im 2., 3. und 4. (5.) Stock liegen die Wohn- und Schlafräume. Die Küche befindet sich im vorletzten Obergeschoss.
- Im Dachgeschoss, im schönsten Raum, der **Mafratsch,** empfängt der Hausherr Besucher, wickelt Geschäfte ab, hier finden nachmittags Kat-Sitzungen statt. Die Mafratsch hat eine ausgeprägt rechteckige Form, mit einer Breite von etwa 3 m. Die Länge des Raumes beträgt je nach Größe des Hauses und der sozialen Stellung der Familie zwischen 5 und 20 m.

Die Mafratsch ist ringsherum mit Sitz- sowie Arm- und Rückenpolstern ausgestattet, in der Raummitte liegen Teppiche. Die Fenster sind so niedrig, dass die auf dem Boden sitzende Gesellschaft hinausschauen kann. Zur Sicherheit für Kinder weisen sie eine Vergitterung auf. Die Mafratsch ist – abgesehen von den häufig kostbaren Sitzpolstern – kaum möbliert. Ein Fernseher, die Wasserpfeife, Spucknäpfe für Katsitzungen und Wandnischen für Bücher, Akten und Kleidung komplettieren die Einrichtung. Je nach sozialer Stellung der Familie ist die Mafratsch mehr oder weniger üppig mit Stuckornamenten in Form von Deckenrosetten und Wandfriesen versehen.

Faszinierend sind die Farbspiele der **Oberlichter** *(Qamerijas)* mit ihrer Patchworkarbeit aus verschiedenfarbigen Glasscheiben, die in filigrane Gipsrippen eingelegt wurden. Interessante Farbkombinationen ergeben sich, wenn die Oberlichter zweilagig, d.h. mit einer nach außen und einer nach innen gerichteten Seite ausgeführt sind. Die Zimmerdecken werden von frei sichtbaren Holzbalken getragen.

Die im Hadramaut häufig anzutreffenden senkrechten **Holzpfeiler** als tragende Elemente der Decken in großen Räumen sind im Bergjemen unbekannt. Dort bestimmen die Längen der Holzbalken die Breite der Räume, die somit die Form eines lang gestreckten Rechtecks haben.

Da ein Haus in der Regel von mehreren Generationen bewohnt wird (oft leben mehrere Brüder mit ihren Familien und Eltern unter einem Dach), ist es weitläufig. Häufig sind Männer- und Frauenbereiche so voneinander getrennt, dass Besucher auf dem Weg zum Hausherrn den Frauensektor nicht durchqueren müssen.

Bürgerhäuser in der Altstadt von Sana'a

Traditionelle Toiletten/Bäder

Toiletten sind an der von Mekka abgewandten Seite des Hauses angeordnet. Die traditionelle jemenitische Toilette liegt im zweiten oder dritten Stock eines Hauses. Das Klosett ist ein mit einem Holzdeckel verschlossenes, 20 cm über den Fußboden hochgemauertes Loch von 20 cm Durchmesser. In dieses Loch kommt nur das große Geschäft, uriniert wird in eine Rinne vor dem Klosettloch.

Der Urin verlässt den Toilettenraum (arab. **Hammam,** „hamien" warmes Wasser), durch eine kleine Öffnung nach außen, der Kot fällt durch das Klosettloch in einen sich nach unten erweiternden Schacht innerhalb des Hauses. In einigen Gebieten des Jemen ist der Klosettschacht vor die Fassade verdeckt oder offen hochgezogen (z.B. bei Lehmhäusern der Provinz Saada und in Schibam/Hadramaut).

Ist der Schacht bis zu einer gewissen Höhe gefüllt, wird die Außenfassade freigestemmt und der ausgetrocknete Kot fortgeschafft. Der Kot wurde bis weit in das 20. Jh. zum Beheizen öffentlicher Badehäuser und zum Düngen von Feldern verwendet.

Die Geruchsbelästigung durch traditionelle Toiletten ist gering, da trockener Kot kaum Geruch absondert, weshalb auch nicht in das Toilettenloch uriniert wird. Toilettenpapier gibt es traditionell nicht, die Reinigung erfolgt mit Wasser und der linken Hand.

Toilette und Bad sind im gleichen Raum untergebracht. Das Wasser wird mit Bechern geschöpft. Es verlässt den Waschraum durch ein Wandloch, fließt in einer zementierten Rinne an der Hauswand ab oder wird mit einem Wasserspeier auf die Straße geleitet. Wer sich über diese jahrhundertealte Abwassertechnik mokiert, sollte nicht vergessen, wie die Waschräume deutscher Häuser noch Ende des 19. Jh. aussahen, und sollte bedenken, dass das Schloss *Ludwig XIV.* in Versailles überhaupt keine Toilettenanlagen hatte.

Die Küche

Die Küche befindet sich in der Regel im vorletzten Obergeschoss, so dass die darüber liegende *Mafratsch* (Wohnzimmer) und die darunter liegenden Wohnräume ohne lange Wege mit Speisen versorgt werden können.

Bis vor wenigen Jahren wurde das Essen ausschließlich auf und in **Tonöfen** *(tannur)* gegart. Diese Brotbacköfen sind für die Fladenbrotherstellung unverzichtbar und daher Bestandteil fast jedes Hauses. Wegen Holzmangel sind verstärkt Gas-Tannure aus Stahl und Gaskocher im Einsatz. Das Gas ist staatlich subventioniert und wird in Stahlzylindern verkauft.

Die jemenitische Küche zeichnet sich durch eine relativ spartanische Einrichtung aus. Elektrische Küchengeräte und Kühlschränke sind nur in den großen Städten und bei der wohlhabenden Bevölkerung zu finden.

Eine Bevorratung mit Lebensmitteln – außer von Mehl, Reis und Speisefett – kennt der jemenitische Haushalt nicht. Gemüse, Fleisch und Huhn werden jeden Morgen frisch auf dem Suk gekauft.

028Foto: bs

154J Foto: bs

Sana'a

160J Foto: bs

169J Foto: bs

Autoverkehr im Trockenflussbett
Zailer in Sana'a

Brotverkäuferinnen im Suk von Sana'a

Die Feuerwehr von Sana'a

Einleitung

Sana'a ist mit gut **2 Mio. Einwohnern** die größte Stadt des Jemen. Sie ist in den letzten Jahrzehnten explosionsartig gewachsen, wie die Zahl von 60.000 Einwohnern für das Jahr 1963 zeigt. Die **Hauptstadt des vereinigten Jemen** (seit Mai 1990) liegt auf **2300 m Höhe** inmitten des jemenitischen Hochlandes. Trotz der exponierten Lage sollten Reisende sich Sana'a nicht als Gebirgsstadt vorstellen, denn die Stadt weist keine nennenswerten Höhenunterschiede auf. Der erloschene **Vulkan Nukum,** der die Stadt überragt, ist 2892 m hoch.

Die Höhenzüge rings um Sana'a bauen sich zumeist aus vulkanischem Ergussgestein (Rhyolith) auf, das vor rund 40 Mio. Jahren ausgetreten ist. Dieses helle Material wurde gelegentlich von dunklem Basalt durchschlagen, der mit weniger als 1 Mio. Jahren deutlich jünger und als Intrusionen bzw. Vulkankegel aufgeschlossen ist.

Das **Sana'a-Becken** befindet sich im Regenschatten der Küstengebirge und erhält nur **wenig Niederschläge.** Landwirtschaft wird zumeist nur am Rande der Hochebene betrieben, wo Wasser aus den Bergen heraustritt. Einen Fluss, der ganzjährig Wasser führt, gibt es nicht.

Das Sana'a-Becken ist 800 m hoch mit Geröll und Sand gefüllt. In den 1930er Jahren lag der Grundwasserspiegel noch bei 50 m Tiefe, heute wird das Trinkwasser aus gut 600 Metern heraufgepumpt. Da der Wasserspiegel

030J Foto: bs

jährlich um 6 bis 8 m absinkt, ist bei der oben genannten Beckentiefe auszurechnen, wann die Bewohner der Hauptstadt „auf dem Trockenen" sitzen werden.

Die Fluten der Regenzeit entwässern die 20 x 80 km große Hochebene nach Nordosten zum **Wadi Dschauf** <Wadi Jawf>. Landwirtschaftlich genutzte Flächen liegen am Gebirgsrand entlang der Ausfallstraße nach Amran/Saada. Hier sind auch die Tiefbrunnen, die Sana'a mit Trinkwasser versorgen.

Mit Hotels aller Preiskategorien, einer guten touristischen Infrastruktur und einer **Altstadt aus „1001 Nacht"** gilt Sana'a als Touristenmagnet. Die Altstadt wurde 1988 von der UNESCO zum Weltkulturerbe erklärt und war 2004 Kulturhauptstadt der arabischen Welt.

Ankunft

Der **Internationale Flughafen** in Sana'a (Al Rahabaa) bedeutet für fast alle Touristen die erste Begegnung mit dem Jemen. Beim Anflug wird die Lage der Stadt am Rande einer weiten Hochebene deutlich. In dem Buch „Jemen und sein Bergvolk am Roten Meer" schreiben die Autoren *Jargy* und *Hilaire:* „Mancher Forscher hat seinen Wunsch, das zauberhafte, hinter dem gewaltigen Riegel seiner Gebirgsmassive verborgene Sana'a mit eigenen Augen zu sehen, nur unter unsäglichen Entbehrungen erfüllen können und oft sogar mit dem Leben bezahlen müssen. Durch den Flugverkehr wird uns Sana'a dargeboten wie eine reife Frucht – ob wir dieses Geschenk wohl verdienen?"

Im Flughafen (Fotografierverbot) werden die Einreisedokumente geprüft sowie Aufenthalts- und Ausreisevisa in den Pass gestempelt. Reisende, die aus Infektionsgebieten einfliegen, müssen den Internationalen Impfpass vorzeigen.

Vor der Passkontrolle kann Geld getauscht werden (z.B. für das Taxi in die Stadt). Falls der Schalter nicht besetzt ist, bei der Zollabfertigung nach einem Wechsler fragen. Größere Geldmengen sollten in der Stadt zu besseren Kursen getauscht werden.

Da keine Busse fahren, muss für die 20 km zur Stadt ein Taxi (2000 Rial) genommen werden. Wer eine Gruppenreise bei einem europäischen Veranstalter gebucht hat, wird abgeholt und braucht sich um den Transport nicht zu kümmern. Auch jemenitische Reiseveranstalter holen ihre Gäste in aller Regel vom Flughafen ab (vorher fragen).

Tipp für Individualtouristen: Die Fahrt mit dem Sammeltaxi kostet (mit 1x umsteigen) zur Innenstadt nur 60 Rial. Beim Verlassen des Flughafengebäudes geradeaus zur 200 m entfernten Rauda-Straße gehen, wo Sammeltaxen auf Handzeichen halten.

Orientierung

Das für den Touristen **wichtigste Straßenkreuz** liegt am *Taj Sheba Hotel* (Stadtplan Nr. 111): Nach Norden geht es auf der **Abdul Mughni Street** zum Tachrier-Platz, zum Flughafen, nach Amran, Hadscha und Saada; Richtung Osten führt die **Al Zubayri Street** zum Bab al Jemen, nach Taiz und Aden; westlich leitet die Al Zubayri Street nach Hudäida.

An der Kreuzung Abdul Mughni und Al Zubayri Street wurde im Jahr 2000 die erste Straßenunter- bzw. -überführung des Jemen eröffnet, ein Geschenk der Republik China.

Sana'a ist von einer **Ringstraße** umgeben <Ring Road>, an der u.a. die Hotels *Sheraton* und *Mövenpick* liegen.

Auf halber Strecke zwischen *Sheba Hotel* und Bab al Jemen überquert die Zubayri Street den **Zailer** <Sa'ilah> („abfließendes Wasser"), ein gepflastertes Flussbett, in dem

Bürgerhäuser in der Altstadt von Sana'a

in der Regenzeit das Oberflächenwasser zum Wadi Dschauf <Wadi Jawf> und sonst der Autoverkehr strömt.

Schilder mit **Straßennamen** gibt es in Sana'a nur an Haupt- und wenigen Nebenstraßen. Der Jemenite orientiert sich vor allem an Plätzen, Gebäuden und Stadtteilen.

Erste Schritte in Sana'a

Je nach Vorkenntnis und Erfahrung in fremden Ländern wird jeder Reisende unterschiedliche Eindrücke haben. Uns faszinieren das Stadtbild, die Betriebsamkeit und die Bewohner. Auffallen werden dem Touristen das starke Verkehrsaufkommen, die prall gefüllten Geschäfte, die wenigen und zudem stark verschleierten Frauen im Straßenbild, die vielen Straßenhändler, die überdimensionale Werbung an den Ladenfronten in den Geschäftsstraßen sowie der Müll in den Seitengassen (in den Hauptstraßen funktioniert die Straßenreinigung seit Mitte der 1990er Jahre gut).

Der Jemen gehört nach einer Klassifizierung der UNO zu den ärmsten Ländern der Welt, eine Einstufung, die der Tourist angesichts des reichhaltigen Warenangebots nicht glauben kann.

Öffentliche Toiletten

In der Regel benutzt der Tourist die Toiletten seines Hotels, anderer Hotels oder die in guten Restaurants. Öffentliche Toiletten sind im Stadtzentrum und in der Altstadt mit entsprechenden Schildern *(Toilets)* gekennzeichnet. (Benutzung 10 Rial, Toilettenpapier mitbringen):

- Am westlichen Ende des Tachrier-Platzes,
- in der Fußgängerunterführung am Tachrier-Platz,
- hinter vorgenannter Fußgängerunterführung links in der Bab as Sabah Straße,
- im Hof des Nationalmuseums,
- an der Einmündung der Bab as Sabah-Straße in den Zailer (rechts),
- im 1. Stock des Samsarat al Nahass,
- im 1. und 3. Stock des Samsarat al Manzurah,
- zwischen Bakiriya-Moschee und Stadtburg Al Kaser.

Reisegenehmigung

Um den Jemen außerhalb von Sana'a zu bereisen, ist ein **Genehmigungsschreiben** *(tasriech)* nötig. Wer bei einer deutschen oder jemenitischen Agentur gebucht hat, muss sich nicht selbst um dieses Papier kümmern.

Der Sitz der Tourismus-Behörde befindet sich in der Neustadt von Sana'a im Stadtteil Hassaba. Die Behörde heißt „Amelia Schurta as Siachia", ist aber besser unter dem Namen **„Wazarat as Siachia"** bekannt. Vom Tachrier-Platz Richtung Flughafen fahren und vor dem Yemenia-Hochhaus rechts in die Jama'a al Arabia-Street abbiegen. Dann die zweite Straße rechts hinein liegt links das große Gebäude des Ministeriums für Tourismus (Stadtplan Nr. 205). Im hinteren Teil des Gartens befindet sich das Büro für Reiseangelegenheiten. Es hat täglich 24 Stunden für Informationen geöffnet, auch an Feiertagen. Reisegenehmigungen werden zwischen 8 und 18 Uhr ausgestellt. Zum Thema Individualreisen im Jemen siehe das entsprechende Kapitel „Praktische Reisetipps". Da das Genehmigungsschreiben an Straßen-Checkpoints abgegeben werden muss, sind für eine zweiwöchige Rundreise etwa **80 (!) Fotokopien** anzufertigen.

Für die Ausstellung der Reisegenehmigung ist die genaue **Reiseroute** vorzulegen. Sollte sich während der Reise etwas ändern, so kann der Tourist die Büros der Behörde (Touristenpolizei = *Schurta as Siachia;* in Seyun, Mukalla, Aden, Taiz, Ibb) aufsuchen und ein neues Papier ausstellen lassen.

Behörde in Sana'a: Tel. (01)250203/4. Es wird Englisch gesprochen.

Tachrier-Platz <Tahrir Square>

Der Tachrier-Platz (Maidan at Tahrir, Platz der Befreiung, Stadtplan Nr. 104) ist das **Zentrum** des modernen Sana'a. An ihm liegen Banken, die Zentralpost, das Armeemuseum, der Abfahrtsplatz von Minibussen zum Bab al Jemen, nach Hadda und Aser, Wechselstuben und Kopierläden. Nördlich des Platzes schließt das **Mutawakkil-Viertel** an, die ehemalige Residenz der Imame. Das Gelände beherbergt die Stadtverwaltung und kann – abgesehen vom Nationalmuseum – nicht besichtigt werden. Teil des Mutawakkil-Viertels ist im Nordosten des Tachrier-Platzes der **Imamspalast** (Stadtplan Nr. 103). Das Dar Al Schukr genannte Gebäude (Haus der Dankbarkeit) wurde 1932 unter Imam *Yachya* gebaut, beherbergte bis 1987 das Nationalmuseum und war bis 2004 Sitz des Volkskundemuseums. Das Dar al Schukr war neben dem Dar as Saad (Haus des Glücks), dem Dar al Hammd (Stadtplan Nr. 208), dem Dar al Basha'er (Haus des Heerführers, westlich des Tachrier-Platzes), dem Felsenpalast im Wadi Darr und dem Palast in Rauda eines der Häuser der Königsfamilie in und um Sana'a. Am Dar al Schukr verdient der hölzerne Vorbau *(maschrabija)* Beachtung.

Ein weit schönerer Holzerker (aus osmanischer Zeit) kann an der Westfassade des Hauses besichtigt werden, das bis 1990 Botschaft der DDR war. Das Gebäude liegt an der vom Tachrier-Platz abzweigenden 26. September Street, 500 m vom Tachrier-Platz entfernt (rechts der Straße). 100 m nördlich von der Ex-Botschaft entfernt kann auf dem **Friedhof der Ar Rahman-Moschee** das schlichte Grab des jemenitischen Herrschers Imam *Yachya* (gest. 1948) nur von Moslems besucht werden. Sein Sohn und Nachfolger Imam *Ahmad* starb im September 1962 und wurde auf dem Friedhof der Al Roduan-Moschee beigesetzt. In der wenige Tage nach seinem Tod ausgebrochenen Revolution gegen das feudalistische System wurden das Ahmad-Grab und die Moschee zerstört. Das unbebaute Gelände befindet sich westlich des Tachrier-Platzes, 100 m vom Eingang des Militärmuseums entfernt auf der rechten Seite der Abdul Nasr Street im Hinterhof des Hauses Nr. 16.

Die **Mutawakkil-Moschee** (Stadtplan Nr. 102) an der Nordostseite des Tachrier-Platzes wurde in zwei Abschnitten errichtet. Für den östlichen Teil, in dem sich sein Grab befindet, zeichnet Imam *al Mutawakkil al Qasim* verantwortlich (1726/27). Der westliche Teil – eine mit großer Kuppel überdachte Gebetshalle – wurde 1936 unter Imam *Yachya* hinzugefügt. Das Hammam (Badehaus) neben der Moschee wurde ebenfalls durch Imam *Mutawakkil* al Qasim erbaut.

Die **Grünanlage** auf dem Tachrier-Platz ist das Ziel jemenitischer Müßiggänger. Hier üben sie sich im Luftgewehrschießen, beweisen Kraft und Geschicklichkeit an fantasievollen Geräten und lassen sich mit Falken auf dem Arm bzw. auf dem Rücken von Pferden fotografieren. Am Westende des Platzes liegt ein öffentliches **Badehaus** mit Toiletten.

Hinweis: Zur jemenitischen Badehaus-Kultur und zum Besuch eines Hammam durch Touristen siehe Exkurs „Die öffentlichen Badehäuser".

Zwischen dem Badehaus und der Mutawakkil-Moschee gibt es **Fotokopierläden.**

Zwischen Tachrier und dem Vulkan Nukum im Osten erstreckt sich die **Altstadt** von Sana'a. Der Tachrier-Platz liegt im Schnittpunkt der Abdul Mughni Street und der Abdul Nasr Street.

Die alten Stadtviertel

Bis in die 1970er Jahre bestand Sana'a aus fünf Teilen:

- im Osten die **Altstadt** mit der Stadtburg Al Kaser;
- im Westen die **Gartenstadt Bir al Azab;**
- das **Viertel Bir al Bahemi,** von einer Mauer umgeben;
- **Mutawakkil,** die befestigte Residenz der Imame;
- das ehemalige **jüdische Viertel** am Al-Gahr-Platz.

Heute sind die Stadtteile lückenlos zusammengewachsen. Die Stadtmauern, die das Judenviertel und den Stadtteil Bir al Bahemi umschlossen, sind verschwunden, die Stadtmauer, die einst die Altstadt umgab, steht noch zur Hälfte ihrer ehemaligen Länge.

Stadtpanorama

Für einen Blick auf die ganze Stadt kommen die Stadtumgehungsstraße (Ring Road) in der Nähe der Hotels *Sheraton* (Stadtplan Nr. 224) und *Mövenpick* (Stadtplan Nr. 225) bzw. der chinesische Pavillon an der Straße nach Hudäida in Frage (Rundreise 1, 6. Tag).

Eine hervorragende Übersicht bietet die Teestube im 9. Stock (per Lift erreichbar) des Altstadthotels *Burj Al-Salam* (Stadtplan Nr. 134).

Geschichte

Die Gründung Sana'as reicht weit zurück. Ohne konkrete Beweise wird die Stadt von der jemenitischen Tourismusbehörde als eine **Gründung des (biblischen) Sem,** Sohn des *Noah,* bezeichnet. Die Legende besagt, dass *Sem* sein Haus im westlichen Teil der Hochebene, am Berg Ailan, bauen wollte (dort liegt heute der Ort Hadda). Während des Hausbaus kam ein Vogel, nahm einen Zweig in den Schnabel und flog davon. *Sem* deutete das als göttliches Zeichen und folgte dem Vogel, der den Zweig am Fuß des Dschebbel Nukum fallen ließ. Dort baute *Sem* sein Haus, dort wuchs eine Stadt, die sich zuerst „Stadt des Sem", dann Azal und schließlich Sana'a („die Befestigte") nannte.

Neben Marib war Sana'a die bedeutendste Stadt des sabäischen Reiches.

Schriftliche Belege zu Sana'a in vorislamischer Zeit sind spärlich. Sie berichten, dass Sana'a (wie Mekka, Medina, Jerusalem und Natschraan) ein unter Gottes besonderem Schutz stehender Ort ist (arabisch *haram, hawtah* oder *hijrah),* an dem nicht gekämpft werden darf und wo Flüchtlinge Asyl finden (auch Mörder und andere Verbrecher).

Der Geschichtsschreiber **Hamdani** (geboren 893 in Sana'a, gestorben später als 945) schreibt, dass der sabäische König *Schar'irum Antar* die **erste Stadtmauer** Sana'as im 3. Jh. bauen ließ. Während dessen Regentschaft wurde auch der sagenumwobene Ghumdan-Palast errichtet. Das Gebäude soll zwanzig Stockwerke gemessen haben und einer der prachtvollsten Paläste Arabiens gewesen sein. *Hamdani* schreibt, dass im 10. Jh. die Grundmauern des Palastes noch zu sehen waren.

Um das Jahr 520 n.Chr. wurde Sana'a anstelle von Thafar **Hauptstadt des himjaritischen Reiches.** Der letzte Himjarenkönig *Dhu Nawas* (er war im Jahre 517 zum Judentum übergetreten) residierte in Sana'a, und hier ging das himjaritische Reich 525 n.Chr. in der Schlacht gegen Aksum unter.

Mit den Abessiniern kam der christliche Glaube in den Jemen. In Aden, Thafar, Natschraan und Sana'a wurden **Kirchen** errichtet. Die Lage dieses Monumentalbaus (Stadtplan Nr. 143) ist im Straßenverlauf westlich der Stadtburg Al Kaser zu erkennen (siehe Stadtrundgang Nr. 4).

Sana'a war von jeher ein **Zentrum des Handels und des Handwerks.** Zu Zeiten ausländischer Herrschaft und unter der Regentschaft jemenitischer Könige (Imame) wechselte Sana'a als Hauptstadt häufig mit anderen Orten wie Taiz, Zabied, Dschibbla, Schibam, Thulla und Saada.

Sana'a lag über viele Jahrhunderte an der Nahtstelle des zaiditischen Herrschaftsbereichs im Norden (Hauptorte Saada, Hadscha, Thulla) und dem von ausländischen Mächten (Omaijaden, Abbasiden, Sassaniden, Osmanen) besetzten Territorium im Süden, war daher erstes Ziel, wenn eine Seite ihren Einflussbereich auszudehnen begann. Eroberungen und Rückeroberungen waren mit **Plünderungen und Brandschatzungen** verbunden. Sana'a wurde im Laufe der Geschichte wiederholt zerstört: **803** durch das Heer *Harun al Raschids,* **901,** als zaiditische Truppen Sana'a erstmals für ihren *Imam al Hadi ila al Haqq* eroberten, vier Jahre später, als der fatimidische Missionar und Heerführer *al Fadl* Sana'a erobern und plündern ließ, im Jahr **1187** durch innere Machtkämpfe und **1871** im Verlauf der Kämpfe zwischen Osmanen und Zaiditen. **1948** wurde die Stadt bei der Rückeroberung durch Krieger *Imam Ahmads* geplündert, und **1962–1969** nahm die Bausubstanz im Bürgerkrieg schwere Schäden.

Burg und Stadtmauer wurden bei Eroberungen und kampflosen Räumungen mehrfach zerstört. Die größten Schäden erlitt die Stadtmauer in den 1960er und 1970er Jahren, als sie wegen zunehmender Motorisierung weiter abgerissen wurde. Die Stadttore Bab asch Schaub und Bab al Assah wurden im Jahre 1962 bzw. 1967 abgetragen.

Sana'a nahm im 20. Jh. einen rasanten Aufschwung. 1963 lag die Einwohnerzahl bei 60.000, 1975 waren es 136.000 Bewohner, heute leben hier mehr als 2 Mio. Menschen.

Erste Europäer in Sana'a

Als einer der ersten Europäer besuchte der Italiener **Ludovico di Varthema** im Jahr 1503 Sana'a. Er beschreibt eine riesig große Stadt mit Wiesen, Gärten und 4000 Häusern innerhalb einer wuchtigen Stadtmauer. *Varthema* war als Schiffspassagier über Jidda und Jizan nach Aden gelangt und reiste über Jariem nach Sana'a.

1590 wurden **zwei portugiesische Jesuitenpater** fünf Jahre in Sana'a von den Osmanen festgehalten. Sie schildern Sana'a als große Stadt, aber während der Osmanenzeit sei die Einwohnerzahl stark zurückgegangen. Sie zählten 2500 Häuser, davon 500 jüdische.

Detailliert wird Sana'a 1762 vom deutschen Mathematiker und Vermesser **Carsten Niebuhr** (1733–1815) beschrieben. Er machte kartografische Aufzeichnungen und berichtete über die Ankunft in dem für ihn und seine Reisegruppe reservierten Gästehaus des Imam: „Als wir zu den Gärten gekommen waren, forderte uns der Schreiber zum Absteigen auf. (...) Doch der Schreiber und alle unsere mohammedanischen Diener blieben auf ihren Eseln, während wir noch einen weiten Weg zu Fuß zurücklegen mussten, bis wir zu dem Haus kamen, das für uns als Wohnung bestimmt war. Das war ein arger Streich, den wir von den sonst so höflichen Arabern nicht erwartet hatten". *Niebuhr* war entgangen, dass alle Europäer Sana'a zu Fuß zu betreten hatten. Der Brite *Pringle* war im Jahr 1801 der erste Europäer, der beritten in Sana'a Einzug hielt.

Im Jahre 1810 kam der in Diensten des russischen Zaren stehende **Ulrich Jasper Seetzen** (1767–1811). Er beschreibt Sana'a als schönste Stadt des Orients, selbst im Vergleich mit Europa sei sie außerordentlich reizvoll. Auf dem Rückweg von Aden – wohin er einen Abstecher unternommen hatte – wurde *Seetzen* in der Nähe von Taiz ermordet.

1835 gelangte der englische Leutnant **Charles Cruttenden** von Mocha nach Sana'a. Er konnte vier himjaritische Inschriften abzeichnen und skizzierte Stadtansichten. *Cruttenden* schätzte die Bevölkerung auf 40.000, die Zahl der Juden auf 3000.

In der Reihe europäischer Besucher ist der Franzose **Arnaud** zu nennen, der einige Jahre als Arzt in Diensten des Imam stand und 1843 als erster Europäer der Neuzeit nach Marib kam.

1849 übergab *Imam Mutawakkil* Sana'a kampflos den Osmanen. Eine über deren Plünderungen erboste Stadtbevölkerung erhob sich gegen die Besatzer und warf sie in die Tihama zurück. Es folgte eine Zeit der Selbstverwaltung und der Gegenimame, es gab Perioden ohne Regierung und wiederholte Plünderungen durch Stammeskrieger. Kurz, es war eine Zeit der Anarchie, und die Sana'anis waren froh, als die Osmanen 1871 zurückkehrten. **Joseph Halevy** (1827–1917), der 1869 in Sana'a eintraf, berichtet über die Verwüstungen. Die Hälfte der Häuser lag in Ruinen, die Vorstadt Bir al Azab war unbewohnt und die Bevölkerungszahl stark gesunken. Der Schotte **Charles Millingen** zählte im Jahr 1873 nur 20.000 Einwohner.

Halevy, ein französischer Jude, beschrieb das Leben von Nichtmoslems in Sana'a als schwierig. Er war der erste Europäer seit dem römischen Feldzug 24 v.Chr., der den Oberlauf des Wadi Dschauf <Jawf> und Natschraan erreichte.

Zwischen 1877 und 1880 kam der Italiener **Renzo Manzoni** dreimal nach Sana'a, machte die ersten Fotografien und fertigte einen Stadtplan an. Manzoni erlebte eine Überschwemmung in dem durch die Stadt führenden Flussbett Zailer. Rund 100 Lehmziegelhäuser wurden fortgeschwemmt, nur die Steinhäuser der reichen Sana'anis blieben unbeschädigt.

Dem Österreicher **Eduard Glaser** (1855–1908, 1884 in Sana'a) gelang die Erkundung des Handelsweges nach Amran, Chamer und Thi Bin. Unter dem Schutz der Osmanen konnte *Glaser* intensive Studien in Marib betreiben.

Europäische Reisende dieser Zeit berichten von fünfzig Moscheen und zwanzig Synagogen in Sana'a. Sie beschreiben die Wasserversorgung als oberirdische bzw. unterirdische Kanäle (z.T. 6 m unter der Erde, *ghayls* genannt), die ihren Anfang 10–20 km entfernt in den Vorgebirgen nahmen.

Als der Deutsche **Hermann Burchardt** (1857–1909) im Jahre 1902 nach Sana'a kam, gab es 50.000 Einwohner, eine wöchentlich erscheinende Zeitung und eine Telegrafenleitung über Hudäida nach Übersee. *Burchardt* wurde am 19. Dezember 1909 bei Ibb überfallen und erschossen. Seine Fotos sind im Treppenaufgang des Nationalmuseums in Sana'a ausgestellt.

1922, nach dem Abzug der Osmanen, sah der Franzose **Pierre Lamare** das erste Auto durch Sana'a fahren und fand das Haus des Imams elektrifiziert.

Im Jahr 1930 kam der Deutsche **Hans Helfritz** (1902–1995) mit Geräten zur Aufzeichnung jemenitischer Musik. Er beschreibt Sana'a als eine der wenigen Städte der Welt, die auch auf dem zweiten Blick nicht enttäuschen.

Die Altstadt

Mit engen, verwinkelten Gassen, die für den Autoverkehr nicht geeignet sind, und Häusern aus dem 18. und 19. Jh. ist die Altstadt von Sana'a ein unvergleichliches Kleinod. Nachdem sie 1988 von der UNESCO als **Kulturerbe der Menschheit** deklariert wurde, als besonders erhaltenswert, läuft eine internationale Rettungskampagne. Einige Länder haben Hauspatenschaften übernommen. Deutschland, Norwegen und Italien haben die Instandsetzung von Häusern bzw. Karawansereien abgeschlossen. Bei einem Bestand von rund 6000 Häusern in der Altstadt ist der Erhalt der Bausubstanz nur im Rahmen einer breiten internationalen Kampagne möglich. Von jemenitischer Seite wurde ein „Board of Trustees for the Preservation of the Old City" eingesetzt.

Auch Jemeniten möchten in geräumigen Wohnungen leben, einen sicheren Wasser- und Abwasseranschluss haben und mit dem Auto bis auf das Grundstück fahren. Mitte des 20. Jhs. begann daher eine Abwanderung der Familien, die sich ein Haus in der Neustadt leisten konnten. In der Altstadt blieb zumeist die ärmere Schicht zurück, in die leer werdenden Häuser zogen minderbemittelte Bewohner. Die Umwälzung in der Bevölkerungsstruktur brachte mit sich, dass immer weniger Geld zum Erhalt der Häuser vorhanden ist. Die Bewohner kehren jedoch aufgrund der Bevölkerungsexplosion und der Wohnraumnot in die Altstadt zurück und stocken dort die ohnehin schon hohen Häuser um weitere Etagen auf.

Wichtige Schritte, die Altstadt attraktiver zu machen, bedeuteten der in den 1980er Jahren durchgeführte Bau einer **Kanalisation,** sowie die Pflasterung der Altstadtgassen. Wer die wenig ansehnliche Situation bis Ende des 20. Jhs. kannte, wird von dem gepflasterten **Trockental Zailer** überrascht sein, das die Altstadt durchquert und außerhalb der Regenzeit zu einer wichtigen Straßenverbindung geworden ist.

Nur wenige Gebäude der Altstadt ragen aus dem Ensemble heraus und müssen gezielt aufgesucht werden. Es sind dies die **Bakiriyah-Moschee,** die **Festung Al Kaser** und **Karawansereien im Suk.**

Viele **Häuser Sana'as** sind aus gebrannten Ziegelsteinen errichtet, andere aus Naturstein, und bei einer dritten Kategorie sind die unteren 5–7 m aus behauenen Steinen gefertigt (zumeist aus schwarzem vulkanischem Basalt oder aus braunem vulkanischem Ignimbrit) und darüber Lagen aus luftgetrockneten Lehmziegeln. Seltener benutztes Baumaterial sind vulkanische Tuffe (ein weiches Material, das an der Luft aushärtet) oder Kalksteine. Die außen in rechteckige Form behauenen Steine laufen nach innen kegelig zu. Die Zwischenräume werden mit Lehm und zerstoßenen Steinsplittern ausgelegt.

Die Außenwand eines Hauses ist 40–50 cm dick. Der äußeren ca. 25 cm starken Steinschicht ist innen eine zweite Schale aus Bruchsteinen hinterlegt. Die Bauweise, Steine der Außenwand nicht senkrecht zu setzen, sondern im Sägezahnmuster, kann an der Großen Moschee von Sana'a gesehen werden.

38J Foto: bs

Die Häuser der Altstadt sind in der Regel **vier bis sechs Stockwerke** hoch. Aus Verteidigungsgründen weisen die unteren Etagen keine oder nur kleine Fenster auf. Da Glas in den vergangenen Jahrhunderten sehr teuer war, sind die Öffnungen älterer Häuser klein und mit einem Laden zu schließen. Gelegentlich sind dreiteilige Fensterläden zu finden, mit denen Luft- und Lichteinfall reguliert werden kann.

Nur noch selten gibt es runde **Oberlichter** mit milchigen Alabasterscheiben. Typisch und weit verbreitet sind halbrunde Gipsstuck-Oberlichter mit eingelegtem, farbigem Glas *(gamerija)*, die besonders bei Dunkelheit zur Geltung kommen. In Höhe der Oberlichter sind in den Außenwänden oft kleine Lüftungsfenster angeordnet. Die Fensteröffnungen sind mit weißer Kalkfarbe ummalt.

Die Fensterbrüstungen liegen 40–50 cm über dem Fußboden, so dass auf den Matratzen sitzende Personen hinaussehen können. Damit Kinder nicht hinausfallen, sind die Fenster vergittert. An den Außenfassaden fallen **Holzerker** auf, die häufig oberhalb der Eingangstore angeordnet sind. So können die Frauen erkennen, wer an die Tür klopft und das Leben auf der Straße beobachten, ohne selbst gesehen zu werden. Sind diese Vorbauten klein und aus Stein, handelt es sich um traditionelle „Kühlschränke", in denen Trinkwasser in porösen Tontöpfen aufbewahrt wurde. Der Kühleffekt entstand durch die Verdunstungskälte des durch die Wandung des Gefäßes sickernden Wassers, unterstützt von der vorbeistreichenden Luft.

Traditionelle Haustüren haben eiserne Klöppel, mit denen sich Besucher lautstark bemerkbar machen.

Die Häuser der Altstadt werden in der Regel von einer Großfamilie bewohnt und haben kleine, mit einer Mauer umgebene Höfe, aber keine Gärten. (Grünflächen innerhalb der Altstadt sind Moscheegärten.)

Die Gebäude sind mit **Stuck- und Ziegelsteinornamenten** stockwerkweise umgeben (Tiermotive, religiöse Sprüche, geometrische Muster).

Von unten nach oben sind die Stockwerke wie folgt gegliedert: Vieh- oder Abstellraum, Lagerräume, Wirtschaftsgeschoss, Küche, Wohnzimmer. Im schönsten Raum – der **Mafratsch** – im obersten Geschoss empfängt der Hausherr seine Besucher, dort werden die nachmittäglichen Katsitzungen abgehalten.

Zur Altersbestimmung jemenitischer Häuser einige Hinweise:

Die oberen Stockwerke sind zumeist sehr viel jünger als die unteren, sei es wegen Umbauten der oberen Repräsentationsräume, Rissbildung, Alterung der dem Wetter stärker ausgesetzten Hauspartien oder wegen Hausbränden. Die oberen zwei Stockwerke der Häuser in der Altstadt von Sana'a stammen selten aus der Zeit vor dem 19. Jahrhundert. Das älteste bekannte Haus Sana'as datiert aus dem 11. Jahrhundert.

Als **Faustregel** gilt: **je kleiner die Fenster, umso älter das Haus.**

Ein weiteres Merkmal alter Häuser sind kreisrunde Oberlichter (wie sie auch oft in Thulla zu finden sind).

Häuser im Jemen haben traditionell keine Beheizungsmöglichkeit, obwohl die Temperaturen im Winter nachts gelegentlich unter den Gefrierpunkt sinken. Die dicken Außenwände schirmen aber gegen die extremen Tages- und Nachttemperaturen ab.

Bis zur Installation öffentlicher Trinkwasserleitungen bezogen viele Haushalte ihr Wasser mit hauseigenen Ziehbrunnen aus 40–60 m Tiefe. Aufgrund des hohen Wasserverbrauchs fällt der Grundwasserspiegel jährlich um 7 m und liegt derzeit bei mehr als 600 m Tiefe, was die Austrocknung der Altstadtbrunnen zur Folge hatte.

Zur Architektur jemenitischer Häuser und zur Inneneinrichtung eines jemenitischen Hochhauses siehe auch den Abschnitt „Kultur/Architektur".

In Sana'a sollte sich der Besucher treiben lassen, immer in die nächste schöne Gasse abbiegen. Wer sich verläuft, steigt an einer größeren Straße in ein Taxi und lässt sich zum Tachrier-Platz oder Bab al Jemen fahren.

Altstadtpanorama

Der beste Blick über die Altstadt bietet sich von der Teestube im 9. Stock des Altstadthotels *Burj Al-Salam* (Stadtplan Nr. 134). Schöne Fotos vom Stadttor Bab al Jemen sind vom Dach des *Sana'a Taj* Hotels (Stadtplan Nr. 35) möglich (Zutritt ca. 500 Rial).

Große Moschee

Eine erste Moschee auf dem Gelände der Großen Moschee wurde bereits zu Lebzeiten des Propheten *Mohammed* erbaut und der Überlieferung nach an der Stelle errichtet, wo sich sein Kamel niederließ. Diese erste Moschee gehört neben den Moscheen in Dschanaad (bei Taiz) und Mekka zu den drei ältesten der islamischen Welt. Von der ersten Moschee ist nicht mehr übrig geblieben als einige Dekorationsstücke im Innern.

Eine **Legende** besagt, dass es in der Großen Moschee einen Brunnen gab, der mit dem heiligen Brunnen Zem Zem in Mekka durch eine Wasserader in Verbindung stand. Unter *Ayyub bin Yachya al Thaqafi,* dem Statthalter des in Damaskus residierenden Kalifen *al Walid,* wurde die Moschee im Jahre 705 in nördliche Richtung erweitert. Die durch ein Hochwasser im Jahre 875 stark beschädigte Moschee musste unter dem jufiridischen Herrscher fast komplett wieder aufgebaut werden.

Erheblichen Schaden nahm die Große Moschee, als der Fatimide *Ali bin al Fadl* Sana'a 911/12 zum zweiten Mal eroberte und in einer Zeit heftiger Regenfälle alle Abläufe verstopfen ließ, wodurch sich der Innenhof bis zur Dachkante mit Wasser füllte. Der Geschichtsschreiber *Al Janadi* berichtete, dass zu seiner Zeit (1331) die Wasserstandsmarken an den Wänden noch sichtbar waren.

Ihr jetziges Aussehen erhielt die Große Moschee durch Erweiterungsarbeiten 1130/31 während der Regentschaft der Sulaihiden-Herrscherin Königin *Arwa,* die den Ostflügel ausbauen und Teile der Innendekoration erneuern ließ. Die Bausubstanz der Großen Moschee ist somit eine **Mischung verschiedener Epochen** und repräsentiert in der Innenausstattung mit der Verwendung von Steinen aus älteren Bauwerken einen Querschnitt jemenitischer Baukunst zweier Jahrtausende.

Die Große Moschee misst 66 x 78 m, der nach oben offene Innenhof ist 38,5 x 40,5 m groß. Die Außenwand wurde aus quadratischen Basaltsteinen gefertigt. Hier kann die alte Bauweise studiert werden. Jede Steinreihe der lotrechten Wand ist nach außen geneigt, ragt oben weiter heraus als unten, d.h. es ergibt sich ein Sägezahnmuster, wobei die Tiefe des „Zahnes" ½–1 cm beträgt. Diese „al bina al aslah" genannte Bauweise hat Vorläufer in vorislamischer Zeit. Sie soll Risse in Hauswänden verhindern und hat eine bessere Stabilität bei Erdbeben. (Erdbeben mit Gebäudeschäden sind in Sana'a aus den Jahren 1666 und 1897 überliefert.)

Wann die zwei **Minarette** errichtet wurden, konnte nicht datiert werden. Inschriften berichten, dass sie während der aijubidischen Herrschaft 1206/07 umgebaut wurden.

1972 wurde bei Restaurierungsarbeiten ein Aufsehen erregender Fund gemacht: Zwischen dem Dach und einer Zwischendecke wurden etwa 40.000 Fragmente von **Koranabschriften** gefunden, die nach ihrer Restaurierung im Gebäude nebenan (Dar al Machtubat = Haus der Handschriften, Suk-Plan Nr. 27) aufbewahrt werden.

Moschee und **Bibliotheken** (mit kostbaren Büchern und Handschriften aus den ersten Jahrhunderten des Islam) sind nur für Moslems geöffnet.

Die Große Moschee ist ein **äußerlich schmuckloser Steinbau** mit quadratischem Innenhof und angrenzenden Beträumen. Ein Blick durch die Moscheetüren lohnt nach Einbruch der Dämmerung, weil dann aufgrund der Innenbeleuchtung Details zu erfassen sind. Zu sehen sind die Säulen der Beträume, die mit aufgesetzten Rund- und Spitzbögen das Dach tragen.

In der Großen Moschee befinden sich die **Gräber mehrerer Imame** sowie das Grab des vorislamischen Propheten *Hanzal*. Auf der Arabischen Halbinsel gibt es mindestens vier Orte, wo *Hanzal* begraben sein soll. Eines der Gräber liegt bei Burr im Wadi Hadramaut (Rundreise 2, 3. Tag).

Im Innenhof der Moschee befindet sich ein der Kaaba in Mekka ähnelnder **Bau aus schwarzen Basalt- und hellen Tuffsteinen,** der 1604 unter dem osmanischen Statthalter *Sinan Pasha* als „Schatzhaus" gebaut wurde. In dem zweistöckigen Kuppelbau mit Seitenlängen von 6 x 5 m lagerten wichtige religiöse Bücher, hier wurden Gelder aus den religiösen Stiftungen *(waqf)* aufbewahrt, die für den Unterhalt der Moschee bestimmt waren.

Bau und Verwaltung von Religionsschulen, religiösen Einrichtungen und Moscheen werden aus **Einkünften religiöser Stiftungen (waqf)** gedeckt. Wohlhabende Jemeniten gaben und geben Teile ihres Besitzes den waqf-Einrichtungen, wobei die Spender über die Verwendung des Geldes bestimmen. 15–20% des landwirtschaftlich nutzbaren Bodens im Jemen sind waqf-Land, das Ackerland um Sana'a gehört sogar zu 60–70% zum waqf-System. Viele Wohnhäuser und Läden in Sana'a gehören dem waqf bzw. stehen auf waqf-Boden, d.h. deren Besitzer zahlen Pacht. Das gilt auch für große Teile des Sukgeländes der Stadt.

Für die Verwaltung der monatlich zu entrichtenden waqf-Gelder ist das Ministerium für Religiöse Stiftungen und Islam-Angelegenheiten zuständig. Zum waqf-Besitz gehören auch die alten Lagerhäuser (Samsarat), deren Benutzer – als die Häuser noch in Betrieb waren – den waqf-Verwaltern Miete zahlten. Vom waqf werden einige Wasserhäuschen im Suk unterhalten.

Die Imame des Jemen hielten jeden Freitag die Predigten in der Großen Moschee. 1762 berichtete *Carsten Niebuhr:* „An der Spitze der Prozession marschierten 200 Soldaten. Ihnen folgten der Imam und die Prinzen aus seiner zahlreichen Familie. Über allem wurde die Mdalla, ein großer Sonnenschirm, getragen. Dann kamen die Vornehmen, mindestens 600. Sie saßen auf prachtvollen Pferden. Die große Masse des gewöhnlichen Volkes beschloß den Zug. Zu bemerken ist noch, daß links und rechts vom Imam zwei von silbernen Kapseln gekrönte Fahnen getragen wurden. In diesen Kapseln befinden sich Amulette, die, wie man glaubt, den Imam unüberwindlich machen. Kurz, dieser Aufzug war sehr prächtig."

In der Nordfassade der Großen Moschee wurden zwei Eingänge zugemauert. Der rechte hat einen Spitzbogen und zeigt beiderseits je zwei Tauben, die ihre Füße gegeneinander strecken.

Der Dichter Alqama
über den Ghumdan-Palast

„Das stolze Ghumdan und
seine Bewohner.
Und dies zur Erbauung derer,
welche nachher kommen.
Es steigt zur Höhe des Himmels,
in zwanzig Stockwerken;
die Wolken sein Turban;
Gürtel und Mantel Marmor;
seine Steine sind befestigt
mit tropfendem Blei;
Edelsteine und Marmor
liegen zwischen seinen Türmen.
An jeder Ecke das Haupt
eines fliegenden Adlers,
oder eines bronzenen Löwen, brüllend.
Eine Wasseruhr auf seinem Gipfel;
sie tropft, um Teile des Tages zu zählen.
Die Vögel rasten auf ihm,
und die Wasser fluten
in seinen Kanälen."

Ghumdan-Palast

An der Ostseite der Großen Moschee erhob sich **in vorislamischer Zeit** der sagenumwobene Palast Qasr Ghumdan, errichtet unter König Eli Sharah Yahsub und **mit zwanzig Stockwerken** das **höchste Gebäude Südarabiens** (Suk-Plan Nr. 23). Von den zwei Osteingängen der Großen Moschee führt eine Gasse auf einen Hügel, der mit Häusern dicht bebaut ist und unter dem Historiker die Grundmauern des Palastes vermuten.

Für die Gebäudeseiten wurden grüne, weiße, schwarze und rote Steine verwendet. An jeder Seite waren steinerne Löwen aufgestellt, die mit verschiedenen Tönen die Windrichtung angaben. Auf dem Dach des 20. Stockwerks gab es ein Atrium aus Alabaster.

Hamdani (10. Jh.) schreibt, dass der im 3. Jh. n.Chr. gebaute Ghumdan-Palast auf Befehl des Kalifen *Othman* (644–656) zerstört worden sei. Andere Quellen machen den abessinischen Feldherrn *Abraha* für den Abriss im 6. Jh. verantwortlich. Teile des Palastes wurden in der Großen Moschee von Sana'a verbaut.

Badhahn-Grab

Im Jahre 575 n.Chr. gelang es dem himjaritischen König *Saif bin Dhi Yazan* mit persisch/sassanidischer Hilfe die christlichen Abessinier aus dem Jemen zu vertreiben. Im Jahre 628 n.Chr. trat *Badhahn,* der letzte **sassanidische Statthalter** im Jemen zum Islam über und leitete damit die Islamisierung Südarabiens ein. Sein Grabbau kann im Suk von Sana'a wie folgt besichtigt werden: Vom Bab al Jemen die Haupt-Suk-Straße 220 Schritte aufwärts, dann rechts in einer unscheinbaren, schmalen Gasse zur 50 m entfernten Al Humaydi-Moschee gehen (Suk-Plan Nr. 28). Dort geradeaus 50 m weiter durch einen Torbogen hindurch, rechts abbiegen zum 20 m entfernten, schlichten, weiß getünchten Kubus-Bau mit einer abgerundeten Ecke (Suk-Plan Nr. 29). Der Schlüssel zum Eingang kann im angrenzenden Haus erfragt werden.

National Women Center for Development Handicrafts

Die **ehemalige Karawanserei Samsarat Al-Halaqah** wurde mit finanzieller Unterstützung der Frauen ausländischer Botschafter sowie dem Stadtoberhaupt von Sana'a und der *General Organization for the Preservation of Historic Cities (GOPHCY)* renoviert. Hier werden Kunsthandwerksprodukte und Textilarbeiten jemenitischer Frauen verkauft. Öffnungszeiten: Sa–Do 9.30–12.30 und 15.30–19 Uhr, Fr 15–19 Uhr. Das Gebäude – auch unter dem Namen „Hope in their hands" *(Yemeni Women Handicraft Shop)* bekannt – befindet sich im Suk Al-Halaqah und ist wie folgt zu erreichen: Aus dem Tor des *National Art Center* (Samsarat Al-Mansurah) hinaus und nach links gehen. Nach 60 Schritten links abbiegen und 40 Schritte weiter – in der linken Ecke eines kleinen Platzes – befindet sich der unscheinbare Eingang zu diesem Gebäude (Suk-Plan Nr. 18).

Empfehlenswert ist der Blick vom Dach des Gebäudes auf den Suk und die Große Moschee.

Die Karawansereien

In Sana'a gibt es noch 26 mehr oder weniger erhaltene Karawansereien (Samsarat). Sie hatten vielfältige Bedeutung: als Lagerhäuser für die mit Kamelkarawanen herangebrachten Waren, als Zollhäuser, als Unterkünfte für Händler und Lasttiere. Heute haben sie ihre Bedeutung verloren: Importzölle werden am Hafen oder Flughafen entrichtet, geschlafen und gegessen wird andernorts, Toyotas haben Kamele und Maultiere als Lastträger abgelöst. Nur noch wenige Karawansereien dienen als Lagerhäuser, die meisten sind verfallen.

Aufgrund einer UNESCO-Kampagne liegt ein Altstadtsanierungsprogramm vor, das auch die **Restaurierung** alter Karawansereien vorsieht. So haben europäische Länder – u.a. auch Deutschland – Interesse gezeigt, alte Lagerhäu-

Die öffentlichen Badehäuser

Vor der Installation von Badezimmern in jemenitischen Häusern dienten die öffentlichen Badehäuser **(Hammam)** der Körperpflege. Im Jahre 964 gab es in Sana'a 13 Badehäuser, Mitte des 20. Jhs. waren es 17. Im Zeitalter privater Badezimmer nimmt ihre Bedeutung stetig ab.

Wie ein römisches Bad zur Zeitenwende, besteht ein jemenitisches Hammam aus mehreren Abteilungen: Eingang, Umkleideraum (wo auch die Aufsichtsperson sitzt), Räume mit Kaltwasserbecken, Warmräume, sehr warme Räume mit Hypokaustheizung, Warmwasserbecken, die Feuerstelle, über der sich der Warmwasserkessel (Messing- oder Kupferbehälter) befindet, Toiletten und ein Raum für das Brennmaterial. Einige Hammams (Maydan, Sultan, Saba) haben im Zentrum große Kuppelräume mit einem Springbrunnen.

Bevor es eine städtische Wasserversorgung gab, wurde Wasser aus Ziehbrunnen gefördert, in großen Tanks gelagert und mit Rohren zu den Kaltbecken bzw. zum Warmwassertank geleitet. Als Feuerungsmaterial wurde bis Mitte des 20. Jhs. menschlicher Kot verwendet. Die Asche wurde in der Landwirtschaft als Dünger eingesetzt.

Soziale Diskriminierung unterschiedlicher moslemischer Schichten gibt es im Hammam nicht, die Juden Sana'as hatten jedoch eigene Badehäuser. Für Männer und Frauen gibt es unterschiedliche Öffnungszeiten.

Da der Unterhalt eines Hammams teuer ist (man findet sie daher kaum in ländlichen Gebieten), benutzt die Dorfbevölkerung städtische Badehäuser häufig in Verbindung mit dem Besuch des Marktes.

Wer über genügend Geld verfügt, kann das Hammam stundenweise mieten, was häufig von Hochzeitsgesellschaften ein bis zwei Tage vor der Feier gemacht wird (für Männer und Frauen zu getrennten Zeiten). Braut bzw. Bräutigam werden dann von einer großen Zahl an Hochzeitsgästen und Trommlern begleitet, um sich den für die Feierlichkeiten nötigen rituellen Reinigungen zu unterziehen.

Der Besuch eines Hammams nimmt mit Kalt- und Warmbädern, Abreiben der Hautpartien mit Bimsstein und Seife, Massagen und langsamem Abkühlen des Körpers nach Verlassen des Warmbereiches bis zu zwei Stunden in Anspruch.

Die Hammams sind selten in Privatbesitz, sondern zumeist Teil religiöser Stiftungen (waqf). Betrieben werden sie von Privatpersonen, die dem waqf Pacht zahlen.

Mit einer deutschen Sauna oder einem türkischen Hammam hat ein jemenitisches Badehaus nur wenig gemein. Eine entspannte Atmosphäre kann nicht aufkommen, da die einheimischen Badegäste die Fremden als Eindringlinge in ihre Privatsphäre ansehen. Die meisten Hammams sind recht eng und entsprechen nicht den hygienischen Erwartungen. Brust und Schambereich sind zu bedecken, da in der islamischen Kultur Achsel-, Bein- und Schamhaare von Frauen als anstößig und unsauber gelten. Brust- und Schambereich müssen mit einem langen Unterrock oder großen Tuch bedeckt gehalten werden. Männer sollten den Unterkörper bedecken, da nur beschnittene Männer als rein gelten.

Angesichts dieser Einschränkungen und aus Respekt vor der jemenitischen Privatsphäre sollten Hammams von Touristen nicht betreten werden. Leicht aufzufinden und von außen zu besichtigen sind das Badehaus am Westende des Tachrier-Platzes und das Hammam Schukr an der Fußgängerbrücke über den Zailer.

ser zu restaurieren. Wenn Karawansereien als Kulturdenkmäler erhalten werden, so sollen sie drei Funktionen erfüllen: den Markt attraktiver machen, den Tourismus fördern und traditionelles Handwerk wiederbeleben.

Mit Unterstützung der norwegischen Regierung instand gesetzt und 1989 eröffnet wurde das ehemalige Lagerhaus der Kupfer- und Messingwaren (**Samsarat al Nahass,** Suk-Plan Nr. 24). Hier entstand ein Ausbildungszentrum für Gold- und Silberschmiede, Leder- und Schmucksteinverarbeitung, Holzschnitzerei und Weberei. In mehreren Kunstgewerbeläden im 1. und 2. Stock können die Objekte gekauft werden. Eine Galerie im 2. Stock zeigt Bilder jemenitischer Künstler. Geöffnet: von Sa bis Do 9–12 Uhr und 15–18 Uhr.

Das Lagerhaus Manzur (**Samsarat Al Manzurah,** Suk-Plan Nr. 20) wurde mit deutschen Geldern restauriert und im Jahr 1993 eingeweiht. In seiner Funktion als „National Art Center" werden hier Werke jemenitischer Künstler ausgestellt. Im Eingangsbereich können Kunstdrucke, handkolorierte Drucke, Grafiken, Originale, Poster und touristische Broschüren gekauft werden.

Im 1. Stock beeindruckt eine **Fotodokumentation** aus der Sammlung *Carl Rathjens* (1887–1966), der zusammen mit *Hermann von Wissmann* (1895–1979) in den 1920er und -30er Jahren den Jemen mehrmals bereiste. *Rathjens'* Schwarzweißfotos aus Sana'a wurden Farbfotos gegenübergestellt, die Anfang der 1990er Jahre von den gleichen Standorten aufgenommen wurden. Geöffnet: von Sa bis Do 9–12.30 Uhr und 16–20 Uhr. Tel. (01) 296246.

Im Gebäude gibt es im 1. und im 3. Stock Toiletten. Schön ist der Blick vom Flachdach auf das hohe Minarett der Ali-Moschee, das so gar nicht zu dem kleinen Betraum passt. Rechts daneben liegt das weitläufige Gebäude Samsarat Mohammed Ibn al Hassari (ehemals Bank der Markthändler).

Direkt neben dem Samsarat Al Manzurah lohnt das nicht restaurierte, aber gut erhaltene **Samsarat Yachya ibn Gahsim** (Suk-Plan Nr. 21) einen Besuch. Hierzu aus dem Tor des Samsarat Al Manzurah treten, rechts in die nächste Gasse abbiegen und nach 25 Schritten rechts in einen Toreingang hineingehen. Dieses ehemalige Lagerhaus verfügt über einen kleinen Innenhof, der in der zweiten Etage achteckig ausläuft.

Das **Samsarat Mohammed Ibn al Hassari** (Suk-Plan Nr. 10), Mitte des 17. Jhs. erbaut, ist mit zahlreichen Etagen und 220 Räumen eines der höchsten Gebäude im Suk-Gelände. Es beherbergte einst die Bank der Markthändler. Bei der Rückeroberung Sana'as durch Truppen *Imam Ahmads* 1948 wurde auch dieses Gebäude geplündert und ist seitdem versperrt.

Das Rosinenlager (**Samsarat al Zabieb** <Jumrok Al Zabib>, Suk-Plan Nr. 11) stammt aus der Mitte des 20. Jhs. und hat seine Funktion als Verzollungsstation bewahrt hat. Dieses Gebäude beherbergte traditionell das Büro des *Scheich al Läil* und dient weiterhin als Umschlagplatz für den Rosinengroßhandel, d.h. die in Säcken angelieferten

030J Foto: bs

Bab al Jemen, Tor zur Altstadt

getrockneten Weintrauben werden hier an Einzelhändler verkauft.

Die Wägestation (**Samsarat Al Mizan,** Suk-Plan Nr. 13) wurde im 13. Jh. errichtet und war bis zur Revolution 1962 das wichtigste Zollhaus der Stadt. Fast alle Waren, die Sana'a erreichten, mussten hierher gebracht und verzollt werden, bevor sie im Suk verkauft werden konnten.

Innerhalb des Durchgangsbereichs zum Innenhof befindet sich rechts in etwa 1 m Höhe ein **himjaritischer Inschriftenstein.** Beim Betreten des 9 x 9 m großen Arkardenhofs fällt links ein altes Trinkwasserbecken auf. Rechts des Eingangs befand sich die Kabine des Aufsehers; heute überwacht er die Arbeiten vom Platz gegenüber dem Eingang. Im Hof, der von Lagerräumen umgeben ist, stehen zwei Plattformen in der Nähe der Waagen, auf denen die Träger ihre Säcke abstellen können. Für das Wiegen werden die historischen Gewichte benutzt. Hier kann die Funktion des Warenlagerns und -umschlagens von Kaffeebohnenschalen *(qischr)* verfolgt werden.

Für das hohe Alter des Gebäudes sprechen Säulenkapitelle, die mit unterschiedlichen Motiven geschmückt sind.

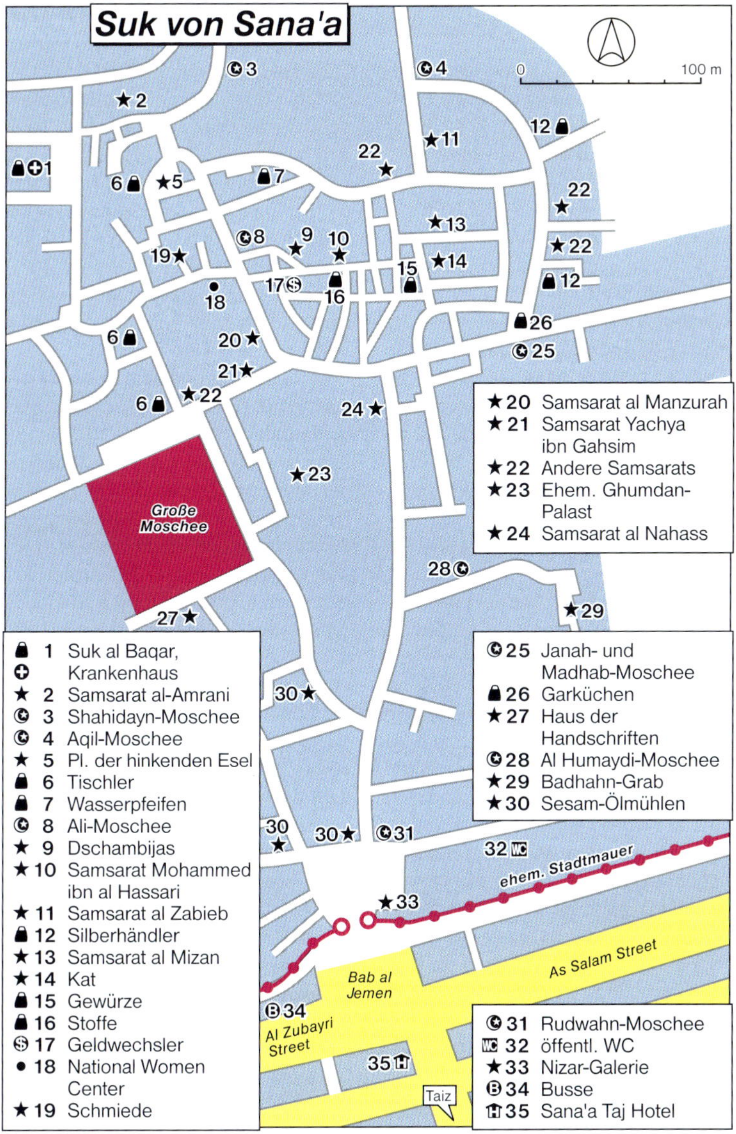
Suk von Sana'a
0
100 m
Große Moschee
ehem. Stadtmauer
As Salam Street
Bab al Jemen
Al Zubayri Street
Taiz
1 Suk al Baqar, Krankenhaus
2 Samsarat al-Amrani
3 Shahidayn-Moschee
4 Aqil-Moschee
5 Pl. der hinkenden Esel
6 Tischler
7 Wasserpfeifen
8 Ali-Moschee
9 Dschambijas
10 Samsarat Mohammed ibn al Hassari
11 Samsarat al Zabieb
12 Silberhändler
13 Samsarat al Mizan
14 Kat
15 Gewürze
16 Stoffe
17 Geldwechsler
18 National Women Center
19 Schmiede
20 Samsarat al Manzurah
21 Samsarat Yachya ibn Gahsim
22 Andere Samsarats
23 Ehem. Ghumdan-Palast
24 Samsarat al Nahass
25 Janah- und Madhab-Moschee
26 Garküchen
27 Haus der Handschriften
28 Al Humaydi-Moschee
29 Badhahn-Grab
30 Sesam-Ölmühlen
31 Rudwahn-Moschee
32 öffentl. WC
33 Nizar-Galerie
34 Busse
35 Sana'a Taj Hotel

An der Nordseite des Innenhofs führt eine Treppe zum Obergeschoss.

Samsarats gab es ursprünglich nicht nur in den Städten, sondern auch entlang der Fernhandelswege (siehe Rundreise 1, 2. Tag, Strecke Ibb–Taiz). 1762, auf seiner Reise von Mocha nach Sana'a, beschreibt *Carsten Niebuhr* eine solche Unterkunft: „Man findet in solch einer Simsera aber wahrhaftig nicht die Bequemlichkeit, die ein europäischer Gasthof zu bieten hat. Man muß auch hier alles mitbringen, außer Kaffee, Reis, Brot und Butter kann man nichts kaufen. Es gibt nur eine Tür, die am Abend fest verschlossen wird, und am Morgen kann jeder Reisende, bevor sie geöffnet wird, nachsuchen, ob ihm etwas fehlt."

Suk <Suq>

Wenn von „dem" Suk in Sana'a gesprochen wird, dann ist damit immer der **Suk al Mälch** <Suq al Milh> (Salzmarkt) gemein. Der Suk al Mälch hat sich von einem Salzmarkt zu einem Gemischtwarenmarkt gewandelt und ist mit engen Gassen, unzähligen Läden, einem großen Warenangebot und nicht zuletzt wegen seiner Menschen **einer der attraktivsten Märkte der arabischen Welt.** Wie in allen jemenitischen Suks fehlt auch in Sana'a das Marktschreierische anderer orientalischer Märkte. Touristen werden nicht zum Kauf gedrängt, können unbelästigt bummeln und vergleichen.

Beim Durchschreiten des **Stadttores Bab Al Jemen** (es wurde in seiner heutigen Form 1895/96 restauriert) sollte ein Blick auf den linken Torflügel geworfen werden. Der obere Teil wurde im Bürgerkrieg (1962–1969) von einem Panzergeschoss durchschlagen.

Hinter dem Tor zur Altstadt liegt ein gepflasterter Platz mit fliegenden Händlern, Käufern und Schaulustigen.

Direkt hinter dem Tor befindet sich rechts (innerhalb der Stadtmauer) die **Galerie** des jemenitischen Künstlers Nizar. Öffnungszeiten: 9–12 und 16–19 Uhr. Durch den Verkaufsraum hindurch kann auf Treppen zum **Bab al Jemen** hochgestiegen werden.

An dem Platz befinden sich drei der auch im Jemen selten gewordenen **Sesammühlen** (Suk-Plan Nr. 30), die mit Kamelantrieb arbeiten. In der Mitte eines dunklen Raumes steht ein großer Holztrog, in dem eine Mischung aus Sesamsamen und etwas Wasser zu Sesamöl gerieben wird. Die Arbeit verrichtet ein Kamel, das mit verbundenen Augen mehrere Stunden täglich um den Trog läuft. Sein Zaumzeug ist verbunden mit einem dicken Klöppel, der die Samen zerreibt.

Links an der **Al-Rudwahn-Moschee** vorbei (50 m hinter dem Bab al Jemen) geht es durch die lang gestreckte Verkaufsstraße, **Suk Bab al Jemen** genannt, zu dem 250 m entfernten Gelände des Suk al Mälch.

Die Straßen des Sukgeländes sind nicht überdacht. Entsprechend den Bauvorschriften sind die **Läden einstöckig** und deutlich niedriger als Wohnhäuser. Bei einigen Verkaufsräumen ist das Erdgeschoss angehoben, um Platz für ein zur Hälfte in den Boden eingelassenes Untergeschoss zu schaffen. Auf den ersten Blick erscheint

Die Marktgesetze (Qanun)

Die Marktgesetze in Sana'a wurden zur Regierungszeit des *Imam Mutawakkil al Qasim* (1716–1726) festgelegt sowie 1748 und 1819 ergänzt. Die schriftlich fixierten Gesetze basierten auf Vorschriften, die in vorislamische Zeit zurückreichten. Ein wichtiges Dokument dieser Zeit ist das Marktgesetz von Timna, der ehemaligen Hauptstadt des Königreichs Kataban.

Das Marktgesetz von Sana'a war bis zur Mitte des 20. Jhs. in Kraft, aber auch heute werden Teile davon angewendet.

Das Qanun regelte Kauf und Verkauf, legte die Verteilung importierter Güter, die Gewinnspannen und den Preis der Waren fest. Es war vorgeschrieben, welcher Berufszweig welche Teile der Stadtmauer zu bewachen hatte, wer für die Reinigung des Marktgeländes zuständig war und wie viel Lohn die Nachtwächter erhielten.

Da für den oberflächlichen Betrachter der Suk ein buntes, ungeregeltes Gewimmel zu sein scheint, seien hier einige Regularien des Qanun aufgeführt:

Im Qanun war festgelegt, dass nur so viele Schafe und Ziegen an den Schlachter verkauft werden durften, wie dieser am gleichen Tag schlachtete. Alle nicht getöteten Tiere mussten vom Verkäufer abends mit nach Hause genommen werden.

Feuerholz durfte nicht in Straßen, sondern nur auf dem Holzmarkt verkauft werden. Die Anzahl der Holzverkäufer sollte 16 nicht überschreiten.

Schlüssel durften nur geschmiedet (nicht gegossen) werden. Schlüsselduplikate sollten nicht nach Wachs- oder Lehmabdrücken gefertigt werden (Vermeidung von Einbrüchen).

Für den Hausbau wurde u.a. der Preis der Steine, des Bauwassers, der Gipsdekoration und der Lohn festgelegt.

Ausländische Händler mussten ihre Ware zuerst jemenitischen Handwerkern, danach jemenitischen Händlern anbieten. Nur die übrig gebliebenen Waren konnten direkt verkauft werden.

Die ortsfesten Händler des Suks sind im Council of the Chamber of Commerce zusammengeschlossen, das 1963 die „Vereinigung der Händler" ablöste. Die Mitglieder der Kammer werden von Händlern gewählt. Die Kammer kontrolliert Preise, zieht Steuern ein und bezahlte bis vor kurzen den Scheich *al Läil,* der für die Nachtruhe im Suk verantwortlich war. Dem Scheich *al Läil* unterstanden gut einhundert Wächter, die nachts von kleinen, auf den Dächern der Läden errichteten Kabinen den Suk beaufsichtigten. Diese Ausgucke haben sich bis heute erhalten. Die Marktordnung legte fest, das niemand – auch nicht die Ladenbesitzer – den Suk zwischen dem Abend- und Morgengebet betreten durfte. Nächtliche Zugangssperren zum Marktgelände haben eine lange Tradition und sind bereits in der Marktordnung von Timna festgelegt.

der Suk als bunt zusammengewürfeltes Ensemble verschiedenster Läden. Doch wer sich Zeit nimmt, wird noch die einstmals strenge **Marktordnung** erkennen. So sind Handwerksbetriebe, Lebensmittelgeschäfte, Einzelhandelsläden und Gewürzhändler in bestimmten Arealen oder Gassen untergebracht. In den letzten Jahrzehnten setzte sich jedoch verstärkt eine Mischbelegung durch. Geräusch- und geruchintensive Handwerkszweige, wie z.B. Tischler und Schmiede, sind am Rande des Sukgeländes angesiedelt. Die enge, kundenfreundliche Anordnung der Läden ermöglicht Preis- und Qualitätsvergleiche ohne lange Wege.

Eine Untersuchung von *W. Dostal* (siehe Literatur im Anhang) ergab, dass sich 21% der Läden im Suk von Sana'a in Privatbesitz befinden, 19% sind gemietet, 25% teilweise in Privatbesitz (d.h. der private Laden steht auf einem Grundstück, das einer religiösen Stiftung gehört), und in 35% aller Fälle gehören sowohl Gebäude als auch Grundstück dem *waqf* (s. Erläuterung bei der Großen Moschee in Sana'a).

Der **Gewürzmarkt** von Sana'a (Suk-Plan Nr. 15) liegt rechts der Haupt-Marktgasse. Er befindet sich im Samsarat Al Mizan (auch Al Hab genannt). Auf gleicher Höhe links bieten in zwei Gassen private Geldwechsler ihre Dienste an. Die Marktgasse geradeaus weitergehend, wird ein Platz mit Dschambija-Händlern erreicht. Hier nach rechts abbiegen in eine enge Gasse, die zum **Silber- und Goldmarkt** führt (Suk-Plan Nr. 12).

Die bedeutendsten Gebäude des Suks sind die **alten Lagerhäuser** (s.o., „Karawansereien"), die Große Moschee und einige alte Moscheen. Die Al-Shahidayn-Moschee (Suk-Plan Nr. 3) aus dem 8. Jh. befindet sich am nördlichen Rand des Suks.

Nahe den Werkstätten der Tischler und Schmiede liegt die **Ali-bin-Abu-Talib-Moschee** (Suk-Plan Nr. 8), im 15. Jh. gebaut und nach dem vierten islamischen Kalifen benannt, der vom Pro-

034| Foto: bs

pheten zur Missionierung nach Sana'a geschickt worden war. Die Moschee soll über dem Haus errichtet worden sein, in dem Ali während seines Besuchs in Sana'a wohnte.

Die **Janah-** und die **Madhab-Moschee** bilden eine Doppelmoschee mit gemeinsamem Minarett (Suk-Plan Nr. 25). Rechts des Minaretts verfügt die im 17. Jh. erbaute Janah-Moschee über zwei große, 16 kleine Kuppeln und einen nach oben offenen Innenhof. Die Madhab-Moschee links vom Minarett ist noch nicht eindeutig datiert, soll aber während der ersten osmanischen Okkupation (1537–1636) errichtet worden sein. Ungewöhnlich, dass der Hauptzugang zu beiden Moscheen unter dem Minarett hindurchführt und dass das Minarett keinen Balkon aufweist. Vor der Einführung von Lautsprechern musste der Muezzin seine Gebetsrufe aus den Fensteröffnungen des Minaretts tätigen.

Im Suk al Mälch gibt es rund zwanzig öffentliche **Wasserhäuschen** – *Sigaya* genannt –, aus denen der Marktbesucher kostenlos trinken kann (für Touristen aus hygienischen Gründen nicht zu empfehlen). Diese zumeist kuppelförmigen Häuschen waren eine wohltätige Stiftung vermögender Jemeniten, die sich mit dem Bau verpflichteten, die Wasserbecken ständig gefüllt zu halten. Heute sind die Trinkwasserstellen an die städtische Wasserversorgung angeschlossen, einige werden von religiösen Stiftungen unterhalten.

Die beste Zeit für einen Marktbesuch ist von 9–13 und 15–18 Uhr. Auch nach Einbruch der Dunkelheit (ca. 18 Uhr)

013) Foto: bs

haben die hell erleuchteten Läden ihren Reiz.

Der Suk al Mälch ist nicht der einzige Markt der Altstadt. Auf dem **Suk az Zumar** (auch Suk al Dschimal, „Kamelmarkt" genannt) nördlich des Suk al Mälch (Stadtplan Nr. 132) werden Gemüse und Kleidung angeboten. Einmal wöchentlich fand hier der Kamelhandel statt.

Auch der **Obst- und Gemüsemarkt** und der **Fleisch- und Fischmarkt** am Bab as Sabah (Stadtplan Nr. 119) sind interessant.

Silberhändler im Suk von Sana'a

Gewürzmarkt

Heute sind in den Suks von Sana'a **nur noch moslemische Händler** anzutreffen. Das war nicht immer so. Die Geschichte der Juden, die zwischen dem 6. Jh. und 1950 einen erheblichen Teil der Handwerker und Ladenbesitzer in Sana'a stellten, ist weiter unten beschrieben („Ehemaliges jüdisches Viertel"). Hinduistische Händler gab es im Jemen bereits in vorislamischer Zeit, erste schriftliche Hinweise für ihre Existenz in Sana'a stammen aus dem Jahr 1655. In diesem Jahr beklagten sich moslemische Händler über die große Konkurrenz hinduistischer Händler beim *Imam Mutawakkil Ismail.* Der entschied, dass die Hindus – *Baniyans* genannt – bleiben durften. Als ihre Zahl zu groß wurde (mehrere Tausend im Jemen) erhob der Imam Mitte des 17. Jahrhunderts eine Kopfsteuer, worauf viele nach Indien zurückgingen. 1763 zählte *Carsten Niebuhr* noch 125 Baniyans in Sana'a.

Altstadttouren

Die Altstadt von Sana'a kann ohne Stadtplan und festes Ziel durchstreift werden. Wer lieber nach Stadtplan und Führer läuft, dem bieten sich vier Altstadttouren an (siehe Plan).

•Tour 1: Entlang der Stadtmauer (2–3 Std.)

Hinweis: Wenn im Text keine Angabe „rechts oder links abbiegen" steht, geht es geradeaus weiter!
Der erste Tourist, der diesen Rundgang machte, war im Juli 1762 *Carsten Niebuhr,* der genau eine Stunde und acht Minuten benötigte.

Die Mauer um die Altstadt von Sana'a war 5 km lang und wies acht Stadttore auf. Die ältesten Teile der Befestigungsanlage stammen aus der Zeit der vorislamischen Königreiche. Der jemenitische Chronist *Hamdani* schreibt im 10. Jh., dass der sabäische König *Schar'irum Antar* eine Stadtmauer im 3. Jh. n.Chr. bauen ließ. Die Stadttore wurden bis 1962 nachts geschlossen, so dass zu spät eingetroffene Karawanen vor der Stadt übernachten mussten. Im Stadtgebiet durfte nach 21 Uhr keine Privatperson mehr unterwegs sein. Während die mehrstöckigen Wohnhäuser aufgrund ihrer Bauart Schutz vor nächtlichen Einbrüchen boten, wurden Läden und Lagerhäuser im Suk vom *Scheich al Läil* (Scheich der Nacht) und seinen Helfern bewacht. Einige Wachkabinen sind noch auf den Flachdächern des Suks zu sehen.

Etwas mehr als die Hälfte der Stadtmauer ist erhalten. Teile wurden mit französischen Geldern restauriert.

Tour 1 sollte gemacht werden, um eine Vorstellung von der Größe der Altstadt zu bekommen. Der **Rundgang beginnt am Tachrier-Platz** (Stadtplan Nr. 104) und führt nach Norden entlang der 5th November Street (Flughafenstraße), wo von der Stadtmauer nichts erhalten ist. Links der Straße das **Nationalmuseum** (Stadtplan Nr. 101), dann folgt das *Sam-City*-Hotel (Stadtplan Nr. 100).

700 m hinter dem Tachrier-Platz wird bei einem Straßenrondell rechts in die Sho'ob Street abgebogen. 100 m weiter beginnt die in den Jahren 1999/2000 renovierte Stadtmauer aus Lehm.

Am **Zailer,** dem zumeist trockenen, gepflasterten Flusslauf, biegt die Mauer für 50 m in südliche Richtung ab. Zwei Lehmtürme markieren die Stelle, wo die Stadtmauer das Trockenflussbett überquert. Innen im rechten Torbogen ist ein Treppenaufgang mit einem Gittertor verschlossen. Da der weitere Verlauf der Stadtmauer nicht begehbar ist, muss ab dem Ende der Autobrücke (Stadtplan Nr. 112) für 400 Schritte der Scho'ob Street, die parallel zur Stadtmauer läuft, gefolgt werden. Auf Höhe der linker Hand liegenden **Moschee Al Gussr** rechts in eine Gasse abbiegen. 70 Schritte sind es bis zur Stadtmauer, die hier endet. Hier links abbiegen und für 245 Schritte dem ehemaligen Verlauf der Mauer bis zur Hauptverkehrsstraße am Bab asch Scho'ob (das Tor, Stadtplan Nr. 131, fiel 1962 der Verkehrsplanung zum Opfer) folgen. Vor der Verkehrsinsel rechts abbiegen, nach 60 Schritten der großen Seitenstraße nach links folgen und nach 240 Schritten am nächsten Platz halbrechts abbiegen, wo rechts die Stadtmauer wieder zu sehen ist.

Auf einer asphaltierten Straße muss der Mauer für die nächsten 600 m gefolgt werden. Linker Hand geht der Blick hinauf zum erloschenen **Vulkan Nukum.** Mit seinen unter dem osmanischen Gouverneur *Sinan Pasha* errichteten Forts ist dieser Berg auch heute militärisches Sperrgebiet und darf nicht bestiegen werden.

Die **Stadtburg Al Kaser** (Fotografierverbot) wird auf einer viel befahrenen Straße weitläufig umgangen. Al Kaser markiert die Stelle, wo bereits in himjaritischer Zeit eine Burganlage gestanden hat. Bei den Kriegen um Sana'a immer wieder zerstört, stammen Teile der wuchtigen Burgmauer aus dem 7. und 8. Jh. (Stadtplan Nr. 142).

Hinter der Burg rechts in die Bab as Salam Street einbiegen und der Straße 500 m bis zum Bab as Salam folgen (Stadtplan Nr. 155). Rechts sind gelegentlich zwischen den Häusern die Reste der Stadtmauer zu sehen. Das Bab as Salam ist kein altes Stadtteiltor, sondern ein in den 1960er Jahren erfolgter Durchbruch, um den Verkehrsfluss zu verbessern. Hier liegt innerhalb der Altstadt die **Nusayr-Moschee** (Stadtplan Nr. 154) ohne Minarett. Sie wurde im 15. Jh. errichtet und unter *Imam Manzur* 1748 neu aufgebaut. Im Innern befindet sich das Grab des *Wazir Sayyid,* der im 16. Jh., als Sana'a durch die Tahiriden belagert wurde, den Tod durch eine steinerne Geschützkugel fand.

Durch das Tor-Imitat hindurch und gleich links in eine Gasse hinein, (in der Textilhändler ihre Ware anbieten), bis zum Bab al Jemen (Stadtplan Nr. 151) gehen. Reste der Stadtmauer sind gelegentlich linker Hand als Hausfassaden zu sehen.

Vom **Bab al Jemen** geht es außerhalb der Altstadt weiter, wo die Lehmmauer bis zum Flussbett Zailer mit französischer Hilfe restauriert wurde. 10–11 m war die Stadtmauer hoch und – wie erste europäische Reisende berichten – so breit, dass acht Kamele nebeneinander auf der Krone hätten laufen können. Korrekter beschreibt *Hermann von Wissmann* 1929 die Stadtmauer als 4 m breit und in Abständen von ca. 50 m mit

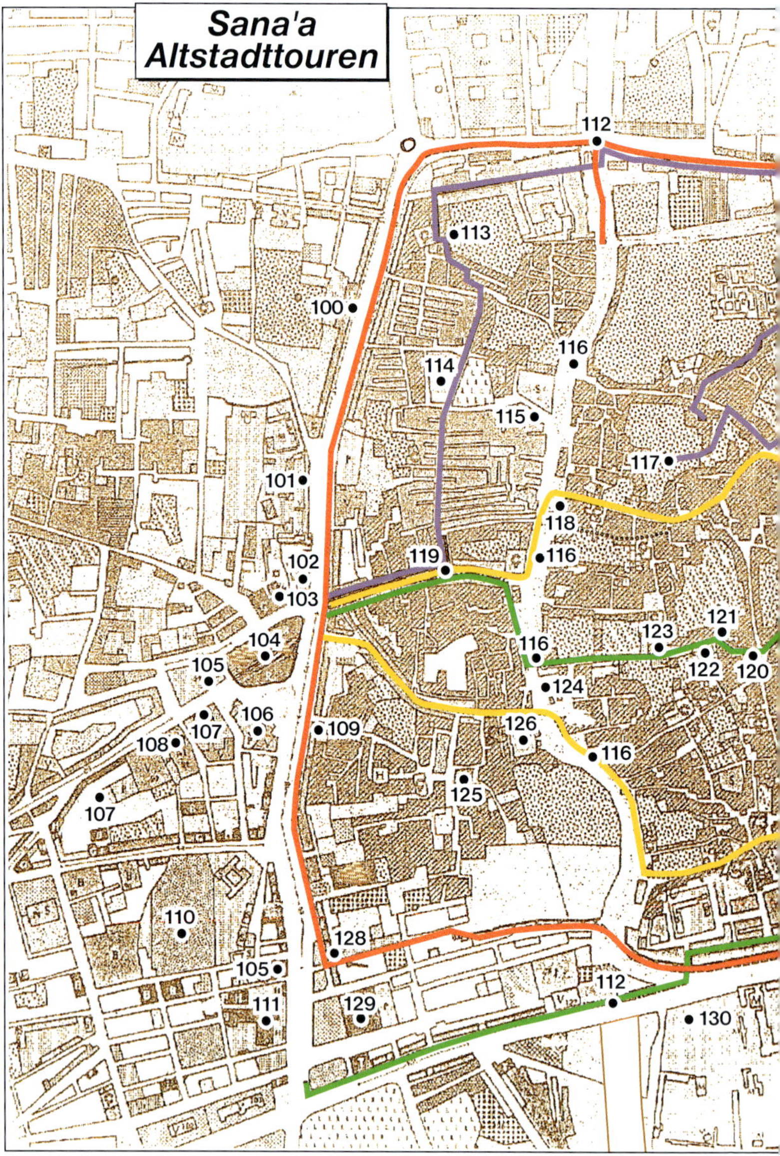
Sana'a Altstadttouren
112
113
100
116
114
115
117
101
118
116
119
102
103
121
104
123
116
122
120
105
124
106
109
126
107
108
116
107
125
110
128
105
112
129
130
111

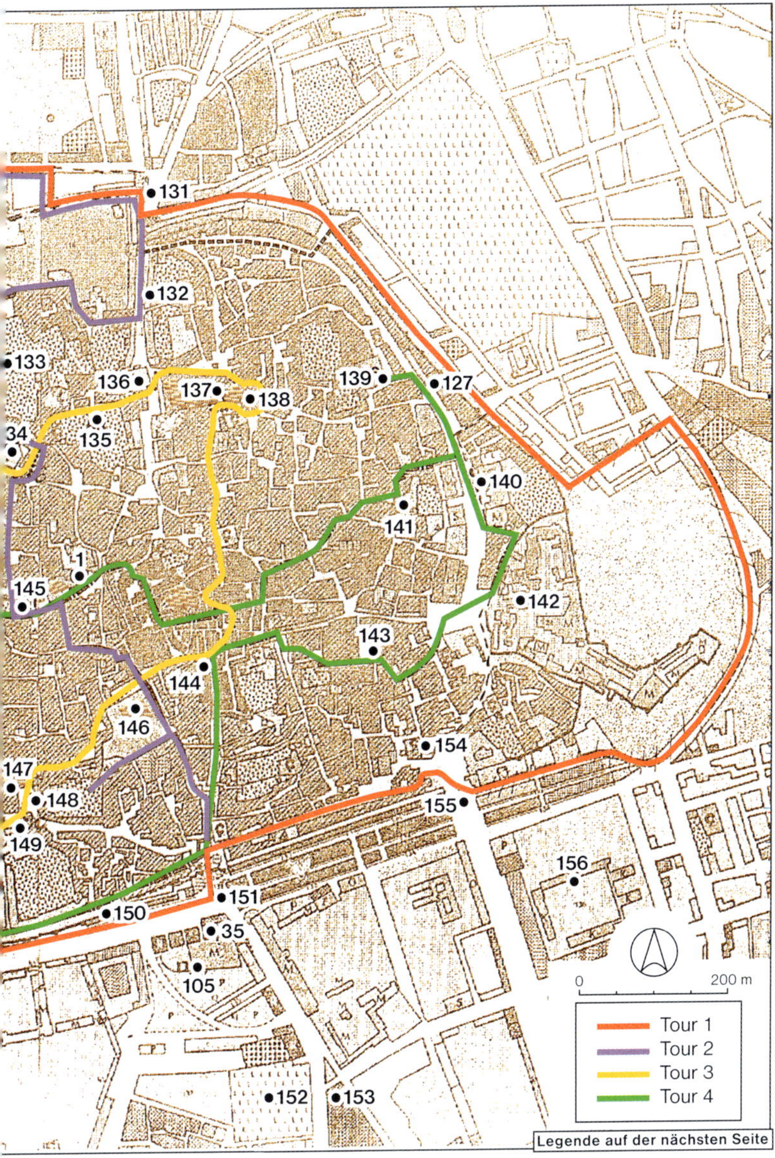

Legende auf der nächsten Seite

Kartenlegende
„Sana'a Altstadttouren"
(Nummern **1** bis **34** siehe Suk-Plan)

1 Suk al Baqar, Krankenhaus
35 Hotel *Sana'a Taj*
100 Hotel *Sam City*
101 Nationalmuseum
102 Mutawakkil-Moschee
103 Imamspalast
104 Tachrier-Platz
105 Minibusse
106 Post
107 Geldwechsel
108 Militärmuseum
109 Kamera-Reparatur
110 Stadion
111 Hotel *Taj Sheba*
112 Zailerbrücke
113 Bustan al Hurgan
114 Park
115 Sana'a Institute for Arabic Language
116 Fußgängerbrücken
117 Bustan Habal
118 Hotel *Arabia Felix*
119 Markt Bab as Sabah
120 Talha-Moschee
121 Tawoos-Moschee
122 Jemenitische Reiseagenturen
123 *Golden Daar* und *Sana'a Nights Hotel*
124 Hammam Schukr
125 Viertel Bustan as Sultan, *Sultan Palace Hotel*
126 Abbas-Moschee
127 Kino
128 Hotel *Plaza*
129 Zentralbank
130 Büro der Yemitco-Busse
131 Bab asch Scho'ob
132 Suk az Zumar
133 Bustan Na´man
134 Fulayhi-Moschee, *Burj Al-Salam Hotel*
135 Garten Mugshamah az Zumar
136 Zumar-Moschee
137 Garten Mugshamah al Tawashi
138 Tawashi-Moschee
139 Madrasah-Moschee
140 Bakiriyah-Moschee
141 Salah ad Din-Moschee
142 Stadtburg Al Kaser
143 ehem. Kirche Al Qalis
144 Suk al Mälch <al Milh>
145 Dawud-Moschee
146 Große Moschee
147 *Old Sana'a Palace Hotel*
148 Abhar-Platz
149 Abhar-Moschee
150 Busse nach Taiz, Hudäida, Aden
151 Bab al Jemen
152 Friedhof der Märtyrer
153 Sammeltaxen nach Taiz, Aden, Ibb, Damahr, Dammt
154 Nusayr-Moschee
155 Bab as Salam
156 Krankenhaus

Wachtürmen bestückt. Über den Zailer wurde die Befestigungsanlage mit vier halbrunden, vergitterten Wasserdurchlässen hinweggetragen. Das historische Mauerstück über den Zailer hinweg wurde 1978 abgerissen, um für den Autoverkehr Platz zu schaffen. Die heute sichtbare Konstruktion ist ein Nachbau aus den Jahren 1990/91. Jenseits des Zailers folgt ein kurzer erhaltener Mauerrest, der in die Restaurierungsarbeiten einbezogen wurde. Bis zum Tachrier-Platz markiert die Abdul Mughni Street den ehemaligen Verlauf der Verteidigungsanlage.

• Tour 2: Gartentour (3–4 Std.)

Hinweis: Wenn im Text keine Angabe „rechts oder links abbiegen" steht, geht es geradeaus weiter!

Die Tour beginnt am Tachrier-Platz. Die Abdul Mughni Street wird in einer **Fußgängerpassage** unterquert und dann der Suk-Straße Bab as Sabah mit ihren Gemüsehändlern für 205 Schritte gefolgt, wo links die zurückversetzte **Fleisch- und Fischhalle** besucht werden kann. Nach weiteren 32 Schritten links in eine Gasse einbiegen. 300 Schritte weiter ist links der ehemalige **Holzmarkt,** heute eine Grünanlage (Stadtplan Nr. 114), erreicht. Nach 275 Schritten halblinks und nach 45 Schritten links gehen. Nach 50 Schritten rechts abbiegen, wo rechts der **Garten Bustan al Hurgan** (Stadtplan Nr. 113) und nach weiteren 50 Schritten links die **Al Hurgan-Moschee** mit einem alten Ziehbrunnen liegen. Nach 85 Schritten rechts gehen und nach 280 Schritten die Stadtmauer queren. Rechts führt die renovierte Mauer über das gepflasterte Trockental **Zailer** hinweg.

Jetzt muss die Autobrücke (Stadtplan Nr. 112) überquert werden und nach 400 Schritten (ab Brückenende), auf Höhe der links liegenden **Moschee Al Gussr,** rechts in eine Gasse abgebogen werden, der 70 Schritte bis zur Stadtmauer gefolgt wird, die an dieser Stelle endet. Hier kann ein Abstecher für 80 Schritte nach rechts gemacht werden, um einen Blick in einen Altstadtgarten zu werfen.

Dann geht es die 80 Schritte zurück wo geradeaus dem ehemaligen Verlauf der Stadtmauer für 245 Schritte bis zur Hauptverkehrsstraße gefolgt wird. Hier befand sich das **Stadttor Bab asch Scho'ob** (das 1962 abgerissen wurde, Stadtplan Nr. 131). Dort an der Verkehrsinsel rechts abbiegen. Nach 110 Schritten beginnt der **Suk az Zumar** (Stadtplan Nr. 132), dem für 210 Schritte bis zur **Zumar-Moschee** (Stadtplan Nr. 136) gefolgt wird. Hier rechts abbiegen. Nach 74 Schritten liegt rechts hinter einer Mauer der **Garten Bustan Na'man** (Stadtplan Nr. 133). Nach 58 Schritten links abbiegen, nach weiteren 20 Schritten nach rechts. Linker Hand liegt der **Moscheegarten Mugshamah az Zumar** (Stadtplan Nr. 135). Nach 32 Schritten fällt rechts ein alter Brunnen mit zum Teil erhaltenem Ziehweg ins Auge. Jetzt der Gasse 140 Schritte zum Eingang des *Burj Al-Salam Hotels* folgen, von dessen Teestube im 9. Stock (Aufzug vorhanden) sich ein hervorragender Blick über Sana'a bietet. 35 Schritte weiter ist ein größerer Platz im Al-Fulayhi Quarter erreicht. Hier auf der linken Seite die prächtigen Fassaden mit ihren großen, steinernen Erkern beachten. Jetzt rechts gehen und nach 10 Schritten links. Nach 156 Schritten ist ein größerer Platz erreicht mit einem großen alten hölzernen Stadtteiltor rechts. 100 Schritte geradeaus weitergehen und rechts einen Blick in den **Dawud-Garten** und in eine Zisterne werfen. Links, die **Dawud-Moschee** (Stadtplan Nr. 145), wurde im 12. Jh. erbaut, unter Imam *Mutawakkil* Anfang des 16. Jhs. erweitert und Anfang des 20. Jhs. ein weiteres Mal restauriert. Das zur gleichen Zeit errichtete Minarett ist

037 | Foto: bs

Moschee in Sana'a

das Geschenk eines reichen Sana'aner Händlers. Hier links (am Al Shaheed Al-Zubiri Hospital vorbei) zum **Suk al Baqar** <Suq al Buqar> (Stadtplan Nr. 1) abzweigen, dem ehemaligen Rindermarkt. 160 Schritte nach der Dawud-Moschee (am Ende des Suk al Baqar) rechts abbiegen, nach 116 Schritten links, nach 20 Schritten rechts, nach 20 Schritten links und nach 20 Schritten noch einmal rechts. Im **Tischlermarkt** wird nach 50 Schritten ein Torbogen durchschritten, der zur Großen Moschee führt. Links an der **Großen Moschee** (Stadtplan Nr. 146) vorbei geht es zum Bab al Jemen. Links der Moschee erhob sich ehemals der **Ghumdan-Palast** (Suk-Plan Nr. 23).

●Tour 3: Altstadt, Suk und Gärten (3 Std.)

Hinweis: Wenn im Text keine Angabe „rechts oder links abbiegen" steht, geht es geradeaus weiter!

Höhepunkte dieser Tour sind der Garten Mugshamah az Zumar, der Suk al Mälch und der mittelalterliche Al-Abhar-Platz. Ausgangspunkt ist der Tachrier-Platz (Stadtplan Nr. 104).

Die Abdul Mughni Street wird in einer Fußgängerpassage unterquert und dann der Suk-Straße **Bab as Sabah** mit ihren Gemüsehändlern für 205 Schritte entlanggegangen, wo links die zurückversetzte **Fleisch- und Fischhalle** besucht werden kann. 140 Schritte weiter leicht links versetzt eine Fußgängerbrücke über das gepflasterte Trockental **Zailer** queren, in dem während der Regenzeit das Wasser und ansonsten der Autoverkehr braust. Hinter der Brücke links und nach 120 Schritten (vorbei am Hotel *Arabia Felix*) rechts in eine Gasse abbiegen. Nach 58 Schritten führt links eine Tür in das **Hammam Jala** (= öffentliches Badehaus). 40 Schritte weiter eine Brückenverbindung zwischen zwei Häusern unterqueren. Nach 37 Schritten ist rechts in einer Seitengasse der alte Ziehbrunnen Marna Al Jala zu sehen, der das vorgenannte Hammam mit Wasser versorgte. Nach 65 Schritten geht es geradeaus, nach 60 Schritten halblinks, nach 190 Schritten rechts und 20 Schritte weiter. Hier ist ein Abstecher nach links (70 Schritte) zum **Bustan Al Fulayhi** möglich.

Nach 48 Schritten liegt links die **Al Fulayhi-Moschee** (Stadtplan Nr. 134), die im Jahre 1267 durch *Ahmad bin Abdallah al Fulayhi* fertig gestellt wurde. Sein Grabkasten und der des Dichters, Richters und Historikers *Muhammad Ali Muhammad al Shawkani* (1760–1834) können nicht besichtigt werden. Mit Gipsstuck herausragend geschmückt ist die westliche Grabkammer. Die Moschee wurde unter Imam *Mutawakkil* im 16. Jh. erweitert. Mit ihrer 18 x 20 m großen, überdachten Haupthalle gehört die Al Fulayhi zu den größten Moscheen Sana'as.

Im Viertel zwischen der Al Fulayhi- und der nordöstlich gelegenen Az Zumar-Moschee lebten bis 1679 die Juden Sana'as.

40 Schritte weiter ist links die Fassade des neu errichteten Altstadthotels *Burj Al-Salam* zu beachten. Wir behalten die alte Richtung bei und gelangen nach 110 Schritten zu einem Platz mit schönen Erkern; hier geradeaus gehen. Nach 95 Schritten liegt rechts das **Center for Arabic Language and Eastern Studies.** 50 Schritte weiter links in den Suk az Zumar einbiegen. Nach 180 Schritten steht links die **Az Zumar-Moschee** (Stadtplan Nr. 136). Vor der Moschee links abbiegen, kann nach 80 Schritten links ein Blick in den **Garten Mugshamah az Zumar** geworfen werden. Jetzt zurück zur Az Zumar-Moschee gehen, deren 1790/91 errichtetes Minarett 1945 erhöht wurde. Der Aufbau gilt als der am reichsten verzierte Teil eines Minaretts in Sana'a. Auf dem **Suk az Zumar** (ehemals auch Suk al Dschimal, „Kamelmarkt", genannt) werden Gemüse, Textilien und Importwaren angeboten (Stadtplan Nr. 132). Einmal wöchentlich fand hier der Kamelhandel statt.

Gegenüber der Zumar-Moschee rechts in eine Gasse abbiegen. Nach 110 Schritten ist links die **Khudayr-Moschee** zu sehen. Auf der Mitte des Platzes, auf dem wir uns befinden, steht keine Sigaya, sondern ein steinernes Umspannhaus für die Elektrizitätsversorgung. 30 Schritte weiter halbrechts gehen und nach 65 Schritten noch einmal halbrechts. Nach 25 Schritten rechts abbiegen bis zur 50 Schritte entfernten **Tawashi-Moschee** (Stadtplan Nr. 138). Rechts an der Moschee vorbei kann als Abstecher nach 90 Schritten rechts ein Blick in den **Garten Mugshamah al Tawashi** geworfen werden. Die Moschee und das daneben liegende Badehaus ließ 1618/19 der beim osmanischen Statthalter in Sana'a akkreditierte indische Botschafter erbauen, nach dem sie auch benannt ist. Das Minarett wurde 1691/92 ergänzt.

Zurückgehen, der Straße vor der Tawashi-Moschee folgen und nach 60 Schritten rechts abbiegen. Nach 40 Schritten kann rechts ein Blick in das **Hammam Al Tawashi** geworfen werden. Jetzt die 40 Schritte zurück, scharf rechts abbiegen, nach 95 Schritten einen Platz queren, nach 45 Schritten halblinks halten und 40 Schritte weiter, wo links die **Aqil-Moschee** (Suk-Plan Nr. 4) steht. 65 Schritte weiter folgt links der Eingang zum **Samsarat al Zabieb** <Jumrok Al Zabib> (Suk-Plan Nr. 11), wo Rosinen gehandelt werden. Nach 25 Schritten rechts gehen, dann ist 20 Schritte weiter rechts der Eingang zum Gebäude Samsarat al Kabous (auch „Samsarat al Burahni" genannt). Nach 10 Schritten links abbiegen ist nach 18 Schritten links die Samsarat al Houäig und rechts die Samsarat Mohammed ibn al Hassari zu sehen. Nach 32 Schritten rechts abbiegen sind es 25 Schritte zum Eingang (rechts) der Samsarat Mohammed ibn al Hassari (ehemals die Bank im Sukgelände). 30 Schritte weiter ist das hohe Minarett der Ali-Moschee zu sehen. Nach 35 weiteren Schritten links abbiegen. Nach 5 Schritten folgt rechts der Eingang zum Samsarat al Thamari. Nach 47 weiteren Schritten ist das **National Art Center** (Samsarat Al Manzurah, Suk-Plan Nr. 20) erreicht. Hinter diesem Gebäude rechts haltend befindet sich nach 25 Schritten rechts der Toreingang zum gut erhaltenen Samsarat Yachya ibn Gahsim. 5 Schritte weiter soll auf dem Hügel links der Ghumdan-Palast gestanden haben. 35 weitere Schritte sind es zur **Großen Moschee.** Rechts an der Moschee vorbeigehend sollte deren zugemauerte Tür mit den Taubenreliefs beachtet werden. Jetzt immer halblinks halten, 250 Schritte zum **Al Abhar-Platz** gehen (Stadtplan Nr. 148) mit dem Hotel Old Sana'a Palace. Auch wer hier nicht wohnt, sollte fragen, ob ein Foto vom Dach im 7. Stock erlaubt ist.

Die südlich des Al Abhar-Platzes gelegene **Abhar-Moschee** (Stadtplan Nr. 149) hat eine ungewöhnliche Historie, da sie 1374/75 von *Sayyidah Fatima,* der Frau des *Imam Salah al Din Muhammad,* erbaut wurde. Die Gebetshalle wurde 1748 unter *Imam al Manzur* erweitert, der in der Moschee begraben liegt.

In alter Richtung 280 Schritte weitergehend ist rechts ein Blick in den **Garten Mugshamah al Gassemi** möglich. 100 weitere Schritte sind es bis zum Trockental **Zailer,** wo rechts abgebogen wird. Nach 110 Schritten sollte rechts der **Garten Mekshamat Al Qasimi** und links (jenseits des Zailers) der **Bustan Qubbat Al Mahdi** beachtet werden. Nach 180 Schritten eine Fußgängerbrücke über den Zailer queren und ihm rechts bis zur **Moschee Qubbat Al Mahdi Abbas** (Stadtplan Nr. 126) folgen, die vom gleichnamigen Imam (1748–1775) errichtet wurde. *Al Mahdi Abbas,* einer der mächtigsten zaiditischen Imame, liegt in der Moschee begraben.

Hinter der Moschee links abbiegen und durch die Straße der Goldhändler zurück zum Tachrier-Platz gehen. Das Viertel zwischen Zailer und Tachrier-Platz, **Bustan as Sultan** (Garten des Sultans, Stadtplan Nr. 125), wurde Ende des 12. Jhs. von den Aijubiden angelegt und der Altstadt angegliedert. Die Bausubstanz stammt aus dem 18. und 19. Jahrhundert.

• Tour 4: Altstadt, Suk und Stadtburg (3–4 Std.)

Hinweis: Wenn im Text keine Angabe „rechts oder links abbiegen" steht, geht es geradeaus weiter!

Vom Tachrier-Platz kommend wird die Abdul Mughni Street in einer Fußgängerpassage unterquert und dann der Suk-Straße **Bab as Sabah** (Straße mit Obst- und Gemüsehändlern) für 205 Schritte gefolgt, wo links die zurückversetzte **Fleisch- und Fischhalle** liegt. 130 Schritte weiter rechts in die letzte Gasse vor dem **Zailer** abbiegen. Nach 170 Schritten das gepflasterte Trockental auf einer Fußgängerbrücke queren, die im Jahr 1815 unter *Imam Mutawakkil Ahmad* gebaut wurde. Am östlichen Ufer des Zailers liegt nahe der Brücke das im 13. Jh. errichtete öffentliche Badehaus **Hammam Schukr** (Stadtplan Nr. 124). Vor der Umsiedlung der Juden aus der Altstadt 1679 war es ein jüdisches Bad.

70 Schritte nach der Brücke bietet sich links der Blick in einen Garten mit einer der schönsten Häuserfassaden Sana'as. 138 Schritte weiter öffnet sich rechts der Blick in einen weiteren Garten. Nach 60 Schritten ist links der Eingang zum Hotel *Golden Daar* erreicht. Das Haus wurde vor 200 Jahren von Imam *Manzur* erbaut, später an die alteingesessene Familie *Ramdan* verkauft.

Nach 90 Schritten sollte rechts eine Bäckerei beachtet werden. 25 Schritte weiter befindet sich links der unscheinbare Eingang zur **Tawoos-Moschee** (Stadtplan Nr. 121), die nach einem Anhänger des Propheten in zweiter Generation benannt wurde. *Abu Abd al Rahman Tawoos* starb 724 in Mekka und wurde in der Tawoos-Moschee begraben. Die mit zwei Kuppeln versehene Grabkammer ist außen an die Südfassade gebaut.

Weiter auf der Hauptroute bis zur 90 Schritte entfernten **Talha-Moschee** (Stadtplan Nr. 120) rechts der Straße, die als sehr alte Moschee gilt. Eine genaue Datierung ist noch nicht erfolgt. Bekannt ist eine Erweiterung des Gebäudes und der Bau des Minaretts unter dem osmanischen Statthalter *Mohammed Pasha* 1619/20. Den osmanischen Stil repräsentiert die Kuppel über der Gebetshalle. Unter *Imam al Mahdi Abdallah* wurde die Anlage 1831/32 ein weiteres Mal restauriert. Das Minarett weist einen ungewöhnlich hohen Unterbau auf und hat im Oberteil den typischen Sana'a-Stil mit Ziegelstein-Ornamentik.

Geradeaus sind es 60 Schritte zum *Taj Talha Hotel* und gegenüber dem *Dawood Hotel*. Nach 55 Schritten liegt links der **Dawud-Garten** mit einer Zisterne. Geradeaus erhebt sich die **Dawud-Moschee** (Stadtplan Nr. 146). Sie wurde im 12. Jh. erbaut, unter *Imam Mutawakkil* Anfang des 16. Jhs. erweitert und Anfang des 20. Jhs. restauriert. Das zur gleichen Zeit errichtete Minarett ist das Geschenk eines reichen Händlers aus Sana'a.

Nach 90 Schritten ist der **Suk al Baqar** (Suk-Plan Nr. 1) erreicht, der ehemalige Rindermarkt, auf dem das **Al Shaheed Al-Zubiri Hospital** errichtet wurde. Hier links gehen, nach 20 Schritten rechts, dann sind 45 Schritte zur

Samsarat Al Amrani (links). Nach 10 weiteren Schritten ist ein kleiner Platz erreicht. Geradeaus erhebt sich die **Shahidayn-Moschee** (Suk-Plan Nr. 3), dahinter die **Aqil-Moschee** (Suk-Plan Nr. 4) und noch etwas weiter die **Salah-ad-Din-Moschee** (Stadtplan Nr. 141). Rechts dominiert das neue, mächtige Ziegelsteinminarett der **Ali ibn Abu Thalib-Moschee** (Suk-Plan Nr. 8). Wir biegen halbrechts ab und sehen nach 45 Schritten rechts den Suq al Kadhb, auch als **„Platz der hinkenden Esel"** bezeichnet. Hierher wurden bis zum Jahr 1995 verkrüppelte Esel der Sana'a-Provinz gebracht und fraßen ihr Gnadenbrot (Suk-Plan Nr. 5). Heute haben sich hier Holzverarbeitungsbetriebe angesiedelt. (Die ausgedienten Esel leben nun außerhalb der Stadt am Fuße des Berg Nukum.) An diesem Platz ist das **Wasserhäuschen** Sabeel Suq Al-Jabbanah erhalten, ein kleiner quadratischer Bau mit Kuppeldach und einer Öffnung zum innen liegenden Wasserbehälter, wo der Sukbesucher seinen Durst heute mit städtischem Leitungswasser stillen kann. Sigayas wurden von vermögenden Bürgern errichtet und auf deren Rechnung ständig mit Trinkwasser gefüllt. Einige dieser Wasserstellen werden auch von religiösen Stiftungen *(waqf)* unterhalten. Rund zwanzig dieser Sigayas sind im Sukgelände zu finden.

Die **Al Shahidayn-Moschee** (= die zwei Märtyrer) erinnert an die Ermordung zweier Söhne des Statthalters des 4. Kalifen *Ali* in Sana'a. Auftraggeber der Tat war der neu ins Amt gekommene Omaijaden-Statthalter im Jahre 660/61. Das Gebäude wurde im 8. Jh. errichtet und 1903 renoviert. Das 1884/ 85 fertig gestellte Minarett wurde im Jahr 1991 teilweise abgerissen und neu aufgebaut.

Links am Wasserhäuschen vorbeigehen, nach 20 Schritten links abbiegen und nach 50 Schritten in einer Rechtskurve links das Tor zum Samsarat al Guss beachten. Nach 23 Schritten noch einmal links abbiegen. 84 Schritte später wird das **Samsarat al Zabieb** <Jumrok Al Zabib> (Suk-Plan Nr. 11) durch ein großes Tor betreten. Beim Verlassen des Rosinenlagers rechts halten und 40 Schritte weiter vor der **Aqil-Moschee** rechts abbiegen. Nach 70 Schritten links gehen und nach 118 Schritten einen Platz im Yasir-Viertel nach links vorne überqueren. In der Ecke des Platzes (vorn rechts) befindet sich das **Hammam Yasir.** Nach 70 Schritten ist rechts die **Salah ad Din-Moschee** (Stadtplan Nr. 141) zu sehen, erbaut Ende des 14. Jhs. unter *Imam Salah ad Din Mohammed.* Der 1390 Verstorbene, seine Frau und sein Sohn *al Manzur* liegen hier begraben. Das Minarett, auf dessen Spitze eine Taube die Windrichtung zeigt, wurde Ende des 16. Jhs. unter dem osmanischen Statthalter *Sinan Pasha* hinzugefügt.

Halblinks weiter gehen, nach 40 Schritten unter einem Torbogen **(Marna Al Maftoon)** hindurch und 200 Schritte weiter auf einer Hauptverkehrsstraße links abbiegen. Nach 120 Schritten liegt rechts ein Kino, 45 Schritte weiter links die **Madrasah-Moschee** (Stadtplan Nr. 139). Sie wurde an der Stelle erbaut, wo *Sa'd bin Abi Waqqas* – ein Begleiter Mohammeds – eine Vorgängermoschee errichtet hatte. Die

1265 fertig gestellte Moschee wurde 1441/42 unter *Sharaf ad Din* restauriert und 1520 unter Imam *Mutawakkil* erweitert. In dem nördlich angrenzenden Garten liegt dessen Sohn *Ibrahim* (gest. 1526) begraben. Das unter Imam *Mutawakkil* errichtete, frei neben der Moschee stehende **Ziegelsteinminarett** ist im unteren Teil quadratisch, dann achteckig, schließlich zylindrisch. Oberhalb des auskragenden Balkons bildet ein weiterer vieleckiger Aufbau mit einem Dom den Abschluss. Das Minarett besticht durch Ornamente in Form verdrehter Seile im quadratischen Unterbau sowie Rauten und Zickzackbändern im zylindrischen Oberbau. Das Minarett gilt als das erste Ziegelstein-Ornamentik-Minarett in Sana'a. Das an das Minarett angrenzende Kuppelgebäude ist eine Grabkammer.

Jetzt die 250 Schritte zurückgehen und links die 1596 unter dem Gouverneur *Hassan Pasha* fertig gestellte **Al Bakiriyah-Moschee** (Stadtplan Nr. 140) beachten. Mit ihrer mächtigen Kuppel ist sie das bedeutendste osmanische Bauwerk im Jemen. *Hassan Pasha* nannte die Moschee nach seinem Gefährten *Bakir Bey,* der bei Reiterspielen in Sana'a vom Pferd stürzte und in der Moschee begraben liegt. Die Kuppel der Hauptgebetshalle hat einen Durchmesser von 17 m. Das Minarett hat einen quadratischen Unterbau, darauf folgt ein achteckiger Teil, dann ein sechzehneckiger Abschnitt, auf dem ein Balkon sitzt. Zwischen Balkon und Kuppel wurde ein weiterer sechzehneckiger Abschnitt eingebaut. Der mit einer Kuppel überdachte Haupteingang – während der zweiten osmanischen Besetzung 1880 hinzugefügt – liegt in Richtung Hauptstraße.

Von der Bakiriyah-Moschee geht es geradeaus zur 170 Schritte entfernten **Stadtburg Al Kaser** <Al Qasr> (Stadtplan Nr. 142). Die in himjaritischer Zeit errichtete Anlage beeindruckt mit mächtigen Mauern aus neuerer Zeit. Der Zugang ist nicht erlaubt, sowohl für innen wie für außen gilt ein Fotografierverbot.

Hier rechts abbiegen, mit 115 Schritten einen Platz nach links vorne überqueren und dort rechts gehen. Nach 140 Schritten ist im Viertel Ghurqat al Qalis (*Qalis* = Kirche) ein Platz mit einer runden Mauer im Zentrum erreicht (Stadtplan Nr. 143). Hier befand sich der Standort einer **Kirche,** die Mitte des 3. Jhs. während der abessinischen Besetzung des Jemen gebaut wurde. Eine Schrifttafel aus dem Jahre 1976 im Innern der Ummauerung erklärt die Bedeutung dieses Ortes als abessinische Gründung. Die den Platz umgebenden Häuser wurden vermutlich auf den Grundmauern der Sakristei errichtet. Das Kirchenschiff erstreckte sich in Richtung Stadtburg Al Kaser. Die vom abessinischen Statthalter *Abraha* mit Unterstützung des Kaisers *Justinian* (Konstantinopel) erbaute Kirche soll 60 m lang und 25 m breit gewesen sein. *Abrahas* Absicht war, die Kirche in Sana'a anstelle der vorislamischen Kaaba in Mekka zum bedeutendsten Wallfahrtsort der Arabischen Halbinsel zu machen. Ein aus diesem Grund unternommener Feldzug scheiterte 570/71 vor den Toren Mekkas. Das Gebäude wurde in den Jahren 753/54 abgerissen, Steine wurden in der Großen Moschee verbaut.

Links an der Anlage vorbeigehen, und nach 95 Schritten einen Platz nach rechts vorne überqueren. Dann nach 55 Schritten rechts und nach 30 Schritten links liegt nach 34 Schritten links der Eingang zur **Janah- und Madhab-Moschee** (Suk-Plan Nr. 25). An den beiden Moscheen vorbei gehen, dann nach 16 Schritten links, nach 10 Schritten rechts, nach 30 Schritten links, nach 10 Schritten rechts sind es 20 Schritte bis zum Tor des **Samsarat Al Nahass** (Suk-Plan Nr. 24). Nach Besichtigung dieses Kultur- und Handwerkszentrums das Gebäude nach rechts verlassen. Nach 150 Schritten leitet links eine schmale Gasse zum Grabgebäude des letzten persischen Statthalters im Jemen, *Badhahn* (Suk-Plan Nr. 29; s.o. „Badhahn-Grab“).

Die Neustadt

Nationalmuseum

Das Nationalmuseum (Stadtplan Nr. 101) liegt nördlich des Tachrier-Platzes und wurde 2007 nach langer Renovierungszeit wieder geöffnet. Bei unserer Recherche Anfang 2008 waren nur vier Geschosse zugänglich. Am Eingang steht das Schild „National Museum 1971“. Im Hof gibt es eine Toilette. **Öffnungszeiten:** Sa bis Mi 9–12 und 15.30–17 Uhr, Eintritt 500 Rial.

Der Besuch des Nationalmuseums ist ein „Muss“ und sollte vor der Fahrt zu den antiken Orten des Jemen eingeplant werden.

Das imposante Gebäude **Dar as Saad** („Haus des Glücks“) ist ein Palast, der in den 1930er Jahren unter Imam *Yachya* erbaut wurde. Auf mehreren Etagen wird jemenitische Geschichte aus vorislamischer und islamischer Zeit gezeigt. Die bedeutendsten Ausstellungsstücke stammen aus der Zeit der vorislamischen Königreiche. Die Exponate bestechen durch großzügige Platzierung, erläuternde Fotos und Skizzen sowie arabische und englische Texte.

Die **Eingangshalle** dominieren zwei 2,40 m hohe Bronzestatuen, Figuren zweier südarabischer Herrscher (König *Damar alay Yuhabirr* und sein Sohn *Tharan),* die 1931 südöstlich von Sana'a geborgen wurden (damals hatte Kronprinz *Ahmad* Ausgrabungen in der Ruinenstadt Nakhlat al Hamra durchführen lassen). Die Statuen stammen aus der Zeit von 310–270 v.Chr., sind hohl, wurden im Gussverfahren hergestellt und weisen altarabische Inschriften auf. Auf dem Knie des jüngeren Herrschers lautet eine griechische Inschrift: „Phokas hat sie gemacht“. Es wird angenommen, dass die Statuen von einem aus dem oströmischen Reich stammenden Künstler im Jemen hergestellt wurden. Interessant sind die Fotos (deutscher Text) der Restaurierungsarbeiten. In fünfjähriger Arbeit wurden die Figuren im Römisch-Germanischen Zentralmuseum in Mainz restauriert. Es wurden nicht die Originalteile zusammengesetzt, sondern die von den Funden angefertigten Abgüsse. In sieben Vitrinen werden die originalen Stücke gezeigt.

Ein weiteres Prunkstück in der Eingangshalle ist eine 1,65 m große und

Sana'a, Übersicht
★ 104 Tachrier-Platz
111 Hotel Sheba
★ 131 Bab as Scho'ob
144 Suk al Mälch (al Milh)
★ 151 Bab al Yemen
★ 152 Friedhof der Märtyrer
★ 201 Hassaba-Park
202 Sammeltaxen nach Saada, Hadscha und Amran
★ 203 Innenministerium
★ 204 Yemenia-Hochhaus
★ 205 Tourismus-Ministerium (Rundreise-genehmigungen)
206 Sammeltaxen nach Schibam, Thulla und Machwiet
• 207 Neue Universität
★ 208 Dar al Hammd
★ 209 ehem. jüdisches Viertel
★ 210 Al Gahr Platz
• 211 Alte Universität
• 212 Egypt Air
• 213 Yemenia
• 214 Lufthansa
• 215 Deutsches Haus
216 Abu Bakr Sadiq-Moschee
• 217 Niederländische Botschaft
• 218 Yemen Times
219 Präsidenten-Moschee
★ 220 Park, Denkmal des unbekannten Soldaten
221 Yemen German Hospital
• 222 Deutsche Botschaft
223 Hadda Hotel
224 Sheraton Hotel
225 Mövenpick Hotel
Flughafen
Marib
Wadi Darr, Schibam, Thulla, Machwiet
Wadi Zahr Street
Cairo Street
Himyari Street
ALTSTADT
Western 60 mStreet
Menaacha, Hudäida
Al Zubayri Street
Eastern Ring Road
Khawlan Street
Taiz Street
Jihana, Marib, Sirwah
Ibb, Taiz, Aden
Abu Dhabi Street
Algier Street
Djibouti Street
Southern 45 m Str.
Southern 60 m Street
Damascus Street
0
2 km
Hadda
Bäit Baus

040J Foto: bs

Im Nationalmuseum

90 kg schwere Bronzestatue, die der vorislamische König *Hawthar'athat* im 6.–5. Jh. v.Chr. für den Mondgott *Almaqah in Al-Baidha (Wadi Jawf)* aufstellen ließ. Diese Statue wurde im Jahre 2007 im Pariser Louvre aufwendig restauriert. Im **Treppenhaus** zwischen den einzelnen Geschossen sind Fotos zu beachten, die der Deutsche *Hermann Burchardt* bei seinen Reisen im Jemen in den Jahren 1900–1901, 1907 und 1909 aufgenommen hat.

Der **1. Stock** ist der **vorislamischen Zeit** gewidmet. In der großen Halle werden die südarabischen Königreiche (1000 v.Chr.–628 n.Chr.) beschrieben. In der Halle befinden sich Motiv- und Inschriftensteine aus Marib. Die meisten Inschriften dokumentieren Ereignisse aus dem Leben eines Herrschers und seines Volkes, sind der Erbauung eines Tempels, Dammes, Kanals, Palastes, Hauses oder der Instandsetzung eines bedeutenden Bauwerkes gewidmet.

In **sechs Räumen** werden die Themen „Vorgeschichte", „Himjar", „Saba", „Marib", „Ma'in" und „Südarabien" behandelt. Aus vorgeschichtlicher Zeit (Stein- und Bronzezeit) sind Werkzeuge und Ketten erhalten. Sprache und Alphabet der südarabischen Königreiche werden dargestellt, Figuren aus Alabaster und Terrakotta und Inschriftensteine aus Sirwah und Marib sind zu sehen. Ein Raum ist der Ausgrabung des Awam-Tempels in Marib gewidmet, mit Fotos aus den Jahren 1951/52 und vom heutigen Zustand der Tempelanlage. Aus der Zeit der Königreiche Saba und Himjar sind Votivsteine aus Alabaster und Kalkstein, Wandfriese und Glasgefäße ausgestellt. Modelle eines Tempels aus Al-Sawda (Wadi Jawf) und eine Rekonstruktionszeichnung des Nakra-Tempels in Barragisch geben einen Eindruck von der Monumentalarchitektur im Jemen vor 2000 Jahren.

Im **2. Stock** wird in einer großen Halle und acht Nebenräumen die **islamische Zeit** des Jemen in Form von Waffen, Öllampen, Grabsteinen sowie Bronze- und Kupferwaren dargestellt. Das **Münzwesen** ist ein wichtiger Beitrag zur Geschichtsforschung. Da der Jemen seit jeher ein Handelsland ist, waren Münzen von großer Bedeutung. Schon in vorislamischer Zeit wurden im Königreich Saba Münzen geprägt. Die frühesten (gefundenen) islamischen Münzen - der abbasidische Fils - stammen aus dem Jahr 156 der islamischen Zeitrechnung. Jede Dynastie hatte ihre eigenen Münzprägungen, auch das Geschlecht der *Qassemi,* der letzten Imame bis 1962.

Der **3. Stock** widmet sich der **Ethnografie** (Volkskunde). Hier wurde der materielle Kulturbesitz des jemenitischen Volkes zusammengetragen. Schön gearbeitete Modelle stellen Häuser aus Sana'a, Marib, Saada und der Tihama dar. Bereiche wie Töpferhandwerk, Schreinerei, Flechthandwerk, Weben, Indigofärben, Edelsteinbearbeitung, Dschambijaherstellung, Imkerei und Fischerei werden gezeigt, z.T. mit lebensgroßen Figuren.

Die **„Hochzeit in Sana'a"**, die schon im alten Nationalmuseum Besucher faszinierte, hat auch hier einen eigenen Raum bekommen.

Eine **Ausstellung** traditioneller jemenitischer **Frauenkleidung** zeigt das hohe Niveau, auf dem die Stickkunst im Jemen war und repräsentiert die Kleidung der jemenitischen Provinzen.

Am **Eingang** zum Nationalmuseum hat sich einer der letzten **Wohntürme** Sana'as erhalten. Diese runden Gebäude sind zumeist aus Lehm gefertigt und repräsentieren einen sehr alten Baustil. Die quadratische Mafratsch auf dem Turm stammt aus jüngerer Zeit.

Volkskundemuseum (Museum of Traditional Arts and Craft)

Das Gebäude (Stadtplan Nr. 103) wurde als Residenz für *Imam Yachya* 1932 erbaut. Für kurze Zeit lebte der Imam hier, da sein Hauptsitz das **Dar as Saad** (= Haus des Glücks) war, in dem sich heute das Nationalmuseum befindet (s.o.). Bis zum **Jahre 2004** befand sich in diesem Gebäude das Volkskundemuseum. Bei unserer Recherche Anfang 2008 war das Haus im Innern vollständig entkernt und eine große **Baustelle.** Die zukünftige Nutzung ist unklar.

Militärmuseum

Öffnungszeiten: Sa bis Mi 9–13 und 15.30–20 Uhr; **Eintritt 200 Rial.**

Das Militärmuseum (Stadtplan Nr. 108) liegt am Tachrier-Platz, wenige Meter rechts der Hauptpost.

Die Jemeniten sind stolz auf die Entwicklung ihres Landes. Diese steht in engem Zusammenhang mit der Revolution und dem Bürgerkrieg von 1962–1969 im damaligen Nordjemen und dem erfolgreichen Kampf gegen die Briten im Südjemen, beide ausgelöst und getragen vom Militär. So ist es nur konsequent, die Geschichte und die Erfolge des Militärs in einem eigens dafür eingerichteten Museum darzustellen.

Im Foyer des Erdgeschosses sind ein hölzerner Minbar (= Kanzel) aus dem 10. Jh. aus der Großen Moschee und eine Replika der Bronzestatue des *Madi Karib* zu beachten. Das Original dieser Statue ist 93 cm hoch und wurde bei der Wendell Philipps-Grabungskampagne in den Jahren 1951/52 im Awam-Tempel von Marib gefunden. Die Statue trägt einen Dolch im Gürtel und war eine Opfergabe für den Mondgott *Almaqah*.

Das Militärmuseum hat **elf Räume** unterschiedlicher Größe, die den Epochen jemenitischer Geschichte gewidmet sind. Drei Räume im Erdgeschoss befassen sich mit der Militärgeschichte vom 2. Jh. v.Chr. bis zur Revolution von 1948.

In **Halle 1** soll anhand von Waffen wie Stein- und Eisenkugeln, Krummdolchen, Lanzen, Schwertern und Gewehren, Modellen von Verteidigungsapparaten, Großfotos der Befestigungsanlagen Zabieds und Koranfragmenten der Kampf der jemenitischen Bevölkerung für Unabhängigkeit illustriert und Jemens Rolle bei der Ausbreitung des Islam verdeutlicht werden. Es sind Ausgrabungsfunde, Inschriftensteine und Tonwaren ausgestellt. An den Wänden hängen Stadtansichten von Taiz, Marib, Sana'a, Barraagisch, Ma'in, Mocha und Kamaran.

In den **Hallen 2 und 3** geht es um die Rolle des Militärs in der Zeit des Imamats. Neben Musikinstrumenten sind Kleidung und Waffen der Soldaten zu sehen. Fotos aus der Zeit bis 1948 zeigen Soldaten und Männer der Revolution. Der erste Versuch, den Jemen von der Herrschaft des Königs und mittelalterlicher Strukturen zu befreien, wird bildlich dargestellt.

Die **Räume des oberen Stockwerks** zeigen militärische Gattungen wie Marine, Heer, Luftwaffe und Feuerwehr an Hand von Kleidung, Waffen und Fotos. In Raum 10 ist neben Bildern von militärischen Aufmärschen ein ausgestopfter Tiger zu sehen. Raum 11 zeigt Geschenke an den Präsidenten wie Waffen, Medaillen, beschriftete Teller, einen ausgestopften Löwen und Leoparden sowie andere Gegenstände. Im oberen Stockwerk beschäftigt sich eine Abteilung mit dem 70-Tage-Krieg von Mai/Juni 1994, als sich der südliche Jemen vergeblich vom Norden abspalten wollte. Dieser Raum war bei unserer Recherche Anfang 2008 zwecks Renovierung leer geräumt.

Im **Hof** des Militärmuseums sind Kanonen, ein Mig-17-Flugzeug und ein Auto mit Einschussloch in der hinteren Seitenscheibe zu sehen. Präsident *As Sallal* überlebte 1965 dieses Attentat und floh daraufhin nach Ägypten.

Ehemaliges jüdisches Viertel

Vom Tachrier-Platz zweigt nach Südwesten die **Abdul Nasr Street** ab. Sie ist die interessanteste Straße für einen Abendbummel in Sana'a. Stoff-, Gold- und Luxusgüterläden drängen sich in dichter Folge.

1 km vom Tachrier-Platz entfernt öffnet sich rechts der lang gezogene **Platz Al Gahr** <Al Qa> mit Anpflanzungen, Springbrunnen, Lampen und einem Pavillon (s. Karte „Übersicht Sana'a", Nr. 210).

Vom mittleren Teil des Platzes zweigt nach links (Westen) eine enge Gasse in das ehemalige jüdische Viertel ab.

Seit wann es Juden im Jemen gibt, ist nicht bekannt. Spätestens als der himjaritische König *Dhu Nawas* im Jahre 517 n.Chr. zum Judentum übertrat, begann die jüdische Geschichte in Sana'a. Schriftstücke aus dem Jahre 991 sprechen von 35 jüdischen Häusern. Nach jüdischen Überlieferungen lag ihr erstes Wohnviertel neben der Stadtburg Al Kaser. Im 12. Jh. wurde die jüdische Bevölkerung in das Viertel am Bab asch Sho'ob umgesiedelt.

Es gab Zeiten, wo die Beziehungen zwischen Moslems und Juden gestört waren, sei es wegen der Missionierungsversuche der moslemischen Majorität oder wegen religiöser Überreaktionen der jüdischen Gemeinde in Erwartung des Messias. Ohne Schönfärberei betreiben zu wollen, kann trotzdem konstatiert werden, dass die gegenseitige **Religionstoleranz** über die vergangenen dreizehn Jahrhunderte beeindruckend war.

Es gab moslemische Gruppen, die die Juden aus dem Jemen vertreiben wollten, wie es in anderen Ländern der Arabischen Halbinsel geschehen war. 1676 ließ *Imam Ahmad bin al Hassan* – jüdischen Quellen zufolge – die Synagogen Sana'as zerstören, verbot öffentliche Gebete und forderte die Juden auf, zum Islam überzutreten. Als die sich weigerten, wurden sie 1679 nach Mauza (südöstlich von Mocha) umgesiedelt. Die einzige Synagoge, die der Zerstörung entging, wurde in eine Moschee umgewandelt. Sie trägt heute den Namen Misjid al Jala, d.h. Moschee der Verbannung. Dass die Juden ein Jahr später nach Sana'a zurückkehren durften, lag am Klima der Tihama, in dem viele umkamen, am Einspruch moslemischer Führer, die die Umsiedlung als unrechtmäßig anprangerten und nicht zuletzt am Fehlen wichtiger Handwerkszweige im Suk von Sana'a.

Da den Juden die Rückkehr in ihre Altstadtwohnungen nicht erlaubt wurde, entstand das **jüdische Viertel Gahr al Jahud** in der westlichen Neustadt, heute **Qa al Ulufi** genannt. Neben ihren Läden im neuen Wohngebiet hatten Juden auch Werkstätten und Geschäfte in der Altstadt von Sana'a. Die Häuser im Gahr al Jahud – sie durften den Vorschriften entsprechend nur zweistöckig gebaut werden – hatten einen hohen Sicherheitsstandard, d.h. Brunnen in jedem Haus, weitläufige und verwinkelte Wohnungen. Die Häuser wiesen einen zentralen Innenhof auf und hatten eine für Sana'a untypische Unterkellerung, die durch Fluchtgänge miteinander verbunden war. Diese Maßnahmen richteten sich weniger gegen die moslemischen Sana'anis, als gegen Plünderungen durch Stammeskrieger aus dem Umland, die auch den moslemischen Einwohnern zusetzten.

Nach der Rückkehr der Juden 1680 wurden 22 Synagogen in Sana'a gebaut. 1762 ließ Imam *al Mahdi Abbas* erneut alle Synagogen zerstören. Unter seinem Sohn *Al Manzur Ali* konnten sie 1792 wieder aufgebaut werden.

Von Imam *Yachya,* der den Nordjemen 1918 in die Unabhängigkeit führte, ist bekannt, dass er sich um den Rechtsschutz der Juden kümmerte und ihr Wohngebiet auf dem Weg zum Freitagsgebet besuchte.

Als die Juden 1950 den Jemen in Richtung Israel verließen, gab es in Sana'a rund 30 Synagogen. Welch gewaltigen Aderlass der jüdische Exodus bedeutete, lässt sich daran ermessen, dass die Juden zu dieser Zeit ein Fünftel der Bevölkerung Sana'as stellten. Seit dem Auszug fast aller Juden aus dem Jemen leben im ehemaligen Gahr al Juhud moslemische Jemeniten. Zur Geschichte der Juden im Jemen s.a. „Religion/Die Juden im Jemen".

Im ehemaligen Judenviertel sollte ziellos gebummelt werden, um sich die Architektur anzusehen. Zum Teil haben die Fenster noch traditionelle Scheiben aus Alabaster, erkennbar an der milchigen Farbe. Viele der ein- bis zweistöckigen Häuser haben alte Holztüren, die z.T. mit Türklopfern und Eisenbändern versehen sind. Auffallend ist das erhöhte Straßenniveau, so dass viele Eingänge niedriger liegen.

Neben reinen Lehmziegelhäusern gibt es Gebäude, deren unterer Bereich aus behauenem Naturstein und deren oberes Stockwerk aus Lehmziegeln besteht. Häuser neueren Datums sind aus Zementsteinen errichtet und ragen aus dem Ensemble heraus.

Vom Al-Gahr-Platz kann ein Abstecher zur 800 m entfernten Alten Universität (Karte „Übersicht Sana'a", Nr. 211) gemacht werden.

Mumien in der Alten Universität

Öffnungszeiten: täglich von 9–13 Uhr, Fr geschlossen.

Die Alte Universität *(dschama al gadiem)* ist vom Tachrier-Platz mit dem Taxi (300 Rial) zu erreichen.

Der Ausstellungsraum (Karte „Übersicht Sana'a", Nr. 211) ist kein offizielles Museum. Am Eingang der Universität nach Mumien *(al mumiat)* oder dem Fachbereich Altertümer *(gism al athar)* fragen.

Im Jahre 1983 wurden von Bewohnern bei Schibam Al Gharas in der Nähe des Dschebbel Dhi Marmar Mumien gefunden. Wissenschaftler der archäologischen Abteilung der Universität Sana'a untersuchten die in Höhlen liegenden und in Leintücher gewickelten Bündel. Ägyptische Experten für Mumifizierung halfen bei der Konservierung. Nur eine der Mumien war erhalten, die anderen zerfallen, geöffnet oder zerfleddert. Die erhaltene Mumie wurde nicht geöffnet, sondern mit Röntgengeräten untersucht und in das 3. Jh. v.Chr. datiert.

Von Mumien im Sinne der alten ägyptischen kann bei den jemenitischen nicht gesprochen werden, da nur das Skelett, nicht aber Haut und Haare erhalten blieben.

Außer den in Vitrinen ausgestellten Mumien sind Lederschuhe (feine Arbeit), Stoffreste (Leinen), Pflanzenreste (Samen und Pflanzen, zum Einbalsamieren) und ein Holzstück mit eingraviertem Namen aus der Zeit um 280 v.Chr. zu besichtigen.

Im gleichen Raum – aber ohne Bezug zu den Mumien – liegt das mit Haut und Haaren bedeckte Skelett eines Mannes, von dem bisher nichts bekannt ist. Dieser an der Luft getrocknete Leichnam wurde im Jahre 1983 in einer Höhle bei Machwiet gefunden. Man nimmt an, dass er aus vorislamischer Zeit stammt, da er nicht beerdigt war.

Die Hadda-Straße

Die von der Al Zubayri Street nach Süden abzweigende Hadda-Straße hat sich in den letzten Jahren zur bedeutendsten Einkaufsstraße Sana'as gemausert. Hier befinden sich Restaurants für den gehobenen Anspruch sowie nette Cafés. Minibusse zur Hadda-Straße fahren vom Bab al Jemen ab bzw. von der zweitletzten Gasse vor dem *Sheba*-Hotel (vom Hauptpostamt aus gesehen).

Km 0,0: Die Kreuzung Al Zubayri Street/Hadda Street.

Km 0,5: Links das Büro von *Qatar Airways.*

Km 0,5: Links in einer Seitengasse (30 m entfernt) das **Al-Shaihani Restaurant** mit empfehlenswertem Fisch.

Km 1,0: Rechts das Büro der Fluggesellschaft **Yemenia.**

Km 1,1: In der querenden Straße liegt rechts, 50 m entfernt das **Einkaufszentrum Sana'a Mall.**

Km 1,4: Links das **Restaurant Greenland.** Es hat einen Schnellimbiss, ein Gartenrestaurant und ein modern eingerichtetes Bedienungsrestaurant. Sehr zu empfehlen.

Km 1,5: Rechts das **Al Shebani Restaurant** mit traditioneller Küche und Fischgerichten.

Km 1,5: Rechts das Büro der Fluggesellschaft **Gulf Air.**

Km 1,5: Links das Schnellrestaurant **Greenlands** (sauber).

Km 1,6: Rechts die Fluggesellschaft **Royal Jordanien.**

Km 1,6: Rechts das **DHL**-Büro, geöffnet 7 Tage, 24 Stunden.

Km 1,9: Rechts das Kaffeehaus **Coffeeday** (sehr gemütlich).

Km 2,0: Links der Abzweig zur Taiz-Straße und zur **Präsidentenmoschee** Dschama al Rais as Salih mit 6 Minaretten. Rechts das gemütliche Café **Coffee Trader** mit Wireless LAN.

Km 2,2: Rechts das **Asaraya**-Restaurant (modern eingerichtet).

Km 2,3: Rechts die Fluggesellschaft **Air Arabia,** Tel. (01) 44001.

Km 2,3: Rechts **Fed-Ex** (Paket- und Frachtversand).

Km 2,3: Rechts die Fluggesellschaft **Emirate Airlines,** Tel. (01) 444442.

Km 2,4: Rechts der **Funny Bunny Coffee Shop** (sehr schöner Garten).

Km 2,7: Links das Büro der Jemenitisch-Deutschen Gesellschaft.

Km 2,7: Links das Gebäude der Zeitung **Yemen Times.**

Km 2,8: Links ein weiterer Abzweig zur Taiz-Straße.

Km 3,0: Links das **Yemen German Hospital.**

Km 3,1: Links die **Berlin Pharmacy.**

Km 3,2: Rechts das **Al Musafir Hotel** (nur für Yemenia-Transitgäste).

Km 3,7: Links geht es zur **Deutschen Botschaft.**

Km 3,7: Rechts die kleine **Ar-Rachman Moschee.** Gegenüber ein Lokal, wo Wasserpfeifen geraucht werden.

Km 4,2: Links bei der Tankstelle Bushra Marib der Abzweig nach **Bäit Baus** <Bayt Baws>.

Km 4,8: Links ein **Supermarkt.**

Km 4,9: Rechts das **Al-Khalili-Restaurant** mit persischen Speisen.

Km 5,1: Links die **Jordanische Botschaft.**

Km 5,5: Rechts das **Hadda-Hotel.**

Km 6,5: Links das **Al Fakhar Restaurant** mit jemenitischer Küche.

Km 6,6: Links das **Restaurant Villa di Angelo** mit italienischer Küche.

Deutsches Haus (Nr. 107)

37 Algier Street; Amman Street/Ecke Algier Street, P.O. Box 632, Sana'a, Tel./ Fax (01) 442486; Öffnungszeiten: Sa bis Mi 15–19 Uhr, info@dasdeutschehaus-jemen.org; www.dasdeutschehaus-jemen.org (Karte „Übersicht Sana'a", Nr. 215).

Im Jahre 2001 wurde das in Privatinitiative gegründete Deutsche Haus vom Kulturminister des Jemen eingeweiht. Mit Ausstellungen, Vorträgen, Kulturprogrammen, Begegnungen und Deutschkursen soll der deutsch-jemenitische Dialog intensiviert werden. Es gibt eine gut bestückte Bibliothek mit Büchern zu Deutschland sowie dem Jemen und es liegt die deutschsprachige Zeitschrift „Jemen Report" aus.

Zum Deutschen Haus gelangt der Besucher von der Hadda-Straße (siehe „Die Hadda-Straße"). Beim Kilometer 1,1 (an der BMW-Vertretung) rechts abbiegen und der Ammam-Street 1,5 km folgen. Es liegt links an der Ecke Algier-Street (arab.: *Scharah al Dschazier*). Dem Taxifahrer als Fahrziel das Restaurant *Mankal* angeben (arab.: *Mat'am Mankal*).

Mugbira asch Schihuda (Friedhof der Märtyrer)

Das große Friedhofsgelände der Gefallenen der Kämpfe von 1988 (kleiner Grenzkrieg zwischen Nord- und Südjemen) und 1994 (Abspaltungsversuch des südlichen Jemen vom Norden) befindet sich 300 m vom Bab al Jemen entfernt an der rechten Seite der Ta'iz Road gegenüber dem Abfahrtspunkt der Sammeltaxen nach Taiz und Aden (Stadtplan Nr. 152). Neben hunderten von Grabsteinen einfacher Soldaten sind hier auch die Gräber von *Mohammed Mahmud al Zubayri* (siehe „Literatur") sowie der Politiker und Präsidenten *Abdu al Iriani, Abdallah as Sallal, Mohammed Ahmad Naoman, Ahmad al Ghasmi, Hassan Hussain al Ainri* und *Ibrahim al Hamdi* zu finden. Der Friedhof kann bei gutem Willen des Wachpersonals an Freitagen besichtigt werden (Fotografierverbot).

Hassaba-Park

Öffnungszeiten: Sa bis Do 8–13 und 20–22 Uhr, Fr 10 Uhr bis Sonnenuntergang.

Vom Platz gegenüber dem Nationalmuseum fahren Minibusse auf der Flughafenstraße zum Stadtteil Hassaba (15 Minuten Fahrt). Kurz hinter dem modernen *Yemenia*-Hochhaus aussteigen, der Hauptstraße 200 m bis zur großen Kreuzung folgen und links in die breite Amran/Saada-Straße abbiegen. An den Sammeltaxen nach Amran, Saada und Hadscha vorbei geht es rechts in die erste Straße und entlang der Parkmauer zum Eingang (Karte „Übersicht Sana'a", Nr. 201). Der Park heißt **Hadiga Al Thaura** (Park der Revolution). Vor allem im Januar während der Obstbaumblüte lohnt sich ein Besuch. Freitags erlebt der Park einen Ansturm jemenitischer Familien.

Altstadthotel in Sana'a

041 Foto: bs

Praktische Tipps

Hotels

Das Hotelangebot in Sana'a ist so groß, dass nur eine kleine Zahl im Zentrum der Stadt erwähnt werden kann.

An der Taiz-Straße (sie führt vom Bab al Jemen nach Süden) liegen viele Hotels der unteren Preisklasse. Billighotels gibt es an der Abdul Mughni Street zwischen Hauptpost und *Sheba* Hotel und auf der Zubayri Street zum Bab al Jemen.

- **Sheraton** (Nr. 224),
Berlin-Street, Tel. (01) 8557, Fax (01) 237405, 1-Bett 90 US$, 2-Bett 120 US$, + 20% Tax, Frühstück 15, Lunch 20, Dinner 20 US$; Alkohol, Frisör, Läden, Restaurant, TV, Pool, Tennis, www.sheraton.com/sanaa, reservati ons.sanaa.yemen@sheraton.com.
- **Sana'a Mövenpick** (Nr. 225),
Berlin-Street, Tel. (01) 546666, Fax (01) 546 058, 1-Bett 195 US$, 2-Bett 200 US$, inkl. Tax, neues Spitzenhotel, www.moeven pick-sanaa.com.
- **Taj Sheba** (Nr. 111),
Tel. (01) 272372, Fax (01) 274129, 1-Bett 167 US$, 2-Bett 192 US$ einschl. Frühstück; Läden, TV, Pool, Restaurant, www.tajhotels.com, sheba.sanaa@tajhotels.com.
- **Hadda Hotel** (Nr. 223),
an der Straße nach Hadda, Tel. (01) 415212, Fax (01)412543, 1-Bett 65 US$, 2-Bett 70 US$, Suite 120 US$ einschl. Frühstück, Mittagessen 2500 Rial, Abendessen 2500 Rial; Pool 750 Rial, Sauna 500 Rial, haddaho tel1@yemen.net.ye.
- **Sam City** (Nr. 100),
Tel. (01) 276294, Fax (01) 275168; 1-Bett 25 US$, 2-Bett 30 US$, inkl. Frühstück; Restaurant, gute Aussicht auf die Altstadt, info@al-mamoon-group.com, oder al-mamoon@y.net.ye. Schräg links gegenüber vom *Sam City* Hotel führt eine gepflasterte Gasse in das Al-Hurqan Quarter und auf einer Fußgängerbrücke über den Zailer hinweg in 17 Fußminuten in die Altstadt (Suk az Zumar).
- **Al Shamiri Plaza** (Nr. 128),
schräg gegenüber vom *Taj Sheba Hotel*, Tel. (01) 279100, Fax (01) 272604, 1-Bett 2800, 2-Bett 4000 Rial; Dusche/WC im Zimmer, Restaurant gut, shmiryplaza@ y.net.ye.
- **Zahrat Al Gazera Hotel,**
schräg gegenüber vom *Taj Sheba Hotel,* Tel. (01) 297631, Fax (01) 279035, 1-Bett 1500, 2-Bett 2000, Dusche/WC im Zimmer, sehr einfach.
- **Gulf Hotel,**
Tel. (01) 276910, Fax (01) 279268, 2-Bett 1800 Rial, Bad im Zimmer.
- **Al Batool Tourist Hotel,**
an der Hauptpost (Nr. 106), Tel. (01) 494967, Fax (01) 285253, 1-Bett 1400, 2-Bett 1600, 3-Bett 2000 Rial, Dusche/WC im Zimmer.
- **Sindbad Tourist Hotel** (zwischen Zentralbank und Zailer-Brücke),
Tel. (01) 272539, Fax (01) 284650, 1-Bett 2500, 2-Bett 3500 Rial; ohne Frühstück, Dusche/WC im Zimmer, sindbad@yemen.net.ye.
- **Sana'a Taj Tourist Hotel** (Nr. 35),
gegenüber dem Bab al Jemen, Tel. (01) 244257, 1-Bett 1600, 2-Bett 2400 Rial, sehr einfach, bester Blick auf das Bab al Jemen. Fotos vom Dach aus: 500 Rial.

- **Wadi Hadramaut Hotel** (schräg gegenüber der Hauptpost in einer Gasse),
Tel. (01) 480697, Fax (01) 294401, 1-Bett 20 US$, 2-Bett 30 US$, ohne Frühstück, Bad im Zimmer.

Altstadthotels:

- **Burj Al Salam Hotel** (Nr. 134),
Tel. (01) 483333, Fax (01) 483330, www.burjalsalam.com, info@burjalsalam.com, 1-Bett 59 US$, 2-Bett 99 US$, Suite 199 US$, einschl. Frühstück. Wireless Internet-Zugang. Neues Hotel für gehobene Ansprüche in der Altstadt, Lift, Restaurant, Café im 9. OG (geöffnet 7.30–22 Uhr) mit dem besten Blick über die Altstadt (auch für Nichtgäste zugänglich).
- **Arabia Felix** (Nr. 118),
Das Hotel heißt auf Arabisch: *Arabia Sa'ida;* Tel. (01) 287330, Fax (01) 287426, 1-Bett 22 Euro, 2-Bett 25–37 Euro, 3-Bett 32 Euro, mit Frühstück; gemütliches Gartenrestaurant, gute Lage zum Zentrum und zur Altstadt, direkt am Zailer, zu empfehlen, in der Hauptreisezeit abends Ud-Musik, arabia-felix@y.net.ye
- **Golden Daar Tourist Hotel** (Nr. 123),
Tel. (01) 287220, Fax (01) 287293, www.almokalla.com, 1-Bett 24 US$, 2-Bett 28 US$, inkl. Frühstück; sauber, Dachterrasse, prima Aussicht; das Restaurant des *Sana'a Nights Hotel* kann mitgenutzt werden.
- **Old Sana'a Palace** (Nr. 147),
Tel./Fax 712907091, 1-Bett 10 US$, 2-Bett 20 US$, inkl. Frühstück; Bad auf dem Flur, obere Stockwerke sind teurer.
- **Sana'a Nights Tourist Hotel** (Nr. 123),
Tel. (01) 482826, Fax (01) 485078, sanaanightshotel@yahoo.com, 1-Bett 18 US$, 2-Bett 25 US$, Bad z.T. im Zimmer, ohne Frühstück, gutes Restaurant.
- **Taj Talha,**
Tel. (01) 287130, Fax (01) 287212, www.taj-talha-hotel.com.ye, info@taj-talha-hotel.com.ye, 1-Bett 20 US$, 2-Bett 25 US$, inkl. Frühstück; Bad z.T. im Zimmer, Dachterrasse, Innenhof, gute Aussicht.

042j Foto: bs

- **Dawood Hotel,**
Tel. (01) 287270, Fax (01) 292338, dawoodhotel@yahoo.com, 1-Bett 25 US$, 2-Bett 35 US$, inkl. Frühstück, Bad z.T. im Zimmer, schöne Aussicht, ruhige Terrasse mit Blick auf Altstadtgarten, Restaurant, sehr freundliches Personal, abends Ud-Musik.
- **Sultan Palace Hotel,**
Tel. (01) 486033, Fax (01) 276175, 1-Bett 4000, 2-Bett 5200 Rial, sultanpalacehotel@yahoo.com, www.al-bab.com/sultanpalace, helle Zimmer. Im Foyer ein 50 m tiefer Hausbrunnen.

Hinweis: Sprachschüler wohnen in der Regel in den Räumen der Sprachschulen. Die Agentur *Socotra Tours* vermietet in drei Gästehäusern der Altstadt Zimmer für 15 US$ pro Tag bzw. 200 US$ pro Monat, socotratours@yahoo.com, Büro (01) 280212; Handy (0097) 73200126.

Anmerkungen zu den Hotels:
- Die **Altstadthotels** sind wegen ihrer Lage und traditionellen Architektur **empfehlenswert.** Organisierte Reisegruppen sowie Individualtouristen bevorzugen diese Hotels.
- Nicht aufgenommen haben wir die unüberschaubare Zahl **einfachster Unterkünfte** zwischen 800 und 1000 Rial pro Person.
- Die meisten Hotels haben **keine Heizung,** so dass von November bis März ein dicker Schlafsack mitzubringen ist.
- Da das Abwassersystem in alten Häusern nicht für **Toilettenpapier** geeignet ist, muss es in einen Papierkorb oder eine Plastiktüte geworfen werden.
- Viele Hotels verfügen über einen **Wäscheservice,** der über Nacht arbeitet.
- **Hotel heißt im Arabischen „Funduk",** egal ob es sich um ein 4-Sterne-Hotel handelt oder um eine sehr einfache Unterkunft.
- Die **Preise können variieren.** Es kommt vor, dass sie von Tourist zu Tourist unterschiedlich sind (wir sehen das an den Leserzuschriften). Zu den Hauptreisezeiten (Weihnachten, Ostern, islamische Feiertage) wird mehr verlangt. Sollte einmal der Preis erheblich über dem im Buch angegebenen liegen, so kann es hilfreich sein, sich auf das Buch zu beziehen.

Zimmer in einem Altstadthotel

Altstadtführungen

Wer als Touristin „hinter den Schleier" schauen möchte, kann Kontakt aufnehmen zu der ersten staatlich anerkannten jemenitischen **Stadtführerin** für Sana'a: *Doa'a Al-Yemeni.* Sie ist telefonisch unter (00967) 777 657006 oder per E-Mail unter: doaa.oldcity@gmail. com zu erreichen. Es kann auch im Frauencenter *Sana'ani-House* am Hammam Abhar (Stadtplan Nr. 148) nach ihr gefragt werden. Doa'a bietet Führungen durch die Altstadt von Sana'a und den Besuch von öffentlichen Badehäusern und Fraueneinrichtungen an.

Essen und Trinken

Manche Restaurants legen dem Gast eine **Speisekarte in englischer Sprache** vor. Es gibt jedoch nicht immer alle Gerichte.

Restaurants verfügen über z.T. unsaubere Toiletten *(hammam).*

Zwischen Tachrier-Platz und *Sheba Hotel* kann beiderseits der Straße in **kleinen Restaurants** gespeist werden.

Einfache Lokale mit traditionellen Gerichten liegen in einem Hof hinter der Zentralpost. Sie sind auf der schmalen Gasse zu erreichen, die neben der Post von der Abdul Mughni Straße abzweigt.

Diese Gasse weitergehend und in die nächste Straße links, liegt links das saubere **Restaurant Al-Dobai** mit ruhigen Räumen im 1. Stock. Gegenüber befinden sich **Internet-Cafés.**

Ein beliebter Traveller-Treff ist die **Freiluft-Teestube Montazah Azal Tour** gegenüber dem *Sheba Hotel.* Hier können mit anderen Touristen die letzten Reisetipps ausgetauscht und ggf. Mitfahrten arrangiert werden.

An der Zailerbrücke, auf dem Weg zum Bab al Jemen, liegt in einer Grünanlage das **Freiluftcafé Old Sana City Rest House.**

In der Altstadt nahe dem *Golden Daar Tourist Hotel* kann bei **Sabanco – King of Currancy** inmitten einer beeindruckenden Münzensammlung Tee getrunken werden.

Mehrere **Restaurants und Cafés für den westlichen Geschmack,** mit modernen Einrichtungen und sauberen Sanitäranlagen gibt es in der Hadda-Straße (siehe „Die Hadda-Straße"). Außerdem sind die folgenden Restaurants empfehlenswert:

- **Restaurant Cascade Wadi Benna,** an der Flughafenstraße, auf halbem Weg zwischen Nationalmuseum und *Yemenia* Hochhaus, rechts; mit wasserüberspülten Außenscheiben; gutes Essen und gepflegte Atmosphäre im 1. Stock.
- Die **Restaurants in den Altstadthotels** *Arabia Felix, Burj Al-Salam* und *Dawood.*
- Wer in gepflegter Atmosphäre und **mit europäischem Standard** speisen möchte, sei auf die Küchen des *Sheba-* bzw. *Sheraton*-Hotels verwiesen. Beliebt sind die Frühstücks- und Abendbuffets sowie das Kuchenbuffet.

Weitere Informationen zu jemenitischen Gerichten, Getränken und zur Esskultur stehen im reisepraktischen Kapitel im Abschnitt „Essen und Trinken".

Nachtleben

In Sana'a gibt es **kein Nachtleben.** Ab 22 Uhr liegt der Markt wie ausgestorben, und dann haben auch die Geschäfte in der Neustadt geschlossen. **Live-Musik** auf der Ud ist in den Hauptreisezeiten in den Altstadthotels *Arabia Felix* und *Dawood* zu hören.

Theater oder **Opernhäuser** fehlen in Sana'a. Die wenigen **Kinos** zeigen keine Filme für den europäischen Geschmack. Wer die Atmosphäre einer jemenitischen Filmvorführung erleben will, dem sei das Kino schräg gegenüber vom *Sheba Hotel* empfohlen.

Wer es nicht gewohnt ist, Mineralwasser als „Gute-Nacht-Trunk" zu bechern, wird schmerzlich daran erinnert, dass der islamische Glaube keinen Alkoholgenuss zulässt. **Alkohol** wird in Sana'a z.Z. nur in der Hotelbar des *Sheraton*-Hotels ausgeschenkt.

Die Altstadt von Sana'a ist wegen der erleuchteten Fenster auch nachts reizvoll. Die ganze Farbenpracht dieser für den Jemen typischen bunten Oberlichter entfaltet sich erst bei Dunkelheit. Trotz Orientierungsproblemen sollte der Tourist einen Bummel durch die Wohngassen der Altstadt bei Dunkelheit wagen. Es empfiehlt sich die Mitnahme einer **Taschenlampe.**

Krankenhäuser

Wer in Sana'a ein Krankenhaus aufsuchen muss, dem empfehlen wir drei Krankenhäuser. Die Bezahlung erfolgt in **Bargeld,** es werden keine Kreditkarten akzeptiert.

- **Yemen-German-Hospital** *(mustaschfa Yemen-Almania)* in der Hadda Street (Stadtplan Nr. 221, Tel. (01) 418000, Fax (01) 418116, YGHospital@y.net.ye. Es gehört einer jemenitischen Privatperson, ging im Jahre 2000 in Betrieb, hat 85 Betten und verfügt sowohl über deutsche, wie auch jemenitische Ärzte, die in Deutschland studiert haben und deutsch sprechen. Medikamente können in der **Krankenhaus-Apotheke** gekauft werden.
- **Modern German Hospital** in der Taiz-Straße, das von einem jemenitischen Chefarzt (mit deutschem Pass) und seiner deutschen Frau geleitet wird. Es hat die gleichen Vorzüge wie das *Yemen-German-Hospital,* verfügt über Zahnärzte und einen eigenen Rettungswagen. Kontakt: www.mg-hospital.com, althawr@mghospital.com.ye, Tel. (01) 600000, Fax (01) 601889.
- Das **Saudi German Hospital** an der Straße von Hadda zum Flughafen wurde im Jahre 2006 eröffnet. Siteen Road link Airport Road. Tel. (01) 3298824.
- Für kleinere Blessuren empfiehlt sich das schnell zu erreichende **Al Shaheed al-Zubiri Hospital** in der Altstadt von Sana'a am Suk al-Baqar (Suk-Plan Nr. 1).

Verkehrsverbindungen

Busse im Stadtverkehr:

Linienbusse (50 Sitzplätze) verkehren zwischen Tachrier-Platz, Al Gahr, Bab asch Schaub und Bab al Jemen, der Fahrpreis beträgt pro Teilstrecke 20 Rial. Die Busse stehen auf Parkplätzen gegenüber dem Bab al Jemen (hinter der ersten Häuserreihe), gegenüber dem Nationalmuseum und am westlichen Ende des Al-Gahr-Platzes.

Minibusse:

Der weitaus größte Teil des innerstädtischen Passagieraufkommens wird mit Minibussen bewältigt (acht Sitzplätze, schwarzer Seitenstreifen). **Sie fahren auf festen Strecken und halten auf Handzeichen.** Die Fahrt kostet 20 Rial (Ausnahme: Hadda 40 Rial). Auch wer kein Arabisch spricht sollte die Minibusse benutzen.

Der **wichtigste Abfahrtsort** ist **gegenüber dem Bab al Jemen** (hinter der ersten Häuserreihe):

- **Nr. 1:** Universität
- **Nr. 4:** Aser
- **Nr. 6:** Tachrier
- **Nr. 7:** Hadda,
- **Nr. 11:** Taiz-Straße.

Nach Hadda fahren Minibusse von der zweitletzten von der Abdul Mughni Street abzweigenden Gasse vor dem *Sheba Hotel.* **Zum Stadtteil Safia** fahren Minibusse ab dem Kino in der Abdul Mughni Street. Minibusse **nach Hassaba** (von dort weiter nach Rauda, zum Hassaba Park und zu den Taxen nach Amran/Saada) **zum Bab al Jemen** und **zur Universität** fahren von einem Platz gegenüber dem Nationalmuseum ab. Im Ortsteil Hassaba (an der Flughafenstraße) fahren Minibusse **zum Tachrier-Platz** (20 Rial), **Bab al Jemen** (20 Rial) und **Flughafen** (30 Rial).

Taxen:

Taxen mit schwarzen Seitenstreifen sind im ganzen Stadtgebiet ständig unterwegs. Sie halten auf Handzeichen, sind preiswert, häufig jedoch in einem beklagenswerten Zustand. Der Fahrpreis – eine innerstädtische Fahrt kostet 200–400 Rial – muss vor Antritt der Fahrt verhandelt werden. Die Fahrt nach Hadda kostet 600 Rial.

Es gibt eine **private Taxigesellschaft** (Raha Taxi), mit gelben, modernen Fahrzeugen und einheitlich gelb-schwarz gekleideten Fahrern, Tel. (01) 441188 bzw. 448888 (siehe auch Kapitel „Taxen – Taxi Raha")

Ferntaxen:

Derzeit (Stand Frühjahr 2008) können Individualtouristen folgende Strecken mit dem Sammeltaxi **nicht befahren:** Sana'a – Amran – Huth – Saada; Sana'a – Marib – Sejuhn; Sana'a – Marib – Ataak. Auch auf der Strecke Aden – Mukalla kann es zu **Rückweisungen** kommen. Da Sammeltaxen, die Touristen an Bord haben, an Checkpoints mit Wartezeiten zu rechnen haben, sind Touristen aufgrund der Zeitverluste für den Fahrer nicht immer willkommen.

Abfahrtsorte der Sammeltaxen:

- Vom **Bab al Jemen 400 m in Richtung Süden (Straße nach Taiz)** stehen die Sammeltaxen nach Dhamar (350 Rial), Jariem (400 Rial), Hammam Dammt (800 Rial), Aden (1500 Rial), Ibb (900 Rial) und Taiz (1200 Rial). Nach Rada und Al Bäitha in Dhamar umsteigen.
- Im Stadtteil **Hassaba,** an der Kreuzung Flughafenstraße/Saada-Straße nach Saada, Amran, Huth, Hadscha, Al Räida.
- Am **Mahat Al Elmi** (an der Ausfallstraße nach Marib) stehen Taxen nach Marib (1000 Rial) und Sejuhn (2000 Rial). Das Stadttaxi dorthin kostet 300 Rial.
- Im Stadtteil **Madbach** (ca. 8 km von der Neuen Universität entfernt) befindet sich der Abfahrtsort der Taxen nach Schibam (200 Rial), Thulla (250 Rial), At Tauwilah (500 Rial) und Machwiet (600 Rial). Für die Fahrt zum Wadi Darr diese Autos benutzen und in der Ortschaft Mandaqa Schamlan umsteigen. Die Fahrt mit dem Stadttaxi nach Madbach kostet 300–400 Rial.
- Vom **Stadtteil Aser** fahren Sammeltaxen nach Hudäida (1200 Rial) und Menaacha (900 Rial). Nach Aser fahren die Minibusse Nr. 4 für 20 Rial ab Tachrier-Platz.

Fernbusse:

Hinweise: Es ist ratsam, eine Stunde vor Abfahrt an der Busstation zu sein. Das Ticket sollte schon am Vortag gekauft werden. Derzeit erhalten Touristen für Fahrten mit Fernbussen nicht immer eine Genehmigung.

Vom Bab al Jemen fahren drei Busgesellschaften ab:

- **Al-Musafer Bus** (200 m vom Bab al Jemen entfernt in Richtung Zailer), täglich Sejuhn 14 Uhr, 1600 Rial.
- **General Land Transport** (150 m vom Bab al Jemen entfernt), täglich Aden 7 Uhr, 1400 Rial; Taiz 7 Uhr, 1100 Rial; Hudäida 7 Uhr, 1000 Rial.

- **AM-Bus** (100 m vom Bab al Jemen entfernt), täglich Mukalla 12 Uhr, 2000 Rial; Sejuhn 9 Uhr, 1600 Rial.
- Gegenüber der Zentralbank befindet sich das Büro der **Busgesellschaft Yemitco** (= *Ruwaishan*), Stadtplan Nr. 130. Aden (1500 Rial), 10x täglich. Taiz (1300 Rial), 4x täglich, Hudäida (1200 Rial), 7 und 14 Uhr.

Inlandsflüge der Yemenia ab Sana'a:
(Stand Anfang 2008)

- **Sana'a – Aden** (täglich)
- **Sana'a – Mukalla** (täglich)
- **Sana'a – Mukalla – Sokotra** (Fr)
- **Sana'a – Al Räitha** (So)
- **Sana'a – Sejuhn** (Mo, Do, Sa)
- **Sana'a – Hudäida** (Di, Sa)
- **Sana'a – Taiz** (Mi, Do, So)

In Verbindung mit einem Auslandsflugticket der *Yemenia* sind Inlandsflüge deutlich billiger. Diese Inlandsflüge sind jedoch bereits mit dem Hauptticket zu buchen. Aktuelle Flugzeiten und Preise können unter www.Yemenia.com, bzw. bei *Yemenia* in Frankfurt angefragt werden: Tel. 069/288272.

Auslandsflüge der *Yemenia* **ab Sana'a:** Abu Dhabi, Addis Abeba, Amman, Asmara, Bahrein, Beirut, Bombay (Mumbai), Damaskus, Djibouti, Doha, Dubai, Frankfurt, Jakarta, Jedda, Kairo, Khartoum, Kuala Lumpur, Kuwait, London, Moroni, Paris, Riad, Rom.

Telefonnummern der Büros von Fluggesellschaften in Sana'a:

- **Lufthansa,** (01) 213400, 219252, an der Straße nach Hudäida hinter dem Abzweig Hadda-Straße.
- **Yemenia,** (01) 218777 o. 400543, in der Hadda-Straße (täglich geöffnet von 8.30–13 und 17–20 Uhr).
- **Air Arabia,** (01) 44001, in der Hadda-Straße.
- **Emirate Airlines,** (01) 444442, in der Hadda-Straße.
- **Turkish Airlines,** (01) 445970, im Stadtteil Hadda. Agent ist *Universal Travel:* tk@universalyemen.com.

Mietwagen

Europcar, Avis und *Hertz* bieten Mietwagen für Selbstfahrer an. Die billigste Auto-Kategorie kostet 55 US$ pro Tag plus Benzin. Die hohen Selbstbeteiligungen bei Diebstahl und Unfall müssen beachtet werden. Im Preisvergleich kostet ein Auto mit Fahrer bei einer jemenitischen Reiseagentur 60–70 US$ pro Tag ohne weitere Kosten für Benzin (und ohne das Unfallrisiko!).

- **Europcar,** Büro neben dem *Sam City-Hotel* (Stadtplan Nr. 100); Tel. (01) 270751, Fax (01) 270804, europcar@y.net.ye.
- **Avis,** Tel. (01) 443492, Fax (01) 442058, www.avisyemen.com.ye, ali.taher@avisyemen.com.ye.
- **Hertz,** Büro in der 60 Meter Road, Tel. (01) 440305, Fax (01) 440310, utthertz@y.net.ye.

Geldumtausch

Geldwechsel ist in Sana'a in Banken, bei privaten Geldwechslern und in den großen Hotels möglich. Der Kurs ist auf Banken und bei Geldhändlern gleich, in Hotels schlechter. Bargeld **(US$ und Euro)** wird bevorzugt angenommen. Traveller Schecks werden fast nirgendwo akzeptiert.

Wechselstuben gibt es in Sana'a auf dem Suk, rund um den Anfang der Abdul Nasr Street am Tachrier-Platz, zwischen der Hauptpost und dem *Sheba* Hotel und nahe dem Bab al Jemen. Um den besten Wechselkurs zu erzielen, sind mehrere Wechselstuben abzufragen. Die Kurse waren im Mai 2008 wie folgt: 1 US$ = 199 Rial; 1 Euro = 293 Rial.

Wir raten dringend davon ab, die Dienste der **„fliegenden" Geldhändler** in Anspruch zu nehmen.

Internet-Cafés

Internet-Cafés gibt es über die gesamte Stadt verteilt, so z.B. zwischen dem Tachrier-Platz und dem *Sheba*-Hotel. Die Gebühren sind mit 120 Rial pro Stunde preisgünstig.

Post und Telefon

Das jemenitische Postsystem wurde mit deutscher Hilfe aufgebaut, daran erinnern Briefkästen der Deutschen Bundespost und gelbe Postautos. Die in den Straßen von Sana'a aufgehängten Briefkästen werden entleert, sicherer ist jedoch, die Sendungen in der Zentralpost *(maktab al baried)* am Tachrier-Platz abzugeben.

- **Porto:** Luftpostbrief 120, Postkarte 100 Rial
- **Öffnungszeiten der Hauptpost:** Sa bis Do 8.30–13.30 und 16–20 Uhr, Fr 9–11 und 16–20 Uhr

Wer sich mit **Briefmarken** eingedeckt hat, gibt die Sendungen nicht am Schalter ab, sondern wirft sie in den für Überseesendungen gekennzeichneten Briefkasten.

Vor dem Postamt werden Ansichtskarten, Briefumschläge und Kugelschreiber verkauft.

Überseegespräche sind von den großen Hotels aus möglich. Wer in einem Billighotel wohnt, sucht eine **Telefonzentrale** auf, die es in großer Zahl gibt.

Vorwahlen:
- **Vorwahl für den Jemen:** 0967
- **Sana'a:** 01
- **Aden:** 02
- **Hudäida:** 03
- **Taiz, Ibb, Hammam Dammt:** 04
- **Mukalla, Sejuhn:** 05
- **Damahr, Rada, Al Bäitha:** 06
- **Marib:** 0630
- **Hadscha, Machwiet, Saada:** 07
- **Ataak:** 0946

Deutsche Botschaft

Mit dem Hadda-Minibus für 20 Rial auf der Straße Richtung Hadda, vorbei am Yemen-German-Hospital bis zur Moschee Al Rachman. Hier aussteigen und 500 m nach links gehen (Stadtplan Nr. 222). Do und Fr geschlossen (s.a. „Notfälle" unter „Reisetipps A–Z").

Reiseagenturen

In der Alt- und Neustadt von Sana'a gibt es eine große Zahl an Reiseagenturen (s.a. Kapitel „Reiseveranstalter" unter „Reisetipps A–Z"). Hier können Autos mit Fahrer für Tages- wie auch für längere Rundreisen gemietet werden. Agenturen schicken Repräsentanten zwecks Absprache in das Hotel.

Halbtagestouren von Sana'a

Halbtagestour 1 von Sana'a: Hadda und Al Äin

Entfernung: 13 km ab Tachrier-Platz
Fahrzeit: mit dem Minibus 30 Minuten
Minibus: 40 Rial, Taxi 500 Rial

Hadda, in Sichtweite von Sana'a an einem Berg gelegen, ist der **grüne Vorort der Hauptstadt.** Besonders schön ist es hier während der Baumblüte im Januar und Februar.

Minibusse nach **Hadda** fahren (vom Tachrier aus gesehen) von der zweitletzten rechts abzweigenden Gasse vor dem *Sheba Hotel* bzw. vom Bab al Jemen ab. Sollte der Bus nur bis zum *Hadda Hotel* (4 km vor Hadda) fahren, wird dort auf einen Anschlussbus oder ein Taxi gewartet. Die Fahrt endet auf dem Marktplatz der architektonisch reizlosen Ortschaft Hadda.

Unterhalb der Schule führt für wenige Meter eine Fahrpiste aufwärts. Nach 300 m liegt links eine Moschee mit dem **Kuppelgrab** *(gubba)* des Heiligen *Abu Al Fadhajil.* Zur die Anlage gehören die sehr alten, traditionellen Waschanlagen für die Gläubigen sowie auch der einfache Betraum mit einer Gebetsnische.

Weiter hoch führt ein Steinstufenweg durch Terrassenfelder mit Aprikosen-, Walnuss- und Mandelbäumen. Nicht zu übersehen ist, dass durch mangelhafte Bewässerung viele Bäume vertrocknet sind und als tote Gerippe auf den Terrassen stehen.

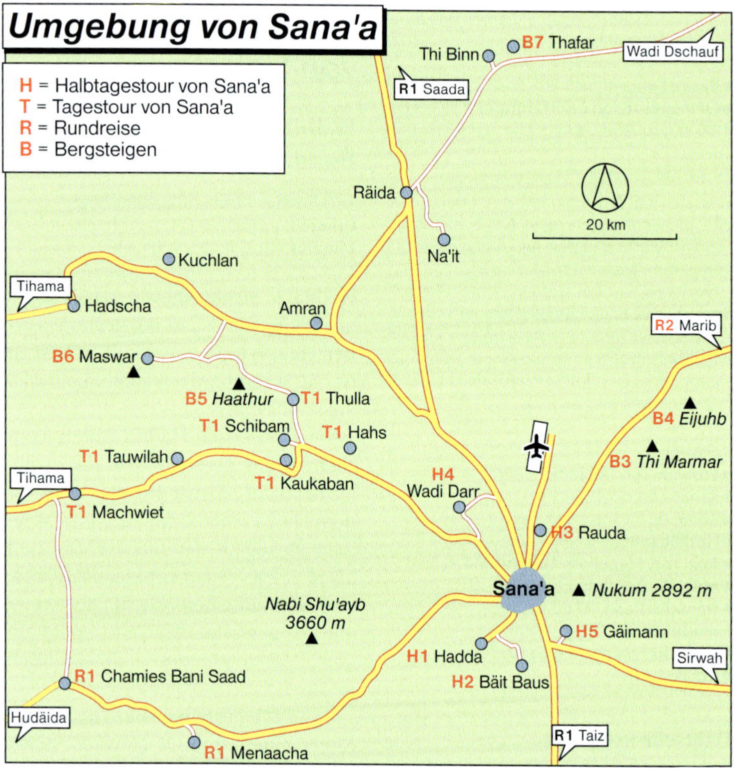

Sieben Minuten nach dem Heiligengrab ist eine Moschee mit zwei Kuppeln erreicht. Rechts neben der Moschee ist ein künstlicher Wasserkanal zu beachten, der in eine große Zisterne mündet.

Ein erhöhter, steinerner Zweigkanal führt zu einer verfallenen **Wassermühle** *(dachun)* aus osmanischer Zeit und leitete das Wasser in Stufen zum Antriebssystem hinab. Sehr kunstvoll ist dieses Wasserverteilungssystem an der Moschee mit Waschplätzen, Abzweigen und Überläufen. Von hier bietet sich ein umfassender Blick auf Hadda, Terrassen und in der Ferne auf Sana'a.

Links vor der Moschee vorbei und ohne große Höhenunterschiede dem breiten Fußweg bergauf folgend, ist bald die Ortschaft **Al Äin** mit ihrem gut erhaltenen Stadttor erreicht. Die steinerne Wehrmauer wurde zum Teil abgerissen bzw. in die Fassaden neu errichteter Häuser integriert. Unterhalb des Stadttores ist die alte, steinerne Wasserrinne wieder gut sichtbar und kann bis zu der Stelle, wo sie im Berghang endet, begangen werden.

Für den Rückweg kann anstelle der Aufstiegsroute (ab Hadda eine halbe Stunde) von Al Äin der längere **Abstieg über As Senna** genommen werden. Hierzu vom Ende der Wasserrinne schräg nach vorn rechts zu den Häusern hochsteigen und im Ort links abbiegen. Bei den letzten Häusern von Al Äin führt eine Autopiste (die einzige Zufahrt zu diesem Ort) zuerst leicht bergan, später abschüssig zum Nachbarort As Senna (30 Minuten). Diese Strecke bietet **hervorragende Panoramablicke** auf Sana'a.

In As Senna ist das große **Wasserbecken** neben der Moschee zu beachten, in das ein Bachlauf mündet, der weiter bergauf von einer natürlichen Quelle gespeist wird. Von As Senna ergeben sich Mitfahrgelegenheiten zur Hadda-Straße.

Halbtagestour 2 von Sana'a: Bäit Baus <Bayt Baws>

Entfernung: 13 km ab Tachrier-Platz
Fahrzeit: mit dem Taxi 30 Minuten

Wir empfehlen in Sana'a ein Taxi zu nehmen, mit dem Fahrer eine einstündige Wartezeit bei Bäit Baus zu vereinbaren und sich dann nach Sana'a oder Hadda (Halbtagestour 1) bringen zu lassen. Dem Fahrer „aschti illa Bäit Baus, al Garia al Gadiema" sagen. Die Fahrt folgt in Sana'a zuerst der Zubayri Street Richtung Hudäida und zweigt links in die Hadda Street ab, der für 4,2 km in Richtung Hadda gefolgt wird. Bei der **Tankstelle Bushra Marib for fuel** wird links abgebogen. 5 km sind es auf asphaltierten Straßen bis unterhalb von Bäit Baus.

Vor einem Friedhof geht es rechts in eine Piste hinein, die hinter dem Gräberfeld links abbiegt. In der nächsten S-Kurve auf einem Fußweg geradeaus (rechts an einem Haus vorbei) zu einem Trockental gehen, wo im April/Mai Kakteen in gelber Pracht blühen.

Knapp unterhalb von Bäit Baus ducken sich Häuser der früher dort wohnenden Juden an die linke Talwand. Bis zu ihrer Emigration in den Jahren 1947–1950 stellten sie 50% der Bevölkerung von Bäit Baus. Kurz hinter den Häusern befinden sich ein Wasserbecken und ein imponierend großer Baum. Obwohl Bäit Baus abgesehen vom Zugangstor keine besonderen Reize bietet, lohnt der Besuch. Zur Verteidigung ideal auf dem steilen Massiv gelegen, zeugt der Ort noch heute von der Wehrhaftigkeit seiner Bewohner. Beachtenswert ist das wuchtige Stadttor, der einzige Zugang zum Ort. Wegen Trinkwassermangel haben die Bewohner bis auf wenige Ausnahmen den Ort verlassen.

Die Häuser sind auf rund sechs Meter hohem vulkanischem Rhyolithgestein errichtet, das einer Tuffschicht (vulkanische Asche) aufliegt. Dessen grüne Farbe entstammt dem Ton-Mineral Smektit.

Bäit Baus muss bereits zur Zeitenwende besiedelt gewesen sein, wie eine **sabäische Inschrift** zeigt. Sie kann wie folgt gefunden werden: Außerhalb

044 Foto: bs

des Stadttores dem Rand der Klippe aufwärts für 170 Schritte bis zu seiner Schmalseite folgen. Dort ist die stark abgeblätterte Inschrift in 6 m Höhe zu sehen. Schön von hier der Blick auf die Ebene von Sana'a.

Bei der großen Zisterne an den ehemaligen jüdischen Häusern vorbeigehen, bis zu einer Zisterne hinter dem letzten Wohnhaus. 50 m weiter folgt eine Gebäuderuine ohne Dach: die ehemalige Synagoge.

Im Osten ist die Straße Sana'a – Taiz eine Alternative für den Rückweg.

Bäit Baus

Halbtagestour 3 von Sana'a: Rauda <Rawdah>

Entfernung: 12 km ab Tachrier-Platz
Fahrzeit: mit dem Minibus 30 Minuten ab dem Platz gegenüber dem Nationalmuseum.
Minibus: 40 Rial, im Ortsteil Hassaba umsteigen.

An der Flughafenstraße liegt rechts (1 km abseits) die Kleinstadt Rauda (arab.: Garten). Da hier Weingärten und Bäume das Klima bestimmen, ist es zumeist 1–2 Grad kühler als in Sana'a. Ein Besuch lohnt am **Markttag** (Sonntag). Am Ortseingang fällt die große Militärakademie auf. Für den Besuch des Suks und einen Spaziergang durch den Ort mit Häusern in Lehmziegelbauweise sollten zwei Stunden eingeplant werden.

Die Obergeschosse einiger Häuser sind mit hervorstehenden **Steinbockhörnern** versehen. Sie stammen vom Anfang des 20. Jhs., als es diese Tiere im Jemen noch in großer Zahl gab. Leider verfallen auch in Rauda die Lehmziegelhäuser aufgrund von Geldknappheit und in Folge der zunehmenden Attraktivität moderner Bauweise.

In der Ortsmitte liegt die unter *Imam Ahmad ibn al Qassim* (1676–1681) erbaute **Große Moschee,** ein wuchtiger Ziegelsteinbau. Der quadratische, nicht überdachte Innenhof ist von Säulengalerien umgeben. In der 6 m hohen Außenfassade und im Minarett sind Koranverse als Schmuckelemente eingelassen. Interessant die Ziegelsteinornamentik des Minaretts.

50 m rechts hinter der Moschee liegt das so genannte **Türkische Bad** *(hammam türkiye)* mit kleinen Kuppeln. Es stammt aus der Zeit osmanischer Besatzung und ist seit 1986 außer Betrieb.

Nur wenige Schritte sind es von der Moschee zum ehemaligen Palast der Imamsfamilie.

Auf der Rückfahrt nach Sana'a kann der Hassaba-Park (Nr. 201) besucht werden.

Halbtagestour 4 von Sana'a: Wadi Darr <Wadi Zahr>

Entfernung: 15 km ab Tachrier-Platz
Fahrzeit: mit Sammeltaxi/eigenem Fahrzeug 30 Minuten
Sammeltaxi: 300 Rial

15 km nordwestlich von Sana'a liegt das grüne Wadi Darr, bekannt wegen der inmitten des Tals auf einem Felsen thronenden **Sommerresidenz Imam Yachyas** (1904–1948). Es ist das meistfotografierte Gebäude im Jemen. Wegen des günstigen Sonnenstands sollte eine Besichtigung am Vormittag erfolgen. Mit dem Sammeltaxi Richtung Schibam (siehe Tagestour von Sana'a) bis zum Abzweig Schamlan fahren und dort zum Wadi Darr umsteigen. Nach einer halben Stunde Fahrzeit zweigt in der Ortschaft Schamlan links die Straße nach Thulla und Schibam ab. An dieser Kreuzung 2,8 km geradeaus weiter und dann an einer Tankstelle rechts zu einem 300 m entfernten Steilabbruch abbiegen. Der Blick in das Tal ist von hier oben beeindruckend. Kat-Anpflanzungen und Weingärten dominieren den Talgrund. Am Rande der Ortschaft **Garia al Gabiel** <Qaryat al Qabil> ist der **Felsenpalast** zu sehen. Dieser Aussichtspunkt hoch über dem Wadi Darr ist ein beliebter Rastplatz für jemenitische Familien. Am Freitag ist hier die beste Gelegenheit, den männlichen Part einer Hochzeitsgesellschaft zu erleben. Hunderte von Männern versammeln sich, feuern Freudenschüsse aus ihren Gewehren ab und tanzen den traditionellen Dschambija-Tanz, den Bara'a (siehe auch im Kapitel „Kultur/

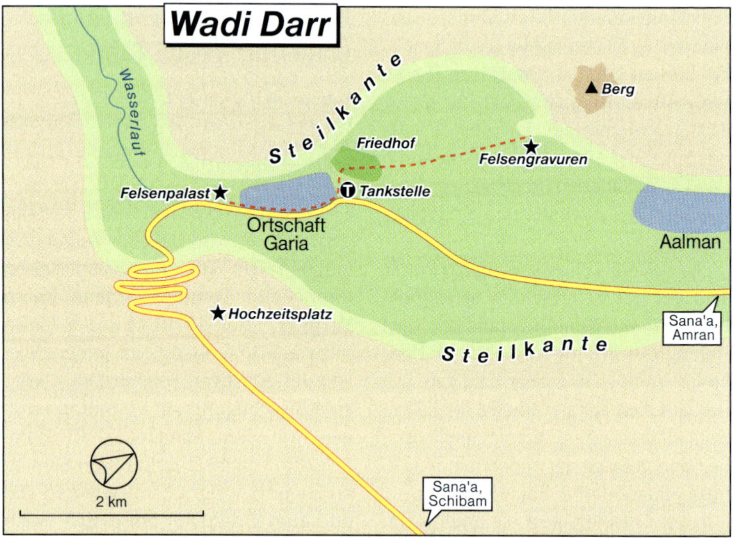

Tanz“), begleitet von Trommel- und Flötenmusik.

Das **Dar al Hadschar** (Felsenpalast) steht unten im Tal auf einem Sandsteinblock (2,6 km auf der Straße von der vorgenannten Aussichtsplattform entfernt). Es wurde in den 1930er Jahren auf sehr viel älteren Fundamenten erbaut. Geöffnet: täglich 8–18 Uhr; Eintritt: 500 Rial.

Der Besucher tritt durch eine schwere Holztür ein und steigt nicht die Treppe hoch, sondern folgt links einem schmalen Gang zu einem Brunnen, der im 7. Jh. v. Chr. bis unter die Talsohle in den Sandstein geschlagen wurde. Von hier auf Stufen hinauf zur Küche steigen, von wo der Brunnen ebenfalls nutzbar war. Auf dieser Ebene können zudem zwei in den Fels geschlagene prähistorische Grabkammern besucht werden. Von der Küche durch eine Tür zurück zum Haupttreppenhaus gehen.

Im **1. OG** befinden sich Bad/Toilette und ein Sitzungszimmer. Zu beachten sind die Nische in der Außenwand, in der einst ein Tongefäß zur Kühlung von Trinkwasser hing, sowie die halbrunden Oberlichter (*gamerijas* = Monde).

Im **2. OG** folgen drei nicht möblierte Räume.

Im **3. OG** gibt es einen weiteren nicht möblierten Raum und einen Balkon mit einem Becken zur Kleiderwäsche. Im 3. OG teilen sich die Aufgänge. Im rechten Aufgang erlaubt eine Glasscheibe im Boden den Blick in den zuvor genannten Brunnen.

Hier führt eine Tür in einen abgetrennten Teil des Palastes, wo sich eine weitere Kühlnische für Trinkwasser befindet, sowie ein Kornlager, eine Getreidemühle, unmöblierte Räume und (eine Treppe tiefer) der Winteraufenthaltsraum für Frauen. In diesem Bereich verdienen Fotos von *Hermann von Wissmann* und *Daniel van der Meulen* besondere Beachtung. Interessant sind ein Foto von Juden in Sana'a aus dem Jahre 1942 sowie das Bild vom Sultanspalast in Mukalla, der wie eine Halbinsel in das Meer hinaus ragt (vgl. den Stadtplan aus heutiger Zeit im Reiseführer).

Im **4. OG** gibt es ein Bad, den Aufenthaltsraum des verstorbenen Imams und einen Meditationsraum.

Im **5. OG** ist die alte Küche, ein weiterer unmöblierter Raum und ein Balkon zu besichtigen, von dem sich ein hervorragender Blick auf das Tal bietet.

045| Foto: bs

Die ehemalige Sommerresidenz des Imam Yachya im Wadi Darr

Im Museumsgelände gibt es ein Restaurant sowie eine Verkaufsausstellung volkskundlicher Objekte.

Die **Große Moschee** im Wadi Darr wurde während der Regentschaft *Imam Al Mansur Alis* (1775–1809) gebaut.

Wer das grüne Tal hinaufwandert (1 Std.), entdeckt in der linksseitigen Felswand alte, eingemeißelte **Wohnhöhlen und Vorratslager.** Durch den Oberlauf des Tales plätschert fast ganzjährig ein Bächlein. Da hier im Sommer nach Gewitterschauern regelrechte Fluten strömen, ist es nicht sinnvoll, eine Asphaltstraße durch das Wadi Darr zu legen. Vor Jahren ertranken in einer Flutwelle mehr als 100 Menschen.

Das Wadi Darr ist **Teil einer alten Kulturlandschaft,** die bereits im 6. Jahrtausend v.Chr. besiedelt war. Steinwerkzeuge und Pfeilspitzen lassen vermuten, dass hier die gleiche Kultur wie am Rande des **Leeren Viertels** (Rub al Chali) verbreitet war. Keramik und Knochen, aber auch Reste von Steinbauten deuten auf eine weitere Besiedlungsperiode zwischen dem 4. und 2. Jahrtausend v.Chr. hin.

Vom Imamspalast im Wadi Darr kann zur 6 km entfernten Straße Sana'a – Amran gefahren werden.

Felsgravuren im Wadi Darr

Die Richtung, in der die Felsgravuren liegen, sollte sich bereits von der Terrasse des Dar al Hadschar eingeprägt werden (10° auf dem Kompass). Vom Felsenpalast 1,5 km durch den nächsten

Ort (Garia) hindurch und 60 m vor einer Tankstelle links in eine Piste einbiegen. Den Friedhof auf einer staubigen Piste schräg nach rechts vorne zur 1,4 km entfernten steilen Talwand queren. Die **Felsgravuren** aus vorislamischer Zeit befinden sich an einer glatten, senkrechten Felswand hinter dem Stahltor eines Gehöfts. Unterwegs nach dem himjaritischen Felsen (*hadscher al häim* bzw. *Dschebbel Nu'aas*) fragen.

Die Gravuren sind stark verwittert, beeindrucken aber durch ihre Quantität. Sie erstrecken sich als 30 m breites und 3 m hohes Band am Felsen. Motive sind Steinböcke und Jäger.

Halbtagestour 5 von Sana'a: Gäimann <Ghayman>

Entfernung: 25 km ab Tachrier-Platz
Fahrzeit: mit eigenem Fahrzeug (Taxi) 30 Minuten

Dieser Besuch lohnt sich wegen der intensiv landwirtschaftlich genutzten Flächen südöstlich von Sana'a. Die vorislamischen Ruinen von Gäimann sind eher unbedeutend.

Am **Bab as Salam** in der Altstadt von Sana'a wird der Kilometerzähler auf Null gestellt und es geht auf breiter Straße nach Süden.

Km 15,2: Links abbiegen. Geradeaus führt die Asphaltstraße nach **Jihana** und **Marib.**

Km 19: Vor dem malerisch auf einem Hügel gelegenen Ort Gäimann <Ghayman> links fahren und nördlich an diesem Ort vorbei.

Km 22,3: Links abbiegen.

Km 24,7: Rechts oben am Hang befinden sich die wenigen erhaltenen Ruinen von **Gäimann** <Raiman> im Bezirk Chaulan. Das Gebiet ist auch deshalb interessant, da hier, so die lokale Bevölkerung, der derzeitige Staatspräsident *Ali Abdallah Salach* als Kind Ziegen gehütet habe.

Tagestour von Sana'a

Hahs, Thulla, Schibam, Kaukaban

Entfernung: Sana'a – Hahs: 27 km
Hahs – Thulla: 20 km
Thulla – Schibam: 12 km
Schibam – Kaukaban: 9 km
Schibam – Sana'a: 34 km
Fahrzeit: 45/10/10/10/40 Minuten
Sammeltaxi: : Sana'a – Schibam 200 Rial

Wer auch Hahs besichtigen möchte, benötigt ein Taxi für den ganzen Tag. Wenn mit dem Sammeltaxi Thulla, Schibam und Kaukaban an einem Tag besucht werden sollen, muss die Tour spätestens um 8 Uhr in Sana'a begonnen werden. In Sana'a sind die Sammeltaxen nach Thulla und Schibam wie folgt zu erreichen: Mit dem Stadttaxi für 400 Rial zur „Farza Schibam“ (= Station Schibam) im Stadtteil Madbach fahren, wo Sammeltaxen nach Schibam, Thulla und Machwiet bereitstehen. Wenn mit dem Sammeltaxi gefahren wird, empfehlen wir, zuerst Thulla zu besuchen, da sich Rückfahrgelegenheiten am Abend von Schibam einfacher ergeben.

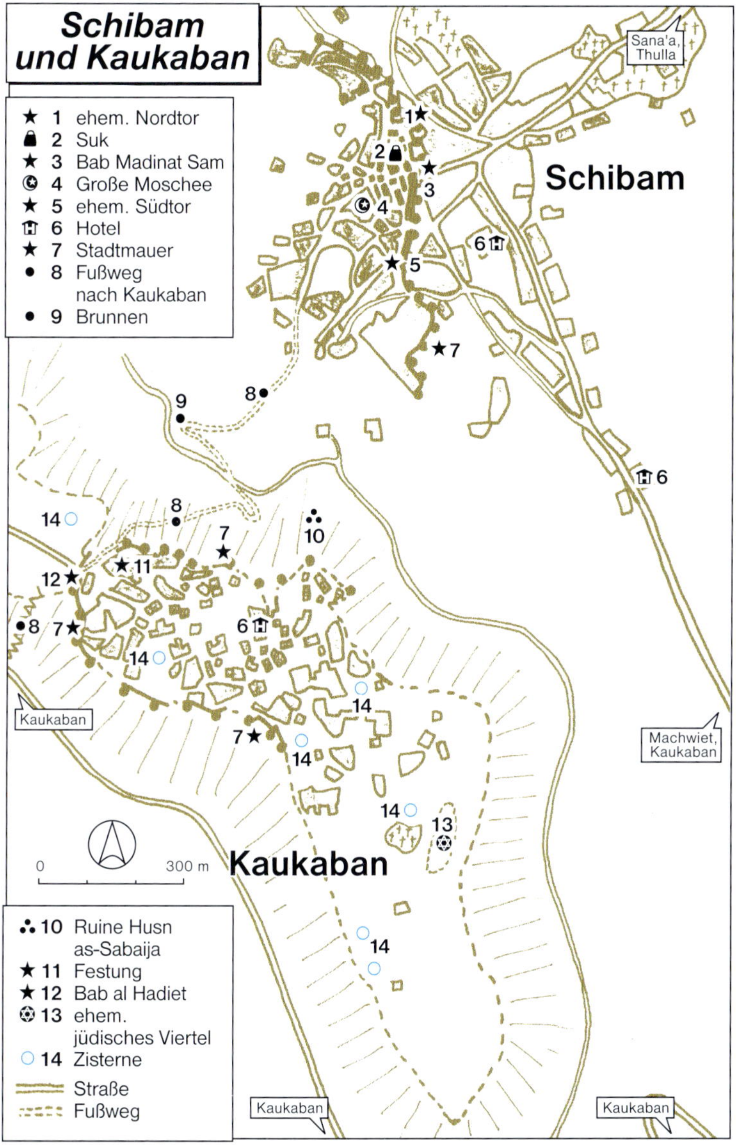
Schibam
und Kaukaban
★ 1 ehem. Nordtor
2 Suk
★ 3 Bab Madinat Sam
4 Große Moschee
★ 5 ehem. Südtor
6 Hotel
★ 7 Stadtmauer
● 8 Fußweg nach Kaukaban
● 9 Brunnen
10 Ruine Husn as-Sabaija
★ 11 Festung
★ 12 Bab al Hadiet
13 ehem. jüdisches Viertel
○ 14 Zisterne
Straße
Fußweg
Schibam
Kaukaban
Sana'a, Thulla
Machwiet, Kaukaban
Kaukaban
Kaukaban
Kaukaban
0
300 m

Km 0: Abfahrt bei der **neuen Universität.**

Km 9: Rechts die Arwa-Abfüllanlage für das **Schamlan-Mineralwasser.**

Km 10: An der Kreuzung im kleinen Ort **Mandaqa Schamlan** geht es geradeaus in das Wadi Darr, links auf guter Asphaltstraße nach Schibam, Thulla, Machwiet und Hahs. Hier den Kilometerzähler auf Null stellen.

Km 1: Ortschaft **Mathbach,** in der mehrgeschossige, runde **Wohntürme** stehen.

Km 4: Links der Straße inmitten ausgedehnter **Katplantagen** der Ort **Dholaal Hamdan.**

Km 13,5: Rechts ein alter, steinerner Unterstand mit Bogengewölbe.

Km 15,2: Rechts (1 km) **Al Rursa,** das mit schwarzen Natursteinen der Umgebung perfekt angepasst ist.

Km 19,8: Links ein alter, steinerner Unterstand.

Km 21: An einem Felsen mit schräg gestellten **Gesteinsschichten** liegt rechts (1 km) ein fotogener Ort.

Km 23,2: Vor einer Tankstelle zweigt rechts eine Straße zum 4,5 km entfernten **Hahs** ab.

Hahs <Haz>

Hahs, in 2450 m Höhe auf einer Ebene gelegen, ist von einer teilweise erhaltenen, steinernen Wehrmauer umgeben. Die Geschichte des Ortes ist nicht genau erforscht. Quellen berichten, dass Hahs der Hauptort einer der vier Verwaltungsbezirke eines **Königreichs Sam'ay** war, das sich vor unserer Zeitrechnung über den mittleren Gebirgsjemen erstreckt haben soll.

Am östlichen Ortsrand, neben dem Stadttor, befindet sich ein Vorbau in der Mauer, der von den Hahs-Bewohnern als „Burg" (Hahs-Hamdan) bezeichnet wird. Stadtmauer und Burgmauer sind aus vulkanischem Gestein in der aufwändigen **Sägezahnbauweise** „al bina al aslah" errichtet, die bei der Großen Moschee von Sana'a eingehend beschrieben ist. Außerhalb des Stadttores befindet sich eine Zisterne, von der es einen unterirdischen Wasserzulauf in den Ort gegeben haben soll.

Die Attraktion von Hahs sind zahlreiche in Häuser eingebaute **historische Inschriften-** und **Motivsteine** (u.a. Schlange und menschliche Hand).

Zurück an der **Fernstraße Sana'a – Thulla** sind es 8,4 km bis zum Abzweig links nach Schibam, Kaukaban und Machwiet. Hier geht es rechts weiter zum 4,5 Kilometer entfernten Abzweig Habbaba.

Nun links abbiegen und 3,3 km bis zum Ortsrand von **Habbaba** fahren. Rechts abbiegen und nach 200 m ist das Stadttor der Altstadt erreicht. Direkt hinter dem Tor imponiert eine von fotogenen Häusern umstellte, 18 x 50 m große Zisterne, deren grünes Wasser von einer 200 m entfernten natürlichen Quelle gespeist wird. In den Häusern der Altstadt sind himjaritische Inschriften- und Motivsteine verarbeitet, die

Zisterne in Habbaba

von Kindern gegen Bezahlung gezeigt werden.

Von Habbaba führt eine Wanderung über **Zakatin** (1 Std.) nach **Kaukaban** (2½ Std.).

Vom zuvor genannten **Abzweig Habbaba** sind es 5 km bis zum Stadttor von Thulla.

Thulla <Thila>

2630 m, 2000 Einwohner

Thulla, am Fuße eines steilen Felsens („Burgberg") gelegen, hat eine intakte steinerne Stadtmauer mit drei gut erhaltenen Toren. Aufgrund seines geschlossenen **mittelalterlichen Stadtbilds** ist Thulla für uns eine der schönsten Städte des Jemen. Ein entspannter Stadtbummel ist leider wegen den aufdringlichen Souvenirverkäufern nicht möglich. Natursteinhäuser mit typischen runden Oberlichtern bestimmen hier die Architektur.

Empfehlenswert ist ein Gang entlang der aus dem 17. Jh. stammenden **Stadtmauer,** die am „Burgberg" anschließt und Thulla in einem weiten Halbkreis umgibt. In der Stadt sind das Imamshaus – heute ein Hotel –, mehrere gut erhaltene Zisternen und die Große Moschee (erbaut im 14. Jahrhundert unter *Muhammad ibn al Hadi)* zu besichtigen.

Vom Zentrum leitet ein Fußweg in unzähligen Stufen den Felsen hoch. Sein Anfang führt durch ein Haustor, wo 500 Rial Eintritt zu entrichten sind. Wer den Weganfang nicht auf Anhieb findet, sollte fragen: „Fäin at tarik illa

046| Foto: bs

fok?" (Wo ist der Weg nach oben?). Der Anstieg dauert 20–30 Minuten.

Das Gipfelplateau des Felsens mit einer großen **Wehranlage** diente als Fluchtburg der Bewohner Thullas. Ursprünglich himjaritisch, wurde die Festung später von zaiditischen Imamen als Ausgangspunkt für Feldzüge gegen das von ausländischen Mächten besetzte Sana'a genutzt. Zu besichtigen sind lang gestreckte Wehrmauern, Türme, Zisternen und runde Wasserlöcher, deren Durchmesser oben 50 cm beträgt. In einen dieser sich unterirdisch stark erweiternden Wassertanks kann auf einer Steinstufentreppe hinabgestiegen werden. Vom Gipfelplateau reicht der Blick weit in die Amran-Ebene und nach Schibam/Kaukaban. Im Westen (285°) liegt 5 km entfernt der Berg Haathur <Jebal Hadur> (siehe Bergsteigen B5).

- **Thala'a Tourist Hotel,** einfaches Hotel im ehemaligen Imamshaus. Es gibt Doppelzimmer und Matratzenlager. 2500 Rial mit Abendessen und Frühstück, Dusche/WC auf dem Flur, Tel. (00967) 777885095.
- In Thulla gibt es **einfache Garküchen** vor dem Stadttor.

Weiterfahrt von Thulla nach Amran

Zum Anschluss an Rundreise 1, 7. Tag, kann von Thulla auf einer Asphaltstraße nach **Amran** gefahren werden.

Am Stadttor von Thulla den Kilometerzähler auf Null stellen und links abbiegen.

Km 3,4: Geradeaus führt eine Asphaltstraße zum **Dschebbel Haathur** (Bergsteigen B5) und zum **Dschebbel Maswar** (Bergsteigen B 6). Hier rechts Richtung Amran abbiegen.

Km 18,8: Direkt neben der Straße hat sich links eine alte steinerne **Bogenbrücke** erhalten.

Km 22,4: Rechts bietet sich ein schöner Blick auf den Ort **Nattscher.**

Km 24,4: Die Sana'a – Amran Straße ist erreicht. Links geht es zum Zentrum von Amran.

Schibam <Shibam>

2450 m, 9000 Einwohner

Von Thulla geht es zurück zum Abzweig Schibam und in den 2 km entfernten Ort.

Bei der Anfahrt sollte sich die Lage Schibams (am Fuße des Berges), Kaukabans (die Häuser auf dem Sandsteinmassiv darüber) und des Anstiegsweges (er erreicht rechts der Kaukaban-Häuser das Plateau) eingeprägt werden. Aus Verteidigungsgründen an den Fuß des steil aufragenden Kaukaban-Massivs gebaut, war die offene Ostflanke Schibams durch eine **Stadtmauer** mit drei Toren gesichert. Reste dieser Wehranlage können besichtigt werden.

Die Neustadt mit Krankenhaus, Schule, staatlichen Behörden, Läden und neuen Wohngebieten wuchert östlich der Altstadt an den Straßen nach Sana'a und Machwiet.

In der Verlängerung der aus Sana'a kommenden Straße liegt das **Stadttor Bab Madinat Sam,** in das vorislamische Inschriftensteine vermauert sind. Von außerhalb der Altstadt gesehen, befindet sich ein kleiner Inschriftenstein mit großen Schriftzeichen mittig über der Durchfahrt. Ein brauner Stein mit kleinen Inschriften ist in 2,5 Meter

Höhe links neben der Durchfahrt eingebaut.

Vor dem Tor hat sich der neue Suk **(freitags ist Markttag)** etabliert, hinter dem Tor der alte Suk mit dem Katmarkt und – rechts vom Tor – eine traditionelle Marktgasse mit beachtenswerter **Säulenarkade.** Durch das Stadttor in die Altstadt hinein gehend, steht in gerader Richtung eine alte **Karawanserei** (Samsarat al Thalath). Der Türsturz mit arabischen Schriftzeichen, aber auch Motivsteine mit Schlange, Pfeil und Halbmond sind zu beachten. Ehemals befanden sich Geschäfte im Erdgeschoss und Lagerräume im Obergeschoss. Links vorbei an diesem Gebäude führt der Weg zur **Großen Moschee,** die auf den Ruinen eines himjaritischen Tempels errichtet wurde und als eines der alten islamischen Gebetshäuser im Jemen gilt. Sie repräsentiert den frühen persischen Baustil, d.h. das Dach der Gebetshalle ruht nicht auf Rund- oder Spitzbögen, sondern die waagerechten Deckenbalken liegen auf senkrechten Säulen. Südwestlich der Moschee sind im Kaukaban-Massiv alte Felsenwohnungen zu erkennen.

- **Hamida Tourist Hotel,**
Tel. (07) 450480. Hat sich von einem Hotel zu einem Restaurant für Gruppenreisende gewandelt. Mittagessen 1000 Rial, Abendessen 1000 Rial. Bestes Restaurant in Schibam. Das Gebäude liegt 100 m vom Zentrum an der nach Machwiet (Süden) führenden Straße.
- **Hameda Hotel,**
1,1 km vom Zentrum Schibams Richtung Machwiet, Tel. (07) 450480, einfaches Hotel, pro Person 2000 Rial, einschl. Frühstück und Abendessen, Dusche/WC im Zimmer.
- In Schibam gibt es **einfache Garküchen** vor dem Stadttor.

Kaukaban <Kawkaban>

2720 m, 900 Einwohner

Kaukaban spielte zwischen den Jahren 841 und 998 eine entscheidende Rolle in der jemenitischen Geschichte. Eine Familie aus diesem Ort begründete die **Dynastie der Ju'firiden.** Nach zweimaliger vergeblicher Belagerung Schibams durch abbasidische Truppen (843/844) gelang den Ju'firiden die Eroberung Sana'as im Jahre 847. In den Folgejahren konnten die Ju'firiden den Jemen bis nach Taiz ihrem Herrschaftsbereich einverleiben. Sie begründeten die erste jemenitische Dynastie in islamischer Zeit und machten 872 Schibam zur Hauptstadt des von ihnen beherrschten Jemen.

Kaukaban kann von Schibam zu Fuß (1 Stunde) oder mit dem Auto (15 Minuten) erreicht werden.

Mit dem Auto: Die Fahrt geht von Schibam 2,6 km in Richtung Machwiet. Eine Asphaltstraße biegt dann rechts ab und windet sich hinter dem Sandsteinmassiv hoch, auf dem Kaukaban liegt. Links, tief unterhalb der Zufahrtstraße, das grüne Wadi An Naeen.

Km 1,2: (ab der Fernstraße Schibam – Machwiet) führt rechts eine Asphaltstraße zur Ostseite des Kaukaban-Massivs.

Km 2,7: Links steht ein alter steinerner Unterstand mit Bogengewölbe.

Km 3,0: Rechts leitet ein alter **Fußweg** mit Steinstufen hinauf nach Kaukaban.

Km 4,5: Rechts befindet sich ein hervorragender Aufschluss waagerecht liegender vulkanischer **Basaltpfeiler.**

Km 4,8: Links sind senkrecht stehende vulkanische Basaltpfeiler zu sehen.

048J Foto: bs

Km 5,0: Links ein weitläufiger **Friedhof** aus osmanischer Besatzungszeit.

Km 5,9: Rechts ein alter steinerner Unterstand.

Km 6,2: Das **Stadttor** von Kaukaban ist erreicht. Links vor dem Gebäude führt der Fußweg hinab nach Schibam.

Anreise zu Fuß: Durch das Stadttor von Schibam gehen, die große Moschee links liegen lassen und leicht ansteigend auf einige flache Zementgebäude zuhalten (Wassertanks). Zwischen den Behältern hochgehen. Nun beginnt der Steinstufenweg nach Kaukaban, der elektrische Peitschenlampen erhalten hat. Eine Straße auf halber Anstiegshöhe wird vom Fußweg nur gekreuzt. Der Eselspfad windet sich in Serpentinen hoch. Links des Weges liegen in 150 m Entfernung Reste der Burganlage Husn as Sabaija. Vorbei an Wehrmauern geht es schließlich durch eine enge Felsspalte, an deren Ende das wuchtige Stadttor von Kaukaban durchschritten wird.

Das Stadttor von Kaukaban

Kaukaban wurde im Bürgerkrieg (1962–1969) bei Luftangriffen stark zerstört. Von den ehemals 1000 Häusern sind nur wenige wieder aufgebaut.

Zu besichtigen sind das **Stadttor Bab al Hadiet** (das „eiserne Tor") mit dem angegliederten mächtigen Ziegelsteinbau des **Forts** und die große **Zisterne** am gegenüberliegenden Ortsrand. Das ehemalige jüdische Viertel lag jenseits (südöstlich) dieser Zisterne. Schön der Blick von den Klippen Kaukabans in die umgebenden Täler und hinunter auf Schibam. Am Südrand Kaukabans sind an der Steilkante des Hochplateaus Mauerreste und Wachtürme der Stadtbefestigung erhalten.

- **Funduk At Taj al Siachi,**
Tel. (07) 450170, schönes, altes Imamshaus mit Matratzenlager, Dusche/WC auf dem Flur, pro Person 4500 Rial mit Abendessen und Frühstück.
- **Funduk Kaukaban,**
Tel. (07) 450145, traditionelle Räume, pro Person 2000 Rial mit Frühstück. Abendessen 900 Rial. Dem Hotel angegliedert ist ein Laden mit Süßigkeiten, Ansichtskarten und Silberschmuck.

Wer im Hochsommer Kaukaban besucht, kann die ganze Gewalt der Elemente miterleben: Nicht selten überziehen **Hagelschauer** die Landschaft mit einem weißen Teppich und sorgen für einen Temperatursturz.

Von Kaukaban aus sind ein- und mehrtägige **Wanderungen** möglich. Eine Tour führt über Zakatin (2½ Std.) nach Habbaba (1 Std.). Von dort mit dem Taxi nach Thulla fahren. Eine andere Tour geht über Bokur (3 Std.) und Al Adn nach At Tawilah (3 Std.). In den Hotels von Kaukaban ist das Personal bei der Tourenplanung behilflich.

Abstecher von Schibam: At Tauwilah und Machwiet

Entfernung: 73 km nach Machwiet
Fahrzeit: 1½ Stunde
Fahrpreis: Schibam – At Tauwilah 300 Rial, At Tauwilah – Machwiet 300 Rial, Sana'a – Machwiet 600 Rial

Von Schibam führt eine 1993 mit deutscher Finanzhilfe fertig gestellte Asphaltstraße nach At Tauwilah und zur Provinzhauptstadt Machwiet. Diese Region ist landschaftlich reizvoll, denn das karge Bergland um Schibam und Thulla geht über in Terrassenfelder und landwirtschaftlich intensiv genutzte Flächen. Hier hat die Regierung mit Hilfe ausländischer (auch deutscher) personeller und finanzieller Hilfe ein Schwerpunktprogramm ländlicher Entwicklung in Gang gesetzt.

2,6 km hinter Schibam ist rechts der Abzweig der Asphaltstraße nach Kaukaban.

Km 4,4: (ab Schibam) Links zweigt eine Asphaltstraße ab zum 40 km entfernten **Matnah** an der Straße Sana'a – Menaacha.

Km 14,6: Rechts erhebt sich auf steilem Fels der Ort **Al Alachjur.**

Km 15,3: Schöne Aussicht auf das weite, landwirtschaftlich genutzte Tal mit fotogenen Ortschaften.

Km 17,6: Rechts ein alter steinerner Unterstand mit bogenförmiger Deckenkonstruktion.

Km 19,9: Links der befestigte Ort **Hisn la Makhir** auf steilem Fels mit nur einen Zugangstor.

Km 34,0: Das exponiert an mehreren Felstürmen gebaute At Tauwilah ist erreicht.

At Tauwilah <At Tawilah> (2600 m, 4500 Einwohner; arab.: der/die Lange) macht seinem Namen alle Ehre. Der Burgberg, an den sich „die Lange" schmiegt, erscheint als monolithischer Klotz. Bei näherer Erkundung zeigt sich, dass es fünf separate **Bergstöcke** sind. Wer sich die Mühe macht, auf schmalen Pfaden die Felsen zu umrunden, hat beeindruckende Aussichten auf steile Terrassenlandschaften und tief eingeschnittene Täler.

Auf zwei der Felsen erheben sich Befestigungsanlagen aus der Zeit der ersten osmanischen Invasion (1537–1636), die Anfang des 20. Jhs. teilweise zerstört wurden.

Die Altstadt liegt rechts (nördlich) der Durchgangsstraße, neuere Geschäfte und Dienstleistungsbetriebe sowie Garküchen links.

Die Besichtigung von At Tauwilah bedeutet ein stetes Auf- und Absteigen. Kaum ein Meter, der eben verläuft. Die Gassen teilt sich der Besucher mit Hühnern, Katzen und Kindern. Typisch für jemenitische Orte ist die oberirdisch verlegte Wasserleitung.

Die Fassaden der aus hellem Naturstein gebauten Häuser sind in ihrer Gesamtheit eindrucksvoll. Es dominieren die **Fensterfronten:** weiß umrandete Fenster mit bemalten Brettern, die gegen Regen und Sonneneinfall schützen. Über den rechteckigen Fenstern sind halbrunde, mit buntem Glas eingelegte Oberlichter eingebaut. Auffallend sind die Friese aus quadratischen Steinen, die farbig herausgehoben werden: Zickzackbänder in immer neuen Variationen. Sie umrahmen die Fenster und bilden den Abschluss der Fronten unter dem Flachdach.

Der **Suk von At Tauwilah** hat Berühmtheit erlangt, als im Jahr 1987 auf der viel beachteten Jemen-Ausstellung im Museum für Völkerkunde in München ein Teil dieses Suks naturgetreu nachgebaut wurde. „Der Suk" war das Kernstück der Ausstellung, und beim Durchlaufen der Marktgassen in natura wird dem Betrachter schnell deutlich, weswegen es dieser Markt war, der als Modell genommen wurde. Was nur noch selten im Jemen anzutreffen ist, das weist der Markt von At Tauwilah auf: eine harmonische Einheit von Gassen und Läden. Zwar ist jedes Geschäft durch Steinwände und Säulen von seinen Nachbarn getrennt, doch wirken Arkadenbögen als Verbindungsglieder, die aus den einzelnen Gebäuden eine architektonische Gesamtheit machen. **Markttag** in At Tauwilah ist der **Mittwoch.** In At Tauwilah den Tageskilometerzähler auf Null stellen.

Km 5,1: Rechts eine alte Steinbrücke aus der Zeit der Kamelkarawanen.

Km 7,2: Rechts ein alter steinerner Unterstand.

Km 38,8: Das Zentrum von **Machwiet** ist erreicht.

Machwiet <Mahwit> (2100 m, 15.000 Einwohner). Die Hauptstadt der gleichnamigen Provinz hat nicht die spektakuläre „Skyline" wie At Tauwilah, doch gibt es eine **Altstadt,** die befestigt auf einem Berg liegt. Die neuen Viertel haben sich rund um dieses Massiv angesiedelt, mit Teeküchen, Restaurants, dem neuen Suk und den Hotels.

Auffallend sind die weiß getünchten Hausfassaden und die Gestaltung derselben, ähnlich denen von At Tauwilah. Einige alte Häuser mit besonders interessanten Fensterfronten lassen die Merkmale dieser Architektur gut studieren. Schöne Bemalung der Fensterläden und Regenbretter, die z.T. mit Schnitzarbeiten versehen sind.

Rechts neben der Moschee **Dschama Masieh** führt ein Steinstufenweg (z.T. mit Eisengeländer) hoch in die **Altstadt,** die von einer Mauer mit Tor umgeben ist. In der Altstadt kann sich der Besucher gegen Bezahlung die zwei alten Imamshäuser zeigen lassen. Es bieten sich schöne Blicke in das Land. Ausgedehnte Katfelder, aber auch der Anbau von Hirse, Mais, Gemüse und Weizen bestimmen das Bild. Machwiet ist für Entwicklungshilfeorganisationen seit Jahren ein Schwerpunktgebiet.

Auf dem vorgenannten Steinstufenweg zurückgehend, wird an der Moschee rechts zum **alten Markt,** der seine einstige Bedeutung verloren hat, abgebogen. Nur noch wenige Läden haben geöffnet. Bemerkenswert sind die Holztüren mit den traditionellen großen Holzschlössern. Vor einigen Läden fallen Steinbögen auf, die auf Säulen ruhen.

Von der Hauptgasse des alten Suks führen rechts zwei hintereinander angeordnete, verschlossene Holztüren in eine alte Karawanserei. Vom zuvor beschriebenen Aufstiegsweg zur Altstadt ist ein Blick auf das Sukgelände und den Innenhof der Karawanserei möglich.

Markttage in Machwiet sind **Sonnabend** und **Dienstag.**

- **Al Amal Hotel,**
im neuen Suk von Machwiet, Tel. (07) 404 147, 1-Bett 1000 Rial, 2-Bett 1500 Rial, ohne Frühstück.
- **Mahweet Hotel,**
im neuen Zentrum, Tel. (07) 404767/8/9, Fax (07) 404591, 1-Bett 7500 Rial, 2-Bett 8500 Rial, pro Person Frühstück 1000 Rial, Abendessen 1800 Rial; sauberes Hotel, Restaurant, gute Zimmerausstattung.

Sammeltaxen in Machwiet:

Nach Sana'a 600, Schibam 400, Al Qanawis (Tihama) 700 Rial.

Weiterfahrt von Machwiet Nr. 1

Von Machwiet empfiehlt sich die Weiterfahrt durch das Wadi Sahra nach Chamies Bani Saad an der Asphaltstraße Menaacha – Hudäida (siehe Rundreise 1, 5. Tag).

Weiterfahrt von Machwiet Nr. 2

Mit der im Jahre 2003 fertig gestellten Asphaltstraße hinunter in die **Tihama** liegt Machwiet nicht länger am Ende einer Sackgasse. Die vielen frischen Straßenböschungen entlang dieser Strecke sind ein geologisches Lehrbuch und zeigen sehr schön die zerrissenen Gesteinsfolgen dieses Landesteils.

Km 21: Links biegt die Piste zum **Wadi Sahra** und nach **Menaacha** ab (Beschreibung Rundreise 1, 5.Tag).

Km 50: Das breite **Wadi Al Hahmthere** ist erreicht.

Km 67: Steil geht es hinunter in das grüne **Wadi Tabaab** mit der Rundhütten-Ortschaft **Schaafel.**

Km 74: Der kleine Ort **Ördscha** (Suktag ist Montag). Hier ist die flache Küstenebene (Tihama) erreicht, die durch Bewässerungslandwirtschaft sehr grün ist. Auf der Weiterfahrt sind mehrere Rundhüttendörfer zu sehen.

Km 91: In der Ortschaft **Al Qanawis** ist die **Tihama-Schnellstraße** erreicht. Links geht es nach **Salief** und **Hudäida,** rechts nach **Luhäia, Harath** und **Hadscha** (siehe Rundreise 1, 5. Tag).

080J Foto: bs

Rundreise 1

062J Foto: bs

096J Foto: bs

Landwirtschaft im nördlichen Jemen

Auf dem Suk Wadi Dhabab

Al Hawta Palace Hotel im Wadi Hadramaut

Einleitung

Rundreise 1 gehört zur **Standardtour organisierter Jemen-Touristik** und sollte als Einstieg in das Land „gemacht" werden. Die zehntägige Reise ist so gelegt, dass Übernachtungen in großen Orten mit akzeptablem Hotelangebot erfolgen.

Auf der Standardroute bieten sich **von jedem Ort Tourenergänzungen** an, sie sind der besseren Übersicht wegen an das Ende der jeweiligen Ortsbeschreibung gestellt. Wer Abstecher von der Standardroute plant, sollte sich den entsprechenden Abschnitt unter dem Gesichtspunkt Transport- und Übernachtungsmöglichkeit sorgfältig durchlesen. Wer mit einer jemenitischen Agentur unterwegs ist, kann die Rundreise nach seinen Wünschen zusammenstellen oder sich beraten lassen. In wieweit das auch bei europäischen Veranstaltern möglich ist, muss nachgefragt werden.

Üblicherweise wird die Rundreise 1 mit Reiseveranstalter in Landcruisern durchgeführt. Der Individualtourismus mit Bussen und Sammeltaxen ist wegen den in der Einleitung dieses Buches genannten Bedingungen nahezu zum Erliegen gekommen.

Als Übernachtungsorte für die Rundreise 1 bieten sich Sana'a, Ibb, Taiz, Zabied, Hudäida, Menaacha/Hadschara, Schahaara und Saada an. Wer das Besondere liebt, übernachtet auf einem Hochbett im traditionell eingerichteten Tourist Rest House in Zabied.

Rundreise 1 sollte so gelegt werden, dass sie an einem Freitag durch **Bäit al Fakki** in der Tihama und an einem Samstag durch **Suk at Talach** bei Saada führt. Dies sind die Markttage der zwei **bedeutendsten Wochenmärkte des Jemen.**

Zehn Tage sind für die Rundreise 1 das absolute Minimum. Mit Ruhepausen, Alternativtouren, Abstechern und verlängerten Besuchsprogrammen in einzelnen Orten kann diese Tour auch 2–3 Wochen dauern.

Vor Antritt der Fahrt ist in der Tourismus-Behörde (Plan „Unternehmungen in Sana'a", Nr. 205) das erforderliche **Genehmigungsschreiben (tasriech)** zu besorgen. Öffnungszeiten täglich rund um die Uhr. Da das Papier an den Straßen-Checkpoints abgegeben werden muss, sind für eine zweiwöchige Rundreise etwa **80 Fotokopien** anzufertigen. Wer mit einer Reisegruppe reist oder sich vor Ort in Sana'a einem jemenitischen Veranstalter anvertraut, hat sich um diese Formalitäten nicht zu kümmern.

Sicherheitshinweise: Wegen politischer Unruhen ist die Saada-Region derzeit für Touristen geschlossen. Die Strecken Amran – Hadscha, Amran – Huth – Schahaara und Amran – Thulla werden mit Polizeibegleitung befahren, ebenso die Strecke Rada – Al Bäitha – Lödar – Am Ain – Aden. Alle anderen Routen der Rundreise 1 waren bei der Drucklegung des Buches frei zu bereisen.

1. Tag: Sana'a – Hammam Dammt – Ibb

Sana'a – Hammam Dammt

Entfernung: 180 km ab Sana'a
Fahrzeit: mit Bus/Sammeltaxi/Auto ca. 3,5 Stunden
Bus/Sammeltaxi: 800 Rial
Besichtigungen: Hammam Dammt

Der Abfahrtsort der Busse liegt 150 m vom Stadttor Bab al Jemen in Richtung Sheba-Hotel. Die **Busse** nach Aden starten um 7 bzw. 14 Uhr. Die **Sammeltaxen** nach Hammam Dammt stehen 500 m südlich des Bab al Jemen an der Straße nach Taiz/Aden. Es ist möglich, in einem Aden-Sammeltaxi mitzufahren und in Hammam Dammt auszusteigen (der volle Preis nach Aden wird verlangt).

Die Straße nach Taiz verlässt das Bab al Jemen in südliche Richtung.

Km 9: Links der Abzweig nach Gäimann, Jihana, Sirwah und Marib. Beim Kilometer 35 liegt links der Straße die kleine Burganlage **Husn Waölan.**

52 km ab Sana'a geht es über den 2775 m hohen **Yislah-Pass.** Oberhalb des Passes riegelt eine Befestigungsanlage aus der Zeit der zweiten osmanischen Besetzung (1849–1918) den Zugang nach Sana'a von Süden ab. Bei der Südabfahrt vom Yislah-Pass fällt der Blick in die intensiv landwirtschaftlich genutzte **Hochebene von Maabar** (2200 m). Besonders nach den Regenzeiten April/Mai und August/September kann es hier sehr grün sein.

Km 59: In der Ortschaft Daf können geologisch Interessierte rechts einen Abstecher auf schlechter Piste zum 10 km entfernten Aithayn unternehmen. Der Ort befindet sich im Südabschnitt einer 4 km großen Bodensenke, die bislang als vulkanische Caldera gedeutet wurde. Richtiger scheint ein neuer Ansatz zu sein, der die Entstehung mit einem Meteoriteneinschlag erklärt (*Dietrich Banner:* „Der rätselhafte A'ithayn-Krater". Quelle: Jemen-Report Jg. 38/2007, Heft 1). Das vulkanische Grundgebirge (nahezu waagerecht liegende Rhyolithschichten) ist in einem Umkreis von 30 km gestört, was auf der Südseite des Yislah-Passes (Straße Sana'a – Maabar) gut zu sehen ist.

Maabar (Km 69) ist ein lang gestreckter Straßenmarkt mit einem Straßenabzweig nach Ba'dschil (155 km) und Hudäida (219 km). Nicht zu übersehen ist, dass derzeit Arbeiten im Gange sind, die Straße von Amran über Sana'a, Ibb und Taiz nach Aden zu einer mehrspurigen Schnellstraße auszubauen.

Km 89 rechts der Abzweig zu den 31 km entfernten **heißen Quellen von Hammam Ali.**

Abstecher nach Hammam Ali

Die Fahrt führt nach 15 km hinab in ein tief eingeschnittenes, fruchtbares Tal. Die Straßenböschungen des **Wadi Al Massna** zeigen Basalte, Tuffe und durch vulkanische Gase zersetztes Gestein.

Hammam Ali ist neben Hammam Dammt und As Suchna ein wichtiger

„Kurort" im Jemen. **Warmes Wasser** tritt an mehreren Stellen zwischen dem Ort und dem 200 m entfernten Wadi aus der Erde. Das Spektrum der Wassermengen reicht von feuchten Plätzen bis zu kleinen Bächen. Oberhalb des Ortes gibt es am Berghang viele leer stehende einfache Steinhütten. Sie bieten Unterkunft für jemenitische Gäste, die im Januar/Februar zu jährlich stattfindenden Festlichkeiten nach Hammam Ali kommen. Große Bedeutung hatte der Ort bis Mitte des 20. Jhs. durch den regelmäßigen Kuraufenthalt der Imame.

Hammam Ali verfügt über keine touristische Infrastruktur.

Es geht 31 km zurück zur Fernstraße Sana'a – Taiz, wo der Kilometerzähler auf Null gestellt wird.

Km 5: Auf einem Felsen links der Straße sind die Reste der Burg **Husn Hirran** zu sehen.

Km 7: Das Ortsschild von Damahr. 1 km weiter, hinter dem Friedhof mit mehreren Imamsgräbern, biegt links eine Asphaltstraße zum Sukgelände und nach Bainun ab. Am südlichen Stadtrand (Km 11) zeigt ein Straßenschild nach Rada <Radaa> (53 km) und Al Bäitha (168 km).

Damahr <Dhamar>

120.000 Einwohner, 2330 m

Die Hauptstadt der gleichnamigen Provinz erhielt ihren Namen nach dem sabäischen König Dhamar Ali Yahbir und war in den vergangenen Jahrhunderten mehrfach Sitz zaiditischer Imame. **Imamsgräber** sind von Sana'a aus kommend am Stadtrand links der Straße zu sehen. Die in einer **geologisch aktiven Zone** liegende Stadt wurde im Dezember 1982 durch ein Erdbeben stark beschädigt.

Entlang der Fernstraße zeigt sich Damahr mit modernen Gebäuden. Die Altstadt, das alte Sukgelände, die Große Moschee und die Koranschulen befinden sich 500 m östlich der Durchgangsstraße. Im Zentrum der Altstadt lohnt die 1543 vom zaiditischen Imam *Sharaf ad Din* gegründete **Koranschule Madressa asch Shamsiyah** einen Besuch. Das auf einem Drittel der Gesamthöhe aus einem quadratischen Unterbau aufragende, 1742 unter den Osmanen errichtete Ziegelsteinminarett repräsentiert den Sana'a-Stil. 300 m östlich der Koranschule erhebt sich die **Große Moschee** (Dschama al Kabier). In der Südwestecke des Baus sind in 5 m Höhe mehrere Steine mit arabischen und vorislamischen Schriftzügen verbaut. 50 m vor der Großen Moschee, in Richtung Suk, liegt das **Heiligengrab** des *Ahmad adin Jahja ibn al Hamza* mit Moschee. Links des Eingangs (Außenwand) ein vorislamischer Inschriftenstein.

In der **Altstadt** gibt es stattliche Häuser im traditionellen Stil dieser Gegend: im unteren Bereich mit Natursteinen, oben mit Lehmziegeln in dekorativen Mustern.

- **Thamar Plaza Hotel,**
an der Straße nach Ibb, 400 m nach Abzweig Rada, Tel. (06) 507501, Fax (06) 507504, 1-Bett 3500 (Bad im Zimmer), 2-Bett 2500 (Bad im Flur), sauber.

Sammeltaxen: Nach Sana'a 350 Rial (am Abzweig nach Bainun).

Wer von Damahr aus keine Abstecher unternehmen möchte, kann ab der Streckenbeschreibung „Damahr – Hammam Dammt" weiterlesen.

Abstecher 1 von Damahr: Bainun

Entfernung: ca. 40 km ab Damahr
Fahrzeit: mit dem Auto ca. 2 Std.
Straße: zu 2/3 asphaltiert

Es werden sich in Sana'a nur mit Mühe Reiseveranstalter finden lassen, die Touristen zu dem abseits gelegenen Bainun bringen. Die Fahrt dorthin beginnt am nordwestlichen Stadtrand von Damahr (siehe zuvor, Km 7). Eine asphaltierte Straße zweigt dort von der Fernstraße Sana'a – Taiz ab, führt nördlich des Sukgeländes bis zum nordöstlichen Stadtrand und weiter an einer Tankstelle vorbei nach Nordosten in die Berge (siehe Plan).

Die Fahrt geht durch trockene Landschaft. Etwa zwei Stunden hinter Damahr leitet links ein Pistenabzweig zum

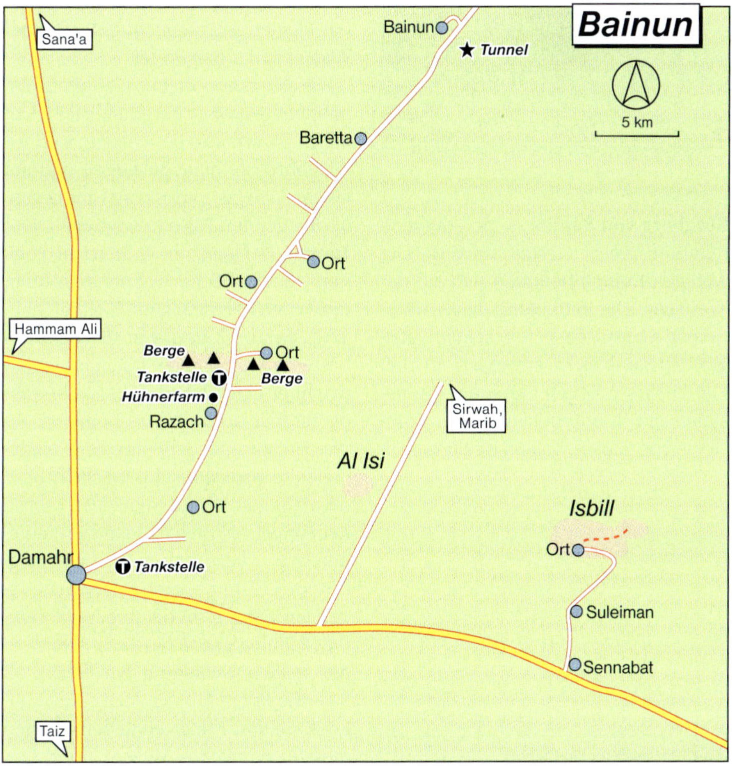

052J Foto: bs

Der Wassertunnel in Bainun

Burgberg von Bainun empor, der eine hufeisenförmige Gestalt aufweist. Die wenigen **Ruinen** befinden sich auf der Westseite. Die Bedeutung dieses historischen Ortes lässt sich in seinem jetzigen Zustand nicht ermessen. In den Geröllfeldern liegen behauene Motivsteine mit Weinrebenlaub bzw. Kopfsteine von Säulen. Bainun ist eine sabäische Gründung war eine wichtige Residenz im Königreich Saba und später zeitweilig Hauptstadt des Königreichs Himjar. Die Stadt wurde im Jahre 525 durch die abessinischen Invasoren zerstört.

Das Hufeisen des Bainun-Berges war in seinem unteren Teil vermutlich mit einer Mauer abgeriegelt, die als Befestigungswerk und gleichzeitig als Staumauer für das abfließende Regenwasser diente. Von der Mauer ist heute nichts mehr zu sehen, aber in der Nähe der untersten Häuser des Berges leitete ein kleiner, jetzt verschütteter Tunnel Wasser in das Bainun-Tal.

Die Attraktion Bainuns ist ein eisenbahntunnelgroßer Bergdurchstich. Um dieses Bauwerk zu besichtigen, wird zur Damahr-Piste hinabgestiegen und auf einem Fußweg nordostwärts zur gegenüberliegenden Talseite gegangen. Der **Tunnel** *(Nafaqan),* im 4. Jh. n.Chr. in einer unglaublichen Energieleistung durch den Kalkstein gemeißelt, ist 96 m lang, 4 m breit und 4 m (Einlaufseite) bis 6 m (Austrittsseite) hoch. Im Innern macht er einen Linksknick, ist aber ohne Taschenlampe gut zu begehen. An der Einlaufseite berichtet eine eingemeißelte **vorislamische Inschrift** über die Arbeiten. Aus Zeitgründen wurde der Tunnel von beiden Seiten vorgetrieben, was – bezüglich der Treffgenauigkeit im Zentrum – eine beachtliche Ingenieurleistung bedeutete. Während die Richtung genau passte, unterlief bei der Höhennivellierung ein Fehler, so dass die Röhre auf der Auslassseite um zwei weitere Meter eingetieft werden musste, damit das Wasser floss. Der

Tunnel leitete Regenwasser aus dem Nachbartal in das Bainuntal, um dessen Fruchtbarkeit zu erhöhen. Von den Stauanlagen auf der Einlaufseite ist der **Zulaufkanal** gut erhalten.

In Bainun gibt es keine Übernachtungsmöglichkeit.

Abstecher 2 von Damahr: Al Isi

Entfernung: 20 km ab Damahr
Fahrzeit: mit dem Auto ca. 30 Min.
Straße: asphaltiert, gute Piste

In Damahr führt am südlichen Stadtrand eine Asphaltstraße in östliche Richtung nach Rada und Al Bäitha.

12 km hinter Damahr zweigt nach links (Norden) eine breite Piste ab, die westlich am **Vulkankegel Al Isi** (oben ein Fernmeldemast) vorbei nach Sirwah und Marib führt.

Auf dieser Piste zur 8 km von der Damahr-Rada-Straße entfernten Ortschaft **Al Isi** am südöstlichen Fuß des Berges fahren und auf einem Fahrweg dessen Südostseite hochsteigen. Auf dem Gipfel liegen die eingezäunte Fernmeldeanlage (Fotografierverbot, Soldaten) und ein von einer gut erhaltenen Wehrmauer umgebenes **osmanisches Fort,** 1616 unter *Muhammad Pasha* gebaut. Mit der in Form eines fünfeckigen Sterns erbauten Anlage sollten die **Schwefelvorkommen** am Al Isi vor dem Zugriff zaiditischer Truppen geschützt werden, die den Rohstoff für die Herstellung von Schießpulver benötigten. Die Verarbeitung des Al Isi-Schwefels zu Schießpulver ist bei *Carsten Niebuhr* (1776) vermerkt. Auch im Anfang des 18. Jhs. verfassten Marktgesetz von Sana'a findet sich ein Abschnitt über Streichhölzer *(kibrit)* aus Rada, für die Schwefel vom Al Isi verwendet wurde. In alten Schriften wird der Al Isi auch Dschebbel Kabrit (Schwefelberg) genannt.

Auf dem Gipfel befindet sich ein etwa 10 m tiefer vulkanischer Krater, an dessen Rand eine Zisterne und fünf kleine Unterstände liegen. In diesen Steinhütten tritt in dünnem Strahl **Wasserdampf** aus dem Berg. Im Gegensatz zu dem regen Treiben auf dem in Sichtweite liegenden Isbill werden die Dampfquellen des Al Isi nur vom Personal der Fernmeldeanlage benutzt.

Das interessanteste Dampfaustrittsloch befindet sich auf der Nordwestseite des Berges. Um hierher zu gelangen, wird auf der Piste ab der Ortschaft **Al Isi** 700 m nach Norden gefahren, dort links abgebogen und dem Fuß des Berges 1,1 km weit zur Nordwestseite gefolgt. Die 2 m hohe **Höhle** liegt 40 m oberhalb der Piste und ist gut zu erkennen, da der Fels oberhalb der Öffnung durch Schwefel gelb eingefärbt ist. Die Höhle ist deshalb interessant, weil die warmen Schwefelgase nur das obere Drittel der Kaverne ausfüllen, d.h. dieselbe in gebückter Haltung ohne Atemprobleme betreten werden kann. Die Grenze der Luftschichten ist gut zu erkennen, aber auch der Geruch setzt eindeutige Marken. In der näheren Umgebung um das Hauptloch gibt es kleinere Steinunterstände, in denen heißer Wasserdampf gesammelt und als **Sauna** genutzt wird. Das Gestein auf dieser Seite des Vulkans weist Einschlüsse von schwarzem, glasigem Obsidian auf.

Abstecher 3 von Damahr: Isbill

Entfernung: 49 km ab Damahr
Fahrzeit: mit dem Auto ca. 1 Stunde
Straße: asphaltiert, schlechte Piste

In Damahr führt am südlichen Stadtrand eine Asphaltstraße nach Rada und Al Bäitha.

12 km hinter Damahr ist links der Abzweig zum Vulkankegel Al Isi. 21,5 km weiter wird **Sennabat** erreicht. 500 m vor dem Ort führt nach Norden eine Piste zu dem in der Ferne sichtbaren, lang gestreckten **Dschebbel Isbill** <Jebal Isbill>.

Auf halber Strecke zwischen Sennabat und dem Isbill liegt die Ortschaft **Suleiman** (2400 m). Die Piste führt von Suleiman auf die Mitte des Isbill-Massivs zu, biegt an dessen Fuß (2500 m) nach Osten ab und leitet schließlich von Osten den Berg hoch.

Beim Isbill handelt es sich um einen **vor Jahrtausenden explodierten Vulkan.** Der Krater (darin eine kleine Ortschaft) misst etwa 1 km im Durchmesser und liegt auf 2770 m Höhe. Der westliche Kraterrand ist wesentlich höher.

Im Krater führt eine Piste von der Ortschaft in leichtem Rechtsbogen abschüssig nach Osten zu einem freistehenden Berg am äußersten Ende des Isbill-Massivs. Die Fahrstraße mündet auf einen Platz nahe dem Gipfel (2800 m).

Die Attraktion dort ist eine als Sauna umgebaute natürliche **Dampfquelle,** der Heilwirkung zugeschrieben wird.

Die jemenitischen „Kurgäste" bleiben 5–10 Tage mit Zelten und Hausrat auf dem Berg. Eine Infrastruktur wie Hotels, Restaurants, Verkaufsläden oder Toiletten gibt es nicht.

Der Dampf ist so heiß, dass wir es nur kurze Zeit in dem Schwitzraum aushielten. Die Quelle ist das ganze Jahr über aktiv, bei Regen intensiver. Nach Regenfällen dampft es auf dem Isbill-Massiv aus unzähligen Löchern.

Abstecher 4 von Damahr: Rada und Al Bäitha

Entfernung: Rada = 53 km von Damahr, Al Bäitha = 168 km
Fahrzeit: mit dem Auto 45 Minuten nach Rada, 150 Minuten nach Al Bäitha

In Damahr führt am südlichen Stadtrand eine Asphaltstraße nach Rada und Al Bäitha. Hier wird der Kilometerzähler auf Null gestellt.

Km 12: Der Abzweig links zum Vulkankegel **Al Isi.**

Km 32: Rechts der Vulkan **Jaraach,** einer der vielen beeindruckenden Vulkanbauten an der Straße von Damahr nach Rada.

Km 33,5: Links der Abzweig zum Vulkan **Isbill.**

Km 34: Die Ortschaft Sennabat.

Km 42: Direkt links der Straße der Vulkan **Gafäit** mit einem Asche- und Schlackensteinbruch.

Km 53: Die Altstadt von **Rada** befindet sich 600 m links der Durchgangsstraße.

Rada (60.000 Einwohner): An der Straße zur Altstadt erhob sich einst das Stadttor Bab as Suk, von dem nichts erhalten ist. Der Markt hat einige enge, überdachte Gassen.

An seiner Westseite steht die 23 x 40 m große **Amerija-Moschee,** eine

054Foto: bs

der bedeutendsten religiösen Bauten im Jemen. Die Moschee und das daneben liegende Badehaus wurden Ende des 15. Jhs. unter dem tahiridischen Herrscher *Sultan Amir bin Abd al Wahhab* erbaut.

Der Moschee angegliedert und zur gleichen Zeit fertig gestellt ist die berühmte Koranschule **Madressa al Amerija** <Madrasat al Ameriyah>. Das Erdgeschoss der Amerija-Moschee besteht aus großen Hallen mit Waschgelegenheiten und 18 kleinen Läden (sie werden heute nicht mehr genutzt). Auf dieser Etage werden derzeit Fotos von den Restaurierungsarbeiten des Gebäudes gezeigt. Eine Nutzung als Museum ist geplant. Eine breite Treppe führt durch die Säulenhalle in den **1. Stock** mit Innenhof, Schulräumen und **Gebetshalle.** Florale und geometrische Muster, Stuckbänder und Inschriften bedecken die Wände und Wölbungen der Gebetshalle. Widmung und Erbauungsdatum sind in einem Stuckfries eingearbeitet. Am Mihrab (die Gebetsnische) ist gut zu sehen, dass die Stuckauskleidung in späteren Zeiten mit einer glatten Gipsschicht verputzt worden war. Diese Deckschicht wurde während der Restaurierung 1984 entfernt, so dass die **prächtigen Stuckarbeiten** heute wieder freiliegen.

Nach Jahrhunderten des Verfalls wurde die Amerija-Moschee ab dem Jahr 1984 mit Hilfe der holländischen und jemenitischen Regierungen und Spenden der Aga Khan-Stiftung für Architektur restauriert und erstrahlt heute wieder im alten Glanz. Nur traditionelle

Burg in Rada

Handwerkstechniken kamen zur Anwendung; einige Techniken mussten erst wiederbelebt werden.

Für die Dacharbeiten wurde **Qadad** <qudad>, der **traditionelle „Zement"** verwendet, eine Schutzschicht, die auf Flachdächern für Wasserundurchlässigkeit sorgt. Es ist eine Putzschicht aus Steinstaub, gelöschtem Kalk und Vulkanasche. Überlegen ist der Qadad den modernen Ersatzstoffen, denn für Zement wird mit einer Lebensdauer von etwa 35 Jahren gerechnet. Qadad hält jahrhundertelang, wie alte Zisternen zeigen.

Im September 2007 wurden die Restaurierungsarbeiten an der Amerija-Moschee mit dem **Aga Khan-Preis für Architektur** ausgezeichnet (siehe Erläuterung bei Schibam, Rundreise 2, 2. Tag).

Öffnungszeiten: Sa–Do 7–16.45 Uhr. Der Eintritt ist derzeit frei.

Vom Dach der Amerija bietet sich ein schöner Blick auf die alte Burg von Rada.

Beim Gang durch den Ort sollten die Fenster der Wohnhäuser mit ihren zum Teil prächtigen halbrunden **Alabasterscheiben** beachtet werden. Der untere Teil der Altstadthäuser besteht aus behauenen Steinen, darüber Stockwerke mit Lehmziegeln. Viele Fensterumrandungen sind mit Lehmziegeln im Zickzackmuster gestaltet. Dies gibt den Bauten neben den außen entlanglaufenden Schmuckbändern aus herausgehobenen Ziegeln einen altertümlichen Eindruck. Typisch für die Rada-Region ist der helle Lehm, der hier gefunden wird und den Häusern einen Beigeton verleiht.

- **Al Obahi Tourist Hotel** (Al Okhwah), an der Straße nach Damahr, Tel. (06) 556529, Fax (06) 553465, 1-Bett 1800, 2-Bett 3000 Rial.
- **Al Ekwah Hotel,** in der Altstadt, Tel. (06) 553466, Fax (06) 553465, 1-Bett 2300, 2-Bett 3400 Rial, Dusche/WC im Zimmer.
- **Middle East Hotel,** an der Straße nach Al Bäitha, Tel. (06) 55183, 1-Bett 1800 Rial (Du/WC im Zimmer), 2-Bett 1600 Rial (Du/WC auf dem Flur), 3-Bett 3000 Rial (Du/WC im Zimmer).

Von Rada nach Al Bäitha

Die Strecke zwischen Rada und Al Bäitha ist ein vulkanisches Trockengebiet mit spärlichem Bewuchs. Auf den Feldern überwiegt der Katanbau.

Km 45 ab Rada: **Ort Suwadiyah.**

Km 87: Al Rubat.

Km 115: Al Bäitha.

Al Bäitha <Al Bayda> (30.000 Einw.)

Die **Provinzhauptstadt** Al Bäitha („die Weiße") macht ihrem Namen keine Ehre. Statt der erwarteten hellen Lehmhäuser bestimmen braune Stein- und Lehmhäuser das Ortsbild. Architektonisch ist die Kleinstadt uninteressant. Rechts der Straße befindet sich der neue Suk, der in den alten übergeht. Hier wird Kaffee aus dem Jaffei-Gebirge verkauft. Oberhalb des Ortes thront eine bewohnte Festung aus *Imam Ahmads* Zeit. Von dort bietet sich ein schöner Blick über Al Bäitha.

Am zentralen Platz (Ankunft/Abfahrt der Sammeltaxen und Busse) gibt es **Garküchen und Teestuben.** Von hier fahren **Sammeltaxen** über Rada, Damahr nach Sana'a (1300 Rial) und über Mukäiras, Lödar nach Aden (1300 Rial).

- **Al Khaleej Tourist Hotel,**
an der Straße nach Rada, Tel. (06) 534333, 1-Bett 3400, 2-Bett 3400 Rial.
- **Al Ryadh Tourist Hotel,**
im Zentrum Tel. (06) 538003, Fax (06) 534310, 2-Bett 2800 Rial.
- **Al Yarmook Tourism Hotel,**
Tel. (06) 532159, Fax (06) 533985 2-Bett 1800 Rial.

Die Strecke über Al Bäitha ist ideal für eine **Weiterfahrt nach Mukalla** und in den südöstlichen Jemen. Die Straße ist durchgehend asphaltiert.

Km 0: Ortsausgang von Al Bäitha.

Km 13: Die **ehemalige Grenze** Nord-/Südjemen wird passiert.

Km 20: Die Kleinstadt **Mukäiras** liegt 0,5 km rechts der Durchgangsstraße. Zur Beschreibung des Ortes und des Ruinengeländes von Amaadi siehe Rundreise 2, 8. Tag.

Km 39: In zahlreichen Serpentinen windet sich die Straße in die flache Küstenebene hinab.

Km 57: Links sind die drei ehemaligen Häuser des Sultans von Lödar zu sehen.

Km 58: In **Lödar** rechts abbiegen.

Km 69: In der Ortschaft **Am Ain** ist die Straße Aden – Mukalla erreicht. Zur Weiterfahrt nach Aden bzw. Mukalla siehe Rundreise 2, 8. Tag.

Weiterfahrt 1. Tag: Damahr – Hammam Dammt

Entfernung: 80 km
Fahrzeit: 1½ Stunden

Von Damahr geht es 32 km nach Süden zur Kleinstadt **Jariem** <Yarim> (2550 m, 40.000 Einwohner). Der Ort erstreckt sich als Straßenmarkt mit unattraktiven Gebäuden entlang der Durchgangsstraße. Die östlich der Fernstraße Sana'a-Taiz gelegene Altstadt lohnt hingegen einen Bummel.

Am nördlichen Stadtrand von Jariem biegt links die Umgehungsstraße nach Hammam Dammt, Kattaba und Aden ab. Hier den Kilometerzähler auf Null stellen. Die gut ausgebaute Straße leitet in Kehren hinab in ein grünes Wadi, das mehrmals seinen Namen wechselt (Athaari, Annazuk, Schirrr'ah). **Fotogene Dörfer** sind bei **Km 8** Chau <Khaw> (von Osten gesehen), bei **Km 12,5** Maris (links der Straße auf einem Hügel) und bei **Km 25** Dhi Aschra (rechts).

Bei **Km 15,3** hat Bodenerosion links der Straße **vulkanische Förderspalten** z.T. 5 m hoch freigelegt.

Km 23,4: Links oberhalb der Straße sind vulkanische Basaltpfeiler hervorragend aufgeschlossen.

Km 47,3: Die Brücke über das von rechts einmündende Wadi Benna und der Abzweig rechts zum Dschebbel Al Aut und Thafar (siehe weiter unten) ist erreicht.

Km 49: Hammam Dammt

Hammam Dammt

Mitten aus dem Tal des Wadi Benna ragt ein ca. **30 m hoher Kegelstumpf** empor, an seinem Fuß die Ortschaft Hammam Dammt (*hammam* = Bad).

Hammam Dammt ist im Jemen berühmt wegen der **Heilwirkung seiner heißen Quellen.** Jemeniten kommen Tage oder Wochen hierher, mieten sich in den Hotels oder kleinen Häusern ein und „kuren" in den zahlreichen Badehäuschen.

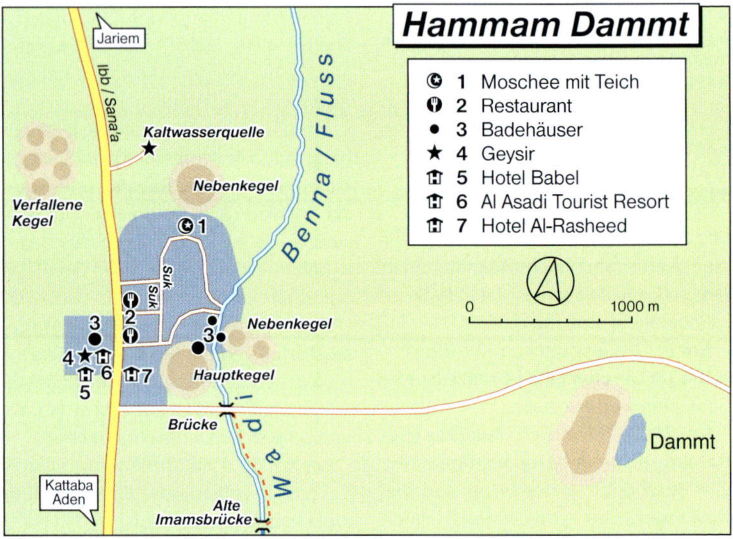

Das Besichtigungsprogramm

Der **Hauptkegel** (wie auch die Nebenkegel) ist ein **Kalk-Sinterberg,** der sich zu einer Zeit bildete, als das mineralhaltige, warme Wasser noch über den Rand ausfloss. Die Entstehung war wie folgt: Regenwasser dringt in das Erdreich ein und löst auf seinem Weg nach unten Kalk, wenn es durch entsprechendes Gestein sickert. Stößt dieses Wasser in 100–300 m Tiefe auf eine Wärmequelle, erhitzt es sich und steigt aufgrund der geringeren spezifischen Dichte nach oben. Besonders viel Kalk löst sich in warmem Wasser, wenn Kohlendioxid mit im Spiel ist, wie es bei vulkanischen Wärmequellen häufig der Fall ist. Wenn das warme, kalkhaltige Wasser an der Erdoberfläche austritt, entweicht das Gas und der gelöste Kalk (als Travertin bezeichnet) fällt aus. Es fällt auch dort aus, wo die Strömungsgeschwindigkeit des Wassers hoch ist, d.h. wenn es oben über den Rand strömt. Dort entweicht Kohlendioxid. Beide Faktoren sind dafür verantwortlich, dass Kalk am oberen Rand in besonders großen Mengen ausfällt und den Kegel immer höher anwachsen lässt.

Wir Autoren haben bereits viele Vulkangebiete der Erde bereist, aber einen derart imposant hohen Warmwasser-Travertinkegel noch nirgendwo gesehen. Das warme Wasser fließt heute nicht mehr über den Rand des Kegels, da talaufwärts zu viel Grundwasser abgepumpt wird und außerdem aus dem Kegel seitlich Wasser mit einer Rohrleitung für die Badehäuser auf der Ostseite abgezweigt wird.

Hammam Dammt mit Travertinkegel

Der Hauptkegel kann auf einer **Eisentreppe** bestiegen werden. Vom Rand bietet sich ein schöner Blick hinab zu dem heißen, grünen Wasser. Beeindruckend sind die steilen, teilweise überhängenden Wände. 2 m unterhalb des Kegelrandes verläuft innen ein 3 m breiter Ringweg.

Der 2 m über dem Ringweg liegende äußere Rand sollte auf der Südostseite erstiegen werden. Von hier fällt der Blick auf die Badehäuser an der Südseite des Berges und auf die zwei Nebenkegel an der Ostseite des Wadi Benna.

Von der Eisentreppe aus gut zu erkennen sind die nachfolgend beschriebenen Objekte: Nördlicher Kegel, sechs verfallene Kegel, Große Moschee mit Warmwasserteich.

Der hinter dem *Naser*-Hotel sprudelnde **„Geysir"** ist eine neue Attraktion in Hammam Dammt. Mit einer Tiefbohrung wurde eine Heißwasserschicht angezapft, aus der ein Wasserstrahl unaufhörlich zischend und dampfend 5 m in die Höhe schießt. Das Wasser speist ein Schwimmbad, das von der örtlichen Jugend genutzt wird.

Zwischen Hotel und „Geysir" erstreckt sich eine öffentliche **Badehausanlage** mit Männer- und Frauenbereich, deren Becken auch für Touristen zugänglich sind. Dazu der Hinweis, dass es im jemenitischen Badehaus wesentlich bedeckter zugeht als in Deutschland oder in einem türkischen Hammam. Körperbehaarung im Schambereich, an den Beinen und unter den Achseln gilt im islamischen Kulturbereich als anstößig und unsauber. (Siehe dazu den Exkurs „Die öffentlichen Badehäuser")

Im **Al Asadi Tourist Resort** kann in abgeschlossenen Kabinen mit großen betonierten Wannen in vulkanisch erhitztem Wasser gebadet werden. Der Bademeister lässt für jeden neuen Gast frisches Wasser in das Becken laufen.

Die **zwei Nebenkegel mit dem großen Badehaus:** Vom Hauptkegel absteigend, befinden sich rechter Hand mehrere kleine Badehäuser. Heißes Wasser tritt hier in armdickem Strahl aus dem Berg und wird in den „Kurhäusern" genutzt. Um die Nebenkegel zu erreichen – einer von ihnen führt ebenfalls Wasser – ist das ganzjährig Wasser führende Wadi Benna zu durchqueren.

Das an den Nebenkegeln liegende Badehaus ist das größte in Hammam Dammt. Benutzer müssen die unterschiedlichen Öffnungszeiten für Männer vormittags und Frauen ab 13 Uhr beachten.

Leider sind derzeit Bestrebungen im Gange, die Hammams an den Sinterkegeln mit Häusern zu überbauen, was den traditionellen Einrichtungen den Flair nehmen wird.

Der **nördliche Kegel:** Talaufwärts liegt in 1 km Entfernung auf der Westseite des Wadi Benna ein weiterer Warmwasser-Kegel. Dort bietet sich der schönste Panoramablick auf Hammam Dammt. Von hier direkt auf die verfallenen Kegel jenseits der Fernstraße Sana'a – Aden zuhaltend, führt der Weg an einem mit Schilfgras umgebenen Wasserloch vorbei, wo mit Kohlendioxid versetztes kaltes Wasser aus der Erde sprudelt.

Sechs verfallene Kegel liegen westlich der Fernstraße inmitten der Häuser von Neu-Hammam Dammt. Sie sind ihres rötlichen, stark verwitterten Gesteins wegen leicht zu finden.

Abschließend sollte die **Große Moschee mit** dem vorgelagerten **Warmwasserteich** besucht werden. Vor dem Gebäude führen Stufen in das mit hohem Schilfgras umgebene Wasser.

Alte Imamsbrücke: Südlich des Hauptkegels die Straße Jariem – Aden nach Osten verlassen, nach 800 m das Wadi Benna überqueren und direkt hinter der Brücke rechts abbiegen. 2,7 km sind es auf schlechter Piste zu einer sehenswerten Steinbrücke über dem Flusstal. Sie wurde Anfang des 16. Jhs. unter *Sultan Amir bin Abd al Wahhab,* dem tahiridischen Herrscher im Jemen, errichtet (er ließ auch die Moschee in Rada bauen) und markiert die Stelle, wo die alte Handelsstraße von Sana'a in den südlichen Jemen den Fluss überquerte.

- **Al Asadi Tourism Resort** (am „Geysir"), Tel. (02) 455600, Fax (02) 456254, info@ascomplex.com. 2-Bett 6000, ohne Frühstück, Du/WC im Zimmer. Badekabinen mit Heißwasserbecken. Handtücher und Seife können gekauft werden. Die Benutzung der Badekabinen kostet für Nicht-Gäste 1000 Rial/Std.
- **Al Nasr Tourist Hotel,** in der Nähe des „Geysirs" an der Hauptstraße, Tel. (02) 456220, Fax (02) 456224, 1-Bett 3000, 2-Bett 3000 Rial, Du/WC im Zimmer, ohne Frühstück.
- **Al Rasheed Tours Hotel,** (an der Durchgangsstraße), Tel. (02) 455711, 1-Bett 1100, 2-Bett 2500, Du/WC im Zimmer, ohne Frühstück.
- **Hotel Babel,** Tel. (02) 456941, 1-Bett 3000 Rial, 2-Bett 6000 Rial, Du/WC im Zimmer, Badekabinen.
- **Lialy Tower Hotel,** Tel. (02) 456800, 1-Bett 2000 Rial, 2-Bett 2200 Rial, Du/WC im Zimmer, ohne Frühstück.

Weiterfahrt 1. Tag: Hammam Dammt – Ibb

Entfernung: 108 km
Fahrzeit: mit dem Auto 2 Std.

Sammeltaxen fahren von Hammam Dammt nach Jariem, wo in ein Auto nach Ibb umgestiegen wird.

Km 0: Abfahrt in Hammam Dammt.

Km 1,7: Die Brücke über das von links einmündende Wadi Benna.

Km 25: Der schöne Ort **Dhi Ashra.**

Km 25,6: Rechts helles zu Pfeilern erkaltetes, vulkanisches Gestein.

Km 33,7: Rechts vulkanisches Ganggestein in Form hoher Mauern.

Km 36,5: Rechts der schön gelegene Ort **Maris** und bei **Km 41 Chau.**

Km 46: Rechts die Umgehungsstraße nach Sana'a. Hier geradeaus fahren.

Km 46,2: Rechts bietet sich der beste Blick auf die Altstadt von **Jariem.**

Km 47: Die Straße Sana'a – Taiz im Zentrum von Jariem ist erreicht. **Sammeltaxen** in Jariem: Sana'a 500, Dammt 100, Ibb 300, Taiz 700 Rial.

Jariem – Ibb

Km 0: Der Abzweig nach Hammam Dammt an der Straße Sana'a – Taiz.

Km 2,2: Am südlichen Ortsausgang von Jariem zeigt ein Schild nach rechts zum 22 km entfernten **Irian.** Diese asphaltierte Straße führt auf einer beeindruckenden Gebirgsstrecke zunächst zum kleinen Ort Irian, dann als Piste tief hinunter in ein Tal zum Ort Rehab al Gafr und weiter durch landwirtschaftlich intensiv genutztes Gebiet bis Ad Daliel an der Fernstraße Jariem – Ibb (siehe Km 27,2 weiter unten).

Km 13,4: Die Ortschaft **Kitab** liegt auf einer 2500 m hohen Hochebene. Hier zweigt links eine Piste zum 12,7 km entfernten **Thafar** ab, der **ehemaligen Hauptstadt des himjaritischen Reiches.**

Wer den folgenden Abstecher nicht unternimmt, sollte zur „Weiterfahrt nach Ibb" blättern.

Abstecher nach Thafar <Zafar> und zum Dschebbel Al-Aut

Von Kitab auf der nach links (Osten) abzweigenden Asphaltstraße zum 2,7 km entfernten Rubaht fahren. Dort links in eine Asphaltstraße abbiegen und nach 9,7 km wieder links sind es 300 m zum Ortszentrum von Thafar.

An der Zufahrtsstraße verdient knapp unterhalb von Thafar links eine große **Zisterne** Beachtung. Der Ort selbst macht auf den ersten Blick einen trostlosen Eindruck. Dass dies einst die Hauptstadt des mächtigen himjaritischen Reiches war, ist unvorstellbar. Nicht einmal Attribute wie gute Verteidigungsmöglichkeit, zentrale Lage oder fruchtbares Gebiet sind vorhanden.

Ein Schriftstück des jemenitischen Chronisten *Hamdani* aus dem 10. Jh. beschreibt die ehemalige Pracht. **Neun Stadttore** soll Thafar gehabt haben. Die angrenzenden Ebenen wurden mit Wasser aus **80 Stauseen** bewässert (s.a. im landeskundlichen Kapitel, „Geschichte, Himjar").

In einem **Museum** (*mat'haf,* 500 Rial Eintritt) sind bearbeitete Steine ausgestellt. Wiederkehrende Motive sind Weintrauben und Weinranken.

Interessant sind himjaritische Inschriftensteine, ein Löwenkopf, ein Stein mit Halbmond sowie Weihrauchbrenner. Ein Inschriftenstein des abessinischen Königreichs Aksum datiert aus dem 6. Jh. n.Chr.

In den Häusern Thafars sind alte **Motivsteine** eingebaut. Beeindruckend ein herausgemeißelter Ochsenkopf. Kinder zeigen die Steine gegen Entgelt. (Wichtig, den jeweiligen Führer und den Preis klar zu benennen, da sonst später jedes der Kinder Geld verlangt!)

Unterhalb der Häuser Thafars sind **Felswohnungen** zu besichtigen sowie ein in den Berg gemeißelter Pferdestall, Waschräume, runde Zisternen und ein Gefängnis *(sidgin)*. Besonders der **Pferdestall,** mit zwei Boxen, dazwischenliegendem Futtertrog und gebohrten Löchern zum Festbinden der Tiere, beeindruckt durch seine Liebe zum Detail. Wenn so viel Arbeit allein in einen Stall gesteckt wurde, wie müssen dann erst die wichtigen Teile der Anlage ausgesehen haben?

Hinter den Häusern erhebt sich auf einer Anhöhe der **Burgberg Dhu Raidan.** Große bearbeitete Steine ragen als Mauerreste aus der Geröllfläche.

Nach der Besichtigung von Thafar kann in Rubaht rechts zur Fernstraße Damahr – Ibb oder links durch eine grandiose vulkanische Erosionslandschaft nach **Sadda, An Nadre** und zum **Dschebbel Al-Aut** gefahren werden. Wer die letztgenannte Strecke nimmt, stellt in Rubaht den Kilometerzähler auf Null.

Km 5,0: Über einen Pass geht es hinab in den grünen Oberlauf des Wadi Benna. Talabwärts führt das Wadi durch **Hammam Dammt** und mündet als **Wadi Tuban** in den Golf von Aden.

Km 6,6: Links sind waagerecht geschichtete **Basaltpfeiler** zu beachten.

057Foto: bs

Km 8,8: Rechts sind senkrechte Basaltpfeiler aufgeschlossen.

Km 17: In Sadda (2150 m) wird das Wasser führende **Wadi Benna** auf einer Furt durchquert. Fußgänger benutzen den eisernen Steg.

Km 25,1: Das Zentrum von **An Nadre** <An Nadirah> (2100 m) mit einem lebhaften Markt ist erreicht. Im einfachen Hotel Benna sollte nur in Notfällen übernachtet werden. Von An Nadre fahren Sammeltaxen für 800 Rial in einer Stunde talabwärts nach Hammam Dammt. Für eine Fahrt hinauf zum Dschebbel Al-Aut muss in An Nadre für 6.000–10.000 Rial ein Auto mit Vierradantrieb gefunden werden (wenn man nicht bereits mit einem solchen unterwegs ist).

Km 30,6: Geradeaus geht es weiter nach Hammam Dammt. Hier rechts die Piste hinauf zum Berg Al-Aut fahren.

Km 33,6: Der Ort **Gatten** wird durchquert

Km 46: Die letzte Siedlung vor dem Gipfel des **Al-Aut** ist Sana'a.

Km 48: Das Gipfelplateau des Al-Aut <Jabal Al-Awd> ist bei einem Fernmeldemast erreicht. Durch eine flache Mulde geht es zu Fuß auf der Hochebene zur zweiten Erhebung, auf der ein Museumsgebäude errichtet wurde, das derzeit leer ist. Am Fuße des dritten Hügels stehen vulkanische Basaltpfeiler an. 100 m weiter befindet sich das Ausgrabungsgelände.

Im Oberlauf des Wadi Benna

Der **Dschebbel al Aut** (Jabal al-Awd) mit rund 3000 m Höhe ist seit 1996 in den Blickpunkt der Archäologen gerückt, als Bewohner anliegender Dörfer in Raubgrabungen wertvolle Bronzeobjekte bargen und verkauften. Der Berg wurde daraufhin vom Militär gesichert. Bei Hausdurchsuchungen wurden mehr als 100 Objekte, zumeist Bronzeplastiken, sichergestellt. Diese Teile sind in einem kleinen Museum der Antikenbehörde in der Altstadt von Ibb ausgestellt (Anmeldung für einen Besuch dieses Museums bei Herrn *Chalid al-Ansi,* Tel. (04) 77871257. Die Fundstücke der 1998 begonnenen Ausgrabung des Deutschen Archäologischen Instituts liegen noch in Magazinen.

Es wird davon ausgegangen, dass die Blütezeit der Siedlung auf dem Dschebbel al Aut mit dem Niedergang der Hochkulturen an der Weihrauchstraße begann (1. Jh. v.Chr.) und der Ort in einer Brandkatastrophe im 3. Jh. n.Chr. unterging. Das letzte Ereignis könnte im Zusammenhang mit der abessinischen Eroberung des Jemen stehen.

Es handelt sich um eine **150 x 300 m große Anlage,** die durch den Steilabfall des Berges und an den anderen Seiten mit Mauern gesichert war. Bislang konnte erst ein Tor nachgewiesen werden. Es wurden eine Straße freigelegt, die von Geschäftshäusern gesäumt auf eine Tempelanlage zuläuft, sowie ein Gebäude, das mit Vorbehalten als reich ausgestattetes Wohnhaus interpretiert wird. Die Mauerreste sind bis in 2 m Höhe erhalten. Es wurden tönerne Lebensmittelgefäße, bronzene Möbelbeschläge, Steinbockfiguren und reiche

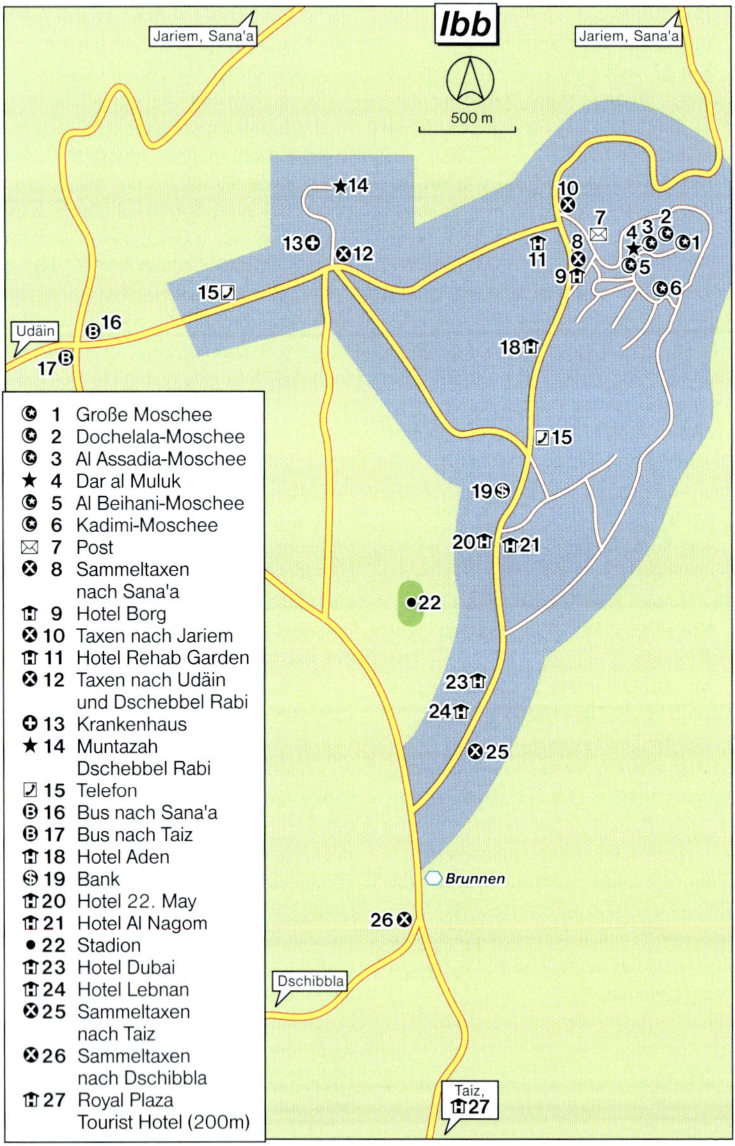
Ibb
500 m
Jariem, Sana'a
Jariem, Sana'a
Udäin
Dschibbla
Taiz, 27
Brunnen
1 Große Moschee
2 Dochelala-Moschee
3 Al Assadia-Moschee
4 Dar al Muluk
5 Al Beihani-Moschee
6 Kadimi-Moschee
7 Post
8 Sammeltaxen nach Sana'a
9 Hotel Borg
10 Taxen nach Jariem
11 Hotel Rehab Garden
12 Taxen nach Udäin und Dschebbel Rabi
13 Krankenhaus
14 Muntazah Dschebbel Rabi
15 Telefon
16 Bus nach Sana'a
17 Bus nach Taiz
18 Hotel Aden
19 Bank
20 Hotel 22. May
21 Hotel Al Nagom
22 Stadion
23 Hotel Dubai
24 Hotel Lebnan
25 Sammeltaxen nach Taiz
26 Sammeltaxen nach Dschibbla
27 Royal Plaza Tourist Hotel (200m)

Grabbeigaben gefunden (Waffen, Gläser, Öllampen, Spiegel, Schmuck). Darstellungen der Göttinen *Athena* und *Artemis* sowie von *Dinysos* zeigen enge Verbindungen zum hellenistischen Raum. Eine Inschrift belegt die Gottheit *Ragaban,* die bislang in Südarabien nicht bekannt war.

Weiterfahrt nach Ibb

Am Abzweig Thafar in Kitab den Kilometerzähler auf Null stellen. Hinter Kitab windet sich die Fernstraße Sana'a – Taiz in Serpentinen zum **Sumahra-Pass** hoch (2700 m, **Km 5,2** ab **Kitab**). Die grandiose Bergwelt bietet prachtvolle Blicke auf tief eingeschnittene Täler und mit Kat bestandene Terrassen.

Die 261 km lange Fernstraße Sana'a – Taiz wurde mit deutscher Hilfe in den Jahren 1972–1976 für umgerechnet 67 Mio. Euro gebaut. Sie folgt zumeist der Trasse der alten Karawanenroute Sana'a – Taiz – Mocha. Am Sumahra-Pass verläuft die alte Karawanenstraße jedoch westlich der heutigen Passhöhe. Die in den Jahren 1987–1989 aufgebrachte Asphaltdecke zwischen Sana'a und Taiz wurde zu 48% als deutsches Entwicklungshilfegeschenk finanziert.

Km 8,4: Ort Sumahra mit der **Burg** Unug la Ghazal aus osmanischer Zeit.

Km 21: Rechts Aufschlüsse vulkanischer **Basaltpfeiler.**

Km 27,2: In **Ad Daliel** mündet von rechts die bei Km 2,2 (Jariem – Ibb) beschriebene Piste.

Km 31,6: In **Mafrak Hubäisch** biegt rechts die Straße nach Tholma <Zulmah> ab.

Km 40,8: Geradeaus verläuft die Umgehungsstraße. Links geht es in das Zentrum von Ibb.

Ibb

180.000 Einwohner, 1930 m

Die **Provinzhauptstadt** liegt im Herzen des grünen Jemen. Dass die **Provinz Ibb** die **höchsten Niederschlagsmengen des Landes** hat, zeigt sich auch an der dichten Vegetation. Mit 1000 mm pro Jahr fällt hier wesentlich mehr Regen als in Deutschland (710 mm), 90% von April bis September.

Ibb, auf einer Passhöhe gelegen, ist ein wichtiges **Einkaufszentrum der Region.** Der Ort ist im 20. Jahrhundert rasch gewachsen und hat die Grenzen der Altstadt weit hinter sich gelassen.

Die **Neustadt** hat sich beiderseits der alten Durchgangsstraße Sana'a – Taiz gebildet. Hier gibt es Banken, Geschäfte, Telefonzentralen, Internet Cafés, Restaurants und Hotels. Viele Mopeds tragen zum Lärm und zur schlechten Luft bei. Die Altstadt liegt erhöht im östlichen Stadtgebiet.

Eine **Umgehungsstraße** im Westen lässt die Staus auf der Durchgangsstraße vermeiden.

Besichtigungen in Ibb

Die **Altstadt** ist auf der am Ebb Borg Hotel von der Hauptstraße abzweigenden Straße zu Fuß schnell erreicht. Für eine Besichtigung sind 1–2 Stunden anzusetzen.

Am Ebb-Borg-Hotel geht es leicht ansteigend zu einer Kreuzung und dort nach rechts. Am nächsten Abzweig links halten und zu einem großen, alten Baum hochgehen (200 m), wo eine Treppe in eine Altstadtgasse führt. Hier links gehen, und beim nächsten Abzweig rechts in das alte Sukgelände abbiegen. Durch Verlagerung des Handels in die Neustadt hat der Suk seine Bedeutung verloren, doch sind die meisten Läden noch geöffnet. Links die **Kadimi-Moschee** mit einer schönen Kuppel und weißen Schriftbändern in Stuckarbeit. Diese Moschee folgt der iranischen Richtung der Schia.

Nach einem leichten Anstieg ist links die **Al Assadia-Moschee** erreicht, die von den Anhängern des Sufismus besucht wird. Dann der Sukgasse weiter bis zur **Dochelala-Moschee** mit ihrem weiß-rot gemusterten Minarett folgen, auch sie eine Moschee der Sufis. Wenige Minuten weiter erhebt sich die **Große Moschee Al Galalea.** Das weiße Minarett weist interessante Stuckarbeiten auf. Das Innere der Moschee ist schlicht, jedoch mit farbenfrohen Säulen und Bögen versehen.

Neben der Al Galalea-Moschee lohnt das 2005 eröffnete **Art House** *(Bäit Lafahn)* einen Besuch, in dem auf drei Etagen Gemälde von zehn lokalen Künstlern ausgestellt sind. Anmeldung unter Tel. (04) 400669 bzw. Mobiltelefon 711-719116.

Beim Streifzug durch die Altstadt sind die **alten Häuser** mit ihren Haustüren, Fensterrahmen und geschnitzten Erkern zu beachten. Das Dar al Muluk hat schöne Frauenerker zur Straße und zum Hof hin.

Einen schönen Ausblick auf Stadt und Land bietet der Gipfel des **Dschebbel Rabi** („Mountain of God") oberhalb des Krankenhauses *(Mustaschfa Thaura)*. Auf dem Berg wurde ein Freizeitpark mit Schwimmbad, Teestube und einem ovalen Bau für Festlichkeiten errichtet. Am Wochenende (Do/Fr) werden hier Hochzeiten gefeiert. Dem Taxifahrer als Ziel „Al Muntazah Dschebbel Rabi" nennen.

Hotels:

- **Royal Plaza Tourist Hotel** (Nr. 26), an der Straße nach Taiz, Tel. (04) 413863, Fax (04) 411410, 1-Bett 2800, 2-Bett 4000 Rial.
- **Taj Ibb Hotel,** Tel. (04) 455455, tagibbhotel@y.net. ye; 1-Bett 5500, 2-Bett 8000 Rial, Du/WC im Zimmer, sauber, zu empfehlen, schöne Lage, Blick auf die Stadt.
- **Qasr Makka,** an der Umgehungsstraße, Tel. (04) 413740, 2-Bett 3200 Rial, Dusche/WC im Zimmer, sauber, zu empfehlen.
- **Al Anwar Hotel,** zwischen Umgehungsstraße und Altstadt, (04) 416841, Fax (04) 416845, 2-Bett 1700, Dusche/WC im Zimmer.

Verkehrsverbindungen:

- Innerhalb Ibbs verkehren **Minibusse** (25 Rial) auf der Hauptgeschäftsstraße und der Udäin-Straße.
- **Busse nach Taiz bzw. Sana'a** fahren vom Abzweig Udäin an der Umgehungsstraße (siehe Stadtplan) ab.
- **Sammeltaxen nach Taiz** stehen am südlichen Stadtende (400 Rial).
- **Sammeltaxen nach Sana'a** stehen am *Ebb Borg Hotel* (900 Rial).
- **Sammeltaxen nach Udäin** fahren von der Umgehungsstraße am Abzweig Udäin (140 Rial).
- **Sammeltaxen nach Dschibbla** stehen am *Ebb-Borg*-Hotel und am Abzweig der Dschibbla-Straße von der Fernstraße Sana'a – Taiz (60 Rial)
- **Sammeltaxen nach Jariem** stehen 400 m vom *Ebb-Borg*-Hotel in Richtung Sana'a (300 Rial)

Post/Telefon/Internet-Cafés:

- Das **Postamt** (siehe Stadtplan) ist Sa bis Mi 8–13 Uhr und 15–18 Uhr geöffnet, Do nur am Vormittag.
- Mehrere **Telefonzentralen** und **Internet-Cafés** gibt es an der Hauptdurchgangsstraße (siehe Stadtplan).

Abstecher 1 von Ibb: Tholma <Zulmah>, Dschib'dschib <Jibjib> und Al Thluth

Entfernung: 65 km
Fahrzeit: mit dem Auto 2 Stunden
Straße: ab Tholma schlechte Piste.

Die Strecke Tholma – Dschib'dschib – Al Thluth gehört mit ihrer vielfältigen Vegetation und den grünen Bergen zu den **schönsten Straßen** im Jemen.

Ab Ibb geht es 16 km auf der Sana'a-Straße bis zur kleinen Ortschaft Mafrak Hubäisch (als Fahrtziel „Mafrak Tholma" angeben). Hier biegt links (Westen) die Straße nach Tholma ab (13 km, 10 Min.).

Tholma, in leichter Hanglage an einem Berg gebaut, beeindruckt durch seine Größe. Am Ortseingang ist rechts der Abzweig nach Dschib'dschib. Diese Straße führt zu einer Steilklippe und dann in Serpentinen bergab.

Bis Tholma war die Landschaft grau und unfruchtbar. Ab der Steilklippe öffnet sich der Blick in **eines der grünsten Gebiete des Jemen.**

Acht Kilometer sind es von Tholma bis **Dschib'dschib** (1500 m), einem kleinen Marktflecken mit Lebensmittelläden und einfachem Restaurant.

Hinter Dschib'dschib Richtung Al Thluth befindet sich ein **Feuchtgebiet,** das seinesgleichen im Jemen sucht. Großblättrige Sumpfpflanzen, Fischreiher und weidende Kühe sind zu sehen. Von rechts und links kommen Bäche, denen zu den nahe gelegenen Quellen gefolgt werden kann. Die Menschen sind sich der Einmaligkeit dieses Gebietes bewusst und begleiten Touristen gerne zu den Quellen *(thau'aara).*

Weiter geht es durch grüne Landschaft zum 6 km entfernten **Suk Al Thluth.**

Weiter talabwärts führt die Piste zum Wadi Zabied und nach Zabied.

Abstecher 2 von Ibb: Al Udäin <Udayn>

Entfernung: 32 km
Fahrzeit: mit dem Auto 45 Min.
Sammeltaxi: 140 Rial

Von Ibb geht die Fahrt nach Westen zur Steilkante des Hochlandes und in Serpentinen hinab zum **Wadi Äin** <Al Ayn>, wo ausreichend Regen für intensive landwirtschaftliche Nutzung fällt.

Im Wadi Al Äin wurde am 19. Dezember 1909 der deutsche Forschungsreisende *Hermann Burchardt* auf seiner dritten Jemen-Reise bei einem Überfall erschossen.

Eine Fahrt nach **Al Udäin** sollte der Landschaft wegen unternommen werden, der Ort selbst bietet keine Reize.

Weiterfahrten ab Al Udäin

Von Al Udäin kann abwärts zum Wadi Zabied und weiter nach Zabied gefahren werden. Übernachtungsmöglichkeiten bestehen unterwegs nicht.

Von Udäin gibt es eine Straßenverbindung nach **Mudäikira** <Mudhaykirah> und dann nach Taiz. Es geht zunächst durch das breite Wadi Al Äin, später in

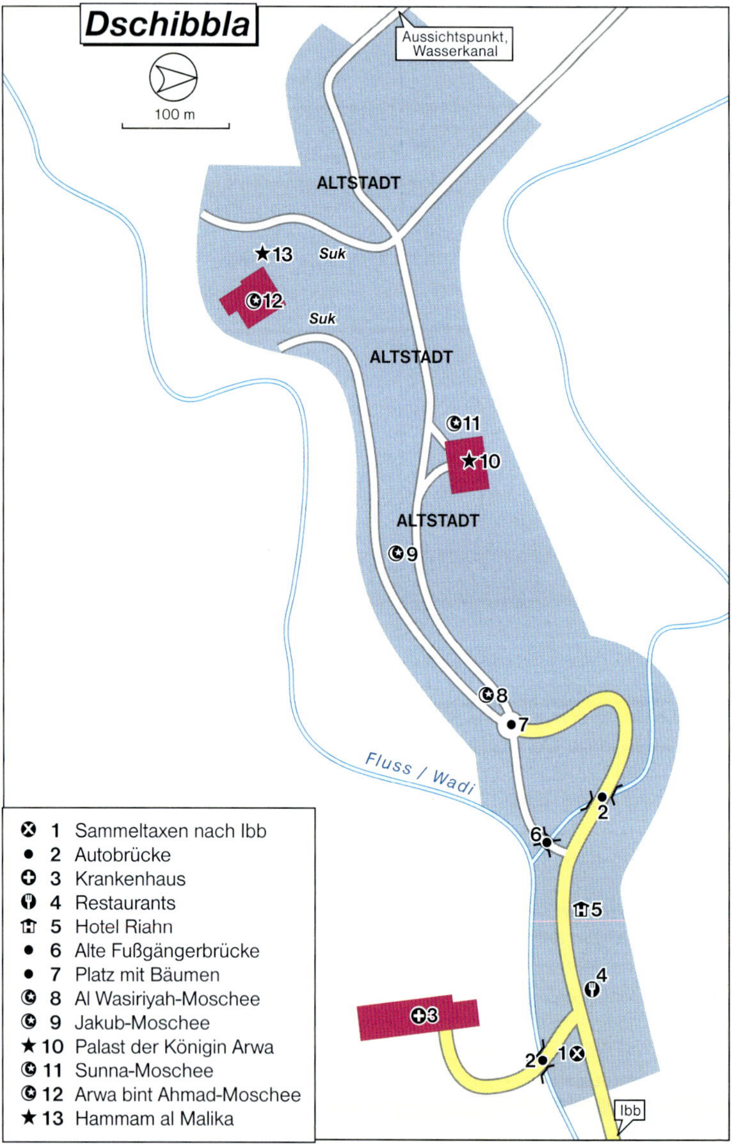
Dschibbla
100 m
Aussichtspunkt, Wasserkanal
ALTSTADT
Suk
13
12
Suk
ALTSTADT
11
10
ALTSTADT
9
8
7
Fluss / Wadi
2
6
5
4
3
2
1
Ibb
1 Sammeltaxen nach Ibb
2 Autobrücke
3 Krankenhaus
4 Restaurants
5 Hotel Riahn
6 Alte Fußgängerbrücke
7 Platz mit Bäumen
8 Al Wasiriyah-Moschee
9 Jakub-Moschee
10 Palast der Königin Arwa
11 Sunna-Moschee
12 Arwa bint Ahmad-Moschee
13 Hammam al Malika

einem engen Seitental aufwärts nach Mudäikira. Das Mudäikira-Gebiet gehört zu den fruchtbarsten Landschaften im Jemen. Der Ort ist ein bedeutender Marktflecken. Es gibt kleine Garküchen und ein ausgeprägtes Suk-Gelände.

Mudäikira spielte eine wichtige Rolle in der Geschichte des Jemen. Der zum fatimidischen Glauben übergetretene Jemenite **Ibn Al Fadl** begann seine Missionstätigkeit im südlichen Jemen. Ausgehend von Mudäikira eroberte *Al Fadl* mit seinen Anhängern im Jahre 905 Damahr, Sana'a und Schibam (bei Sana'a). Mit dem Tod *Al Fadls* (916) endete die herausragende Rolle Mudäikiras.

Die Weiterfahrt von Mudäikira nach Taiz dauert 3 Stunden.

2. Tag: Ibb – Dschibbla – Taiz

Entfernung: Ibb - Dschibbla 10 km, Ibb - Taiz 63 km
Fahrzeit: 10 Min. nach Dschibbla, 90 Min. nach Taiz
Sammeltaxi: Dschibbla 60 Rial, Taiz 400 Rial
Besichtigung: Dschibbla

Ibb – Dschibbla

Die zehnminütige Fahrt folgt von Ibb einem Flussbett und führt durch landwirtschaftlich intensiv genutztes Gebiet nach Dschibbla (6,3 km von der Fernstraße Sana'a - Taiz entfernt). Am Ortseingang links das einfache **Hotel Al Riahn** (2-Bett 1200 Rial).

Links leitet die Asphaltstraße über eine Brücke zum **Krankenhaus.** Von dieser Brücke bietet sich ein eindrucksvoller Blick auf Dschibbla und die alte Fußgängerbrücke, über die es hinauf in die Altstadt geht.

Dschibbla <Jiblah>

Im Jahre 1046 wurde auf dem Berg Masar bei Menaacha von *Ali Al Sulaihi* der Fatimidenstaat ausgerufen. In mehreren Kämpfen gegen die Zaiditen in Sana'a und die in Zabied herrschenden Nadschahiden gelang es den Anhängern von *Ali al Sulaihi,* den mittleren Jemen zu erobern und die Dynastie der Sulaihiden zu begründen.

Alis Sohn *Mukarram* regierte nur kurze Zeit, er übergab die Regentschaft seiner Frau *Arwa bint Ahmad.* **Königin Arwa** verlegte im Jahre 1099 ihren Hauptsitz nach Dschibbla. Sie war eine beliebte Herrscherin und ist den Jemeniten noch heute unvergessen. Während ihrer Regentschaft wurden in Dschibbla architektonische Glanzpunkte wie Brücken, Moscheen und Wasserleitungen gebaut. In Sana'a wurde in ihrem Auftrag die Große Moschee renoviert. Königin *Arwa* ist die einzige schriftlich belegte Königin im Jemen. Ihr Tod im Jahre 1138 bedeutete das Ende des Sulaihiden-Staates.

Besichtigungen in Dschibbla

Der Weg hinauf in die Stadt geht über die **alte steinerne Fußgängerbrücke.** Flussaufwärts führt eine Fahrstraße auf einer neuen Brücke hinauf in die Altstadt.

Dschibbla, auf einem weit in das Tal hineinragenden Bergrücken gebaut, wird von zwei Flussläufen begrenzt und gehört aufgrund seiner Lage zu den **schönsten Städten im Jemen.** Jugendliche kümmern sich hier um die Touristen (mehrsprachig!) und erwarten für eine Stadtführung rund 800 Rial. Eines der Mädchen hat durch den Umgang mit Touristen fließend Deutsch gelernt.

Von der Fußgängerbrücke auf Treppenstufen 100 m aufwärts bieten an einem kleinen Platz zwei große, alte Bäume Schatten. Hier halblinks dem Kopfsteinpflaster folgend geht es an einer Werkstatt vorbei, wo Gipsfenster in allen Größen hergestellt werden. 200 m nach den Bäumen sollte rechts die **Jakub-Moschee** mit ihrem rot-weißen Minarett beachtet werden. Links bietet sich ein hervorragender Blick auf die Altstadt und das grüne Umland. 250 m weiter erhebt sich im Sukbereich das markanteste Bauwerk Dschibblas, die **Arwa bint Ahmad-Moschee.** Von den beiden Minaretten ist das niedrigere (weiße) mit rund 1000 Jahren das wesentlich ältere. Das rote Minarett stammt aus dem 15. Jh. Die Besichtigung der Moschee ist nur mit jemenitischer Führung (gegen eine Gebühr) gestattet. Vorbei an den Waschanlagen geht es in den Innenhof und zu dem von Pfeilern getragenen Betraum, der Nichtmoslems nicht zugänglich ist.

Im westlichen Teil der Gebetshalle befindet sich das **Grab der Königin Arwa,** daneben eine farblich auffallende und mit geometrischen und floralen Mustern dekorierte Gebetswand. Touristen, die sich in Dschibbla einen Führer genommen haben, dürfen gelegentlich durch die Moscheetür einen Blick auf den Grabkasten der Königin werfen.

Wer die Arwa-Moschee von der unteren Sukgasse über die große Freitreppe betreten hat, kann sie über den oberen Zugang verlassen. Rechts des Portals führt eine Tür zur **Koranschule.** Jeden Nachmittag lernen hier 300 Schüler in drei Räumen. Neben dem Moschee-Eingang gibt es ein Haus, dessen Besitzer Touristen (gegen Geld) auf das Dach führt. Von oben bietet sich ein eindrucksvoller Blick auf Dschibbla, die Umgebung und die Moscheeanlage. Der dem Betrachter zugewandte Teil der Bethalle trägt eine weiße Kuppel mit vielen Zinnen, die auch „die Krone der Königin Arwa" genannt wird und ihre Grabstelle markiert.

In der an Moschee und Koranschule angrenzenden Gasse liegen zwei sehr alte Wohnhäuser und das **Hammam al Malika** (Badehaus der Königin). Sehr klein, eng und dunkel sind die Waschräume, in denen auch vorislamische Stuckarbeiten zu sehen sind (ein Davidsstern und ein Kreuz).

Oberhalb von Arwa-Moschee und Suk erstrecken sich die Wohngebiete Dschibblas am steilen Hang.

Wenn von der anfangs genannten **Fußgängerbrücke** rechts am großen Baum vorbei aufwärts gegangen wird, so ist das erste Gebäude links die **Frauenmoschee.** Nach 200 m beeindruckt links die **Al-Gubba-Moschee** (auch *Masdschid Scheich Jakub* genannt). Das rot-weiße Minarett und die weiße Kuppel sind die meistfotografierten Bauten in Dschibbla. Die angrenzenden Wasserbecken dienen den Kindern als Schwimmbad. 110 m weiter erhebt sich rechts die **Sunna-Moschee.** Das beige-

braune Ziegelsteinminarett weist einfache Muster auf. Rechts daneben steht ein alter, teilweise verfallener Gebäudekomplex, der als ehemaliger **Palast der Königin Arwa** bezeichnet wird *(Bäit Säida Arwa)*. Die Wohnstätte soll 365 Räume gehabt haben; Königin *Arwa* schlief jeden Tag in einem anderen Zimmer, so wird erzählt.

Neben diesem Gebäude lohnt das **Arwa Queen Museum** (Eintritt) einen Besuch. Ethnografische Objekte führen in Kultur und Geschichte ein. Es gibt Gebets-, Arzt- und Hochzeitszimmer sowie das Klassenzimmer einer Koranschule. Ausgestellt sind Haushaltsgeräte, Korane, Bücher, Waffen, Gebetsketten, Truhen, Wassersäcke und ein 700 Jahre altes Medizinbuch. Auf dem nachgebauten „Thron" der Königin *Arwa* kann Platz genommen werden. Das Dach des Museums bietet einen hervorragenden Rundblick.

Für einen Panoramablick auf Dschibbla und das angrenzende Gebirge kann von der Sunna-Moschee bis über die letzten Häuser hinauf gewandert werden. Hier führt die Trinkwasserversorgung durch einen offenen Kanal von den Bergen hinab. Die Rinne begrenzt einen Friedhof, dessen südlicher Rand den besten Blick auf Terrassenfelder und Stadt bietet.

Sunna-Moschee und ehemaliger Palast der Königin Arwa in Dschibbla

Die Umgebung Dschibblas lädt zu Tageswanderungen ein. Zu entdecken gibt es Bachläufe, Terrassenlandwirtschaft und viele alte steinerne **Bogenbrücken.**

Dschibbla – Ibb – Taiz

Zur Fernstraße Sana'a – Taiz zurückfahren und rechts Richtung Taiz abbiegen (Km 0).

Km 1,2: Links das *Royal Plaza Tourist Hotel.*

Die Fahrt führt nach Süden durch die grüne Dschibbla-Ebene und geht in Kehren den **Saijani-Pass** hinauf.

Km 11: Bei den Häusern des Ortes Nadscht al Ahmar ist der Saijani-Pass auf 2430 m Höhe erreicht.

Auf der Passhöhe lohnt ein **Abstecher** zur 3,7 km entfernten ehemaligen Karawanserei **Samsarat Al Mihras** <Al Mahras> an der alten Handelsstraße Taiz – Sana'a. 500 m vor der Passhöhe rechts in eine Asphaltstraße abbiegen und nach 20 m links einer Piste talabwärts folgen. Das Tal bei erster Gelegenheit zur anderen Seite queren. Hier ist auf der Talsohle rechts eine alte **steinerne Bogenbrücke** zu beachten, deren Breite nur für Menschen und Tiere bemessen ist. Auf der anderen Talseite geht es ohne große Höhenunterschiede zu der allein stehenden Karawanserei, deren steinerne Bögen, die das Dach trugen, noch gut erhalten sind. Das ehemalige Kuppeldach im Zentrum ist eingestürzt. Es ist dies die nach unseren Kenntnissen am besten erhaltene Karawanserei außerhalb einer jemenitischen Stadt.

Zurück auf der Passhöhe den Kilometerzähler auf Null stellen.

Km 4,9: Rechts im Ort das **Walli-Grab** des heiligen *Al Ra'ih.*

Km 5,2: Links im Ort ein **Kuppelgrab** des Heiligen *Raschid.*

Km 6: Im Süden ist in der Ferne das Sabir-Massiv zu sehen, an dessen Fuße Taiz liegt.

Am Ende der Steilabfahrt fällt rechts der Straße **Duaschrak** mit seiner leuchtend weißen Moschee auf. Der Abzweig zu diesem Ort erfolgt bei **Km 12,5** unmittelbar nach dem Kuppelgrab des Heiligen *Al Rataas.* Die Moschee von Duaschrak aus dem 12. Jahrhundert mit ihrer großen Zisterne lohnt einen Abstecher.

Km 20,5: Die Ortschaft **Al Ga'id** <Qaidah>.

Km 30: Links der **Flughafen** von Taiz, Haubahn genannt.

Km 32,5: Links der Abzweig zur 5 km entfernten Moschee von **Dschanaad.**

Abstecher: Dschanaad <Al Janad>

Die **Moschee** von Dschanaad – *Al Dschanadija* – gilt als die **älteste des Jemen** und neben den Moscheen in Mekka und Sana'a als eine der drei ältesten der islamischen Welt. Sie wurde **Anfang des 7. Jhs.,** noch zu Lebzeiten des Propheten *Mohammed,* von dessen Gefolgsmann *Muadh ibn Jabal* gebaut (sein Grab liegt in Jordanien). Die Moschee, auch „Himmelfahrtsmoschee" genannt, ist so berühmt, dass 33 Tage vor dem Monat Ramadan Pilger aus vielen islamischen Ländern diesen Ort aufsuchen.

Der Legende nach ist sie Mohammed auf seinem Weg zum Himmel gefolgt und von diesem mit der Bemerkung zurückgestoßen worden, ihr Platz sei auf Erden. Dass die Moschee heute deutlich unter dem Niveau des umgebenden Geländes liegt, wird in der Legende mit dem Rückprall auf die Erde erklärt. Eine andere Überlieferung besagt, dass bei einem schweren Erdbeben die angrenzenden Häuser so umfielen, dass sie die Moschee stützten, deren Zerstörung verhinderten und für den heutigen Hügel verantwortlich sind. Tatsächlich ist angewehter Flugsand die Ursache für die Erhöhung.

Die Moschee erfuhr im Laufe der Zeit mehrfache **Um- und Anbauten** und wurde um das Jahr 1130 durch einen Brand teilweise zerstört. Nach der Erneuerung um das Jahr 1184 blieb die Form bis 1973 erhalten, dann wurde bei Restaurierungsarbeiten viel von der alten Substanz zerstört. Die einstmals prachtvollen Alabasterdekorationen wurden vor etwa 100 Jahren gestohlen.

Der **Gebetsraum** wird von 99 Säulen getragen, symbolisch für die 99 Namen Allahs. Im offenen **Innenhof** dient ein eingemauerter Stab als Sonnenuhr. Touristen, die sich respektvoll kleiden (Kopftuch, Arme und Beine bedeckt), können den von Arkaden umgebenen Innenhof gegen ein Entgelt an den Aufseher betreten.

In angrenzenden Gebäuden ist eine **Koranschule** untergebracht.

Beachtenswert sind die mit Schnitzereien versehenen **Türen** (Pflanzenmotive, arabische Schrift ohne Punktzeichen) und die Vielfalt der Kuppeln über den **Waschanlagen.** Diese und das Minarett sind die ältesten erhaltenen Teile der Moschee. Das Wasser wurde einst in einem 60 km langen Kanal von Dschibbla bis Dschanaad geleitet.

Während es in der ursprünglichen Moschee zwei Minarette gegeben hatte, ist heute nur ein achteckiger Turm erhalten. Beeindruckend ist der Balkon mit feinen Stuckarbeiten.

Zurück an der Fernstraße Sana'a – Taiz links abbiegen und den Kilometerzähler auf 0 stellen.

Km 6,2: Linker Hand das Kuppelgrab für die Scheiche *Jauher* und *Jafer,* 1 km weiter in der Ortschaft Haubahn links der **Abzweig nach Aden.**

Km 8: Rechts der **Zoo von Taiz** (Eintritt, täglich 8–13 Uhr geöffnet). Wer sich den Anblick der trostlos in enge Käfige gesperrten Tiere nicht ersparen will, kann Vögel, Wüstenfüchse, Störche, Zebras, Affen, Wildkatzen, Tiger, Leoparden, Wölfe, Ameisenbären, Löwen, Federvieh und eine Ziege mit der Maserung Allah auf dem Fell anschauen.

Die Fernstraße ist gesäumt von Bäumen, u.a. die Flamboyants, die im Monat Mai prachtvoll blühen.

Km 13,5: Rechts auf einem Hügel das 5-Sterne-Hotel **Sofitel.**

Die Fernbusse aus Sana'a halten im Stadtviertel Hauban. Von dort fahren Taxis (300 Rial) in das Zentrum von Taiz.

3. Tag: Taiz <Ta'iz>

500.000 Einwohner, 1350 m

Taiz, **drittgrößte Stadt** des Landes, wird wegen der klimatisch günstigen Lage als **heimliche Hauptstadt** bezeichnet. Wegen der geringeren Höhenlage sind die Winter im Vergleich zu Sana'a deutlich milder. Da die Stadt am Westabhang des jemenitischen Hochlandes liegt, fällt fast fünfmal mehr Regen als in Sana'a.

Taiz ist **eine der wichtigsten Industriestädte** des Jemen. Viele Betriebe haben sich entlang der Ausfallstraße nach Sana'a angesiedelt. Die Achse Taiz – Aden wird im Hinblick auf den Adener Freihafen zu einem industriellen Rückgrat des Landes ausgebaut.

Auf das ehemalige jüdische Dorf 200 m südöstlich der Festung Kairo weisen sowohl die Karte von *Carsten Niebuhr* aus dem Jahre 1763 (dort heißt es „Pagus Judoearum") als auch die Hansen-Karte *(Al Maghrabah)* hin. Juden sind heute in Taiz nicht mehr anzutreffen.

Taiz ist mit dem **Museum,** den Resten der **Stadtmauer,** der **Aschrafija-Moschee,** der **Festung Kairo** und den **Palästen** des *Imam Ahmad* ein wichtiges touristisches Reiseziel und hat ein Hotelangebot für gehobene Ansprüche.

Geschichte

Die **Stadtgründung** wird im 2. Jh. vermutet. Bedeutung erlangte Taiz wegen der Lage an den Handelswegen vom Indischen Ozean bzw. von der Tihama (Mocha) nach Sana'a.

Um das Jahr 1175 verlegte *Turanschah,* der Bruder *Salah ad Dins,* den Hauptteil seines aijubidischen Invasionsheeres von Zabied nach Taiz. Während der Regentschaft der Rassuliden (1229–1454) wechselte Taiz mit Sana'a als Hauptstadt ab. Die **Periode der Rassuliden** bedeutete für den Jemen eine **Blütezeit,** die bis in das 20. Jh. nicht wieder erreicht werden sollte. In Taiz wurden in dieser Zeit die Stadtmauer, die Stadttore und die Aschrafija Moschee gebaut. Die kostbaren Deckengemälde in der Aschrafija Moschee werden als das herausragende Kulturgut der Rassulidenzeit angesehen. Der Araber *Ibn Battuta* beschrieb 1340 Taiz als eine der schönsten und größten Städte des Jemen.

1509 besuchte der Italiener *Ludovico di Varthema* als erster Europäer Taiz. Von 1546–1630 war Taiz eine osmanische Garnisonsstadt.

1762, auf seiner Reise von Mocha nach Sana'a, kam *Carsten Niebuhr* durch Taiz. Zu dieser Zeit wies die Stadtbefestigung nur zwei Tore (Bab Mußa und Bab Kabier) auf. Die Stadtmauer beschrieb *Niebuhr* als 24 Fuß dick und mit vielen Türmen besetzt. Er zählte 600 Soldaten in der Festung Kairo und auf der Stadtmauer. *Niebuhr* stellte fest: „Taäs und sein Kastell sind für einen arabischen Feind wohl uneinnehmbar."

Während der zweiten Besetzung des Jemen machten die Osmanen Taiz 1849–1918 zu einem wichtigen Militärlager an der Grenze zum britischen Süden. Der Österreicher *Eduard Glaser,* der die Stadt 1887 besuchte, beschrieb sie als dünn besiedelt und deutlich kleiner als Hudäida. Beim Besuch *Glasers* war die Festung Kairo ein zerstörtes Gemäuer.

Als der Deutsche *Josef F. Hansen* im Dienste des Imam von 1946–1948 in Taiz weilte und dort ein Staudammsystem baute, hatte die Stadt rund 4000 Einwohner. Neben den heute erhaltenen Stadttoren Bab Kabier und Bab Mußa hatte die damals noch intakte Stadtmauer mit dem Bab Madagar im Westen und dem Bab al Nasr im Süden zwei weitere Durchgänge.

Imam Ahmad erhob Taiz 1948 zu seinem Hauptsitz und regierte von hier den Nordjemen. Während des Bürgerkriegs in den Jahren von 1962–1969 war die Stadt ein wichtiger Rückhalt der Republikaner. Bevor der jetzige Staatspräsident *Ali Abdallah Salach* sein Amt übernahm, war er Gouverneur der Provinz Taiz.

Besichtigung von Taiz

Das Nationalmuseum

Öffnungszeiten: täglich 8–12 Uhr außer freitags, Eintritt Anfang 2008 kostenlos, Fotografierverbot.

Zu erreichen ist das Nationalmuseum *(Mat'haf al Wadani)* vom Stadttor Bab Kabier aus mit dem Sammeltaxi (20 Rial).

Der Besucher hat angesichts der vielen Soldaten am Eingang den Eindruck, eher eine Kaserne als ein Museum zu betreten. Tatsächlich ist dieses Stadtviertel mit Regierungsgebäuden und dem Stadion hochsensibel.

Das Nationalmuseum ist im Palast des vorletzten Imam des Jemen *(Imam Ahmad,* gest. 1962) untergebracht. Einige Räume wurden so belassen, wie sie der Imam bewohnt hatte. Die Zimmer erinnern eher an einen Trödelladen denn an die Wohnräume eines Staatsoberhaupts. Wer hier goldene Wasserhähne, teure Möbel und den Glanz europäischer Königshäuser erwartet, wird enttäuscht. Die schlichte Lebensweise des Imams zeigt sich z.B. an den zur Ablage der Garderobe in die Wände geschlagenen Nägeln.

Hayel Saeed – der reichste Mann des Jemen?

Wer von der Festung Kairo auf Taiz hinunterschaut, wird auf einem der Hügel ein prachtvolles Anwesen erblicken. Es gehört der Familie *Hayel Saeed,* die das größte Handelsimperium im Jemen aufgebaut hat und auch für zahlreiche Stiftungen von Schulen, Krankenhäusern und anderen sozialen Einrichtungen gerühmt wird. Jemeniten erzählen gern die folgende Geschichte: Vor einigen Jahren soll Firmenchef *Hayel Saeed* nach dem Umfang seines Vermögens gefragt worden sein. Er rief zum Schätzen auf. Eine Million Rial würde erhalten, wer seinen genauen Besitz angeben könne. Man begann zu schätzen, niemand traf die richtige Milliardensumme. Eines Tages kam ein Beduine und erhielt den ausgelobten Preis. Was hatte er geantwortet? „Dein Besitz ist 12 m Stoff (das Leichentuch), eine Flasche Parfüm, ein halbes Kilo Duftstoffe und eine Hand voll Basilikum. Mehr kannst du nicht mit ins Grab nehmen."

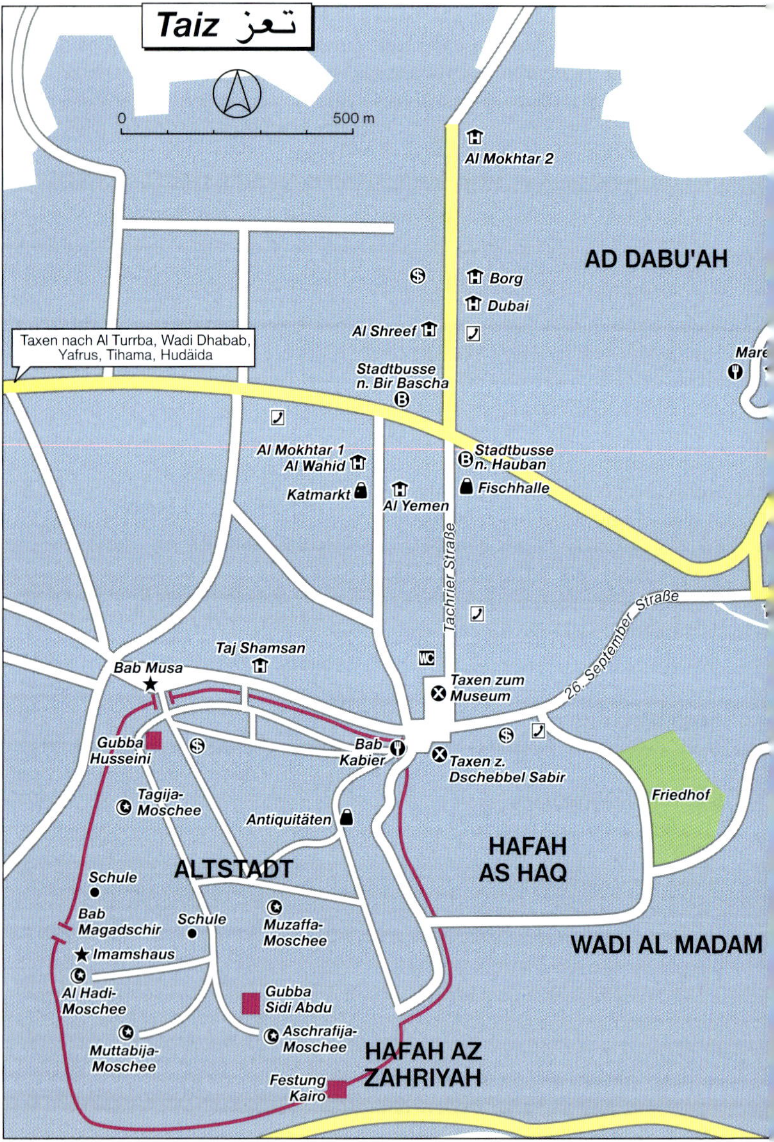
Taiz تعز
0
500 m
Al Mokhtar 2
AD DABU'AH
Borg
Dubai
Al Shreef
Taxen nach Al Turrba, Wadi Dhabab, Yafrus, Tihama, Hudäida
Stadtbusse n. Bir Bascha
Al Mokhtar 1
Al Wahid
Stadtbusse n. Hauban
Katmarkt
Al Yemen
Fischhalle
Tachrier Straße
26. September Straße
Taj Shamsan
Bab Musa
Taxen zum Museum
Gubba Husseini
Bab Kabier
Taxen z. Dschebbel Sabir
Friedhof
Tagija-Moschee
Antiquitäten
HAFAH AS HAQ
ALTSTADT
Schule
Bab Magadschir
Schule
Muzaffa-Moschee
WADI AL MADAM
Imamshaus
Al Hadi-Moschee
Gubba Sidi Abdu
Aschrafija-Moschee
Muttabija-Moschee
HAFAH AZ ZAHRIYAH
Festung Kairo

Hotel
Restaurant/Teestube
Geldwechsel
Post
Telefon
nach Sana'a, Ibb, zu d. Taxen n. Sana'a/Ibb, alle Fernbusse (3 km)
Yemenia
LAKAMAT AL AKABAR
HAUD AL ASHRAF
Queen Hotel
Universität
National-Museum
Stadion
HARAT AL MUSTISHFA
nach Salach

059| Foto: bs

Durch einen verwinkelten Zugang wird ein **Vorraum** erreicht, in dem Fotos von Opfern der Revolution gegen das Imamat (1962) gezeigt werden. **Im Erdgeschoss** sind ausländische Staatsgeschenke an den Imam und von ihm genutzte Möbel ausgestellt. In **drei Nebenräumen** sind Kleidungsstücke, Stoffe, Silberschmuck, Stoffe, Schuhe, der Filmvorführraum, Rollstühle, Krücken, Siegel, Orden, Radiogeräte, ein Kühlschrank auf Kerosionbasis sowie ein Baldachin zu sehen.

Im vierten Nebenraum imponiert eine Sammlung an Parfüm- und Eau de Cologne-Flaschen – hunderte von Flakons, zum größten Teil noch gefüllt.

Bei unserem Besuch Anfang 2008 waren die Etagen 2 bis 4 geschlossen.

Neben dem Museum befindet sich ein **Park mit Cafeteria** und **Restaurant** *(Garden City Restaurant)*, eine der besten Gelegenheiten im Jemen, zwischen grünen Hecken Tee zu trinken *(Hadiga al Wahida)*. Am Rande des Parks liegt die Universität von Taiz.

Flamboyant-Bäume bei Taiz

Die Festung Kairo in Taiz

Panoramablick auf Taiz

Den besten Blick auf die Altstadt und den Dschebbel Sabir bietet die Festung Kairo (siehe unten).

Haupteinkaufsstraßen, Gemüse- und Fischmarkt

Die lebhaftesten Einkaufsstraßen im Zentrum zweigen vom Bab Al Kabier ab: links die Tachrier Straße, geradeaus die 26. September-Straße. Die Letztere ist mit Warenhäusern und vielen Bekleidungsgeschäften bei den Frauen von Taiz die beliebteste Einkaufsmeile. Hier und innerhalb des Sukgeländes gibt es ein großes Angebot an Stoffen, Tüchern und anderen Textilien.

Zum Fisch- und Gemüsemarkt geht es zunächst vom Bab Al Kabier auf der Tachrier Straße bis zur Straße Abdul Nasr und dort nach rechts. Nach 80 m in die erste Gasse rechts abbiegen und nach 30 m links zum Fischmarkt gehen.

Wenn nicht nach 30 m in die erste, sondern in die zweite Gasse links abgebogen wird, liegt rechts ein Freiluft-Fischrestaurant unter einer mächtigen Palme. Hier wird der von den Gästen auf dem Markt gekaufte Fisch gegen Entgelt zubereitet.

Festung Kairo

Das ehemals von einer Mauer umgebene Taiz war sehr klein. Reste der steinernen Befestigungsanlagen sind im Süden, am Fuß des Dschebbel Sabir, erhalten. Teil der **Stadtmauer** ist die in den Jahren 2005–2008 gut restaurierte **Festung Kairo.** Abgesehen vom Gebäude auf dem höchsten Punkt der Anlage – wo die Renovierungsarbeiten Anfang 2008 noch nicht abgeschlossen waren – kann die Anlage komplett besichtigt werden. Am unteren Haupteingang führt rechts ein breiter, gepflasterter Serpentinenweg zum höchsten Punkt des Komplexes. Wir empfehlen jedoch, geradeaus zu einer mächtigen Zisterne und einem Garten mit Pinien

061J Foto: bs

weiterzugehen, wo sich der beste Blick auf Taiz bietet. Innerhalb der Altstadt fällt die große, moderne Mädchenschule Hayel Saeed auf. In Grund-, Mittel- und Oberschule werden 2500 Schülerinnen unterrichtet.

Westlich der Festung sollte die alte Stadtmauer beachtet werden, die sich auf 300 m Länge erhalten hat. Zwischen der großen Zisterne und dem Garten führt ein Steinstufenweg hinab in die Altstadt. **Wir empfehlen,** sich mit dem Auto zur Festung Kairo fahren zu lassen und nach deren Besichtigung in die Altstadt abzusteigen.

Von der großen Zisterne kann auf einem schmalen Stufenweg zum oberen Teil der Festung mit weiteren Zisternen und großen Höfen hochgestiegen werden. Auf dem anfangs beschriebenen Serpentinenweg geht es dann zum Haupteingang hinunter.

Ob die zuvor in Trümmern gelegene Anlage originalgetreu und sachlich richtig rekonstruiert wurde, mögen wir nicht beurteilen. Beeindruckend ist, dass dieses wuchtige Objekt in neuem Glanz erstrahlt.

Westlich der Festung Kairo, außerhalb der Stadtmauer, sollte an der Straße das **Grabmal** des jemenitischen Dichters *Salem Shabasi* beachtet werden, ein mit vier offenen Bogenfenstern versehener schlichter Kuppelbau.

Die Altstadt

Die Stadtmauer wurde während der Regentschaft der Rassuliden im 13. Jh. errichtet. Vom nördlichen Abschnitt der Befestigungsanlagen sind nur die Tore Bab Kabier und Bab Mußa <Bab Musa> erhalten. Das Bab Kabier wurde 1956 neu aufgerichtet.

In der Altstadt architektonisch reizvoll sind die Moscheen, deren bekannteste die **Aschrafija** mit ihren zwei Minaretten ist. Sie wurde 1396 während der Regentschaft des Rassuliden *Sultan Aschraf Ismail* in der heutigen Form errichtet. Die Aschrafija ist für Touristen (gegen Bezahlung) in Begleitung eines jemenitischen Führers offen (auf respektvolle Kleidung achten, Haar bedecken). Der Betraum kann von Nichtmoslems nicht betreten werden.

Das Innere der Moschee wird beherrscht von der Gebetshalle mit fein verzierten Gewölben, Wänden und Decken, von vier dicken Säulen unterstützt. In dieser Moschee fehlt die Kanzel neben der Gebetsnische. Die **Deckengemälde** (Ende des 14. Jhs.) sind das **bedeutendste Kunstwerk aus rassulidischer Zeit im Jemen.** Geometrische und florale Muster unterstreichen kunstvoll gestaltete Koranzitate an den Wänden. Der Wandschmuck wird auf das Jahr 1399 datiert.

Von der Gebetshalle führt eine Tür zu einem teilweise überwölbten Hof, in dessen mit grünen Gittern versehenen Nischen sich die **Gräber** (Sarkophage) von *Aschraf,* seiner Frau, seinem Sohn *Ismail,* dessen Frau und von drei weiteren Kindern befinden. Die Gewölbe sind reichlich mit Stuck verziert. Der Besucher sollte sich das reich verzierte Portal zeigen lassen, durch das der Imam das Bethaus betrat.

Die weißen Ziegelsteinminarette (sie können nicht bestiegen werden) gelten als **„Wahrzeichen"** der Stadt.

Karte S. 280

Neben der Aschrafija-Moschee liegt ein kleiner Kuppelbau mit einfachen Waschanlagen. Die **Gubba Sidi Abdu** war bis vor wenigen Jahren eine Koranschule, heute steht das Gebäude leer. Links des Eingangs ziert ein Davidstern als vorislamisches Stilelement die Wand.

Die Moscheen in Taiz fallen durch ihre Verschiedenartigkeit auf. Die **Muzaffa-Moschee** <Mudhafar Moschee> aus dem Jahre 1303 unterhalb der Aschrafija besticht mit ihren zahlreichen Kuppeln und der lang gestreckten nördlichen Front mit Schmuckbändern aus hervorgehobenen Steinen. Sie erhielt ihren Namen nach dem rassulidischen König *Yousef bin Omar,* der auch *Al Mudhafar* genannt wurde. Das im Jahr 1986 hinzugefügte Ziegelsteinminarett passt stilistisch nicht dazu. Der Innenraum dieser Freitagsmoschee wird von gedrungenen achteckigen Säulen mit flachen Spitzbögen getragen.

Westlich der Aschrafija liegt die **Muttabija-Moschee** mit ihren zwanzig Kuppeln. Sie stammt aus dem 13. Jahrhundert und gehört ebenfalls in die Zeit der Rassuliden.

150 m südlich des Bab Mußa steht das im Jahr 1899 errichtete **Kabat al Husseini,** ein sechseckiges Grabmal des osmanischen Statthalters *Hussein Pasha.* Dekoratives Element in dem schlichten Baukörper ist das um die Kuppel führende Schmuckband aus stilisierten Lilien.

Taiz, im sunnitischen Teil des Jemen gelegen, ist eine Stadt der Heiligen. Eine Geschichte des **Schutzheiligen der Stadt, Ismael Mülk,** ist bei *Carsten Niebuhr* beschrieben. Danach soll Mülk ein König gewesen sein, dessen Grab sich in der nach ihm benannten Moschee befindet. *Niebuhr* erzählt, warum der Grabkasten nicht mehr besichtigt werden kann: „Es kamen zwei Bettler zu dem Gouverneur von Taäs und baten ihn um ein Almosen. Doch der Dola gab nur einem ein Geschenk. Daraufhin nahm der andere Zuflucht zum Grabe des König Ismael und rief ihn um Hilfe an. Ismael, der sein ganzes Leben lang sehr freigebig gewesen war, wollte diesen gottesfürchtigen Mann nicht abweisen. Deshalb öffnete er sein Grab und gab dem Bettler einen Brief, in dem er den Dola aufforderte, dem Überbringer 100 Speciestaler zu bezahlen. (...) Der Dola konnte also die Aufforderung eines so großen Königs und Heiligen nicht unbeachtet lassen. Er ließ das Geld auszahlen, allein bald darauf den Zugang zu dem Grab zumauern, weil er Angst hatte, er könnte weitere Briefe solcher Art erhalten."

Die Paläste des Imam Ahmad

Imam Ahmad, der vorletzte Herrscher des Jemen (sein Sohn *Badr* folgte ihm nur eine Woche im Amt), hatte mehrere Häuser in der Stadt und in Stadtnähe: das heutige Nationalmuseum, das ehemalige Museum im Stadtteil Salach, und einen Gebäudekomplex im Westen der Altstadt. Die Reste der letztgenannten Gebäude können südlich der Abdul Al Hadi-Moschee in der Altstadt aufgesucht werden. Ein Teil der Häuser wurde für den Bau einer Schule (Madrissa Daun) abgerissen. Der Zugang ist wie folgt:

Nach Durchschreiten des Stadttores **Bab Mußa** in der Altstadt sofort rechts halten und nach 30 m links gehen. Nun sind es 120 m bis zum zuvor beschriebenen **Kabat al Husseini.** Von dort 250 m aufwärts in Richtung Aschrafija-Moschee zu einem Platz mit Teestube steigen und rechts abbiegen. Nach 190 m halblinks und nach 40 m noch einmal links zum **hölzernen Tor** des Ahmad-Hauses gehen. Die Tür zeigt u.a. ein hölzernes Minarett. Auf dem Weg zurück zum vorgenannten Platz kann rechts das ehemalige Häuserareal der Imamsfamilie besichtigt werden, dessen Instandhaltung stark vernachlässigt wird.

Der Markt

Der Besuch der Altstadt sollte mit einem Bummel über den **Suk** abgeschlossen werden. Hier reihen sich in zwei lang gestreckten Gassen **Läden und Handwerksbetriebe** (Schmiede, Schneider) aneinander. Herauszuheben sind Geschäfte mit farbenprächtigen importierten Stoffen und Tüchern sowie Babymützen *(gurgusch)* und fein gehäkelten Jungenkappen *(kufia)*, Flechtwaren aus der Tihama, Berge an winzigen getrockneten Fischen, Gewürze, lokal hergestellte runde Ziegenkäse (mit und ohne Salz). Männer sitzen vor großen Körben mit Jasminblüten, fädeln diese zu Ketten und verkaufen sie für Festlichkeiten.

Im Sukgelände gibt es Geldwechselstuben sowie Läden, die **Silberschmuck** und **Antiquitäten** anbieten.

Blick auf Taiz

Hotels

Abgesehen vom *Sofitel* und *Jabal Saber Hotel* sind Unterkünfte aufgeführt, die sich in der Nähe der Altstadt befinden. Es gibt weitere einfache und Mittelklasse-Hotels an den Ausfallstraßen.

- **Sofitel,**
Tel. (04) 200311, Fax (04) 200312, www.accorhotels.com, 1-Bett 140 US-$, 2-Bett 160 US-$ inkl. Tax und Frühstück, Luxushotel, Suiten, Pool, Restaurant, Garten, Health Center; oberhalb der Straße nach Sana'a.
- **Jabal Saber Hotel,**
an der zum Dschebbel Sabir hinaufführenden Straße, hervorragende Aussichtslage. Tel. (04) 261860, Fax (04) 261 861, saberhotel@accoryemen.com. 1-Bett 55 US$, 2-Bett 60 US$, Suite 65 US$, Frühstück 7 US$.
- **Taj Shamsan Hotel,**
nahe dem Stadttor Bab Mußa, Tel. (04) 236514, Fax (04) 236513, tajshamsan@y.net.ye., 1-Bett 61 US$, 2-Bett 79 US$, inkl. Frühstück; modernes Hotel in Altstadtnähe.
- **Yemen Tourism Hotel,**
nahe Bab al Kabier, Tel. (04) 253999, Fax (04) 253088, yemenhotel@yemen.net.ye, 1-Bett 4200, 2-Bett 5200 Rial, mit Frühstück, zu empfehlen.
- **Queen Hotel** (*Almalika Hotel*, ehemals *Ganat Hotel*),
nahe Nationalmuseum. Nach Renovierung neu eröffnet. Ehemaliges Frauenhaus des Imams, dann erste Touristenherberge in Taiz. Tel. (04) 281669, 2-Bett 2500, 3-Bett 3000 Rial, ohne Frühstück, Du/WC im Zimmer; einfach, sauber.
- **Al Mokhtar 2 Hotel,**
Tel. (04) 256589, 1-Bett 2500, 2-Bett 3500 Rial, ohne Frühstück.
- **Al Shreef Tourist Hotel,**
Tel. (04) 252958, Fax (04) 254364, 2-Bett 4000 Rial, 3-Bett 5500 Rial, ohne Frühstück, zu empfehlen.

- **Dubai Tourist Hotel,**
Tel. (04) 263878, 1-Bett 1500 Rial, 2-Bett 2000 Rial, sehr einfach.

Essen und Trinken

Restaurants mit europäischem Standard gibt es nur **in den Hotels.**

Ein empfehlenswertes Restaurant und Gartenlokal liegt kurz vor dem Nationalmuseum rechts.

Ein Ziel vieler Touristengruppen ist die **Teestube Samira** 100 m oberhalb des *Jabal Saber Hotels* (links der Straße), wo sich Touristinnen mit schwarzen floralen Mustern *(Näksch)* bemalen lassen können: Die Verzierung einer Hand kostet 500 Rial, Hände und Arme 1500 Rial, Hände, Arme und Beine 3000 Rial.

Die beste Aussichtslage auf Taiz bietet die **Teestube Namer Rest** 50 m unterhalb des *Jabal Saber Hotels.*

Ein bei Jemeniten beliebtes **Frühstück** ist Tee mit Milch und süße, in Fett ausgebackene Hefeküchlein *(kamira).* Das Gebäck wird bei Marktfrauen gekauft und mit in die Teestube genommen. Der bestellte Milchtee wird in eine Untertasse geschüttet und der Kuchen darin eingeweicht.

In Taiz wird in großen Glasgefäßen ein **Gerstengetränk** *(scha'ir)* angeboten, das mit Gerstenkörnern, Datteln, Rosinen, Bananenstücken, Nelken, Kardamon und Zucker angesetzt ist und zwölf Stunden „gegoren" hat. Wegen der zweifelhaften Wasserqualität ist vom „Genuss" abzuraten.

Busse

Alle Busse fahren im **Stadtteil Hauban** (am östlichen Stadtrand) ab. Dorthin mit dem Taxi für 400 Rial fahren.

- **Taiz – Sana'a:** 6, 7, 14, 15 Uhr, 1200 Rial
- **Taiz – Hudäida:** 7, 13 Uhr, 1200 Rial
- **Taiz – Aden:** 8, 11, 14 Uhr, 700 Rial

Vorverkauf der **Fahrkarten** am Abend oder eine Stunde vor Abfahrt (geöffnet 6–21 Uhr). Auf dem Hügel hinter der Bushaltestelle steht der schwer gesicherte Präsidentenpalast. Gegenüber der Haltestelle hat das **Restaurant Aswan** ab 6 Uhr geöffnet.

Sammeltaxen

Die Taxen fahren **an zwei Plätzen** ab:

- **Farza Hauban** am östlichen Stadtrand, 200 m vor der Busstation. Fahrpreise: Aden 800, Sana'a 1200, Ibb 400, Damahr 800, Yarim 700 Rial.

060J Foto: bs

- **Farza Hudäida** 1,6 km westlich des Abzweigs nach At Turrba am westlichen Stadtrand. Vom Zentrum hierher mit dem Stadtbus (40 Rial) oder Taxi (500 Rial). Fahrpreise: Hudäida 1200, Hais 600, Dscharrari 600, At Turba 600 Rial.

Flugverbindungen der Yemenia

- **Inlandsflug Taiz – Sana'a** (Mi, Sa, So)
- **Yemenia** in Taiz: Tel. (04) 233226

Geldwechsel

Private Geldwechselstuben befinden sich zwischen den Toren Bab Kabier und Bab Mußa in der Gasse der Kleider- und Stoffhändler und in der Straße des 26. September nahe dem Bab Kabier.

Post/Telefon/Internet Café

Das **Postamt** befindet sich ca. 1 km östlich des Bab al Kabier nahe des *Queen Hotel.* Die Öffnungszeiten sind 8–13 Uhr und 16–19 Uhr.

Privat betriebene **Telefonzentralen** und **Internet-Cafés** gibt es zahlreich im Stadtzentrum und am Stadttor Bab al Kabier.

Abstecher 1 von Taiz: Dschebbel Sabir (2–3 Std.)

Da am Vormittag kaum Sammeltaxis auf den Dschebbel Sabir fahren, sollte der Besuch des Berges, der sich hinter der Festung Kairo aufbaut, für die **Mittagszeit** eingeplant werden.

Abfahrtsort der **Sammeltaxen** ist das Stadttor **Bab Kabier.** Wer Glück hat, findet ein Taxi bis zur Ortschaft Al Arus unweit des Gipfels (200 Rial). Um nicht lange zu warten, können auch Taxen mit anderen Zielorten bestiegen werden (nach Dar al Nasr und Asch Schaab). Auf dem Berg ergeben sich Weiterfahrten zum Gipfel.

In einer Stunde auf steiler, asphaltierter Straße werden 1500 m Höhendifferenz überwunden. Fiel bei der Fahrt der Blick immer wieder auf Taiz zurück, bildet der obere Teil des Sabir eine abgeschlossene Welt: unzählige Dörfer und terrassierte Felder, Frauen bei der Feldarbeit. Auf dem Sabir **überwiegt das Grün.** Anbauprodukte sind Getreide und Kat, daneben gibt es Feigen, Mangos und Zitronen. Leider sind die Kinder auf diesem Berg sehr aufdringlich. Bei der Rückfahrt bieten sich im unteren Teil des Berges an jeder Straßenkehre grandiose Ausblicke auf Taiz.

Der untere Abschnitt der Straße hinauf zum Dschebbel Sabir (wo sich auch das Hotel *Jabal Saber* und die Teestube *Samira* befinden) hat sich zu einem beliebten **Aussichtspunkt** der Bevölkerung von Taiz entwickelt, die hier am späten Nachmittag mit Familien und z.T. Wasserpfeifen die Abenddämmerung genießt. Die Straße ist daher auf mehreren hundert Metern Länge zugeparkt. Zu den Teestuben am Sabir siehe „Essen und Trinken".

Die Sammeltaxen für den westlichen Teil des Sabir-Massivs fahren von der Straße zwischen dem Bab Kabier und dem Bab Mußa ab.

Abstecher 2 von Taiz: Suk Wadi Dhabab, Dschebbel Habaschi, Yafrus und At Turrba

Entfernung: Wadi Dhabab 8,5 km, Yafrus 31 km, Habaschi 40 km, At Turrba 70 km.
Sammeltaxi: Taiz – At Turrba 500 Rial. Haltestelle siehe unten.

Am Abzweig At Turrba von der Straße Richtung Mocha/Hudäida den Tageskilometerzähler auf Null stellen.

Km 0,5: Der Halteplatz für die Sammeltaxen nach At Turrba.

Km 8,5: Das **Wadi Dhabab.**

Sonntags ist der Besuch des Suk im Wadi Dhabab („Tal des Nebels") ein „Muss". Er ist **einer der farbenprächtigsten Märkte** im Jemen. Das Marktgeschehen spielt sich nur vormittags ab, daher sollte der Besuch zwischen 8 und 12 Uhr erfolgen.

Links der Straße befinden sich Garküchen, auf der rechten Seite geht es zum Marktgelände (200m).

Das Tal ist die Woche über verlassen (zur Regenzeit fließt hier ein Bach, was dem Marktgeschehen keinen Abbruch tut). Je nach Jahreszeit werden Obst und Gemüse, Säcke mit Kaffee und Gewürzen angeboten und Kamele, Rinder und Schafe gehandelt. Frauen in farbenfrohen, traditionell bestickten Kleidern nehmen am Marktgeschehen teil.

Gegen Mittag löst sich der Markt rasch auf. Händler und Käufer laden ihre Waren auf Kamele oder Kleintransporter, und in kurzer Zeit ist der Platz wie leer gefegt.

Km 14,5: Rechts zweigt die Piste zum **Dschebbel Habaschi** ab, die nachfolgend beschrieben wird.

In Richtung der Ortschaft Al Mon'am geht es auf guter Piste zum 6 km entfernten Wadi Isa, das im Sommer mit seinem Grün beeindruckt. Am Ende des Tales öffnet sich der Blick auf den Dschebbel Habaschi. Kat-Anpflanzungen begleiten die Fahrt auf dem Serpentinenweg. Zu Beginn des Anstiegs liegt links ein **Wasserfall.** Im ersten Dorf auf dem Massiv (Al Mon'am) soll-

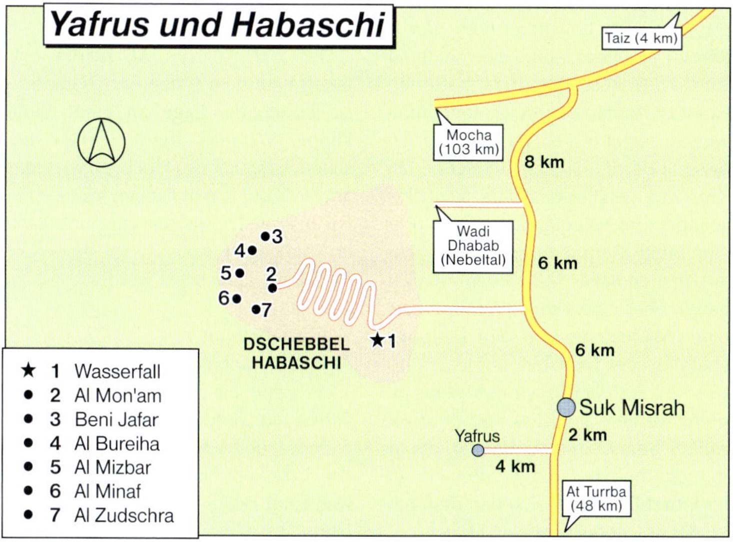

te das Auto verlassen werden. Die hier lebenden Menschen sind durch den Katanbau wohlhabend geworden, was sich an den Wohnhäusern ablesen lässt. Wer Zeit hat, kann zu einem der Orte auf den umliegenden Gipfeln fahren: **Al Zudschra, Al Minaf, Al Mizbar, Al Bureiha.** Von der Asphaltstraße bis zum Dorf Al Mon'am sind es ca. 90 Minuten Fahrt.

Km 16,7: Die Straße führt über einen Pass hinweg.

Km 18,8: Die Ortschaft **Nadschda.**

Km 22,3: Rechts der Abzweig zum 4 km entfernten **Yafrus.**

Yafrus hat **eine der faszinierendsten Moscheen dieser Gegend.** Der Besucher ist geblendet vom Weiß der Anlage. Die Moschee wurde im 16. Jh. unter *Sultan Amer ibn Abd al Wahhab* errichtet (der auch die berühmte Koranschule der Amerija-Moschee in Rada erbauen ließ), gewidmet dem *Ahmad ibn Alwan,* der in Yafrus eine Sekte auf sufistischer Basis gegründet hatte. Bekannt ist *Ahmad ibn Alwan* noch heute wegen seiner Kritik am lockeren Lebensstil der damaligen Herrscher. Die Moschee gefällt durch ihre Geschlossenheit. Der Hauptaufgang führt über eine breite Treppe und durch ein altes, farbig angemaltes Tor, die hinteren Zugänge über eine alte Steintreppe bzw. einen **Wehrgang** (der den Festungscharakter der Moschee unterstreicht). Das Bethaus darf nur von Moslems betreten werden. Der Moscheehof ist von zahlreichen Räumen umgeben, die als Jungenschule benutzt werden. Ein guter **Überblick** bietet sich von dem hinter der Moschee liegenden Hügel.

Von Yafrus 4 km zurück zur **Taiz – At Turrba Straße** fahren, den Tageskilometerzähler auf Null stellen und rechts abbiegen.

Km 7: Nadschamma mit einem lebhaften Markt.

Km 7,9: Rechts nach At Turrba abbiegen.

Km 24,1: Die Ortschaft **As Safia.**

Km 26,4: Die Straße quert eine viele Kilometer lange vulkanische Spaltenfüllung, die wegen der Erosion des angrenzenden Materials als Mauer in der Landschaft steht.

Km 27,8: Rechts lädt ein riesiger **Affenbrotbaum** inmitten einer Grünanlage zu einer Picknickrast ein.

Km 35,2: Die Ortschaft **Markaz.**

Km 36: Rechts ist auf einem Berg eine weitere sehr hohe vulkanische Mauer zu sehen.

Km 47,2: Am Ortseingang von At Turrba geradeaus weiterfahren.

Das Ortsbild von **At Turrba** enttäuscht auf dem ersten Blick. Grandios ist jedoch die **Lage an einer Steilklippe.** Weit reicht der Blick in die südlichen Ausläufer des Hochgebirges, das am Horizont in den flachen Küstenstreifen ausläuft. Dieser Aussichtspunkt kann im Stadtgebiet von At Turrba rechts der Fernstraße aufgesucht werden.

Weiterfahrt von At Turrbanach Aden

Während bis zum Jahr 1990 in At Turrba die „nordjemenitische Welt" zu Ende war und ausschließlich der Blick in die Volksrepublik Südjemen erlaubt war, kann heute weiter nach Aden gefahren werden.

Km 7: An einem Denkmal, das auf den Bau der nun folgenden Straße hinweist, links abbiegen. Es folgt eine 9 km lange **grandiose Steilabfahrt** mit vielen Serpentinen, die Blicke auf kahle Berge und einsame Dörfer beschert. Bei unserer Recherche Anfang 2008 war im Tal eine 16 km lange Strecke noch nicht asphaltiert. Die Strecke im Wadi führt durch kleine Ortschaften mit kärglichen landwirtschaftlichen Flächen.

Km 32,2: Rechts ein **Heiligengrab.**

Km 52: Eine vulkanische Kraterreihe wird durchquert.

Km 116,2: Die Straße Aden – Sana'a ist 7 km südlich von Laheck erreicht.

4. Tag: Taiz – Mocha – Zabied

Taiz – Mocha

Entfernung: 105 km
Fahrzeit: 2½ Std.
Sammeltaxi: 600 Rial nach Mocha
Besichtigung: Mocha
Hinweis: Wer am Freitag reist, sollte von Taiz direkt nach Bäit al Fakki fahren und einen der wichtigsten jemenitischen Wochenmärkte besuchen.

Wie rasant Taiz gewachsen ist, zeigt sich an der Ausfallstraße nach Westen. In der 1997er Auflage dieses Buches schrieben wir noch: „5 km hinter der Stadtgrenze zweigt links die Straße nach At Turrba ab". Heute reicht die Stadtgrenze westlich über diesen Abzweig hinaus. Am Abzweig At Turrba den Tageskilometerzähler auf Null stellen.

Km 14: In **Ar Ramahde** befand sich zur Zeit Imam *Ahmads* der erste Flugplatz von Taiz.

Durch karger werdende Landschaft geht es nach 20 km durch den Marktflecken **Haidah <Hajdah>,** auf den letzten Ausläufern des Hochgebirges.

Km 27,1: Das **Heiligengrab** von *Adris ibn Asch Scheich Abdulrahman.*

Km 32: Entlang der Straße zahlreiche Bienenstöcke und **Honigverkauf.**

Km 37,7: Rechts der Abzweig nach **Mkbana.**

Km 40: Links ein großes Zementwerk.

Km 48: Der Ort **Gariat al Barrah.** Ab hier geht die Fahrt durch eine bizarre Vulkankegellandschaft.

Km 55,6: Rauchende Holzkohlenmeiler und Verkauf von Holzkohle.

Km 59,5: Links der Abzweig nach Mocha. Zur Fahrt nach Mocha siehe weiter unten.

Wer Mocha nicht besuchen möchte, fährt am Abzweig „Mafrak Mocha" geradeaus Richtung Hudäida und stellt den Tageskilometerzähler auf Null.

Km 12: Das überraschend grüne **Wadi Hammeli** wird auf einer Brücke überquert.

Km 20,7: Zum Besuch des **„jemenitischen Stonehenge"** rechts in eine Piste Richtung Hugäisa abbiegen. 5,5 km weiter (vor einem Hügel) rechts abbiegen und nach 500 m an den Steinpfeilern von **Hagger al Gajemm** <Hajar al Ghaima> parken.

Für diese erst vor wenigen Jahren bekannt gewordenen, von mächtigen vulkanischen, mehreckigen Steinpfeilern flankierten Prozessionsstraßen wird ein

Die Tihama

Der flache, 25–45 km breite Küstenstreifen, durch den die Reise in den nächsten zwei Tagen führt, wird Tihama genannt. Geologisch gesehen ist die Tihama Teil des Grabenbruchs des Roten Meeres, hier reißen die Afrikanische und die Arabische Platte auseinander. Flora und Fauna (auch wenn vieles inzwischen ausgestorben ist) gleichen denen der afrikanischen Savanne. Von geologischem Interesse sind die heißen Quellen von As Suchna und die Steinsalzminen bei As Salief nördlich von Hudäida.

Aus dem hinter der Tihama steil aufsteigenden Bergland werden große Mengen Sedimentgesteins von den Flüssen in das flache Land geschwemmt. Sand- und Wanderdünen sind das Auffallende dieser Landschaft. Am Rande der breiten Trockentäler wird intensiv Landwirtschaft betrieben, teils mit Wasser, das zu Regenzeiten aus dem Gebirge kommt (oftmals sturzflutartig), teils mit Grundwasser.

Von den Winden des Indischen Ozeans herangetriebene Wolken überqueren den Küstenstreifen und regnen ihre wertvolle Fracht an den 40 km landeinwärts gelegenen Bergen ab.

Klimatisch ist die Tihama ein extremes Gebiet: Mit einer Regenmenge von nur 70–100 mm pro Jahr, mit Temperaturen im Sommer von mehr als 40°C und einer Luftfeuchtigkeit um die 90% werden hohe Anforderungen an Mensch und Vegetation gestellt.

Ganzjährig Wasser führende Flüsse (Wadi Zabied, Wadi Rima, Wadi Surdud, Wadi Murr, Wadi Siham) verlassen das Hochland. Das Wasser dieser Flüsse erreicht das Rote Meer jedoch nur während der Regenzeit bzw. nach heftigen Gewitterschauern in den Bergen. Während der übrigen Jahreszeit versickert es kurz nach Verlassen der Berge im Sand der Tihama.

Das natürliche landwirtschaftliche Potenzial der Tihama ist auf einen schmalen Streifen am Hochgebirge und entlang der Wadis begrenzt. Hier wächst eine Vielfalt an Feld-

064| Foto: bs

früchten wie Mais, Hirse, Sorghum, Sesam, Sojabohnen, aber auch Baumwolle, Tabak und Henna. An Obst und Gemüse sind Bananen, Zitrusfrüchte, verschiedene Melonenarten, Datteln, Tomaten, Zwiebeln, Auberginen und Chilipfeffer zu nennen.

Die Tihama ist seit den 1980er Jahren ein Schwerpunkt landwirtschaftlicher Entwicklung, da hier - anders als auf den schmalen Terrassen des Gebirges - mechanisierte Landbestellung möglich ist. Das mit Pumpen geförderte Grundwasser wird für die Bewässerung der Felder genutzt. Da das Grundwasser der Tihama über tertiären Salzstöcken steht und somit stark salzhaltig ist, bedeutet die Versalzung der Böden ein ständiges Problem.

Die Tihama war in der Geschichte des Jemen die Region, auf die fremde Invasionstruppen zuerst ihren Fuß setzten. Hier konsolidierten sie ihre Macht, bevor sie zur Eroberung des Hochlandes ansetzten. Hier lagen ihre letzten Bastionen, bevor sie den Jemen wieder räumen mussten.

Zeugnisse sabäisch/himjaritischer Geschichte wurden in der Tihama gefunden, sind touristisch aber nicht erschlossen. Der Hafen des himjaritischen Reiches wurde westlich von Zabied lokalisiert, aber noch nicht ausgegraben.

Die Tihama war in vorislamischer Zeit entlang der Flusstäler und der Küste besiedelt. Neben der wichtigsten und bekanntesten Handelsroute östlich des Gebirges (Weihrauchstraße) werden die Handelswege über das zentrale Bergland in die Tihama und an das Rote Meer oft vergessen. Es gab jedoch bereits um 55 v.Chr. vom Königreich Saba nach Abessinien Handelsverbindungen. Handelsschiffe fuhren vom Mittelmeer in den Indischen Ozean und berührten Häfen der Tihama. So ist es verständlich, dass sich Handelsposten, Wegestationen und Siedlungen entlang von Wadis, die aus dem Gebirge herausführten, bildeten.

In islamischer Zeit, vor allem vom 10.–13. Jh., blühten Handel und Landwirtschaft. Die Tihama wurde ein volkreiches Gebiet. Kriege, Invasionen, Ausbeutung und zu hohe Besteuerung im 14. Jh. zwangen die Bevölkerung, ihr Land zu verlassen. Der Kaffeehandel und die Blüte der Hafenstädte Hudäida, Luhäia und Mocha tangierte die Fischer und Landarbeiter der Tihama kaum.

Der im 14. Jh. einsetzende Niedergang der Region hielt bis in unsere Zeit an. Wer heute durch die Tihama fährt, wird feststellen, dass im Vergleich zum Bergland dieser Landesteil deutlich ärmer ist.

Die ältesten Bauwerke der Tihama sind die Moscheen in Mocha und Zabied sowie die Befestigungsanlagen aus der Zeit der zweiten osmanischen Besetzung in Zabied, Bäit al Fakki und Luhäia. Steinerne Administrationsgebäude aus gleicher Zeit haben sich in Zabied, Hudäida und As Sochra erhalten.

Die Tihama unterscheidet sich grundlegend vom Bergland. Neben Geologie, Klima, natürlichem und kultiviertem Bewuchs sind es die Menschen und ihre Bauten, die afrikanischen Einfluss zeigen. Tatsächlich ist es so, dass die lange Besiedlungsgeschichte der Tihama stark mit dem jenseits des Roten Meeres liegenden afrikanischen Kontinent verbunden war.

Anders als das jemenitische Hochland ist die Tihama ein Schmelztiegel von Rassen und Nationalitäten. Die Menschen sind dunkelhäutig, Nachfahren von Einwanderern aus Abessinien und ehemaligen Sklaven. Wir treffen auf Stammesangehörige, die ihre Vorfahren zur vorislamischen himjaritischen Bevölkerung zählen und auf die Nachkommen ausländischer Seefahrer, Händler und Besatzer, die sich an der Küste niederließen.

Rundhüttendorf bei Luhäia

Die an Afrika erinnernden Kraldörfer v.a. der Nord-Tihama sind eine Besonderheit in der sonst üblichen Stein- und Lehmarchitektur des Jemen. Drei Baustile fallen beim Besuch der Tihama auf: der „Rote Meer-Stil" der alten Kaufmannshäuser in den Küstenstädten Hudäida, Luhäia und Hocha (geschnitzte hölzerne Balkone, Fensterläden, Türen und Hausverzierungen), der „Zabied-Stil" der einstöckigen, weiß getünchten, mit Ziegelstein- und Gipsornamenten versehenen Häuser in Zabied, Hais und Ba'dschil und der „Kralhütten-Stil" in der nördlichen Tihama mit Rund- oder Rechteckhütten aus Palmwedeln, Lehm und geflochtenen Seilen.

Wie auch in andern Gebieten des Jemen leben die Menschen als Händler, Landwirte und Handwerker, doch kommen spezifische Erwerbsquellen wie Fischerei, Dattelpalmen- und Baumwollanbau und Salzgewinnung dazu.

Flechtwaren gehören zu den traditionellen Handwerksprodukten, die in Heimarbeit gefertigt und auf den örtlichen Märkten verkauft werden. Grundlage dieser Waren sind Palmwedel, Gras (Binsen) und Stroh. Hergestellt werden Körbe jeglicher Größe und für vielerlei Zwecke, Matten als Sonnenschutz und als Unterlage für das Geschirr bei den Mahlzeiten, Gebetsmatten, Männer- und Frauenhüte, Seile für den Hüttenbau, Maulkörbe für Kamele, Transportkörbe für Hühner, Siebe für das Sortieren von Getreide, Besen und die Bespannung von Bettgestellen.

Töpferei hat eine lange Tradition in der Tihama. Gilt auch Hais als Töpferzentrum der Tihama, so gibt es doch noch andere Orte, wo Brotbacköfen, Töpfe, Wasserkrüge, Trinkgefäße, Wasserpfeifenaufsätze und Weihrauchgefäße aus Ton hergestellt werden.

Ausgedehnte Baumwollfelder in der Tihama lassen vermuten, dass es hier Textilherstellung gibt, verbunden mit Spinnerei, Weberei und Färberei. Dennoch – ein großer Teil der Ernte geht an die Textilfabrik nach Sana'a, von wo dann die Weber der Tihama ihre Garne beziehen.

In den wenigen Orten, wo Baumwolltücher gewebt werden (z.B. Bäit al Fakki und Drehemi), arbeiten Weber an einfachen Webstühlen und stellen mehrfarbig gestreifte Tücher von fester Qualität her, die als Schultertücher, Bettüberwürfe, Männerröcke oder Tragetücher verwendet werden. Das Textilgewerbe erlebte in der Tihama in der ersten Hälfte des 20. Jahrhunderts seine letzte Blüte. Importierte Textilien überschwemmen seit den 1970er Jahren die Märkte.

Das Schneidern und Nähen von Frauenkleidung ist Arbeit der Frauen. Im Haus tragen sie ein luftiges Kleid bzw. Rock und Bluse. Verlassen sie das Haus, tragen sie entweder einen schwarzen Mantel *(balto)*, ein traditionelles besticktes Kleid oder einen Umhang, jeweils mit Gesichtsverschleierung oder Kopftuch bzw. Strohhut. Dies ist abhängig von der Region und der gesellschaftlichen Stellung. Das Verzieren von Kleidern mit weißen, geklöppelten Bändern ist typisch für die dörfliche Tihama.

Alter von rund 5000 Jahren angenommen. Fünf „Straßen" laufen an dieser Stelle parallel und sind auf bis zu 6 m große Steinkreise ausgerichtet, von denen angenommen wird, dass sie die verbliebenen Reste von Grabhügeln darstellen. Die bis zu 3 m aus der Erde ragenden Pfeiler wurden aus dem angrenzenden vulkanischen Berg gebrochen, in dem sie anstehen. Zurück an der Tihama-Fernstraße den Tageskilometerzähler auf Null stellen.

Km 2,5: Links Vulkanreste in Pfeilerform.

Km 10,3: Links in der Ferne das **Heiligengrab** des *Walli Rufa'i.*

Traditionelle Frauenarbeit ist das Ausmalen von Hütten. Viele der aus Palmwedeln und Lehm gebauten Hütten sind innen kunstvoll über und über mit abstrakten oder figurativen Mustern geschmückt.

Aufgrund der heute im Jemen so begehrten Perlen als Halsschmuck sollte angenommen werden, dass das einstmals florierende Gewerbe des Perlentauchens wieder auflebt. Das ist nicht der Fall. Noch vor dreißig Jahren gab es in Luhäia ausgedehnte Muschelbänke, zu denen Perlensucher hinabtauchten. Schon in der Antike waren Perlen von Luhäia berühmt, heute kommt billigere Importware auf den Markt.

Ein typisches Produkt der Tihama ist Salz. Es wird entweder in Meerwasserverdunstungsfeldern gewonnen oder bergwerksmäßig als Steinsalz abgebaut. Östlich von Luhäia wird Salz aus einem Berg gesprengt.

In Luhäia, Hudäida und Mocha wird noch traditioneller Bootsbau (mit importierten Holzplanken) betrieben. Am Strand von Hocha und nördlich davon liegen Fischerboote (heute mit Außenbordmotor). Zwei bis zehn Mann stark ist die Besatzung. Auch einfache Flöße aus Palmstämmen („ramas") dienen dem Fischfang. Die Stämme sind mit Seilen verbunden und am Bug leicht gebogen, als Schutz gegen die Wellen. Solch ein Floß wird zum Transport von Netzen benutzt. Der Fischer paddelt mit dem Floß (oder schiebt es) 50–100 m auf das Meer hinaus und legt dort das Netz aus. Kleine Fänge teilen die Fischer unter sich auf. Große Fänge gehen auf die örtlichen Märkte, aber auch in das Bergland. In Luhäia und Hocha wird Fisch in Tonöfen geräuchert und zum Verkauf angeboten.

Das Herstellen von Lehmziegeln ist heute völlig von Zementblocksteinen in den Hintergrund gedrängt worden. Moderne Technologie und Baustoffe haben ein lokales Handwerk abgelöst, das in der Tihama schon im Mittelalter ausgeübt wurde. Schöne Beispiele für Ziegelbauten sind alte Moscheen und Befestigungsanlagen aus der Osmanenzeit. Nur noch selten ist die Lehmziegelherstellung zu sehen, wobei Lehm mit Wasser (selten mit Stroh) vermischt wird und in rechteckige Holzgestelle gepresst wird. Nach mehrtägigem Trocknen an der Sonne werden die Ziegel einige Tage lang im Brennofen gefestigt.

Neben den traditionellen Handwerken, die zum Teil noch weiterleben, haben moderne Industriezweige Einzug in die Küstenregion gefunden. Ölverarbeitung, Elektrizitätswerke und Fabriken für Zement, Zigaretten, Mineralwasser, Fruchtsäfte, Dosengemüse, Milchprodukte und Speiseeis sind entstanden.

Literatur: „Studies on the Tihama – The Report of the Tihama Expedition 1982", *Francine Stone*, Longman Group Ltd., Harlow, England 1985, sowie „Klimagerechtes Bauen in der heiß-feuchten Tihama-Region im Jemen am Beispiel der Stadt Hodeida", *Radwan al-Sabri*, Verlag Shaker, Aachen 1999.

Km 15,3: Rechts ein **Rundhüttendorf** um ein Heiligengrab.

Km 37: Honigverkauf entlang der Straße.

Km 49,8: Links der Abzweig nach **Hocha** <Khawkhah> (28 km).

Km 50,8: Rechts der Abzweig zum 1 km entfernten Zentrum von Hais.

Hais <Hays>

Hais war bis Ende des letzten Jahrhunderts die wichtigste **Töpferstadt** der Tihama. Heute arbeitet im Ort nur noch eine Tonbrennerei.

Hais hat einen interessanten Suk (Markttag Montag) mit engen Gassen. Hinter Mauern liegen traditionelle Häu-

063 | Foto: bs

ser mit strahlend weiß getünchten Stuckarbeiten an den Außenwänden. Das Töpferhandwerk wurde in Zabied bereits im 9. Jh. ausgeübt. Im 15. Jh. übernahm Hais die Stellung als Töpferzentrum. Schöne Beispiele dieses Handwerks sind im Nationalmuseum in Sana'a zu sehen. Interessant ist der Wechsel in der Form der Trinkgefäße und Lasiermethoden nach der Einführung des Kaffees als Volksgetränk. Berühmt war die **Haisi-Glasur.** Heute dominiert die typische braun-grüne Glasur, deren Farbgebung durch die Verwendung von Kupfer- und Bleioxiden (aus Autobatterien) erreicht wird.

Das jemenitische „Stonehenge":
Hagger al Gajemm

Weiterfahrt Hais – Zabied

Am Abzweig Hais den Kilometerzähler auf 0 stellen und rechts Richtung Hudäida fahren.

Km 15,2: Rechts eine alte **Kuppelmoschee.**

Km 24,3: Der Ort **Dscharrari** <Jarrahi>, wo einige der aus Taiz und Hudäida kommenden Sammeltaxen enden.

Sammeltaxen nach Taiz 600 Rial, Hudäida 400 Rial.

Die 12 km von Dscharrari bis Zabied gehören zu den landwirtschaftlich am intensivsten genutzten Gebieten der Tihama. Hirse- und Baumwollfelder werden wegen der geringen Regenmengen zumeist mit Grundwasser bewässert.

Km 36,1: Rechts die Lehranstalt **Al Bayshiya** der ehemaligen Universität von Zabied.

Km 36,5: Links zur Altstadt von **Zabied** abbiegen.

Zur **Beschreibung von Zabied** siehe weiter unten.

Weiterfahrt vom Abzweig Mocha (bei **Km 59,5**, siehe weiter oben) **nach Mocha.** Den Tageskilometerzähler auf Null stellen.

Die Straße nach Mocha führt durch ausgedörrte Landschaft. Die für die Tihama untypische **Steinwüste** beeindruckt bei **Km 5** mit sechseckigen vulkanischen Pfeilern, die leicht schräg aus dem Boden ragen.

Km 40,3: Rechts der Abzweig zum Elektrizitätswerk.

Km 40,8: Rechts die Straße nach **Hocha.** Es folgt rechts das einfache Hotel *Rashed* (s.u.), dann links die Straße zum Tiefseehafen und nach Aden.

Km 42: Das Zentrum von **Mocha** ist erreicht.

Mocha <Mukha>

Das Gebiet um Mocha war im Altertum ein wichtiger Umschlagplatz für den **Ostindienhandel.** Der Reisebericht eines unbekannten griechischen Seefahrers, „Periplus des Erythräischen Meeres", schildert im 1. Jh. den Hafen Muza (Mocha) als „wimmelnd von arabischen Schiffsherren und geschäftig bewegt vom Handelsgetriebe." Nach diesem Bericht war die der Insel Perim gegenüberliegende Hafenstadt Ocelis „ein Anker- und Wasserversorgungsplatz und die erste Landungsstelle für die, welche von Süden her in den Golf segeln." Ocelis war der entfernteste Hafen, den indische Schiffe anlaufen durften, eine Maßnahme der Südwestaraber, um den Indienhandel der Mittelmeerländer zu kontrollieren.

Es kann davon ausgegangen werden, dass Mocha von der Verladung indischer Waren auf arabische Schiffe profitierte und ein wichtiger **Hafen des himjaritischen Königreichs** war. Wie es dazu kam, dass Mocha eine bedeutende Hafenstadt wurde, hat 1774 *Carsten Niebuhr* beschrieben: Mitte des 15. Jhs. soll sich im Gebiet des heutigen Mocha – damals ein menschenleerer Küstenstreifen – der fromme Scheich *Ali Schadhile ibn Omar* niedergelassen haben. Von nah und fern kamen Menschen, um sich von ihm beraten zu lassen. Dadurch entstand ein kleiner Ort mit Hafen. Ein indisches Handelsschiff auf dem Weg nach Dschidda ging vor Anker, und ein kranker Händler wurde durch den **Kaffee,** den ihm der Scheich reichte, wieder gesund. Durch diese wundersame Heilung verbreitete sich der Ruhm des Kaffees in den Hafenstädten des Roten Meeres, später auch in der Türkei und Europa.

Als *Ali Schadhile* starb, wurde sein Grab zu einer Wallfahrtsstätte und daneben die Al Schadhile-Moschee errichtet. Zwischen Moschee und Hafen entstand die Stadt Mocha mit ihren prächtigen Kaufmannshäusern, in denen der boomende Kaffeehandel abgewickelt wurde.

Der Kaffeehandel

Mocha war **im 17. und 18. Jh.** die **wichtigste Hafenstadt des Jemen** und neben Bäit al Fakki die bedeutendste Stadt der Tihama. Der in den jemenitischen Küstenbergen angebaute Kaffee wurde in Bäit al Fakki gesammelt und über Mocha nach Indien und Europa

Rundreise 1

verschifft. In Mocha lag die Wiege für die in Italien und Wien aufkeimende Kaffeehauskultur. Im **Mokka-Kaffee** hat sich Mocha verewigt.

Da der Jemen und Äthiopien das **Anbaumonopol für Kaffee** hatten, blühte Mocha auf. 1610 verließ das erste britische Kaffeeschiff Mocha. Um das Jahr 1618 gründeten die holländische Ost Indien Kompanie und Großbritannien Handelsniederlassungen in Mocha. 1709 eröffneten Franzosen ein Handelskontor. Aufgrund von Auseinandersetzungen über Zahlungsmodalitäten wurde Mocha 1737 durch ein französisches Kriegsschiff bombardiert. Anfang des 18. Jhs., auf dem Höhepunkt des Kaffeebooms, wurden in Mocha 8000 Häuser und 30.000 Einwohner gezählt. Mit dem Anbau des Kaffees in den Kolonialländern, der auf Java bereits ab dem Jahre 1720 begann, setzte **Anfang des 19. Jhs.** der **Niedergang des jemenitischen Kaffeeexports** und damit auch von Mocha ein. Die Stadt blieb jedoch für weitere drei Jahrzehnte ein wichtiger Hafen und das Tor für ausländische Gesandtschaften zum Imam in Sana'a.

Als Antwort auf die Plünderung des britischen Handelskontor im Jahr 1817 wurde Mocha 1820/21 von britischen Truppen bombardiert und vorübergehend eingenommen.

Der Todesstoß für Mocha kam 1839, als die Engländer Aden eroberten und dort 1850 einen Freihafen einrichteten. Dadurch wurden die Warenströme von Taiz und Sana'a auf Aden umgeleitet. und Mochas Hafenarbeiter siedelten nach Aden um. Eine Statistik der britischen Verwaltung zeigt, dass 1856 30% der Araber in Aden aus Mocha kamen. Als 1857 der britische Kolonialbeamte *Playfair* Mocha besuchte, hatte der Ort nur noch 1000 Einwohner. Anfang des 20. Jhs. lebten hier 400 Menschen, eine Zahl, die sich bis heute nicht erhöht hat.

Besichtigung von Mocha

Aus der glanzvollen Zeit als Kaffee-Exporthafen sind nur noch Rudimente übrig geblieben. Von der gut 3 km langen Mauer, die die Stadt ab dem Jahr 1709 umgab, und von den beiden Forts im Norden und Süden ist nichts erhalten. Wenige **Ruinen alter Kaufmannshäuser** liegen zwischen Ortszentrum und Moschee und können weglos über das Sandfeld aufgesucht werden. Das größte Bauwerk ist die **Ali Schadhile-Moschee** aus dem 15. Jh., ein wuchtiger Ziegelsteinbau. Das Minarett hat zwei Balkone mit auffallend großem Geländer. 50 m neben der Moschee die **Gubba Schadhile,** ein Kuppelbau über dem Grab des Heiligen. Darin befinden sich der mit grünen und goldbestickten Tüchern bedeckte Grabkasten von *Ali Schadhile.*

Mocha verfügt über einfache Läden, Garküchen und ein Krankenhaus. Der schmale Strand weist keine Infrastruktur auf und lädt nicht zum Baden ein. Das **Hafengelände** im Süden darf nur mit Erlaubnis der Immigrationsbehörde betreten werden.

Als *Carsten Niebuhr* 1762 nach Mocha kam, war die Stadtmauer noch intakt. Das Stadttor Bab Schadhile musste er, wie alle anderen Europäer, zu Fuß passieren. Die Gepäckstücke wanderten zur Kontrolle in das Zollhaus.

- Am Ortseingang liegt das einfache **Hotel Rashed;** Tel. (04) 362357, 1-Bett 2500, 2-Bett 3500 Rial. Die Zimmer haben Du/WC.
- **Sammeltaxen:**
An dem Abzweig der Küstenstraße nach Aden stehen Sammeltaxen. Nach Aden 1000 Rial, Taiz 600 Rial.
- **Ausreise über Mocha:**
Zunächst ist beim **Immigration Office** vor dem Hafengelände (geöffnet täglich außer Freitag 8–13 Uhr) eine Erlaubnis zum Betreten des Hafengeländes einzuholen. Sodann kann im Hafenbereich mit den Kapitänen der dort liegenden Schiffe über Bedingungen und Preise gesprochen werden. Da es keinen geregelten Passagierverkehr gibt, muss mit einem **Frachtschiff** nach Afrika gefahren werden. Einen Anspruch auf Transfer hat der Tourist nicht. Wichtig ist die Mitnahme von Mineralwasserflaschen, da das Wasser an Bord nicht zu empfehlen ist. Sind alle Abmachungen getroffen, sind im Immigration Office die Ausreisepapiere (Exit Visa) zu besorgen.

Mocha gilt als **Schmuggelhafen** für Güter aus Djibouti, u.a. Alkohol. Einzeltouristen werden gelegentlich angesprochen, Alkohol zu kaufen. Wir raten von solchen illegalen Transaktionen ab.

Weiterfahrt Mocha – Hocha – Zabied

Entfernung: Mocha – Hocha 67 km
Straße: fast durchgängig asphaltiert
Fahrzeit: mit dem Auto 1 Stunde. Es fahren keine öffentlichen Verkehrsmittel.

Beim zuvor beschriebenen **Km 40,8** führt eine Straße nach Norden. Den Tageskilometerzähler auf Null stellen.

Km 22: Links das schlanke Minarett von **Yakthull.**

Km 30,5: Rechts ein Rundhüttendorf. Hier kann links nach **Molk** <Mulk> mit einem bis zum Meer reichenden Palmenhain abgebogen werden.

Km 66: Links die Ortschaft **Mosche** mit zwei Minaretten.

Km 57: Links die Fischhalle von Hocha.

Km 58,2: Die Asphaltstraße nach Hais ist erreicht. Rechts zum Zentrum von Hocha abbiegen.

Hocha <Khawkhah>

Die Straße endet im Sukgelände direkt am Kat-Markt. Rechts wurde ein einfaches Restaurant in einem ehemaligen Lagerhaus eingerichtet. Der Bau aus gebrannten Ziegeln hat mächtige Gewölbe. Hier dem Sandweg nach rechts folgten und 50 m weiter links abbiegen zu einem weiteren Restaurant im Schatten eines Baumes. Dort erhebt sich die **Al-Buchtias-Moschee**, dem Religionsgelehrten *Buchtiar* gewidmet.

Weiter Richtung Strand und nach 100 m links, wird der Platz an der **Großen Moschee** erreicht. Vor der Moschee nach Westen abbiegen, sind es 200 m zum verfallenen „Palast" des Imam *Ahmad* (Bäit al Imam). Wenn dieser in den Wintermonaten Hocha besuchte, wohnte er hier. Schöne Muster aus hervorgehobenen Steinen zeugen von der Bedeutung des Gebäudes.

Zwischen Imamshaus und dem Roten Meer erstreckt sich ein Palmenhain.

In Hocha fallen zwei Baustile auf, die für die Tihama typisch sind: Strohhütten mit Walmdach *(uscha)* und Häuser mit gebrannten Ziegeln in geometrischen Mustern *(murabba)*.

- Zu den **Unterkünften** am Strand von Hocha wird (von Mocha kommend) am zuvor beschriebenen Kilometer 58,2 nach links abgebogen und sofort wieder nach links auf eine Piste nach Norden. Nach 1,4 km liegt links das **Touristencamp Moka Marina,** 1-Bett 4000, 2-Bett 5000, ohne Frühstück, in

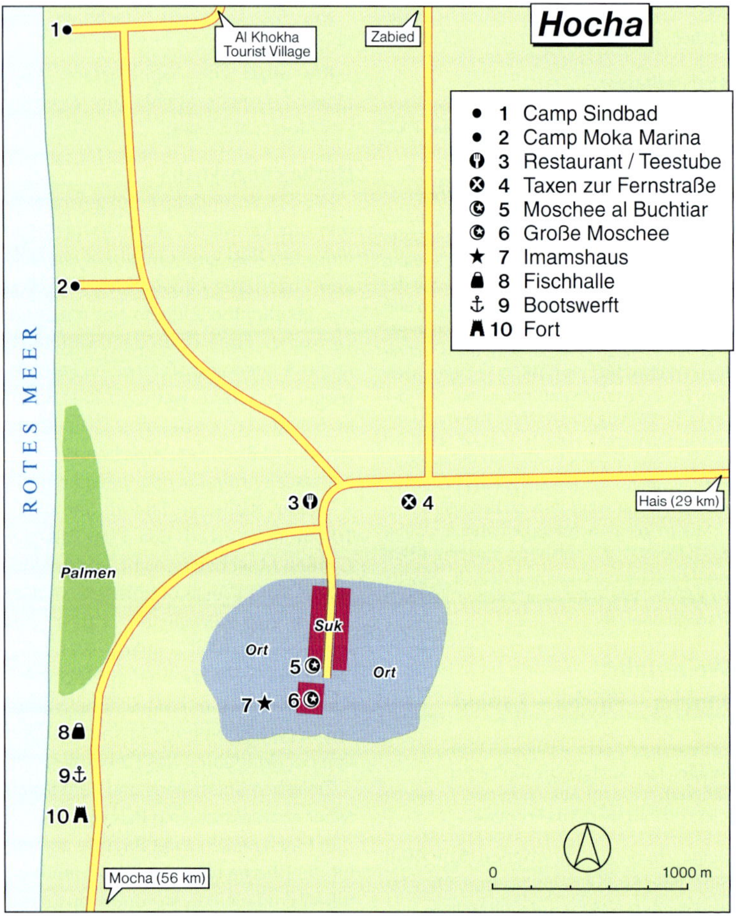

Bungalows, Tel. (01) 427496, Fax (01) 427498, mokatours@hotmail.com, Frühstück 500 Rial, Mittagessen 1500 Rial, Abendessen 1300 Rial. Das Beste der vier Camps in Mocha. Travellertreff. Die Anlage befindet sich an einer Lagune, 500 m vom offenen Meer entfernt.

- 1,8 km weiter nach Norden sind es bis zum **Touristencamp Sindbad** <Senderbad> am Rande der Ortschaft Abu Sachr, 1500 Rial inkl. Frühstück, Abendessen 1000 Rial, Tel. (03) 362872, sehr einfache Anlage, heruntergewirtschaftet.
- Noch 2 km weiter nach Norden sind es bis zum **Al Khokha Tourist Village.** 2-Bett 3500 Rial inkl. Frühstück, Mittagessen 1500 Rial, kein Abendessen, Tel. (03) 362779, überteuert,

heruntergewirtschaftet, hat jedoch den besten Strand.

- 10 km südlich von Hocha liegt am Strand das **Camp Yasmin** (nicht zu empfehlen).

Die drei erstgenannten Unterkünfte sind in Palmenhainen angelegt und für das **Baden im Roten Meer** geeignet. Gelegentlich werden Bootsfahrten angeboten. Der Blick über das Rote Meer reicht zu den (flacheren) vulkanischen **Hanisch-Inseln** und zur höheren Vulkaninsel Zuqar. Die Hanisch-Inseln wurden im Jahre 1995 vorübergehend von Eritrea besetzt, verblieben aber nach dem 1999 erfolgten Spruch des Internationalen Londoner Schiedsgerichts beim Jemen.

Von Hocha nach Hais

Auf der durch die flache Küstenebene führende Asphaltstraße sind es 30 km von Hocha nach Hais.

Die Hocha-Straße trifft am südlichen Ortsrand von Hais auf die Tihama-Schnellstraße. Es wird links abgebogen und nach einem Kilometer nach rechts zum einen Kilometer entfernten Zentrum von Hais.

Von Hocha entlang der Küste nach Zabied

Von der Straße Hocha – Hais zweigt einen Kilometer hinter Hocha nach links (Norden) eine Asphaltstraße ab. Die folgenden **38 km** sind zur Hälfte asphaltiert (Stand Anfang 2008). Die Fahrt führt durch trockene Landschaft, das Meer liegt 3–5 km entfernt.

Km 38,4 ab dem Abzweig in Hocha bei einer querenden Asphaltstraße rechts nach Zabied abbiegen. Die Landschaft auf den nächsten 10 km überrascht mit weitläufigen Palmenplantagen und ist daher angenehm grün.

Km 48,2: Die größere Ortschaft **Suwäig.**

Km 55,5: Am südlichen Ortsrand von **Tuhaytah** halbrechts halten.

Km 65,5: Die **Tihama-Schnellstraße** am nördlichen Stadtrand von Zabied ist erreicht.

Zabied <Zabid>

20.000 Einwohner

Zabied, westlich der Tihama-Schnellstraße gelegen, fällt durch sein geschlossenes Ortsbild auf. Die Hauptzufahrt mündet auf den großen Platz mit dem vierstöckigen Regierungsgebäude. Um den Platz gruppieren sich Restaurants, Schulen und ein Krankenhaus. Das Zentrum Zabieds mit dem überdachten Sukgelände liegt im Nordwesten.

Geschichte

In vorislamischer Zeit lag 30 km nordwestlich von Zabied die Hafenstadt **Ghulayfiqa.** Zur Rassulidenzeit lösten sich die Häfen Al Ahwab (südlich von Ghulayfiqa) und Al Fazza einander ab.

Schon in den ersten Jahren des Islam spielte die Region Zabied eine wichtige Rolle. Im Jahre 630 besuchte Scheich *Abu Musa bin Ashari* aus dem Wadi Zabied den Propheten und trat mit seinem Stamm zum neuen Glauben über. Nach seiner Rückkehr wurde eine Moschee in der Nähe des heutigen Nordtors Bab Sihahm erbaut (es war nicht die heutige Al Aschair-Moschee).

Ob Zabied bereits zeitgleich mit vorgenannter Moschee im Jahre 630 entstand, ist umstritten. Von einigen Wis-

senschaftlern wird die Stadt als Gründung des abbasidischen Statthalters in der Tihama, *Abdallah ibn Ziyad,* im Jahre 819 angesehen. Er löste sich 825 vom Kalifen in Bagdad, machte sich zum König und regierte den Jemen von Zabied aus. Mit dem Bau von Moscheen, Schulen und Verwaltungsgebäuden begann eine glanzvolle Epoche. In dieser Zeit wurde die Al Aschair-Moschee am Südrand des heutigen Suks errichtet, die später die berühmte Universität beherbergen sollte.

Die Gründung der **Universität** wird auf Mitte des 10. Jhs. datiert, noch bevor die berühmte Al Azhar-Universität in Kairo im Jahre 971 ihre Tore öffnete. Viele Studenten und Lehrer aus fremden Ländern machten Zabied zu einem führenden islamischen Wissenschaftszentrum. Dass hier die Algebra (wie vielfach zu lesen ist) entwickelt wurde, ist falsch. Die Algebra ist viel älter als diese Universität.

Den nächsten Anstoß als kulturelles Zentrum des Jemen erhielt die Stadt unter *Turanschah,* dem Bruder *Salah ad Dins,* der 1173 mit einem aijubidischen Heer die Tihama und weite Teile des jemenitischen Hochlandes eroberte. Die im 10. Jh. durch die Zijadiden eingerichtete **Münze** wurde während der fünfzigjährigen Herrschaft der Aijubiden weitergeführt. Eine Untersuchung zeigt, dass zu dieser Zeit von 77 Goldmünzen (Dirham) 35 in Zabied, 19 in Aden, zehn in Taiz, acht in Sana'a und eine in Räida geschlagen wurden. Diese Aufstellung lässt die Bedeutung der Küstenregion im Vergleich zum Hochland in aijubidischer Zeit erkennen.

Für die Dynastie der Rassuliden (1228–1454) bedeutete Zabied die Winterresidenz, die Sommerhauptstadt war Taiz. Aus dieser Zeit hat nur die Fatinya-Madresa überdauert. Die Universität wurde von den Rassuliden auf 5000 Studenten erweitert, bedeutende Fachbereiche waren Religion, Geschichte und Mathematik. Die Universität war in der Al Aschair-Moschee untergebracht. Neben dem Haupttor sind noch heute die Studentenquartiere *(maqcura)* zu sehen. Fakultäten und Institute waren in Sakralbauten mit weiblichen Namen untergebracht: *Kamaliya, Ghucayniya, Ahmariya* und *Iskanderija.* Die Universität wurde 1950 unter Imam *Ahmad* geschlossen.

1537 besetzte ein osmanisches Heer unter *Suleiman Pasha* die Tihama und Zabied. Im Jahr 1546 verlegten die Eroberer ihren Hauptsitz nach Sana'a, Zabied blieb jedoch ein wichtiges Refugium der Osmanen, die während der fast hundertjährigen Besetzung mehrmals aus dem Hochland vertrieben wurden. Aus der Zeit der zweiten osmanischen Besetzung (1849–1918) ist mit dem Fort ein wichtiges Gebäude erhalten.

Zabied ist heute das Zentrum der schafaitischen Sunniten im Jemen.

Besichtigung von Zabied

Der deutsche Forschungsreisende *Carsten Niebuhr* fand 1762 Stadt und Befestigung in einem beklagenswerten Zustand vor. Er sah noch Reste einer Wasserleitung, die einst Wasser aus den Bergen nach Zabied transportiert hatte. Einige dieser Tonröhren sind im Museum (im Fort) ausgestellt.

Von der **Stadtbefestigung** sind das Fort und die **vier Stadttore** erhalten. Da Zabied in den vergangenen Jahrzehnten kaum gewachsen ist, lässt sich der Verlauf der ehemaligen Stadtmauer gut erkennen (abgesehen von Moscheen liegt kein altes Gebäude außerhalb der ehemaligen Verteidigungsanlage). Während der osmanischen Besetzung war die Mauer im 19. Jahrhundert wiederhergestellt und bis 1962 noch intakt. Sie trennte Städter von Landbewohnern. Um 21 Uhr kündeten Trommelschläge an, dass Besucher die Stadt zu verlassen hatten. Die Tore wurden verschlossen und die Schlüssel über Nacht im Bab Schabarig aufbewahrt. 1962, mit Beginn der Revolution im Jemen, wurde die Mauer aufgegeben und man verkaufte die Steine zum Bau von Häusern.

Der Rundgang beginnt am **Osttor (Bab asch Schabarig)** zwischen der Stadt und der Fernstraße nördlich vom Hauptplatz. Der wuchtige Ziegelsteinbau vermittelt einen Eindruck von der Wehrhaftigkeit des alten Zabied.

Durch die Außenbezirke geht es bis zum **Nordtor (Bab as Sihahm).** Außerhalb des Tores befinden sich der Gemüsemarkt und das Ausbildungszentrum für technische Berufe.

Kurz vor dem **Westtor (Bab al Nachel,** d.h. „Palmentor") liegt die Zubeida bint Marwahn-Moschee. Das Bab al Nachel lässt sich im Innern von der Durchfahrt aus besteigen.

Auf das **Südtor (Bab al Kurtub,** früher auch auch *Bab al Yameni* genannt) führt neben der Durchfahrt eine Freitreppe. Der Rundgang endet am alten Fort.

Fort und Regierungsgebäude: Der Zugang zum Innenhof liegt vom Hauptplatz gesehen links neben dem dreistöckigen Regierungsgebäude, das 1950 errichtet wurde. Die mächtige Toranlage zeugt vom Verteidigungscharakter des Komplexes. Die Tore in der Mitte des Durchgangs sind gut erhalten. Die Zitadelle war zur Zeit der Rassuliden doppelt so groß. Erst die Osmanen verkleinerten die Anlage im 15. Jh., um sie besser verteidigen zu können.

Im Innenhof des Forts sind verfallene Wallanlagen mit Ställen und Kasematten und ein gut erhaltener Ziehbrunnen zu sehen. Zurzeit werden im Hof archäologische Grabungen unternommen. Links vom Tor befand sich früher das Gefängnis. Es schließt sich die **Iskanderija-Moschee** an. Die erste Moschee an dieser Stelle war unter Scheich *Abu Musa al Aschari* im 7. Jh. entstanden, unter den Rassuliden im 15. Jh. wurde der heutige Bau geschaffen. Das Minarett wurde 1536 fertig gestellt. In der Iskanderija wurde eine Inschrift aus dem Jahre 1533 gefunden, die die Einrichtung einer Religionsschule beschreibt. Der Ummauerung nach rechts folgend, geht es zum ehemaligen **Bab al Nasr** (Nasr-Tor), dessen von Termiten zerfressene Tür im Museum steht. Das **Museum** liegt innerhalb des Forts gegenüber der Toranlage im ehemaligen Getreidespeicher, der vor 200 Jahren errichtet wurde. Rechts des Museums erstrecken sich bis zum Regierungsgebäude Anlagen aus der Zeit um 1900.

Von den Wehrgängen des Forts fällt der Blick auf die Lehranstalt Al Bayshiya der ehemaligen Universität östlich der Fernstraße. Da dieser mächtige Bau einst innerhalb der Stadtmauer lag, zeigt sich, dass die Stadtfläche geschrumpft ist. Der Stadtplan von Zabied lässt den fehlenden östlichen Annex erahnen.

Museum: Seit 1985 untersuchen kanadische Archäologen das Gebiet um Zabied. Ergebnisse ihrer Forschungsarbeit sind im Museum zu sehen (Eintritt 200 Rial). Ausstellungsstücke sind Teile alten Kaffeegeschirrs, Pfeifen und andere Rauchutensilien, alte Töpferware aus Hais, Kanonenkugeln (Steinkugeln, die

In der Altstadt von Zabied

mit Öllappen umwickelt und brennend in die Stadt geschossen wurden), Teile einer rassulidischen Minbar (Kanzel) mit Holzschnitzereien aus der Großen Moschee, Wasserrohre (10. Jh.) und das Chassis eines alten Autos (Gefährt eines Richters aus osmanischer Zeit). Im Museum ist ein Basaltpfeiler, mit einem Gewicht von 1 t, aus **Midaman** ausgestellt (25 km westlich von Zabied, 1 km von der Küste entfernt). Der Fundort dieser bis zu 3 m hohen Monolithe (z.T. auch Granitstelen) wurde 1997 von den kanadischen Archäologen untersucht und einer gut 4000 Jahre alten bronzezeitlichen Kultur zugeschrieben. Die schwersten dieser Stelen in Midaman wiegen bis zu 7 Tonnen.

Im **Suk** von Zabied scheint die Zeit still zu stehen. Enge, mit löchrigem Wellblech überdachte Gassen, schwarz verräucherte Läden und Werkstätten vermitteln einen Eindruck des vorelektrischen Zeitalters. Nirgends sonst im Jemen haben wir solch einfache, verrußte Lokale, Teestuben und Bäckereien gesehen. Dem Markt von Zabied fehlen die Farben, es herrscht eine eigentümliche Untergangsstimmung.

In den Restaurants ist zur Mittagszeit mit Bananenblättern umwickeltes und in Erdöfen gegartes Schaffleisch die Spezialität.

Westlich des Sukgeländes liegt die im 9. Jahrhundert unter *Mohammad bin Ziyad* errichtete **Große Moschee.** Ihr hohes Alter lässt sich daran erkennen, dass der Hauptzugang tiefer als das Straßenniveau liegt. Der Differenzbetrag ist der Zivilisationsschutt vergangener Jahrhunderte. Die Große Moschee ist die einzige Freitagsmoschee

0681 Foto: bs

Zabieds. Das war nicht immer so. Bis Anfang der 1950er Jahre betete ein Teil der Stadtbevölkerung freitags auch in der Al Aschair-Moschee. Zwei Stadtteile waren verfeindet und nicht bereit, sich zum Gebet zu treffen. Das änderte sich allerdings erst, als Imam *Ahmad* verfügte, dass die gesamte Bevölkerung freitags in der Großen Moschee zu beten habe.

Die **Al Aschair-Moschee** im Osten des Sukgeländes beherbergt eine berühmte **Bibliothek.** Der 1994 verstorbene *Abdallah Abdurahman al Hadrami* hatte Bücher, Schriften und Dokumente zur Geschichte Zabieds gesammelt und weckte damit ein neues Bewusstsein für die Stadtgeschichte.

Unterstützen können Touristen die Arbeit der **Zabied Women Association** durch den Kauf von Kunsthandwerksprodukten. Werkstatt mit Weberei, Nähkursen und Verkaufsausstellung (genannt „Zakija Hagena Masna", geöffnet 8–14 und 16–18 Uhr) befinden sich im Gebäude einer alten Indigofärberei neben der Al Agabartija-Moschee, einer ehemaligen Frauenmoschee (Stadtplan Nr. 10).

Im **Bäit al Hauwagi,** 50 m vom Bal al Nachel entfernt, fanden die Dreharbeiten zum Pasolini-Film „Arabische Nächte" satt.

Bei einem **Stadtbummel** in Zabied gibt es viele kunstvolle **Stuckarbeiten** an Häusern und Moscheen zu entdecken. Diese Ornamente sind in der gesamten Tihama nirgends so zahlreich und prächtig wie hier. Fenster- und Türrahmen, ganze Wandflächen sind geometrisch verziert.

Hinter hohen Mauern gruppieren sich mehrere Häuser um einen Innenhof. Als Schutz gegen Sand und Staub sowie zur Verbesserung der Lufttemperatur werden Innenhöfe und Gehwege regelmäßig mit Wasser befeuchtet.

Die **Altstadt von Zabied** mit ihren Häusern aus gebrannten Backsteinen steht seit 1993 unter dem Schutz der UNESCO. Es dürfen keine Häuser mit modernen Materialien errichtet werden. Wer sein Haus renovieren möchte, erhält von der holländischen Regierung abhängig von der Hausgröße ein Darlehen bis zu 150.000 Rial, das in monatlichen Raten von 1500 Rial zurückgezahlt werden muss. Im Rahmen dieses seit 2002 laufenden Programms können jährlich bis maximal 50 Häuser instand gesetzt werden. Da sich in vielen Fällen nicht an Bauvorgaben gehalten wird bzw. Häuser abgerissen werden, steht Zabied seit dem Jahre 2000 auf der roten Liste der UNESCO und gilt somit als **gefährdetes Weltkulturerbe.**

Seit 2006 beteiligt sich Deutschland über die *Gesellschaft für Technische Zusammenarbeit (GTZ)* am Erhalt der Bausubstanz Zabieds. 5 Mio. Euro werden von deutscher Seite bereitgestellt, die jemenitische Regierung beteiligt sich mit 2 Mio. Euro an dem Programm. Ob diese Maßnahmen ebenso gut greifen werden wie bei der Sanierung von Schibam (Hadramaut), bleibt abzuwarten. Das Konservierungsprogramm läuft zunächst bis zum Jahre 2010, wird viele Arbeitsplätze im Bausektor schaffen und beinhaltet die Pflasterung der Altstadtgassen. Es ist vorgesehen, in den letzten Jahrzehnten errichtete stilfremde Häuser abzureißen und die Eigentümer entsprechend zu entschädigen. Bereits fertiggestellt – aber nicht Teil des neuen Projekts – ist ein 9,2 Mio. Euro teures Abwassersystem, das zu 60% von der deutschen *Kreditanstalt für Wiederaufbau (KfW)* finanziert wurde.

Im Stadtbebiet von Zabied und in der nahen Umgebung gibt es 86 Moscheen, von denen 13 wegen baulicher Mängel geschlossen sind, sowie rund **50 Grabstätten von Heiligen** *(walli)*.

Zabied war das Zentrum der **Indigo-Färberei** im Jemen. Bis Mitte des 20. Jh. waren Hunderte von Bewohnern in 50 Färbe-Werkstätten beschäftigt. Weißer Stoff wurde mehrmals in riesige Tongefäße mit Indigofarbe getaucht und in der Sonne getrocknet. (Indigo ist der älteste bekannte organische Farbstoff, gewonnen aus tropischen Indigofera-Arten, Waid und Färberknöterich.) Dieser Vorgang wurde viermal wiederholt, bis der blauschwarze Farbton erreicht war. Nach den Tauchbädern und dem Trocknen wurden die Tücher ausgebreitet und mit schweren hölzernen Stampfern bearbeitet, um dem Stoff die typische tiefblaue, glänzende Färbung zu geben.

Bis Anfang der 1960er Jahre trugen die Frauen der Bergregionen weite Kleider aus Indigostoff, z.T. kunstvoll bestickt. Die Baumwolle kam vermutlich im 7. Jh. aus Indien in das Wadi Zabied.

Da Zabied ein besseres touristisches Potential hat als Hudäida, sollte hier übernachtet werden. Es gibt sowohl ein Hotel mit „normalen" Zimmern als auch eine gemütliche, traditionell eingerichtete Unterkunft.

- **Zabied Tourism Hotel,**
am Stadttor Bab Schabarig, Tel. (03) 341461, 2-Bett 2500 Rial, Dusche/WC im Zimmer, ohne Frühstück.
- **Zabid Tourist Rest House,**
am Fort, Tel. (03) 340270, 1-Bett 1800, 2-Bett 3600 Rial, inkl. Frühstück, Mittagessen 1000 Rial, Abendessen 1000 Rial, zu empfehlen, Travellertreff.

In Zabied bieten Führer ihre Dienste an (ca. 1000 Rial pro Stunde), was wegen der recht aufdringlichen Kinder im Stadtgebiet zu empfehlen ist. Es werden **Kamelritte** entlang der Stadtmauer für 50 US$, bzw. 3-tägige Ritte zum Roten Meer für 80 US$ pro Tag angeboten. Im *Zabied Tourist Rest House* nach **Mohammed Ali Gafer** fragen.

Busse

Die **Busstation** befindet sich am nördlichen Stadtrand an der Straße nach Hudäida. Nach Aden 1000 Rial, Taiz 700 Rial (7 und 16 Uhr), Hudäida 300 Rial (17 Uhr).

Sammeltaxen

Am nördlichen Stadtrand. Nach Hudäida 800 Rial, Al Dscharrari 50 Rial. Nach Taiz in Dscharrari umsteigen.

5. Tag: Zabied – Hudäida – Menaacha

Entfernung: Hudäida 100 km
Fahrzeit: mit dem Auto 2 Std.
Sammeltaxi: nach Hudäida 800 Rial
Besichtigung: Bäit al Fakki

Die Sammeltaxen nach Hudäida fahren vom nördlichen Stadtrand Zabieds an der Fernstraße ab.

Bei **Km 17** geht es durch den Ort **Al Husseiniyah** mit lebhaftem Straßenmarkt, einigen von Kamelen angetriebenen Sesammühlen und einem Parcours für Kamelrennen.

36 km hinter Zabied zweigt rechts eine Straße nach **Bäit al Fakki** <Bayt al Faqih> ab (1 km). Hier findet freitags **einer der wichtigsten und farbenprächtigsten Wochenmärkte des Jemen** statt. Auf dem Suk ist von 10–13 Uhr Betrieb.

Bäit al Fakki <Bayt al Faqih>

42.000 Einwohner

Am östlichen Stadtrand liegt eine wuchtige **Befestigungsanlage** aus der Zeit der zweiten osmanischen Besetzung (1849–1918). Der Zugang ist nicht erlaubt. Eine Umrundung des Forts bietet schöne Blicke auf Stadt und Umgebung. Auf seiner östlichen Seite ruht eine Kanone im Sand.

Zwischen Zentrum und Wochenmarktgelände erstreckt sich der überdachte, täglich geöffnete Markt mit Läden und Steinplattenwegen. Hier werden die für ihre Qualität berühmten gestreiften **Bäit-al-Fakki-Tücher** und bestickte Kleider verkauft.

Gab es 1978 im Ort noch 300 Handwebstühle zur Herstellung der traditionellen Hüft- und Schultertücher (zu 75% für den Export nach Saudi-Arabien bestimmt), so ist diese Zahl drastisch gesunken. Gering geachtete Handwerker wie Weber und Färber suchten sich besser bezahlte Tätigkeiten.

Das dichte Treiben auf dem **Wochenmarktgelände** (nur freitags Betrieb) lässt sich kaum beschreiben. Unmengen an Ziegen stehen zum Verkauf. Hirsestroh, Grünfutter, Getreide, Wassermelonen, Gemüse, Datteln, Flechtwerk (u.a. Körbe zum Transport von Hühnern), Haushaltswaren, Tischlerei- und Steinmetzarbeiten werden angeboten. In Körben werden Baumwollsamen abgewogen, durch die Gassen ziehen Eselkarren mit Eisblöcken. Garküchen bieten lokale Spezialitäten an (beispielsweise in Fett gebackene Gemüsepfannkuchen). Männer mit weißen Gewändern und mit den typischen Strohhüten der Tihama und Frauen in bunten Kleidern bewegen sich auf dem Suk. Am nordwestlichen Rand des Marktgeländes befindet sich der „Parkplatz“ für die Lastkamele.

Bäit al Fakki hat eine lange Tradition als **Handelsplatz.** Im 17. und 18. Jh. war es neben Mocha das wichtigste Zentrum der Tihama. Zahlreiche ausländische Handelsniederlassungen hatten hier ihren Sitz. Der von jemenitischen Händlern aus dem Hochland hierher transportierte **Kaffee** wurde von Ausländern aufgekauft und mit Kamelkarawanen zum Verschiffen nach Mocha gebracht. Bäit al Fakki („Haus des Gelehrten“) war neben Zabied ein kulturelles Zentrum der Tihama.

1762, auf dem Weg von Luhäia nach Mocha, kam *Carsten Niebuhr* durch Bäit al Fakki. Er beschreibt den Ort als Sitz eines Gouverneurs und bemerkt, dass es damals kaum Steinhäuser gab, dafür aber um so mehr runde Hütten mit Grasdächern. *Niebuhr:* „Bait el Fakih hat eine vortreffliche Lage. Sie ist eine kurze Tagesreise von dem Beginn des Kaffeegebirges (...). Hier befindet sich der größte Kaffeehandel im Jemen, ja vielleicht der ganzen Welt. Seinetwegen kommen unzählige Kaufleute hierher, aus Ägypten, Syrien, Konstantinopel, Marokko, Persien, Indien und Europa."

Weiterfahrt nach Hudäida

12,5 km hinter Bäit al Fakki ist links der Abzweig (ausgeschildert „Alawiah") zum 32 km entfernten **Weberort Drehemi,** wo Textilhandwerkern bei der Arbeit zugesehen werden kann. Von dort führt eine sandige Piste zum Roten Meer und weiter nach Hudäida.

18 km hinter Bäit al Fakki in Richtung Hudäida zweigt bei der Ortschaft **Al Mansuhria** rechts eine Piste nach As Suchna ab (23 km).

Abstecher nach As Suchna

As Suchna war bis Mitte des 20. Jhs. ein **bedeutender Badeort** und ist noch heute wegen der Heilwirkung seiner **heißen Quellen** berühmt. Jemeniten kommen z.T. von weit her zur Kur. Wer moderne Hotels und Kuranlagen erwartet, wird enttäuscht, einige größere, verfallene Gebäude erinnern an glanzvollere Zeiten.

Die Nutzung der verbliebenen zwei Baderäume ist nach Geschlechtern getrennt. Wer als Tourist nach As Suchna kommt, diese Baderäume aber nicht aufsuchen möchte, hat kein weiteres Besichtigungsprogramm.

Außerhalb des Ortes liegen einfachste Unterkünfte für Kurgäste.

Weiter auf der Tihama-Schnellstraße geht es von Al Mansuhria 30 km bis zur Kreuzung „Mafrak Kilo Sitascher" (Kreuzung Km 16). Links sind es noch 16 km bis Hudäida.

Hudäida <Hudaydah>

450.000 Einwohner

Geschichte

Schriftliche Belege oder Ausgrabungsfunde für die Existenz Hudäidas in vorislamischer und frühislamischer Zeit gibt es nicht. Erstmals erwähnt wird die Stadt Mitte des 15. Jhs. In der Nachbarschaft der wichtigen Rotmeerhäfen Mocha und Luhäia konnte sich Hudäida bis in das 20. Jh. nicht entwickeln. Der Kaffeeexport im 17. und 18. Jh. wurde zum größten Teil über Mocha und Luhäia abgewickelt.

Carsten Niebuhr, der 1762 nach Hudäida kam, schreibt: „Der Hafen von Hodeida ist besser als der Loheias, doch kommen auch hierher keine großen Schiffe. Die Stadt lebt vom Zoll für den Kaffee, der von hier ausgeführt wird. Das Haus des Dola, das Zollhaus und die Häuser der vornehmen Kaufleute sind aus Stein, sonst gibt es nur elende Hütten zu sehen."

Als mit dem Kaffeeanbau in den Kolonien die Kaffeeausfuhr des Jemen ins Stocken geriet, verfielen die Häfen von Mocha und Luhäia. Hudäida übernahm den verbleibenden jemenitischen **Kaffeeexport.** Rund 6500 t wurden Ende des 19. Jhs. ausgeführt, heute sind es noch 3800 t.

Um das Jahr 1900 lebten in Hudäida, das zu dieser Zeit eine osmanische Provinzhauptstadt und Sitz eines Paschas war, 30.000 Einwohner. Mit der Verbesserung der Straßenverbindung nach Sana'a wurde der Hafen durch die Osmanen ausgebaut. 1911 begannen vorbereitende Arbeiten für den Bau einer **Ei-**

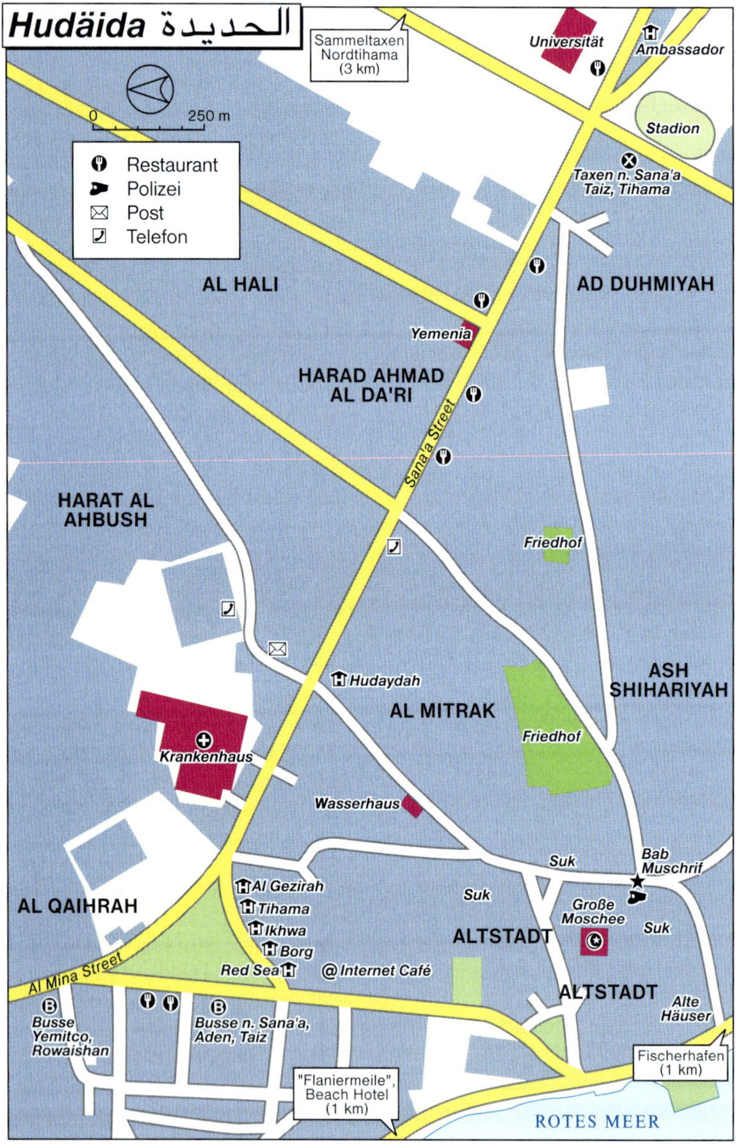
Hudäida الحديدة
Sammeltaxen Nordtihama (3 km)
Universität
Ambassador
Stadion
0
250 m
Restaurant
Polizei
Post
Telefon
Taxen n. Sana'a Taiz, Tihama
AL HALI
AD DUHMIYAH
Yemenia
HARAD AHMAD AL DA'RI
Sana'a Street
HARAT AL AHBUSH
Friedhof
ASH SHIHARIYAH
Hudaydah
AL MITRAK
Friedhof
Krankenhaus
Wasserhaus
Suk
Bab Muschrif
Al Gezirah
Tihama
Ikhwa
Borg
Suk
Große Moschee
Suk
AL QAIHRAH
ALTSTADT
Red Sea
@ Internet Café
Al Mina Street
ALTSTADT
Alte Häuser
Busse Yemitco, Rowaishan
Busse n. Sana'a, Aden, Taiz
Fischerhafen (1 km)
"Flaniermeile", Beach Hotel (1 km)
ROTES MEER

senbahn nach Sana'a, ein Unterfangen, das mit Ausbruch des Zweiten Weltkrieges aufgegeben wurde.

1912 kam es zu kriegerischen Auseinandersetzungen zwischen Stämmen des heutigen Saudi-Arabien und osmanischen Truppen. Die Kämpfe wurden bis vor die Tore Hudäidas getragen. Die mit den saudischen Stämmen verbündeten Italiener bombardierten osmanische Stützpunkte bei Hudäida.

Nach dem Ende des Ersten Weltkriegs (1918) übernahmen die Briten – wie im Friedensvertrag vorgesehen – Hudäida und andere osmanische Stützpunkte in der Tihama. 1926 konnte ein zaiditisches Heer die Hafenstadt für den Imam zurückgewinnen. Im saudisch-jemenitischen Krieg (April/ Mai 1934) eroberten saudische Truppen die Tihama bis Zabied. Auf Grundlage des Vertrages von Taif zogen sie sich bis zur heute gültigen Nordgrenze zurück.

Der neue Hafen Hudäidas wurde im Jahr 1961 eingeweiht (gebaut durch die Sowjetunion). Die Asphaltstraße nach Sana'a über das Gebirge bei Menaacha war im gleichen Jahr fertig.

Hudäida verfügt über ein gutes Hotel und ist an das Inlandsflugnetz der *Yemenia* angeschlossen. Postamt, Geldwechsel, Banken, Telefonzentralen, Internet Cafés und das Olofi-Krankenhaus befinden sich im Zentrum.

Besichtigung

Hudäida übt auf auf Touristen keinen Reiz aus. Das feucht-heiße Klima sowie Abgase und ohrenbetäubender Lärm des Auto- und Motorradverkehrs tragen nicht zu einer angenehmen Atmosphäre bei. So benutzen viele Reisende die Stadt eher als Übernachtungs- denn als Besichtigungsort.

Die geschäftige Altstadtstraße (Olofi Street) biegt am Hotel *Hodeidah* von der Sana'a-Straße ab. Hier findet der Handel mit allen Dingen des täglichen Lebens statt. Nach etwa 500 m liegt auf der rechten Seite ein altes **Wasserhaus** (Kuppelbau), das noch in Betrieb ist. Es wurde 1935 erbaut und hatte mit einem Brunnen Zugang zum Grundwasser. Heute ist es an die städtische Wasserleitung angeschlossen. Da in der Altstadt einige Haushalte noch keinen Trinkwasseranschluss haben, werden sie von hier durch Wasserträger versorgt. 200 m weiter beginnt der Suk. Rechts das Stadttor **Bab Muschrif,** ein wuchtiger weißer Bau mit zwei runden Ecktürmen, der als Polizeistation genutzt wird. Kurz vor diesem Tor führt eine Gasse zur Großen Moschee und in die Altstadt. Die **Große Moschee** ist schlicht gehalten, mit zwei zierlichen Minaretten. Leider hat Hudäida auch den letzten Rest von Flair verloren, nachdem die Altstadt mit ihren geschnitzten Haustüren und Erkern abgerissen wurde. Dann auf der Sukstraße weitergehen und ihr in einem Rechtsbogen bis zum Meer folgen. Hier dominiert ein Haus mit schönen Stuckarbeiten über dem Eingang, drei Holzerkern *(maschrabijas)* und einer Dachkuppel. Es war der Verwaltungssitz der Osmanen, später wohnte darin Imam *Ahmad,* wenn er Hudäida besuchte.

Entlang der *Corniche* (Küstenstraße) gibt es eine kilometerlange, gut ausgebaute **Promenade** mit Kiosken, überdachten Bänken und Grünanlagen. Abends ist dies ein beliebtes Ziel jemenitischer Familien. Die Uferstraße führt nach Norden zum Hochseehafen, der an der durch die Halbinsel Raas al Katib gebildeten Bucht liegt. Der Zugang ist nur mit Sondergenehmigung erlaubt. Für Auskünfte zu Passagen auf Frachtschiffen, ist die *Saba Shipping Company* zuständig (Tel. 224364/7). Das Büro befindet sich 200 m vor dem Hafen an der „Schara al Mina".

Sehenswert ist der **Fischereihafen an der Uferstraße** 1,5 km südlich von Hudäida. Kurz vor dem Hafen links ein **Fort aus der Osmanenzeit** mit wuchtigen Rundtürmen. Im Werftgelände kann den Männern beim Bau von Holzbooten zugeschaut werden. Abhängig von der Größe werden die Schiffe *Safina* (groß), *Buhm, Sukime, Sanbuk, Faluke* oder *Huri* (klein) genannt. Zur Abdichtung wird das Holz mit einer Mischung von Maschinenöl, gelöschtem Kalk und Ölfarbe von Hand bestrichen.

Im Fischereihafen ist von 6–9 Uhr Hochbetrieb. Der Fisch wird auf den Booten nach dem Fang mit Eis frisch gehalten. Am späten Vormittag werden dafür Eisblöcke mit Eselskarren zu den Schiffen gebracht, die sich zum Auslaufen fertig machen.

Hotels

- **Al Jazira** (ehem. *Bristol*),
Tel. (03) 201405, Fax (03) 201401, 1-Bett 3000, 2-Bett 4000 Rial (empfehlenswert).
- **Ambassador** (am Stadion),
Tel. (03) 230854, Fax (03) 230808, 1-Bett 6000, 2-Bett 7000 Rial; der Standard entspricht nicht dem Preis.
- **Al-Fakhama**
Zwischen Altstadt und Fischereihafen an der Uferpromenade, Tel. (03) 213009, Fax (03) 213008, 1-Bett 6500, 2-Bett 8500 Rial, mit Frühstück.
- **Red Sea,**
am Park, Tel. (03) 239430, 2-Bett 2500 Rial; einfach.
- **Borg** <Al Burg>,
am Park, Tel. (03) 201114, Fax (03)201113, 1-Bett 2400, 2-Bett 2800 Rial; einfach.
- **Ikhwa Hotel,**
am Park, Tel. (03) 201148, Fax (03) 201148, mohr@y.net.ye, 1-Bett 2000, 2-Bett 2500 Rial, einfach.
- **Tihama Hotel,**
am Park, Tel. (03) 201140, 1-Bett 2000, 2-Bett 2500/2800 Rial; einfach.

Essen und Trinken

Garküchen gibt es in der Sana'a-Straße und am Park. Drei **Restaurants** am Rande des Parks haben englischsprachige Speisekarten. Das gute, saubere *Al Khayam Restaurant* bietet Fisch- und Krabbengerichte *(gambari)* an. Auch das *Sultan Restaurant* und das *Eastern Nights Tourist Restaurant* servieren Fischgerichte.

Busse

Die **Haltestelle** für alle Busse liegt am westlichen Rand des Volksparks gegenüber den Hotels Borg und Ikhwa. Das Büro ist ab 6 Uhr geöffnet, Fahrkarten können am Vortag nicht gekauft werden.

- **Busse nach Sana'a:**
6.30, 13.30 Uhr, 1200 Rial
- **Busse nach Taiz:** 6, 13.30 Uhr, 1200 Rial
- **Busse nach Aden:** 6, 13.30 Uhr, 1300 Rial
- **Busse nach Norden:** um 20 Uhr nach Harath (saudi-arabische Grenze), 1400 Rial.

Sammeltaxen

Sammeltaxen fahren von zwei Stellen ab (siehe Stadtplan).

- **Am Stadion** („Farza Sana'a"): Sana'a 1100, Taiz 1200, Aden 1600, Zabied 800 Rial, Menaacha 800 Rial.
- **Am nordöstlichen Stadtrand** („Farza Jizan"): Suk Abs, Harath 800, Kuschm (Ab-

zweig Hadscha) 400, Marras (Abzweig Luhäia) 450 Rial. Zur Abfahrtstelle „Farza Jizan" mit dem Stadttaxi für 400 Rial.

Flugverbindungen der Yemenia

- **Inlandsflüge:** Sana'a (Sa, So)
- **Yemenia** in Hudäida: Tel. (03) 201473/4

Post/Telefon/Internet

Postamt s. Stadtplan. Öffnungszeiten: 8–13 und 17–20 Uhr. Telefonläden gibt es in großer Zahl am Park. Internetcafés liegen am Park und neben dem *Red Sea Hotel.*

Abstecher 1 von Hudäida: Raas al Kaatib

Raas al Kaatib, 15 km vom Zentrum Hudäidas entfernt, ist eine weit in das Rote Meer hinausragende **Landzunge,** auf der sich **Reste einer Dampflok** befinden, die zur Zeit der osmanischen Besetzung zum Löschen und Beladen von Schiffen benutzt wurde. Das Fahrgestell der Lok, der Aufbau und die Achsen mehrerer Waggons liegen halb zugedeckt am Sandstrand.

Zum Raas al Kaatib geht es mit dem Taxi am Strand entlang nach Norden. Auf der Halbinsel verläuft eine Asphaltstraße. Die Lok liegt an dem Kilometerstein 8, direkt an einer Sperre des Militärs (wer fotografieren möchte, muss fragen). Die Sandstrände des Raas al Kaatib laden zum Baden ein, was aber wegen der konservativen Kleiderordnung problematisch ist.

Deutsche Soldaten des I. Weltkriegs im Jemen

Am 9. November 1914 wurde das deutsche Kriegsschiff Emden vor den australischen Kokosinseln, südlich von Sumatra, versenkt. Um nicht in Kriegsgefangenschaft zu geraten, schlug sich ein Teil der Besatzung (49 Matrosen) mit einem Segelschiff nach Padang in Sumatra durch. Von dort ging es weiter mit dem deutschen Dampfer Choising nach Hudäida im damals osmanischen Jemen, wo die Gruppe am 8. Januar 1915 eintraf. Hudäida hatten die Matrosen als Ziel gewählt, da sie davon gehört hatten, dass die Hedschas-Bahn bis dorthin verlängert worden sei. Groß war die Überraschung, als in Hudäida keine Eisenbahn für die Fahrt in die Heimat bereitstand.

Nach zwei Monaten Erholungspause, während der eine Reise nach Sana'a bereits kurz hinter Hudäida abgebrochen wurde, ging es auf zwei kleinen Booten Richtung Dschidda. Eines der Boote lief auf ein Riff und sank. Unter der Leitung zweier Jemeniten wurde an Land weiter nach Norden gezogen. Einer der Führer leitete die Gruppe in wasserloses Gebiet und in einen Beduinenhinterhalt. Das Kriegsgericht, das die Matrosen auf diese Tat hin bildeten, verurteilte den Jemeniten zum Tod durch Erschießen, was auch umgehend ausgeführt wurde.

Der Beduinenüberfall und todbringende Krankheiten ließen schließlich nur 29 Matrosen Dschidda erreichen. Bis El Wash waren es weitere 19 Segeltage, die die Soldaten in ständiger Sorge verbrachten, von englischen Schiffen aufgebracht oder beschossen zu werden, dann schlossen sich noch einmal fünf Tage über Land bis Al Ula an. Von dort ging es per Eisenbahn nach Damaskus, Konstantinopel und Deutschland.

Quellen: „Heldenfahrten der Emden und Ayesha" von *Georg Gellert,* Berlin; „Hartöstlich von Suez", von *Erich Helmensdörfer,* Percha

Abstecher 2 von Hudäida: Salief und Kamaran

Entfernung: 76 km
Fahrzeit: mit dem Auto 1 Std.
Straße: asphaltiert

Auf der Tihama-Schnellstraße sind es 17 km nach Norden bis zum Abzweig links nach **Salief.** Hier den Kilometerzähler auf Null stellen und links abbiegen.

Km 6,3: Links der Abzweig zum großen **Elektrizitätswerk.**

Km 23,3: Links der kleine Ort **Al Urj** mit Palmen direkt am Meer.

Km 37,2: Links **Meersalzgewinnungsfelder.**

Km 51,1: Links der Abzweig zum Ras Essa mit dem Ölverladehafen. Das Erdöl wird mit einer Pipeline aus Marib hertransportiert.

Km 58,7: Der kleine **Hafen von Salief,** von wo Boote mit Außenbordmotor zur Insel Kamaran fahren. Als Infrastruktur gibt es nur eine einfache Teestube. Zum **Steinsalzabbaugebiet** muss von den wenigen Häusern Saliefs einen Kilometer weit nach Süden gefahren werden.

Kamaran

Der Name Kamaran bedeutet – was umstritten ist – „Insel der zwei Monde" (*kamar* = Mond, *kamaran* = zwei Monde). Der zweite Mond soll die Spiegelung des Originalmondes im Roten Meer sein.

Das vegetationsarme Eiland misst 7 x 18 km, hat eine Fläche von 57 km² und ist die zweitgrößte Insel des Jemen nach Sokotra. Es ist eine Insel für Touristen, die entweder Abgeschiedenheit suchen oder gerne schnorcheln. Wie bereits zuvor ausgeführt, eignet sich die Küste des Roten Meeres im Jemen nicht für Wassersportler, da die Strände sehr flach auslaufen und die Sicht durch den aufgewühlten Sand schlecht ist. Diese Verhältnisse sind auf Kamaran anders, da sich die Insel als **Korallenblock** aus dem Meer gehoben hat – der Grund ist ein aufsteigender Salzdom unter der Insel – und somit über relativ steile Küstenabschnitte verfügt. Bereits der Blick vom Ufer in das Wasser zeigt Korallen und Fische.

Die Insel hat eine interessante Geschichte, denn ein Grab aus der Zeit persischer (sassanidischer) Okkupation des Jemen (6. Jh.), hat sich erhalten. Im 16. Jh. wurde Kamaran von Portugal annektiert, um die Schifffahrt im Roten Meer zu kontrollieren. Aus dieser Zeit stammt die Festung in Kamaran-Ort, die heute in Ruinen liegt.

Ab Mitte des 16. Jhs. begann für Kamaran eine unvermittelte Blütezeit. Die Osmanen, die große Teile des Jemen und die heiligen Stätten von Mekka und Medina besetzt hatten, richteten auf der Insel **Quarantäne- und Desinfektionseinrichtungen** für Mekka-Pilger aus Südostasien ein. Die Pilger durften nur dann nach Dschidda weiterreisen, wenn sie auf Kamaran den Gesundheitscheck passiert hatten. Die – bezogen auf die heutige Inselbevölkerung – überproportional große Moschee entstand zu dieser Zeit.

1915 – während des 2. Weltkriegs, als große Teile des Jemen zum Osmanischen Reich gehörten – besetzten britische Truppen die Insel. Im Jahre 1923 wurde im **Abkommen von Lausanne** erklärt, dass die Souveränität des Osmanischen Reichs über Kamaran erloschen sei und dass die „betroffenen Staaten" eine Lösung herbeiführen sollten. Entgegen den Ansprüchen des nordjemenitischen Imamats blieben die Briten auf Kamaran, da sie die Insel als Auftankstation für ihre Flugverbindungen nach Kairo, Eritrea und Aden benötigten. Die Insel unterstand fortan der britischen Kolonie Aden. Zwei Stunden dauerte damals der Flug mit den Dakota-Flugzeugen der *Aden Airways* von Aden nach Kamaran. Eine Holztafel (siehe unten) begrüßte die jährlich rund 10.000 Transitgäste am Flugplatz. Die Quarantäne-Stationen wurden ausgebaut und modernisiert. Aber bereits zur britischen Kolonialzeit eröffnete Saudi-Arabien seine eigenen Quarantäne-Stationen für Mekka-Pilger und legte fest, dass Kamaran nicht länger diesen Status habe.

Nach dem Ende der britischen Kolonialherrschaft kam die Insel zur Volksrepublik Südjemen. Mit der Begründung, die Insel läge innerhalb seiner **12-Meilen-Hoheitsgewässer,** wurde sie 1972 vom Nordjemen annektiert.

Auf der Insel lohnt der Hauptort Kamaran (2000 Einwohner) einen Kurzbesuch. Interessant sind hier die **alte Festung** aus portugiesischer und die Große Moschee aus osmanischer Zeit. Von der Ruinen der Festung fällt der Blick auf den kleinen Ort und die Meerwasserentsalzungsanlage am Strand (5 große Wassertanks), die die Inselbewohner mit Trinkwasser versorgt.

Mit dem Boot geht es von Kamaran-Ort in 10 Minuten zur **Touristenanlage Zubeyri.** Hier ist ein großer, runder Bau aus Natursteinen entstanden (Speise- und Aufenthaltsraum). Die Touristen schlafen auf Hochbetten in einfachen, Rundhütten aus Palmwedeln. Der jemenitische Besitzer und seine deutsche Frau betreiben diese Unterkunft seit 1995. Zuvor hatten sie eine ähnliche Anlage auf einer der Hanisch-Inseln.

Eine **Übernachtung** mit Vollpension kostet 45 US$ pro Person.

Infos zur Unterkunft *Zubeyri* unter: www.kamaran.net, Tel. (03) 3835551 oder Mobil (0967-73711742), mohammed@kamaran.net (englisch) oder magda@kamaran.net (deutsch). Es werden Inseltouren mit dem Auto, Boot oder Esel angeboten. Die kleinen stechenden **Sandfliegen** können hier leider unangenehm werden (Schutzmittel mitnehmen).

Die alte Holztafel in der Zubeyri-Anlage begrüßte in britischer Zeit die jährlich ca. 10.000 Fluggäste, die auf dem Weg nach Aden, Eritrea, Kairo und Bombay hier einen Tank-Zwischenstopp einlegen mussten. Es ist zu lesen „Welcome to you one of 10.000".

Bootspreise und Fahrzeiten: Salief – Kamaran-Ort 25 Min.; Kamaran-Ort – Anlage Zubeyri 10 Min.; Anlage Zubeyri – Salief 25 Min. Diese knapp zweistündige Rundtour kann im Bootshafen von Salief für 6000 Rial pro Boot gebucht werden.

Abstecher 3 von Hudäida: Luhäia und Harath

Entfernung: 170 km nach Luhäia, 196 km nach Harath
Fahrzeit: mit dem Auto je 3 Std.

Die Fahrt nach Luhäia ist ein „Muss“ für Touristen, die den **„afrikanischen“ Jemen** in Form von Rundhüttendörfern kennen lernen möchten.

Harath ist der **Grenzübergang** für Touristen, die mit dem eigenen Fahrzeug über Saudi-Arabien einreisen. Der Ort hat ansonsten keine touristischen Attraktionen.

Auf guter Asphaltstraße geht es ab Hudäida nach Norden.

Km 17: Links der Abzweig nach **As Salief** (s. Abstecher 2 von Hudäida).

Km 44,2: Rechts führt eine Asphaltstraße nach Ba'dschil.

Km 60: Die Kleinstadt **As Zaydiyah,** wo dienstags einer der farbigsten und lebhaftesten Märkte der Tihama abgehalten wird. Ähnlich wie in Bäit al Fakki werden Produkte aus Landwirtschaft und Handwerk angeboten. Interessant sind der große Viehmarkt und die landestypischen Flechtwaren. Kamele werden für den An- und Abtransport benutzt. Als Kopfbedeckung dominieren die hohen, aus Palmwedeln geflochtenen Hüte für Männer und Frauen.

Km 84,1: In der Ortschaft **Al Qanawis** ist rechts der Abzweig nach Machwiet (siehe Tagestouren von Sana'a).

Km 99,5: In der Ortschaft **Al Huschm** geht es rechts nach **At Turr** (27 km, freitags großer, sehr empfehlenswerter **Markt,** ein Kilometer rechts der Durchgangsstraße) und **Hadscha** (64 km). Am Abzweig **Al Huschm** stehen Sammeltaxen nach Hadscha bereit (Rundreise 1, 7. Tag).

Km 105: Das breite **Wadi Murr** <Mawr> wird auf einer Brücke überquert; eines der ganz großen Flusstäler des Jemen. Es ist nicht ungewöhnlich, wenn hier Wasser fließt.

Km 108: Am Abzweig Marras wird der Kilometerzähler auf Null gestellt und links zum 62 km entfernten Luhäia abgebogen.

Entlang der Asphaltstraße bis Luhäia zeigt sich der afrikanische Einschlag der **Tihama** (s. Exkurs „Die Tihama“).

Die Orte beiderseits der Strecke bestehen zum größten Teil aus **Rundhütten,** die von einer Mauer umgeben sind. Wohnhütten für Männer und Frauen, andere für Küche und Toilette, Vorrats-, Holz- und Kleintierbereiche gruppieren sich um einen Hof. Auf einem Fundament aus Lehm erhebt sich ein senkrechtes Geflecht aus Palmzweigen und Stroh, das außen mit Lehm verputzt ist. Die spitz zulaufenden Dächer sind mit dicken, geflochtenen oder gedrehten Seilen belegt, die von der Dachspitze bis zum Boden reichen. Die besseren Hütten sind innen mit Kuh-, Eseldung und Lehm verputzt. Verarbeitet werden Kräuter zur Abwehr von Termiten. Die Lehmwände sind mit Wandtellern, Familienbildern, aber auch Fotos von Filmstars dekoriert. Die Kuppel ist fantasievoll ausgemalt, eine Arbeit von Frauen. Die Einrichtung besteht aus Hochbetten, die Schutz vor Kleintieren wie z.B. Skorpionen bieten. Koffer und bemalte Kisten dienen der Aufbewahrung von Kleidung.

Leider nimmt auch in diesem Teil der Tihama die **Zementsteinbauweise** zu. Bei der „modernen" Version der Rundhütten bestehen die Seitenwände häufig aus Zementsteinen, denen das traditionelle Strohdach aufsitzt. Die Weiterentwicklung sind viereckige Zementsteinhäuser, bei denen gelegentlich die alte Gehöftbauweise beibehalten wird.

Km 17,1: Der Rundhüttenort **Al Muatarath** <Motared> mit einem großen Steingebäude aus osmanischer Zeit.

Km 20,1: As Sochra <Az Zurah> links mit einem weiteren mächtigen Steinbau aus osmanischer Zeit.

Bei **Km 47** sind in der flachen Ebene Hügel mit verfallenen Festungsanlagen erreicht. Der **Dschebbel al Mälch** <Milh> (Salzberg) ist seit dem 18. Jh. eine Salzabbaustätte. **Salz** und Erdöl sind im Jemen die einzigen Bodenschätze, die wirtschaftlich lukrativ abgebaut werden. Salz am Dschebbel al Mälch wird mit Sprengstoff und Hacken gelöst, zerkleinert und in Säcken aus Palmwedeln verpackt. Kamele und Lastwagen transportieren die Ware zu regionalen Wochenmärkten und in das Hochland.

Km 62: Luhäia mit einem Restaurant am Ortseingang rechts und einer verfallenen Burganlage aus dem 19. Jh. (sie kann besichtigt werden) links ist erreicht.

Luhäia <Luhayyah>, ein **Fischerort** mit rund 1200 Einwohnern, war im 17. und 18. Jh. neben Mocha der wichtigste jemenitische **Kaffeeausfuhrhafen.** Während europäische Kaufleute den in Bäit al Fakki aufgekauften Kaffee über Mocha verschifften, transportierten osmanische Händler die Bohnen von Bäit al Fakki zu ihren Handelsstützpunkten Hudäida und Luhäia am Roten Meer. Aus dieser Zeit stammen die prächtigen Kaufmannshäuser, von denen Ruinen im Ortsbild erhalten sind. Mauerreste mit Stuckarbeiten, alten Erkern und feiner Holzschnitzerei lassen die Bedeutung und Pracht des alten Luhäia erahnen.

Heute leben die Fischer, Handwerker und Händler zumeist in Steinhäusern. Die wenigen erhaltenen Strohhütten im Ortsbild weisen im Gegensatz zu den bislang gesehenen Rundhütten eine rechteckige Form mit lang gezogenem First aufweisen. Das Reet der Dächer wird mit dicht an dicht gespannten und gekreuzten Seilen gehalten. Interessant sind die auf den First gesteckten Flaschen als Stilelement. Salzluft und hohe Luftfeuchtigkeit setzen dem Stroh so stark zu, dass Hauswände und Dächer alle vier bis fünf Jahre renoviert werden müssen.

Am Rand von Luhäia liegt links die **Al Zayla'i-Moschee** mit hohen Arkaden und einem Minarett mit zwei Umgängen. Sie ist benannt nach dem Gründer Luhäias (1402), *Achmad ibn Ali Al Zayla'i,* der in der Moschee begraben liegt.

Luhäia war die Hafenstadt, in der die **dänische Jemen-Expedition 1762** jemenitischen Boden betrat. Der deutsche Vermesser *Niebuhr,* Teilnehmer dieser Gruppe, beschreibt Luhäia als einen 300 Jahre alten Ort, der in einer unfruchtbaren Landschaft liegt und vom Kaffeeexport nach Dschidda, Ägypten und in die Türkei lebt. Von hier reiste der Expeditionstrupp auf beschwerlichen Wegen in die Süd-Tihama

(Mocha) und nach Sana'a. Die Expedition stand unter keinem guten Stern, denn bis auf *Carsten Niebuhr* fanden alle Reiseteilnehmer den Tod.

Luhäia hatte einst für Moslems Bedeutung. Hier landeten Schiffe mit Gläubigen, die als zusätzliche Bürde zur strapaziösen Anreise eine Überland-Wallfahrt von Luhäia nach Mekka und Medina auf sich nahmen.

Weiterfahrt auf der Fernstraße Hudäida – Harath

Zurück am Abzweig Marras wird links nach Norden abgebogen und der Kilometerzähler auf Null gestellt.

Bei **Km 36** führt in der Ortschaft **Shafar** rechts die Piste nach Muhaabisha.

Muhaabisha

Zwei Stunden Fahrt sind es von Shafar nach Muhaabisha, auf dem gleichnamigen Bergstock gelegen. Muhaabisha ist „das" **Kat-Anbaugebiet** für die nördliche Tihama und versorgt das Gebiet zwischen Hudäida und Harath mit dem begehrten „Stoff". Die Kleinstadt bietet keine architektonischen Reize. Suktag ist Sonntag. Eine Fahrt nach Muhaabisha sollte unternehmen, wer eine grüne Hochebene mit Kat-Monokultur sehen möchte.

Auf dem Hochplateau nördlich von Muhaabisha fallen in den Plantagen zahlreiche runde Türme auf, von denen aus die Besitzer der Felder nachts ihr wertvolles Kat bewachen.

5 km sind es auf der Tihama-Fernstraße von Shafar nach **Suk Abs,** einem wichtigen Markt in der Nord-Tihama. Der Ort ist reizlos, aber am Sonntag, dem Suktag, lohnt ein Besuch.

47 km nördlich von Suk Abs ist **Harath** mit seiner großen Moschee erreicht. Am Ortsanfang zweigt rechts die Straße nach Saada ab (bis Mallahit asphaltiert). Der **Grenzübergang nach Saudi-Arabien** befindet sich 10 km nördlich von Harath.

Weiterfahrt 5. Tag Hudäida – Menaacha

Entfernung: 139 km
Fahrzeit: mit dem Auto 2½ Std.
Sammeltaxi: 800 Rial
Besichtigung: Hadschara und Menaacha

Achtung: Einige Busse fahren über Madinat asch Schark und Maarbar, d.h. nicht über Maggraba (Abzweig Menaacha) nach Sana'a! An der Busstation fragen.

Der heutige Tag führt aus dem Treibhausklima der Tihama zurück in das kühle Hochland. 16 km hinter Hudäida rechts der Abzweig nach Taiz. Hier den Kilometerzähler auf 0 stellen und geradeaus weiterfahren.

Km 35: Links das Zementwerk von Ba'dschil.

Km 37,5: Rechts die Burganlage **Asch Scharief** und die Stadtgrenze von **Ba'dschil.**

Ba'dschil <Bajil, Bagel>

60.000 Einwohner

Ba'dschil, ein gesichtsloser **Industrieort,** hat eine Altstadt mit engen, ungepflasterten Gassen (rechts der Hauptstraße). Einige Häuser weisen schöne

Ornamente und geschnitzte Türen auf. **Mittwochs** ist **Markttag.**

● Am östlichen Ortsausgang **(Km 40)** liegt das saubere **Restaurant Abo Ramzi** (traditionelle Gerichte).

Km 48,8: Rechts der Abzweig nach Madinat asch Schark (104 km) und Maarbar (148 km), eine Alternativstrecke nach Sana'a. Wenige Kilometer weiter windet sich die Straße durch das enge **Wadi Surdud,** in dem ganzjährig Wasser fließt. An Regentagen donnern braune Fluten abwärts in die Tihama.

Die **Strecke** bis nach Menaacha **gehört zu den landschaftlich schönsten** im Jemen. Auf engstem Raum drängen sich Wasser, Straße und landwirtschaftliche Flächen, vielerorts sind Bananenplantagen angelegt. Gut zu beobachten ist bei den wenigen noch erhaltenen traditionellen Häusern der Übergang von den Strohhütten der Tihama zur Steinbauweise und von der farbenfrohen Frauenkleidung der Küstenebene zum Schwarz des Hochlandes.

Km 72,8: Chamies Bani Saad <Khamis Bani Sa'ad>, wo **donnerstags** ein **großer Markt** abgehalten wird. Links zweigt die Straße zur Provinzhauptstadt Machwiet ab.

Abstecher: Durch das Wadi Sahra nach Machwiet

Entfernung: 63 km
Fahrzeit: mit dem Auto 2½ Stunden
Straße: z.T. asphaltiert, sonst schlechte Piste, Vierradantrieb

In Chamies Bani Saad geht es links durch das fruchtbare **Wadi Sahra** nach Machwiet. Die zum Teil asphaltierte Straße, später Piste verläuft zunächst im Flussbett, das je nach Jahreszeit mehr oder weniger Wasser führt. Unterwegs kann das Leben im Wadi beobachtet werden: Tiere werden zur Tränke getrieben, Frauen holen Wasser, waschen am Bach. Beiderseits des Wadis gibt es eine lockere Besiedlung und landwirtschaftlich genutzte Flächen.

Km 15: Das zunächst breite Tal verengt sich, so dass hier mit fließendem Wasser gerechnet werden kann.

Km 20,5: Die Wellblechbuden des **Suk al Jumah** sind erreicht.

Km 20,8: Der Ort **Sahra** mit einem Minarett in Form eines Vogelkastens.

Km 32: Über einen Pass wird das Wadi Sahra verlassen und das **Wadi Machwiet** hinuntergefahren. Vorn kommt die Kleinstadt Machwiet in Sicht.

Km 39,5: Die im Jahre 2003 fertig gestellte Asphaltstraße von Machwiet hinunter zur **Tihama** ist erreicht. Hier rechts nach Machwiet abbiegen.

Km 50,4: Links, in 3 km Entfernung, der Ort **Dschebbel al Dschurai** auf einem Felssporn.

Km 51,6: Rechts die schönen Häuser der Ortschaft **Noaman** auf steilem Fels.

Km 55,9: Blick auf **Machwiet.**

Km 60,8: Am Ortsrand von Machwiet links abbiegen zum Aussichtsberg **Ar Riade.**

Km 64,2: Der Aussichtspunkt Ar Riade bietet tolle Blicke auf **Hadscha** und zum **Dschebbel Maswar.**

Die Kleinstadt Machwiet ist als **„Tagesausflug"** im Kapitel „Sana'a" ausführlich beschrieben.

Weiterfahrt 5. Tag nach Menaacha

Am Abzweig in das Wadi Sahra wird der Kilometerzähler auf Null gestellt. Ab Chamies Bani Saad folgt die Straße dem engen Wadi Hassabahn.

Km 11,2: Links der Straße einer der wenigen **Wasserfälle** *(schalall)* des Jemen. Wer hier Rast macht, kann evtl. in der Abenddämmerung **Paviane** beobachten, die zur Tränke kommen.

Km 15: Die Ortschaft **Al Qadam.**

Km 35,9: Rechts oben auf dem Kamm sind die Häuser von **Hadschara** zu sehen.

Km 39,8: Nach einer langen Serpentinenauffahrt sind die Passhöhe (1850 m) in **Maggraba** und der Abzweig rechts zum 4,5 km entfernten **Menaacha** erreicht. (Sammeltaxi von Maggraba nach Menaacha 50 Rial).

Menaacha <Manakha>

4000 Einwohner, 2250 m

Menaacha liegt in einem ehemals landwirtschaftlich intensiv genutzten Gebiet im Haraz-Gebirge auf einem Bergsattel. Aufgegebene **Terrassen** in der Umgebung zeigen, wie mühsam die Arbeit auf diesen zum Teil winzigen Äckern ist.

Die Menaacha-Region ist das **Zentrum der ismailitischen Glaubensrichtung** im Jemen, das Bergdorf Hotäb ist ein wichtiger Wallfahrtsort.

Im Jahre 1046 rief *Ali Al Sulaihi* auf dem Berg Masar (westlich von Menaacha) einen **Fatimiden-Staat** aus. Diese Glaubensrichtung – sie stellte zu jener Zeit die Kalifen in Kairo – hatte im Jemen großen Zulauf. In Feldzügen gegen die Zaiditen in Sana'a und die Nadschahiden in Zabied gelang es den Sulaihiden, große Landesteile zu erobern. Unter Königin *Arwa* wurde 1099 das Zentrum des Sulaihiden-Staates nach Dschibbla verlegt.

Während der osmanischen Besetzung war Menaacha, an der alten Handelsstraße Sana'a – Hudäida gelegen, die wichtigste **Garnisonsstadt** zwischen Sana'a und dem Roten Meer. Aus dieser Zeit sind nördlich des Ortes das Fort und im Zentrum das Verwaltungsgebäude erhalten.

Nach dem Bau der Fernstraße Sana'a – Hudäida liegt Menaacha abseits der Verkehrsströme und hat nur noch regionale und touristische Bedeutung.

Die von Maggraba in vielen Serpentinen nach Menaacha führende Straße (10 Min. Fahrt) erreicht am Ortsanfang mehrere Hotels und Souvenirläden. Auf dem Fußballfeld führt die Straße geradeaus durch die Unterstadt nach Hadschara. Hinter dem Fußballplatz biegt links eine asphaltierte Straße ab, die durch das Sukgelände nach Kahel, Dschebbel und Hotäb leitet (siehe Karte).

Besichtigung von Menaacha

Menaacha wird wegen seiner Bergwelt und Wandermöglichkeiten besucht. Im Ort sind das Sukgelände (dicht gedrängte Läden, Steinplattenwege, Säulen) und ein großes Administrationsgebäude aus der Zeit osmanischer Herrschaft sehenswert. Beeindruckend ist der Steinbau mit der gro-

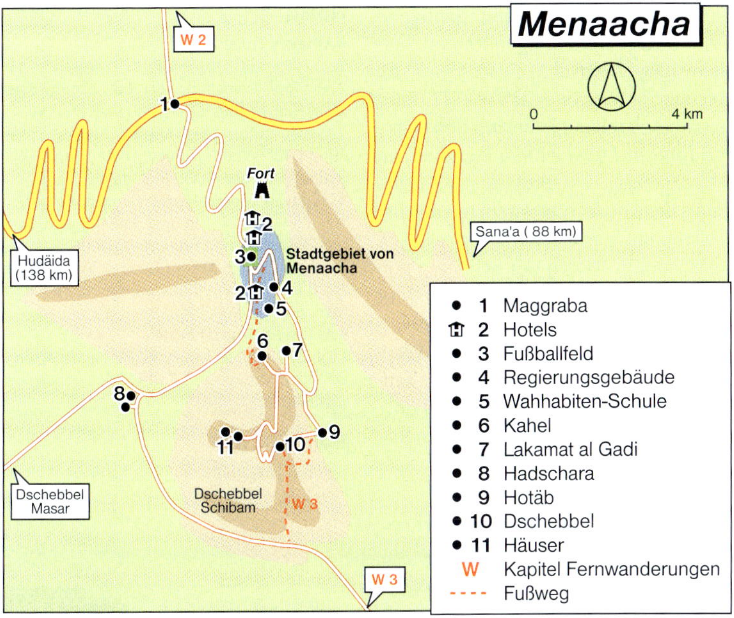

ßen Freitreppe, die ehemalige Schule wahhabitischer Glaubensrichtung.

Am Fußballplatz (hier ist sonntags der Wochenmarkt) gibt es mehrere Andenkenläden, die eine große Auswahl an **Silberschmuck,** Dschambijas und traditioneller Kleidung anbieten, sowie **Geldwechsler.**

Das osmanische **Fort** nördlich der Stadt ist mit Militär belegt und kann nicht besichtigt werden. Ein Gang in die Nähe der Anlage ist nicht ratsam.

Wenn sich Menaacha nachmittags in eine Wolkendecke hüllt, Regenschauer oder Gewitter niedergehen, ist das kein untypisches Wetter. **Kahel,** auf steilem Fels oberhalb von Menaacha gelegen, taucht dann nur noch sporadisch durch Nebelfetzen auf.

Nicht so hoch wie der sich südlich von Menaacha aufbauende **Dschebbel Schibam** (militärisches Sperrgebiet), aber mit seiner Kegelform beeindruckender ist der rechts hinter Hadschara liegende **Dschebbel Masar** mit dem Fernmeldeturm auf dem Gipfel.

Das Menaacha-Gebiet mit Terrassen, Bergen und Ortschaften lädt zum **Wandern** ein. Halbtagestouren führen nach Kahel, Dschebbel und Hotäb.

Wer Abstecher von Menaacha aus in die umliegenden Dörfer unternehmen will, sollte bedenken, dass es dort nur unzureichende Versorgungsmöglichkeiten gibt. Proviant und genügend Trinkwasser muss mitgenommen werden. Die *Deutsche Gesellschaft für Technische Zusammenarbeit (GTZ)* führt zusammen mit der jemenitischen *General Tourism Development Authority* im Harazgebirge ein Projekt zur **Förderung des Tourismus** durch, um der Bevölkerung neue Einkommensquellen zu verschaffen. Neben der Schulung von Wanderführern wurde ein Buch über Natur und Geschichte des Harazgebirges herausgegeben, zu dem eine Wanderkarte im Maßstab 1:25.000 mit Tourenbeschreibungen gehört. Die Publikation kann und ist über die Geschäftsstelle der Deutsch-Jemenitischen Gesellschaft bezogen werden.

Hotels

- **Alhagra Tourism** in Menaacha, Tel. (01) 460210, Mobil 777469199, p.P. 2000 Rial, Frühstück 500 Rial, Abendessen 1000 Rial, Mittagessen 1000 Rial; Du/WC im Zimmer, netter Chef, abends Musikgruppe. Führer für Wanderungen kosten 3000 Rial (halber Tag) und 4000 Rial (ganzer Tag).
- **Hajjarah Tourist Hotel (Funduk Askari),** Tel. (01) 460124, Fax (01) 460211, alhajjarahotel@hotmail.com, pro Person 3000 Rial inkl. Frühstück und Abendessen, Mittagessen 1000 Rial; schöne Stuckarbeiten in den Räumen, abends Musikgruppe.
- **Al Tawfiq Tourist Hotel,** Mobil 777460364, p.P. 4000 Rial, Frühstück 700 Rial, Mittagessen 1300 Rial, Abendessen 1200 Rial.

Sammeltaxen

Nach Maggraba 50 Rial, Sana'a 600 Rial, Hudäida 600 Rial.

070J Foto: bs

Essen und Trinken

Im Ort gibt es einige **Garküchen und Proviantläden,** aber in aller Regel wird in den Hotels gegessen.

Geldwechsel

Geldtausch bei privaten Geldwechslern am Fußballplatz.

Abstecher 1 von Menaacha: Hadschara <Hajarah> (3–4 Std.)

Die Straße nach Hadschara beginnt hinter dem Fußballfeld. Ohne Höhenunterschiede läuft sie in einem langen Rechtsbogen durch Terrassenfelder (4 km bis Hadschara).

1 km hinter Menaacha ist rechts der Piste ein Wasserbecken, das von Kindern als „Schwimmbad" genutzt wird. Kurz vor Hadschara teilt sich die Piste. Rechts 200 m weiter bietet sich der spektakulärste Blick auf das Felsennest. Die Häuser des unteren Ortsteils waren bis in die 1950er Jahre von Juden bewohnt. Wer sich am Abzweig links hält, gelangt zum Haupt-Parkplatz.

Hadschara liegt auf steilem Fels. Die Häuser sind so dicht gebaut, dass die Außenfassaden eine Wehrmauer bilden. Ein Steinstufenweg führt durch das befestigte Tor in das Ortsinnere. Es gibt nur diesen Zugang. Auf dem Stufenweg sollte eine Ruhepause eingelegt werden, um vor dem Auge das mittelalterliche Leben ablaufen zu lassen: alte Männer beim Plausch, Kinder auf Eseln, Frauen balancieren Wasserbehälter auf dem Kopf.

Hadschara mit seiner dichten Bebauung, den engen Gassen und seiner Wehrhaftigkeit vermittelt einen nachhaltigen Eindruck von der Siedlungsform dieses Landesteils. Wer den Blick von der exponierten Lage in die umgebende Bergwelt schweifen lässt, sieht viele Orte mit gleichem Schnittmuster. Es finden sich kaum ein Berg oder eine Felsnase ohne „angeklebte" Ortschaft. Auf halber Strecke zwischen Sana'a und dem Roten Meer gelegen, hat diese Region viele Feldzüge über sich ergehen lassen müssen. Gute Verteidigungslage war oberstes Gebot.

Westlich von Hadschara erhebt sich der **Berg Masar.** Dort begründete *Ali al-Sulaihi* die Dynastie der Sulaihiden, die der fatimidischen Glaubensrichtung angehörten (siehe Geschichte bzw. Dschibbla).

Hadschara ist **eines der meistbesuchten Ziele im Jemen** und die Bewohner haben sich auf Touristen eingestellt, was sich im aufdringlichen Verkaufsverhalten ausdrückt. Reisende werden gebeten, weder Geschenke noch Geld zu verteilen. Es ist nicht nötig, sich für eine Besichtigung des Ortes einen Führer zu nehmen, da der Rundgang recht kurz ist. Sollten dennoch Dienste in Anspruch genommen werden, so ist zuvor zu klären, wie viel Geld verlangt wird.

Terrassenfelder bei Menaacha

Unterkunft in Hadschara

- **Husn Al Hajjarah Tourism Hotel,** Tel. (01) 460210, Fax (01) 460559, pro Person 3500 Rial mit Abendessen und Frühstück; im Hotel werden Führer für Bergwanderungen vermittelt (½ Tag 15 US$, 1 Tag 20 US$). Die Lage des Hotels ist eine der Besten des Jemen. Guter Standort für Tageswanderungen. Das schöne, traditionelle Hotel wird in allen Leserzuschriften gelobt. Die stilvollen Räume haben bunte Oberlichter *(Gameriyas)*, familiäre Atmosphäre. Gutes Essen, Folkloreabende gegen Bezahlung.

Als Wanderführer für das Gebiet um Menaacha/Hadschara ist zu empfehlen: *Noman Al Arisy*, Mobiltelefon (0097) 711706108. Wanderung pro Tag 4000 Rial, ein Gepäckesel 2000 Rial, ein Eseltreiber 2000 Rial. *Noman Al Arisy* organisiert Paragliding und Mountainbike-Touren (die Geräte sind mitzubringen). Bei Mehrtageswanderungen empfiehlt sich das Mieten eines Esels für das Gepäck. **Preisbeispiel:** eine dreitägige Wanderung für vier Personen mit Gepäckesel kostet 40 Euro pro Person und Tag.

Zum Minimalprogramm gehört die **Wanderung** (2,5 Std. ein Weg) von Hadschara nach Hotäb und zurück über Kahel. Ein Führer für diese Wanderung kostet 3000 Rial.

Abstecher 2 von Menaacha: Kahel

Ein „Muss" ist die **Wanderung** zum hoch über Menaacha gelegenen Kahel. Der Aufstieg dauert gut eine Stunde.

Der Anfang des Steinstufenweges (von Menaacha aus gesehen führt er rechts hinter dem Massiv empor) ist schwer zu finden (nach dem „tariek rid-

071j Foto: bs

schel illa Kahel" fragen): Vom Fußballplatz in Menaacha 140 m Richtung Hadschara gehen. Dort den Abzweig Hotäb links liegen lassen, 140 m weiter Richtung Hadschara und links auf einer gepflasterten Straße aufwärts steigen. Durch eine lang gezogene Rechtskurve bis zu einem Gebäude mit breiter Freitreppe – ehemalige Wahhabiten-, jetzt Mädchenschule – gehen. Rechts an der Schule vorbei, nach 100 m am ersten Abzweig links abbiegen, zweigt 30 m weiter rechts ein schmaler Fußweg ab und führt über den letzten Häusern von Menaacha im Zickzack am Fels empor. Der Steinstufenweg schlängelt sich durch Kat-Anpflanzungen und an Aprikosenbäumen vorbei bis zum **Tor von Kahel** (2590 m). Vorsicht: In den engen Kehren den Stufenweg nicht verlassen (zwei schmale Fußwege führen geradeaus zu Wasserstellen). Der Hauptweg ist bis hinauf nach Kahel mit Steinstufen gut ausgebaut.

Kahel mit seinen wenigen Häusern ist schnell besichtigt. Schön ist der Blick hinab nach Menaacha.

300 m südöstlich von Kahel führt eine Piste rechts hinauf nach Dschebbel, die Piste nach Menaachas verläuft links bergab. An dieser Strecke liegt links die Ortschaft **Lakamat al Gadi.** Der nächste Abzweig (asphaltierte Straße) führt rechts nach **Hotäb** und links nach Menaacha (gut eine Stunde ab Kahel).

Hadschara

Mit dem Auto kann das fünf Straßenkilometer von Menaacha entfernte Kahel wie folgt erreicht werden: Vom Fußballplatz 140 m Richtung Hadschara, scharf links abbiegen, durch das Zentrum Menaachas hindurch und auf asphaltierter Straße 2,5 km Richtung Hotäb fahren. Dann rechts in eine Piste abbiegen, die nach 2 km Kahel erreicht. Aber nicht der Ort, sondern der Fußweg hinauf ist die Attraktion!

Abstecher 3 von Menaacha: Dschebbel <Jibal>

Der Fußweg nach Kahel ist im vorangegangenen Abschnitt beschrieben. Anstatt die Fahrstraße hinter Kahel links hinunter nach Menaacha zu wandern, geht es zur Ortschaft Dschebbel rechts weiter bergan.

Nach 5 Minuten in der ersten 180°-Kurve links in einen schmalen Fußweg abbiegen. Auf einem Steinstufenweg ist eine Stunde hinter Kahel (2590 m) der kleine Bergort Dschebbel (2760 m) erreicht.

Autofahrer durchfahren die 180°-Kurve und biegen am nächsten Abzweig links ab. Dschebbel liegt etwa 3 km hinter Kahel bzw. 8 km hinter Menaacha (von dort ca. 45 Minuten Fahrt).

Fußweg und Piste enden am befestigten Tor der kleinen **„Bilderbuchortschaft".** Innerhalb der Stadtmauer eine wassergefüllte Zisterne und eng aneinander geschmiegte Häuser.

Hotäb mit der weißen Moschee liegt im Südosten. Der **Berg Schibam** im Südwesten gehört zu militärischem Sperrgebiet.

Von Dschebbel nach Hotäb <Hutaib>

Der einfachste **Fußweg** von Dschebbel nach Hotäb (1½ Std.) führt auf dem Steinstufenweg (vgl. Abstecher 3) hinab und biegt unterhalb der Steilklippe auf einer Piste rechts ab, der bis Hotäb gefolgt wird. Schöner ist es, von Dschebbel am östlichen Rand der Steilklippe so lange nach Süden zu wandern, bis ein Abstieg gefunden ist. Von hier weglos durch Geröll und Gras zur Baumgrenze hinab, wobei zwei schmale Fußwege gekreuzt werden. Knapp unterhalb der ersten Bäume führt auf 2420 m ein Fußweg links durch grüne Terrassenfelder bis Hotäb (2450 m).

Unterhalb des mit Bäumen umgebenen Kuppelgrabs des Gelehrten *Hatim bin Ibrahim al-Hamdani* (16. Jh.) stehen auf einer Terrasse zwei weiße gemauerte Grabkästen, bei denen es sich um **Ismailitengräber** handelt.

Eine kleine **Moschee** liegt auf steilem Felsen über dem Ort. Ein Fußweg führt rechts am Felsen entlang und an dessen Rückseite in Stufen empor. Da das Tor kurz vor dieser Moschee verschlossen ist, muss in Hotäb nach dem Mann mit dem Schlüssel <muftach> gefragt werden. Er führt Touristen gegen ein Entgelt hinauf.

Hotäb ist ein wichtiger **Wallfahrtsort der ismailitischen Bohras,** die ihre größte Anhängerschaft in Indien haben. An jedem 16. Tag des ersten Monats im islamischen Jahr findet hier ein Pilgertreffen statt, an dem auch viele ismailitische Inder und Pakistanis teilnehmen. Zwei moderne Unterkunftsgebäude für die Gläubigen, eine neue Schule und die sorgfältig gepflegten Anlagen in Hotäb zeugen von der Bedeutung dieses Ortes.

Auf der in Hotäb endenden Asphaltstraße wird zu Fuß eine Stunde bis Menaacha benötigt.

Hotäb, 4,5 km von Menaacha entfernt, ist **für Autofahrer** auf einer asphaltierten Straße ohne Mühen wie folgt zu erreichen:

Km 0: Der Suk in Menaacha.

Km 2,0: Rechts oben der imposante Ort **Lakamat al Gadi.**

Km 2,5: Rechts zweigt die Piste nach Kahel ab.

Km 3,5: Linker Hand die beeindruckenden Orte **Benni Murra** (rechts) und links daneben **Athachra.**

Km 4,3: Rechts der Pistenabzweig zum Bergort **Dschebbel**.

Km 4,5: Hotäb.

6. Tag: Menaacha – Sana'a

Entfernung: 95 km
Fahrzeit: mit dem Auto 2 Std.
Straße: starkes Verkehrsaufkommen
Bus: ab Maggraba 600 Rial
Sammeltaxi: 600 Rial

Vom Fußballplatz fahren Sammeltaxen nach Sana'a. Sollte keines bereitstehen, muss von Maggraba gefahren werden. Busse kommen zwei Stunden nach Abfahrt aus Hudäida durch Maggraba und nehmen Fahrgäste mit, falls Plätze frei sind. Wer an **Reiseübelkeit** leidet, sollte seine Tabletten griffbereit haben. Die Strecke Menaacha – Sana'a ist eine Aneinanderreihung von Serpentinen und zeichnet sich durch enorme Höhenunterschiede aus.

Von Menaacha 4,5 km nach Maggraba fahren, dort den Kilometerzähler auf Null stellen und rechts abbiegen.

Die Straße windet sich in vielen Kehren in das landwirtschaftlich genutzte Wadi Al Jabass hinab.

Km 9,6: Schöner Blick rechts zurück auf Menaacha.

Km 12,5: Rechts zurück liegt das auf steilem Fels erbaute Hotäb.

Km 23: Der **Suk Benni Mansur.**

Km 36,2: Rechts ist die alte Straße von Hudäida nach Sana'a zu sehen. Sie wurde in den 1930er Jahren in dreijähriger Arbeit fertig gestellt. Hierzu musste jede jemenitische Familie eine männliche Arbeitskraft kostenlos zur Verfügung stellen. Zur selben Zeit wurde die Straße Hudäida – Hadscha – Sana'a nach dem gleichen System erbaut. Von der Asphaltierung der Straße Hudäida – Sana'a (Ende der 1950er Jahre) ist folgendes Ereignis überliefert: Als die Arbeiten beendet waren, bat die chinesische Firma um Bezahlung. Imam *Ahmad* soll gesagt haben: „Ich gebe euch Kaffee, Hirse oder Bohnen als Entgelt, ansonsten könnt ihr euren Asphalt aufrollen und wieder mitnehmen." Die Straße wurde nach dem Sturz des Imams von der Revolutionsregierung dann doch noch bezahlt.

Km 47: Rechts ist die alte Straße ein weiteres Mal zu sehen.

Km 49,4: Der **Pass Häima.**

Km 51,6: Suk al Aman.

Km 53: Der **Pass Mettna** (2740 m). 2 km weiter **Suk Mettna.**

Km 61,5: Links der Ort **Jazill** mit schönen Steinhäusern.

Km 65: Die Ortschaft **Matnah.**

Km 75,5: Links führt eine Asphaltstraße nach Schibam/Kaukaban.

Km 76: Links zurückblickend sind die zwei Gipfel des **Dschebbel Nabi Schuayb** zu sehen, mit 3660 m **höchster Berg des Jemen.** Die Gipfel sind militärisches Sperrgebiet und dürfen nicht bestiegen werden.

Km 80,3: Rechts ein Abzweig zum Stadtteil Hadda von Sana'a.

Km 82: Der **Pass Asser** (2500 m) und Blick auf das Sana'a-Becken.

Km 85,5: An der Stadtgrenze von Sana'a liegt rechts das **Freizeitgelände Muntazah Farah Land Resort.** Links erinnern ein chinesischer Pavillon und mehr als fünfzig Grabsteine an den Bau der Straße Hudäida – Sana'a mit chinesischer Hilfe. 500 Meter weiter wurde zum Gedenken an die gefallenen ägyptischen Soldaten während des Bürgerkriegs (1962–1969) ein weiterer Pavillon im Stile eines Tetrapylons errichtet. Schön ist der Ausblick von hier auf Sana'a.

Km 92: Links das *Sheba*-Hotel im Zentrum von Sana'a.

7. Tag: Sana'a – Huth – Schahaara

Bei Drucklegung dieses Buches waren Fahrten von Individualtouristen mit Bussen oder Sammeltaxen von Sana'a nach Amran, Huth und Saada **nicht erlaubt.**

Wer nicht als Pauschaltourist unterwegs ist und die Brücke von Schahaara sehen möchte, sollte die zweitägige Tour bei einem Reiseunternehmen in Sana'a buchen. Je nach Anzahl der Mitreisenden im Auto kostet das Gesamtpaket von Sana'a nach Schahaara und zurück 75–120 Euro pro Person einschließlich Übernachtung.

Sana'a – Huth

Entfernung: 130 km
Fahrzeit: mit dem Auto 2½ Stunden

Vom Zentrum Sana'as Richtung Flughafen bis zum Hassaba-Park fahren, wo links die Straße nach Amran, Hadscha, Huth und Saada abzweigt. Hier stehen auch die Sammeltaxen zu den genannten Orten.

Km 0: Abfahrt am Hassaba-Park. Von Sana'a bis Amran geht die Fahrt durch ein geologisch junges Lavagebiet, in dem Kat angebaut wird. Viele erloschene **Vulkankegel** erheben sich beiderseits der Straße. Der basaltische Lavaerguss erreicht Mächtigkeiten von 1500 Metern.

Km 10: Links führt die Straße in das Wadi Darr.

Km 22,7: Die Ortschaft **Darwan.** Freitags ist Suktag.

Km 26: Die Ortschaft **Nagdu** mit einer Straße nach Räida, auf der die Strecke über Amran abgekürzt werden kann. Hier links nach Amran fahren.

Km 33,4: Der Ort **Benni Meimun** mit schwarzen Häusern. Links zweigt eine Asphaltstraße nach Hahs und Thulla ab. Vom Rande des Amran-Beckens bietet sich links ein besonders schöner Blick zum Burgberg von Thulla und dem rechts dahinter liegenden Berg Haathur. In das Gebiet zwischen Sana'a und Amran (Hamdan) schickte der Prophet *Mohammed* seinen Schwiegersohn *Ali,* den späteren vierten Kalifen. *Ali* lehrte im nördlichen Jemen fast vier Jahre den Islam und war voll des Lobes über die Hamdanis. „Wenn ich Wächter am Tor des Paradieses wäre, würde ich die Leute aus Hamdan sofort einlassen", soll er gesagt haben.

Km 42: Der **Stadtrand von Amran.** Rechts das prachtvolle Gebäude der Provinzregierung.

Km 45: Links die Asphaltstraße nach **Thulla.**

Km 46: Links zweigt die **Straße nach Hadscha** ab. Das Stadtbild von Amran wird vom Schornstein der Zementfabrik dominiert. Die Fernstraße nach Saada führt östlich der Altstadt vorbei. Wegen der dichten Bebauung sind Stadtmauer und östliches Stadttor von der Durchgangsstraße aus nicht zu sehen.

Amran <Umran>

40.000 Einwohner

Der Tourist kommt zunächst in der **Neustadt** von Amran an, wo links die Straße nach Hadscha abzweigt. Die Neustadt ist laut, staubig und bietet – abgesehen von der Marktstraße – keine Reize. Am westlichen Stadtrand arbeitet mit dem Zementwerk das größte Industrieunternehmen der Region. Amran ist Hauptstadt der im Jahre 1998 neu geschaffenen gleichnamigen Provinz. Entsprechend verkleinerte sich die Provinz Sana'a.

Amran ist eine der wenigen Städte im Jemen, die noch vollständig von einer **Wehrmauer** umgeben sind. Das steinerne Befestigungswerk wurde 1716–1727 unter *Imam Al Qassim* errichtet.

Um die Altstadt zu besuchen, muss der Hauptstraße Richtung Hadscha bis zur Kreuzung der Sukstraße (schara as suk) gefolgt werden. Dort geht es rechts zum 300 m entfernten Stadttor **Bab al Aala** (auch Bab Rarbi = Westtor). Im Durchgang ist in Brusthöhe ein **himjaritischer Inschriftenstein** vermauert. Das Stadttor hat ein großes Holztor, dessen Flügel mit Blech beschlagen ist. Vor dem Bab al Aala erstreckt sich rechts der **alte Markt** mit schönen Arkaden.

Ein Gang um die Stadtmauer ist innen wie außen möglich und dauert jeweils 30 Minuten. An einigen Stellen kann sie begangen werden. Die **drei Stadttore** sind gut erhalten und vermitteln den Eindruck einer geschützten Stadt. Das kleine Stadttor **Bab as Sitr** verfügt über ein Holztor, dessen beide Flügel Tafeln mit arabischen Schriftzeichen tragen. Das Bab as Sitr befindet sich nur 100 m rechts des Bab al Aala. Das dritte Tor, **Bab Asfal** (auch Bab Schargi = Osttor genannt), führt im Osten aus Amran hinaus zur Fernstraße Sana'a – Saada und hat in der Mitte des Durchgangs zwei einfache, beschädigte Torflügel.

Die meisten Häuser im alten Amran sind aus gebrannten Lehmziegeln errichtet. Auch die **Große Moschee** (100 m halblinks des Bab Aala) weist ein Zickzackmuster aus herausgehobenen **Lehmziegeln** auf. In einigen Häusern sind Steine mit himjaritischen Schriftzeichen verbaut. Kinder bieten sich gegen ein Entgelt als Führer an.

Im alten Amran scheint die Zeit stehen geblieben zu sein – wer hier war, hat eine Vorstellung, wie das Dornröschenschloss der *Gebrüder Grimm* ausgesehen haben mag.

In Amran gibt es **zwei einfache Unterkünfte,** die wir nicht empfehlen.

Abstecher von Amran: Hadscha <Hajjah>

Entfernung: 76 km ab Amran
Fahrzeit: mit dem Auto 1 Std.
Sammeltaxi: 500 Rial

Nach Hadscha geht es **auf einer der schönsten Bergstrecken** des Jemen. Zwischen Amran und der ersten Passhöhe liegen Ortschaften mit den für das Hochland typischen Wohntürmen.

Km 3: Links das große Zementwerk.

Km 18: Die Ortschaft **Karen** mit imposanten Steinhäusern und Rundtürmen. Rechts reicht der Blick weit in das grüne Wadi Agar.

Km 20,4: Auf der Passhöhe zweigt an einer Tankstelle links die Piste zum **Berg Maswar** ab. Hinter dem Pass öffnet sich der Blick auf eine grandiose Bergwelt. Bei klarer Sicht zählen die folgenden Kilometer zu den schönsten im Jemen. Links dominiert das steil aufragende **Maswar-Massiv.**

Km 25,4: Steilabfahrt zum **Wadi Scharas.**

Km 34,4: Links die Felsnadel **Al Hothali** die mit Stufen und Geländer zu einem Aussichtspunkt ausgebaut ist. Diese Felsnadel blieb bei Sprengarbeiten der Straße stehen und wird als „Finger Gottes" gedeutet.

Km 35,5: Rechts führt eine Straße in die **Oberstadt von Kuchlan** <Hezn Kochlan> mit zwei großen Zisternen und einer Moschee. Ein Stufenweg führt von der Oberstadt in 15 Minuten zur Unterstadt mit der Marktstraße. Von Kuchlan bietet sich ein schöner Blick in das tief gelegene Wadi Malach und zu dem in der Ferne sichtbaren Gebirgsstock Schahaara.

Km 38,1: Rechts führt eine Asphaltstraße zur 1 km entfernten **Unterstadt von Kuchlan,** wo der zuvor beschriebene Fußweg endet. Zurück an der Amran-Hadscha-Straße wird der Kilometerzähler auf 0 gestellt und dann rechts abgebogen.

Km 2,8: Rechts das malerisch gelegene Dorf **Azzan.**

Km 21,8: Die Brücke über das Wadi Scharas auf nur 1000 m Höhe ist erreicht (Pavillon, Restaurant). Danach führt die Straße in Serpentinen das **Wadi Ain Ali** hinauf. Rechts der Blick auf einen hohen Wasserfall. Das Tal wird nun enger, und die nächsten 5 Kilometer begleitet uns **subtropische Vegetation** bis zur Provinzhauptstadt Hadscha (Km 38,2).

Hadscha <Hajjah>, 1750 m, 40.000 Einwohner. Die Kleinstadt hat nur wenige Sehenswürdigkeiten. Für einen Stadtrundgang wird eine Stunde benötigt. Das Sammeltaxi von Sana'a hält vor dem großen Kreisverkehr. Hier lädt links *The golden Al-Nawras Restaurant* zu einer Rast ein.

Zu Fuß geht es im Kreisverkehr geradeaus. Links fällt ein schwarz-weiß bemaltes Haus mit Frauenerker (maschrabija) auf. Rechts führt eine Gasse zum **Krankenhaus** und zu einem großen Platz. Über den Platz hinweg geht es zur **Großen Moschee** (Dschama al Haura) und zur **Post** (9–13 Uhr und 15–20 Uhr, Fr geschlossen).

Gehen wir vom schwarz-weißen Haus auf der Hauptstraße weiter, so folgt rechts der **alte Suk,** dessen Bauart der Läden, Gassen und Säulen an den Markt von Menaacha erinnert. Im Marktgelände befindet sich die kleine Moschee Dschama as Suk.

Auf der Hauptstraße weiter sind es 100 m zum ehemaligen **Palast** der Imamsfamilie (*Saduhn* genannt) links der Straße, heute Sitz der Stadtverwaltung. Das gut restaurierte Haus hat die typisch quadratische Form der Imamsbauten, wie sie aus Sana'a, Rauda und Taiz bekannt sind. Beachtenswert ist der mit feinen Schnitzarbeiten versehene **Holzerker.**

Auf der höchsten Erhebung Hadschas thront die **Festungsanlage Al Kahira** aus der Zeit der zweiten osmanischen Besetzung (1849–1918). Sie wird vom Militär genutzt und kann nicht besichtigt werden.

- **Ghamdan Hotel** *(Funduk Ramdan),* Tel. (07) 220321 / 220422, Fax (07) 220321, 1-Bett 4400, 2-Bett 4800; Restaurant, Frühstück 800 Rial, Abendessen 1200 Rial, Bad im Zimmer.

Weitere sehr einfache Hotels liegen an der Straße Richtung Tihama.

Sammeltaxen:

Nach **Sana'a** 700, **Amran** 600, **Al Huschm** (Tihama) 500 Rial.

Die Pfeiler von Na'it

Von Hadscha führt eine Straße hinab in die Tihama. 37 km sind es bis **At Turr,** wo freitags **einer der größten Wochenmärkte** des Jemen abgehalten wird (1 km links der Durchgangsstraße). Nach weiteren 27 km ist die Fernstraße Hudäida – Saudi-Arabien erreicht.

Weiterfahrt 7. Tag: Amran – Huth

Hinter Amran beeindrucken weitläufige landwirtschaftliche Nutzflächen, die von Traktoren bearbeitet werden. Wie andernorts fallen oberirdisch verlegte Wasserrohre auf, die den Feldern Grundwasser zuführen.

65,2 km ab Amran ist die **Umgehungsstraße von Räida** erreicht. Die unattraktive Kleinstadt wurde vom jemenitischen Geschichtsschreiber *Hamdani* im 10. Jh. wegen ihrer **Burganlage Tulfum** erwähnt, von der keine Reste erhalten sind.

Der **Wochenmarkt** wird dienstags zwei Kilometer östlich in **Bäit Harash** abgehalten. Am nördlichen Ortsrand zweigt rechts die Asphaltstraße nach Thi Binn und Na'it ab.

Abstecher 1 von Räida: Thafar Thi Binn <Dhi Bin>

Auf asphaltierter Straße sind es 25 km auf der Straße Richtung Wadi Dschauf <Jawf> bis zum Abzweig links zum 2 km entfernten Thi Binn (zu erkennen am weißen Minarett). Der Ort liegt auf 1770 m Höhe in einem regenarmen Gebiet. Auf den Feldern werden Kat und Weintrauben angebaut. Sehenswert ist die **Moschee mit der großen**

074J Foto: bs

Zisterne zu der vom Fuß der Berge ein teilweise unterirdisch verlegter Wasserkanal führt. Thi Binn hat einfache Garküchen, aber keine Übernachtungsmöglichkeit. Zur Besteigung des Burgbergs von Thafar <Zafar> siehe den Abschnitt „Fernwanderungen und Bergsteigen", B 7.

Abstecher 2 von Räida: Na'it

Auf der asphaltierten Straße von Räida Richtung Thi Binn 2 km bis zum **Suk al Dschadiet** fahren und dort an einer Tankstelle rechts abbiegen. 500 m weiter, hinter einer Ladenstraße, geht es rechts auf einer in Richtung der Berge führenden Piste. Anhaltspunkt: Vom Suk al Dschadiet gesehen läuft die Piste nach Na'it vor dem in 90° liegenden, etwa 10 km entfernten markanten Berg entlang. Na'it liegt rechts von diesem Berg auf dem Hauptmassiv.

Von Suk al Dschadiet geht der Fahrweg in Richtung der Berge und biegt 1 km vor Erreichen derselben scharf links ab. Am Fuß der Berge entlang führt die Straße hinter einer kleinen Ortschaft (Tankstelle) die erste Anhöhe hinauf und gabelt sich.

Rechts abbiegend ist nach kurzer Zeit ein Ort mit einer vorgelagerten Zisterne erreicht. Weiter bergan endet der Weg nach 5 km bei den auf der Kuppe des Hauptmassivs, dem **Dschebbel Thaneen,** gelegenen Häusern von Na'it (2700 m).

Na'it enttäuscht auf den ersten Blick. Nur Häuser neueren Datums sind zu sehen, daneben Geröllflächen mit bearbeiteten Steinen und alte Zisternen, an denen die ehemalige Überdachungskonstruktion gut zu erkennen ist.

Im Nordwesten befindet sich die eigentliche Attraktion. Zwei etwa 5 m hohe **Steinpfeiler** stehen dort auf einer teilweise frei liegenden Unterkonstruktion. Einer der schlanken Pfeiler lehnt an dem zweiten. Es grenzt an ein Wunder, dass sie die Jahrhunderte und die nicht seltenen Erdbeben in dieser Position überstanden haben.

Etwas weiter im Südwesten ist eine ungewöhnlich tiefe, lang gestreckte **Zisterne aus himjaritischer Zeit** erhalten. Durch den Zulaufkanal zu diesem Wasserspeicher aufwärts geht es zur größten **Moschee** Na'its. In ihrem Portal wurden zwei alte **Inschriftensteine** verbaut. In der vorgelagerten Zisterne befindet sich ein historischer Reliefstein. Für die die Moschee begrenzende Mauer wurden viele alte Säulensteine verwendet.

Zur Erkundung der zahlreichen in Häusern eingebauten Inschriftensteine und der zwei Motivsteine (Schlange, Menschenhand) bieten sich Kinder als Führer an.

Über Na'it schreibt der jemenitische Geschichtsschreiber *Hamdani* im 10. Jh.: „Ich habe die Überreste der denkwürdigen Bauten und Schlösser gesehen (...) und gefunden, dass sich keine derselben mit denen von Na'it, Ma'rib und Chamir vergleichen lassen, und unter diesen nimmt Na'it den ersten Rang ein."

Weiterfahrt 7. Tag: Räida – Huth

Km 68,4: Links in 300 m Entfernung das Kuppelgrab eines Heiligen, dann windet sich die Straße in Serpentinen hinauf zum Ruhla-Pass.

Km 90: Rechts zweigt die **Umgehungsstraße von Chamar** <Khamir> ab. Am Ortseingang steht links auf einem Hügel die Zitadelle.

Km 114: Bei klarem Wetter ist hier links das Schahaara-Massiv in 40 km Entfernung sichtbar. 1 km vor Huth bietet sich der gleiche Blick. Am Ortseingang von **Huth** ist links der Abzweig nach Schahaara und rechts befindet sich eine Zisterne.

Wer die folgende Fahrt nach Schahaara nicht unternimmt, sondern auf dem direktem Weg nach Saada weiterfährt, sollte die nächsten Seiten überblättern.

Huth – Schahaara

Entfernung: 50 km
Fahrzeit: mit dem Auto 1½ Std.
Straße: z.T. asphaltiert

Die reine Fahrzeit Huth – Schahaara beträgt etwa 1½ Stunden. Die ersten 20 Minuten geht es durch kahles Hochgebirge, anschließend über eine fruchtbare Ebene, den Oberlauf des später Wasser führenden Wadi Akhraf. Die erste Ortschaft in der Ebene heißt **Al Aschah** (18 km von Huth), wo die Asphaltstraße endet. Hier geht es nordwestlich nach Gaffla und südwestlich über Suk al Achatt nach **Al Gabai** (40 km ab Huth), den Übernachtungsort für einige organisierte Schahaara-Besucher. (Wir empfehlen jedoch, das Nachtquartier in Schahaara zu wählen.) Die Unterkunft in Al Gabai ist das **Funduk Amber** (2500 Rial pro Person mit Abendessen und Frühstück, Matratzenlager). In Al Gabai muss **jeder Tourist** in einen von lokalen Fahrern gesteuerten Toyota-Pickup umsteigen und weitere 8000 Rial (bei organisierten Reisen im Preis inbegriffen) für die Fahrt bis Schahaara zahlen.

Eine schmale Piste führt von Al Gabai zum Wellblechort Rahaaba, weiter zu einem Sattel und dann abenteuerlich steil zu dem 2450 m hoch liegenden Schahaara (ein Leser beschrieb dieses Teilstück treffend als „Treppe"). Die Strecke wird von einer Wasserleitung begleitet, einem Geschenk der Firma *Toyota,* die hier einen Werbefilm gedreht hat.

Rahaaba ist Ausgangspunkt für den dreistündigen Fußweg nach Schahaara.

075J Foto: bs

Die Brücke von Schahaara

Aus Zeitgründen empfehlen wir, die Anreise bis Schahaara mit dem Auto zu machen und am folgenden Tag auf dem Fußweg nach Rahaaba abzusteigen.

Schahaara <Shaharah>

800 Einwohner, 2450 m

Schahaara erinnert an Landflucht. Viele Häuser sind verfallen oder stehen leer. Gut erhalten und einzige Wasserversorgung des Ortes bis zum Bau der „Toyota-Wasserleitung" (1989) sind **zahlreiche Zisternen.**

Die **Große Moschee** wurde 1620 unter Imam *Gasim ibn Mohammad* erbaut, der von Schahaara aus regierte und nach seinem Tode 1644 in dem Gebäude die letzte Ruhe fand. Die alte **Kanone** am östlichen Ortsrand ist ein Beutestück aus der Zeit der zweiten osmanischen Besetzung des Jemen (1849–1918).

Das **Schahaara-Massiv** ist die höchste Erhebung der Region.

Die **Fußbrücke** aus der Mitte des 16. Jhs., befindet sich 500 m hinter dem der Zufahrtsstraße gegenüberliegenden Ortsende. Sie ist 12 m lang (die gerade Gehfläche), hat eine begehbare Breite von 1,5 m und überspannt einen gut 200 m tiefen Bergeinschnitt. Der Abstand zwischen den beiden Felsen ist auf Höhe der Brücke auf 16,5 m verengt. Die Schahaara abgewandte Seite der waghalsigen Konstruktion konnte ehemals mit einem Holzportal verschlossen werden. Abgebrochene Steine am Fundament lassen vermuten, dass die Brücke ursprünglich eine zweite Arkade hatte.

Schahaara, militärisch günstig auf einem steilen Berg gelegen, hat eine **kriegerische Geschichte.** An der Nahtstelle des zaiditischen Imamats im Norden und den Gebieten mit Fremdherrschaft im Süden, war dieses Gebiet oft umkämpft. Die Osmanen unternahmen wiederholt Angriffe auf Schahaara. Dem Gouverneur *Mustafa Sinan Pasha* und seinen Tuppen gelang es nach langer Belagerung, Schahaara im Jahre 1587 einzunehmen. In den Folgejahren wurde der südliche Zugang ausgebaut. Nachdem die Osmanen Schahaara hatten räumen müssen, wurde während der Regentschaft *Imam Muayyads* (1602–1644) der nördliche Zugang ausgebaut. *Muayyad,* davor sein Vater *Al Gasim* und dann sein Nachfolger *Mutawakkil Ismail* regierten den zaiditischen Teil des Jemen von hier aus. *Mutawakkil Ismail* war einer der mächtigsten Imame des Jemen. Seinen Truppen gelang die Eroberung des südlichen Jemen bis nach Hadramaut und Machra.

Im Kampf gegen die osmanischen Besetzer im Jemen machte *Imam Yachya* die Bergfestung Schahaara 1908 zu seinem Hauptsitz.

- **Funduk Shiharah,**
pro Person 3000 Rial mit Abendessen und Frühstück, Matratzenlager.
- **Funduk Chalid**
Pro Person 3000 Rial mit Abendessen und Frühstück, Matratzenlager.

8. Tag: Schahaara – Huth – Saada

Schahaara – Huth

Wir empfehlen den Abstieg von Schahaara auf einem durch Terrassenfelder und Befestigungsanlagen führenden Fußweg. Zwei Wanderstunden sind es bis Rahaaba, wohin das Auto vorgeschickt werden sollte. Die Fußgängerbrücke überqueren, auf der gegenüberliegenden Seite bergan steigen und dann horizontal durch Terrassenfelder bis zu einem kleinen Dorf wandern. Dort auf breitem Weg abwärts zu einer **Befestigungsanlage** steigen, die in einer Talrinne den Zugang nach Schahaara abriegelte. Durch das Tor der Anlage führt ein gut ausgebauter Fußweg zum Wellblechdorf Rahaaba an der Piste Schahaara – Al Gabai.

Zurück nach Huth fahren, dort den Kilometerzähler auf 0 stellen und links Richtung Saada abbiegen.

Hinweis: Für die Weiterfahrt nach Saada gab es bei Drucklegung des Buches keine Genehmigung.

Huth – Saada

Entfernung: 119 km
Fahrzeit: mit dem Auto 2 Std.

Km 7: In der schroff abfallenden Bergkante rechts glauben Jemeniten die Gesichter eines Mannes und einer Frau zu erkennen.

Km 23,5: Hier am **Dschebbel Asswad** (schwarzer Berg) gab es 1994 je ein Lager mit Soldaten aus dem südlichen und nördlichen Jemen. An dieser Stelle wurde von Soldaten aus dem Süden der Schusswechsel begonnen, der dann zum Bürgerkrieg führte.

Km 38: In der Ortschaft **Al Harf** stehen große Stapel Feuerholz zum Verkauf. 3 km weiter nördlich ist rechts der Abzweig nach Al Maraschi und Suk Al Inahn.

Abstecher nach Al Maraschi und Suk Al Inahn

Hinweis: Für diese Tour gab es bei Drucklegung des Buches keine Genehmigung.

37 km sind es auf schlechter Piste nach Al Maraschi und weitere 28 km nach Suk Inahn. Durch trockene, eintönige Landschaft ist nach einer Stunde das auf einem Felsplateau 10 m über der Ebene gelegene Al Maraschi erreicht. Im Ortszentrum führt geradeaus an einer Tankstelle vorbei, eine Straße von schlechter Qualität zum fünf Fahrstunden (75 km) entfernten **Al Hasm,** dem Hauptort des Wadi Dschauf <Jawf> und weiter als Asphaltstraße nach Marib.

In **Al Maraschi** gibt es keine Übernachtungsmöglichkeit, aber eine kleine Garküche. Architektonisch interessant sind die **Wohntürme.**

Von Al Maraschi führt nordwärts eine schlechte, teils steile Piste in die Berge nach Suk Al Inahn (28 km, 1 Std. Fahrzeit). **Suk Al Inahn** (1990 m) ist der **wichtigste Markt der Region.** Markttag ist montags. Im Suk gibt es Garküchen und zwei einfache Unterkünfte. Al Inahn besticht durch die Architektur seiner Lehmhäuser. Die Türöffnungen sind mit braunen und ockerfarbigen Streifen bemalt, die Fensterläden rot oder blau gestrichen. Suk Al Inahn im Baraat-Gebiet hat die **schönsten Lehmhäuser des nördlichen Jemen.** Ähnlich bemalte Lehmhäuser gibt es auch nördlich von Al Harf an der Straße nach Saada bei Km 46,5 in der Ortschaft Al Amaschia.

Weiterfahrt nach Saada

Die Straße Al Harf – Saada führt durch trockene Landschaft. Die Regenmenge reicht nicht aus, um Felder in Terrassenbauweise zu bewirtschaften. Wenige Ortschaften unterbrechen die teils gebirgige, teils durch weite Geröllebenen führende Strecke. Interessant ist der Übergang von Stein- zu Lehmbauweise.

Die landwirtschaftlichen Flächen und die mit Lehmmauern umgebenen Gärten werden fast ganzjährig mit Grundwasser bewässert. Das bringt zwar ein reichhaltiges Gemüseangebot auf die Märkte, ist jedoch ein Raubbau an nicht erneuerbaren Ressourcen, wie der rapide fallende Grundwasserstand zeigt.

Km 46,5: Die schön bemalten Lehmhäuser von **Al Amaschia.**

Ab Al Harf begleitet für viele Kilometer rechts der Straße der **Dschebbel Mafluk** <Jebal Mafluq> die Fahrt. Der Berg vermittelt den Eindruck, von übernatürlichen Kräften mit der Axt gespalten worden zu sein. Beim Mafluk handelt es sich um den durch Erosion freigelegten Förderschlot eines ehemals etwa dreimal höheren **Vulkans.**

Wenige Kilometer weiter, am Ende eines langen, Straßenabschnitts, ist rechts (schräg zurückblickend) in 6 km Entfernung für kurze Zeit der **Dschebbel Safra** zu sehen, bei dem es sich ebenfalls um den Erosionsrest eines Vulkans handelt. Eine nur für Geländefahrzeuge geeignete Piste zum Safra und Mafluk zweigt hier nach Osten ab. Nach der Überquerung des **Passes Al Amer** bei **Km 87** sind es vier weitere Kilometer zu den Wellblechbuden des Suk Amar.

Die letzte halbe Stunde vor Saada ist der interessanteste Teil der Sana'a-Saada-Strecke. Häuser in Lehmbauweise, grüne, bewässerte Felder, Weingärten hinter hohen Lehmmauern, kahle Berge am Horizont. Gelegentlich sind in den trockenen Wadis Beduinenzelte und Kamele zu sehen.

Km 93: Schöne Lehmhäuser und Holzverkauf.

Km 98: Farwa (rechts) ist einer der schönsten Orte des Jemen mit Lehmhäusern.

Kurz vor Saada erhebt sich rechts in ungefähr 10 km Entfernung der **schönste Berg des Jemen,** der **Dschebbel Barrasch** mit seiner Zuckerhutform, bei dem es sich wie beim Mafluk und Safra um den Erosionsrest (d.h. die harte Schlotfüllung) eines **Vulkans** handelt.

Km 111: Die Stadtgrenze von **Saada** ist erreicht. Kilometerweit führt die Zufahrt an neuen Zementsteinhäusern, Läden und Werkstätten vorbei, die den Blick auf Stadtmauer und Altstadt versperren. Unglaublich der Bauboom, gab es doch in den 1970er Jahren kaum Häuser außerhalb der Stadtmauer.

9. Tag: Saada <Sa'dah>

18.000 Einwohner, 1800 m

Saada ist **Hauptstadt der gleichnamigen Provinz** und wichtige Verwaltungs-, Dienstleistungs- und Garnisonsstadt.

Aufgrund kriegerischer Auseinandersetzungen zwischen der Zentralregierung und einer religiösen Splittergruppe „Al Huthi" ist die Saada-Provinz seit einigen Jahren für Touristen nicht mehr bereisbar. Da die Kämpfe durch die Vermittlung von Golfstaaten weitestgehend eingestellt wurden, wird Saada in den nächsten Monaten möglicherweise für Touristen wieder geöffnet. Es

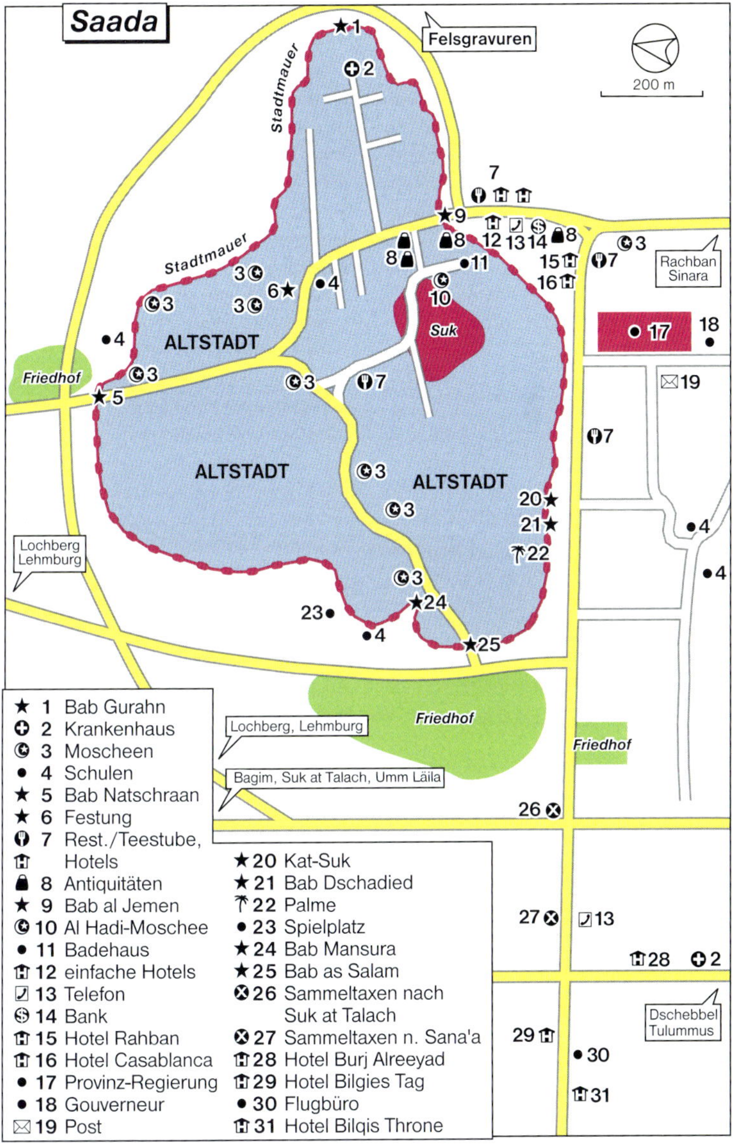
Saada
Felsgravuren
200 m
Stadtmauer
Stadtmauer
ALTSTADT
ALTSTADT
ALTSTADT
Suk
Friedhof
Friedhof
Friedhof
Rachban Sinara
Lochberg Lehmburg
Lochberg, Lehmburg
Bagim, Suk at Talach, Umm Läila
Dschebbel Tulummus
1 Bab Gurahn
2 Krankenhaus
3 Moscheen
4 Schulen
5 Bab Natschraan
6 Festung
7 Rest./Teestube, Hotels
8 Antiquitäten
9 Bab al Jemen
10 Al Hadi-Moschee
11 Badehaus
12 einfache Hotels
13 Telefon
14 Bank
15 Hotel Rahban
16 Hotel Casablanca
17 Provinz-Regierung
18 Gouverneur
19 Post
20 Kat-Suk
21 Bab Dschadied
22 Palme
23 Spielplatz
24 Bab Mansura
25 Bab as Salam
26 Sammeltaxen nach Suk at Talach
27 Sammeltaxen n. Sana'a
28 Hotel Burj Alreeyad
29 Hotel Bilgies Tag
30 Flugbüro
31 Hotel Bilqis Throne

bleibt abzuwarten, ob sich die Reiseerlaubnis dann nur auf das Stadtgebiet bezieht.

Bei den Kämpfen wurden schwerste Waffen eingesetzt und Dörfer aus der Luft bombardiert. Es gab viele Hunderte von Toten auf beiden Seiten. Rund 40.000 Flüchtlinge sind vor den Kämpfen aus den Dörfern in die Nähe der Stadt Saada geflohen, wo sie u.a. mit Mitteln des *World Food Programms* (unzureichend) versorgt werden.

Geschichte

Im August 1991 brachte die *Yemen Times* unter der Überschrift „War der erste Mensch ein Jemenite?" einen Bericht über archäologische Forschungen unweit von Saada, bei denen **Felsgravuren** (Abstecher 1) von Menschen der neolithischen Zeit (ca. 8300 v.Chr.) ausgewertet wurden. Auch wenn die Euphorie über „Saada als Wiege der Menschheit" keine Basis hatte, so belegen die Funde doch, dass Saada ein alter Kulturraum ist.

Wie vorislamische Ruinenstätten zeigen, hatte die Nordprovinz in sabäischer und himjaritischer Zeit große Bedeutung. Drei in Marib gefundene Inschriftensteine berichten von Strafexpeditionen sabäischer Truppen gegen rebellierende Stämme der Region Saada.

In vorislamischer Zeit führte durch Saada eine **wichtige Handelsstraße** in das nördliche Arabien. In frühislamischer Zeit wurde diese Karawanenstrecke von Pilgern auf ihrem Weg zu den heiligen Stätten genutzt. In zwanzig Etappen war der von Sana'a über Saada und Natschraan nach Mekka führende **Pilgerweg** eingeteilt.

Eine **herausragende Stellung in der jemenitischen Geschichte** spielte Saada ab dem Jahre 892, als *Al Hadi Yachya* sich hier niederließ und die zaiditische Glaubenslehre begründete. Als Sitz zaiditischer Imame war Saada über Jahrhunderte politisches und religiöses Zentrum. Eine unter *Al Hadi* eingerichtete Münze prägte Gold-, Silber- und Kupferstücke zwischen dem 9. und 16. Jh.

Im Kräftespiel der Mächte mit häufigen Kriegszügen und den Besetzungen von Teilen des Jemen durch Abbasiden, Omaijaden, Rassuliden und Osmanen war die Stadt jemenitischer „stronghold", kam nur während der Zeit der ersten osmanischen Besetzung des Jemen zwischen 1606 und 1617 unter Fremdherrschaft. Den zaiditischen Imamen gelang es, kriegerische Auseinandersetzungen auf ihr südliches Territorium (d.h. die Sana'a-Region) zu begrenzen. An Saada, das die Hauptstadtfunktion des zaiditischen Machtbereichs zeitweise an Sana'a, Thulla, Kaukaban oder Hadscha verlor, liefen Eroberungen, Rückeroberungen und Plünderungen vergleichsweise spurlos vorüber.

Die ursprüngliche Stadt lag nicht an heutiger Stelle, sondern 5 km westlich am Fuß des **Berges Tulummus** (Abstecher 4). Die wenigen Spuren dieser Siedlung nordwestlich des Berges lassen sich vom archäologisch ungeschulten Betrachter nicht erkennen.

Das heutige Saada entwickelte sich ab Anfang des 9. Jhs. um die **Al-Hadi-Moschee.** Um für die wachsende Bevölkerung Raum zu schaffen, wurde die

Stadtmauer mehrfach erweitert. Die ältesten Viertel im Norden stammen aus der Zeit *Al Hadis*. In ihrer heutigen ummauerten Form besteht die Stadt seit dem 16. Jh.

Die letzte große Erweiterung gab es östlich der Linie Bab al Jemen/Stadtburg. Dieses Gebiet bewohnten die Nachkommen des Imam **Manzur Abdallah ibn Hamza.** Sie wurden Anfang des 16. Jhs. vom damaligen Imam **Scharaf ad Din** aufgrund von Streitigkeiten aus der Stadt vertrieben. (Heute leben deren Nachfahren als Bauern 8 km östlich von Saada im Dorf Hamazat). Bis Mitte des 20. Jhs. lag der östliche Stadtteil in Ruinen. 1952/53 entstanden dort ein Krankenhaus und das Gästehaus der Regierung (heute Wohnsitz des Vizegouverneurs der Provinz Saada). Inzwischen ist auch dieses Viertel eng bebaut.

Jahrhundertelang wurde in der Saada-Provinz **Eisen abgebaut** und in der Stadt verhüttet (auf dem Abraum steht heute die Stadtburg). Ein Staudamm im Al-Abdien-Tal (Abstecher 5) begünstigte bis in das 9. Jh. die intensive landwirtschaftliche Nutzung des fruchtbaren Saada-Beckens. Großer Baumbestand (vor allem Akazien) lieferte Bau- und Brennholz, aber auch Blätter zum Gerben von Leder, so dass sich ein Zentrum der **Gerberei** entwickelte. In der Marktsatzung von Sana'a (18. Jh.) wird die im Jemen einmalig gute Qualität des Saada-Leders vermerkt. Die Lederherstellung wird jedoch seit vielen Jahrzehnten nicht mehr praktiziert.

In Saada spielt der **religiöse Adel** (Schiiten) eine entscheidende Rolle, nach der Revolution von 1962 als Teil des Regierungsapparates. Die Männer der religiösen Aristokratie tragen gepflegte weiße Gewänder und den silberbeschlagenen, seitlich getragenen Dolch *(thuma)*. Ein **Säi'ed** <Sajid> strahlt Würde aus, schwebt für den ausländischen Betrachter über den Dingen. Der Säi'ed betrachtet sich über den Kalifen *Ali* als blutsverwandt mit dem Propheten Mohammed (s.a. im landeskundlichen Kapitel „Sozialstruktur/Soziale Gruppen").

Saada, das Zentrum des zaiditischen Glaubens, kämpfte im Bürgerkrieg auf Seiten der Royalisten. *Imam al Badr* lebte nach seinem Sturz (1962) und während des Bürgerkriegs in der Nähe der Stadt und ging von hier ins Exil nach London, wo er 1996 starb.

Neben Tarim im Wadi Hadramaut ist Saada der **konservativste islamische Ort** im Jemen. Touristen sollten das bei der Wahl ihrer Kleidung und beim Fotografieren von Menschen respektieren.

Besichtigung von Saada

Fällt der Besuch auf einen Samstag, so sollte vormittags der **Suk in At Talach** (Abstecher 7) besucht werden. Ansonsten gibt es eine breite Palette an Sehenswürdigkeiten, die an einem Tag nicht zu „schaffen" sind.

Suk und Altstadt (3 Std.)

Der Weg in die Altstadt führt durch das in Lehmbauweise errichtete Tor **Bab al Jemen,** einem von heute sechs Stadtzugängen. Die ursprüngliche Konstruktion des Tores ist gut zu erkennen: Ehemals befand sich der Eingang zwecks besserer Verteidigung rechts von der heutigen Öffnung, so dass die Stadt auf einem S-förmigen Weg betreten werden musste. Die Stadttore wurden bis 1971 nachts verschlossen. Um für den Autoverkehr einen geradlinigen Zugang zu ermöglichen, wurde ein Teil der alten Tormauer eingerissen. Im Jahr 2001 wurde der Konplex (mit holländischer Finanzhilfe) vollständig restauriert. Innerhalb der Toranlage hatten bis vor wenigen Jahren die Wachen (Soldaten) ihre Unterstände. Nun befinden sich dort ein Kiosk bzw. Silberladen. Kurz vor Verlassen des Torbereichs ist auf der linken Seite in 2½ m Höhe ein himjaritischer Inschriftenstein zu beachten.

Hinter dem Bab al Jemen öffnet sich der große Platz vor der Al Hadi-Moschee mit einigen **Silberläden.** Bis zum Jahre 2000 boten noch jüdische Silberhändler ihre Ware an. Nachdem immer mehr jemenitische Juden das Land verlassen haben, gibt es in Saada und in ihrem traditionellen Wohnort Ruras keine Menschen dieses Glaubens mehr.

Links liegt das bedeutendste Bauwerk, die **Al Hadi-Moschee.** Der schönste Blick auf die Kuppeln bietet sich von einer kleinen Gasse, die links (südlich) an der Moschee entlangführt. Von dort ist hinter einer mit Stacheldraht bewehrten Mauer ein kleiner Friedhof, dann die Moschee-Anlage mit ihren leuchtend weiß-grün bemalten Kuppeln zu sehen. Die Überlieferung sagt, dass die Al Hadi-Moschee an der Stelle errichtet wurde, wo sich das Kamel des Propheten Mohammed niedergelassen hatte. Das Bethaus (der heutige Baukörper stammt aus dem 12. Jh., wurde aber im 17. Jh. verändert) ist nach dem Begründer der zaiditischen Glaubenslehre im Jemen, *Al Hadi Yachya,* benannt. Unter den Kuppeln sind neben *Al Hadi* (er starb 911) elf weitere Imame begraben. In der Stampflehmarchitektur Saadas überrascht die Moschee mit ihrem wuchtigen **Minarett** aus dem 10. Jh. in Ziegelsteinbauweise.

Am oberen Ende des großen Platzes geht es rechts an der Al Hadi-Moschee entlang auf das Sukgelände. Auf Höhe der Moschee befindet sich rechts eine eine alte **Karawanserei,** die heute die Verwaltung für religiöse Angelegenheiten *(waqf)* beherbergt. Links steht eine alte **Sigaya,** ein Wasserhäuschen mit hübscher kleiner Kuppel.

Westlich der Al Hadi-Moschee hat im **Sukgelände** die Mehrzahl der Läden an jedem Wochentag geöffnet, am Tag des **Wochenmarktes (Sonntag)** ist jedoch vormittags erheblich mehr Betrieb. Dann verkaufen auch Landfrauen **Korbflechtwaren** am westlichen Rand des Sukgeländes. Es bietet sich hier eine der seltenen Gelegenheiten, Korbwaren zu kaufen.

Die Saada-Provinz ist das Zentrum des **Weintraubenanbaus** im Jemen. Schriftliche Quellen aus dem 10. Jh. berichten, dass zu dieser Zeit bereits Reben gezogen wurden. Von Ende Mai bis Mitte November werden auf dem Markt Berge an Weintrauben angeboten, in den übrigen Monaten Rosinen. Die Weiterverarbeitung zu Wein verbietet der islamische Glaube.

Al Hadi-Moschee in Saada

Um in die **Altstadt** zu gelangen, wird der Suk in westliche Richtung durchquert. Bei den letzten Geschäften nach rechts abbiegen und zu einem großen freien Platz gehen.

Zwei prächtige Häuser jenseits des Platzes ziehen den Blick an. Sie wurden in den 1930er Jahren errichtet und zeigen einen Mischstil aus Lehm und gebrannten Lehmziegeln (Sana'a-Einfluss). Am Dachrand wurden **Steinbockhörner** als Fruchtbarkeitssymbol eingebaut. Zwischen diesen Häusern führt eine Gasse in die Altstadt. 50 m weiter nach rechts abbiegen.

Nach Durchquerung eines ehemaligen Stadtvierteltores (es wurde bis zur Revolution 1962 nachts geschlossen) bieten sich faszinierende Blicke auf enge Gassen und 500 Jahre alte Häuser. Nicht Stampflehm ist der alte Baustil diesem Viertel, sondern Häuser mit steinernen Fundamenten (bis zu 4 m hoch) und den oberen Stockwerken aus gebrannten oder luftgetrockneten Ziegeln. Auffallende Details sind **Stuckarbeiten** um Türen und Fenster, **Inschriftenbalken** über z.T. mit dicken Bolzen beschlagenen Türen, Fensterläden mit Innenklappen und Schriftbändern in Ziegelarbeit und Kalkmörtel.

Mehrere Zugänge in alte Gassen bietet die zum Stadttor Bab Natschraan führende Straße. Zunächst geht der Besucher vom Bab al Jemen zur **Burg** *(Gischla)*, die bis zu ihren höchsten Zinnen besichtigt werden kann (am Tor fragen). Interessant ist das Aufschüttungs-

Rundreise 1

074] Foto: bs

077J Foto: bs

material der erhöht liegenden Anlage. Es ist Schlacke der einstmals florierenden Eisenverhüttung.

Auf der Asphaltstraße weiter in Richtung Bab Natschraan verdient links ein kleines, wuchtiges **Stadtteiltor** aus Holz Beachtung. Auf den nächsten 300 m zweigen links enge Gassen ab, die nachts mit Toren verschlossen wurden. Zwar fehlen die Torflügel, doch ist die Funktion noch gut zu erkennen. Kurz vor dem Bab Natschraan weist links der Eingangsbereich eines alten Hauses schöne Stuckarbeiten auf. Das im Jahre 2001 restaurierte Stadttor **Bab Natschraan** hat – wie einst das Bab al Jemen – aus Verteidigungsgründen einen S-förmigen Zugang.

Wochenmarkt in Saada

Gang auf der Stadtmauer (2–3 Std.)

Die Stadtmauer stammt in ihrer heutigen Form **aus dem 16. Jh.** und wurde unter Imam *Ahmad* Ende der 1940er Jahre instand gesetzt. Nachdem die Witterung den Lehmkörper abgetragen hatte und neue Durchbrüche geschlagen worden waren, begannen 1990 Sanierungsarbeiten.

Die Höhe der Mauer variiert zwischen 4 und 5 m, die begehbare Krone ist 3–4 m breit, in Abständen von 50–80 m gibt es halbrunde, **turmartige Vorsprünge.** Die äußere Seite des Wehrganges ist mit einer Brustwehr versehen, in die **Schießlöcher** von 6 cm Durchmesser eingelassen sind. Regenwasser wird mit Wasserspeiern und senkrechten Rinnen in das Stadtinnere geleitet. Sie sind mit dem traditionellen Zement des Jemen, dem **Qadad** <qu-dad>, gefertigt.

Von der Mauer bieten sich schöne Blicke in die Altstadt und das 1800 m hoch gelegene Saada-Becken. Vom nordöstlichen Abschnitt ist nachts (Kompass 35°) die Lichtkuppel der saudi-arabischen Stadt Natschraan am Horizont zu sehen.

Startpunkt für den **Rundgang** ist das Stadttor **Bab al Jemen.** Von außerhalb der Stadt kommend, führt fünfzehn Meter hinter dem Durchgang rechts eine schmale Gasse zwischen zwei Häusern hindurch und mit Stufen auf die Stadtmauer. Sie verläuft zunächst nach Osten. An der Stelle, wo sie nach Norden abbiegt, sollte ein Orientierungsstopp gemacht werden.

Linker Hand befindet sich das 1952 erbaute **Krankenhaus der Republik** *(Mustaschfa al Dschumhuri).* Südlich ist auf dem Saada am nächsten gelegenen Berg ein Haus zu sehen. Auf der linken Seite des schroffen Berges liegen (von der Stadtmauer nicht sichtbar) die **Fledermaushöhlen** (Abstecher 2). 500 m östlich von unserem Standort stehen drei Lehmhäuser, deren obere Stockwerke weiß gekalkt sind. An diesen Häusern vorbei führt der Weg zu den **Felsgravuren** (Abstecher 1).

An dem im Jahr 2002 wieder geöffneten (es war jahrzehntelang zugemauert) Osttor **Bab Gurahn** vorbei geht es in Richtung **Burg,** dem ehemaligen Imamssitz. Links der Mauer wachsen in Gärten Orangen-, Feigen- und Granatapfelbäume. Außerhalb der Stadt liegen Neubauten und die Wellblechhütten der Akdam, der dunkelhäutigen Unterschicht, die für die Stadtreinigung zuständig ist.

Kurz bevor die Mauer nach Westen abknickt, hat links eine kleine Moschee ein Wasserbecken im Innenhof. An Gemüsegärten und einer weiteren Moschee vorbei geht es zum **Bab Natschraan.** Hier ist gut der aus Verteidigungsgründen S-förmige Zugang zum Stadttor zu erkennen. Hinter dem Tor ermöglicht ein Mauerstück Blicke auf das älteste Viertel Saadas.

Es ist nicht zu übersehen, dass viele alte Lehmhäuser durch **Zementanbauten** verschandelt wurden. Obwohl ein Gesetz das Verwenden von Zementsteinen verbietet, setzen sich immer wieder Einwohner darüber hinweg.

Der Kinderspielplatz, außerhalb der Stadt ist ein Geschenk Japans. Daran schließt die **Mädchenschule** „Al Giss" an. 1500 Mädchen werden hier im Grund-, Mittelschul- und Gymnasialbereich von größtenteils jemenitischen Lehrerinnen unterrichtet.

Hinter Spielplatz und Schule liegt einer der Friedhöfe Saadas. Beschriftete Grabplatten und **Kuppelgräber** verstorbener zaiditischer Rechtsgelehrter heben diesen Friedhof von den zumeist schmucklosen Grabstätten in anderen Landesteilen ab.

Links schließt dann das ehemalige jüdische Viertel an. Vor dem Westtor **Bab al Mansur** muss vom Wehrgang abgestiegen werden. Dieses jahrelang verschlossene Tor wurde 1990 geöffnet, um den Mädchen den Weg zur neuen Schule zu erleichtern.

Am Westtor **Bab as Salam** (Tor des Friedens) kann die Mauer wieder bestiegen werden. An einer markanten **Palme** ist ein weiterer Durchbruch in der Stadtmauer erreicht, das **Bab al Dschadied** (Neues Tor). Hier herrscht auf dem **Katmarkt** den ganzen Tag über reger Betrieb.

Kurz vor dem Bab al Jemen liegt innerhalb der Stadtmauer das einstöckige, mehrkuppelige städtische **Badehaus.**

Hotels

- **Bilqis Throne Hotel,**
Tel. (07) 512973, 1-Bett 1500, 2-Bett 2500 Rial, ohne Frühstück.
- **Bilgies Tag Hotel,**
Tel. (07) 512459, 1-Bett 1000 Rial, 2-Bett 1800 Rial, ohne Frühstück.
- **Burj Alreeyad Hotel,**
Tel. (07) 521362, Fax (07) 521361, 1-Bett 1800, 2-Bett 2200 Rial, ohne Frühstück.
- **Rahban Tourism Hotel,**
Tel. (07) 512848, Fax (07) 512856, 1-Bett 2500, 2-Bett 3000 Rial, inkl. Frühstück.
- **Casablanca Hotel,**
Tel. (07) 514505, Fax (07) 514719; 1-Bett 2500, 2-Bett 3200 Rial, ohne Frühstück.

Essen und Trinken

- In Saada gibt es zahlreiche **Garküchen.**
- Im Sukbereich wird unter Bäumen im **United Yemen Coffee Shop** Tee und *Qischr* getrunken. Es ist eine der seltenen Gelegenheiten im Jemen, in einem öffentlichen Lokal *Qischr,* den Aufguss aus Kaffeebohnenschalen, serviert zu bekommen.

Sammeltaxen/Minibusse

Die Sammeltaxen **von Saada nach Sana'a** dürfen aus Sicherheitsgründen derzeit von Touristen nicht benutzt werden.

- **Im Stadtbereich** (Neustadt, Altstadt) fahren **Hilux-Taxen,** die als solche nicht erkennbar sind. Wird eine Taxe benötigt, so wird am Straßenrand „gewunken". Hilux (Autos mit kleiner Ladefläche) stehen am Bab al Jemen, vor dem Rahban Hotel, an den Kreuzungen nach Talach bzw. zum As Salam-Krankenhaus. Der Fahrpreis ist bei längeren Strecken auszuhandeln. Kurzstrecken (1-2 km) 30-50 Rial.
- **Minibusse** für 8 Personen verkehren **auf den Hauptstraßen der Alt- und Neustadt.** Sie halten auf Handzeichen. Kurzstrecke 20 Rial.

Busse

Busse dürfen von Touristen derzeit nicht benutzt werden.

Flüge

Der Flugplatz liegt einige Kilometer nördlich der Stadt, rechts der Straße Saada - Bagim. Bei Drucklegung dieses Buches gab es **keine Flüge** von/nach Saada.

Post/Telefon

- Das **Postamt** liegt schräg gegenüber dem Rahban Hotel in einer Seitenstraße. Geöffnet Sa-Do 8-13 und 15-19 Uhr.
- **Telefonzentralen** nahe dem *Rahban Hotel* ermöglichen internationale Gespräche.

Krankenhäuser

In Saada gibt es zwei Krankenhäuser: das *Krankenhaus des Friedens* **(Mustaschfa as Salam)** in der Neustadt und das *Krankenhaus der Republik* **(Mustaschfa al Dschumhuri)** innerhalb der Stadtmauer (siehe Stadtplan). Beide Krankenhäuser arbeiten mit ausländischem und jemenitischem Personal. Im Mustaschfa as Salam sind Spezialisten für alle Fachbereiche tätig. In beiden Krankenhäusern wird englisch gesprochen, im Mustaschfa al Dschumhuri auch deutsch.

Abstecher 1 von Saada: Felsgravuren (2 Std.)

Ein 20-minütiger Fußmarsch (1,5 km) führt vom Stadttor Bab al Jemen außen an der Stadtmauer entlang nach Osten. Wo die Mauer scharf nach Norden ab-

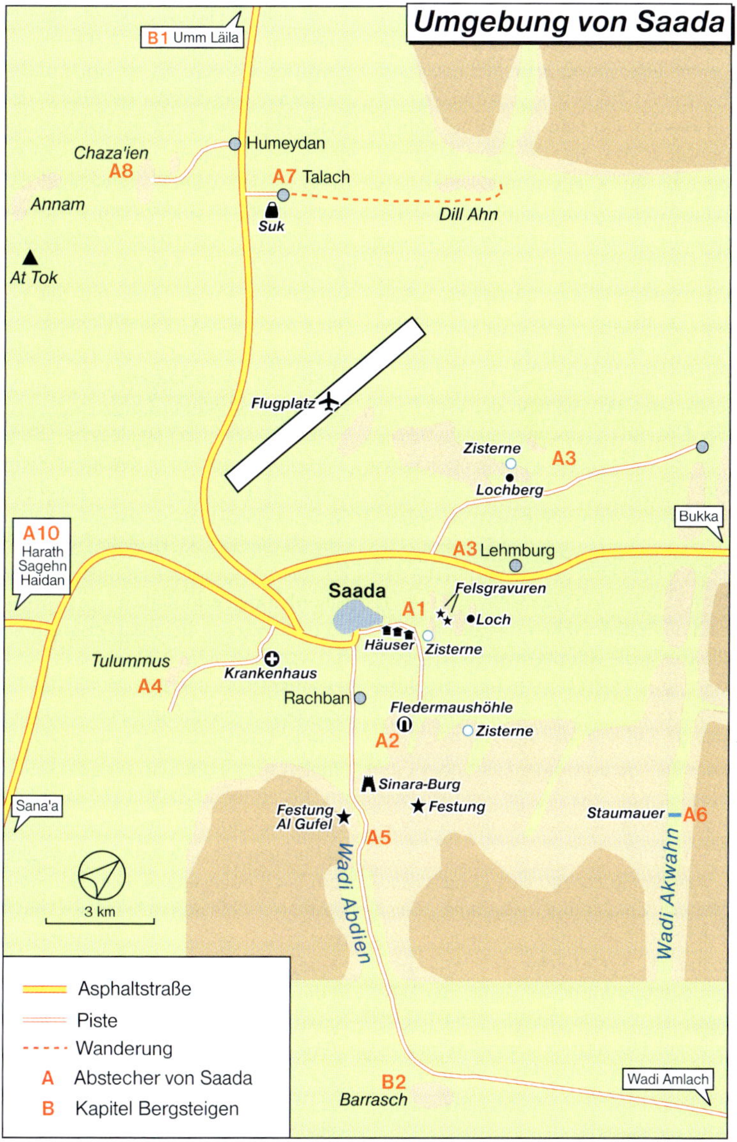
Umgebung von Saada
B1 Umm Läila
Humeydan
Chaza'ien
A8
A7 Talach
Annam
Suk
Dill Ahn
At Tok
Flugplatz
Zisterne
A3
Lochberg
Bukka
A10
Harath
Sagehn
Haidan
A3 Lehmburg
Saada
Felsgravuren
A1
Loch
Häuser
Zisterne
Tulummus
Krankenhaus
A4
Rachban
Fledermaushöhle
A2
Zisterne
Sinara-Burg
Festung
Festung Al Gufel
Staumauer
A6
A5
Sana'a
Wadi Abdien
Wadi Akwahn
3 km
Asphaltstraße
Piste
Wanderung
A Abstecher von Saada
B Kapitel Bergsteigen
B2
Barrasch
Wadi Amlach

knickt (bei einer Tankstelle), nach Osten auf drei hintereinander liegende Lehmhäuser mit weiß gestrichenen und bemalten Obergeschossen zuhalten.

Links an den Häusern vorbei gehen und dem Weg 100 m folgen. Nach einer Linkskurve ist ein imposantes, festungsähnliches Gebäude mit wuchtigem Tor erreicht. Nun die Piste verlassen und weglos rechts auf die erste, etwa zehn Meter hohe Hügelkette zuhalten (Dschebbel Makhruq). Am rechten Rand der ersten Hügelkette ist eine kleine Zisterne in den Fels gemeißelt.

Zu den Gravuren führt der Weg links der Zisterne durch einen Einschnitt zwischen zwei Hügelketten. Die **erste Gravur** ist rechts in 4 m Höhe auf der Rückseite der ersten Hügelkette zu sehen (ein von Hunden gejagter Steinbock).

Vom Einschnitt geradeaus auf die dahinter liegende Hügelkette zuhaltend, sind auf halber Höhe unter einem Felsüberhang die **Hauptgravuren** zu sehen (ein liegender Mensch und mehrere Steinböcke). Wer die Anhöhe besteigt, hat einen schönen Blick auf Saada, Sandflächen im Osten, Lehmdörfer im Norden und Süden. Der Sonnenuntergang ist von hier oben ein eindrucksvolles Erlebnis.

Auf der Rückseite des Hügels sind weitere Zeichnungen (Kamele, Steinböcke), die vermutlich aus neuerer Zeit stammen. **Steinböcke** sind im Jemen ein häufiges Motiv vorislamischer Felsgravuren. Ihr Schlachtopfer sollte Regen bringen. Die letzten Steinböcke gab es im Jemen Mitte des 20. Jh. Hörner dieser Spezies sind an Häusern der Saada-Altstadt zu sehen.

Auf dem Rückweg sollte der Blick in einen der aufgegebenen **Ziehbrunnen** geworfen werden. Als sie noch in Betrieb waren, lag der Wasserstand in der Saada-Ebene 8–12 m tief. Heute, mit all den Dieselpumpen zur Feldbewässerung, ist der Grundwasserspiegel auf mehr als 300 m abgesunken – eine erschreckende Tatsache eingedenk des explosionsartigen Zuwachses landwirtschaftlicher Nutzflächen und des raschen Wachstums der Bevölkerung.

Abstecher 2 von Saada: Fledermaushöhlen (3 Std.)

Der Saada nächstgelegene Berg (vom Bab al Jemen in südlicher Richtung) hat auf seiner linken (östlichen) Steilkante zwei Höhlen, die gelegentlich von Fledermäusen bewohnt werden. Zur Besichtigung der Höhlen sind **Taschenlampen** erforderlich.

Von Saada aus Richtung Felsgravuren (s.o.) gehend, führt 100 m vor der ersten Hügelkette eine Autospur in das Tal links des Höhlenbergs hinein. Auf der Piste so weit gehen, bis eine der zwei Höhlen rechts oben im Berg zu sehen ist. (Bis zu dieser Stelle kann auch mit einem Geländeauto gefahren werden, 10 Minuten von Saada.) Ab hier weglos zum Loch hochsteigen. Die von unten sichtbare Höhle ist 6 m hoch, aber nicht sehr tief. Rechts davon, auf gleicher Höhe, führt ein nur 80 cm hoher Spalt in die zweite, längere Höhle, die über Nebengänge verfügt.

Von den Höhlen kann linker Hand zum Bergplateau hochgestiegen werden, was wegen des oben stationierten Militärs nicht anzuraten ist.

Der östlich hinter dem nächsten Tal liegende Berg kann dagegen besucht werden. Er ist an dem bis zu halber Höhe emporreichenden schwarzen Lavagestein, in das weiße Quadrate und Kreise gemalt wurden, zu erkennen. Auf halber Höhe führt ein stark verfallener Steinstufenweg bergan. Oben sind einige Unterstände aus der Revolutionszeit (1962–1969) und zwei kreisrunde, in den Berg gemeißelte **Wasserlöcher** zu besichtigen. Knapp unterhalb des Gipfels liegen die Reste einer größeren **Zisterne.** Wasserlöcher und Zisternen stammen aus vorislamischer Zeit.

Abstecher 3 von Saada: Lochberg und Lehmburg (2–3 Std.)

Der **Lochberg** befindet sich vom Stadttor Bab Natschraan (Kompass 40°) in der ersten Hügelkette (5 km entfernt). Das nur wenige Meter über der Ebene liegende, eisenbahntunnelgroße Loch ist bereits vom oben genannten Stadttor aus zu sehen.

Mit dem **Auto oder Taxi** kann auf der Asphaltstraße (Richtung Grenzort Bukka) zum Lochberg gefahren werden. Zu der etwa 10 m über der Ebene liegenden natürlichen Öffnung führen Steinstufen hinauf. Auf der rechten rückwärtigen Seite wurde eine Zisterne in den Fels gemeißelt.

Der Lochberg bietet schöne Blicke auf die Dörfer im Oberlauf des späteren Wadi Natschraan und nach Süden zur Lehmburg.

Südlich vom Lochberg erhebt sich in etwa 2 km Entfernung die kleine **Lehmburg Al Bäida** (die Weiße) aus der Ebene. Dieser alte Zufluchtsort, mit einem verwinkelten Zugang und einer Zisterne, ist stark verfallen.

Abstecher 4 von Saada: Dschebbel Tulummus (3 Std.)

Auf vielen Berggipfeln rund um Saada befinden sich Zisternen und Befestigungsanlagen. Zu unterscheiden sind Unterstände aus oberflächlich aufgestapelten Felsbrocken und alte Anlagen mit kunstvoll behauenen Steinquadern.

Der Dschebbel Tulummus baut sich 5 km südlich von Saada auf. An seinem rechten Ausläufer steht ein großer Tank, aus dem einige Stadtteile Saadas mit Wasser versorgt werden. Wegen des Rückenlichts auf die Stadt empfiehlt sich der Besuch am Nachmittag.

Anfahrt mit dem **Auto oder Taxi:** 2 km hinter dem Bab al Jemen in Richtung Sana'a zweigt rechts die Asphaltstraße nach At Talach ab. 500 m weiter auf der Sana'a-Straße links zum Krankenhaus *(mustaschfa as salam)* abbiegen. Am Krankenhaus vorbei ist in wenigen Minuten der Fuß des Dschebbel Tulummus erreicht.

Der Tulummus ist mit seiner **Kissenlava** (d.h. Lava, die einstmals unter Wasser austrat und erkaltete) ein geologisch interessanter Berg. Seine submarine Geschichte belegen **versteinerte Muscheln** auf den Bergflanken.

Die Saada zugewandte Seite hat mit Ausnahme der eingebrochenen Bergmitte senkrechte Wände. Auf diesen Einschnitt zuhaltend, geht es zunächst weglos, im oberen Drittel auf einem Weg bergan.

Große Steinquader knapp unterhalb und auf dem Gipfelplateau belegen die ehemalige Bedeutung der Anlage. Interessant sind oben Trümmerflächen aus gebrannten Ziegelsteinen und zahlreiche Zisternen. Am südlichen Ende der Hochfläche befinden sich die Reste eines **Wehrturmes** auf einem freistehenden Felsen. Wer hier den Berg hinunterschaut, erblickt unten eine große Zisterne, bei der sich noch gut die mehrschichtige Verputzung erkennen lässt.

Am Fuße des Tulummus lag das **alte Saada,** das im Jahre 816 bei kriegerischen Auseinandersetzungen zerstört wurde. Nach der Errichtung einer Moschee unter *Al Hadi Yachya* entstand Saada an heutiger Stelle.

Abstecher 5 von Saada: Das Wadi Abdien und die Burg Sinara (4–6 Std.)

Die Piste nach Süden in das **Wadi Abdien** beginnt gegenüber dem Hotel Rahban. Nach 200 m liegt links die Telefonzentrale mit Richtfunkanlagen. Nach 1 km sind die imposanten Lehmhäuser des Dorfes Rachban erreicht. 2 km weiter führt die Piste in das enge Wadi Abdien. Wir empfehlen, das Tal bis zu der Stelle hinaufzufahren, wo es sich erweitert. Hier vermuten die Ethnologen *Gingrich/Heiss* den Ort eines historischen **Staudamms,** der die Saada-Ebene mit Wasser versorgte. Von dem Damm, der 816 n.Chr. zerstört wurde, ist heute nichts mehr zu sehen.

Bei der Rückfahrt nach Saada lohnt ein Abstecher links zur **Festung Al Gufel.** Es führt ein schmaler Fußweg südlich (links) der Festung hoch. Vor dem Hauptportal der verschlossenen Anlage liegt eine gut erhaltene Zisterne.

Auf gleichem Weg zurück in das Wadi Abdien und talabwärts gehend, leitet der erste rechts abzweigende Weg zu den hohen Lehmhäusern von **Al Abdien.**

Weiter abwärts führt nach dem Austritt des Tales in die Ebene ein Fußweg rechts zur **Burg Sinara** hinauf. Der Anfang des Weges ist unterhalb der Burg bei einigen im Baustil untypischen Reihenhäusern in Lehmbauweise nicht zu verfehlen. Es gibt zwei Alternativen: den direkten Anstieg auf einem schmalen Fußweg (empfehlen wir für den Rückweg) und einen alten, mit Steinplatten ausgelegten breiten Fahrweg, an dem sich oben eine gut erhaltene Zisterne befindet, die ganzjährig mit Wasser gefüllt ist. Von dort geht es weglos zur Burg und der vorgelagerten Moschee.

Sinara (1934 in der heutigen Form ausgebaut) ist eine der wenigen Festungen im Jemen, die – abhängig von der Zustimmung des Wachpersonals – vollständig besichtigt werden kann. Die heute vom Militär genutzte Burg wurde im Bürgerkrieg (1962–1969) stark beschädigt. Zu besichtigen sind die Türme, der unterirdische Wassertank *(birka),* das Gefängnis *(si'dschinn)* und der Bäckerofen *(machbas).* Von den Zinnen öffnet sich ein schöner Panoramablick auf die Saada-Ebene.

Auf Sinara lebte und starb (1890) der zaiditische *Imam al Hadi Sharaf ad Din* während der zweiten osmanischen Okkupation (1849–1918).

Das Gelände östlich der Burg und die dortige Festungsanlage sind militärisches Sperrgebiet.

Hirtinnen in der Nordprovinz Saada

0641 Foto: bs

Im Tal Richtung Saada lohnt die Ortschaft **Rachban** rechts der Piste einen Besuch. Mit den hohen Lehmhäusern ist Rachban besonders nachmittags reizvoll, wenn die Sonne die Häuserfronten beleuchtet.

Abstecher 6 von Saada: Wadi Akwahn (4 Std.)

Das Wadi Akwahn liegt 11 km von Saada entfernt an der zum **Grenzort Bukka** führenden Straße. Mit dem Auto oder Taxi geht die Fahrt über eine trockene, steinige Ebene zum 11 km entfernten, grünen Wadi Akwahn.

Die Attraktion des Wadis sind **Reste eines historischen Staudamms,** die talaufwärts zu Fuß in einer halben Stunde erreicht werden.

Für den Rückweg bietet sich ein Besuch der Lehmburg Al Bäida an (siehe Abstecher 3).

Abstecher 7 von Saada: Suk At Talach <Suk at Talh> (3–4 Std.)

Hinweis: Selbst wenn die Stadt Saada für Touristen wieder bereisbar sein wird, ist es möglich, dass das Gebiet weiter nördlich für Ausländer geschlossen bleibt. Hier gab es in den vergangenen Jahren heftige Kämpfe mit Anhängern der religiösen Huthi-Gruppe.

Suk At Talach ist neben Bäit al Fakki **der größte Wochenmarkt** im Jemen und einer der größten der Arabischen Halbinsel überhaupt. Suktag ist Samstag, aber schon am Freitag beginnt der Betrieb.

Der Suk At Talach ist ein Politikum, da es sich bei vielen Gütern um **unverzollte Waren aus Saudi-Arabien** handelt. Die jemenitische Regierung ist seit Mitte der 1980er Jahre bemüht, dem illegalen Treiben ein Ende zu bereiten, d.h. den Suk entweder zu schließen oder Zölle/Steuern zu kassieren.

At Talach, 15 km von Saada entfernt, liegt 2 km östlich der Straße Saada – Bagim. Abfahrtsort der Sammeltaxen in Saada ist das Hotel Rahban bzw. der Straßenabzweig („Mafrak Talach", Abzweig Talach), der 2 km in Richtung Sana'a liegt. Die Fahrt kostet 150 Rial.

Auf dem Suk gibt es 50-l-Fässer mit Benzin, Lastwagenladungen mit Salz von der Küste, Kaffeebohnenschalen, Kamele, Kühe, Kleidung, Fleisch, Gewürze, Säcke mit Maria-Theresien-Talern, Autos, landwirtschaftliche Geräte u.v.a. zu kaufen. Waffen und Patronen werden offen angeboten, Handgranaten „unter dem Ladentisch" verkauft.

At Talach ist ein Groß- und Einzelhändlermarkt. Hier ist alles zu bekommen, was Jemeniten zum Leben benötigen. **Für Touristen interessant** sind **Steintöpfe** aus Speckstein (Talk), geflochtene **Körbe** und **Maria-Theresien-Taler** (meist Nachprägungen mit fragwürdigem Silbergehalt). Echte Taler mit eingeprägter Schrift am Rand sind teurer.

Im unteren Sukbereich befinden sich die Märkte für den Holz-, Vieh- und Getreidehandel.

Im mittleren Teil sind Schlachtplatz, Fleischverkauf, Garküchen, Teestuben, Stände mit Djambijas und Silberschmuck, Haushaltswaren, Kleidung, Werkzeuge, Steintöpfe u.a.

In den Außenbereichen ist der Waffenmarkt angesiedelt, und unter einigen Akazien (*Talach* = Akazie) verkaufen verschleierte Frauen abseits des Markttrubels **Flechtkörbe,** die sie in Heimarbeit hergestellt haben. Sie kaufen die Binsen auf dem Markt und färben sie mit Chemiefarben. Als einziges Handwerkszeug dient eine Ahle. Jemeniten benutzen die großen Körbe zum Aufbewahren von Fladenbrot, Rosinen und Mandeln. Kleine Körbe mit Deckel sind für die Lagerung von Weihrauch bestimmt.

Abstecher 8 von Saada: Al Chaza'ien (3 Std.)

Hinweis: Siehe Vorbemerkung zu Abstecher 7.

Von der Kreuzung in Saada (2 km westlich vom Bab al Jemen) auf der Bagim-Straße 15 km nach Norden bis Humeydan fahren, links abbiegen, durch den Ort hindurch und auf einen in der Ferne erkennbaren, oben abgeflachten Berg zuhalten.

Al Chaza'ien (20 Minuten ab der Asphaltstraße) ist eine **mit Höhlen durchsetzte Hügelkette.** Es sind meist einfache, in den Fels geschlagene Räume, die wohl mehr dem Schutz als dem Wohnen gedient haben. Das Hauptloch, ein 5 x 5 Meter großer und 2½ m hoher Raum, wurde so aus dem Fels gemeißelt, dass waagerechte, frei in den Raum ragende Pfeilerenden zurückblieben. Die Bedeutung wird unterstrichen durch Bohrlöcher an deren Kopfstücken. Die Hügelkette ist übersät mit vorislamischen Schriftzeichen und Felszeichnungen.

Abstecher 9 von Saada: Bukka (saudischer Grenzübergang)

Von Saada führt eine Asphaltstraße gen Norden zum jemenitischen Grenzort Bukka und zum saudischen Natschraan. Die Fahrt darf nur unternehmen, wer eine **Ausreiseerlaubnis** für den Grenzort Bukka <Buqa> besitzt.

Abstecher 10 von Saada: Sahgeen, Häidan, Harath

Entfernung: 125 km
Fahrzeit: 8 Std.
Straße: Piste bis Sahgeen gut, dann schlecht
Hinweis: S. Abstecher 7.

Von Saada 10 km in Richtung Sana'a fahren und an einer Tankstelle rechts abbiegen. Die Fahrt nach Sahgeen dauert 1 ½ Stunden und führt durch eine trockene Landschaft mit nur wenigen Dörfern.

Kurz vor dem Ort Sahgeen führt die Straße am höchsten Berg dieser Region, dem **Dschebbel Minmar,** vorbei. Da es von der Fahrpiste (2400 m) bis zum Gipfel nur 270 Höhenmeter sind, sollte der Berg bestiegen werden. Der Minmar ist der **beste Aussichtsberg der Saada-Region;** im Gipfelbereich gibt es Zisternen sowie vorislamische Befestigungsanlagen.

6 km hinter der Passhöhe ist **Sahgeen** auf 2200 m Höhe mit beeindruckenden Lehmhäusern und dem von Saudi-Arabien finanzierten Krankenhaus erreicht. Im Ort (Suktag ist Freitag) gibt es einfache Garküchen und Lebensmittelläden.

1½ Stunden auf guter Piste sind es bis **Häidan** <Haydan> im Oberlauf des **Wadi Murr.** Hier ist der Übergang von Lehmbauten zu Häusern aus behauenen Natursteinen zu beachten. Dies ist ein Zeichen für häufigere Niederschläge, was auch die grüner werdende Landschaft unterstreicht. Typisch für den Hausbau ist das Auslegen der Fugen mit kleinen Steinen, wodurch schöne geometrische Muster entstehen.

30 Minuten sind es von Häidan bis **Suk Al Chamies** (1500 m), am Rande des Hochgebirges gelegen. Auf steiler und schlechter Piste abwärts in die flache Küstenebene ist nach 3 Std. **Suk Al Mallahit** (500 m) erreicht, ein trostloses Wellblechdorf. Nur am Markttag herrscht hier reger Handel.

Eine Stunde dauert die Fahrt von Mallahit auf einer Asphaltstraße entlang der saudischen Grenze nach **Harath** an der Tihama-Schnellstraße. Der Grenzübergang nach Saudi-Arabien befindet sich nördlich des Ortes, Busverbindungen bestehen nach Hudäida. Die Strecke von Harath nach Hudäida ist als Abstecher 3 von Hudäida beschrieben.

10. Tag: Saada – Sana'a

Entfernung: 243 km
Fahrzeit: mit dem Auto 4½ Std.
Besichtigung: evtl. Amran

Die Rückfahrt von Saada nach Sana'a erfolgt auf der am siebten und achten Tag der Rundreise 1 beschriebenen Fernstraße.

106| Foto: bs

Rundreise 2

124J Foto: bs

125J Foto: bs

Im Wadi Do'an

Qana Tourist Complex

Hotel Mercure, Aden

Einleitung

Rundreise 2 führt **nach Marib und durch den südöstlichen Jemen.** Organisierte Reisen in diesen Landesteil dauern selten länger als eine Woche. Um alle interessanten Orte zu besuchen, sind aber mindestens zwei Wochen anzusetzen. Wem die Touren der Pauschal-Reiseveranstalter zu kurz sind und wer lieber in Kleingruppen reist, dem ist die Buchung bei einer jemenitischen Reiseagentur anzuraten (siehe „Reiseveranstalter"). Diese stellt die Rundreise nach Wünschen des Kunden zusammen oder berät ihn.

Wer die Tour bei einem europäischen oder jemenitischen Reiseveranstalter bucht, braucht sich um das **behördliche Erlaubnisschreiben** nicht zu kümmern. Vor Antritt der Fahrt muss eine ausreichend große Zahl an Fotokopien vom Erlaubnisschreiben gemacht werden (ca. 80 Stück für eine 14-tägige Reise), denn die Zettel werden an den Checkpoints einbehalten.

Da das Klima im südöstlichen Jemen sich wesentlich von dem des Hochlandes unterscheidet, sollten Hinweise (siehe „Klima und Reisezeit") beachtet werden. Weitere Ausführungen zur Geschichte, Gesellschaft und Ökonomie des südöstlichen Jemen sind im landeskundlichen Buchteil zu finden.

Die Rundreise 2 ist so aufgebaut, dass sie auf dem Landweg in Sana'a beginnt und dort endet. Es kann von Sana'a mit dem Flugzeug nach Sejuhn im Wadi Hadramaut bzw. nach Aden oder Mukalla geflogen werden, wobei Touristen, die es eilig haben, einen Hin- oder Rückweg auf der Straße einsparen.

Sicherheitshinweise: Wegen politischer Unruhen ist die Strecke Sana'a – Jihana – Marib sowie das Gebiet um Ataak derzeit für Touristen geschlossen. Die Strecken Sana'a – Marib und Bir Ali – Schukra werden mit Polizeibegleitung befahren. Marib darf von Individualtouristen mit dem Bus oder Sammeltaxi nicht besucht werden. Einige Reiseunternehmen haben Marib aufgrund der Sicherheitslage bereits seit Mitte 2007 aus dem Programm gestrichen. Individualtouristen, die mit dem Bus von Sana'a nach Sejuhn (oder umgekehrt) fahren, dürfen in Marib nicht aussteigen. Nachdem im Januar 2008 bei Hadscharäin (Wadi Do'an) zwei belgische Touristen erschossen worden waren, haben Deutschland und seine Nachbarstaaten die Sicherheitshinweise für den Jemen und insbesondere für die Provinz Hadramaut erheblich verschärft. Es bleibt abzuwarten, ob Reiseunternehmen Touristen weiterhin nach Marib und die Provinz Hadramaut fahren werden.

Bei Besichtigungen in Marib und Sirwah sollte man sich nicht von der Gruppe bzw. der Polizeibegleitung entfernen, d.h. auch in den unübersichtlichen Ruinen von Sirwah und in der Altstadt von Marib stets in Sichtweite der Polizisten bleiben.

1. Tag: Sana'a – Marib

Entfernung: 173 km
Fahrzeit: mit dem Auto 3 Std.
Besichtigung: Marib

Die Straße nach Marib verlässt Sana'a in östliche Richtung. Am letzten Kreisverkehr mit dem Schild „Marib 166, Sejuhn 604, Mukalla 777 km" den Kilometerzähler auf 0 stellen.

Km 1,1: Rechts eine Ziegelbrennerei.

Km 2,5: Links der Blick in die grüne Rauda-Ebene.

Km 5,7: Ab diesem Checkpoint wird mit militärischer Begleitung weitergefahren.

Km 9,5: Suk Hataarisch.

Km 11,5: Links die Canada-Dry-Abfüllanlage.

Km 19: Rechts der Abzweig zum **Thi Marmar** (siehe „Bergsteigen, B 3").

Km 20,4: Rechts wird Alabaster abgebaut.

Km 23,3: Links mehrere Gipsbrennöfen.

Km 26: Rechts ist der Abzweig zum **Dschebbel Eijuhb** (siehe „Bergsteigen, B 4"). Die weiße Grabkuppel des **Propheten Hiob** ist von der Straße oben auf dem Berg gut zu erkennen.

Km 32: Nagil bin Ghailan ist der erste Pass hinter Sana'a. Kurz vor der Passhöhe ist rechts die markante Felsformation „Safina Noah" (= Schiff Noah's) zu sehen. Durch eine trockene Ebene mit interessanten Felsformationen (der markante Berg bei Km 61 rechts ist der Neham) geht es zum **Pass Nagil al Fordah** (2250 m, **Km 62,5).** Dann folgt die Serpentinen-Abfahrt durch das enge Wadi Fordah 800 m tief hinab in die Wüste Ramlat as Sabatain, was „Sand der zwei Sabas" bedeutet und auf Saba und Schabwa hinweist, zwischen denen dieses Trockengebiet liegt.

Km 86: Wo die aus den Bergen herausführende Straße auf die Wüstenebene trifft, zweigt eine Straße links nach Baraagisch (33 km), Ma'in und Hasm al Dschauf (56 km) ab.

Abstecher nach Baraagisch

An der 1989 fertig gestellten Asphaltstraße nach Hasm al Dschauf liegt nach 33 km die **Ruinenstadt Baraagisch.** Dies ist einer der wenigen historischen Orte im Jemen, der auf den ersten Blick imponiert. Die **2000 Jahre alte Stadt** im ehemaligen Königreich Ma'in ist mit einer fast völlig intakten Stadtmauer aus kunstvoll behauenen Steinen umgeben. Baraagisch, das einst Yathul hieß, war ursprünglich Hauptstadt des minäischen Reiches, verlor diese Funktion aber an Qarnew, das heutige Ma'in.

Die 766 m lange **Stadtmauer** hat eine ovale Form, war ursprünglich 14 m hoch und weist in gleichmäßigen Abständen 58 erkerartige Vorsprünge (Wehrtürme) auf. Das von der Befestigungsanlage umschlossene Areal liegt etwa 20 m über dem Niveau der umgebenden Wüste.

Die Stadtmauer sollte der vielen **Inschriftensteine** wegen auf der Außenseite umrundet werden. In den unteren Schichten liegen die Steinblöcke fugenlos und sind älteren Datums. Die oberen Lagen sind nachlässig aufgeschichtet. Einige Inschriftensteine stehen auf dem Kopf, was auf Reparaturarbeiten in islamischer Zeit schließen lässt (siehe unten). Das einzige Zugangstor befindet sich im Osten der Anlage.

Im Innern der Stadt ist wenig intakt. Seit 1989 legen dort italienische Archäologen den mit mächtigen Pfeilern bestückten Haupttempel frei, der dem Gott *Ather* gewidmet war (siehe „Religion"), und vom 7. bis 2. Jh. v.Chr. genutzt wurde. Beachtenswert ist die mit Nut und Zapfen ausgeführte Deckenkonstruktion des **minäischen Tempels.**

Baraagisch wurde im 2. Jh. n. Chr. zerstört und von seinen Bewohnern aufgegeben. Eine neue Besiedlung setzte im 12. Jh. ein, als Imam *al Mansur* einen militärischen Stützpunkt in diesem Gebiet benötigte. Die Ummauerung wurde instand gesetzt, es wurden neue Häuser und eine Moschee errichtet. Die bis in das 18. Jh. dauernde Nutzung ist für die 3 – 4 m mächtige Erdschicht verantwortlich, die die minäischen Schichten überdeckt. Neben der Moschee kann ein Wachturm besichtigt werden. Zwischen der Moschee und dem Turm befindet sich ein tiefer, ausgetrockneter Brunnen.

Von Baraagisch führt eine Asphaltstraße zum 26 km entfernten **Hasm al Dschauf** <Hazm al Jawf>. Dieser Ort (12.000 Einwohner) ist Hauptstadt der Dschauf-Provinz und Garnisonsstadt, hat aber keine touristischen Reize. Die neuen Verwaltungsgebäude liegen nordwestlich des Ortes an der Piste, die in den Oberlauf des Wadi Dschauf führt.

Touristisch interessant ist von Hasm al Dschauf aus ein Abstecher zur Ruinenstadt Qarnew (heutiges **Ma'in**), der ehemaligen Hauptstadt des Königreiches Ma'in. Die 240 x 350 m große Stadt war von einer 15 m hohen steinernen Mauer umgeben, die Durchgänge im Osten und Westen aufwies. Weitere minäische Ruinenstädte westlich von Hasm al Dschauf sind Khirbat Kumnah, Al Sawdah, Al Beidha und der historische **Berg Dschebbel** <Jebal> **Lawdh** (nordöstlich von Hasm al Dschauf), zu dessen Ruinenanlagen im Gipfelbereich Treppenstufen führen.

Reiseveranstalter fahren Touristen wegen der politisch unruhigen Dschauf-Provinz meist nur bis Baraagisch.

Weiterfahrt nach Marib

Am Abzweig Baraagisch wird der Kilometerzähler auf 0 gestellt. Auf den nächsten Kilometern geht die Fahrt durch ein Gebiet mit häufigen Luftspiegelungen.

Km 40: Die wenigen Verkaufsläden des **Camp Rabisch.** Die schwarzen Steine auf der Erdoberfläche sind nicht vulkanisch, sondern haben nur einen hauchdünnen schwarzen Überzug (Wüstenlack).

Km 44: Das Gebiet der **Sanddünen** beginnt.

Km 54: Zahlreiche **Vulkankegel** und mächtige Lavaströme sind Zeugen des Auseinanderdriftens der Arabischen Platte in diesem Gebiet. In der Tat sind die Marib- und Dschauf-Becken aktive Riftzonen. Das Marib-Gebiet lag vor 135 Millionen Jahren noch unter dem Meeresspiegel. Aus dieser Zeit stammen die Salzlager östlich von Marib und die Gipsvorkommen an den Bergen Thi Marmar und Eijuhb. Die **Alabaster-Minen** am Berg Eijuhb südlich der Straße von Sana'a nach Marib repräsentieren ehemalige Fumarolentätigkeit (Austritt vulkanischer Gase) eines absterbenden Vulkanismus. Die Landschaft entspricht ganz der Vorstellung von Wüste: Sanddünen, schwarze Lava auf hellem Sand, dann überwiegend schwarze Lavaflächen. Die Straße wird von einer Hochspannungsleitung begleitet, mit der Elektrizität vom Erdöl- und Erdgasfeld Safer nach Sana'a geleitet wird.

Km 66,4: Links ein Steinbruch in einem vulkanischen Schlackenkegel.

Km 80,4: Neu-Marib mit dem Flugplatz (links) ist erreicht.

Km 81,4: Rechts der Abzweig nach **Sirwah, Jihana** und **Sana'a.** An dieser Ecke liegt das *Milano Plaza Restaurant* mit guten jemenitischen Gerichten.

Km 85,4: Links der Abzweig nach **Alt-Marib.**

Km 87,1: Rechts führt eine Straße zum alten und neuen **Damm.**

Km 91,5: Geradeaus geht es nach Harieb (87 km) und Ataak (312 km). Hier links Richtung Sejuhn (431 km) abbiegen.

Km 92,6: Links liegt 1 km entfernt der **Almaqah-Tempel von Bar'an** (ausgeschildert mit *Bilquis Palace*).

Km 93,7: Rechts der **Awam-Tempel** (Machram Bilgies).

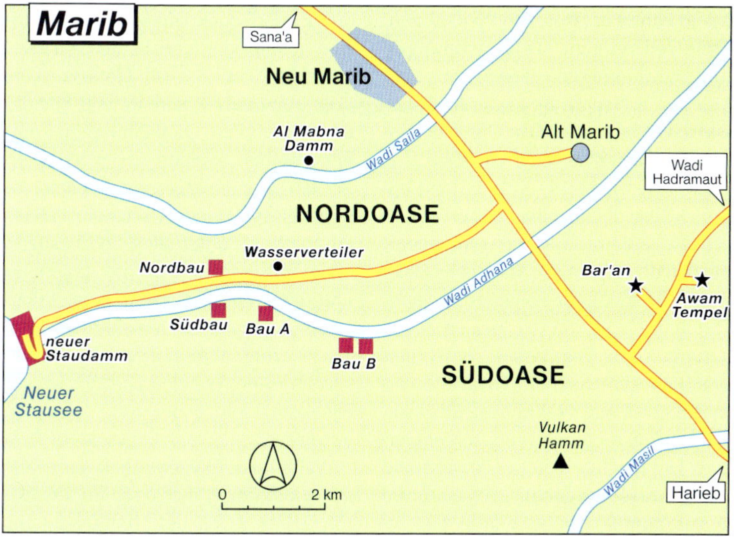

Marib

1200 m, 15.000 Einwohner

Geschichte

Zum **Ursprung des Wortes Ma'rib** schreibt der Sozioökonom *Dr. Hadi Eckert:* „Der jemenitische Epigraphist *Mutahhar Ali al-Iriyani* deutet die epigrafische Form des Namens Ma'rib, „Maryab", wie folgt: Ar-riyab ist heute noch in jemenitischen Dialekten ein Wort für Erbsen, namentlich deren Hülle, die Schote, welche, vollgesogen mit Wasser und saftig grün, köstlich schmeckt. So böte sich an, in „Maryab" einen Platz (Vorsilbe „ma-") zu erkennen, welcher vollgesogen mit Wasser (wegen des Wehres und der Bewässerung) einer Erbsenschote gleicht."

Aus der Bronzezeit (die Wende vom 4. zum 3. Jh. v.Chr.) gibt es im Raum Marib **Funde in Form von Pfeilspitzen, Steinwerkzeugen, Felszeichnungen und Grabanlagen.** Bereits ab dem 3. Jh. v.Chr. wurde Bewässerungslandwirtschaft betrieben, wie Untersuchungen in Sedimentschichten belegen.

Zwischen dem 14. und 12. Jahrhundert v.Chr. setzte eine Völkerwanderung aus dem östlichen Mittelmeerraum in den Süden der Arabischen Halbinsel ein, in deren Folge es zu einer Durchmischung mit der lokalen Bevölkerung kam. Die neuen Bewohner brachten eine hochentwickelte Steinmetztechnik mit, wodurch die Bewässerungsanlagen erheblich effizienter wurden. Um das Jahr 1000 v.Chr. entstand der **Bewässerungsbau „A"** (s.u.), im 9. Jahrhundert v.Chr. wurde der Almaqah-Tempel errichtet, ca. 670 v.Chr. der Awam-Tempel und im 6. Jahrhundert v.Chr. der Große Damm.

Marib war ab dem 8. Jh. v.Chr. **Hauptstadt des sabäischen und später des himjaritischen Reiches** (vgl. Kapitel „Geschichte"). Dass Marib nicht nur weltliches, sondern auch religiöses Zentrum war, unterstreichen die Tempelanlagen. Bis zum 5. Jahrhundert v.Chr. herrschten in Saba Priesterkönige *(Mukarribs).* Danach waren geistliche und weltliche Macht getrennt.

Ungeklärt ist die Herkunft der **Königin von Saba** (s.a. entsprechenden Exkurs). Von einigen Forschern in Äthiopien, von einer zweiten Gruppe an der Südgrenze Palästinas angesiedelt, ist nur bekannt, dass sie um 950 v.Chr. König *Salomo* in Jerusalem besuchte. Für die Existenz der Königin in Marib gibt es bislang keinen eindeutigen Beweis.

Über den sagenhaften **Reichtum Maribs** schreibt der Grieche *Strabon* zwei Jahrzehnte vor Christi Geburt: „Das Volk treibt teils Ackerbau, teils Handel mit Gewürzen, einheimischen und äthiopischen, welche sie in ledernen Booten über die Meerenge bringen. Infolge dieses Handels sind die Sabäer die reichsten unter allen und besitzen einen riesigen Schatz von goldenen und silbernen Gerätschaften wie Ruhebetten, Dreifüße, Mischkrüge und Tischbecher. Ihre prächtigen Häuser sind an Türen, Wänden und Decken mit Elfenbein, Gold, Silber und Edelsteinen ausgelegt."

Während der Regentschaft Kaiser *Augustus'* in Rom unternahm in den Jahren 25/24 v.Chr. ein 10.000-köpfiges römisches Heer einen Feldzug nach Südarabien, um die Weihrauchstraße unter Kontrolle zu bringen. Die zwei Legionen und Hilfstruppen standen unter Führung von *Aelius Gallus,* dem Präfekten in Ägypten. Der Vormarsch kam über Natschraan und Baraagisch zügig voran. Nachdem Marib sechs Tage lang vergeblich belagert worden war, zogen sich die Römer zurück. Der Grund für diese Niederlage wird nicht in der Stärke der sabäischen Verteidiger gesehen, sondern in Wassermangel und Krankheiten im römischen Heer.

Der Reichtum Maribs war durch die **Weihrauchstraße** begründet. Als die Warenströme auf das Rote Meer umgeleitet wurden, verlor der Ort seine Bedeutung. Den letzten Todesstoß bedeutete der Bruch des Dammes (575 n.Chr.). Mit dem Entzug der Lebensgrundlage verstreuten sich die Bewohner über die gesamte arabische Welt. Ein Nachfahre dieser Völkerwanderung, Scheich *Zayed* von Abu Dhabi, erinnerte sich in einem Traum an die Herkunft seiner Vorfahren und stiftete 90 Mio. US$ für den neuen, 1986 fertig gestellten Bewässerungsdamm von Marib.

Nach dem Ende der Weihrauchstraße und dem endgültigen Bruch des Dammes versank das Kerngebiet des einstigen Königreichs Saba im Dunkel der Geschichte. Im 19. Jh. geriet der Jemen stärker in den Brennpunkt wissenschaftlichen Interesses. Europäer, die am Hof des Imams in Sana'a tätig waren, hörten von den Ruinen am Rande der Wüste.

Als erster Europäer erreichte der Franzose **Thomas Joseph Arnaud** Marib. Er, der als Mediziner in Diensten des Imams stand, konnte die Expedition in aller Heimlichkeit vorbereiten. Mit einem lokalen Führer kam er nach sechstägiger beschwerlicher Reise im Juli 1843 in Marib an. Obwohl sich wegen des Misstrauens der Oasenbewohner sein Aufenthalt nur auf zwei Tage beschränkte, gelang es ihm, mit den Kopien von rund fünfzig Inschriften das Interesse der Fachwelt auf Marib zu lenken. *Arnaud* beschrieb die Reste von Wasserverteilungssystemen des Marib-Dammes. Zu dieser Zeit war aus dem einst stolzen Marib ein armseliges Dorf geworden.

Weitere Forscher, die mit ihren Schriftabzügen zum Verständnis der alten sabäischen Kultur beitrugen, waren der Franzose **Joseph Halévy** (1870) und der Österreicher **Eduard Glaser,** der vier Expeditionen in der Zeit zwischen 1882 und 1894 unternahm. *Glaser* war der erste Europäer, der ausführlich über Marib berichtete. Er stand unter dem Schutz der osmanischen Besatzungsmacht und konnte im Jemen die enorme Zahl von 1919 Inschriften kopieren.

Eine große **Grabungsaktion** in Marib wurde 1951/52 unter Leitung des Amerikaners **Wendell Phillips** unternommen. Zu dieser Zeit lebten nur 600 Menschen im Marib-Gebiet.

Hart umkämpft war das Marib-Gebiet im **Bürgerkrieg 1962–1969,** da die lokalen Stämme fest auf royalistischer Seite standen. 1963 wurden Marib und das Wadi Dschauf von ägyptischen Truppen besetzt, die auf republikanischer Seite kämpften. Während die Ägypter die Ebenen kontrollierten, war

There was never a Queen like Balkis, from here to the wide world's end;
But Balkis talked to a butterfly as you would talk to a friend.
There was never a King like Solomon, not since the world began;
But Solomon talked to a butterfly as a man would talk to a man.
She was Queen of Sabaea – and he was Asia's Lord –
But they both of 'em talked to butterflies when they took their walks abroad!

Rudyard Kipling, „Just So Verses"

Die Königin von Saba

„Gäbe es eine Art Hitliste der berühmtesten Frauen in der Geschichte der Menschheit, so wäre gewiß die Königin von Saba auf den vorderen Rängen zu finden, denn seit nahezu dreitausend Jahren wird ihr in allen Kulturkreisen des Orients und Abendlandes eine mystische Verehrung zuteil, obwohl es über ihre Herkunft, ihre tatsächliche Existenz und ihr Wirken keine sicheren Beweise gibt." (Zitat aus der FAZ vom 18.3.1993)

Über die Herkunft der Königin von Saba gibt es bislang nur Spekulationen. Schriftliche Belege sind rar, Ausgrabungsbefunde konnten bislang nicht erbracht werden. Der Besuch bei **König Salomo** – er wird um das Jahr 950 v.Chr. stattgefunden haben – ist der einzige Hinweis darauf, wann sie gelebt hat. Als Anlass des Besuches der Königin von Saba bei König Salomo wird die Störung des Kräftegleichgewichts durch die Entsendung einer Flotte Salomos zum Goldland Ophir gesehen. Zitat aus Könige 9.26 und 10.1: „Auch eine Flotte baute der König Salomo zu Ezjon-Geber, das bei Elat am Ufer des Schilfmeeres im Lande Edom liegt. Hiram aber sandte auf der Flotte seine Leute mit, Seeleute, die mit dem Meer vertraut waren, zusammen mit den Leuten Salomos. Sie fuhren nach Ophir und holten von dort Gold, vierhundertzwanzig Talente, und überbrachten es dem König Salomo."

Die christliche Überlieferung

In der Bibel wird in 1. Könige 10.1–13 über den Besuch der Königin bei Salomo berichtet: „Als aber die Königin von Saba den Ruf Salomos (...) vernahm, da kam sie, um ihn mit Rätselfragen auf die Probe zu stellen. Sie kam also nach Jerusalem mit sehr großem Gefolge, mit Kamelen, die Spezereien und eine große Menge Gold und Edelgestein trugen. Sobald sie zu Salomo hineingekommen war, trug sie ihm alles vor, was sie auf dem Herzen hatte.

Salomo aber gab ihr auf ihre Fragen Bescheid, nichts gab es, was dem König verborgen blieb, so dass er ihr nicht hätte Bescheid geben können.

Als nun die Königin von Saba all die Weisheit Salomos sah, (...) da geriet sie ganz außer sich und sprach zum König: Es ist wirklich wahr, was ich in meinem Lande über dich vernommen habe. Ich traute der Kunde nicht, bis ich es mit eigenen Augen sah (...).

Der König Salomo aber schenkte der Königin von Saba alles, was ihr gefiel und was sie wünschte, abgesehen von dem, was er von selbst ihr aus königlicher Freigebigkeit schenkte. Dann trat sie den Rückweg an und zog in ihr Land, sie und ihre Diener."

Das 2. Buch Chronik 9.1–12 berichtet die gleichen Fakten zum Besuch der Königin bei Salomo.

Eine besondere Stellung wird der Königin von Saba im Christentum beim Jüngsten Gericht eingeräumt (Matthäus 12.42 bzw. Lukas 11.31): „Die Königin des Südens wird beim Gericht zusammen mit diesem Geschlecht auftreten und es verurteilen. Denn sie kam von den Enden der Erde, um die Weisheit Salomos zu hören." Diese Bibelstelle gibt einen deutlichen Hinweis auf die Herkunft der Königin von Saba, denn anstelle von „Süden" steht im semitischen Urtext „J/m/n bzw. T/m/n", d.h. Jemen *(W. Daum,* Königin von Saba, S. 8).

Auf der Basis der ältesten schriftlichen Überlieferungen im Christentum lässt sich über die Königin von Saba somit kein geschlossenes Bild erstellen. Die ältesten bildlichen Darstellungen der Königin befindet sich in der Roda-Bibel, die um das Jahr 1000 im spanischen Katalonien entstand. Danach, bis in unsere Zeit, wurde die Königin in zahllosen religiösen Schriften und in Stein gemeißelt in vielen Kathedralen dargestellt.

Die islamische Überlieferung

Zitat aus dem Koran, Sure 27, Vers 21–45 (gekürzte Fassung): „Und der Wiedehopf sprach zu Salomo: „Ich habe ein Land gesehen, welches du noch nicht gesehen hast. Ich komme aus dem Saba-Land mit sicherer Kunde. Ich fand dort eine Frau, welche regiert (...). Ich fand aber, dass sie und ihr Volk die Sonne statt Allah anbeten." Nach einem Schriftwechsel, in dem Salomo die Unterwerfung unter Gott forderte, und dem vergeblichen Versuch der Königin von Saba, Salomo durch Geschenke zu besänftigen, macht sich die Königin schließlich selbst auf den Weg nach Jerusalem. Der Koran fährt in Vers 45 fort: „Darauf wurde zu ihr gesagt: Geh hinein in diesen Palast. Als sie diesen sah, glaubte sie, es sei ein tiefes Wasser, und entblößte ihre Beine. Salomon sagte aber zu ihr: Es ist ein Palast, mit Glas belegt. Darauf sagte die Königin: Wahrlich, ich war ungerecht gegen mich selbst; aber nun unterwerfe ich mich, mit Salomon, ganz Allah, dem Herrn der Weltenbewohner."

Neben den knappen Worten des Koran gibt es schriftliche Überlieferungen arabischer Historiker aus dem 9. und 10 Jh. unserer Zeitrechnung zum Besuch der Königin. In diesen Berichten wird auf die Rätselfragen der Königin genauer eingegangen.

Nachdem der Wiedehopf dem König über die Königin berichtet hatte und der der Königin einen Brief zukommen ließ, in dem die Unterwerfung Sabas unter Gott gefordert wurde, schickte die Königin einen Edelstein, um Salomos Macht zu testen. Der Stein sollte – so die Aufgabe – von Salomo durchbohrt werden, was diesem mit Hilfe einer gefräßigen Termite umgehend gelang. Als der durchbohrte Stein in Saba eintraf, machte sich die verschreckte Königin noch am gleichen Tag auf den Weg nach Jerusalem. Zur Gefolgschaft der Königin gehörten (je nach Historiker) 312 bis 1000 Fürsten, von denen jeder 10.000 Mann Gefolgschaft hatte.

Am Hofe Salomos stellt die Königin zwei weitere Rätselfragen. Salomo lässt auf die Schnelle durch die ihm untertanen Dämonen einen gläsernen Palast bauen. Als die Königin eintritt, vermeint sie, einen Bach durchwaten zu müssen (der jedoch nur aus Glas ist), hebt dazu ihren Rock und entblößt ihr Bein. Die Königin unterwirft sich Gott und heiratet Salomo. Der arabische Historiker *Ibn Humaid* berichtet hingegen, dass Salomo die Königin drängt, einen Jemeniten zu heiraten. Als Salomo ihr sagt, dass sein Glaube das so bestimme, heiratet sie *Dhu Tubba* aus dem Geschlecht der Hamdan und überträgt ihm die Macht.

Eine große Rolle in der islamischen Überlieferung spielen die behaarten Beine der Königin, die bei einigen Historikern sogar einen Ziegenfuß gehabt haben soll. Damit soll darauf hingewiesen werden, dass die Königin eine Dämonin oder die Tochter einer Dämonin gewesen sein soll.

Vergleich von Bibel und Koran

Der Vergleich von Bibel und Koran zeigt, dass die Königin überraschenderweise keinen Namen hat, im Islam aber schon bald Bilqis genannt wird. Mit den Angaben in Bibel und Koran ist keine Aussage darüber möglich, wo genau Saba/Sheba liegt.

Der Koran berichtet über keine Rätselfragen, die Bibel hingegen schon. Islamischen Geschichtsschreibern sind Rätselfragen aber ein wichtiger Bestandteil des Besuchs. Dass Bilqis eine Dämonin bzw. die Tochter einer Dämonin ist, steht nur im Koran und seiner Auslegung. Erst in späteren Jahrhunderten spielen die behaarten Beine der Königin auch im Christentum eine Rolle.

Weder Christentum noch Islam berichten über eine Heirat von König und Königin noch über einen Sexualkontakt und somit nichts über ein gemeinsames Kind und einen Thronfolger.

Die jüdische Überlieferung

Auch jüdische Quellen überliefern die Wiedehopf-Geschichte. Ein Bericht sagt jedoch, dass die Königin von Saba über alle Wiedehopfe verfügt habe, die eines Tages zu Salomo flogen und ihm über Saba berichteten.

Die Juden des nördlichen Jemen haben eine Tradition, nach der sie als Händler dem König Kunde über Saba brachten.

In der jüdischen Überlieferung gibt es eine Inflation an Rätselfragen, denn alle Quellen zusammen zählen 22 verschiedene Rätsel auf. Nachdem alle Rätselfragen gelöst waren, nahm die Königin den jüdischen Glauben an. Es wird dann eine Salbe gegen die behaarten Beine der Königin gefunden und geheiratet. Aus der Verbindung stammt laut einer Quelle ein Sohn, nach einer zweiten Quelle eine Tochter. Ein Nachkomme dieses Kindes soll *Nebukadnezar* sein, der den salomonischen Tempel in Jerusalem zerstörte.

Die äthiopische Überlieferung

Die äthiopische Geschichtsschreibung geht davon aus, dass die Königin Äthiopierin war und dass die Bundeslade durch den Sohn *Menelik,* der der Verbindung von Salomo und der Königin (hier heißt sie *Medeka)* entsprang, nach Äthiopien gebracht wurde.

Der letzte Zweig der sich auf Menelik gründenden äthiopischen Dynastie war Kaiser *Haile Selassie,* der in einem Militärputsch abgesetzt wurde.

In der ersten Verfassung Äthiopiens aus dem Jahre 1931 findet sich in Artikel III der Passus, dass die Abstammung des Herrschers ohne Unterbrechung auf *Menelik I* zurückgehe, der der Sohn des Königs Salomo und der Königin von Äthiopien ist.

Die älteste bekannte Quelle in Äthiopien ist die Ge'ez-Bibel aus dem 14. Jh., die aber vermutlich ältere Vorgängerinnen hat. Danach hat nicht der Wiedehopf von der Königin berichtet, sondern der äthiopische Händler *Tamrin.* Mit 797 beladenen Kamelen, Maultieren und Eseln macht sich Makeda auf den Weg zu Salomo.

Quellen: *H. ST. John Philby:* The Queen of Sheba. Quartet Books, London 1981
Werner Daum, Hrsg.: Die Königin von Saba. Belser Verlag, Stuttgart 1988

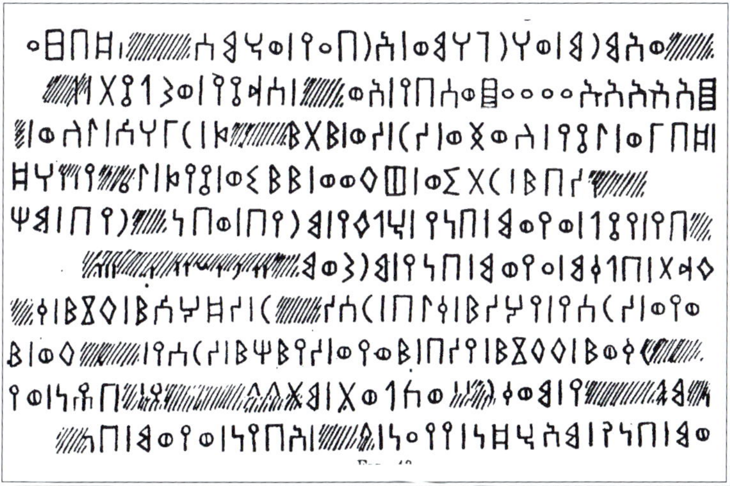

Inschrift auf einem Alabasterstein aus Marib

das Bergland zwischen Marib und Sana'a bis zum Ende des Bürgerkriegs royalistisches Aufmarschgebiet für Attacken gegen das republikanische Sana'a. Ein Bericht, der auf einem Ritt mit Kamelen und Eseln durch die royalistischen Frontabschnitte des Wadi Dschauf und Maribs zustande kam, ist das Buch von *Harald Vocke:* „Das Schwert und die Sterne", DVA 1965. Von den Kampfhandlungen zeugen heute noch die von der ägyptischen Luftwaffe zerbombten Häuser der Altstadt und ägyptische Panzerwracks im Wüstensand von Marib.

Marib ist mit dem **neuen Staudamm** (1986) zu einem Schwerpunkt jemenitischer Landwirtschaftsentwicklung geworden. Von Weitblick zeugt, dass die Neustadt genügend weit vom historischen Stadtkern entfernt errichtet wurde, um hier in späteren Jahren ungestört mit Grabungen beginnen zu können. Wirtschaftlich durchläuft Marib wegen der **Erdölfunde** östlich der Stadt eine Boomphase. Eine 440 km lange Pipeline verbindet die 60 km von Marib entfernten Ölfelder mit der Hafenstadt Salief am Roten Meer.

Besichtigung von Marib

Als wir 1983 erstmals hierher kamen, war der Besuch noch ein kleines Abenteuer, da es kein Neu-Marib gab und die Asphaltstraße vor der Altstadt endete. Was dann kam, war ein Suchspiel in der Wüste. Auch mit Vierradantrieb liefen wir Gefahr, im tiefen Sand stecken zu bleiben. Irgendwo tauchten dann die Pfeiler der Tempel auf, wie eine Fata Morgana.

Wie anders gestaltet sich die Besichtigung der antiken Stätten heute. Es wurden Asphaltstraßen zu allen Sehenswürdigkeiten gebaut und mit englischen Orts- und Entfernungsangaben ausgeschildert.

Zum Besuch des neuen und alten Dammes wird beim vorgenannten Km 87,1 rechts abgebogen und der Kilometerzähler auf 0 gestellt.

Km 5,4: Rechts der Wasserverteiler der alten sabäischen Nordoase Abyan und das Denkmal für den Freiheitskämpfer *Ali Abdul Mughni.*

Km 6,4: Rechts zum 400 m entfernten **Nordbau** des antiken Dammes abbiegen.

Km 6,6: Links geht es zum 200 m entfernten **Südbau** des antiken Staudammes.

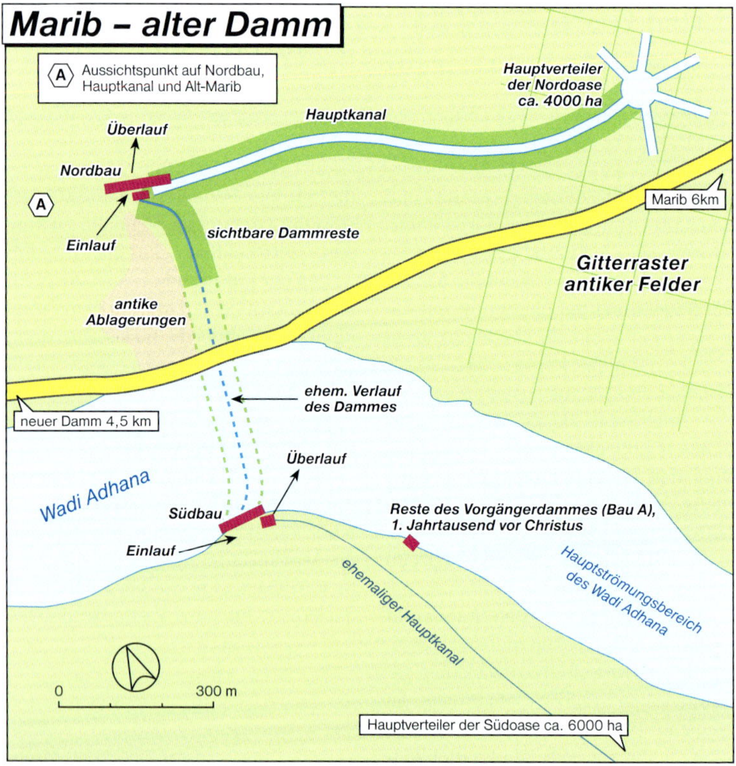

084| Foto: bs

Km 11,5: Die **Dammkrone des neuen Staudamms** von 1986 ist erreicht.

Der neue Staudamm

Der **neue Staudamm (as sad al dschadied)** wurde 1986 mit finanzieller Hilfe des Scheichs *Zayed* von Abu Dhabi fertig gestellt. Der Erddamm ist an der Basis 230 m lang (760 m auf der Krone), 40 m hoch, hat eine Kronenbreite von 6 m und staut maximal 400 Mio. m³ Wasser. Um ein Durchsickern zu verhindern, hat der Damm innen eine Betonwand, die bis zu 61 m unter die Talsohle reicht. Mit dem aufgestauten Wasser sollen 10.000 ha Land bewässert werden. In einer zweiten Phase ist geplant, die bewirtschafteten Flächen auf 20.000 ha auszudehnen. Die Baukosten für den Damm betrugen 75 Mio. US$, das gesamte Projekt wird 200 Mio. US$ kosten.

Eines der vielen Probleme der neuen Anlage ist die Verlandung. Rund 2 Mio. Tonnen Schwebstoffe pro Jahr werden den Stausee in 200 Jahren bis zur Krone gefüllt haben.

Wegen Unstimmigkeiten mit den drei Stämmen, die hier siedeln, ist auch im Jahre 2008 die **Wasserverteilung** talabwärts noch immer nicht in Betrieb. D.h., krass gesprochen, sind die Baukos-

Der neue Staudamm bei Marib

083 | Foto: bs

ten für den Staudamm in den „Sand" gesetzt. Die grünen Felder in und um Marib sind nicht Folge der Bewässerung mit Staudammwasser, sondern es werden hierzu Pumpen benutzt, die die Grundwasserreserven stromabwärts anzapfen. Da der Staudamm – wie weiter oben ausgeführt – das Wadi Adhana abriegelt, verhindert er sogar die Anhebung des Grundwasserspiegels in der Oase von Marib, was zur Folge hat, dass der Wasserstand dort noch rascher absinkt. Um diesen Umstand abzumildern wird periodisch die Schleuse des neuen Damms geöffnet, damit das Wasser abfließen und im Wüstensand versickern kann. Im derzeitigen Zustand ist der Damm somit nutzlos und vergeudet durch die Verdunstung an seiner Oberfläche kostbares Wasser, das ohne das Rückhaltebecken für die Sonneneinstrahlung unerreichbar längst in dem Sand des Wadi Adhana versickert wäre.

Es ist empfehlenswert, dem Damm zum gegenüberliegenden Ende zu folgen, dort abzusteigen und das Auslasssystem anzusehen.

Die Südschleuse des alten Damms von Marib, rechts oben der ehemalige Wasserauslass

Der sabäische Damm

4,9 km unterhalb des neuen Staudamms liegen dort, wo das Wadi Adhana in die flache Ebene mündet, die **Reste des alten Damms (as sad al gadiem),** der als eines der **Weltwunder der Antike** galt. Entgegen der in der Literatur üblichen Bezeichnung „Staudamm“ handelte es sich bei der Anlage um ein Überlauf-, d.h. Wasserverteilungssystem. Ein Vorgängerbauwerk entstand an dieser Stelle im 6. Jh. vor Chr. Es wurde in den folgenden Jahrhunderten aufgrund von Hochwasserschäden mehrfach umgebaut und repariert. Die heute sichtbaren Bauteile stammen überwiegend aus dem Jahre 549 n.Chr., als die Anlage ein letztes Mal instand gesetzt wurde. Bei den Restaurierungsarbeiten am Nordbau wurden in den Jahren 2005 und 2006 zahlreiche neue Steine in den vor Jahrhunderten durch Steinraub dezimierten Baukörper eingesetzt; so u.a. in die Mauern des Tosbeckens und des Überlaufwehres. Das Turmhaus (Husn al Amir) auf dem Nordbau wurde neu aufgebaut. Kleine Wasserumlenkmauern älteren Datums (Vorgänger-Dammanlagen) befinden sich stromaufwärts (aus dem 3. Jahrtausend v.Chr.) und stromabwärts der Hauptanlage. Die am besten erhaltene Vorgängeranlage (aus dem Jahre 1000 v.Chr.), **Bau A** genannt, kann 300 m stromabwärts vom Südbau des alten Dammes besichtigt werden.

Da die Niederschlagsmenge in Marib gegen Null tendiert, war sowohl in sabäischer Zeit als auch heute der im Hochland fallende und durch das Wadi Adhana abfließende Regen für die Landwirtschaft in Marib lebensnotwendig. Der Niederschlag im Einzugsbereich des **Wadi Adhana** (10.000 km^2) fällt in der kurzen Regenzeit im April und der längeren Regenzeit im Juli/August zumeist in Form von heftigen Gewitterschauern. Auf das regelmäßige Eintreffen der Fluten war somit kein Verlass. Inschriften im Awam-Tempel berichten von jahrelangen Trockenperioden. Der Standort für die Dammanlage war ideal gewählt, denn hier verengt sich das zuvor breite Tal zu einer beiderseits von Felswänden eingerahmten Schlucht und mündet dann in die Marib-Ebene.

Die Fluten des Wadi Adhana wurden bei ihrem Eintreffen, mit einer geringfügig hohen Anstauung über **Verteilungskanäle** auf die Felder geleitet. Dieses System hatte gegenüber der modernen Staudammlösung den Vorteil, dass fruchtbare Erde mit auf die Felder geschwemmt wurde. Ablagerungen, die sich trotz der raschen Ableitung vor dem alten Damm bildeten, machten in den Jahrhunderten seiner Nutzung immer wieder Erhöhungen seiner Krone erforderlich.

Von dem in den Jahren 2005/2006 aufwendig restaurierten **Nordbau** führt ein Rest des alten Damms zuerst für einige Meter in einer Rechtskurve, dann geradeaus zum 680 m entfernten **Südbau.** Der aus Erde aufgeschüttete Wall hatte einst als Versteifung einen lückenlosen Mantel aus Steinen. Rechts, stromaufwärts des Erdwalles sind die mit Erosionsrinnen durchzogenen, etwa 4 m hohen Reste antiker Sedimentschichten erhalten. Im Hauptströmungsbereich sind Damm und Ablagerungen spurlos fortgeschwemmt, da sich das Wadi Adhana seit dem letzten Dammbruch (575 n.Chr.) 15 m tief in die alten Ablagerungen eingeschnitten hat. Um diesen Betrag liegen die ehemals bewässerten Felder höher als die heutige Talsohle.

Der **Nordbau** ist nach der Restaurierung von 2005/2006 der besser erhaltene Teil der Anlage. Hier sind die beiden Wasserauslassöffnungen, das Tosbecken mit seiner stabilen Steinmauer und in der Ferne der Hauptwasserkanal, der zu einem großen Verteilungsbecken führt, gut zu erkennen. Erreichte mehr Wasser den Nordbau, als die zwei Auslassöffnungen und das Tosbecken verarbeiten konnten, floss es vor den zwei Auslassöffnungen über die Überlaufmauer in das nördlich angrenzende **Wadi Jufayna.** Die Überlaufmauer war entsprechend stabil ausgeführt, um bei größeren Fluten nicht fortgerissen zu werden. Die Ableitung von Wasser an der Überlaufmauer verhinderte, dass das Tosbecken und die nachfolgenden Wasserverteilungskanäle durch eine zu starke Flut hätten beschädigt werden können. Die zwei Auslässe haben auf der Einlassseite gerundete Ecken, um den Wassermassen einen geringen Widerstand entgegenzusetzen. Die Seitenwände der Auslässe sind mit Schlitzen versehen, in die Steinbalken gesetzt werden konnten, um die Wasserauslasshöhe zu kontrollieren.

Um den Aufwand an stabilen Steinbauwerken zu minimieren, wurde der Nordbau so geschickt am Hang des westlich angrenzenden Berges **Balaq al Qibli** platziert, dass in diese Richtung keine Baumaßnahmen nötig waren.

Bei den Bau- und Reparaturmaßnahmen im Jahre 549 n.Chr. wurden keine neu bearbeiteten Steine, sondern solche aus alten Gebäuden und Tempeln verwendet (die altarabischen Tempel hatten durch den Wechsel der Religion zum Juden- und Christentum ihre Funktion verloren). Deswegen sind im Nordbau auch Inschriftensteine verbaut, deren Inhalt nichts mit dem Damm zu tun haben bzw. solche, wo die Schrift auf dem Kopf steht.

Der **Südbau** verfügt nur über einen Wassereinlass zum Tosbecken, durch den ebenfalls – wegen der beengten Hanglage – das überschüssige Wasser strömen musste. Erst hinter dem Tosbecken verzweigten sich das Nutzwasser und das überschüssige Wasser, wobei Letzteres zurück in das Wadi Adhana geleitet wurde. Der Wassereinlass hat die gleichen seitlichen Steinschlitze wie beim Nordbau, mit denen der Wasserstand reguliert werden konnte. Auf der dem Wadi abgewandten Seite der Steinmauer ist ein **sabäischer Inschriftenstein** eingearbeitet: *„Yathama,* Sohn des *Sana-Ali,* hoch geehrter Herrscher von Saba, hat einen Tunnel durch den Berg Balak getrieben, um die Bewässerung zu verbessern". Der sabäische König *Yathama* regierte um das Jahr 510 v.Chr.

Der alte Damm bewässerte eine Fläche von 9600 ha, mit dessen Erträgen ca. 50.000 Menschen ernährt werden konnten. Die landwirtschaftlich genutzten Flächen lagen beiderseits des **Wadi Adhana:** die Nordoase Abyan (4300 ha) mit der Stadt Marib und die größere Südoase Yasran (5300 ha) mit dem Bar'an-Tempel und dem Awam-Tempel. Das Gitterraster der antiken Felder war bis in die 1970er Jahre aus der Luft noch gut zu erkennen, ist seitdem aber bei der Urbarmachung neuer Felder weitestgehend zerstört worden. Untersuchungen in den antiken Feldern belegen den Anbau von Weizen, Gerste, Hirse, Weintrauben und Datteln.

Das mit den periodischen Fluten auf die Felder geleitete Wasser wurde dort durch Wälle ca. 50 cm hoch aufgestaut und versickerte. Der Boden hatte danach so viel Feuchtigkeit aufgenommen, dass das Saatgut keimen und reifen konnte.

Grabungen in den alten Feldern ergaben, dass sich das Niveau durch eingeschwemmte **Ablagerungen** um durchschnittlich 1,1 cm pro Jahr hob. An Hand der etwa 30 m hohen Gesamtdicke der Ablagerungen auf den Feldern errechnet sich eine Dauer der Bewässerung von 2700 Jahren. Da der Damm in seiner jetzigen Form vom 6. Jh. v.Chr. bis 575 n.Chr. in Betrieb war, d.h. rund 1200 Jahre, müssen die Ablagerungen der restlichen 1500 Jahre aus älteren Vorgängeranlagen stammen.

Ueli Brunner geht davon aus, dass die Spitzenabflusswerte im Wadi Adhana der durchschnittlichen Wassermenge des Rheins bei Basel entsprechen (natürlich nur für wenige Stunden).

Bau und Unterhalt einer Bewässerungsanlage der Marib-Größe waren nur in einem **straff geführten Gesellschaftssystem** denkbar, wo eine große Zahl qualifizierter Handwerker und Arbeiter den jeweiligen Herrschern zur Verfügung stand. Allein die Dimension der Anlage beweist, dass nicht einige Ackerbauern dem Trockenwadi gelegentlich ein wenig Wasser abgerungen haben, sondern dass hier ein funktionierendes Herrschaftssystem über Tausende von Jahren bestand. Wegen der eingeschwemmten Sedimente wurden nicht nur die bewässerten Felder erhöht, sondern musste auch der Damm sowie das gesamte Wasserverteilungssystem regelmäßig aufgestockt werden.

Welch große Zahl an Fachkräften für den Unterhalt der Anlagen erforderlich war, machen Reparaturarbeiten im Jahre 450 n.Chr. deutlich. Etwa 20.000 Arbeiter wurden eingesetzt, um Hochwasserschäden am Damm zu beheben. In die Hunderte geht die Zahl der Arbeitskräfte, die die Bewässerungskanäle nach Flutwellen vom Schlamm befreien und instand setzen mussten. Nur die ständige Betriebsbereitschaft aller Anlagenteile konnte gewährleisten, dass das Wasser auch die Felder erreichte.

Historisch belegte **Dammbrüche** passierten in den Jahren 350, 449, 450 und 542 n.Chr. Nach dem letzten Bruch im Jahre 575 n.Chr. (andere Quellen sprechen vom frühen 7. Jh.) wurde der Damm nicht wieder hergestellt. Der letzte Dammbruch ist im Koran erwähnt (Sure 34, Vers 15–17): „Auch Sabas Nachkommen hatten an ihrem Wohnort ein Zeichen: zwei Gärten, einen rechts und einen links, und wir sagten: Eßt von dem, womit euer Herr euch versorgt hat, und seid ihm dankbar; denn das Land ist gut und der Herr gnadenvoll. Aber sie wichen (vom Glauben) ab, und darum schickten wir über sie die Überschwemmung der Dämme, und wir verwandelten ihre zwei Gärten in zwei Gärten, welche bittere Früchte trugen, Tamarisken und ein wenig Lotus. Dies gaben wir ihnen zum

Lohne ihrer Undankbarkeit." Einschränkend muss angemerkt werden, dass weder Koran noch Bibel über die Lage des Königreichs Saba berichten, d.h. der im Koran beschriebene Dammbruch nicht unbedingt derjenige von Marib ist.

Nach der Besichtigung von Südbau und Nordbau sollte der alte Hauptwasserkanal beachtet werden, der das Tosbecken des Nordbaus verlässt und nach 1,1 km in den Hauptverteiler mündet. Dieses kreisrunde Bauwerk mit seinen zahlreichen Verteilerkanälen ist noch ausgezeichnet erhalten. Es kann auf der Asphaltstraße beim zuvor beschriebenen Km 5,4 per Auto erreicht werden.

Das Wassereinlaufbauwerk (Bau A)

Ein Vorgängerbau des großen Dammes von Marib kann 300 m stromabwärts des Südbaus auf der rechten (südlichen) Seite des **Wadi Adhana** besichtigt werden. Dieses nur noch teilweise erhaltene steinerne Wasserbauwerk wurde um das Jahr 1000 v.Chr. errichtet. Es wird davon ausgegangen, dass das Wadi Adhana hier nur zur Hälfte angezapft, d.h. nicht auf seiner ganzen Breite aufgestaut wurde. Der Strömung entgegen gerichtet befinden sich zwei halbrunde Eckbauten. Gut erhalten haben sich die Wasserauslassöffnung mit den durch Wasserabrieb glattpolierten Steinen und die 30 m breite Entlastungsschwelle aus senkrechten Kalksteinpfeilern, über die bei großen Fluten die nicht benötigten Wassermengen zurück in das Wadi Adhana strömen konnten.

Reste eines Bewässerungsbauwerks aus dem 3. Jahrtausend v.Chr. **(Bau B)** haben sich 2 km südöstlich von Bau A am Fuße des Dschebbel Balaq al-Awsat erhalten.

Der Al Mabna Damm

2,7 km östlich vom Nordbau des Großen Damms (2 km ONO von dessen Hauptwasserverteiler) lohnt der gut erhaltene Al Mabna Damm im Wadi Jufayna einen Besuch. Er wurde in der Spätphase des Großen Dammes, d.h. im 5. oder 6. Jh. n.Chr. errichtet und bewässerte ein Gebiet im Norden der Nordoase von Marib. Ein 190 m langer Hauptdamm riegelte das **Wadi Jufayna** ab. Zwei weitere, mehr als 200 m lange Dämme leiteten ebenfalls Wasser (u.a. vom Nordbau-Überlauf des Großen Dammes) zu den Einlaufwehren und den nachfolgenden Bewässerungskanälen.

Almaqah-Tempel von Bar'an

Der Tempel (auch *Arsh Bilqis,* Thron der Königin *Bilqis* genannt) ist vom oben beschriebenen Km 92,6 auf einer 1 km langen Stichstraße zu erreichen. Die dem Gott *Almaqah* geweihte Tempelanlage wurde von 1988 bis 1997 durch das *Deutsche Archäologische Institur* in einer aufwendigen Kampagne freigelegt. Zuvor ragten hier nur fünf Steinmonolithen aus dem Wüstensand.

Der **Grabungsbefund** ergab eine 62 x 75 m große Anlage mit Tempel, Vorhof und Nebengebäuden. Für den zentralen Tempelbereich wurden drei Vorgängerbauten ermittelt, somit liegen vier Sakralbauten übereinander. Da der älteste Tempel I aus dem 9. Jh. v.Chr. stammt und die Anlage im 4. Jh. n.Chr.

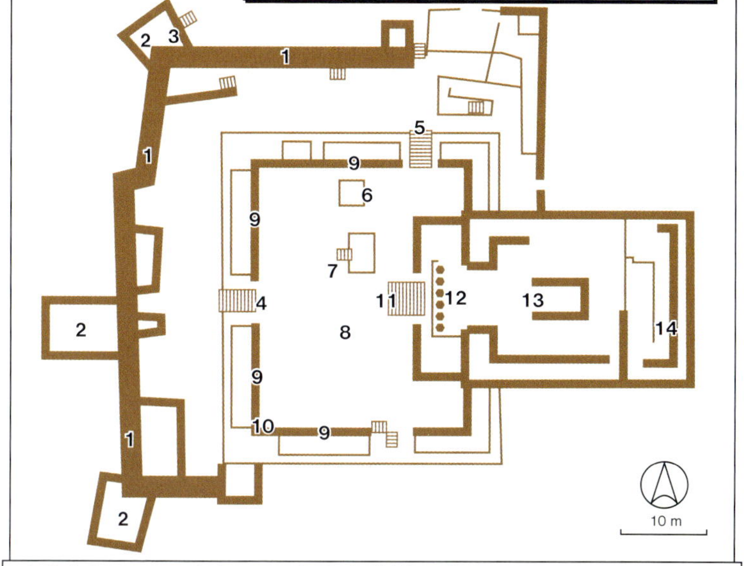

Almaqah-Tempel von Bar'an

1	Schutzmauer aus Lehm	**6**	Stein für Tieropfer	**11**	Treppe zum Podium
2	Türme	**7**	Brunnen	**12**	6 Pfeiler
3	begehbarer Turm	**8**	Vorhof	**13**	Cella
4	ehemaliger Haupteingang	**9**	Galerie	**14**	Reste von Tempel 1-3
5	heutiger Zugang	**10**	Alabasterplatte		

aufgegeben wurde, ergibt sich eine 1300-jährige Nutzung. Der im 5. Jh. v.Chr. errichtete (heute sichtbare) Tempel IV hat eine 19,5 x 27,5 m große und 4 m hohe Plattform, an die westlich ein 31,5 x 36,5 m großer Peristyl-Vorhof anschließt. Die ältesten Steine des Tempels I (in der Legende Nr. 14) aus schwarzem Basalt sind auf der Ostseite der Anlage zu sehen.

Der sabäische Besucher gelangte durch das westliche Haupttor in den Vorhof. Nur hierarchisch Hochstehenden war der Zugang zur inneren Tempelanlage gestattet.

Der durch die Feldbewässerung erfolgte **Sedimenteintrag** führte zu einer Erhöhung des umgebenden Geländes, wodurch die Tempelanlage v.a. auf ihrer Westseite anfällig für Überschwemmungen wurde. Als Erhöhungen der Trittstufen im Haupteingang nicht mehr halfen, wurden – um das Jahr Null – die West- und Nordseiten außerhalb des Vorhofes mit einer 3 m hohen Lehmziegelmauer versehen und der Hauptzu-

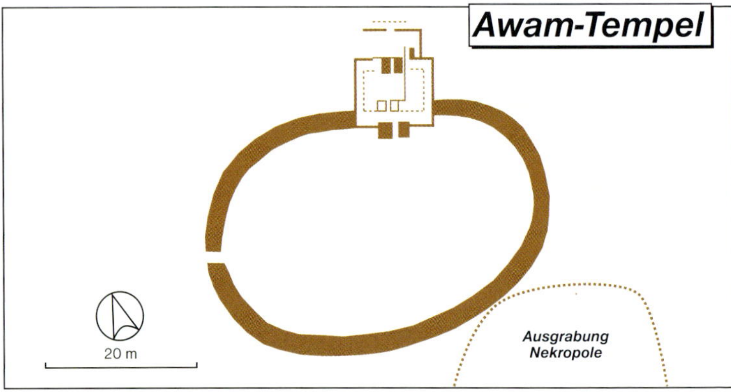

gang zur Nordseite verlagert. Die Lehmmauern erhielten Ende des 3. Jhs. v.Chr. mächtige rechteckige Türme.

Der Besucher sieht heute die Lehmmauer im Westen mit ihren drei rechteckigen Turmresten, den Vorhof und den zentralen Tempelbereich mit seinen fünf (der sechste Pfeiler ist nur bis zur halben Höhe erhalten) Kalksteinpfeilern, die eine Höhe von 8,2 m aufweisen, jeweils 13 t wiegen und oben in ein Zahnschnittfries auslaufen. Die Pfeiler verbreitern sich nach oben, wodurch beim Betrachter der optische Eindruck entsteht, als seien die Pfeiler über die gesamte Länge gleich groß (gleich große Objekte erscheinen ansonsten dem Auge verkleinert, wenn sich Teile davon weiter entfernt befinden).

Der Vorhof ist auf drei Seiten von überdachten Galerien umgeben, deren Pfeiler 4 m hoch sind. Hier gibt es Bänke und Wandplatten aus Alabaster, die Antilopenköpfe in Front- und Steinböcke in Seitenansicht zeigen.

Links neben der Freitreppe befindet sich im Vorhof ein 18 m tiefer Brunnen mit einer Inschrift des Stifters. Das für die Körperreinigung vor Betreten des Tempels benutzte Wasser floss durch einen Speier in der Form eines Stierkopfes in ein steinernes Becken. Auf der Plattform links (nördlich) des Brunnens wurden Tiere geopfert.

Vom Vorhof führt eine Freitreppe zu den sechs Pfeilern, die ehemals den Durchblick zu dem dahinter gelegenen Zentrum der Tempelanlage behinderten. Hinter den Pfeilern schloss der Tempelbau mit 13 m hohen Mauern und einem nach oben offenen Innenraum an, in dessen Zentrum sich die Cella (das Allerheiligste) befand, in der wahrscheinlich eine bronzene Tierfigur (Steinbock oder Stier) stand. Der Tempelbezirk hinter der Freitreppe durfte vermutlich nur von ausgewählten Priestern betreten werden.

Der Almaqah-Tempel von Bar'an

084J Foto: bs

In der von einem Zaun umgebenen Anlage werden von Händlern echte und nachgemachte **Antiquitäten** angeboten, die vom Laien nicht zu unterscheiden sind. Da die Ausfuhr von Antiquitäten streng verboten ist und das Gepäck bei der Ausreise durchleuchtet wird, ist vom Kauf jeglicher „alter" Stücke abzuraten.

Am 2. Juli 2007 kamen am Almaqah-Tempel bei einem Selbstmordanschlag acht spanische Touristen und zwei jemenitische Begleiter ums Leben.

Awam-Tempel

Das Gelände befindet sich beim oben beschriebenen Km 93,7, 100 m rechts der Straße. Das Zentrum der nördlich gelegenen antiken Stadt Marib ist 3,5 Kilometer entfernt. Die ebenfalls dem Mondgott *Almaqah* geweihte, um das Jahr 670 v.Chr. unter König *Yada Il Dharih* errichtete und 1951/1952 durch das amerikanische Wendell-Philipps-Team teilweise freigelegte Anlage wird von der lokalen Bevölkerung **Machram Bilqis** genannt (Thronsaal der Königin Bilqis, heiliger Bereich). Diese mit Abstand größte Tempelanlage im südwestlichen Arabien wurde bis zum 4. Jh. n.Chr. genutzt.

Der **Ausgrabungsbefund** von 1952 erbrachte einen 80 x 125 m großen ovalen Versammlungsraum mit einer 300 m langen, 13 m hohen und 4 m dicken Umfassungsmauer, die mit 46 Lagen mächtiger Kalksteinblöcke aufgeschichtet war. Die Steine passen sich der ovalen Form der Anlage an und sind so kunstvoll angefertigt, dass keine Messerklinge in die Fugen passt. Im Westen des Tempelovals befindet sich eine weitere kleine Zugangstür, die in Richtung Marib weist.

Inschriftensteine in der Außenmauer – die älteste stammt aus dem 7. Jahrhundert v.Chr. – berichten von Arbeiten am Tempel und widmen die Anlage dem Mondgott *Almaqah*.

Der Haupteingang liegt auf der Nordostseite des Ovalbaus. Der sabäische Besucher gelangte durch acht mächtige quadratische Propylonpfeiler in den 19 x 24 m großen Vorhof, der von **Steinpfeilern** umsäumt war. Auf diesen Pfeilern ruhten waagerechte Steinbalken und bildeten einen überdachten Wandelgang, in dessen Außenwänden **64 Blendfenster** eingelassen sind. In der Südecke des Vorhofes befindet sich ein Becken, das vermutlich für Waschungen vor Betreten der Tempelanlage genutzt wurde.

Funde der Wendell-Phillips-Ausgrabung sind im Nationalmuseum in Sana'a ausgestellt. Wichtigstes Exponat ist die 93 cm hohe Bronzestatue des **Königs Ma'dikarib** aus dem 6./5. Jh. v.Chr. Der bärtige Mann ist nur mit einem Hüftschurz bekleidet, im Gürtel steckt ein Dolch und über dem Rücken hängt das Fell eines Löwen, dessen vier Pranken auf Brust und Oberschenkeln ruhen. Die Besonderheit ist die altsabäische Schrift auf dieser Statue, da die erste Zeile von rechts nach links, die folgende Zeile von links nach rechts und dann wieder von rechts nach links eingraviert ist (Bustrophedon-Schrift). Erst ab dem 5. Jh. v.Chr. wurde das Sabäische einheitlich von rechts nach links geschrieben.

Die **Inschrift** nennt den Namen der dargestellten Person (Ma' dikarib) und den Spender der Statue, der sie als Opfergabe für den Gott *Almaqah* anfertigen ließ.

Steine des Awam-Tempels liegen im Museum von Aden, Schriftabzüge im Nationalmuseum in Taiz.

In einer Grabungskampagne der *American Foundation for the Study of Man*, an der auch die Schwester von *Wendell Phillips* teilnahm, wurde die Anlage Ende der 1990er Jahre neuerlich freigelegt und untersucht.

Ab 1977 wird die südlich des Tempels gelegene 1,7 ha große **Nekropole** ausgegraben (Nutzung vom 10. Jh. v.Chr. bis zum 6. Jh. n.Chr.). Sie umgibt die Außenmauer des Tempels als 100 m breiten Gürtel halbmondförmig von Nordwesten bis Südosten. Es wird vermutet, dass der Friedhof von einer Mauer umfasst war, die bislang noch nicht nachgewiesen werden konnte. Die Toten wurden in steinerne Türme bestattet, die bis zu 10 m Höhe erreichten, aber auch ein oder zwei unterirdische Geschosse aufwiesen. Wenn ein Turm voll belegt war, wurden die Türen entfernt und die Öffnung mit Mauerwerk verschlossen. Schätzungen gehen von etwa 20.000 Bestattungsstätten im gesamten Areal aus. Diese sehr hoch erscheinende Zahl muss jedoch mit der langen Nutzungszeit ins Verhältnis gesetzt werden. Es wird daher angenommen, dass hier nur die sabäische Oberschicht mit ihren Familien die letzte Ruhestätte gefunden hat. Inschriften an den Außenwänden nennen die Besitzer sowie Baumeister, nicht jedoch die Namen der Verstorbenen. An einigen Bauten wurden Gesichter eingeritzt bzw. in Nischen Köpfe aus Alabaster eingesetzt. Neben diesen bildlichen Darstellungen wurden Namen eingemeißelt, woraus geschlossen wird, dass es sich um Nachbildungen der Verstorbenen handelt. Als Grabbeigaben wurden Schmuck und Dinge des täglichen Gebrauchs gefunden, die den Schluss zulassen, dass die Sabäer an ein Leben nach dem Tode glaubten. Knochenfunde zeigen, dass die Toten körperbestattet wurden.

Hinweis: Die Deutung des Wortes „Almaqah" mit Mondgott ist umstritten. So schreibt *Dr. Hadi Eckert*: „Es dürfte sich in der Tat um einen „il maqahi" (einen Gott, der tränkt, der Wasser spendet) handeln. Die Wurzel „q-h-y" bedeutet so viel wie tränken. Davon abgeleitet: qahwa = Tränkung, Getränk."

Marib-Altstadt

Die meisten Häuser der Altstadt wurden im Bürgerkrieg 1962–1969 durch die ägyptische Luftwaffe zerstört. Damals hatte Marib 600 Einwohner. Weitere Häuser wurden beim Erdbeben von 1982 beschädigt. Alt-Marib gleicht heute einer **Geisterstadt mit Lehmhausruinen.**

Untersuchungen des Deutschen Archäologischen Instituts mit Handbohrgeräten ergaben, dass sich unter dem 20 m hohen Hügel, auf dem die Lehmhausruinen stehen, keine alte sabäische Burg oder ein Palast befinden. Vielmehr ist der Hügel durch den wiederholten Bau und Verfall von Lehmhäusern in islamischer Zeit entstanden.

Erste Berichte über eine Stadtmauer stammen aus dem Jahre 715 v. Chr.

Plinius berichtet, dass das antike Marib einen Umfang von 10 km hatte, was 7,1 km^2 Stadtfläche entspräche. Die Stadtmauer war laut Plinius mehr als 7 m stark und wies acht Stadttore auf. Neuere Untersuchungen zeigen, dass die Stadtmauer 4,2 km lang war, mindestens sieben Tore hatte, eine Fläche von rund 110 ha umschloss, sowie zahlreiche Türme und Kurtinen (= Mauerrücksprünge) aufwies. Die Stadtmauer ist westlich und südlich des Hügels mit den Lehmhäusern noch teilweise zu sehen.

Ausgrabungslizenzen für das Stadtgebiet von Marib sind bislang nicht vergeben worden. In den Jahren 2001 und 2002 wurden vom Deutschen Archäologischen Institut geomagnetische Untersuchungen und Bohrungen vorgenommen. Dabei wurden Gebäudestrukturen der alten Stadt ermittelt, die an der Oberfläche nicht erkennbar sind.

Am Fuße von Alt-Marib liegt die **Ruine** der Sulayman ibn Dawud-Moschee aus dem 10. Jh., die in die Reste eines sabäischen Tempels integriert wurde und für deren Errichtung sabäische Steine und Säulen mit Kapitellen verwendet wurden.

Von dem ehemaligen Tempel sind acht mächtige Propylenpfeiler in situ erhalten, die den Eingang zu der sabäischen Anlage markieren. Da die mittelalterliche Moschee den Hauptteil des sabäischen Tempels überdeckt, haben hier noch keine Untersuchungen stattgefunden. Nur bei besonders wichtigen sabäischen Heiligtümern wurden acht Pfeiler verwendet und so unterstreicht allein diese Tatsache die Bedeutung des innerhalb der Stadtmauer gelegenen Bauwerks.

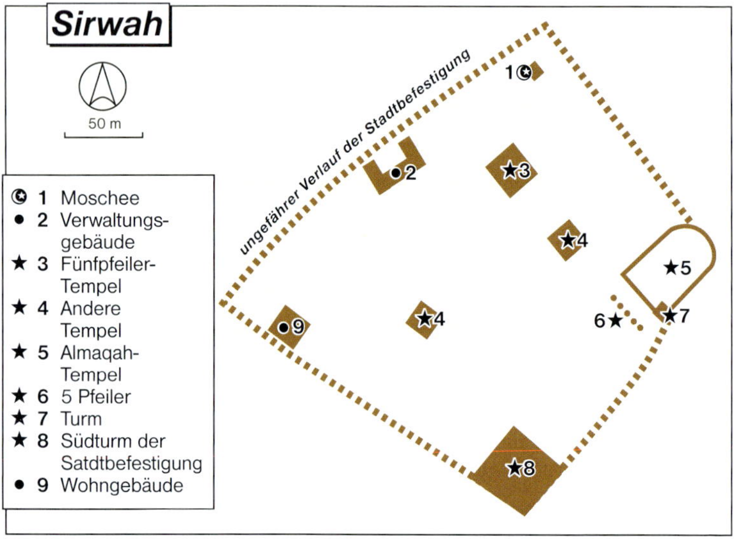

Die steinernen Podien von vier weiteren sabäischen Tempeln (die Aufbauten sind nicht erhalten) befinden sich als Schutthügel südwestlich der Häuser von Alt-Marib.

Ein überraschender Befund sind mächtige Sedimentschichten innerhalb des westlichen Bereichs der Stadtmauer. Es ist ungeklärt, ob hier die ständigen Erhöhungen der Felder außerhalb der Mauer (s. Erläuterung beim Großen Damm) zu ungewollten Überschwemmungen geführt haben oder ob dieser Stadtbereich landwirtschaftlich genutzt wurde. Bestiegen werden kann eines der leer stehenden Häuser. Von oben bietet sich ein schöner Blick herab auf die Stadt und den Unterlauf des Wadi Adhana.

- **Marib Bilquis,**
Tel. (0630) 23717, Fax (0630) 2371, bilquishotel@y.net.ye; 1-Bett 84 US$, 2-Bett 98 US$, Frühstück 8 US$; Annex-Bungalows: 1-Bett 31 US$, 2-Bett 42 US$, 3-Bett 56 US$, die Architektur wurde der ovalen Form des Awam-Tempels nachempfunden; Restaurant, Laden, Schwimmbad, Tennisplatz.
- **The Land of two Paradise Hotel,**
Tel. (0630) 2309, Fax (0630) 2306, 1-Bett 3500, 2-Bett 4500 Rial, ohne Frühstück.
- **Borg Dubei Hotel,**
Tel. (0630) 3850, 1-Bett 2000, 2-Bett 3500 Rial, ohne Frühstück.

Abstecher von Marib nach Sirwah

Hinweis: Sirwah kann wegen der unsicheren Lage gelegentlich nicht besucht werden.

Beim vorgenannten Km 81,4 befindet sich in der Neustadt von Marib der Abzweig nach Westen zum 38 km entfern-

0861 Foto: bs

ten Sirwah. Die gut ausgebaute Asphaltstraße führt durch eine stark von Vulkanismus geprägte Landschaft zur kleinen Ortschaft Sirwah mit dem Ruinengelände rechts der Straße.

Sirwah, die erste Hauptstadt des sabäischen Reiches, liegt am Unterlauf mehrerer Wadis auf einer Höhe von 1500 Metern. Die 160 x 190 m große vorislamische Stadtanlage, von der Umfassungsmauer und Wehrtürme z.T. noch gut erhalten sind, erhebt sich auf einem Plateau oberhalb des Flusstales. Besonders gut intakt ist der **Südturm** mit seinen bis zu 7 m hohen Mauern aus kunstvoll verarbeiteten Kalksteinblöcken. Die oberen, weniger sorgfältig geschichteten Steinlagen dieses Turmes wurden in islamischer Zeit aufgebracht.

Im Nordabschnitt – direkt an der Stadtmauer gelegen – befinden sich die Reste eines Verwaltungsgebäudes aus dem 2. Jh. v.Chr.

Nördlich des Stadtmittelpunkts liegen die Reste des bislang noch nicht komplett ausgegrabenen **„Fünfpfeiler-Tempel"** aus dem 8. Jh. v.Chr., dessen Steine zu einem großen Teil geraubt wurden, so dass nur noch ein mächtiger senkrechter Pfeiler erhalten ist.

Die **Moschee** im Nordosten wurde Anfang des 20. Jhs. aus Steinen der alten Stadtanlage errichtet. Zwischen den beiden Türen dieses Bethauses wurde ein sabäischer Inschriftenstein auf dem Kopf stehend verbaut. Neben dem Gebäude befindet sich der 40 m tiefe Brunnen der antiken Stadt.

Das bedeutendste Bauwerk in Sirwah ist der **Almaqah-Tempel,** dessen auf drei Seiten abgerundete Außenmauern noch bis zu 8 m hoch erhalten sind. An der Außenseite der Umfassungsmauer

Der Almaqah-Tempel in Sirwah

087 | Foto: bs

nennen eingemeißelte Inschriften den sabäischen König *Yada Il Dharih* aus der Mitte des 7. Jhs. v.Chr. als Errichter.

In sabäischer Zeit gelangte der Tempelbesucher nach Durchschreiten einer Reihe von sechs Pfeilern in einen mit Kalksteinen belegten Vorhof. Der innere Tempelbezirk wurde durch eine weitere Pfeilerreihe (auch hier gab es sechs solcher Monolithe) betreten. Der Innenhof wurde von einer 4 m hohen Mauer begrenzt, deren Abschluss ein Fries mit Steinbockköpfen bildet. Da das Gebäude Teil der Stadtmauer ist, umzieht ein Wehrgang – oberhalb des vorgenannten Frieses – den Tempelinnenhof auf drei Seiten.

Steinbockfries auf dem Almaqah-Tempel in Sirwah

Im Innenhof gehören **zwei** übereinander liegende, je 6,8 m lange und je 25 t schwere Kalksteinblöcke mit **Inschriften** zu den bedeutendsten Funden ihrer Art im Jemen. Auf den insgesamt 28 Textzeilen wird von den Taten des sabäischen Königs *Karib Il Watar* (685 v.Chr.) berichtet. Acht Zeilen beschäftigen sich mit dem Bau des Palastes Salhin in Marib und mit Bewässerungsmaßnahmen. In dem 20-zeiligen Text, der in Bustrophedon-Schrift (siehe Awam-Tempel in Marib) geschrieben ist, geht es um den Zusammenschluss sabäischer Stämme, durch den erfolgreiche Feldzüge möglich wurden und, bei denen die Grenze Sabas erheblich ausgedehnt werden konnte. Es werden die Zahlen der getöteten Feinde, der Kriegsgefangenen sowie der Beutetiere genannt. Die Kriege reichten bis in die Region Taiz und richteten sich gegen das Königreich Aussan und Städte im Wadi Dschauf <Jawf>. Detailliert ist beschrieben, dass die dortige Stadt Nashshan (heutiger Name „As Sawda") erst nach dreijähriger Belagerung eingenommen werden konnte. Der letzte beschriebene Feldzug war eine Vergeltungsaktion für im Wadi Darr (bei Sana'a) getötete Sabäer und reichte bis Natschraan im heutigen Saudi-Arabien.

Im Jahre 2005 wurde vom *Deutschen Archäologischen Institut* im Almaqah-Tempel ein **weiterer Inschriftenstein** mit 7,24 m Länge, 72 cm Höhe, 51 cm Breite und einem Gewicht von ca. 7 t entdeckt. Dieser mächtige Stein ist ebenfalls im Innenhof unter einer Überdachung aufgestellt. Auf sieben Schriftzeilen werden die erfolgreichen Feldzüge des sabäischen Königs *Yasa Amar Watar* gegen Kataban, Radman und Städte im Dschauf <Jawf> beschrieben sowie Maßnahmen zur Kultivierung von Ländereien.

Innerhalb des Tempels gibt es einen rechteckigen Steintisch mit steinernen Stühlen. Der hohe **Steinturm** an der Südwestecke stammt aus islamischer Zeit, als der sabäische Tempel als Wehrdorf genutzt wurde.

2. Tag: Marib – Sejuhn

Nach dem Bau zweier Asphaltstraßen hat der Tourist **drei Alternativen für die Weiterfahrt in das Wadi Hadramaut.** Bereits in Sana'a muss mit dem Reiseveranstalter festgelegt werden, welche Strecke genommen werden soll: entweder die Wüstenpiste über Schabwa (hierzu ist als Schutz die Begleitung eines Beduinen erforderlich), über Timna/Ataak oder auf der direkten Straße durch die Wüste.

1. Möglichkeit: Marib – Schabwa – Sejuhn

Entfernung: Marib – Schabwa 210 km, 5–6 Std., Schabwa – Sejuhn 228 km, 5 Std.
Straße: Wüstenpiste
Besichtigung: Schabwa

Für die Fahrt von Marib nach Schabwa quer durch die Wüste und weiter zum Wadi Hadramaut ist – zum Schutz gegen Überfälle – die **Begleitung eines Beduinen ab Marib** erforderlich. Hierzu wird eine Bezahlung von 350 US-$ erforderlich, unabhängig von der Größe der Reisegruppe. Die Fahrt verläuft nicht auf einer ausgeprägten Piste, sondern folgt unzähligen Spuren im tiefen Sand, bis nach 5–6 Stunden Schabwa erreicht ist.

Neu-Marib nach Süden bis zum Abzweig Sejuhn (431 km), Ataak (312 km) und Harieb (87 km) verlassen. Dort links Richtung Safir/Sejuhn weiterfahren und den Kilometerzähler auf 0 stellen.

Km 28: Ende der Vegetation.

Km 53: Rechts das neue **Elektrizitätswerk** mit der Überlandleitung nach Sana'a.

Km 55: Links geht es auf der 1999 eröffneten Asphaltstraße nach Sejuhn (376 km), geradeaus zum 1 km entfernten Safir. Wir verlassen hier die Asphaltstraße und biegen nach rechts in eine Piste ab.

Km 115: Die einzigen Bäume der Strecke laden zu einer schattigen Rast ein.

Km 126: Steile Sanddünen.

Km 176: Links Erdölbohrungen.

Km 181: Erdgasbohrungen.

Km 183: Links ein einsames Haus auf einem Hügel.

Km 190: Der **Uqlah-Felsen** (1 km links der Marib-Schabwa-Piste), auf dem die Ruine eines religiös genutzten Gebäudes mit 7,5 m Seitenlänge thront, war Teil der antiken Stadt Anwad, von der nichts erhalten ist. Der am Südhang eines Berges liegende **Monolith** weist zahlreiche vorislamische Inschriften auf, die berichten, dass hier die Könige des Hadramaut gekrönt wurden.

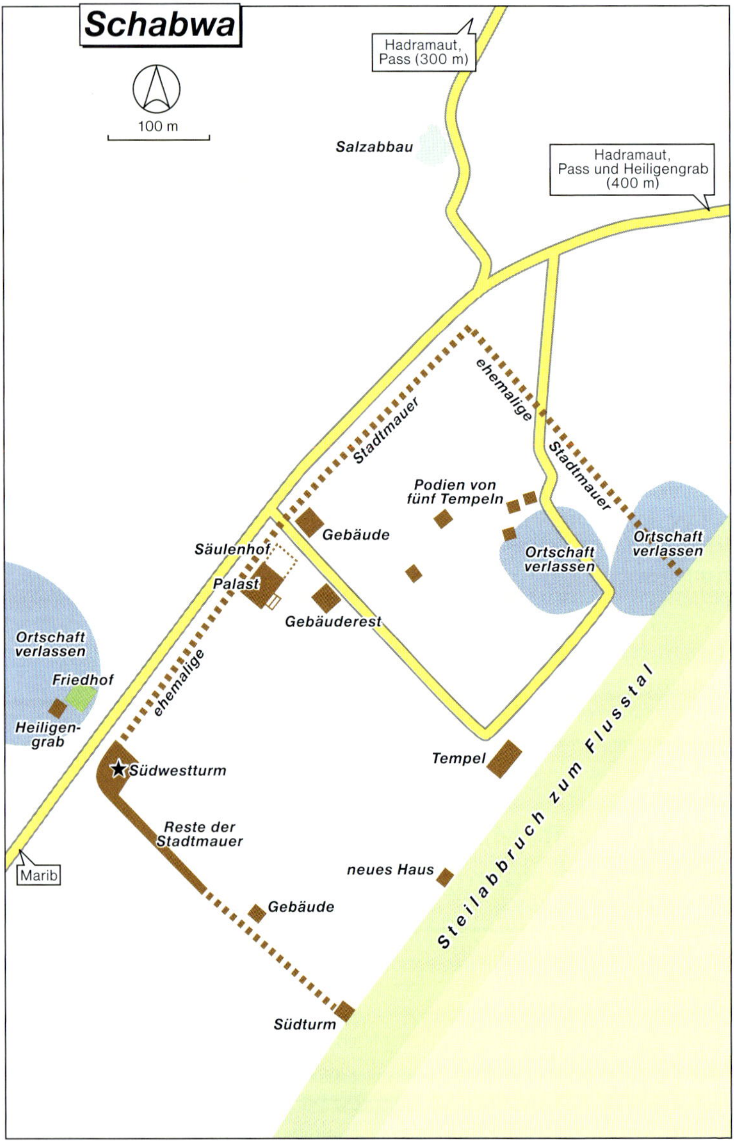
Schabwa
100 m
Hadramaut, Pass (300 m)
Salzabbau
Hadramaut, Pass und Heiligengrab (400 m)
ehemalige Stadtmauer
ehemalige Stadtmauer
Podien von fünf Tempeln
Gebäude
Säulenhof
Palast
Gebäuderest
Ortschaft verlassen
Ortschaft verlassen
Ortschaft verlassen
Friedhof
Heiligengrab
ehemalige
Südwestturm
Tempel
Steilabbruch zum Flusstal
Reste der Stadtmauer
neues Haus
Marib
Gebäude
Südturm

Km 199: Die Asphaltstraße Ataak – Wadi Hadramaut/Al Abr wird gekreuzt. Ab jetzt begleiten rechts die Steilwände des Dschol <Jol> die Weiterfahrt bis Sejuhn.

Km 203: Die Piste führt von Süden in das **Ruinenfeld** von Schabwa hinein. Links die aufgegebene Ortschaft Hadscher mit einem Heiligen-Grab, rechts der Südwestturm der Stadtanlage Schabwas. 300 m weiter nordöstlich befindet sich das Nordwesttor.

Schabwa (900 m)

Geschichte

Als vorgeschobener Posten gegen die Königreiche Kataban und Saba lag Schabwa am westlichen Rand des vom 4. Jh. v.Chr. bis 220 n.Chr. existierenden **Königreichs Hadramaut.** Die Stadtgründung wird jedoch viel früher in das 2. Jahrtausend v.Chr. datiert. Durch die Hauptstadt Hadramauts führte der östliche Abzweig der **Weihrauchstraße,** auf der das Baumharz aus Dhofar (im heutigen Oman) und der südostjemenitischen Provinz Machra über die Stationen Schibam, Schabwa, Timna, Marib, Ma'in und Natschraan zum Mittelmeer transportiert wurde. Wie der Weihrauch zur Zeit der großen jemenitischen Königreiche gewonnen wurde, ist vom römischen Geschichtsschreiber *Plinius dem Älteren* (23–79 n.Chr.) beschrieben: „Acht Tagesreisen von ihr (Schabwa, d. Verf.) entfernt, befindet sich ein Weihrauch produzierendes Gebiet (...). Die Wälder messen (...) zwanzig Schoinen (etwa 8 km, d. Verf.) in der Länge und die Hälfte davon in der Breite. (...) Nicht mehr als dreitausend Familien steht das Recht zu, das Harz von Bäumen kraft Erbfolge zu ernten. Deshalb werden diese Personen heilig genannt, und es ist ihnen verboten, sich während des Beschneidens der Bäume oder des Sammelns der Ernte irgendwie zu beflecken, sei es durch den Umgang mit Frauen oder durch Berührung mit Toten. Diese religiösen Beschränkungen sind es, durch die sich der Preis der Waren erhöht."

Über Schabwa äußert sich *Plinius* wie folgt: „Nachdem der Weihrauch von den Priestern gesammelt worden ist, wird er auf Kamelen nach Sabota (Schabwa, d. Verf.) befördert. Man öffnet eines der Stadttore, um sie hineinzulassen. Die Könige sehen es als Kapitalverbrechen an, wenn die beladenen Kamele vom Hauptweg abweichen. In Sabota wird ein Zehntel der Ware, die nach Volumen und nicht nach Gewicht geschätzt wird, von den Priestern für den Gott erhoben, den sie Sabis nennen. Von diesem Zehntel werden die öffentlichen Unkosten bestritten."

Schabwa war bis 242 n.Chr. eine prächtige Stadt mit wuchtiger **Stadtmauer und 60 Tempeln.** Gepflasterte Straßen führten über das Wadi Hadscher <Hajer> zum Golf von Aden und über das Wadi Rakhya zum Wadi Hadramaut. Für die Gründung war die nach Westen gegen die Königreiche Saba und Kataban vorgeschobene Lage wichtiger als das landwirtschaftliche Potenzial. Zwar haben Archäologen rings um Schabwa zahlreiche Bewässerungskanäle und Staudämme gefunden, aber das Wadi Irma – an dessen Unterlauf

089| Foto: bs

die Stadt liegt – ist das kleinste und wasserärmste an der Weihrauchstraße im Bereich des heutigen Jemen.

Vorislamische Inschriften auf dem Uqlah-Felsen bei Schabwa

150 n.Chr. eroberte Hadramaut das westlich gelegene Kataban mit seiner Hauptstadt Timna. Durch diesen Erfolg wurden Saba und Himjar zu direkten Nachbarn. Ohne den katabanischen Schutz zerrieb sich Hadramaut in Kämpfen an seiner neuen Westgrenze.

242 n.Chr. eroberten **sabäische Truppen** unter ihrem Herrscher Shahr Awtar Schabwa und beendeten die rund 600 Jahre währende Geschichte des Königreichs Hadramaut. Die Stadt wurde geplündert und bis auf die Grundmauern niedergebrannt. Die überlebende Bevölkerung zog fort und gründete die Städte Jischbum und Schibam. Dieser Umzug ist bei dem im 10. Jh. wirkenden jemenitischen Geschichtsschreiber *Hamdani* niedergelegt. Es wird angenommen, dass die heutigen Lehmhochhäuser Jischbums und Schibams ein getreues Abbild der Stadtarchitektur

Schabwas sind und somit ein Stück lebendiger Geschichte. Nach lokaler Überlieferung ist die Zerstörung Schabwas Gottes Vergeltung für die Ermordung des Propheten *Salih ibn Humaisa,* der im Wadi Serr nördlich von Schibam (Hadramaut) begraben liegt, (siehe auch im Kapitel „2. Tag, Al Kotten-Schibam, Km 28,7“).

Wiederentdeckung Schabwas

Erst ab 1929 geriet Schabwa wieder in den Blick der Altertumsforscher.

Der britische Oberst **Boscawen** wurde 1929 von Schibam kommend im Oberlauf des Wadi Hadramaut von Beduinen an der Weiterreise gehindert.

Im Jahr 1932, auf seiner Kamelreise von Hadramaut nach Beihahn, Harieb und Sana'a, kam der deutsche Musikforscher **Hans Helfritz** an Schabwa vorbei. Die ihn begleitenden Beduinen weigerten sich jedoch, den Abstecher zu dem in Sichtweite liegenden unsicheren Schabwa zu machen.

Der britische Geologe **Wyman Bury** kam 1934 von Süden auf dem Weg nach Beihahn in die Nähe von Schabwa, das er in der Ferne in Form von Marmorsäulen zu sehen meinte (die es dort aber nicht gibt).

1935 – seine Konkurrentin **Freya Stark** saß mit einer Erkrankung im Hadramaut fest – gelangte *Hans Helfritz* nachts nach Schabwa, das er nach Sonnenaufgang für einige Minuten besichtigen und fotografieren konnte, bis er von aufgebrachten Bewohnern vertrieben wurde. *Helfritz* konnte die ersten Fotos der Ruinen in Europa präsentieren. Zu dem „Wettlauf um Schabwa“ schreibt *Philby:* „Natürlich wußte sie (*Freya Stark,* d. Verf.), daß *Helfritz* zur gleichen Zeit im Hadramaut war und eine Reise zum gleichen Ziel wie sie selbst plante. Sie war in der Tat – wie sie ausdrücklich schreibt – täglich über seine Bewegungen unterrichtet. Sie hatte Freunde im Tal, die ihr versprachen, seine Pläne zu hintertreiben, so daß sie die Erste in Schabwa sei.“

Als zweiter Europäer kam 1936 der Brite **John Philby** nach Schabwa, das er drei Tage gründlich inspizieren konnte, ohne jedoch Grabungen zu unternehmen. *Philby,* der mit zwei Autos aus dem saudischen Natschraan gekommen war, glaubte, der erste Europäer in Schabwa zu sein, bis ihm wenige Tage später in Sejuhn ein Hadrami *Helfritz'* Buch „Geheimnis um Schobua“ zeigte. *Philby* hatte einen schlechten Eindruck von Schabwa: „Das gesamte Ruinengelände lag vor uns, enttäuschend klein und unbedeutend.“ Er bezeichnete den Ort als „den schäbigsten unter den Töchtern Sabas“. Seine Zweifel, dass dies einst eine prächtige Stadt mit 60 Tempeln gewesen war, überkommen auch heute manchen Touristen, der nach beschwerlicher Fahrt mehr erwartet hätte. Erste Grabungen führte 1938 der britische Lord *Belhaven* durch.

Besichtigung von Schabwa

Das Ruinengelände befindet sich im Südabschnitt eines erhöht über der Ebene liegenden Geländes, das im Nordwesten, Norden und Nordosten von Hügelketten begrenzt ist. Im Norden und Nordosten bilden zwei Pässe den Zugang, während die Südzufahrt ohne Höhendifferenzen möglich ist. Es gab zwei Verteidigungsanlagen: Die äußere Linie bildeten die zuvor beschriebenen Hügelketten; die Stadtmauer bedeutete die zweite und letzte Verteidigungsmöglichkeit.

1974 unternahmen französische Archäologen umfangreiche **Ausgrabungen** in Schabwa. Freigelegt wurden das südliche Stadttor mit dem Gebäude der Zollbehörde, die in die Stadt führende Hauptstraße, der größte Tempel und ein Gebäude, das die Experten als Palast bezeichneten. Kartiert wurde das Bewässerungssystem der Stadt.

Schabwa ist in rechteckiger Form angelegt und nutzt auf der Südostseite einen steil zum Wadi Atf abfallenden, lang gestreckten Rücken als natürlichen Schutz. Aus dem sich über drei Hügel erstreckenden Trümmergelände ragen Grundmauern mit großen, bearbeiteten Steinen heraus. 120 Gebäude mit einer steinernen Basis (10–12 m Seitenlänge) wurden kartiert, gut zu sehen sind davon allerdings nur sechs. Sie repräsentieren den einstigen Standort von Monumentalbauten und geben Zeugnis davon, wie viel in Schabwa noch auszugraben ist. Auf den Steinsockeln wurden Holzbalkenfachwerkhäuser errichtet, deren Zwischenräume mit luftgetrockneten Ziegeln und Lehmmörtel ausgefacht waren. Die aus Lehm gefertigten Wohnhäuser der Stadt hat der Wüstenwind längst spurlos davongetragen. Viele historische Steine sind in den vergangenen Jahrhunderten in den Ortschaften Hadscher, Mathna und Maiwan verarbeitet worden. Es wird davon ausgegangen, dass es im 1. Jh. n.Chr. 150–170 Häuser und somit 2000 Einwohner in Schabwa gab.

Nordöstlich der alten Stadt liegt der Ort Maiwan, inmitten der Ruinen die Häuser Mathnas und die Siedlung **Hadscher** <Hajar> befindet sich im östlichen Stadtbereich in der Nähe des freigelegten Südtores. Die drei Orte sind vollständig von ihren Bewohnern verlassen.

In Hadscher kann das **Kuppelgrab** des *Mohammed ibn Buraik* besichtigt werden. Andere Kuppelgräber im und am Ruinenfeld sind die des *Abdul Qadir* (Sohn des *ibn Buraik*) und des *Ibn Yussuf* (Enkel des *ibn Buraik*), etwa 1 km südwestlich von Hadscher an der Nordwest-Ecke Schabwas. Der Vater von *Mohammed ibn Buraik* war der erste islamische Heilige in Schabwa. Ein Zweig dieser mächtigen Familie herrschte im 17. Jh. in Schechr an der Küste des Indischen Ozeans.

Reisegruppen campieren zumeist in einem sandigen Trockental an der südlichen Stadtmauer. Von hier den Resten der Stadtmauer zum gut erhaltenen **Südwestturm** folgen und auf der Piste 300 m nach Nordwesten gehen. Dort rechts durch die Reste des Nordwesttors in eine alte Straße einbiegen. Unmittelbar rechts erheben sich die Reste des 39 x 57 m großen **Palastes.** Dessen auf der Nordostseite gelegene Hof war auf drei Seiten von Säulen umstanden, wie die erhaltenen Podien zeigen. Dahinter war der Hof auf drei Seiten von niedrigen Gebäuden umgeben.

Die Straße erreicht nach 300 m den 8 x 14,5 m großen **Tempel,** von dem nur die Haupttreppe, mehrere Terrassen und die Podien von Säulen erhalten sind. Auf diesen Steinpostamenten standen Holzpfosten, die das Dach trugen.

Rechts am Tempel vorbei die Anhöhe hochsteigend, bieten sich gute Blicke über die Gesamtanlage und auf den Steilabfall zum Wadi Atf. Dann dem Rücken nach Nordosten zu den Häusern einer verlassenen Ortschaft folgen. Dort entweder an mehreren mit mächtigen Steinquadern bestückten Grundmauern ehemaliger Monumentalbauten vorbei zurück zum Palast gehen oder der Piste 400 m nach Nordwesten aus der Stadtanlage hinaus folgen und 200 m weiter zu Erdlöchern gehen, in denen **Steinsalz** abgebaut wird.

In der Hügelkette östlich von Schabwa gibt es rund 100 Höhlengräber, die bis zu 8,5 m tief, 5 m breit und 2,6 m hoch in das Gestein gemeißelt wurden.

50 km südwestlich von Schabwa wird an der Straße nach Ataak bei Hä'id al Mälch <Hayd al Milh> Steinsalz abgebaut. 18 km östlich davon sind bei der Ortschaft Sa'dah bis zu 15 m tiefe **Bewässerungskanäle** aus vorislamischer Zeit erhalten.

Das Schabwa-Gebiet wurde bereits in den 1930er Jahren von US-Ingenieuren als erdölreich erkannt. Der Imam des Nordjemen, der Schabwa zu seinem Einflussbereich zählte, entsandte daraufhin eine Schutztruppe, um seinen Anspruch anzumelden. Als im Gegenzug britisches Militär aufmarschierte zogen sich die nordjemenitischen Soldaten zurück. Schabwa wurde dem britischen Protektorat Aden unterstellt.

Weiterfahrt Schabwa – Sejuhn

Entfernung: 228 km
Fahrzeit: 5 Std.
Straße: Piste bzw. Asphalt

Schabwa über einen der zwei Pässe nach Norden verlassen und den Tageskilometerzähler auf Null stellen.

Km 6: An einer einsamen Tankstelle geht es auf der Asphaltstraße nach Nordwesten weiter.

Km 26: Links der Abzweig nach Al Abr, geradeaus zum Wadi Hadramaut.

Km 63: Bir Asaki; eine aufgebene **Tankstelle** an einer Stelle, wo sich im Zeitalter der Kamelkarawanen ein wichtiger Brunnen befand. Vergegenwärtigen sollte sich der Reisende, dass er sich auf der alten **Weihrauchstraße** befindet, die von Dhofar im heutigen Oman durch das Wadi Hadramaut nach Schibam, Schabwa, Timna und Marib zum Mittelmeer führte.

Km 81: Die Tankstelle Wadi Duhur ist erreicht. Das von Süden kommende **Wadi Duhur** ist das westlichste Seitental, das nach kräftigen Gewittergüssen Wasser oberirdisch in das Wadi Hadramaut ergießt.

Km 96: Das erste Wasserhäuschen (Sigaya).

Km 111: Rechts führt eine Asphaltstraße zur Ortschaft Hiswah an der Mündung des Wadi Rakhyah.

Km 116: Links ein Erdölfeld.

Km 116: Die Ortschaft **Rakhyah.**

Km 137: An der Fernstraße Marib – Sejuhn rechts abbiegen.

Km 153: Die Ortschaft **Gaodhah.**

Km 160: Im Ort **Ibn Aifahn** ist die **Fernstraße Sejuhn – Mukalla** erreicht.

2. Möglichkeit (2-Tages-Tour mit Übernachtung in Ataak): Marib – Ataak – Sejuhn

Entfernung: 716 km
Fahrzeit: 20 Std.
Straße: Asphalt, Piste
Besichtigung: Timna, Schabwa

Von Neu-Marib geht es 9,5 km nach Süden bis zum Abzweig Sejuhn (431 km), Ataak (312 km) und Harieb (87 km), dort dann in Richtung Ataak/Harieb weiterfahren.

Km 40: Links (1 km entfernt) liegt die Ortschaft **Dschuba** <Juba>.

Km 62: Die Straße führt über den **Malla'a-Pass** (1320 m).

Km 87: Die Kleinstadt **Harieb.**

Km 103: Der **Marqad-Pass,** nur 20 m über der sandigen Ebene gelegen, war zur Zeit der Weihrauchstraße die einfachste Verbindung zwischen Timna und Marib. Von der in Form einer Rampe angelegten Auffahrt haben sich Steine der Weihrauchstraße erhalten. An der engsten Stelle, der Passhöhe, ist diese historische Straße 10 m breit.

Der deutsche Archäologe *von Wissmann* vermutete, dass dieser Übergang wegen seiner exponierten Lage zur offenen Wüste den Überfällen von Kamelreitern schutzlos ausgeliefert war und dass deshalb der sehr viel schwierigere, weiter südlich gelegene Mablaqa-Pass gebaut wurde.

Der **Mablaqa-Pass** mit seinen noch heute gut erhaltenen, fast 5 m hoch aufgeschichteten Serpentinenstücken gilt als Meisterwerk altsüdarabischer Straßenbaukunst. Die Passhöhe liegt 380 m über den beiderseitigen Tälern, die Pflasterung ist bis zu 3,2 m breit. Die Passhöhe ist auf 300 m Länge in den Berg gemeißelt worden. Da zur Zeit der Weihrauchstraße keine Räderfahrzeuge unterwegs waren, bedeuteten die Steinstufen kein Hindernis für den Verkehr.

Der Westzugang des Mablaqa-Passes wurde durch die katabanische Stadt Haribat bewacht, die heute unter dem Namen **Hadscher Az Zureir** bekannt ist. Haribat mit gut erhaltenen Gebäuderesten ist von Harieb auf einer Piste in südöstliche Richtung zu erreichen.

Km 132: Die Asphaltstraße Ataak – Beihahn ist erreicht. Rechts sind es 21 km bis Beihahn.

Beihahn al Kasaab <Bayhan al Qisab>

5000 Einwohner, 1200 m

Ein Stadtbummel führt zum großen Sukgelände, wo neuer und alter Markt dicht beieinander liegen. Hier gibt es Waren des täglichen Bedarfs, einfache Teestuben und Garküchen. Von der langen Tradition jüdischer Silberschmiede in Beihahn hat sich kein Handwerkszweig erhalten.

Im Stadtviertel östlich des Suks arbeiten mehrere **Sesammühlen** mit Kamelantrieb. Das älteste Gebäude, ein hoher Turm mit quadratischem Grundriss, kleiner Tür und nur einem Fenster, war einst Wachtturm und Gefängnis zugleich.

Bis zu ihrem Exodus aus dem südlichen Jemen (1947–1950) hatte Beihahn einen hohen jüdischen Bevölkerungsanteil. Eine Störung im Nebeneinander von Moslems und Juden ereignete sich im Jahre 1500, als ein Jude sich als der erwartete Messias ausgab und eine große Zahl von Gefolgsleuten um sich scharte. Dieser Aufruhr wurde vom damaligen Tahiriden-Herrscher Sultan *Amir bin Abd al Wahhab* beendet, der den Aufrührer hinrichten ließ.

In Sichtweite (südlich) der Stadt im Wadi Beihahn befindet sich der **Berg Asch Schaba,** auf dem sich vorislamische Burganlagen erhalten haben.

Museum Beihahn

Derzeit geschlossen.

Beihahn wird nach Norden verlassen.

Km 2: Links dominiert an der Einmündung des Wadi Chärr <Wadi Hirr> in das Wadi Beihahn der **Berg Dhu Räidan.** Auf dem steilen Gipfelaufbau liegt – von unten nicht sichtbar – eine katabanische **Befestigungsanlage.** Zu dieser Burg mit einer vorislamischen Inschrift geht es – von Beihahn gesehen – links den Berg zu einem Pass hinauf, von dort zum Gipfelaufbau und auf dessen Rückseite nach oben.

Km 16: Rechts liegt am östlichen Talabhang des Wadi Beihahn das **Ruinengelände** Hajar bin Humayd. Von Beihahn bis hier sind rechts der Straße Reste antiker Stätten und Gebäude im Gelände zu erkennen, die noch nicht ausgegraben wurden.

Km 25: Der Ort **Nukub** mit dem **Palast** des Emir von Beihahn, der während der sozialistischen Revolution 1967 nach Saudi-Arabien floh. Die 1961 errichtete Residenz macht einen maroden Eindruck und wird als Schule genutzt. Zwei größere Häuser im Ort gehörten ebenfalls der Herrscherfamilie.

Von Nukub sind es 5 km nach Norden zum Ruinengelände von Timna, das bei der lokalen Bevölkerung als Hadscher Kuchlan (der Name des angrenzenden Dorfes) bzw. Tumna bekannt ist.

Timna (1100 m)

Geschichte

Timna, die **Hauptstadt des Königreichs Kataban,** war neben Marib die größte Stadt Südarabiens. Der römische Geschichtsschreiber *Plinius* berichtet über den Prunk der Stadt mit ihren 65 Tempeln. So mächtig war das Königreich, dass der östliche Arm der **Weihrauchstraße** nicht von Schabwa direkt nach Marib führte, sondern den Umweg über Timna nehmen musste. Von Timna zog die Weihrauchstraße über den Mablaqa-Pass nach Marib. Laut *Plinius* waren es von hier 2.437.400 Doppelschritte (ca. 2750 km) bzw. 65 Kameltagesmärsche bis Gaza am Mittelmeer.

Kataban existierte von 400 v.Chr. bis 150 n.Chr., als es vom Königreich Hadramaut erobert wurde. Timna wurde in diesen Kriegen ca. 100 n.Chr. zerstört und nicht wieder aufgebaut. Hajar bin Humayd – 10 km südlich von Timna – übernahm nach diesem Ereignis die Hauptstadtfunktion.

Timna ist bekannt geworden durch die **Ausgrabungsaktion** der amerikanischen Wendell-Phillips-Expedition in den Jahren **1949–1950.** Die Forschung war möglich aufgrund der aufgeschlossenen Haltung des Emirs von Beihahn, von dem *Hans Helfritz* 1933 schrieb: „(...) er zeigte sich als ein aufgeklärter Herrscher, der mir, entgegen der Gewohnheit in diesen gegen jeden Fremden feindseligen und zum mindesten mißtrauischen Ländern, sofort auf meine Fragen die Erlaubnis gab, nach Belieben zu photografieren oder Aufzeichnungen zu machen." Weitere Spatenforschungen wurden 1967 von britischen Archäologen unternommen.

Das einst von einer Stadtmauer mit vier Toren umgebene Timna hat eine Ausdehnung von 320 x 600 m und liegt 25 m über dem Gelände. Auf der Südseite wurden außerhalb der Mauern weitere Gebäudereste gefunden.

Die Wendell-Phillips-Kampagne legte in zwölfmonatiger Arbeit das südwestliche **Stadttor,** zwei größere Gebäude, die dem Gott Ather gewidmete **Tempelanlage** im Nordosten sowie die 1 km nördlich gelegene **Nekropole** Hayd bin Aquil frei. Dort wurden aus Schiefergestein errichtete Grabbauten untersucht, wie sie beim Awam-Tempel in Marib beschrieben sind.

In der britischen Kampagne 1967, bei der am Marktplatz mehrere Villen freigelegt wurden, fand das Team Keramiktöpfe, Steinmörser sowie importiertes römisches Geschirr, wie es zur Zeit des *Augustus* benutzt wurde, und Weinamphoren aus dem Mittelmeergebiet.

Besichtigung

In dem aus mächtigen Granitplatten errichteten **Südwesttor** haben sich drei Steine mit **vorislamischen Schriftzeichen** erhalten, die Rechtsfragen bei Mordfällen behandeln. Zwei dieser Inschriften sind so filigran, dass sehr genau geschaut werden muss, um sie zu entdecken.

Auf der linken Torseite sind Reste des Unterstands für das Wachpersonal erhalten.

Im Zentrum des Areals wurde 1950 auf dem **Marktplatz** ein etwa 6 m hoher Stein freigelegt, in dem die Marktordnung des vorislamischen Timna eingemeißelt ist. Marktplatz und Monolith sind vom Wüstensand wieder zugeweht.

An dieser Stelle ein Wort zur Übersetzung altsüdarabischer Inschriften. Vokale wurden nicht ausgeschrieben, d.h. im Falle von Timna stehen nur die Buchstaben „TMN". Da heute niemand weiß, wie die fehlenden Vokale hießen, sind Schreibweisen wie Timna, Tumna, Tumni usw. möglich.

Die Reste der dem Gott *Ather* geweihten **Tempelanlage** liegen im Zentrum der Anlage. Die kunstvoll gearbeiteten Steine – teilweise mit Nut und Zapfen – geben ein beredtes Beispiel von der Steinmetzkunst Südarabiens vor mehr als 2000 Jahren.

Die von der Wendell-Phillips-Gruppe freigelegten Stufen der großen Tempelfreitreppe wurden nach Beendigung der Ausgrabung in den Häusern der nahen Ortschaft verbaut.

Auf den Resten der **Stadtmauer** (ein sandiger Wall etwa 4 m über der Ebene des Wadi Beihahn) kann das Ruinengelände in 30 Minuten umrundet werden. Auf der Erdoberfläche liegen Tonscherben und schöne Quarzsteine.

Von der Stadtmauer fällt der Blick in eine unfruchtbare Ebene. Nur an Stellen, wo Grundwasser heraufgepumpt wird, sind grüne Farbtupfer zu sehen. Wie anders war es zur Blütezeit Timnas, wie intensiv muss hier Landwirtschaft betrieben worden sein, um Stadtbevölkerung und Reisende auf der Weihrauchstraße zu ernähren.

Es wird **zurück nach Nukub** gefahren und der Kilometerzähler auf 0 gestellt.

Km 2: Die Asphaltstraße führt in großem Bogen aus dem Wadi Beihahn um die letzten Ausläufer des jemenitischen Zentralgebirges und biegt nach Südosten ab. Die Asphaltstraße von Ataak nach Beihahn wurde 1993 fertig gestellt und ermöglicht einen mühelosen Besuch des bis dahin schwer erreichbaren Timna.

Km 88: Die Straße führt an dem markanten **Berg Harschfan** vorbei. Hier biegen nach Osten Fahrspuren zur 50 km entfernten Piste Ataak – Schabwa ab. Diese Abkürzung wird von Reiseveranstaltern mit ortskundiger Begleitung genommen, die von Marib über Timna nach Schabwa fahren.

Km 170: Die Provinzhauptstadt **Ataak** <Ataq> ist erreicht (siehe Rundreise 2, 7. Tag).

Weiterfahrt am folgenden Tag: Ataak – Schabwa – Sejuhn

Reisegruppen verlassen Ataak in Begleitung eines ortskundigen Beduinen (er verlangt 350 US$ für die Strecke von Ataak nach Sejuhn) am frühen Morgen auf einer z.T. asphaltierten Piste zum 120 km entfernten Schabwa. (Zur Weiterfahrt in das Wadi Hadramaut siehe Abschnitt zuvor.)

3. Möglichkeit: Marib – Sejuhn

Entfernung: 435 km
Fahrzeit: 7 Std.
Straße: asphaltiert
Besichtigung: Madinat al Akzaam

Neu-Marib nach Süden bis zum Abzweig Sejuhn (431 km), Ataak (312 km) und Harieb (87 km) verlassen. Dort links Richtung Safir/Sejuhn weiterfahren und den Kilometerzähler auf 0 stellen.

Km 28: Ende der Vegetation.

Km 55: Rechts geht es auf einer Piste nach Schabwa, halbrechts nach Safir (1 km), links auf der 1999 eröffneten Asphaltstraße nach Sejuhn (376 km).

Km 109: Bei einer Tankstelle links in eine Fahrspur rechtwinklig abbiegen und auf eine Hügelkette zuhalten (8,5 km entfernt). Beim Näherkommen wird deutlich, dass die Hügelrücken von Hunderten kleiner steinerner, leer stehender Rundhäuser überzogen sind. Sie haben einen Durchmesser von 3,5 bis 4 m und sind etwa 1,8 m hoch. Zudem gibt es gut 1000 Steinkegel mit einem Durchmesser von 50–60 cm und einer Höhe von etwa einem Meter. In der Ebene vor den Hügeln erstreckt sich ein Friedhofsgelände, aus dem ein mit senkrechten Steinplatten abgestecktes Riesengrab hervorsticht. Das Gebiet wird von der lokalen Bevölkerung als **Madinat al Akzaam** bezeichnet, wo zwergenhafte Menschen gelebt haben sollen. Dieses beeindruckende Gelände, bei dem es sich wahrscheinlich um vorislamische Grabbauten handelt, scheint in der archäologischen Literatur zum Jemen unerwähnt zu sein und ist unseres Wissens nach noch nicht datiert.

Zurück an der Asphaltstraße den Kilometerzähler auf 0 stellen.

Km 1: Die **Hügelkette Al Tharia** wird gekreuzt.

Km 71: Die Ortschaft **Zuweybi.**

Km 117,5: Links eine Asphaltstraße zur 98 km entfernten saudi-arabischen Grenze.

Km 120: Tankstelle und Restaurants von **Al Abr** sind erreicht. Rechts bauen sich die vier Tafelberge von Al Abr auf. Das Klima war einst deutlich feuchter, wie Reste eines verlandeten Sees bei Al Abr gelegen. Vor 22.000 Jahren gab es hier ein großes Gewässer, das vermutlich aus dem Wadi Dschauf <Jaw> (nordwestlich von Marib) gespeist wurde. Eine zweite (kleinere) Seebildungsphase gab es vor 8000–5000 Jahren.

Km 126: Die Ortschaft **Al Abr** mit dem *Al-Remal Hotel* und großem Restaurant. Tel. (05) 486090, 2-Bett 3500 Rial, Dusche/WC im Zimmer.

Km 211: Mit **Al Wahd** ist die erste Ortschaft im oberen Wadi Hadramaut erreicht und es beginnt das Gebiet der *Sigayas* (= Wasserhäuschen).

Km 233,6: Von rechts mündet die Schabwa-Straße.

Km 251: Rechts die Ortschaft **Goodhah** <Al Gudah>. Von rechts mündet das Wadi Amd in das Wadi Hadramaut.

Km 257: In der Ortschaft **Ibn Aifahn** an der **Fernstraße Sejuhn** (66 km) – **Mukalla** (239 km) links abbiegen und den **Kilometerzähler auf 0** stellen.

Km 0,5: Links der Straße die Lehmburg von Ibn Aifahn. Hier mündet das Wadi Al Qasr von Norden in das Wadi Hadramaut.

Km 17: Rechts das **Wadi Hadramaut Tourist Hotel:** 3-Bett-Zimmer für 2500 Rial, sauber, Dusche/WC im Zimmer.

Km 18: Das Ortsschild von **Al Kotten** <Al Qatin>; 4 km weiter das Zentrum der Kleinstadt mit dem Sultanspalast.

Al Kotten <Al Qatin>

Al Kotten war bis zur sozialistischen Revolution 1967 Sitz der Statthalter der **Qaiti-Sultane von Mukalla,** die den westlichen Hadramaut bis einschließlich Schibam kontrollierten. Im Zentrum der Stadt hat sich der **Sultanspalast** aus dieser Zeit erhalten. Während der sozialistischen Phase waren hier Verwaltungsbüros, heute steht das Gebäude leer. Wie auch an anderen traditionellen Häusern des Wadi Hadramaut zu beobachten, hat dieser Palast zwei Eingangstüren nebeneinander. Davon führt die kleinere in den Frauenbereich.

Von der **Stadtmauer,** die Al Kotten bis Mitte des 20. Jhs. umgab (das Südtor lag neben dem Sultanspalast), ist heute nichts mehr zu sehen.

Im Ort befindet sich ein **Krankenhaus.** Der Halteplatz der Sammeltaxen befindet sich östlich des Zentrums an der Straße Richtung Schibam.

Am östlichen Stadtrand zieht nach Süden eine Serpentinenstraße zum **Dschol** hinauf und führt als Piste weiter Richtung Mukalla.

● **Hotel Wady & Sahra'a,**
an der Straße nach Schibam, Tel. (05) 459 559, Fax (05) 459779, 1-Bett 1700, 2-Bett 2400, 3-Bett 3100 Rial; einfach, aber sauber, Du/WC im Zimmer.

Km 24: War die Strecke vor Al Kotten sandig, wasserarm und wenig bewirtschaftet, zeigt sich nun die intensive Nutzung mit Dattelpalmen, Bananen, Mais, Henna, vielerlei Gemüse und Viehfutter.

Km 31: In **Hüthied** <Hethyth> rechts (500 m) eine verfallene Lehmburg mit den für das Wadi Hadramaut charakteristischen runden Ecktürmen.

Km 36: Abstecher zum Grab des Propheten Salih ibn Humaisa: Links auf der Kopfsteinpflasterstraße 7,5 km nach Norden fahren und dort links in eine sandige Piste abbiegen. Rechts, auf dem jenseitigen Ufer des Trockentales, erhebt sich die beeindruckende Ortschaft **Al Joada.** 1,6 km nach dem Abzweig von der Kopfsteinpflasterstraße hinab in das Flussbett „fahren" und ihm für 22 km bis zur Ortschaft Asnab am linken Ufer des **Wadi Serr** <Sirr> mit der weiß getünchten **Grabanlage** des Propheten *Salih ibn Humainsa* folgen. Der 1,2 m hohe und 23 m lange Grabkasten ist eines der typischen Riesengräber des Wadi Hadramaut. Eine Besonderheit dieses Grabes ist die Länge, die bei jedem Messvorgang variieren soll. Wir selbst glaubten diese Geschichte nicht, mussten aber bei fünf Messungen mit einem 2-Meter-Zollstock Abweichungen von 10 cm feststellen. Es wird zurück zum vorgenannten Abzweig Km 28,7 im Wadi Hadramaut gefahren und der Kilometerzähler auf Null gestellt.

Km 1,3: Al Aqqad. Hier war im Jahr 1996 die Straße auf einer Länge von 100 m durch eine starke Flut fortgespült. In vielen großen Wadis des Südjemen sind die **Folgen katastrophaler Regenfälle** zu sehen, die im Juni 1996 niedergingen. Die Fluten forderten 450 Menschenleben, machten 22.000 Menschen obdachlos und schwemmten 30.000 ha Boden fort.

Km 2,3: Al Himma. Am Ortseingang links eine Moschee mit weiß-grünem Minarett.

Km 7,3: Kalkherstellung („nura").

Km 8,2: 300 Meter vor Schibam kreuzt die alte Kopfsteinpflasterstraße aus britischer Kolonialzeit die Asphaltstraße.

Km 8,5: Viel zu schnell nähert sich der Reisende der **„Wolkenkratzerstadt" Schibam.** Zur Einstimmung müsste 1 km vor der Stadt das Auto verlassen und zu Fuß zu der Kulisse aus Lehmhochhäusern gegangen werden. *Freya Stark,* die im Jahre 1935 auf Eselsrücken nach Schibam ritt, beschrieb die Annäherung folgendermaßen: „Und nun sah es aus, als ob ein niedriges Felsenkliff mitten ins Tal hinausgewandert wäre: zerfurcht und, wie beim Näherkommen zu sehen ist, bienenkorbartig durchlöchert, gleich den Talflanken von senkrechten Rissen durchspalten, oben wie mit einem Riesenpinsel weiß getüncht, ragte da eine alte, verrunzelte Stadt, aus der Erde gemacht, aus der die Hügel ringsum gemacht waren, auf einer Erhöhung errichtet, in der ohne Zweifel ihre Ahnenstädte begraben lagen. Das war Schibam, das Schibam der Kinder von 'Ai; die Stadt, wo im Mit-

Wadi Hadramaut

Geschichte des Hadramaut

Die Abgeschiedenheit des Tales vom Lauf der Welt beschrieb der Engländer *Harold Ingrams* 1934: „Das Ziel unserer Reise schien mir lange das älteste Land der Welt zu sein. Das mag nicht genau stimmen, aber seit ich dort war, ist der Eindruck aus scheinwissenschaftlichen und Gründen des Gefühls und der Überlieferung noch tiefer geworden. Die Unendlichkeit der kahlen Plateaus und die Ehrfurcht gebietenden, tiefen und jähen Abgründe erweckten in mir das Gefühl, einsam in dem ältesten Erdenraum zu stehen."

Die Bewohner des Tales, die Hadramis, bezeichnen sich als uralte Volksgruppe, deren Stammvater *Hazarmawet* in sechster Linie von *Noah* abstammt. Die Bibel gibt im I. Genesis 10.26 die Abstammung wie folgt an:

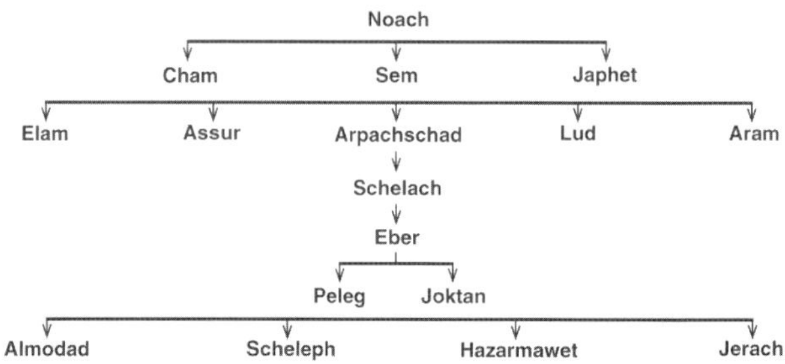

Das sabäisch-arabische Hadramaut und das hebräische Hacarmawet sind identisch, wie die beiden Wortstämme zeigen: h.d.r.m.w.t. (sabäisch), h.c.r.m.w.t. (hebräisch). In der Literatur werden zwei weitere Möglichkeiten der Herkunft des Namens Hadramaut diskutiert. Das arabische Wort für Tod ist „maut", und Hadramaut wäre somit eine „Stätte des Todes". Diese Deutung ist jedoch falsch. Ein zweiter – ebenso zweifelhafter – Ansatz deutet über das Wort „hadira" den Hadramaut als „Region der Städte und Gärten". Eine dritte Deutung weist darauf hin, dass in der Genesis (10/28) die Ostgrenze des Ausbreitungsgebietes der Stämme Israels mit „cefar" (= dofar/Dhofar im heutigen Oman) angegeben wird (siehe Genesis zuvor).

Zu den Sagen und Überlieferungen des Wadi Hadramaut gehört die Geschichte der frühen Bewohner des Tales, des Stammes von 'Ad, mit ihren zyklopischen Körpermaßen. Bis zu 30 m lange Gräber sind im Hadramaut zu sehen. Die Geschichte erzählt, dass dieses Volk von Riesen zur Zeit des Propheten Hud (dessen Grab misst 36 m) wegen seiner Ungläubigkeit unterging.

Das Königreich Hadramaut existierte vom 4. Jh. v.Chr. bis zum 3. Jh. n.Chr. und reichte von Dhofar im heutigen Oman bis zur Hauptstadt Schabwa. Die Stärke Hadramauts lag begründet in den Einnahmen aus der **Weihrauchstraße** und im landwirtschaftlichen Potenzial des Haupttales. Durch das Wadi Hadramaut führte die Strecke, auf der Weihrauch aus Dhofar über Schabwa, Timna und Marib zum Mittelmeer transportiert wurde. In der Hafenstadt Qana wurden aus Afrika und Indien angelandete Waren auf Kamele geladen und über Nagb al Hadscher und die katabanische Hauptstadt Timna nach Marib und zum Mittelmeer transportiert.

Im Jahre 220 n.Chr. wurde Hadramaut von sabäischen Truppen erobert. Das Machtvakuum nach dem Niedergang Sabas in den Feldzügen gegen Himjar konnten ab 260 n.Chr. hadramische Herrscher ausfüllen. In zwei großen Feldzügen 300 und 340 n.Chr. wurde Hadramaut dem Himjarenreich angegliedert. Im 4. Jh. n.Chr. wurde das Reitervolk der Kinda aus Zentralarabien vertrieben und ließ sich - wie der jemenitische Geschichtsschreiber Hamdani im 10. Jh. berichtet - mit 30.000 Menschen im Wadi Hadramaut nieder.

Die Hadramis wurden bereits in den ersten Jahren des Islam Anhänger der neuen Glaubenslehre. Da sich das politische Zentrum des Islam - den siegreichen Heeren folgend - von Mekka nach Norden verlagerte, geriet Hadramaut an den Rand der muslimischen Welt und wurde zu einem Ort, wo islamische Sekten wie die Charidschiten und Ibadhiten um die Seelen der Gläubigen stritten.

Im Jahre 844 kam *Ahmed bin Issa al Mohajir* (auch *Ba Alawi* genannt) aus dem Gebiet des heutigen Irak in das Wadi Hadramaut und verbreitete den orthodoxen Islam. Ba Alawi war der Erste in einer langen Reihe religiöser Führer im Hadramaut, die sich als Sa'da zur Blutsverwandtschaft des Propheten Mohammed zählen.

Nach Zerschlagung des Himjarenreiches durch abessinische Truppen 525 n.Chr. geriet der Hadramaut aufgrund seiner entfernten Lage aus dem Blickwinkel der herrschenden Mächte im jemenitischen Hochland. Erst die Rassuliden (1229–1454, Hauptstadt Taiz) konnten Hadramaut und den östlichen Jemen bis Dhofar ihrem Reich einverleiben.

1495 kam eine 10.000 Krieger zählende Streitmacht unter Führung von *Badr bin Tuweriq* aus der Gegend von Sana'a, ließ sich im Wadi Hadramaut nieder und begründete das Sultanat der Kathiris. 1660 eroberte ein Heer des zaiditischen *Imams Mutawakkil Ismail* über Marib und Beihahn kommend Hadramaut und den östlichen Jemen bis Dhofar. Mit dem Tode *Imam al Mahdi Ahmads* 1681 endete der zaiditische Einfluss im Hadramaut.

Erforschung des Hadramaut

Die ersten Europäer der Neuzeit im Wadi Hadramaut waren zwei portugiesische Jesuitenpater, die auf den Kuria-Muria-Inseln vor der Südküste Omans festgenommen und 1590 auf dem Landweg über Hadramaut und Marib zum osmanischen Statthalter nach Sana'a eskortiert wurden.

Carsten Niebuhr (der 1762 die Tihama und Sana'a bereiste) hatte vom Wadi Hadramaut, Schibam und den fruchtbaren Tälern gehört. Er erfuhr, dass eine Kamelkarawane 25 Tage von Sana'a bis Hadramaut unterwegs sei und dass es auf der Wüstenstrecke zwischen dem Wadi Dschauf <Jawf> und Hadramaut keine Ortschaften gibt.

1835 wollte der britische Offizier *Wellsted,* der zuvor Sokotra, Qana und Nagb al Hadscher erkundet hatte, von Oman zum Wadi Hadramaut reisen. Wegen des Vordringens der Wahhabiten nach Südarabien gelang es ihm nicht, die Grenzen des Oman zu überschreiten.

Der erste europäische Forschungsreisende in islamischer Zeit war 1843 der Deutsche **Adolph von Wrede** (1807–1863). Seine Ziele waren Schibam, Sejuhn und das sagenumwobene Grab des Propheten Hud. Als Ägypter verkleidet und unter dem Vorwand, am Grabe des Propheten Hud beten zu wollen, gelangte er von Mukalla bis Churäiba im Wadi Do'an. Hier bog von Wrede nach Südwesten ab, erreichte bei Balhaff den Indischen Ozean und zog über das Wadi Hadscher und Libna nach Churäiba zurück. Sein Versuch, das Wadi Do'an abwärts zum Wadi Hadramaut zu ziehen, scheiterte in Sief, wo er als Europäer erkannt wurde und nur durch die Fürsprache lokaler Scheichs unbeschadet nach Mukalla zurückkehren konnte. Die Auswertung der Reise stand unter keinem guten Stern: Wissenschaftler wie *Alexander von Humboldt* bezeichneten ihn als Aufschneider und Fantasten. *Van der Meulen* und *von Wissmann,* die einhundert Jahre später die gleichen Gebiete durchstreiften, bestätigten – von wenigen Ausnahmen abgesehen – die von Wrede'schen Aufzeichnungen.

Von Wredes Reise fand große Beachtung unter den Beduinen Südarabiens. Dem Franzosen *Arnaud,* der 1843 von Sana'a nach Marib kam, wurde dort von einem weißen Mann berichtet, der im Hadramaut unterwegs sei. Von Wredes Aufzeichnungen gingen zum größten Teil in Sief verloren, den Rest versuchte er vergeblich in Deutschland und später in England zu veröffentlichen. Als armer Mann, von der Wissenschaft vergessen, starb von Wrede in Konstantinopel, wo er in der osmanischen Armee gedient hatte. Seine Unterlagen wurden 1860 von Baron *Heinrich von Maltzan* (der als Moslem verkleidet im gleichen Jahr Mekka besucht hatte) veröffentlicht. Eine Karte der von Wrede-Reise wurde anhand seiner Aufzeichnungen 1872 angefertigt.

Auf kuriose Weise kam der erste ausführliche Bericht über den inneren Hadramaut zustande. Wegen der steigenden Zahl arabischer Einwanderer in ihre südostasiatischen Kolonien ließ die holländische Kolonialverwaltung durch den Arabienexperten **L.W.C. van den Berg** 1883 in Java einen Bericht über den südlichen Jemen anfertigen. Er fand heraus, dass eine große Zahl der Immigranten aus dem Hadramaut kam. Deren Informationen waren so umfassend, dass er 1885 – ohne das Land gesehen zu haben – ein Buch zu Geografie und Bevölkerung des Hadramaut verfassen konnte.

1893 gelangte der Berliner **Leo Hirsch** nach Schibam, Sejuhn und Tarim. Wenige Wochen nach Hirsch zog das englische Ehepaar Bent auf den Spuren von Hirsch durch das Wadi Do'an nach Schibam und über das Wadi Äddem <Idiem> zurück nach Mukalla.

1929 erkundeten Flugzeuge der britischen Royal Air Force das Wadi Hadramaut in seiner ganzen Länge. Die Piloten waren die ersten Europäer, die das Grabmal des Propheten Hud sahen, wenn auch nur aus der Luft.

Ende 1929 jagte der britische Oberst *T.M.Boscawen* Steinböcke und Antilopen in den Tälern nördlich von Schibam. Er hinterließ keine Aufzeichnungen.

1931 gelangten die Forscher **von Wissmann** und **van der Meulen** auf dem Landweg von Mukalla über Schibam und Tarim nach Gabr Hud, dem Ziel aller vorangegangenen Expeditionen. Der Holländer *van der Meulen* – als Beauftragter seiner Regierung in Dschidda (Saudi-Arabien) lebend – unternahm die Reise in den Hadramaut, um die Heimat der Immigranten kennen zu lernen, die in großer Zahl in den holländischen Ostindienkolonien lebten und dort als geschickte Händler zu Reichtum gekommen waren. Siehe hierzu auch im Palastmuseum von Sejuhn die großartige Ausstellung der van der Meulen-Fotos. Van der Meulen berichtet, dass er im Hadramaut in malayischer Sprache kommunizieren konnte. Sein Begleiter, der Deutsche *von Wissmann,* erstellte die erste brauchbare Karte des Wadi Hadramaut mit seinen Seitentälern.

In der Reihe der Forschungs- und Abenteuerreisenden, die den inneren Hadramaut in den folgenden Jahrzehnten bereisten, ist der Deutsche **Hans Helfritz** zu nennen, der 1932, 1933 und 1935 drei Expeditionen in den Hadramaut unternahm, wobei er als erster Europäer Schabwa erreichte und auf dem Landweg in den zentralen nördlichen Jemen gelangte.

Als die Engländerin **Freya Stark** 1935 den Hadramaut besuchte, gab es zwar keine Straße zur Küste, aber bereits achtzig Autos, die in Einzelteilen von Kamelen über den Dschol transportiert worden waren.

Auf ungewöhnlichen Wegen kam 1936 der Brite **John Philby** in das Wadi Hadramaut. Im Auftrag König Sauds hatte er das Grenzgebiet um Natschraan kartiert und erhielt dessen Genehmigung, mit zwei Autos (eine Kamelkarawane transportierte Benzin und Ersatzteile) quer durch die Wüste nach Schabwa und Hadramaut zu fahren. Mit einem Ab-

Schibam im Wadi Hadramaut

stecher auf der fast fertig gestellten Piste von Tarim nach Schechr und Mukalla war er der erste Autofahrer, der die Arabische Halbinsel von Nord nach Süd durchquerte. Die Rückfahrt führte ihn über Schibam, Schabwa, Wadi Markha (bei Ataak) und Marib zurück nach Natschraan.

Erste Berichte

Die alten Reiseberichte zum Wadi Hadramaut unterscheiden sich je nach Temperament und Neigungen der Autoren stark voneinander. In allen Berichten wird aber die politische Unsicherheit des Hadramaut und seiner Seitentäler hervorgehoben: Karawanen, die in ständiger Furcht vor Überfällen lebten, Dörfer, die entweder von Beduinen oder Menschen aus Nachbardörfern angegriffen wurden.

Hans Helfritz berichtet von einem Ort, der seit zwei Jahren nachts von Beduinen beschossen wurde. Tagsüber trieben beide Parteien friedlich miteinander Handel auf dem Marktplatz. *Freya Stark* beschreibt einen achtmonatigen Waffenstillstand im Wadi Do'an und Schibam anlässlich eines Besuchs des Sultans von Mukalla. Zwei Monate vor Ablauf des Frist wurden bereits allenthalben Schützengräben und Wehrtürme gebaut. *Harold Ingrams,* der 1934 in das Wadi Hadramaut kam, schreibt von Schützengräben in Ar Rurfa (bei Schibam), die ihn an seine Kriegszeit in Flandern erinnerten. Er beschreibt die weit verbreitete Unart, Felder des Gegners mit Petroleum unfruchtbar zu machen und das Abholzen gegnerischer Palmen.

Triebfeder dieser Auseinandersetzungen waren periodische Hungersnöte, Streitigkeiten um Wasserstellen und nicht zuletzt die Blutrache. Wo bis weit in das 20. Jh. so gekämpft wurde, konnte keine Entwicklung stattfinden. Ein Hadrami bemerkte zu der Unsicherheit der Wege in dieser Zeit: Er kenne alle Vulkane auf Java und könne die dortigen Bahnstationen der Reihe nach hersagen, aber die Gegenden wenige Stunden von seinem Haus im Wadi Hadramaut kenne er nicht.

Wenn Touristen heute in Südarabien die wehrhaften Wohnburgen bewundern, dann sollten sie nicht die Umstände außer Acht lassen, die diesen Baustil erforderten. Die Wehrdörfer belegen die ständige Unsicherheit seiner Bewohner, deren Wille, sich nicht unterkriegen zu lassen, wie auch die Ohnmacht der Sultane, Emire und Scheichs, ihre Untertanen voreinander zu schützen.

Die englische Kolonialgeschichte

Das Wadi Hadramaut war über die Sultanate der Kathiri in Sejuhn und der Qaiti in Mukalla seit 1882 vertraglich mit der britischen Kolonialmacht in Aden verbunden. Aber wie der britische Kolonialbeamte *Ingrams* 1939 schrieb, stieg „Adens Interesse im umgekehrten Verhältnis zur Entfernung von diesem Regierungssitz".

Das Abkommen von 1888 zwischen der britischen Kolonialverwaltung in Aden und den Qaiti-Sultanen von Mukalla, Al Kotten und Schibam schloss deren Besitzungen im Wadi Hadramaut ein. Wie gering das Interesse Großbritanniens am Hadramaut war, zeigt sich daran, dass der erste britische Offizielle erst 30 Jahre nach der Unterzeichnung das Wadi Hadramaut besuchte.

Auf britischen Druck kam es 1918 zu einem „ewigen Friedensvertrag" zwischen den Qaiti (Mukalla, Al Kotten, Schibam) und den Kathiri (Sejuhn und Tarim). Dadurch wurde die britische Schutzzone auf das Wadi Hadramaut und angrenzende Gebiete erweitert.

Nachdem britische Flugzeuge 1929 das Tal erkundet hatten, unternahm *Harold Ingrams* mit seiner Frau 1934 eine zweimonatige Reise von Mukalla durch das Wadi Do'an nach Schibam, Tarim und weiter durch das Wadi Massiela nach Seihut am Indischen Ozean. Seine Aufgabe war es, Flagge zu zeigen und die Probleme des Landes aus erster Hand kennen zu lernen. Zu dieser Zeit gab es einen britischen Militärflugplatz bei Schibam, aber keine ständige Repräsentanz im Wadi Hadramaut.

Bei seinem zweiten Besuch 1936 gelang es *Ingrams* durch Verhandlungsgeschick und den Einsatz von Bombenflugzeugen, einen dreijährigen Frieden im Tal herzustellen. Infolge des Burgfriedens, der um zehn Jahre verlängert wurde, blühte die Landwirtschaft auf. In diesen Jahren wurde die unsichere Flutbewässerung mit Pumpen und Tiefbrunnen auf eine zuverlässige Basis gestellt.

Hadramaut war 1930 für Großbritannien nicht wegen irgendwelcher Bodenschätze interessant oder weil die Hadramis die britische Herrschaft in Aden bedroht hätten. Das britische Engagement war eine Reaktion auf den Einmarsch Italiens in Abessinien und auf den wachsenden Einfluss des wahhabitischen Königreichs in Südarabien. Ein weiterer Grund war die Kritik der Hadramis am fehlenden Engagement der Briten im Hadramaut. Wie dem Holländer *van der Meulen* bei seiner Reise im Hadramaut 1931 immer wieder von führenden Persönlichkeiten gesagt wurde, waren sie mit der mangelnden Wahrnehmung ihrer Probleme durch die Adener Protektoratsverwaltung unzufrieden. Befürchtet wurde von den Hadramis eine Landung italienischer Truppen an den Küsten Hadramauts, und gefordert wurde eine holländische Einflussnahme auf die inneren Angelegenheiten. Dabei wurde nicht an einen Einsatz holländischer Truppen gedacht, sondern daran, dass den Hadramis, die zu Hause nicht zum Frieden bereit seien, von der holländischen Kolonialverwaltung ihre Besitzungen in Holländisch-Ostasien fortgenommen werden sollten.

Im März 1937 wurde in London die folgende königliche Order herausgegeben: „Die britische Majestät sichert für sich, ihre Erben und Nachfolger das Recht, für das Protektorat Gesetze für den Frieden, die Ordnung und eine gute Regierung zu erlassen." Diese Order galt „für die Gebiete Arabiens, die im Süden an die Kolonie Aden und an den Golf von Aden, im Westen und Norden an die Königreiche Jemen und Saudi-Arabien und im

Osten an das Sultanat Oman grenzen". Im britisch-italienischen Mittelmeerabkommen vom November 1938 wurde denn auch der südliche Jemen als britische Interessenzone festgeschrieben.

Geografie des Hadramaut

Seine Einzigartigkeit und abgeschiedene Lage verdankt das Wadi Hadramaut der Topografie des südlichen Jemen. Aus der flachen, vegetationsarmen Küstenebene ragen im südöstlichen Jemen die zerklüfteten Steilhänge des Dschol. Nur an wenigen Stellen, wie z.B. bei Mukalla und Brumm <Buruhm>, reichen die Berge bis an das Meer.

Hinter dem Steilaufstieg des Dschol folgt im Norden kein wild zerklüftetes Gebirge, sondern eine Hochebene auf rund 1500 m, die von zahllosen Trockentälern durchzogen ist. Aufgrund gewaltiger tektonischer Hebungen, die mit der Öffnung des Golf von Aden vor 40 bis 34 Mio. Jahren einhergingen, fällt das Plateau nicht zum Meer, sondern nach Nordosten ab und verliert von den Küstenbergen bis zum rund 150 km entfernten, parallel zur Küste laufenden Wadi Hadramaut 300 m Höhe. Der Dschol ist somit ein gewaltiges Wassereinzugsgebiet für das Wadi Hadramaut.

Die mit Südwestwinden über den Golf von Aden herangeführte Feuchtigkeit kondensiert in den Küstenbergen nachts zu Wolken, gelegentlich auch zu Regenwolken, häufig aber zu Leben spendendem Tau für Pflanzen und Tiere.

Dass fast keine Regenwolken ihre Fracht über dem Dschol entladen, wird durch die vegetationsarme Hochfläche eindrucksvoll unterstrichen. Regen fällt auf dem Dschol und im Wadi Hadramaut fast immer in Begleitung von Gewittern und dann häufig mit solch einer Urgewalt, dass Häuser, Dörfer und Felder fortgeschwemmt werden. Durch gewitterbedingte Überschwemmungen im Wadi Hadramaut wurden im März und April 1989 fast 3000 Häuser zerstört. Große Schäden und Menschenopfer gab es auch in der Flut vom Juni 1996.

Bei tektonischen Verwerfungen senkte sich das Dschol-Plateau nach Nordosten, und das Wadi Hadramaut kippte nach Osten ab, so dass sich das Tal heute vom ehemaligen breiten Mündungsgebiet zum alten, sich ständig verengenden Quellgebiet hin entwässert. Bedingt durch diese Verengung fließt im Unterlauf, dem Wadi Massiela, ganzjährig Wasser.

Das Wadi Hadramaut ist ein tief eingeschnittenes Tal in West-Ost-Richtung. Im östlichen Bereich fällt das Hochplateau 300 m und im Westen bis zu 800 m zur Talsohle ab. Hinter der nördlichen Talwand setzt sich das Hochplateau fort und läuft in die Wüste Rub Al Chali (Leeres Viertel) aus.

Die großen Seitentäler des Wadi Hadramaut sind von West nach Ost die Wadis Amd, Do'an, Al Äin, Bin Ali und Äddem <Idiem>. Sie münden von Süden in das Haupttal. Bei Al Kotten mündet das Wadi Qasr als Unterlauf der Wadis Amd, Hadscharäin und Al Äin und gibt dem hier 10 km breiten Haupttal bis Schibam seinen Namen. Von Schibam bis zur Pilgermoschee Gabr Hud erstreckt sich (200 km lang) das Wadi Hadramaut und verengt sich kontinuierlich auf 2 km Breite. Als Wadi Massiela („Tal des fließenden Wassers") knickt das Tal bei Gabr Hud nach Südosten ab und erreicht nach weiteren 230 km bei der Küstenstadt Seihut das Meer.

Wie der deutsche Geograf *Hermann von Wissmann* 1931 erkannte, läuft 30 km südlich, parallel zum Wadi Hadramaut, eine Hebungsachse, während sich das Haupttal – begleitet von starken Erdbeben – absenkte. Als die Verwerfungen zur Ruhe kamen, hatte sich eine Bruchstufe von rund 10 m Höhe gebildet. Die Erdbeben hatten nicht nur Städte zerstört, fataler war die neu entstandene Geländestufe in den Seitentälern. Die periodischen Hochwasser schnitten sich dort im Hauptstrombereich flussaufwärts von der

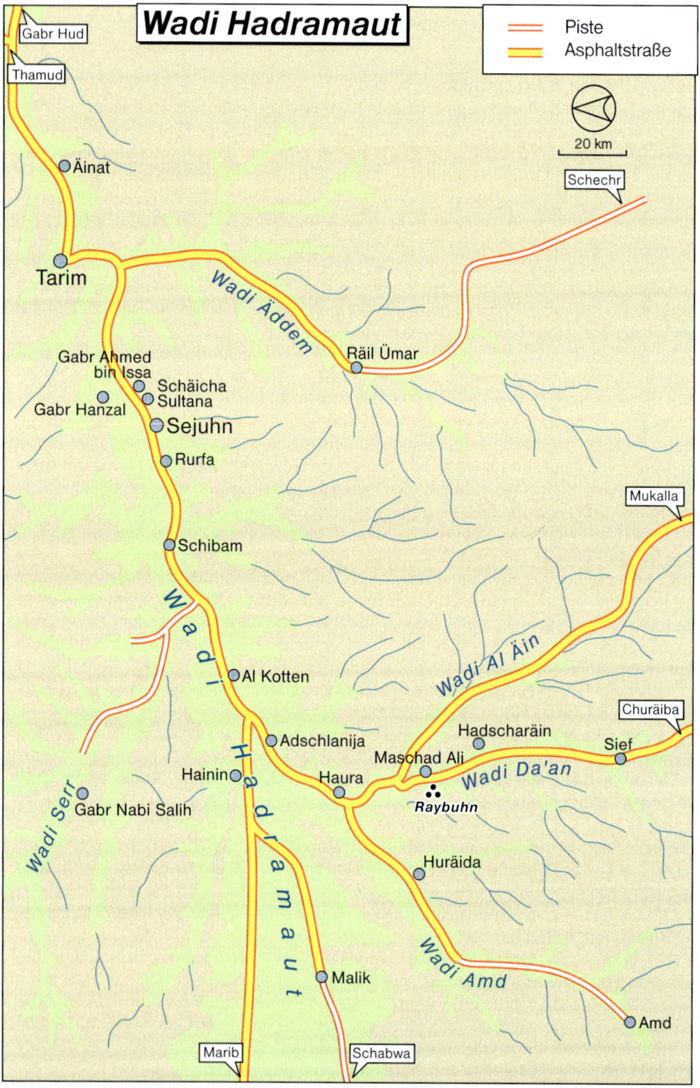
Wadi Hadramaut
Piste
Asphaltstraße
20 km
Gabr Hud
Thamud
Äinat
Tarim
Wadi Äddem
Räil Ümar
Schechr
Gabr Ahmed bin Issa
Schäicha
Sultana
Gabr Hanzal
Sejuhn
Rurfa
Schibam
Wadi Hadramaut
Al Kotten
Wadi Al Äin
Mukalla
Adschlanija
Hadscharäin
Churäiba
Sief
Maschad Ali
Wadi Da'an
Hainin
Haura
Raybuhn
Wadi Serr
Gabr Nabi Salih
Huräida
Wadi Amd
Malik
Amd
Marib
Schabwa

Bruchkante immer tiefer in die vormals ebenen, landwirtschaftlich genutzten Talsohlen ein. Die Gärten beiderseits der Hauptwasserrinnen lagen in den Seitentälern nun weit oberhalb des Flusswasserspiegels und konnten nicht mehr bewässert werden. Die Absenkung des Haupttals hatte zur Folge, dass Gerölle und Sande eingeschwemmt wurden und Siedlungen und Kulturland unter sich begruben.

Diese ökologische Katastrophe bedingt die heute noch sichtbaren Löss-/Lehminseln in den Seitentälern des Wadi Hadramaut und brachte mit sich, dass im Haupttal die Ruinen alter Städte gut 1 m unter der heutigen Oberfläche liegen. Wie ein Geländeversatz in den 1937–1940 ausgegrabenen Ruinen von Madabum zeigt, verrichteten Erdbeben und Verwerfungen noch bis ins 1. Jh. n.Chr. ihr zerstörerisches Werk.

Die Karawanenwege zum Meer

Die Abgeschiedenheit des Wadi Hadramaut lag nicht nur darin begründet, dass Kamelreisen über den Dschol mindestens sechs Tage in Anspruch nahmen, sondern auch darin, dass diese Wege nie ganz sicher waren. Die Strecken führten durch Beduinenland, und ohne sich der Dienste der Beduinen zu versichern, gelangte keine Karawane unbeschadet durch deren Gebiet.

Die in Mukalla und Schechr angelandeten Waren wurden auf die von Beduinen bereitgestellten Kamele geladen. Zu festen Frachtraten wurden die Güter in das Wadi Hadramaut transportiert, wobei die unversehrte Ankunft der Waren den Transporteuren oblag. Den Karawanen schlossen sich gegen Zahlung einer Gebühr Reisende an, wobei der Führer der Karawane, mit dem der Vertrag abgeschlossen wurde, mit seinem Leben für die sichere Ankunft der Reisenden garantierte. 1934, als Besuche von Europäern im Wadi Hadramaut noch selten waren, schrieb *Harold Ingrams:* „Die Hauptkarawanenrouten ins Innere sind nach Jahrhunderten allgemeiner Benützung so organisiert, dass die Vorkehrungen für eine Abreise von Mukalla nicht schwieriger sind als die zur Abfahrt von London nach dem Festland. In London wird zur Reiseagentur gegangen; in Mukalla zu einem Vermittler unter den Beduinen." Ein Eselsritt in das Wadi Hadramaut kostete damals je nach Gewicht des Reiters 13–20 US-Dollar, und – wie bei heutigen Flugreisen – galten 25 kg als Freigepäck. Es ist bemerkenswert, dass sich trotz schwieriger Verkehrswege ein Wohlstand im Wadi Hadramaut ausbreitete, den alle Reisenden des 19. und frühen 20. Jhs. rühmen. Wenn sie irgendwo im Jemen auf Badewannen mit fließendem Wasser trafen, dann in diesem abgeschiedenen Landstrich.

Der Bau der ersten Autostraße zum Meer traf auf erbitterten Widerstand der Beduinen, die dadurch ihre Einnahmen aus dem Gütertransport schwinden sahen. Nach langen Verhandlungen konnte 1938 die erste Piste (Tarim – Schechr) eröffnet werden, ein 180.000-Dollar-Geschenk der Al Kaff-Familie aus Tarim. Es spricht für die Klugheit der *Al Kaffs,* dass – zumindest in den ersten Jahren – nur Personenwagen und LKW mit leicht verderblichen Gütern zwischen Küste und Tal verkehren durften. Um den Beduinen die Einnahmen zu erhalten, wurde der übrige Güterverkehr weiterhin mit Kamelkarawanen abgewickelt.

Landwirtschaft

Das Wadi Hadramaut ist eines der wenigen landwirtschaftlich nutzbaren Gebiete des südöstlichen Jemen. Angebaut werden Dattelpalmen, Hirse, Weizen, Mais, Sesam, Tabak und Gemüse, aber kein Kat. Datteln werden in den heißen Monaten Juni und Juli geerntet. Die Täler des Dschol sind traditionelles Anbaugebiet der Myrrhe.

Bis Mitte des 20. Jhs. wurden die Felder in Flutbewässerung bestellt. Das bedeutete das Ausbringen der Saat nach einer der seltenen Überschwemmungen. Häufig folgten auf gute Ernten Jahre mit fatalen Hungersnöten. Heute hängt die Ernte weniger vom Oberflächenwasser als vom Wasserstand der zahlreichen Tiefbrunnen ab, die mit ihren Pumpen Gefahr laufen, der ständig wachsenden Landwirtschaft und der rasch zunehmenden Bevölkerung mehr Wasser zuzuführen, als dem Tal vom Dschol nachfließt.

Emigration

Die unsichere Flutbewässerung und ständige Kriege ließen die Hadramis schon immer nach Erwerbsquellen außerhalb des Tales schauen. Etwa 3000 Männer des Hadramaut wanderten als Großgrundbesitzer und Händler nach Sansibar aus. Bis Ende des 19. Jhs. dominierten sie den Sklavenhandel von Ostafrika nach Arabien. Wie im ganzen südlichen Jemen war auch im Hadramaut der Sklavenhandel bis Mitte des 20. Jhs. weit verbreitet. Der Sultan von Mukalla hielt bis 1938 (dem Jahr der offiziellen Abschaffung der Sklaverei) 800 Sklaven, davon 250 in seiner Armee.

Viele Hadramis – einige Quellen berichten von 300.000 Menschen – haben sich seit Ende des 19. Jhs. als Händler in Indonesien niedergelassen, sind dort zu Wohlstand gekommen und bezeugen ihre Verbundenheit mit der Heimat durch Geldüberweisungen. Der sich in den Häusern des Wadi Hadramaut ausdrückende Wohlstand ist häufig in Ostasien erworbener Reichtum. Der Baustil der zum Teil palastartigen Bauten zeigt ostasiatischen Einfluss, der richtiger als portugiesischer Kolonialstil mit stilisierten hinduistischen Dekorationselementen bezeichnet werden muss.

In der Altstadt von Schibam, Hadramaut

091j Foto: bs

Von wenigen Ausnahmen abgesehen ließen die Männer ihre Frauen und Kinder im Hadramaut zurück, nahmen sich im Gastland asiatische Zweitfrauen und ließen die Kinder zu Erziehungszwecken einen Teil ihrer Jugend im Hadramaut verbringen.

Kritisch setzte sich *van der Meulen* 1931 mit dem im Ausland erworbenen Reichtum Hadramauts auseinander. Er hielt den politischen Führern entgegen, dass Hadramis in Südostasien mit großem Engagement zu führenden Männern der Wirtschaft geworden seien, im Heimatland hingegen keinen Fortschritt initiieren und den im Ausland erworbenen Reichtum in Kleinkriegen verplempern würden.

Der II. Weltkrieg mit der Besetzung Südostasiens (Singapur und Java) durch Japan bedeutete für den Hadramaut ein jähes Ende der gewohnten Geldüberweisungen und zeigte mit einer mehrjährigen Hungersnot die Verletzlichkeit einer auf Auslandsüberweisungen basierenden Ökonomie.

Bis zum Kuwait-Konflikt 1990/91 arbeiteten viele Hadramis in den arabischen Ölstaaten. Bis 1990 soll nach nichtamtlichen Angaben ein Drittel der männlichen Bevölkerung des Hadramauts im Ausland tätig gewesen sein.

Wirtschaft

Bis Mitte des 20. Jhs. spielten die Weberei und Textilverarbeitung im Wadi Hadramaut eine wichtige Rolle. Textilien fanden ihren Weg über den Hafen von Schechr oder auf dem Landweg nach Sana'a. Die Marktsatzung von Sana'a, im frühen 18. Jh. festgelegt, enthält einen Abschnitt über Textilien aus dem Hadramaut. Bis in das 19. Jh. gab es in Sana'a einen Suk al Hadrami, wo indigogefärbte Stoffe aus dem Hadramaut verkauft wurden. Reisende Anfang des 20. Jhs. berichten von der weit verbreiteten Indigo-Färberei im Hadramaut und der durch das Tragen dieser Kleidungsstücke lila-blau gefärbten Haut der Beduinen. Vom Textil- und Färbereihandwerk sind nur Reste erhalten, zu preisgünstig sind Importwaren.

Wirtschaftliches und auch **politisches Zentrum im Wadi Hadramaut ist Sejuhn,** wo die Kathiri-Sultane residierten.

Anmerkung: Wenn vom Hadramaut die Rede ist, wird an das Wadi Hadramaut gedacht. Außer Acht gelassen wird, dass die Provinz Hadramaut mit 160.000 km² die nördliche Wüste, den Dschol und den südlichen Küstenstreifen einbezieht. Die Hauptstadt der Provinz Hadramaut liegt auch nicht im zentralen Haupttal, sondern mit Mukalla direkt am Meer. Das Gouvernement Hadramaut ist die größte Provinz des Jemen, die Fläche umfasst 29% des jemenitischen Staatsgebiets, auf ihr leben 5,5% der jemenitischen Gesamtbevölkerung.

Das Wadi Hadramaut hat während der sozialistischen Phase rasch Anschluss an die Entwicklung des ganzen Landes gefunden. Bis vor kurzer Zeit nur über abenteuerliche Gebirgspisten zu erreichen, führt seit 1982 eine bequeme Asphaltstraße von Mukalla über den Dschol nach Schibam. 1988 wurde die Verlängerung bis Tarim fertig gestellt. Seit 1999 gibt es eine Asphaltstraße über Marib nach Sana'a. Im Jahre 2002 wurde eine Asphaltstraße von Tarim über Thamud zur Grenze des Oman eröffnet.

Tourismus

Das Wadi Hadramaut erschließt sich mit der 1982 in Betrieb genommenen Asphaltstraße auch dem Tourismus. Wer sich die Anfahrt von Aden oder Sana'a sparen möchte, kann das Flugzeug nach Sejuhn nehmen. Touristisch interessant im inneren Hadramaut sind die Architektur von Schibam, Sejuhn und Tarim sowie die Pilgerstätten Gabr Hud und Gabr Ba Alawi.

Wegen der jahrtausendelang praktizierten Lehmbauweise sind im Wadi Hadramaut nur die steinernen Grundmauern historischer Orte zu finden. Die oberirdischen Teile alter Gebäude hat der erbarmungslose Wind spurlos verwischt. Dies ist ein Grund dafür, warum im Tal historische Stätten nicht in dichter Reihenfolge liegen. Warum alte Siedlungen im Wadi Hadramaut unter gut 1 m dicken Sandmassen begraben liegen, ist unter „Geografie des Hadramaut" beschrieben.

Ein gut funktionierendes Taxi-System macht das Reisen im Tal unproblematisch. Die Hotelsituation ist gut.

Literatur zum Hadramaut:

- *Bent, Theodore:* Southern Arabia. London 1900
- *Bochow, Karl-Heinz/Stein, Lothar:* Hadramaut. Brockhaus, Leipzig 1986
- *Doe, Brian:* Südarabien. Antike Reiche am Indischen Ozean. Lübbe, Bergisch Gladbach 1970
- *Hartwig, Friedhelm:* Hadramaut und das indische Fürstentum von Hyderabad. Hadramische Sultanatsgründungen und Migration im 19. Jahrhundert. Verlag Ergon, Würzburg 2000
- *Helfritz, Hans:* Entdeckungsreisen in Süd-Arabien. Du Mont, Köln 1977 (Nachdruck seiner Bücher „Land ohne Schatten", „Glückliches Arabien" und „Geheimnis um Schobua")
  ders.: Chicago der Wüste. Reimar Hobbing, Berlin 1932
  ders.: Vergessenes Südarabien. Leipzig 1936, leicht geänderte 2. Aufl. von „Chicago der Wüste"
  ders.: Geheimnis um Schobua. Berlin 1935
- *Hirsch, Leo:* Reisen in Süd-Arabien, Mahra und Hadramaut. Leiden 1897
- *Hoeck, Eva:* Ich sah den Jemen ohne Schleier. Verlag Friling und Partner, 1997
- *Hogarth, David George:* The Penetration of Arabia. London 1905
- *Leidlmair, Adolf:* Hadramaut. Bevölkerung und Wirtschaft im Wandel der Gegenwart. Asgard Verlag, St. Augustin 1961
- *Ingrams, Harold:* Befriedete Wüste. Rohrer Verlag, Wiesbaden 1950
- *Lewcock, Ronald:* Wadi Hadramaut and the Walled City of Shibam. UNESCO 1986, ISBN 92-3-102338-1
- *Meulen, D. van der/Wissmann, H.v.:* Hadhramaut, some of its mysteries unveiled. Brill, Leiden 1964
- *Pritzkat, Thomas:* Stadtentwicklung und Migration im Südjemen. Mukalla und die hadhra
- *Meulen, D. van der:* Hadhramaut, das Wunderland. Füssli, Zürich 1948
- *Philby, H.St.J.B.:* Sheba's Daughters. Being a record of travel in Southern Arabia. London 1939
- *Samar Dambije, Salma:* The Valley of Mud and Brick Architecture. Garnet Publ. Ltd., Reading, UK, 1995
- *Stark, Freya:* Die Südtore Arabiens. Rowohlt, Hamburg 1948
  dies.: The Coast of Incense. Guernsey Press, Guernsey 1990
- *Wissmann, Hermann von:* Zur Archäologie und antiken Geografie von Südarabien. Leiden 1968
- *Wrede, Adolph von:* Unter den Beduinen Südarabiens. Voigtländers Verlag, Leipzig 1927
- *Wrede, Adolph von:* Adolph von Wredes Reise in Hadramaut, hrsgg. von Uwe Pfullmann. Trafo Verlag, Berlin 2006

telalter die Pferde des Königs gehalten wurden; erbaut in der Mitte der Länder Hadramauts, von wo aus fünf Täler wie die Adern eines Sykomorenblattes abzweigen und der Stadt, die zwischen ihnen liegt, Illusion von Weite verleihen." Zum Stamm der 'Ad (*Freya Stark* schreibt 'Ai) vergleiche den Exkurs „Wadi Hadramaut".

Schibam

6000 Einwohner (davon 3000 in der Altstadt), 750 m

Geschichte

Der Name „Schibam" stammt von einem der Könige Hadramauts: *Shibam Buri Harith Ibn Saba der Jüngere.* Eine andere Quelle nennt *Shibam bin Al-Hayeth bin Ha* als Stadtgründer, der als Abkömmling der Familie Zaid Al-Jamhor dem sabäischen Königshaus angehörte. Schibam – von *Hans Helfritz* 1935 in seinem gleichnamigen Buch treffend als **„Chicago der Wüste"** bezeichnet – ist eine Gründung der Einwohner Schabwas, die aus ihrer im 3. Jh. n.Chr. zerstörten Hauptstadt hierher zogen.

Die Existenz von **Hochhäusern im Jemen** in vorislamischer Zeit ist in himjaritischen Inschriften dokumentiert (sie berichten von bis zu sechs Stockwerken). Steingraffiti zeigen bis zu neun Stockwerke, Abbildungen auf der Großen Stele von Aksum 10 Stockwerke (Aksum war eine sabäische Gründung in Abessinien). Der im 3. Jh. n.Chr. erbaute Ghumdan-Palast in Sana'a soll sogar zwanzig Etagen gemessen haben. Die Häuser von Schibam sind bis zu 8 Stockwerke hoch.

Im 7. Jh. machte *Ziad bil Labeed Al Biadhi,* Anhänger des Propheten Mohammed, Schibam zu seinem **Regierungssitz.** Auch unter den folgenden Herrschern blieb Schibam Mittelpunkt des westlichen Hadramaut. Ende des 15. Jhs., mit der Gründung des Reichs der Kathiri in Sejuhn durch *Badr Abu Tuweirig,* verlor Schibam seine Bedeutung als Regierungssitz, behielt jedoch seine führende Rolle als **Handelsplatz** für Textilien und Datteln bis in die Mitte des 20. Jhs. 1830 verkaufte der Kathiri-Sultan einen Teil der Stadt an das mächtig gewordene Qaiti-Sultanat. Nach einer Phase kriegerischer Auseinandersetzungen übernahmen die Qaiti's 1858 die Stadt vollständig. Als der Autoverkehr das Wadi Hadramaut erreichte und später der Flughafen in Ruraf bei Tarim eröffnet wurde, übernahm Sejuhn auch in wirtschaftlicher Hinsicht die Führung.

Der erste Europäer der Neuzeit in Schibam war 1853 der Berliner **Leo Hirsch,** der über das Wadi Do'an kam. Anders als Reisende nach ihm, ließ ihn die Architektur unbeeindruckt. Er beschrieb „hohe Lehmhäuser, manche durch Galerien miteinander verbunden und Durchgänge freilassend, und enge holprige Straßen, von Schmutzrinnen durchzogen". Der Markt Schibams wurde von *Hirsch* als klein und mit geringem Angebot beschrieben, obwohl er – so *Hirsch* – der bedeutendste im Wadi Hadramaut sei.

Im Gegensatz zu den an die Talwände gebauten Städte Sejuhn und Tarim

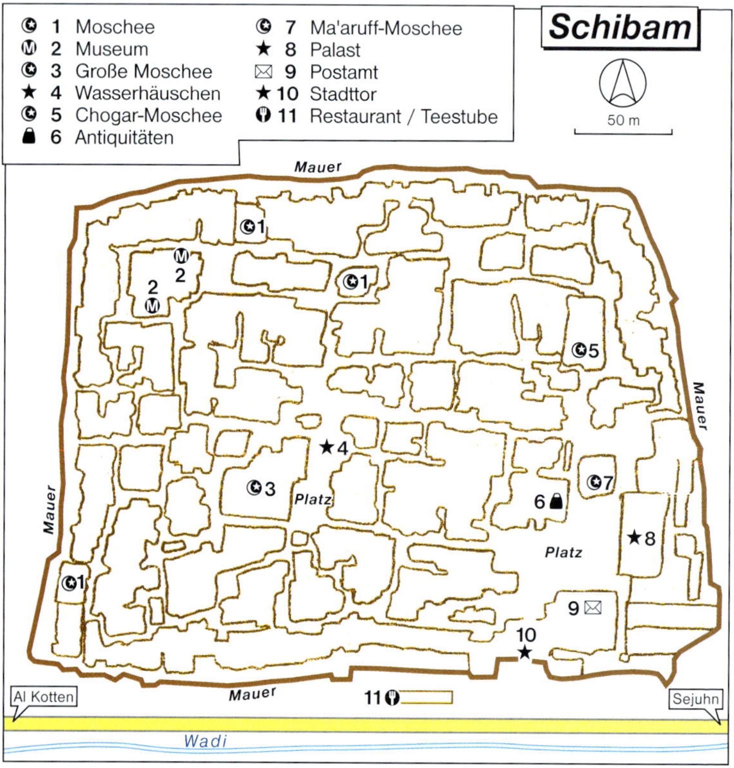

liegt Schibam inmitten des Wadis. Als **Hochwasserschutz** dienen der Rücken, auf dem die Häuser stehen, eine Flutmauer im Süden der Stadt und die noch vollständig erhaltene Stadtmauer in Lehmbauweise. Diese Vorsichtsmaßnahme scheint übertrieben, liegt doch das sandige Wadi Hadramaut fast ganzjährig trocken. Von den Fluten, die nach heftigen Gewittern unvermittelt und mit großer Gewalt durch das Tal tosen, kann sich der Kurzzeittourist kein Bild machen.

Die ursprüngliche Ausdehnung Schibams war größer, doch haben Sturzfluten Zerstörungen angerichtet. So wurden im Jahr 1298 Felder und ein Stadtviertel mitsamt dreier Moscheen vernichtet. 1526 gab es eine verheerende Flut, nach der die Bewohner einen Verteilerdamm mit Kanalsystem an der gefährlichen Einmündung des Wadi

Do'an errichteten. Bis 1949 wurde dieser Damm unterhalten, dann wurden die Zahlungen zu seinem Unterhalt eingestellt und die Anlage verfiel.

In der letzten schweren Flut im Jahre 1996 wurden Häuser in Neu-Schibam beschädigt und das außerhalb der Stadtmauer gelegene Restaurant von Alt-Schibam teilweise fortgespült.

Besichtigung von Schibam

Die 400–500 Jahre alten **Hochhäuser Schibams** belegen die Stabilität und Haltbarkeit einer Lehmarchitektur. Die zum Bau verwendeten luftgetrockneten und mit Strohhäcksel vermischten **Lehmziegel** sind 50 x 30 x 5 cm (L x B x H) groß. Als Regenschutz weisen die rund 450 innerhalb der Stadtmauer gelegenen Häuser einen Verputz mit Lehm-Häcksel-Gemisch auf. Die dem Wetter besonders ausgesetzten oberen Fassadenteile erhalten eine Schicht aus Kalk-Gipsgemisch. Als dekoratives Element wird diese Verputzung auch zur Umrahmung der Fensteröffnungen und Hervorhebung einzelner Stockwerke benutzt. Mit den weißen Obergeschossen macht die Stadt von fern den Eindruck, als sei sie mit Puderzucker überstreut.

Holz dient als Deckenträger und Stützpfeiler in großen Räumen. Zur Verbesserung der Stabilität laufen die Häuser trapezförmig nach oben zu. Damit der Lehm das große Gewicht tragen kann, sind die Mauern im Erdgeschoss bis zu einem Meter dick.

Das Stadtbild ist selbst unter den Hochhausorten des Jemen so einzigartig, dass die rund 450 Häuser im Jahre 1982 von der UNESCO als besonders erhaltenswert auf die **World Heritage List** gesetzt wurden.

Die Bausubstanz Schibams stammt aus dem 15. und 16. Jh., die Stadt selbst ist rund 1700 Jahre alt. Die Wehrhaftigkeit wird durch die enge Bebauung und auch dadurch unterstrichen, dass die Stadtmauer nur das eine nach Süden zur Hauptstromrichtung des Wadi ausgerichtete Stadttor aufweist. Die Stadt ist zur Straße hin 350 m lang und 250 m breit.

Eine Erhebung im Jahre 2000 ergab, dass knapp die Hälfte der Bewohner von Alt-Schibam zur Miete wohnen und weitere 13% in eigenen Häusern. Die Bevölkerungzahl der Altstadt ist von ehemals 5000 auf nur noch 3000 geschrumpft.

Durch die generelle **Abwanderung** der Bevölkerung (Halbierung der Einwohnerzahl) und den Fortzug der finanzkräftigen Bewohner u.a. nach Neu-Schibam, stand seit der Mitte des 20. Jhs. nicht mehr genügend Geld zum Erhalt der Lehmhochhäuser in der Altstadt zur Verfügung. An der Wende zum 21. Jh. waren 10% aller Häuser zusammengefallen und 10% wegen baulicher Schäden nicht mehr bewohnt.

Um dem Verfall entgegenzuwirken, wurde u.a. mit Hilfe der deutschen *Gesellschaft für Technische Zusammenarbeit (GTZ)* Anfang 2002 ein **Sanierungsprogramm** initiiert. Seitdem werden 35% der Sanierungskosten bezuschusst, 65% muss der Bauherr selbst finanzieren. Bis Anfang 2008 konnten auf dieser Basis rund die Hälfte der Häuser saniert werden, so dass sich Alt-

Schibam heute in einem so guten Zustand zeigt wie seit Jahrhunderten nicht mehr.

Der Finanzzuschuss ist u.a. vor dem Hintergrund zu sehen, dass die Instandhaltung eines Lehmhauses etwa doppelt so teuer ist wie die eines modernen Steinhauses. Ziel war nicht, mit einer einmaligen Finanzspritze alle Häuser zu renovieren, sondern eine sich selbst tragende Entwicklung in Gang zu setzen. Für die Bevölkerung soll die Stadt durch die Verbesserung der Infrastruktur (Elektrizität, Wasser, Abwasser, Pflasterung der Gassen, Müllabfuhr) wieder attraktiv werden. Alte Handwerkszweige (wie der Lehmhausbau) wurden reaktiviert und die Landwirtschaft durch die Instandsetzung von Bewässerungssystemen und den Bau von Tiefbrunnen wiederbelebt. So soll allein der Agrarsektor außerhalb der Stadtmauern 200 Familien Brot und Arbeit bringen. Es wird diskutiert, dass Touristen, die bislang kaum Geld in Schibam lassen, durch Eintrittsgelder zur Finanzausstattung der Stadt beitragen.

Im September 2007 wurde Schibam (zusammen mit acht anderen Projekten in der islamischen Welt) der **Aga Khan-Preis für Architektu**r verliehen. Diese Auszeichnung wird von der Aga Khan-Stiftung seit 1977 alle drei Jahre ausgelobt, ist mit jeweils 500.000 US$ ausgestattet und prämiert Projekte, die die Lebensverhältnisse der Menschen in muslimischen Ländern verbessern (der Aga Khan ist das Oberhaupt der weltweit 15 Mio. Ismailiten, siehe auch Rundreise 2, 9. Tag, Suk von Aden). Für den Wettbewerb 2007 gingen gut 500 Bewerbungen ein, 27 Projekte kamen in die Endausscheidung und 9 Projekte wurden prämiert, darunter im Jemen auch die Amerija-Moschee in Rada (Rundreise 1, 1. Tag).

Blick von der Neustadt

Die Neustadt *(As Sahil)* liegt durch das sandige Flussbett getrennt südlich der Altstadt. Die Bauweise ist lockerer und deutlich niedriger. Hier haben Handwerksbetriebe Platz gefunden. Wer den Berg hinter der Neustadt bis auf halbe Höhe (zum Wasserbehälter) erklimmt, hat einen fabelhaften Blick auf Altstadt und Umgebung. Zu diesem Aussichtsplatz bewegt sich täglich zum Sonnenuntergang eine Karawane von Touristenautos, so dass sich eine Infrastruktur „hilfsbereiter" Kinder herausgebildet hat, die Touristen bei der Ersteigung des Hügels behilflich sind und dafür ein Entgelt erwarten.

Von diesem Aussichtspunkt zeigt sich die **Einzigartigkeit der Hochhausarchitektur.** Alle Häuser sind höher als die ansonsten die Städte des Jemen überragenden Minarette. Hierzu bemerkt ein Reisebericht der FAZ treffend, dass sich die Große Moschee von Schibam zwischen den Wohnburgen so klein ausnimmt wie die Sankt-Patrick's-Kathedrale zwischen den Wohn- und Bürotürmen New Yorks.

Vor der sozialistischen Revolution 1967 gehörte Schibam zum Qaiti-Sultanat mit Sitz in Mukalla. Der Statthalter, ein Sultan, pendelte zwischen seinen Palästen in Schibam und Al Kotten. Das benachbarte Kathiri-Sultanat begann in Al Hazm, 2 km östlich von Schibam.

094j Foto: bs

Die Altstadt

Beim Durchschreiten des **Stadttores** von Schibam fällt auf, dass es sich um eine **Doppeltoranlage** handelt. Die aus Tamarinde-Holz gearbeiteten Torflügel sind mit dicken Eisennägeln beschlagenen. Ursprünglich wurden durch das große Tor Kamele mit ihren Lasten in die Stadt getrieben, Personen benutzten die kleine Tür links daneben. Bis in die 1950er Jahre wurde das große Tor zur Zeit des Abendgebetes (ca. 19.30 Uhr) geschlossen, während die Personentür bis 22 Uhr geöffnet blieb.

Hinter dem Tor erhebt sich auf der gegenüberliegenden Seite des großen Platzes die **Ma'aruff-Moschee,** die von *Ma'aruff Ba-Jammel* in 16. Jh. erbaut wurde. Rechts dominiert der beeindruckende Sultanspalast, dessen linker (älterer) Flügel seit dem Jahre 1220 Regierungssitz war. Der rechte Teil des Palastes ist auf Anfrage bei den Wachsoldaten zugänglich. Hier befindet sich auch die Behörde für die Sanierung der Altstadt, in der u.a. Experten der deutschen Organisationen *GTZ* und *DED* arbeiten.

Sehenswert sind die dunkelbraunen schweren Holztüren der Zimmer. Vom Flachdach bietet sich ein schöner Blick auf Schibam und die Palmen östlich der Stadt.

Der Sultanspalast in Schibam, Hadramaut

Die Renovierung des Sultanspalastes war die erste Maßnahme zum Erhalt der Stadt. Das Weiß der Außenfront entspricht nicht dem ursprünglichen Design mit einer braunen Lehmfassade und geweißten Bändern in Höhe der Fenster.

Die Gasse links an der Ma'aruff-Moschee vorbei führt zur **Chogar-Moschee,** die im 11. Jh. errichtet wurde. Zurück zum Platz gehen und rechts (Westen) der Hauptgasse zur **Großen Moschee** (Misdschid al-Dschaamea, bzw. Misdschid Harun al Raschid) folgen, ein Bauwerk aus der Regierungszeit des abassidischen Kalifen *Harun al Raschid* (Ende des 8. Jhs.). Seitdem wurden zahlreiche Veränderungen vorgenommen, zuletzt (1943) der Turm erneuert. Auf dem Platz vor der Großen Moschee ist ein Wasserhäuschen mit dem Namen „Sigayat al Hayara" zu beachten. Auf die angebaute steinerne Bank setzten sich bis vor wenigen Jahren Personen, die finanzielle oder menschliche Hilfe benötigten und warteten auf Mitmenschen, die bereit waren sich die Probleme anzuhören bzw. Geld zu spenden. Im Viertel zwischen Großer Moschee und Museum kann Webern bei der Arbeit zugeschaut werden.

Beim Bummel durch die engen Gassen, in die nur selten ein Sonnenstrahl dringt, geht der Blick zu den 15–18 m hohen Fassaden empor. Manch ein Tourist mag hoffen, dass dieses Ensemble nicht am Tag seines Besuches über ihm zusammenstürzt ...

Typisch für Schibam sind **Fensterjalousien,** die als Sonnen- und Sichtschutz je nach Bedarf hoch- oder heruntergezogen werden können.

Es zeigt sich, dass noch viele Häuser einer **Reparatur** bedürfen. Zum Teil sind Hausecken abgebrochen und notdürftig mit Holzbalken abgestützt. Um ihre Attraktivität zu erhalten, hat die Altstadt eine zentrale Trinkwasserversorgung und Kanalisation erhalten.

Die **Stadtmauer** sollte außen umrundet werden (30 Min.). Dieser Gang zeigt, dass die Befestigung im Norden und Osten restauriert wurde. Treppen wurden neu in die Mauer eingelassen und erleichtern den Bewohnern heute den Zugang zur Stadt. Im Nord- und Ostabschnitt kann die Mauer im Stadtinnern begangen werden. Es bieten sich von der Mauerkrone schöne Blicke auf Palmenhaine und es kann studiert werden, wie die traditionellen Plumpsklosetts funktionieren, von denen noch einige in Betrieb sind.

Im Nordostabschnitt der Altstadt ist das Innere von zwei Häusern zur Besichtigung geöffnet. Jarhoom's House kann gegen eine Spende bis zum Dach bestiegen werden, wobei die Innenaufteilung eines Schibam-Hauses sowie die Deckenkonstruktionen zu beachten sind. Es ist mit mehr als 400 Jahren eines der ältesten Häuser der Stadt.

Im **Bäit Taglidi** *(Traditional Exhibition and Guest House),* wo der Eintritt 300 Rial kostet, sind mehrere Räume traditionell eingerichtet.

An der Westseite Schibams liegt am Rande eines Palmenhains die **Moschee Al Ma'aruff** (nicht zu verwechseln mit der Ma'aruff-Moschee in der Stadt, aber ebenfalls im 16. Jh. erbaut). Wer den Hügel 200 m westlich der Moschee erklimmt, hat einen Postkartenblick auf Moschee, Palmen und Stadt. An der Moschee vorbei führt die alte Kopfsteinpflasterstraße aus britischer Kolonialzeit.

Ein interessantes Buch zu Leben und Arbeit einer deutschen Ärztin in Schibam in den 1950er Jahren stammt von *Eva Hoeck:* „Ich sah den Jemen ohne Schleier".

Unterkunft

- **Shibam Motel,**
östlich, außerhalb der Stadtmauer, in einem Garten; Tel. (05) 420425, 1-Bett 28 US$, 2-Bett 39 US$, 3-Bett 50 US$, Frühstück 4 US$, Abendessen 7 US$.

Essen und Trinken

- Schibam hat ein **einfaches Restaurant** mit Teestube. Das Haus liegt 200 m westlich des Stadttores außerhalb der Stadtmauer.

Weiterfahrt nach Sejuhn

Die folgenden 22 km bis Sejuhn sind von Dattelpalmen gesäumt und es wird intensiv Landwirtschaft betrieben. Die folgende Beschreibung bezieht sich nicht auf die neue, mehrspurige Schnelltrasse, die Schibam mit Sejuhn und Tarim verbindet, sondern auf die alte, an der Südflanke des Tales entlangziehenden Straße.

Km 1,7: Durch **Al Hazm** verlief bis 1967 die Grenze zwischen den Qaiti- und Kathiri-Sultanaten. Hier haben sich in 100 m Abstand voneinander die Zollstationen rechts der Durchgangsstraße erhalten. Die großen Schilder sagen: „Al Hazm Custom for Qaiti-State" bzw. „(...) for Kathiri-State". Oben, auf der rechten Talwand, markiert ein Wachtturm den Grenzverlauf über den Dschol, zu dem von Al Hazm auf steilem Weg hochgestiegen werden kann. Einfacher ist der Zugang, der bei dem zuvor beschriebenen Wasserbehälter von Neu-Schibam hinauf zum Dschol führt. Dort entlang der Kante zwei Kilometer nach Osten wandern.

Km 4: Rechts zweigt eine Piste in das **Wadi Bin Ali** ab.

Km 5: Al Hauta <Al Hawta> mit imposanten, Häusern und der weiß-grünen Freitagsmoschee. An der Straße arbeiten einige Kalkherstellungsbetriebe, dahinter das Kuppelgrab des Heiligen *Ahmad bin Zäin al Habaschi.* Zu diesem Grab wird jedes Jahr im dritten islamischen Monat *(rabi al-awal)* eine Pilgerfahrt unternommen. Der genaue Tag wird erst kurz zuvor vom Imam der Gemeinde bekannt gegeben.

Km 7,7: Rechts zweigt eine Straße zum 1,3 km entfernten **Luxushotel Al Hawta Palace** ab: Tel. (05) 425010, Fax (05) 425013; 1-Bett 91 US$, 2-Bett 112 US$, Frühstück 1000 Rial, Internetbenutzung 20 Rial pro Minute; traumhaftes Ambiente, erlesene Innenarchitektur, alhawta@universalyemen.com.

Km 8: Der lang gestreckte Ort **Gärä'u** <Qriv> mit großen Häusern und einer verfallenen Burganlage. Am östlichen Ortsrand versorgt das mit Dieselgeneratoren betriebene Elektrizitätswerk das Wadi Hadramaut und seine Nebentäler mit Strom.

Km 12: Al Rurfa <Al Gharfah> mit Friedhof, Moschee und zwei Heiligengräbern am Ortseingang rechts. Die Festungsanlage *(Husn al gadiem)* ist verfallen. Die Gassen der Altstadt lohnen einen Bummel.

Km 12,9: Rechts das **BMC-Hotel:** Tel. (05) 428040, Fax (05) 428042, 1-Bett 4300, 2-Bett 4300, 3-Bett 4300 Rial, Frühstück 550 Rial; gut, sauber, Schwimmbecken.

Km 15: Taries <Tarees> mit einer kleinen Festung und einem für das Wadi Hadramaut typischen quadratischen Minarett. Im Ort steht der Kuppelbau *(Gubba)* des Lokalheiligen *Abu Rachman.*

Km 17: Rechts der Ort **As Som.** Der beste Blick auf Häuser und **Festung** bietet sich von einer Kopfsteinpflasterstraße, die gleich hinter dem Wadi rechts abbiegt. Die Festung kann leicht bestiegen werden. Es sind Reste der alten Küche, Teile einer Treppe, die Toilette, Stuckarbeiten im ehemaligen Wohnraum und der tiefe Brunnen zu sehen.

Km 18,4: Rechts führt eine Straße zum Zentrum von Sejuhn. An dieser Stelle steht rechts das Stadttor Siddat Gabblia. Wir fahren auf der Fernstraße weiter und erreichen bei **Km 20** links den **Flughafen** und rechts den Abzweig zum 2,5 km entfernten Zentrum von Sejuhn. Die Fahrt endet auf dem Marktplatz der Stadt mit dem alles überragenden **Sultanspalast.**

3. Tag: Sejuhn <Saiyun> und Tarim

Sejuhn <Saiyun>

40.000 Einwohner, 700 m

Geschichte

Arabische Historiker berichten, dass Sejuhn bereits im 2. Jahrtausend v.Chr. besiedelt war. Ende des 15. Jhs. wurde Sejuhn Sitz der **Dynastie der Kathiri** und gilt seitdem als Hauptstadt des Wadi Hadramaut. Die Kathiri – so *Leo Hirsch* – kamen 1495 als ein 10.000 Köpfe zählender Volksstamm aus der Gegend von Sana'a. Anfang des 18. Jhs. erstreckte sich das Kathiri-Sultanat bis nach Mukalla und Schechr. In der Folge wurde es vom Qaiti-Sultanat bis zu einer Grenze östlich von Schibam zurückgedrängt. An die Zeit der machtvollen Kathiri-Sultane erinnert in Sejuhn der gewaltige, aus getrockneten Lehmziegeln errichtete **Sultanspalast** mit seinen rund 110 Zimmern. Der kompakte Bau mit vier runden Ecktürmen besticht durch sein Weiß und die Fensterummalung.

In der sozialistischen Revolution 1967 floh der letzte *Sultan Hussein bin Ali* mit seiner Familie nach Saudi-Arabien. Nach der Vereinigung beider Jemen und der Reprivatisierung aller in der sozialistischen Regierungszeit konfiszierten Häuser meldeten auch die Söhne des inzwischen verstorbenen Sultans Ansprüche auf den Palast an. Da jedoch nur Privathäuser, nicht aber Ge-

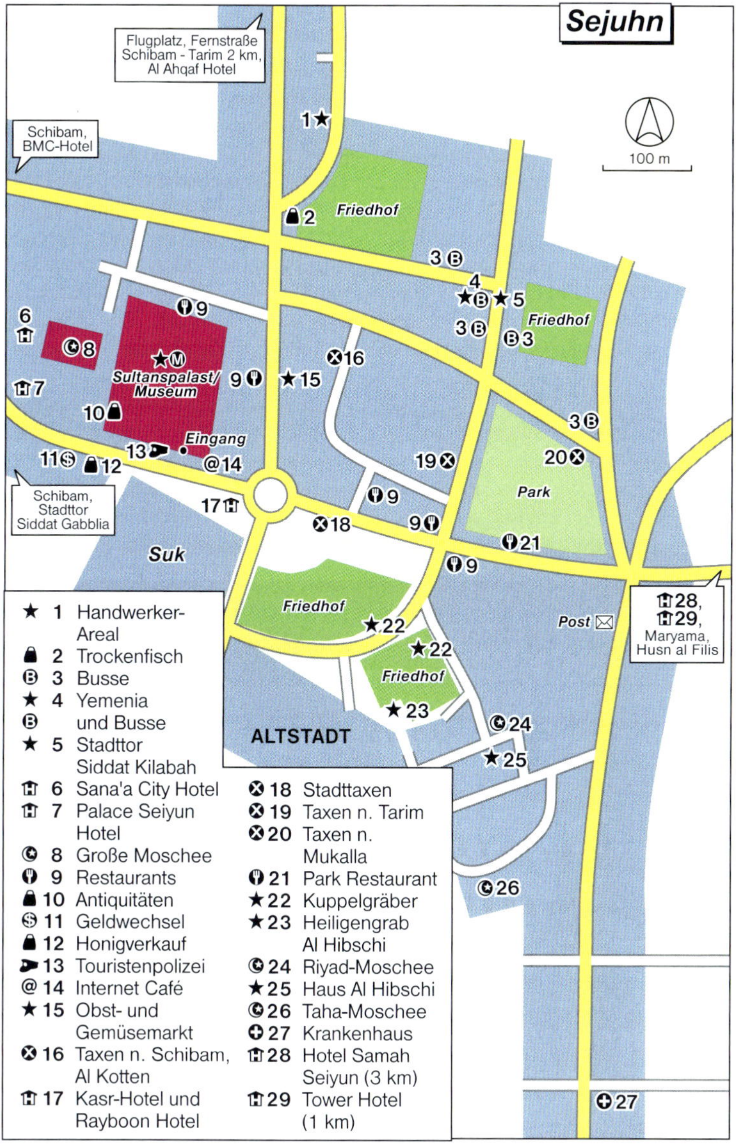
Sejuhn
Flugplatz, Fernstraße Schibam - Tarim 2 km, Al Ahqaf Hotel
Schibam, BMC-Hotel
100 m
Friedhof
Friedhof
Friedhof
Friedhof
Park
Sultanspalast/ Museum
Eingang
Suk
ALTSTADT
Post
Schibam, Stadttor Siddat Gabblia
28, 29, Maryama, Husn al Filis
1 Handwerker-Areal
2 Trockenfisch
3 Busse
4 Yemenia und Busse
5 Stadttor Siddat Kilabah
6 Sana'a City Hotel
7 Palace Seiyun Hotel
8 Große Moschee
9 Restaurants
10 Antiquitäten
11 Geldwechsel
12 Honigverkauf
13 Touristenpolizei
14 Internet Café
15 Obst- und Gemüsemarkt
16 Taxen n. Schibam, Al Kotten
17 Kasr-Hotel und Rayboon Hotel
18 Stadttaxen
19 Taxen n. Tarim
20 Taxen n. Mukalla
21 Park Restaurant
22 Kuppelgräber
23 Heiligengrab Al Hibschi
24 Riyad-Moschee
25 Haus Al Hibschi
26 Taha-Moschee
27 Krankenhaus
28 Hotel Samah Seiyun (3 km)
29 Tower Hotel (1 km)

bäude mit inzwischen öffentlicher Nutzung zurückgegeben werden, wird die Entschädigung nur in Form von Land erfolgen. Heute sind im Sultanspalast ein Volkskundemuseum, eine Antikenabteilung sowie ein Archiv für Manuskripte und Dokumente untergebracht.

Besichtigung

Museum Sejuhn: geöffnet von Sa bis Mi 8.30–13 Uhr; Eintritt 500 Rial.

Im Jahre 1411 entstand der erste Palast als Sitz des Sultans, damals *Husn al Bilad* („Festung des Vaterlandes“) genannt.

Im Jahre 1873 ließ *Sultan Mansur bin Ghalib* den Palast abreißen und errichtete den heute stehenden Prachtbau. Sein Sohn *Ali bin Mansur* veranlasste den Anbau des heutigen Eingangstores, die Pflasterung des Hofes sowie den Bau der Halle „Um al sittascher“ (Mutter der 16) als Sitzungszimmer. Während der sozialistischen Phase im Südjemen ab 1967 wurden weitere Veränderungen vorgenommen, z.B. die Vergrößerung des Sitzungszimmers durch Herausnahme der 16 Säulen, Erneuerung des Innen- und Außenanstrichs und Abriss baufälliger Anbauten an der Ost- und Westfassade. Das Gebäude hieß fortan **Gasr al Thaura** (Revolutionspalast).

Die 5460 m² umfassende Anlage erhebt sich auf einem Hügel 14 m über dem Straßenniveau. Es gibt drei Haupttreppenhäuser, ein nach oben offener Innenhof sorgt für Lichteinfall und Luft-

097j Foto: bs

zirkulation. Der Palast ist auf einem Steinfundament gegründet, darauf Lagen aus Lehmziegeln und einem Lehm-Strohgemisch in der **„Sabur- und Marroda-Technik"**, d.h. die Lehmziegel wurden horizontal und vertikal verarbeitet. Fensterrahmen, Türen und Balken sind aus dem Holz des Ilb-Baumes.

Der **Palast** weist sechs Stockwerke auf ist 25 m lang, 23 m breit und 20 m hoch. In seiner ursprünglichen Funktion hatte er Wohnräume, Gästezimmer, Lagerräume für Lebensmittel und Waffen, Schafställe, Küchen, einen Betraum, Wäscherei, Getreidemühle, Toilette und Räume für die Wachen. Es gab Büros, Besucher- und Sitzungszimmer. Im 5. Stock waren zwei „ghaloops" eingebaut, sehr hohe Räume für besondere Angelegenheiten. Der Gesamtkomplex verfügt über 110 Räume, 23 Toiletten, 187 Türen, 214 Fenster und sechs Treppen.

Rundgang durch das Museum: Nach Durchschreiten des Haupttores und dem Überqueren des Innenhofes wird der Palast auf der rechten Seite betreten. Hier ist die Kasse und das archäologische Museum.

Den weitaus größten Raum in der Antikenabteilung nehmen Funde der **Ausgrabungen von Raybuhn** (Wadi Do'an) ein. Die Inschriftensteine datieren aus den Jahren 600–100 v.Chr. Tierskulpturen aus Stein und Ton, Münzen, bemalte Tongefäße und eine Rekonstruktionszeichnung des Sonnentempels repräsentieren das hohe kulturelle Niveau dieser Stadt. Feine Schnitzkunst zeigen zwei hölzerne Minbars (13. Jh.) aus Gidun/Wadi Do'an.

Der Sultanspalast in Sejuhn

Auf einer **handgemalten Karte** am Eingang der Antikenabteilung sind Städte, Ausgrabungsplätze und touristische Sehenswürdigkeiten des Hadramaut verzeichnet. Kopien dieser Karte können gekauft werden.

Vom **Dach des Palastes** bietet sich ein schöner Blick auf den Stadtkern, die palmenbestandenen Vororte, den Friedhof mit seinen zahlreichen Heiligengräbern und das Kuppelgrab des *Sultan Badr bin Tuweriq*, Begründer des Kathiri-Sultanats.

In einigen leer stehenden Räumen sind die für den Hadramaut so typischen geschnitzten Fensterläden zu beachten.

Die **ethnografische Abteilung** erstreckt sich über zwei Stockwerke. Fünf Räume sind in englischer und arabischer Sprache beschildert. Waffen, Münzen, arabische Medizin, ein alter Webstuhl und die Flagge des Kathiri-Sultanats sind im ersten Raum zu sehen. Es folgt eine traditionelle Küche. Silberschmuck, eine geschnitzte Truhe, ein Babybett (mit einem Loch zum Abfließen des Urins), Kleidung und die Büste einer Braut mit Hochzeitsschmuck sind im dritten Zimmer ausgestellt. Eine Sammlung landwirtschaftlicher Geräte, Pflüge und eine hölzerne Brunnenanlage illustrieren den bäuerlichen Bereich des Hadramaut.

Im **Department of Handicraft** sind Lampen, Schreibutensilien, Ess- und

Trinkgefäße, geschnitzte Türen und Fensterläden, Türschlösser, Trommeln, geflochtene Behälter und Samoware schöne Beispiele traditioneller Inneneinrichtung und Alltagskultur.

Im dritten Stock hat die hervorragende **Fotoausstellung** *Daniel van der Meulens* mit historischen Schwarzweißfotos aus den 1930er Jahren ihren Platz gefunden (zu *van der Meulen* siehe im Exkurs „Wadi Hadramaut").

Der Palast beherbergt seit 1987 auch eine Abteilung für **Manuskripte** und mehr als 10.000 Dokumente (Staatsverträge, Gesetze, Schriften über Bräuche und Volkskunde, Korrespondenz zwischen der britischen Verwaltung in Aden und den Sultanen u.v.m.)

Im Palasthof (an der Auffahrtsrampe) gibt es einen **Antiquitätenladen** mit ausgesucht schönen Stücken (u.a. traditionelle Kleider der Region).

Suk und Stadtbefestigung

An den Sultanspalast schließen südlich, als Teil des Sukgeländes (Markttag ist Freitag), die Läden der Gold- und Silberhändler an. Auf dem Markt sind neben geringen Mengen an einheimischem (sehr teurem) Weihrauch Importe aus Somalia zu kaufen.

Rechts vom Palasteingang gibt es ein **Internet-Café,** links ist das Büro der **Touristenpolizei** *(Schurta as Siachi).*

Westlich des Palastes liegt die 1992 fertig gestellte **Große Moschee.** Am Platz davor sind u.a. Geldwechselstuben und Geschäfte, die den in der Region produzierten Honig verkaufen. Westlich der Großen Moschee (ca. 1 km entfernt) steht das **Stadttor Siddat Gabblia** (auch *Siddat al Nagdia* genannt) an der Straße nach Schibam. Ein zweites Stadttor *(Siddat Kilabah)* kann im nördlichen Stadtgebiet besucht werden (siehe Stadtplan Nr. 5). Vom Osttor *(Siddat asch Schargia)* an der Straße zum Hotel As Salam hat sich nichts erhalten. Schon *Freya Stark* fand die Stadtbefestigung 1935 im Zustand des Verfalls vor. Die die Stadt umgebenden Palmengärten erstrecken sich bis zum Zentrum. Wegen der architektonisch reizvollen Privathäuser empfiehlt sich ein Streifzug durch die Vororte.

Die beste Gelegenheit zum Kauf von Gebrauchsgegenständen bietet ein **Handwerkerareal** *(Mudschamma al Harafi'in).* Vom Palast 200 m auf der nach Norden (zum Flughafen) führenden Straße gehen. An einer Friedhofsmauer halbrechts in eine sandige Gasse abbiegen.

An Verkaufsständen für Trockenfisch vorbei, führt am Marktgelände für Holzkohle links ein großes Stahltor in das **Handicraft Center.** Angeboten werden die spitzen Strohhüte des Wadi Do'an *(gubba* oder *madalla* genannt), Blechtüren, Wassersäcke, getöpferte Bienenstöcke in Röhrenform, aus Autoreifen gefertigte Eimer und Sandalen, Haushaltsgegenstände aus Abfallblechen, Holztüren und vieles mehr. Für Touristen interessant sind Tonwaren, traditionelle Holzschlösser mit Holzschlüsseln *(geluda),* Beduinenverschleierungen *(burqa),* Körbe und traditionelle Kleider. Die handbestickten, weiten Gewänder *(gamies)* aus dem Wadi Do'an und dem Wadi Amd kosten bis zu 12.000 Rial.

Beim Bummel durch die **Altstadt** südlich des Palastes fallen geschnitzte Fensterläden und Haustüren auf. Letztere haben auf Höhe des Schlosses seitlich eine Holzklappe. Sie wurde beim Verlassen des Hauses offen gelassen, es wurde von außen hindurchgelangt und der Holzriegel innen vor die Tür geschoben. Bei der Rückkehr wurde durch die Klappe hineingelangt und der Riegel mit einem Holzschlüssel freigeschlossen, der mit hölzernen Stiften an eine überdimensionale Zahnbürste erinnert. Verstehen kann diesen Mechanismus besser, wer im Handicraft Center ein traditionelles Holzschloss erstanden hat.

Hoch über den Gassen der Altstadt sind **Übergänge von Haus zu Haus** gespannt – so können sich Frauen gegenseitig besuchen, ohne dazu die Straße zu betreten. Zahlreiche Häuser haben geschnitzte Holzerker, in denen Frauen am Straßenleben teilhaben können, ohne selbst gesehen zu werden.

Bemerkenswert ist das **Abwassersystem.** Das aus den oberen Stockwerken ins Freie geleitete Abwasser plätschert nicht direkt an der Hauswand hinunter und schädigt die Fundamente, sondern trifft auf eine mit Wasser abweisendem Belag versehene Schräge, wird in Rinnen geleitet und in einer Sickergrube gesammelt. In Sejuhn – wie auch in anderen Orten des Wadi Hadramaut – sind diese Straßenrinnen abgedeckt, was zur Hygiene beiträgt.

Hinter den Kuppelgräbern (Plan Nr. 10) beeindrucken die **Moscheen Al Riyad** und **Abdulmalik** mit ihrem Zuckerbäckerstil. Unweit der Al-Riyad-Moschee steht das Haus der Kaufmannsfamilie *Al Hibschi* mit einem prachtvollen Eingangstor. Rechts daneben ein Stadtteiltor, das in die Altstadt führt.

Das in dem Ensemble traditioneller runder Minarette herausstechende quadratische **Minarett der Taha-Moschee** verkörpert den ostasiatischen Einfluss auf die Architektur des Wadi Hadramaut, der als portugiesischer Kolonialstil mit stilisierten hinduistischen Dekorationselementen zu beschreiben ist.

Die grün bemalte Kuppel des **Hibschi-Grabes** ist ein weiteres markantes Gebäude der sakralen Architektur. Hier liegt der Lokalheilige *Ali Bin Mohamed al-Hibschi* begraben (gest. 1915).

Den **besten Blick auf Sejuhn** bietet ein Aufstieg an der westlich des Palastes aufragenden Talwand bis zu einem Drittel ihrer Höhe. Diese Tour, ca. 30 Minuten Fußweg über Geröll, empfiehlt sich wegen des guten Rückenlichtes am Nachmittag, sie sollte aber so früh unternommen werden, dass die Altstadt noch im Sonnenlicht liegt.

Lokaler Führer für Sejuhn und das Wadi Hadramaut

Für eine kompetente Führung in englischer Sprache empfehlen wir *Abdulqadr A. Mahdami* aus Sejuhn. Mobiltelefon 777585232, Büronummer (05) 406 409, mahdami_guide@yahoo.com. Je nach Programm kostet die Führung 30–50 US$ pro Tag (ohne Fahrzeug).

Hotels

- **Palace Seiyun Hotel,**
am Sultanspalast Tel. (05) 405566, Fax (05) 402371; 1-Bett 1500, 2-Bett 1500, 3-Bett 2300 Rial, Du/WC im Zimmer.

- **Sana'a City Hotel,**
am Sultanspalast Tel. (05) 407082; 1-Bett 2500, 2-Bett 2500, ohne Frühstück, Dusche/WC im Zimmer, einfach.
- **Rayboon Hotel,**
am Sultanspalast Tel. (05) 406921; 1-Bett 1500 (Dusche/WC auf dem Flur), 2-Bett 1600, 3-Bett 1500 Rial, Du/WC im Zimmer.
- **Gate Hotel,**
am Stadttor Siddat Kilabah, in Nähe der Busabfahrtsplätze und *Yemenia* Büro Tel. (05) 405681, 1-Bett 1500, 2-Bett 1500 Rial, Du/WC im Zimmer.
- **Al-Ahqaf Tourist Hotel,**
an der Straße zum Flughafen; Tel. (05) 408 666, Fax (05) 408669; 1-Bett 4000, 2-Bett 5500, 3-Bett 5000 Rial, inkl. Frühstück; Du/WC im Zimmer, Pool, Souvenirs, Internet im Hotel 10 Rial/Minute.
- **Waha-Hotel,**
an der Straße zum Flughafen; Tel. (05) 409 075, Fax (05) 409076; 1-Bett 3800, 2-Bett 3800 Rial, inkl. Frühstück; Du/WC im Zimmer.
- **Al Sallam Hotel,**
derzeit geschlossen.
- **Tower Hotel (Borj Hotel),**
1 km vom Zentrum, Tel. (05) 403750, Fax (05) 403575, 1-Bett 2500, 2-Bett 3000, 3-Bett 3750 Rial, inkl. Frühstück, Du/WC im Zimmer, Pool.
- **Samah Hotel,**
5 km vom Zentrum, Tel. (05) 402777, Fax (05) 403623, samahhotel@hotmail.com. 1-Bett 30 US$, 2-Bett 35 US$, 3-Bett 50 US$, inkl. Frühstück, Du/WC im Zimmer, Pool, Abendessen 2000 Rial.

Essen und Trinken

Sejuhn hat **viele Garküchen im Zentrum.** Sie bieten traditionelles Essen an, u.a. *Fuhl dscherra,* das in einem Aluminiumtopf mit der Form einer Kalebasse gekocht wird (Bohnen ohne Schale, zu Brei pürriert, mit Sesamöl und scharfer Tomatensoße serviert). Zu empfehlen ist das am Rande einer Grünanlage gelegene Park-Café und Restaurant (400 m östlich vom Sultanspalast).

Krankenhaus/Klinik

Das Krankenhaus *(mustaschfa Sejuhn)* befindet sich am südöstlichen Altstadtrand.

Sammeltaxen

Sie starten von unterschiedlichen Standorten (siehe Stadtplan).
- Sejuhn – Mukalla (1500 Rial)
- Sejuhn – Tarim (120 Rial)
- Sejuhn – Schibam (100 Rial)
- Sejuhn-Sana'a (2000 Rial)

Busse

Von Sejuhn fahren vier Busgesellschaften (Abfahrtsorte siehe Stadtplan):
- **nach Mukalla,** 5.30 Uhr (1000 Rial)
- **nach Sana'a,** 5 Uhr (3400 Rial), 14 Uhr (3000 Rial), 18 Uhr (3200 Rial)
- **nach Marib** (Touristen dürfen dort den Sana'a-Bus nicht verlassen.)
- **nach Al Räitha,** 3.15 Uhr (5000 Rial)

Es gibt **Linienbusse** von Sejuhn nach Salalah (Oman).

Verbindungen Yemenia Airlines

Von Sejuhn bietet *Yemenia* folgende Inlandsflüge an (Stand Juni 2008):

Sana'a (Mo, Di, Do, Sa), **Aden** (Di), **Mukalla** (Di).

Mietautos

Für Tagesausflüge können die Dienste der Taxis am Platz vor dem Palast in Anspruch genommen werden. Fahrdauer und Preise sind vor Abfahrt festzulegen.

Geldwechsel

Geldwechselstuben gibt es am Platz neben der Großen Moschee.

Telefon

Es gibt mehrere Telefonzentralen (auch internationale Gespräche) im Stadtgebiet.

Post/Internet

Die Post (siehe Stadtplan) hat täglich geöffnet (außer Fr) von 8–13 und 16–19 Uhr. **Internet-Cafés** findet man am Sultanspalast.

Reisegenehmigungen

Wer mit dem Bus aus dem Oman oder mit dem Flugzeug angereist ist, erhält die für die Weiterfahrt nötigen Papiere bei der Touristenpolizei, *Schurta as Siachi,* am Sultanspalast.

Abstecher von Sejuhn: Husn al Filis

Entfernung: 2 km bzw. 5 km
Fahrzeit: 2 Std. (Rundtour)

Eine **Rundtour** verbindet die beiden **Festungen Husn al Filis** und **Husn Maryama** und ermöglicht prächtige Ausblicke auf Sejuhn und Umgebung.

Die Fahrt vom Zentrum Sejuhns geht zunächst in Richtung des Hotels As Salam. Auf halbem Weg nach rechts auf eine Schotterstraße abbiegen die nach **Al Garran** führt. Im Ort (nach 500 m) das Auto stehen lassen und weglos auf losem Geröll zur stark verfallenen **Burg** hochsteigen. Im Innern sind ein Brunnen und Stuckarbeiten (Podest zum Abstellen von Gefäßen) zu beachten. Wer hier die Nacht verbringt, wird sicher herausfinden, ob stimmt, was die Bewohner Sejuhns erzählen, nämlich dass es auf Husn al Filis Geister gibt ...

Die zum Berg hin gut erhaltene Mauer, die in südlicher Richtung von einer Schule durchschnitten ist, trennte einst die Einflussbereiche der Sultanate Qaiti und Kathiri. Nach links (Sejuhn) hin regierten die Kathiri, nach rechts (Tarim) die Qaiti.

Mit dem Auto zurück zur Asphaltstraße fahren und am Hotel As Salam vorbei bis zur Ortschaft **Maryama.** Rechts der Straße dominiert die neue Moschee mit dem ungewöhnlichen, zwiebelturmartigen grünen Minarett – „Al Achdhar = die Grüne" steht darauf.

Kurz hinter der Grünen Moschee folgt die Pädagogische Hochschule mit modernen Gebäuden. Vorn ist nun die **Festung von Maryama** zu sehen. Wo die Asphaltstraße einen Knick nach links macht (und danach auf die Hauptstraße Sejuhn – Tarim stößt), wird auf einer Piste geradeaus weitergefahren, zwischen Häusern hindurch, bis zum Fuß der Festung. Weglos geht es in 10 Minuten den Schotterhang zur stark verfallenen Burg hoch, die einen fabelhaften Rundblick ermöglicht. Im Jahre 1648 war in der Festung der *Sultan Badr Bin Omer* mit seinem Sohn inhaftiert, nachdem sie im Palast von Sejuhn während einer Hochzeitsfeier überfallen und in Ketten gelegt worden waren.

Von Sejuhn nach Tarim

Vom Palast in Sejuhn nach Norden zur Fernstraße Mukalla – Tarim fahren, dort rechts abbiegen und den Kilometerzähler auf 0 stellen.

Km 0,5: Links der 1985 eröffnete **Flughafen des Wadi Hadramaut.**

Km 4,7: Von rechts mündet die Straße vom Zentrum Sejuhns ein.

Km 5,0: Rechts ist die alte Kopfsteinpflasterstraße zu sehen.

Km 5,6: Zum Besuch der Moschee und des Kuppelgrabes der **Scheicha Sultana** ist auf einer Piste rechts zu dem 1 km entfernten Ort **Hauta Sultana** (auch Hauta bint Ali genannt) abzubiegen.

Scheicha *Sultana* war Tochter eines religiösen Würdenträgers und erste weibliche Gelehrte des Wadi Hadramaut. Die Menschen kamen von weit her, um sich den Rat der Scheicha zu holen, die dem islamischen **Sufismus** angehörte. Für Moslems bemerkenswert ist die Tatsache, dass Scheicha *Sul-*

tana ledig blieb. In einer Gesellschaft, wo der Ehestand als erstrebenswert gilt, ist das Zölibat ein bedeutendes Merkmal einer Biographie.

Nach *Sultanas* Tod 1444 wurde sie in dem quadratischen Bau mit der grünen Kuppel beigesetzt. Das von jemenitischen Männern und Frauen besuchte Heiligtum ist an drei Tagen im Jahr das Ziel gläubiger Pilger. Neben dem Kuppelgrab fällt eine schön geformte *Sigaya* (Wasserhäuschen) auf. 200 m vom Sultana-Grab entfernt, befindet sich die Moschee des Ortes.

Km 7: Parallel zur Straße ist rechts ein Stück der alten **Kopfsteinpflasterstraße** erhalten, ein gutes Beispiel für die ersten Straßen im Wadi Hadramaut aus den 1930er und 1940er Jahren.

Km 8,5: Rechts kann ein **Kalkbrennofen** besichtigt werden.

Km 10: Rechts am Talhang die **Grabanlage des Ahmad bin Issa Al Mohajir,** des ersten Säi'ed im Hadramaut. Er ist der Stammvater aller Sa'da (religiöse Oberschicht) des Hadramaut und über den Kalifen *Ali* blutsverwandt mit dem Propheten Mohammed. Der Beiname *Al Mohajir* bedeutet, dass *Ahmad bin Issa* ein berühmter Reisender war. Die von einem Zaun umgebene Anlage darf nur von Moslems betreten werden.

Grabanlage Ahmad bin Issa

Die Anlage besteht aus zwei Teilen, die mit einer Treppe von 127 Stufen verbunden sind. Im oberen **Kuppelgrab** wurde der Heilige *Ahmad bin Issa* beigesetzt, im unteren Kuppelgrab sein Sohn. Daneben stehen eine Pilger-Moschee, ein großer, Schatten spendender Baum und eine das Gesamtbild verschandelnde Verkaufshalle für Souvenirs an Pilger.

Säi'ed Ahmad wird im Hadramaut auch *Ba Alawi* genannt, d.h. Vater seines Sohnes *Alawi.* Er kam 884 aus dem Gebiet des heutigen Irak in den Hadramaut, um die zur islamischen Glaubensrichtung der Charidschiten übergetretenen Hadramis auf den sunnitischen Pfad zurückzuführen.

Die Sa'da des Hadramaut gehören zur schafa'itischen Rechtsschule, im Gegensatz zu den zaiditischen Sa'da im nördlichen Jemen.

Burr, Hanzal und Hanzalä

Orientierung von Ahmad bin Issa aus: Die **Gräber** des Propheten *Hanzal* und seiner Frau *Hanzalä* liegen nordwestlich vom Grab des *Ahmad bin Issa,* auf der anderen Talseite. Auf der linken Seite des dort in das Wadi Hadramaut mündenden Wadi Maddar ist ein Hügel mit runder Kuppe zu sehen, an dessen Fuß sich die Gräber befinden.

Die Piste zu den Gräbern von Hanzal und Hanzalä zweigt von der Asphaltstraße Sejuhn – Tarim gegenüber der Grabanlage des Ahmad bin Issa nach Norden ab. Nach 2 km geht es durch die Ortschaft **Burr,** die inmitten landwirtschaftlicher Flächen und ausgedehnter Dattelpalmenplantagen liegt. In Burr lohnt die **Abdallah-Moschee**

Die Grabanlage Ahmad bin Issa

(rechts der Durchgangsstraße) aus dem 15. Jh. einen Besuch. *Abdallah* war der Sohn des zuvor beschriebenen *Ahmad bin Issa*. Bei der auf einem kleinen Hügel errichteten Moschee geht es auf Treppenstufen 3 m tief hinab zu einer Vorgängermoschee aus dem 10. Jh. (unterirdischer Betraum).

4 km weiter führt die Piste durch den Ort **Achäir.** Von dort geht es zu den zwei runden, ca. 50 m hohen Hügeln auf der linken Seite des in das Wadi Hadramaut mündenden Wadi Maddar. Der Friedhof liegt vor dem ersten (linken) dieser Hügel an einer kleinen Moschee in Lehmbauweise (2 km hinter Achäir). An der Moschee befindet sich ein 20 m tiefer Ziehbrunnen für die rituellen Waschungen der Betenden und Pilger. Zur Besichtigung des Friedhofs die Schuhe ausziehen!

Am Rande des Friedhofs (auf der gegenüberliegenden Seite der Moschee) befindet sich das **25 m lange Grab** von *Nabi Hanzal Safuan* und das 20 m lange Grab seiner Frau *Hanzalä*. Die Gräber sind durch eine 20 cm breite und ebenso hohe Steinmauer gekennzeichnet. Am 13. Tag des Monats Ramadan wird eine zweitägige Pilgerfahrt zu den Gräbern unternommen.

Es sei angemerkt, dass es mindestens vier Gräber des Propheten *Hanzal* auf der Arabischen Halbinsel gibt, eines davon in der Großen Moschee von Sana'a.

098J Foto: bs

Weiterfahrt nach Tarim

Km 13: Parallel zur 1988 eröffneten Asphaltstraße läuft rechts (20 m entfernt) die Kopfsteinpflasterstraße aus britischer Kolonialzeit.

Km 16: Rechts **At Tarbe** <Atape> mit einem quadratischen Minarett. 4 km weiter rechts eine verfallene Lehmburg.

Km 24: An einem Kreisverkehr geht es rechts in das **Wadi Äddem** <Idiem> und geradeaus nach Tarim. 500 m dahinter links ein verfallener Lehmbau mit vier runden Ecktürmen.

Km 26,5: Rechts (2 km) die Ortschaft **Suwari** mit dem für den Hadramaut typischen quadratischen Minarett. Südlich von Suwairi wird Erdöl gefördert. 1 km weiter links eine verfallene Zollstation des ehemaligen Kathiri-Sultanats, das sich von Al Hazm (bei Schibam) bis hierher erstreckte. Das weitere Gebiet – bis vor die Tore Tarims – gehörte den Qaiti-Sultanen von Mukalla. Die Stadt Tarim – als Enklave – war wiederum Kathiri-Land. 50 m oberhalb der Zollstation am Hang eine verfallene Burg mit runden Ecktürmen.

Km 32: Links eine kleine Burg, ein gutes Beispiel für die Zeit der Stammeskämpfe im Wadi Hadramaut.

Km 33,5: In einem Kreisverkehr zweigt links eine Asphaltstraße zum 1,5 km entfernten Zentrum von Tarim ab. Bis Mitte des 20. Jhs. war Tarim von einer Lehmmauer mit fünf Stadttoren und 25 Verteidigungstürmen umgeben. Von dieser Befestigungsanlage hat sich nichts erhalten.

Km 35: Der **Sammeltaxi-Platz in Tarim.** Geradeaus geht es zum Zentrum mit dem Sultanspalast, links zum Hotel *Kenya* und zur Klinik.

Tarim

35.000 Einwohner, 642 m

Tarim ist die **heilige Stadt des Hadramaut.** Keine Stadt des südlichen Jemen ist so konservativ islamisch wie dieser Wohnort der religiösen Aristokratie, der Sa'da. Die Bedeutung Tarims mit seinen wichtigen islamischen Persönlichkeiten wird durch die große Zahl an Kuppelgräbern in den Außenbezirken unterstrichen. Der Tourist sollte die Religiösität bei der Kleiderwahl und beim Fotografieren respektieren. In den islamischen Lehranstalten Tarims sind rund 1800 Studenten eingeschrieben, davon 300 Ausländer, die zumeist aus Indonesien und Afrika stammen.

Geschichte

Die Stadt ist nach dem vorislamischen König *Tarim ibn Hadramout* benannt. *Freya Stark* schreibt 1938 in ihrem Buch „The Southern Gates of Arabia", dass Tarim in der Zeit des Glaubensverfalls nach dem Tode des Propheten der einzige Ort im Hadramaut war, der zum Islam gehalten hat.

Erster Europäer der Neuzeit in Tarim war 1893 der Berliner *Leo Hirsch.* Obwohl für die Nacht einquartiert, musste er die Stadt nach wenigen Stunden verlassen, weil religiöse Eiferer ihm und seinem Gastgeber mit dem Tode drohten.

Mit *Dorothee Ingrams* am Steuer trafen 1934 die ersten Europäer per Auto (von Schibam) in Tarim ein.

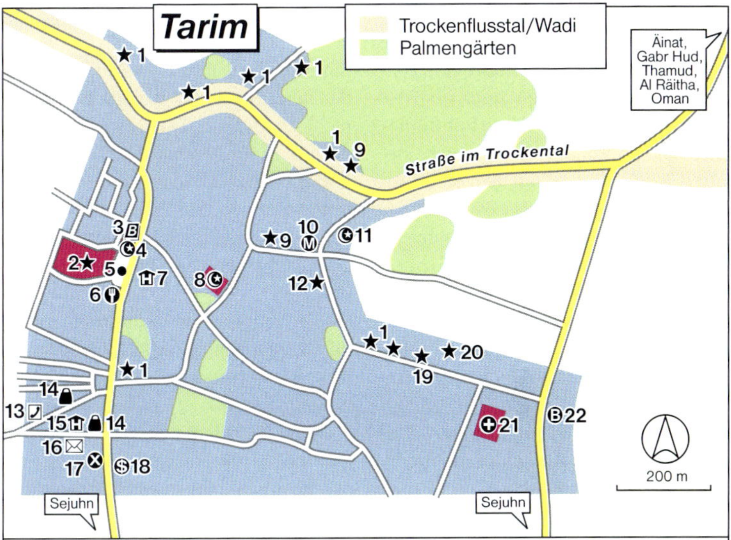

- ★ 1 Wohnpalast
- ★ 2 Sultanspalast
- 3 Bibliothek
- 4 Große Moschee
- • 5 Großer Platz
- 6 Restaurant/ Teestube
- 7 Hotel Brothers Pension
- 8 Al Midhar-Moschee
- ★ 9 Häuser Al-Kaff
- 10 Museum "Isch Schaa"
- 11 Moschee
- ★ 12 Haus Al-Aunaisura
- 13 Telefon
- 14 Honigverkauf
- 15 Hotel Kenya
- 16 Post
- 17 Sammeltaxen
- 18 Geldwechsel
- ★ 19 Haus Dar as-Salam
- ★ 20 Haus Hamtut
- 21 Krankenhaus
- 22 Busstation Thamud, Al Räitha, Sana'a, Mukalla

Besichtigung

Außerhalb des eng bebauten Stadtzentrums zeichnet sich Tarim durch weitläufige Besiedlung der Randgebiete aus, wodurch Platz für Palmenhaine und Gärten blieb.

Der **Rundgang** beginnt am zentralen Platz, um den sich der Sultanspalast, die Große Moschee, das Hotel Pension Brothers und eine Teestube gruppieren. Der ehemalige Sultanspalast, ein weitläufiges Gebäude, wird heute von staatlichen Einrichtungen genutzt. Wenn die Tore offen stehen, können Teile des Palastes besichtigt werden. Am Platz gibt es 100 m rechts neben der Pension Brothers ein Internet Café (180 Rial pro Stunde).

Die Bibliothek: Tarim war in den ersten Jahrhunderten der islamischen Zeitrechnung eine wichtige **Universitäts-**

stadt. Auf der dem Platz abgewandten Seite (Nordseite) der **Großen Moschee** *(Misdschitt al Dschama)* führt eine Freitreppe zu der im ersten Stock der Moschee eingerichteten **Al-Aghaf-Bibliothek** (Al Aghaf Manuscripts Library, benannt nach dem Wadi Al Aghaf, an dem Tarim liegt). Zur Besichtigung der Bibliothek (geöffnet täglich außer Fr 8.30–12.30 Uhr) müssen die Schuhe ausgezogen werden.

In dem Raum stehen Glasschränke mit rund **5000 handgeschriebenen Büchern** zu den Themenbereichen „Mystizismus" (Sufismus), „Sunna" (Mohammeds Worte und Taten), „Scharia" (islamisches Recht), „Korankommentare", „Medizin", „Literatur", „Geschichte" und „Biografien". Die Werke sind bis zu 400 Jahre alt. Mit holländischer Hilfe wurde die Bibliothek 1996 renoviert und mit Computern ausgestattet.

Al Midhar-Moschee

Östlich der Großen Moschee liegen das Sukgelände und die Al Midhar-Moschee (erb. 1429), die aus dem Ensemble der prächtigen Gebäude Tarims mit dem **höchsten Minarett Südarabiens** (38 m hoch, 1915 errichtet) herausragt. Das in quadratischer Form gearbeitete schlanke, mit vielen Fenstern versehene Minarett passt sich dem **indonesischen Baustil** an, wie er in Tarim nicht ungewöhnlich ist.

Das traditionelle **Minarett** im Wadi Hadramaut hat einen kubischen Unterbau und einen runden, sich oben verjüngenden Turm. Über dem Umgang für den Muezzin befindet sich ein kuppelförmiges Dach. Dem Minarett der Al Midhar-Moschee, das bedeutend höher als die traditionellen Minarette aufragt, ist die Lehmbauweise aufgrund der Verputzung und weißen Bemalung nicht anzusehen. Der durchbrochene Aufbau ist für islamische Minarette ungewöhnlich und kopiert einen Glockenturm. An dem Vorbild des Al Midhar-Turmes orientieren sich heute zahlreiche Neubauten von Minaretten im Hadramaut.

150 Treppenstufen führen hinauf zu den letzten Fenstern des Midhar-Minaretts, das von Touristen nicht bestiegen werden darf.

Gegenüber dem Minarett kann in einem palmenbestandenen Garten eine alte **Brunnenanlage** besichtigt werden. Wer diesen Garten durchquert und später links abbiegt, gelangt zu den meisten der zwanzig einstmals prächtigen Kaufmannshäuser.

Stadtpaläste

Der verflossene Reichtum Tarims drückt sich in architektonisch interessanten Fassaden alter **Kaufmannshäuser** aus. Faszinierend ist die Gliederung der Fronten mit Stuckarbeiten, z.T. Friese aus kleinen Lehmsäulen, die wie gedrechselte Tischbeine aussehen. Gitterartige Muster aus schräg gestellten Lehmziegeln in immer neuen Anordnungen lassen jedes dieser Häuser zu einem „Bilderbuch" werden.

Die **palastartigen Gebäude** wurden von Kaufmannsfamilien errichtet, die durch Handel in Indonesien Reichtum erlangt hatten. Den farbigen Fassaden vieler Paläste ist der südostasiatische Einfluss anzusehen. Während der sozia-

0991 Foto: bs

listischen Phase des südlichen Jemen wurden die meisten Paläste enteignet und von Menschen niedrigeren sozialen Standes bewohnt, weshalb für die Instandhaltung der Fassaden das Geld fehlte. In entsprechend schlechtem Zustand befindet sich die Bausubstanz.

Angesichts dieser Misere wurden im Februar 2008 etwa 200 Lehmbau-Handwerker aktiv. Auf der ersten Tagung der *Association of Mud Architecture Houses Builders* wurde beschlossen, an einem deutsch-jemenitischen **Programm zur Erhaltung und Restaurierung traditioneller Stadtarchitektur** teilzunehmen.

Al Midhar-Moschee in Tarim

Fast alle großen Gebäude gehörten bis 1967 der **Kaufmannsfamilie Al Kaff,** die mit ihren Handelsniederlassungen in Indonesien und durch Handel zwischen beiden Ländern zu Reichtum gekommen waren und bis zur Revolution als die heimlichen Herrscher in Tarim galten. Über die Rolle der Al-Kaff-Familie schreibt *Hans Helfritz* 1933: „Das Gebiet von Hadramaut wird von einigen Feudalherren regiert, die den Titel Sultan führen. Aber sie haben nicht viel zu sagen. Zumeist sind sie auf den Bereich ihrer prächtigen Schlösser beschränkt (...). Die wahren Herrscher von Hadramaut aber sind die fünf Brüder *Al Kaff,* eine Kaufmannsfamilie, dem alten Adel des Landes entstammend. Sie leiten den gesamten Handel Hadramauts, haben ausgedehnte Besitzungen in Vorder- und Hinterindien (...), und der unermeßliche Reichtum, über den sie verfügen, verleiht ihnen königliche Macht."

Harold Ingrams, der 1934 bei den Al Kaffs zu Gast war, zeigte sich von den sanitären Anlagen beeindruckt: „Es war mehr als bloßes Erstaunen, mit dem ich diesen luxuriös ausgestatteten Raum betrat. In einer Ecke war ein Marmorbad eingebaut, in einer Wand ein Waschbecken mit fließendem Wasser (...). Es gab eine Dusche, schneeweiße Badetücher (...), und Wunder über Wunder ein wirkliches Wasserklosett, ein Gegenstand, der selbst in Aden selten war. Das erstaunlichste aber war, daß alles funktionierte."

Abu Bakr al Kaff war in den 1930er Jahren einer der Wegbereiter für die Entwicklung des Wadi Hadramaut. Mit seinem Reichtum und britischer Hilfe gelang es, den Frieden im Wadi Hadramaut zu erkaufen. Er finanzierte die **erste Straßenverbindung** zwischen der Küste und dem Wadi Hadramaut, die 1937 eröffnete Piste von Schechr nach Tarim. Auf seine Rechnung wurden die ersten Schulen im Tal betrieben.

Die *Al Kaffs* gehören der Familie der Alawi-Sa'da an, die im 9. Jh. mit der Karmaten-Bewegung aus Basra nach Hadramaut kamen. Das Kuppelgrab ihres Urahn *Säi'ed Ahmad bin Issa al Mohajir* liegt an der Straße Sejuhn – Tarim.

Stadtrundgang

Die Stadtbesichtigung beginnt auf dem Platz vor der **Großen Moschee.** Rechts an diesem mächtigen Gebäude vorbei und an der ersten Kreuzung rechts gehend, ist der **Sukbereich** mit engen Gassen erreicht. 200 Meter geradeaus weiter, dann links abbiegen; nun sind es 50 m bis zum imposanten Minarett der **Midhar-Moschee.** Die Richtung beibehalten und nach 100 m rechts abbiegen, baut sich nach 50 m links der **imposante Wohnpalast „Gasr al Kaff“** auf. 50 m weiter liegt links der **Palast „Isch Schaa“,** in dem das Stadtmuseum (s.u.) untergebracht ist. Hier rechts abbiegen und nach 50 m rechts den **Palast „Gasr al Aunaisura“** beachten.

Nebenan werden in einem **Antiquitätenladen** Tonwaren, Silberschmuck, alte Waffen, Postkarten und kleine Holzschlösser sowie Stadtführungen mit Innenbesichtigungen alter Kaufmannshäuser und Kameltouren angeboten (Tel. 05/415238).

Altes Kaufmannshaus

Die Richtung Südost beibehalten und nach 150 links abbiegen, werden einige der atemberaubendsten **Paläste** Tarims erreicht. Das dritte Haus auf der linken Seite ist das **Dar As Salam,** gefolgt vom **Gasr Hamtut** (in einem großen Hof).

Bei seinem zweiten Besuch im Jemen im Jahre 2004 eröffnete der deutsche Schriftsteller *Günter Grass* im Dar As Salam das **„Günter-Grass-Zentrum zur Förderung und zum Erhalt des Lehmbaus“.** Mit dieser Initiative, die mit 10.000 Euro ausgestattet war, sollte der Erhalt der traditionellen Lehmbauweise im Wadi Hadramaut unterstützt werden. Bis Anfang 2008 wurden die Pläne nicht umgesetzt und die Geldmittel werden vermutlich in Schibam Verwendung finden.

Das Gasr Hamtut steht leer und verfällt. Angesichts des Niedergangs der Bausubstanz ist es fraglich, ob eine Renovierung der vielen Lehmpaläste in Tarim überhaupt möglich ist. Ein dringender Rat an den Leser dieser Zeilen: Besuchen Sie Tarim, solange es diese mächtigen Gebäude noch gibt!

Der Straße vorbei an den Palästen nach Osten folgend, sind es vom Gasr Hamtut 100 m bis zum Krankenhaus rechts und weitere 100 m bis zur Kreuzung der Straße Sejuhn – Thamud mit der **Busstation** auf der gegenüberliegenden Seite.

Zurück zum Museum gehen, dieses Gebäude links liegen lassen und nach

180 m links abbiegen, wo rechts zwei weitere **prachtvolle Wohnpaläste** der Al Kaff stehen. Das linke Gebäude wurde restauriert, das rechte weist schöne Holzfenster mit farbigen Scheiben auf.

Vorbei an weiteren mächtigen Bauwerken wird nach 220 m – hinter der ersten Rechtskurve – links abgebogen. Nach 230 m endet der Rundgang an der Großen Moschee.

Im Stadtviertel westlich der Großen Moschee befinden sich einige **Töpfereien** *(warscha al khazaf)*, die neben Gebrauchsgegenständen wie Tannure (Brotbacköfen), Bienenkörbe, Wasserbehälter und Weihrauchbrenner auch touristische Produkte (Tassen, Schalen, Tonpferdchen) anbieten.

Zum Abschluss des Rundgangs sollte die Talwand, an der Tarim errichtet wurde, bis zur halben Höhe weglos bestiegen werden. Dort bietet sich der **beste Blick auf die Stadt.**

Museum

Das Stadtmuseum befindet sich im ehemaligen **Wohnpalast „Isch Schaa"** (Plan Nr. 20). Geöffnet: Sa bis Do 8.30–13.30 Uhr, Eintritt 200 Rial.

Dieses einstmals prachtvolle Kaufmannshaus ist z.Z. der einzige öffentlich zugängliche Al-Kaff-Palast. Trotz der schlechten Bausubstanz bekommt der Besucher einen guten Eindruck von der Wohnkultur der *Kaffs*.

Das Haus wurde von einer Gruppe Privatleute gemietet, der *Yemen Society for History and Heritage Protection* und zum „Conservation Centre for Heritage and Mud Brick Architecture Project" er-

100jj Foto: bs

klärt. Im Innern sind auf mehreren Etagen die ehemaligen Wohnräume mit bunten Fenstern, Spiegeldecke, Wandstuck, bemalten Decken und geschnitzten Wandschränken zu besichtigen. Ethnografische Gegenstände wie Kleider, Münzen, Pässe, Plattenspieler und eine Fotoausstellung beleben die Räume. Ein gut bestückter Laden bietet alte Kleider, Tücher, geflochtene Spitzhüte, Schmuck und andere Souvenirs zum Kauf an.

Unterkunft

- **Pension Brothers,**
Am Sultanspalast, Tel. (05) 417483, 2-Bett 500, 3-Bett 750 Rial; Du/WC auf dem Flur, traditionelles Gebäude.
- **Kenya Tourist Hotel,**
Am Sammeltaxi-Platz, Tel. (05) 417550, 2-Bett 1700 Rial; ohne Frühstück, einfach.

Krankenhäuser

Staatliches Krankenhaus und **Aideed Charity Clinic;** Tel. (05) 417778.

Busse

Von der Station fahren Busse nach Thamud (1500 Rial) und Al Räitha (3000 Rial).

Taxen

- **Sammeltaxen** von Tarim nach Sejuhn 120, Äinat 100, Mukalla 1500, Thamud 1500, Al Räitha (11 Std. Fahrt) 3000 Rial.
- **Privattaxen** für Halbtages- oder Tagestouren nach Absprache am zentralen Sammeltaxiplatz in Tarim.

Abstecher 1 von Tarim: Wadi Äddem <Idim>

Entfernung: 52 km
Fahrzeit: 1 Std. (einfache Strecke)
Straße: asphaltiert

Das Wadi Äddem, eines der großen Seitentäler des Wadi Hadramaut, lohnt einen Abstecher wegen des fließenden Wassers und der Palmen der Oase **Räil Ümar.**

Km 0: Die Fahrt beginnt in Tarim am Abfahrtsplatz der Sammeltaxen. Auf der Straße Richtung Sejuhn geht es zum 11 km entfernten Kreisverkehr. Hier links (Süden) in das **Wadi Äddem** <Idim> abbiegen.

Die erste Autopiste, die das Wadi Hadramaut mit der Küste verband (im Juni 1937 in Betrieb genommen), startete in Tarim und führte an der Mündung des Wadi Äddem an dessen östlicher Flanke in vielen Kehren zum **Dschol-Plateau** hinauf und lief weiter nach Tabahla (bei Schechr), Räil Ba Wazier und Mukalla.

Km 14: Ba'lall mit einem quadratischen Minarett.

Km 19: Scharjuf.

Km 23: Links (1 km entfernt) **Roduht** mit einem schlanken Minarett.

Km 27: Rechts am Talrand die 1931 durch *Hermann von Wissmann* kartierten „südlichen Ruinen". Die nun folgenden Orte sind **Tamrahn (Km 29), Darr Al Jaube (Km 34)** und **Ar Rauk (Km 38).**

Km 46: In **At Thabäa** mit einem Gesundheitszentrum und gedrungenem Minarett kommen die Palmen der Oase Räil Ümar in Sicht. Die Fahrt geht nun an den Palmen und dem Wasser führenden Flussbett von Räil Ümar vorbei.

Km 50: Rechts das **Kuppelgrab** des Heiligen *Nabi Ümar.* Dann, erhöht am rechten Straßenrand, ist eine lang gestreckte, verfallene Burganlage zu sehen. 1 km weiter führt ein Abzweig links über eine Betonfurt auf die andere

Flussseite und in den **Palmenwald** nach Räil Ümar. An dieser Furt haben sich steinerne Reste alter Bewässerungsanlagen erhalten.

Km 52: Die Ortschaft Räil Ümar mit kleinen Läden und einer Teestube ist erreicht. Die Fahrt nach **Räil Ümar** gehört zu den schönsten Abstechern in eines der Seitentäler des Wadi Hadramaut. Zunächst hinter Tarim die grünen Plantagen, dann die Fahrt durch das trockene, tief zerrissene Wadi mit überraschenden Steilabstiegen und -auffahrten, dann die Oase Räil Ümar mit fließendem Wasser und Palmenhainen. Räil Ümar hat ansonsten keine touristischen Reize.

Die Kopfsteinpflasterstraße im **Wadi Äddem** war bis zum Bau der Asphaltstraße Mukalla – Al Kotten – Sejuhn der wichtigste Übergang für den Autoverkehr in das Wadi Hadramaut. Wer diese kaum noch befahrene Strecke zur Küste benutzen möchte, wird in Sejuhn oder Tarim nur mit Mühe einen ortskundigen Fahrer finden.

Der weitere Streckenabschnitt von Räil Ümar führt nach Süden aus dem Wadi Äddem heraus auf die Hochfläche des Dschol und über den Pass Abdallah Gharib in die Küstenebene nach Tabahla und Schechr.

Abstecher 2 von Tarim: Gabr Hud

Entfernung: 87 km
Fahrzeit: 2 Std. (einfache Strecke)

Der **Wallfahrtsort Gabr Hud** liegt im Unterlauf des dort ganzjährig Wasser führenden Wadi Hadramaut.

Km 0: Abfahrt vom Sammeltaxiplatz in Tarim. Der Unterlauf des Wadi Hadramaut ist sandig und kaum bewachsen. Auch Zahl, Größe und Schönheit der Dörfer geht zurück.

Der Grund für die geringe landwirtschaftliche Nutzung liegt in den periodischen Flutwellen, die sich durch das Tal wälzen und kultiviertes Land immer wieder fortschwemmen.

Km 6: Es geht durch eine Ortschaft mit mehreren **Kalkbrennöfen.** Die mit Kalksteinen gefüllten, gut 3 m hohen Öfen werden mit Palmwedeln und Palmstämmen befeuert. Die weitere Verarbeitung besteht im Zerschlagen der gebrannten Steine zu Pulver, Ablöschen und Verpacken in Säcke.

Km 19: Rechts (1 km) lohnen die sieben **Kuppelgräber von Äinat** <Inat> einen Abstecher. Sie sind die letzte Ruhestätte von *Säi'ed Abubakr Bin Salim* (der zwischen rivalisierenden Gruppen der Gegend vermittelte) und seiner Söhne. Ein Betreten der Anlage ist Nichtmoslems verboten. 50 m vor dem Friedhof steht links der Straße ein großes, weißes **Pilgerhostel** mit beeindruckend vielen Steinbockhörnern über dem Eingang.

Km 25: Der verfallene Palast Gayes Bin Yamani in der Ortschaft **Kassam** <Qasm> ist ein originalgetreues Abbild des Sultanspalastes in Sejuhn. Das in alten Reiseberichten erwähnte Stadttor steht nicht mehr. Von der einstigen Stadtmauer aus Lehm sind nur noch Fragmente erhalten.

Km 33: In dem von links mündende **Wadi Chun** kann ganzjährig mit Wasser gerechnet werden.

Km 38: Aus dem Wadi Hadramaut ragt 200 m rechts die verfallene **Burg**

102] Foto: bs

Kuppelgräber in Äinat

Al Urr heraus, deren Steinbauweise in der Lehmarchitektur des Tales ungewöhnlich ist. Husn al Urr ist eine der wenigen vorislamischen Ruinenanlagen im Wadi Hadramaut, die oberirdisch sichtbar sind. Die Burg war ein wichtiger Militärstützpunkt an der **Weihrauchstraße** und kontrollierte den Verkehr zwischen dem Weihrauchgebiet Dhofar und der Hauptstadt des Königreichs Hadramaut (Schabwa). An den Steinwänden der Burg sind Zeichnungen erhalten, die u.a. Jagdszenen zeigen.

Km 47: Die Straße führt durch **Assuhm.** Die Verteidigungsanlage aus Lehm hat die für das Wadi Hadramaut typischen runden Ecktürme.

Km 48: Links verlässt eine Asphaltstraße das Tal und führt über Thamud zur **Grenze des Oman** (siehe Abstecher 3 von Tarim).

Km 67: Die Ortschaft **Forma.**

Km 70: Eine Furt leitet zur Südseite des Wadi Hadramaut.

Km 79: Gabr Hud kommt am rechten Talhang in Sicht.

Bei **Km 87** ist **Gabr Hud** (keine Einwohner, 490 m) erreicht. Das **Grab des Propheten Hud** war das Ziel aller Forschungsreisenden des 19. und frühen

20. Jhs. Mit vielerlei Tricks und Verkleidungen versuchten sie, zum Wadi Hadramaut und dem Grab des Heiligen zu gelangen. 1931 waren der Deutsche *von Wissmann* und der Holländer *van der Meulen* die ersten Europäer in Gabr Hud.

Der Prophet *Hud,* der *Eber* des Alten Testaments, lebte viele Jahrhunderte vor der islamischen Zeit. Durch die Erwähnung im Koran ist *Hud* als Prophet anerkannt, und sein Leben und Wirken ist im islamischen Glauben integriert. Im Koran (Sure 26, Vers 124–140) ist beschrieben, wie *Hud* in das Wadi Hadramaut kam und es ihm nicht gelang, die Bewohner zum Glauben zu bekehren. Daraufhin ließ Gott einen heftigen Sturm herniederbrausen, der Dörfer und Felder der Ungläubigen zerstörte. Die Legende sagt weiter, dass die Bewohner des Tales den Propheten *Hud* mit Tötungsabsicht verfolgten. In seiner größten Not öffnete sich ein Felsspalt und nahm ihn auf. Die an dieser Stelle errichtete Moschee ist die **wichtigste Pilgerstätte im Wadi Hadramaut.**

Am Fuß der Anlage befinden sich ca. 100 leer stehende Häuser, die sich nur während der dreitägigen Wallfahrt im Monat vor dem Ramadan füllen. Die Bewohner des Wadi Hadramaut nennen diesen Monat auch Hud anstelle von Schawal.

Zu diesem Ereignis machen sich jährlich mehr als 20.000 Pilger auf den Weg, traditionell auf dem Rücken von mit Henna rot bemalten Kamelen, heute zumeist per Auto. Zu einer genau festgelegten Stunde nimmt eine Gruppe Gläubiger im Wasser führenden Tal Waschungen vor und reiht sich dann in die Reihe der Betenden in der Grabanlage ein. Der konservative Islam verurteilt diese Pilgerfahrt, da neben Allah keine weiteren Heiligen oder Mittler zugelassen sind.

Besichtigung von Gabr Hud: Von der unteren Moschee geht es auf 181 Stufen zum höchsten Punkt der Anlage (Schuhe ausziehen). **Im Innern des Kuppelgrabes** ist der 1,5 m hohe Felsspalt zu sehen, in den der Prophet geflohen sein soll und der sich hinter ihm nicht ganz geschlossen hat. Das Gestein dieser Felsöffnung ist durch die Berührungen der Gläubigen glatt poliert. Winzige Stofffetzen an den Wänden, Öl- und Parfümfläschchen gehören zum Ritual, mit dem die Gläubigen mit dem Heiligen in Kontakt treten. Die Legende besagt, dass das Kuppelgrab über dem Platz errichtet wurde, wo der Kopf des Propheten ruht. Mit einer Länge von 36 m gehört das Grab des *Hud* zu den typischen Riesengräbern im Wadi Hadramaut.

Die wichtigen Gebäude der Anlage sind offene Säulenhallen. Der Besucher ist geblendet vom Weiß der Moscheen und Treppen. Auffallend ist ein großer, den Talabhang hinabgerollter Felsbrocken, an den sich eine Moschee lehnt. Laut einer Legende ist dieser Stein *(al-Nagah)* der **Höcker des Kamels,** das den Propheten *Hud* hierher trug. Die Anlage in ihrer heutigen Form stammt aus dem Jahre 1673. Mächtige Ablagerungsschichten im Bereich von Gabr Hud zeigen, dass hier vor langer Zeit intensive Bewässerungslandwirtschaft betrieben wurde.

Weiterfahrt von Gabr Hud: Durch das Wadi Massiela nach Seihut

Die 230 km lange Piste durch das Wadi Massiela wird von organisierten Reisegruppen selten gefahren, kann aber bei jemenitischen Reiseveranstaltern gebucht werden.

Als erste Europäer der Neuzeit fuhr 1934 das englische Ehepaar *Ingrams* von Gabr Hud durch das Wadi Massiela in acht Tagen nach Seihut am Indischen Ozean.

Bir Bahut

Eines der großen Mysterien des südarabischen Altertums liegt zweieinhalb Fußstunden (10 km) südlich von Gabr Hud im Wadi Bahut. Der Araber *Al Masudi* beschrieb um 950 Bir Bahut als einen aktiven Vulkan, dessen Donnergrollen viele Meilen weit zu hören sei, der Kohlestücke so groß wie Berge aus seinem Schlund schleudere.

Ali, der vierte Kalif und Schwiegersohn des Propheten *Mohammed,* soll gesagt haben: „Das von Allah am meisten gehasste Fleckchen Erde ist Wadi Bahut mit einer Quelle mit schwarzem, übel riechendem Wasser, in das die Seelen der Ungläubigen geworfen werden."

Der Holländer *van der Meulen* und der deutsche Geograf *von Wissmann* konnten 1931 keine Spur von Vulkanismus in Bir Bahut feststellen. Sie fanden eine Kalksteinhöhle, deren strenger Geruch von Fledermäusen herrührte.

Abstecher 3 von Tarim: Durch die Provinz Machra zur Südostküste

Entfernung: 844 km bis Al Räitha
Fahrzeit: 10 Std. (einfache Strecke)
Straße: asphaltiert

Die Strecke von Tarim zum Kilometer 48 ist im Abstecher 2 von Tarim beschrieben. Bei diesem Abzweig windet sich die Straße in **vielen Kehren** hinauf zur ersten Stufe des Hochlandes. Die nächsten 30 Kilometer gehören zu den, unserer Meinung nach, weltweit besten Straßenabschnitten, denn sie folgen der Wasserscheide von extrem tief eingeschnittenen Tälern, so dass die Strecke einer Fahrt auf der „Chinesischen Mauer" gleicht.

Km 56: In Serpentinen geht es hinauf zur nächsten Hochlandstufe, dann bis zur omanischen Grenze ohne große Höhenunterschiede weiter.

Km 172: Mit **Thamud** ist der größte Ort im Norden der Provinz Machra erreicht. Rechts der Straße liegt das Hotel *Thamud Al-Siachi.* Thamud verfügt über einfache Restaurants und ein Postamt.

In Thamud wird der Kilometerzähler auf Null gestellt.

Km 85: Die Kleinstadt **Ruhma** verfügt über mehrere Minarette und zwei Hotels.

- **Funduk Khalidsch,**
im Ort, Tel. (05) 482224; 2-Bett 2500, 3-Bett 3500 Rial, WC/Du auf dem Flur.
- **Hotel Rimah,**
an der Durchgangsstraße, Tel. (05) 482180; 2-Bett 2000, 3-Bett 3500 Rial, WC/Du im Zimmer.

Km 137: Die Häuser von Homk.

Km 171,4: Die Tankstelle von Al Murtatha ist erreicht.

Km 247,2: Die Tankstelle Bir Schachr.

Km 272,9: Die wenigen Häuser von Bir Salim.

Km 362,3: Links abbiegen zum 7 km entfernten **Grenzübergang** nach Oman,

Die Provinz Machra <Mahra>

Die im Osten an den Oman angrenzende Provinz Machra ist seit Mitte 2005 durchgängig an das Asphaltstraßennetz des restlichen Jemen angeschlossen und einfach zu bereisen. Die Provinz ist mit 89.000 Einwohnern sehr dünn besiedelt. Es gibt keine touristischen Sicherheitsprobleme, was darin Ausdruck findet, dass Touristenfahrzeuge nicht vom jemenitischen Militär begleitet werden.

Bis zur sozialistischen Phase im Südjemen, d.h. bis 1967, herrschte der Sultan von Machra über dieses Gebiet. Er hatte seinen Sitz in der Kleinstadt Qishn und gebot auch über die Insel Sokotra.

Die Abgeschiedenheit der Provinz, die geringe Bevölkerungszahl und der nur mäßige Warenaustausch mit dem arabischen Kernland führten dazu, dass sich der Islam langsamer durchsetzte als im restlichen Jemen und dass sich als Umgangssprache bis heute das Mehri erhalten hat, eine Sprache, die ihre Wurzeln nicht im Arabischen, sondern in den alten vorislamischen Sprachen der Südarabischen Königreiche hat. Aufgrund der Durchdringung der Provinz Machra mit dem arabischen Schulsystem, dem arabischsprachigen Fernsehen und mit Verwaltungseinrichtungen gehört das Mehri zu den gefährdeten Sprachen und wird möglicherweise in wenigen Jahrzehnten ausgestorben sein. Mehri ist keine Schriftsprache.

Trotz Fischfang und bescheidener Landwirtschaft war das Leben der Bewohner - vor allem im Küstenbereich - nie einfach. Dies und die Abgeschiedenheit der Provinz hat mit sich gebracht, dass sich die Bevölkerung traditionell nach Osten (Richtung Oman) orientierte. So ist es bis heute geblieben. Ein großer Teil der Männer leben als Arbeitsmigranten in den Golfstaaten. Mehr als auf anderen Straßen im Jemen sind in dieser Provinz Fahrzeuge mit Nummernschildern aus dem Oman oder den Vereinigten Arabischen Emiraten zu sehen. Das Krankenhaus der Provinzhauptstadt Al Räida wurde vom Oman gebaut, zudem gehen die Menschen zur medizinischen Behandlung über die Grenze nach Oman.

Es ist die Aufgabe der Frauen, die Rolle des Hausvorstands einzunehmen, wenn die Männer abwesend sind und so sind die Machra-Frauen mehr als in anderen Teilen des Jemen als starke, selbstbewusste Individuen bekannt. Der „Brautpreis" ist in dieser Provinz mit bis zu 4 Mio. Rial der höchste im Land.

Bis zur Wiedervereinigung 1990 war Kat hier fast völlig unbekannt, und auch heute ist das Kauen der Droge bei vielen Machris verpönt.

Das touristische Potential der Provinz Machra ist gering. Die endlosen Sandstrände am Indischen Ozean weisen keine Infrastruktur auf. Vulkanologen kommen jedoch mit ausgdehnten Lavadecken und Vulkankegeln auf ihre Kosten. Ansonsten verfügt die Provinz über interessante Trocken-Wadis und entlang der Strecke Al Räitha - Thamud zum Wadi Hadramaut über endlose Hochebenen. Sandwüsten gibt es nur im nördlichen Machra. Ausgedehnte Teile der Provinz sind eine trockene „Kieselstein-Schotter-Steppe", durchzogen von Trockentälern. Wo die Asphaltstraße ein Wadi überquert, zeigen Pfosten mit roten Markierungen an, bis zu welcher Höhe das Wadi bei Wasserstand durchfahren werden kann. Nirgendwo im Jemen sind so viele Luftspiegelungen (Fata Morganas) wie in der Wüste Machras zu sehen.

Groß ist die Zahl der Kamelherden, die der Tourist entlang der Überlandstraßen zu Gesicht bekommt. Sie gehören Beduinen, die einen Teil der Bewohner Machras ausmachen.

Touristisches Potential hat das Bergland an der Südostküste bei Hauf <Hawf> für Wandertouren, da hier die Hänge im Spätsommer mit dichtem Strauchwerk überraschend grün sind.

Ostprovinz Machra
SAUDI-ARABIEN
OMAN
Hadramaut
Machra
Bir Ali Salim
Salalah
Schehenn
Ruhma
Hatt
Thamud
Salalah
Hauf
Sejuhn
Tarim
Gabr Hud
Al-Räitha
Schibam
Äinat
Al Kotten
Nischtuhn
Räil Ümar
Marib
Qishn
Seihut
Churäiba
Al Hami
Qusay'ir
Sokotra (480 km)
Schechr
Mukalla
GOLF VON ADEN
Aden
Sokotra (600 km)
0
100 km

Schehenn. Von Schehenn fahren Sammeltaxen für 2500 Rial nach Sejuhn und für 850 Rial nach Al Räitha.

In Schehenn wird der Kilometerzähler auf Null gestellt.

Km 7,0: Am zuvor genannten Km 362,3 geradeaus weiter Richtung Al Räitha fahren.

Km 83,7: Der kleine Ort **Hatt** mit einfachen Restaurants.

Km 215: Durch das breite Wadi rechts ging es vor Fertigstellung der Asphaltstraße – die wir gekommen sind – auf schlechter Piste über Gabr Hud in das Wadi Hadramaut.

Km 250,3: Bei einer Tankstelle ist der Abzweig links zum 105 km entfernten **Hauf** <Hawf> und geradeaus zum 5 km entfernten **Al Räitha** <Al Ghaydah> erreicht. Für die Weiterfahrten nach Hauf bzw. Al Räitha und Mukalla siehe Rundreise 2, 6. Tag.

4. Tag: Wadi Hadramaut – Churäiba

Es geht im Wadi Hadramaut von Schibam 44 km Richtung Mukalla. Am Abzweig rechts nach Marib den Kilometerzähler auf 0 stellen und im Wadi Al Qasr geradeaus weiter Richtung Mukalla fahren.

Km 1,8: Rechts verläuft ein Stück der alten Kopfsteinpflasterstraße aus britischer Kolonialzeit.

Km 7: Adschlanija <Ajlania>. Der Ort und die große Burganlage wurden im 10. Jh. vom jemenitischen Historiker *Hamdani* als eine der ganz alten Stätten des Hadramaut erwähnt. Adschlanija lag bis zum Ende der britischen Kolonialzeit 1967 als Besitz der Kathiri-Sultane von Sejuhn wie eine Insel im Gebiet des Qaiti-Sultanats.

Km 8,2: Das Schild des 6,3 km lang gestreckten Ortes **Haura** <Hawra>, der von einer großen Lehmburg dominiert wird.

Km 10,3: Bei einer verfallenen Lehmburg auf exponiertem Fels führt rechts die Straße in das Wadi Amd und nach Huräida.

Abstecher: Huräida und Madabum

Der Unterlauf des **Wadi Amd** ist wegen des tief liegenden Grundwasserstands (100–150 m) nur dünn besiedelt. Die wenigen Lehmhäuser weisen die für das Wadi Hadramaut tpyischen „Wellblechstreifen" auf, die durch flache Lehmziegel bei neuen, noch unverputzten Häusern entstehen. 16 km sind es von der Straße Sejuhn – Mukalla nach Huräida im Wadi Amd. Bei Kilometer 7 ist links die alte Kopfsteinpflasterstraße gut erhalten.

Huräida <Huraydha>

Bei dem am Abhang eines Berges gebauten Ort mit seiner lehmbraunen Architektur stechen zwei weiß getünchte Moscheen heraus. Die höher gelegene, ältere **Große Moschee** dominiert mit einem runden Minarett im typischen Alt-Hadramaut-Stil. Im unteren Ortsteil (am zentralen Platz) die kleinere Al Taalib-Moschee. 100 m von der Al Taalib-Moschee entfernt, leicht links nach hinten versetzt, befindet sich das ungewöhnlich große **Kuppelgrab des Heiligen (Walli) Ba Alawi** mit einer prächtig geschmückten Moschee. Von der Mukalla-Sejuhn-Straße kommend, liegt rechts (100 m vor dem Platz mit der Taalib-Moschee das **Kuppelgrab von Umar Abu Rahman,** dem ersten *Säid* (Gelehrten) in Huräida.

Bei einem Ortsrundgang durch Huräida sollte auf die geschnitzten, mit Metallbeschlägen versehenen **Holztüren** der Wohnhäuser geachtet werden. Einige Häuser tragen Steinbockhörner.

Die ersten Europäer in Huräida waren 1931 der Holländer *van der Meulen* und der Deutsche *von Wissmann.* Sie zogen weiter durch das Wadi Amd zum Wadi Hadscher und von dort nach Mukalla.

Madabum ist touristisch interessant wäre der 1937–1940 von der britischen Archäologin *Caton-Thompson* ausgegrabene **Tempel** in Madabum nordwestlich von Huräida, der zu Ehren des Mond- und Reichsgottes *Sin* errichtet wurde. Leider ist die Anlage mit Sand zugeweht, so dass in der weiten Ebene nur einige Hügel *(Tells)* zu sehen sind, unter denen sich die Monumentalbauten verbergen. Madabum war vermutlich vom 5. bis 2. Jh. v.Chr. bewohnt. Literatur: *Gertrude W. Caton-Thompson,* „The Tombs and Moon Temple of Hureidha", London 1944.

Madabum, von der lokalen Bevölkerung als „Mahabat al Gammr" bezeichnet, ist von Huräida aus wie folgt zu erreichen:

Auf der Asphaltstraße vier Kilometer weiter in das Wadi Amd hineinfahren und rechts zu einer 200 m entfernten kleinen Moschee abbiegen. 300 m hinter der Moschee liegt das **Ruinengelände.** Zwei Kilometer weiter in das Wadi Amd hinein, kann am rechten Talhang eine weiß getünchte Anlage besucht werden, wo der zuvor genannte *Umar Abu Rahman* seinen ersten Wohnsitz im Wadi Amd gehabt haben soll.

Weiter talaufwärts führt die Straße zum Hauptort Amd und in zwei Tagen (auf zumeist beschwerlicher Piste) durch das Wadi Hadscher zum Indischen Ozean.

Nach der Besichtigung von Huräida geht es zurück zur Fernstraße Sejuhn – Mukalla, der rechts für 9,8 km bis zum Abzweig rechts in das Wadi Do'an gefolgt wird.

Alternativroute nach Mukalla

Da im Folgenden nicht die Fernstraße nach Mukalla benutzt, sondern ein **Bogen durch das Wadi Do'an** geschlagen wird, folgt hier zunächst die Beschreibung der Fernstraße nach Mukalla.

Am Abzweig nach Maschad Ali den Kilometerzähler auf 0 stellen.

Km 7: Ataap, wo eine Moschee mit grün-gelbem Minarett auffällt.

Bis zur Ortschaft **Bourgat** (Km 27) wechseln sich baumbestandene Flächen (Palmen und Tamarisken) und dicke Lössablagerungen im Trockental ab. Hinter Bourgat beeindruckt das **Wadi Al Äin** mit Palmen, Lehmhäusern, vielen *Sigayas* (Wasserhäuschen) und steilen Talwänden. Am rechten Talrand liegt der schöne Ort **Rurab** <Ghurab>.

Km 39: Die Straße wechselt auf einer Betonfurt zur linken Talseite. In diesem

Abschnitt des Wadi Al Äin überraschen grüne Dattelpalmen. Wasser strömt zwar nur periodisch, doch legt die üppige Vegetation Zeugnis ab, dass der Wasserspiegel – im Gegensatz zum trockenen Unterlauf – nicht tief liegt.

Km 44: Scharsch asch Scharif ist der letzte Ort im Wadi Al Äin. 2 km weiter windet sich die Straße zur steinigen Dschol-Hochfläche hinauf.

Km 82: Links liegt in einem baumbestandenen Talkessel **Garia Al Augubia,** die einzige alte Ortschaft auf dieser Dschol-Strecke.

Km 109: Das **Restaurant At Tamimi** links der Straße, wo viele Busse und Sammeltaxen für eine Mahlzeit halten.

Häuser und Restaurants entlang der Asphaltstraße wurden erst in den letzten Jahren errichtet, da das Trinkwasser mit Tankwagen angeliefert werden muss.

Die Trassenführung der Straße vermeidet die tief eingeschnittenen Täler, deren Oberläufe beiderseits der Straße beginnen. Die dem Dschol aufgesetzten **Tafelberge** sind Zeugen einer viel älteren Hochebene, die bis auf diese wenigen Reste forterodiert ist.

Km 118: Von rechts mündet die **Straße vom Wadi Do'an** ein. Aus dieser Richtung kommen Reisende, die die nachfolgend beschriebene Route über Churäiba gewählt haben.

Durch das Wadi Do'an nach Churäiba

Am Abzweig „Maschad Ali" von der Fernstraße Sejuhn – Mukalla den Kilometerzähler auf 0 stellen und der Asphaltstraße folgen.

Km 3,6: Rechts ein Schulkomplex.

Km 5: ist **Maschad Ali** erreicht.

Maschad Ali

Das Mitte des 19. Jhs. gegründete Maschad Ali verfügt über eine Moschee und das Kuppelgrab des Heiligen *Ali.* Die vierzig zumeist leer stehenden Häuser dienen als Unterkunft im Rahmen der einmal jährlich stattfindenden Pilgerfahrt zu der Grabstätte. Für dieses Ereignis sind Sukplatz und Brotbacköfen eingerichtet. Vor der Moschee des Ortes sind zwei alte Zisternen, davon eine als Tränke für Tiere angelegt.

Sehenswert im Innern des zweikuppeligen Grabgebäudes (beim Betreten Schuhe ausziehen) sind vier geschnitzte **hölzerne Grabkästen,** die über den Gräbern *Alis,* seiner Söhne und Enkel errichtet wurden. Von den 2 m hohen, spitzgiebeligen Kästen ist der des *Säi'ed Ali bin Hassan* der erste neben der Tür. An der Stirnseite der Grabkästen sind Rinnen mit geweihtem Sand angebracht, der von Gläubigen mitgenommen wird. Im Nebenraum befinden sich **Steingräber,** deren senkrechte Namenssteine wir bei einem Besuch 1991 zerstört vorfanden – Begründung: Der Islam ist ein monotheistischer Glaube, der neben Allah keine Gottessöhne und Heiligen kennt. Die Heiligengräber im Jemen sind dem konservativen Islam ein Dorn im Auge, weswegen es nicht an Anstrengungen fehlt, diesem „Irrglauben" ein Ende zu machen. Die Grabschändung in Maschad Ali wurde von Anhängern der wahhabitischen (saudischen) Glaubensrichtung vorgenommen.

Die Karawanenwege des Dschol

Der Dschol <Jol> bildet eine **natürliche Barriere zwischen dem Wadi Hadramaut und dem Meer.** Die wichtigsten Übergänge bis zum Bau der Teerstraße waren die Karawanenwege von Mukalla durch das Wadi Do'an nach Schibam und von Schechr über das Wadi Äddem nach Tarim. Wer heute in wenigen Stunden über den Dschol nach Schibam braust, kann sich die Strapazen einer Reise von der Küste zum inneren Hadramaut vor dem Straßenbau nicht vorstellen. Ein Reisebericht von *Leo Hirsch* aus dem Jahr 1893 beschreibt die Dschol-Überquerung eindrucksvoll: „Ein Gefühl der Vereinsamung beschleicht mich (...), und die Öde und Trostlosigkeit ringsumher legt sich mir drückend auf's Herz (...). Der Boden ist sehr eben, von einer dünnen kiesartigen Schicht bedeckt, aus der stellenweise das feste Grundgestein hervortritt. Niedrige Hügel, Festungswällen ähnlich, oben vollkommen abgeflacht, bedecken das Djol in seiner ganzen Ausdehnung; weiten Strecken fehlt jede Vegetation; wo sie sich findet, ist sie höchst dürftig, und Bäume und Sträucher sind oft vollständig verdorrt".

Andere Eindrücke sammelte 1936 die britische Reisende *Freya Stark:* „Der Dschol hat den Zauber und das Bedrohliche der Ungeheuerlichkeit des Raumes sowohl wie der Zeit. Wenn zu seiner sonnengebadeten Fläche emporgestiegen wird, ist die Menschenwelt versunken; die Natur allein ist hier am Werk, in ihren Jahrtausendenperioden das Erdbild modelnd, ihre Zeitabgründe sichtbar machend in Stein. Auf diesem Hochland schreiten wir über uralten Meeresgrund. Er ist emporgehoben worden, gesunken und wieder gehoben vielleicht, wie oft?"

An die Schöpfungsgeschichte fühlte sich 1934 der englische Kolonialbeamte *Harold Ingrams* erinnert: „Als ich zum ersten Mal auf den nackten Eozänerhebungen der Hadhramaut-Steppen stand, fielen mir die Worte ein: Im Anfang schuf Gott Himmel und Erde. Es scheint, als wäre die Schöpfung hier gleich zu allem Anfang stehen geblieben."

Der Dschol besteht aus tertiärem Kalk- und Gipsgestein, das nördlich des Wadi Hadramaut in die Sandwüste Rub al Chali überleitet. Die Oberfläche des Dschol ist aber keine weiße Kalkfläche. Das Gestein ist aufgrund der intensiven Sonnenstrahlung von einer schwarzbraunen, glänzenden Schicht überzogen, dem sogenannten Wüstenlack.

Die bis zu 200 m mächtigen Kalkschichten des Dschol lassen den spärlichen Regen rasch versickern. Das Anlegen von Brunnen ist wegen der großen Tiefe der Wasser führenden Schichten unökonomisch. In Zulaufrinnen zu zementierten Zisternen (Naqaba genannt) geleitetes Regenwasser ist daher die einzige und höchst unzuverlässige Wasserversorgung auf dem Plateau. Der Holländer *van der Meulen* schrieb 1947 hierzu: „Die wahrscheinlich vor Jahrhunderten erfolgte Konstruktion der Hissus (Naqabas, d. Verf.) hat es ermöglicht, die Hochfläche des Hadhramaut in jeder Jahreszeit zu durchreisen."

Aus den Zeiten, wo Karawanen noch mehr als zehn Tage für die Reise vom Ozean zum Wadi Hadramaut benötigten, stammen die öffentlichen Wasserhäuschen entlang der Routen, **Sigayas** genannt (s. Abb. unten). Die von wohlhabenden Personen errichteten kleinen Kuppelbauten haben im Innern eine zementierte Wanne, aus der mit einem Schöpflöffel Wasser getrunken werden konnte. Die Verpflichtung für den Bauherrn begann nach der Errichtung der Sigayas, nämlich das regelmäßige Auffüllen des Beckens mit frischem Trinkwasser. Oftmals musste das Wasser mit Eseln von weit her transportiert werden.

Über die Enttäuschung seiner Reisegruppe (1934) angesichts einer leeren Sigaya schreibt der Engländer *Harold Ingrams:* „In den nächsten Wochen lernten wir, dass es für einen Beduinen ebenso schwierig ist, an einer Sigaya vorbeizuziehen wie für einen Ausflügler, ein Gasthaus liegenzulassen. Aber die Sigaya war leer, und Salim und ein anderer warfen große Steine hinein, um den Mann zu schmähen, der seine Pflicht, Wasser nachzufüllen, so grob vernachlässigt hatte." Aber nicht nur für die Beduinen, auch für die ersten europäischen Reisenden waren die Sigayas und die Regenwasserzisternen des Dschol die einzige Wasserversorgung, und die entsprach – wie *van der Meulen* 1931 schreibt – nicht immer hygienischen Standards: „Das Wasser der Sikajas ist zumeist schmutzig, mit mannigfaltigen Gerüchen und Geschmack; es wimmelt mit Larven und ähnlichen, aber der Durst lehrt rasch, das nicht zu beachten, und die Abneigung verringert sich im Laufe der Zeit."

Der **Wahhabismus,** benannt nach seinem Gründer *Mohammed ibn Abd al Wahhab* (1703–1792), entstand im Norden der Arabischen Halbinsel. *Wahhab* predigte den „unverfälschten Islam". Er verbot alle modernen Strömungen und die Verehrung von Heiligen. Der Wahhabismus ist heute Staatsreligion in Saudi-Arabien.

Die **Geschichte von Maschad Ali** erklärt *Freya Stark* in ihrem Buch „The Southern Gates of Arabia": „Einst war dieses Gebiet ein Niemandsland, ein Schlachtfeld der verschiedenen Stämme. Feldbau und Handelsverkehr waren gleicherweise unmöglich. Hier siedelte sich ein heiliger Mann namens *Sayyid Ali Hassan al Attas* an; und durch die bloße Gottesfürchtigkeit und Gastfreundlichkeit, die er lediglich aus den freiwilligen Spenden der Gläubigen bestritt, brachte er Frieden in die Wildnis und errang sich führenden Einfluss über die Beduinen des umgebenden Dschols."

Raybuhn <Raybun, Riboun>

Km 6: 300 m rechts der Asphaltstraße liegt das **Ausgrabungsgelände** von Raybuhn. Diese **vorislamische Stadt- und Tempelanlage** wurde nicht auf sicherem Fels am Talrand errichtet, sondern auf einer Lehm-Lössablagerung inmitten des Wadi Do'an. Mehrere Gebäude dieser weitläufigen Anlage sind freigelegt, aber bislang nicht konserviert.

In keiner anderen Ausgrabung im Hadramaut wurden so zahlreiche Tempel festgestellt wie hier. Die einst mächtigen Steinbauwerke waren mindestens vier Hauptgottheiten geweiht: Im Mayfa'an-Tempel (der größte in Raybuhn) wurde *Sayin* <Sin> verehrt, die wichtigste hadramitische Gottheit. Die Na'aman- und Rahban-Tempel waren der Göttin *Dhat-Himyam* gewidmet. Der Hadran-Tempel im Norden der Anlage war der Göttin *Athtar* geweiht.

Wie an anderen historischen Stätten im Hadramaut, wurden auch in Ray-

105 | Foto: bs

buhn ovale, mit Steinen umfriedete und Steinplatten abgedeckte, ca. 1 m tiefe Löcher freigelegt, in denen **Kamele bestattet** wurden. Objekte der Grabungen in Raybuhn sind im Museum von Sejuhn ausgestellt. Dort ist auch eine Rekonstruktionszeichnung des Haupttempels zu sehen.

Hadscharäin

Km 14: Links zieht sich hufeisenförmig um einen weit in das Wadi ragenden Felssporn und gilt daher als einer der **am schönsten gelegenen Orte des Jemen.** Es kann auf breiten Rampen von Norden und Süden zu den Häusern hinaufgefahren werden. Schöner ist es jedoch auf einem Zickzackweg zu Fuß in 10 Minuten durch das Stadttor in die Oberstadt und zu einer verfallenen Burganlage zu gehen. Ein zweiter Zugang vom Wadi führt über 191 Betonstufen bei den am nördlichsten gelegenen Häusern in gerader Linie zur Oberstadt.

In den Gassen sollte auf die gemauerten und mit Steindeckeln versehenen **Kanäle** geachtet werden. Sie leiten das Abwasser der Häuser die Steilklippen hinunter und tragen seit alters her zur Hygiene bei. Die Kinder können hier recht aufdringlich sein.

Heiligengrab Maschad Ali im Wadi Do'an

Km 16: Rechts die Ortschaft **Ne Huäla** und 1 km weiter die mehrfarbigen Häuser von **Herächa.** Hatten im Wadi Hadramaut die braunen Lehmhäuser beeindruckt, so fällt im Wadi Do'an mit den farbenfrohen Fassaden ein neues Stilelement auf.

Die weitere Fahrt bietet einen schönen Blick zurück auf die „Schokoladenseite“ von Hadscharäin.

Das **Wadi Do'an** ist in seinem **Unterlauf trocken und unfruchtbar.** Die Hauptwasserrinne ist als Hochwasserschutz an vielen Stellen kunstvoll mit ovalen Steinen eingefasst. Da das Grundwasser sehr tief liegt, muss Trinkwasser für die Ortschaften und Sigayas mit Rohrleitungen von talaufwärts herangeschafft werden.

Im Flusstal wachsen die für den Hadramaut typischen **Ilb-Bäume.** Deren Holz wird für den Hausbau, die Blätter als Kamelfutter und die Früchte als Nahrung genutzt (auf dem Markt unter dem Namen *Dom* erhältliche haselnussgroße, gelbliche Früchte mit hartem Kern).

Die **Architektur der Häuser** ist einfach, aber in jedem Ort ragen palastartige, weiß verputzte und fantasievoll bemalte Gebäude heraus. Der solcherart präsentierte Wohlstand wurde im Ausland erworben. Während es die männliche Bevölkerung des Wadi Hadramaut traditionell nach Südostasien zog, emigrierten die Männer des Wadi Do'an in das nordöstliche Afrika.

Km 21: Der Ort **Gar bin Leswed.**

Km 35,5: Rechts der Abzweig zum sehenswerten Ort (2 km) **Gydoun <Gidun>** mit dem Grabkasten von Scheich *Sa'ed bin Eisa al Amoudi.*

Bei **Km 37,5** ist das **Grabgebäude** von *Shaikhan bin Ahmed* in Sief erreicht.

Sief <Seef>

Die Kleinstadt ist an der rechten Talflanke des Wadi Do'an errichtet. Auf das größte Haus trifft der Reisende von Hadscharäin kommend am nördlichen Ortsrand. Die Piste zum Zentrum führt links an diesem prachtvollen Gebäude vorbei.

Das Ortsbild bestimmen zahlreiche, mit weißem Kalk verputzte und vielfarbig bemalte Häuser. In einige Hausecken sind Steinbockhörner gearbeitet. Am südlichen Ortsrand lädt das einfache **Hotel/Restaurant Raybuhn** zur Rast ein: Tel. (05) 7956583, 1-Bett 3000, 2-Bett 6000 Rial mit Frühstück, Du/WC auf dem Gang.

Bis Sief kam im Jahre 1843 der Forschungsreisende *von Wrede* bei seinem Versuch, in das Wadi Hadramaut zu gelangen. Hier wurde er als Europäer erkannt und nach Mukalla zurückgeschickt.

Km 41,5: Links führt eine Asphaltstraße in ein Seitental und über den Pass **Chäile** zur Fernstraße Sejuhn – Mukalla (siehe Beschreibung 5. Tag). Nach Churäiba geht es im Wadi Do'an geradeaus weiter.

Km 43: Rechts der Ort **Hadiel** mit einer verfallenen Burg.

Km 46,3: In Budhah zweigt rechts eine Asphaltstraße ab, die über den **Pass Almia** zum Wadi Amd leitet.

Km 53,5: Rechts die schönen Häuser von **Dschubäil.**

Km 55,3: Die Straße führt an einem Friedhof vorbei.

Km 56,1: Am Ortsrand von **Riihab al Dschol** zweigt links eine Piste ab, die auf den Dschol und zur Fernstraße Sejuhn - Mukalla leitet.

Km 62,5: Churäiba ist erreicht.

Churäiba <Khuraybah>, Khoreiba

Churäiba ist der **größte Marktflecken im Wadi Do'an** und verfügt über ein Zentrum mit regem Handelsbetrieb. Der Ort liegt an der rechten Flanke des hier eng gewordenen Tales. Beeindruckend sind die Lehmhäuser mit ihren hölzernen Toren im alten Ortsteil rechts der Straße.

Am Marktplatz befinden sich die zwei Unterkünfte des Ortes. 4 km weiter talaufwärts liegt mit **Rubaht** die letzte Ortschaft im Wadi Do'an mit dem verfallenen Haus des Großvaters vom Terroristen *Osama Bin Laden*. Der Großvater verließ diesen Ort und siedelte nach Saudi-Arabien um.

Es kann an diesem Tag entweder in Churäiba oder im **„Märchenschloss"** der Ortschaft Ribat Baahschem übernachtet werden (s. Beschreibung 5. Tag).

- **Al Khouraebah Tourist Hotel** *(Hotel Khriba)*, Tel. (05) 495040, 1-Bett 2500, 3-Bett 3500 Rial, inkl. Frühstück; neues Gebäude, sauber, schöner Blick von der Dachterrasse.
- **Funduk Nasr,** nicht empfehlenswert.

5. Tag: Churäiba – Mukalla

Entfernung: 232 km
Fahrzeit: mit dem Auto 4 Std.

Es gibt **zwei Alternativen** für die Fahrt nach Mukalla.

Option 1: Pistenfahrt

Vom Zentrum Churäibas geht es 7,6 km zurück bis Riihab al Dschool und dort rechts steil in Serpentinen empor. Bei der Auffahrt sind Weihrauchbäume zu beachten.

4 km hinter Riihab ist die **Hochfläche des Dschol** erreicht. Hier die Straße auf einer Fahrspur nach rechts verlassen und zur 2,2 km entfernten **Steilkante** mit einem **fantastischen Blick** hinab in das Wadi Do'an fahren. Was bei der Fahrt von Maschad Ali bis Churäiba nicht zu erkennen war, offenbart sich hier oben: Das Wadi Do'an ist ein grünes Band aus Dattelpalmen.

Rechts liegt die Ortschaft Riihab, dann folgt talaufwärts auf der gegenüberliegenden Seite Al Aura, weiter aufwärts (auf unserer Talseite) Al Aräin und in der Ferne Churäiba.

2,2 km zurück zur Straße fahren und den Kilometerzähler auf 0 stellen.

Km 18,7: Links ein **Drachenblutbaum** (Gattung der Agaven).

Km 35: Rechts eine Piste nach **Ataak.**

Km 55,8: Links in einer Steilauffahrt ein weiterer **Drachenblutbaum.**

Km 88: Von links mündet die Piste, die vom Wadi Do'an über den Chäile-Pass herführt.

Km 90: Hier ist die Fernstraße Sejuhn (188 km) - Mukalla (132 km) erreicht.

Option 2: Asphaltstraße

Vom Zentrum Churäibas aus geht es **22,7 km zurück Richtung Sief,** wo rechts in ein Seitental des Wadi Do'an abgebogen wird. Im Gegensatz zur Option 1 führt diese Straße erst in 7 km Entfernung steil hinauf zum Dschol-Plateau. Dort, wo der Anstieg beginnt, rechts zum 1,6 km entfernten **Khailah Palace Tourist Hotel** (auch *Bäit Bugshahn* genannt) in der Ortschaft **Ribat Baahschem** abbiegen.

Die oberen Etagen dieses farbenprächtigen Palastes werden von Scheich *Abdulla Ahmed Bugshahn* bewohnt, wenn er aus seinem Domizil in Saudi-Arabien zu Besuch kommt. Der Scheich hat durch seine wirtschaftlichen Aktivitäten in Saudi-Arabien Wohlstand erlangt und seinem Heimatdorf eine Schule (mit Schwimmbad) sowie ein Krankenhaus geschenkt. Die zwei unteren Etagen seines Palastes werden seit 2005 als Hotel genutzt. Oberhalb des *Khailah Palace Hotels* steht der ebenso große Palast des Bruders des Scheichs.

Empfehlenswert ist im Tal die Weiterfahrt zum Ort **Haied Al Gozeel,** dessen Häuser auf steilem Fels inmitten des Tales errichtet wurden. Es sind nur noch wenige Häuser bewohnt.

- **Khailah Palace Tourist Hotel** (auch *Bäit Bugshahn* genannt),
Tel. (05) 515030, Fax (05) 515034, 1-Bett 55 US$, 2-Bett 70 US$, 3-Bett 90 US$, inkl. Frühstück. Stilvoll traditionell eingerichtete Zimmer mit schönen Holzarbeiten, Restaurant, großer Lichthof im Zentrum des 1955 errichteten Gebäudes. Sehr empfehlenswert.

Die 1,6 km vom Hotel zurückfahren, an der Fernstraße rechts abbiegen und den Kilometerzähler auf Null stellen. Die Straße führt in Serpentinen steil zum **Dschol-Plateau** hinauf.

Km 3,1: Die **Passhöhe Chäile** <Ubat Kheilah> ist erreicht.

Km 3,8: Links das vom Scheich *Bugshahn* errichtete Krankenhaus.

Km 7,9: Rechts die Einfahrt zum 1,7 km entfernten **Hotel Haied Al Gozeel,** das auch Nichtgäste besuchen sollten.

- **Haied Al Gozeel Hotel,**
bei unserer Recherche Anfang 2008 noch im Bau. First Class Hotel mit Pool und Restaurant. Hervorragende Lage an der Abbruchkante des Dschol mit Blick auf die Ortschaft Haied al Gozeel, nach der die Anlage seinen Namen erhielt. Auch dieses Haus gehört dem Scheich *Bugshahn.*

Zurück an der Fernstraße rechts abbiegen und den Kilometerzähler auf Null stellen.

Km 47,8: In der Ortschaft Ras Huweirah mündet von rechts die Piste, die von Riihab al Dschool herführt (Option 1).

Km 48: Hier ist die **Fernstraße Sejuhn (188 km) – Mukalla (132 km)** erreicht. Den Kilometerzähler auf Null stellen.

Km 5: Ein Fernmeldemast auf 1520 m Höhe markiert den höchsten Pass der Dschol-Überquerung und die Wasserscheide des Wadi Hadramaut. Von hier bietet sich ein letzter Blick auf die nach Nordosten abfallende, nahezu vegetationslose Hochebene des Dschol.

Km 23,9: Links wächst ein kleiner Drachenblutbaum.

Km 32: Die Straße führt abwärts zu einer weiteren Stufe des Dschol (1060 m).

Km 65,4: Auf der letzten Geländestufe des Dschol (820 m) liegen rechts einfache Garküchen und eine Tankstelle. Die Straße führt jetzt mit 15% Gefälle hinab in die flache Küstenregion. Die **spärliche Vegetation** verdankt ihre Existenz nicht periodischen Regenfällen, sondern der in den Nachtstunden als Tau kondensierenden Luftfeuchtigkeit. Täglich ab ca. 17 Uhr hüllt sich der obere Teil der Küstengebirge in Wolken, die sich aus den feuchten Luftmassen des Indischen Ozeans bilden. Es wachsen Sträucher und anspruchslose Pflanzen.

Km 70: Wo die Straße in engen Kehren aus den Bergen herauskommt, ist die Ortschaft **Abdallah Gharib** erreicht, mit Verkaufsständen, die Kokosnüsse, Bananen, Tabak, Kekse und Getränke anbieten. Hier besteht eine der seltenen Gelegenheiten im Jemen, frische Kokosmilch zu trinken.

Km 106: Links der Abzweig nach **Schechr** und zum **Flughafen Riyan von Mukalla.** Hier rechts nach Mukalla abbiegen. Die nun folgenden Kilometer bis Mukalla beeindrucken wegen der Großzügigkeit des Straßenbaus. Der Verkehr bewegt sich auf mehrspurigen Trassen, Mittel- und Seitenstreifen sind begrünt und mit Blumen besetzt, moderne Lampen geben dieser Straße das Image eines Highways.

Km 121: Links kann zu den teuren Hotels von Mukalla und zur Küstenstraße abgebogen werden (16 km bis Mukalla). Wir fahren geradeaus.

Km 130: Rechts liegt auf einem überhängenden Felsen die gut restaurierte, **alte Zollstation Husn al Ghuweizi** (erbaut 1716), die den Verkehr von Mukalla nach Schechr und in das Wadi Hadramaut kontrollierte. Auf der gegenüberliegenden Straßenseite ihr Pendant.

Km 131: Der **Stadtteil Dies von Mukalla** ist erreicht.

Alternativroute

Bei **Km 121** links abbiegen und am Meer entlang nach **Mukalla** fahren.

Km 4: Links das **Al Raha Holiday Resort,** ein Vergnügungspark direkt am Meer.

Km 5,5: Links das **Hotel Holiday Inn.** 100 m weiter ein **Vergnügungspark** mit Riesenrad.

Km 11,6: Links das **Hadramaut Hotel.**

Km 12,6: Der alte **Dhau-Hafen** von Mukalla.

Km 13,8: Links zieht sich die Halbinsel mit Alt-Mukalla in das Meer hinaus.

Km 14,6: Das **Zentrum von Alt-Mukalla** mit dem *As Salama Hotel* ist erreicht.

6. Tag: Mukalla und Schechr

Mukalla

400.000 Einwohner

Die **Hauptstadt der Provinz Hadramaut** ist die bedeutendste jemenitische **Hafenstadt** östlich von Aden.

Gleich zu Beginn dieses Kapitels muss unterstrichen werden, dass Mukalla die Stadt im Jemen ist, die in den letzten Jahren die größten Veränderungen aufzuweisen hat. Von einem ver-

110| Foto: bs

schlafenen, eher unangenehm riechenden und mit Abfallproblemen belasteten Provinznest hat sie sich zu einer **„Braut des Indischen Ozeans"** entwickelt. Modern und sauber zeigen sich viele Teile der Stadt. Beigetragen dazu haben starke Finanzspritzen, der Abriss ganzer Häuserreihen (vor allem im Stadtteil Schark am Fischmarkt) und der unbändige Wille, Mukalla zu einer Vorzeigestadt zu machen.

Geschichte

Mukalla ist eine alte Stadt. Bereits auf der Landkarte des *Ptolemäus* (2. Jh. n.Chr.) ist „Maccala" verzeichnet, wenn auch zu weit landeinwärts. Anfang des 7. Jhs. beschloss der christliche Bischof von Natschraan (im heutigen Saudi-Arabien), dass derjenige, der in Mukalla wohne, als Geschenk feurige Streitrosse und schöne Mädchen senden solle.

Ende des 7. Jhs. schrieb der Poet *Ajjas:* „Ich reiste von den entferntesten Ländern, die bereist werden können, von den Hügeln Schechrs und der Umgebung Mukallas."

Für den britischen Arabienforscher *Philby* kommt Mukalla vom griechischen „Mykale", und da im „Periplus

Mukalla, Promenade am Seewasserkanal

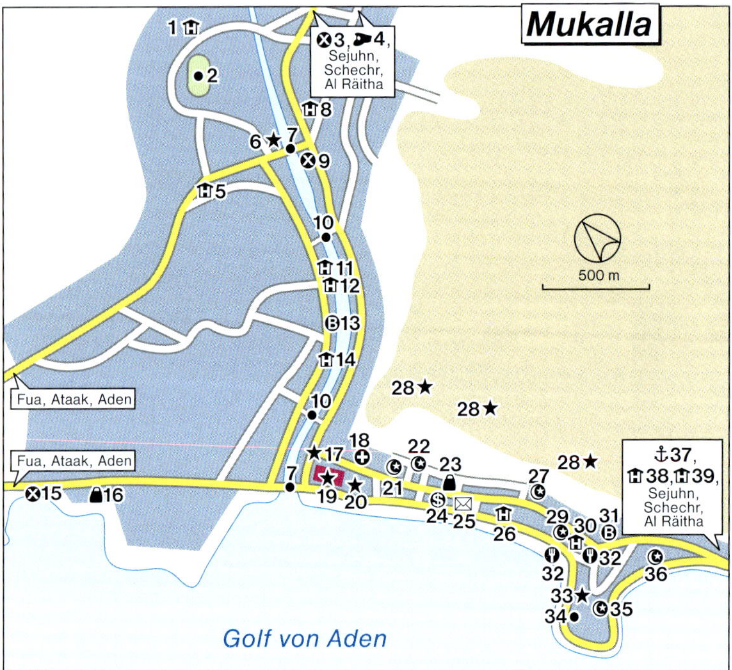

1 Al Ahgaf Hotel
2 Stadion
3 Sammeltaxen nach Sejuhn, Schechr (200m)
4 Zollstation Husn al Ghuweizi
5 Ryboon City Hotel
6 Chinesengräber
7 Autobrücke
8 Al Bustan Hotel
9 Taxistand
10 Fußgängerbrücke
11 Gulf Hotel
12 Half Moon Hotel
13 Busbüro
14 SAS Plaza Hotel
15 Sammeltaxen n. Aden, Ataak
16 Fischmarkt
17 Modell des Stadttores
18 Krankenhaus
19 Sultanspalast
20 Park
21 Bazara-Moschee
22 Maschur-Moschee
23 Markthalle
24 Nationalbank
25 Post
26 Corniche Hotel
27 Omar-Moschee
28 Stadtbefestigung
29 Rauda-Moschee
30 Al Salama Hotel
31 Busse n. Dies, Schark, Fua
32 Restaurants
33 Jakkub-Grab
34 Alte Hafenverwaltung
35 Al Dschama-Moschee
36 Ali Habieb-Moschee
37 Khalf (Hafen) (1,2 km)
38 Hotel Hadhramaut (2 km)
39 Hotel Holiday Inn (8 km)

des Erythräischen Meeres" im 1. Jh. n.Chr. von griechischen Siedlern auf Sokotra geschrieben steht, vermutet *Philby* Griechen als Gründer der Stadt.

1625 baute *Sultan Badr,* Herrscher der in Sejuhn residierenden Kathiri-Dynastie, Mukalla in der Absicht aus, sein Sultanat bis an die Küste auszudehnen. 1707 löste der Statthalter in Mukalla die Bindungen zum Kathiri-Sultanat und gründete seinen eigenen Herrschaftsbereich.

Die südarabische **Qaiti-Familie** war Mitte des 19. Jhs. durch Geschäfte im indischen Hyderabad zu Geld gekommen. Der Urahn *Omar* schickte drei Söhne nach Südarabien mit dem Auftrag, dort Einfluss zu erlangen. *Mohammed,* der Älteste, zog nach Al Kotten, wo er durch Bodenkäufe Macht gewann. Der zweite Qaiti, *Awadh,* konnte die Küstenstadt Schechr von den Kathiri-Sultanen erobern. In Räil Ba Wazier setzte sich der dritte Qaiti, *Abdallah,* fest. Durch lokale Bündnisse konnte *Abdallah* in der Folge Mukalla seinem Herrschaftsbereich eingliedern. 1888 kam es zu einem Vertrag zwischen *Abdallah, Awadh* und der britischen Kolonialregierung in Aden, worin Großbritannien seinen Schutz auf Mukalla, Schechr und die zugehörigen Ländereien erweiterte. Die Qaitis verpflichteten sich, ohne Erlaubnis der Briten keine Kontakte mit fremden Regierungen aufzunehmen.

In ihrem Buch „The Southern Gates of Arabia" beschreibt die britische Reisende *Freya Stark* die Bindungen der Qaiti-Sultane mit Indien. So befehligten Mitglieder der Qaiti-Familie die Leibgarde des Herrschers von Hyderabad, die aus hadramischen Kriegern bestand.

Zwei Monate vor Ende der britischen Herrschaft im Südjemen kamen der Kathiri- und der Qaiti-Sultan am 17. Sept. 1967 von einer Schiffsreise nach Mukalla zurück. Die Qaiti-Garnison in Mukalla hinderte sie am Verlassen des Schiffes und teilte ihnen mit, dass die Truppe die sozialistische Revolution unterstütze. Die Sultane mussten ins Exil nach Saudi-Arabien weiterfahren.

Mukalla, neben Aden der einzige Tiefseehafen im südlichen Jemen, liegt am Fuße des hinter der Stadt steil aufragenden, 300 m hohen **Al Ghar al Achmar.** Auf diesem natürlichen Schutz Mukallas erheben sich mehrere gut restaurierte **Verteidigungstürme.** Der obere Teil dieses Gebirgszuges besteht aus hellem Kalk- und Korallengestein, das dem dunkleren Grundgebirge aufliegt. Diese Gesteinsabfolge zeigt, dass sich das Gebiet um Mukalla einst aus dem Meer erhoben hat.

Das **geschlossene Bild der Altstadt** mit drei- bis vierstöckigen Häusern imponiert von der Seeseite. Seinen einstigen Reiz hat die Seefront allerdings durch Aufschüttungen des Strandes eingebüßt. Wie Fotos von 1940 zeigen, markiert die heutige Hauptgeschäftsstraße in Alt-Mukalla die ehemalige Strandlinie, d.h. der Sultanspalast lag auf einer Halbinsel im Meer, und an die südlichen Treppenstufen der Omar-Moschee brandeten die Wellen des Indischen Ozeans.

In einer ersten Ausbaustufe wurden die Rauda-Moschee und die Häuser südlich der Hauptstraße in das Meer hineingebaut. Durch Aufschüttungen des Strandes 1988 wurde der Ort zum Meer hin erweitert und es entstanden eine zweispurige Straße sowie die Seepromenade.

Besichtigung von Mukalla

Die Altstadt

Der Rundweg beginnt am Hotel *Al Salama*. Die direkt neben dem Hotel gelegene **Rauda-Moschee** beeindruckt mit ihrem dickbauchigen, grün-braun gestrichenen Minarett im Hadramaut-Stil.

Südlich des Hotels ist ein lang gestreckter, doppelstöckiger Bau mit Arkaden zu beachten, dahinter ein Friedhof mit der **Grabkuppel** des Hl. *Jakkub (Scheich Ya'cob Bin Yusef,* gest. im Jahre 1135), des Schutzheiligen der Stadt.

Hier lohnt ein Gang um die weit in die See hinausragende Halbinsel mit dem ältesten Viertel Mukallas. Vom Hotel *Al Salama* zur Ostseite der Halbinsel mit der **Moschee Al Dschama** folgen, wo sich von der Dammkrone ein Blick auf das 1,2 km entfernte Hafengelände von Al Khalf bietet. Vorbei an der **Moschee Ali Habieb** führt am nächsten Abzweig rechts die Straße am Wasser entlang zum Hafen Al Khalf (1,2 km), Hotel *Hadhramaut* (2,2 km), Hotel *Holiday Inn* (8,3 km) und weiter zur Fernstraße Mukalla – Seihut.

Hinter der Ali Habieb-Moschee links abbiegend, geht es zurück zum Platz an der Rauda-Moschee, an dem Garküchen und ein Internet Café liegen. Von hier starten **Busse** zu den Ortsteilen Dies, Schark und Fua. **Sammeltaxen** fahren nach Khalf.

Der Hauptstraße folgend, liegt rechts die **Omar-Moschee,** die zeitgleich mit dem Sultanspalast unter Sultan *Omar bin Awadh* 1929 erbaut wurde. Die schmucklose, einstöckige Moschee hat ein mächtiges Minarett. Auf der Rückseite der Omar-Moschee wird in kleinen Läden Silberschmuck verkauft. Die schmalen Gassen in diesem Viertel, alte geschnitzte Holztüren und traditionelle Fensterfronten sind einen Besuch wert. Hinter der Omar-Moschee und der Markthalle wird der so genannte **„Frauenmarkt"** („Suk al hariem") abgehalten, wo Waren in Läden und durch fliegende Händler angeboten werden.

Zurück auf der Hauptstraße liegt links der **Asch Schaab Bookshop**. Etwas weiter das **Postamt** (geöffnet 8–13.30 Uhr, Fr geschlossen), rechts die **Markthalle** und links die **Nationalbank.**

Neben der Post führt eine Verbindungsstraße zur **Corniche,** der Uferstraße und Promenade. Hier gibt es am Meer eine Anlage mit Springbrunnen, Café/Teestube, Kiosk und Grünpflanzen, die sich rechts bis zum Sultanspalast hinzieht. Links führt die prachtvolle, breite und mit modernen Lampen versehene Promenade in Richtung Rauda-Moschee und endet an einem **Restaurant in der Form eines großen Dampfers** *(Al-Safina)*. Vor allem abends ist auf der Promenade viel Betrieb: Junge Leute bummeln, trinken Tee und genießen den Sonnenuntergang.

Sultanspalast in Mukalla

Weiter auf der Hauptstraße: Gegenüber der Nationalbank ein Buchladen mit Postkarten im Angebot. Zurückversetzt auf der rechten Seite die **Maschur-Moschee** und 100 m weiter die **Bazara-Moschee.** Auf der gesamten Hauptstraße gibt es etliche Telefonzentralen und Geldwechsel-Büros.

Der Sultanspalast

Gegenüber dem Krankenhaus steht links der Hauptstraße hinter einer hohen Mauer mit zwei Toreinfahrten der 1929 unter *Sultan Omar* im indischen Stil errichtete Palast der Qaiti-Sultane. Der weiß getünchte, dreistöckige Bau wird von vier Ecktürmen dominiert, die in Höhe des 1. Stockwerks mit einer offenen Galerie versehen sind. Das Gebäude rechts neben dem Palast, mit hölzernen Sichtblenden vor den Fenstern im 1. Stockwerk, beherbergte den Harem (Frauenbereich).

Im Palast ist ein **Museum** eingerichtet (Öffnungszeiten: Sa bis Do 8.30–12 Uhr; Eintritt 530 Rial; Fotoverbot).

Im **Erdgeschoss** ein Raum mit Funden aus Schabwa und Hadramaut, u.a. figürliche Darstellungen aus Kalksteinen, Säulenteile mit Weinlaub, Trauben, Vögeln und Personen. Eine Münze mit dem Bild des römischen Kaisers *Augustus* belegt die engen Kontakte auf der Weihrauchstraße mit dem Mittelmeerraum. Ein zweiter Raum im Erdgeschoss zeigt Objekte und Fotos aus der Zeit des Aufstands gegen den letzten Sultan und die Briten.

110J Foto: bs

Im **1. Obergeschoss** befindet sich der **Rote Salon,** das Sitzungszimmer der einstigen Qaiti-Regierung. Die Einrichtung dieses Raumes stammt aus Indien: Kronleuchter, Spiegel, Sitzmöbel, mit Schnitzereien versehene Anrichten. Die nächsten Zimmer zeigen Bilder, Kunst- und Einrichtungsgegenstände des herrschaftlichen Haushalts.

Das Museum in Mukalla hebt sich von den anderen im südlichen Jemen ab, da es neben dem archäologischen und ethnografischen Teil auch ein Stück **Regierungsgeschichte** vermittelt. Anschaulich wird das in einem Zimmer neben dem Roten Salon. Mit großen Bildern der sechs Qaiti-Sultane (1888–1967), einem Fotoalbum und Originaldokumenten wird die menschliche Seite des Herrscherhauses dargestellt. Erläutert wird die Flagge des Qaiti-Sultanats: Die Farben Rot, Gelb und Blau stehen für Macht, Wüste und Meer. Die drei Türme repräsentieren Schibam (wegen der Landwirtschaft im grünen Kreis), Mukalla und Schechr (im blauen Kreis, des Meeres wegen).

In einem Raum steht der mit Silberintarsien verzierte **Sultans-Thron,** eine indische Fertigung. An seinen Ecken sind als Zeichen der Würde vier Szepter angebracht, die bei Sitzungen von Soldaten gehalten wurden.

Im Erdgeschoss kann vom Balkon ein Blick in den rückwärtigen Garten geworfen werden (das ehemalige **Meerwasser-Schwimmbad** des Sultans wurde im Jahre 2003 eingeebnet). Die auf der Rückseite des Sultans-Palastes vorbeiführende Straße ist eine Aufschüttung aus dem Jahr 1999. Vordem reichte das Meer bis an die Palastmauern heran.

Freya Stark, die 1933 Gast des Sultans war, erlebte Palast und Gästehaus in einem besseren Zustand. Sie berichtet, dass das Gästehaus Badezimmer mit fließendem Wasser besaß, das mit Rohrleitungen aus den Tälern westlich von Mukalla herangeführt wurde.

Die deutsche Ärztin *Eva Hoeck,* die im Wadi Hadramaut arbeitete, besuchte den Sultan im Jahre 1950. Sie schreibt über ihren Antrittsbesuch: „Der *Sultan Salah bin Ghalib al Qaiti* weilte zur Zeit in Haiderabad in Indien auf seinen Besitzungen. Ich wurde aber von seinem Sohn *Sultan Awadh* begrüßt. An ihm war in Aussehen und Kleidung indischer Einfluß stark erkennbar. Er trug lange, weiße Hosen und einen dunklen Überrock mit reicher Stickerei, wie indische Maharadschas.“ *Sultan Ghalib bin Awadh al Quaiti* ging 1967 ins Exil nach Saudi-Arabien und kehrte erstmals im August 1996 nach Mukalla zurück.

Der Sultanspalast bedeutet das Ende der Altstadt. Die Lage des einstigen **Stadttores** wird durch ein Modell auf einem Kreisverkehr markiert. Die bis Mitte des 20. Jhs. hier entlanglaufende, 300 m lange Stadtmauer vom Meer zum Gebirge ist komplett abgetragen. Von der **Verteidigungsanlage** haben sich mehrere Türme oberhalb der Stadt erhalten.

Vom Sultanspalast kann entweder entlang der Promenade am Meer zur Al Rauda-Moschee zurückgegangen werden oder es wird der modernen Promenade am Meerwasserkanal in Richtung des Stadtteil Dies gefolgt. Dieser Weg beeindruckt durch Sauberkeit, hat hellblau gestrichene Geländer, zwei Fußgängerbrücken und schöne Lampen. Besonders abends herrscht hier reger Betrieb, wobei der hohe Anteil an Frauen ins Auge fällt.

Khalf und Strand

Im kleinen **Fischerhafen** kann Bootsbauern bei der Reparatur von Holzbooten zugeschaut werden. Beeindruckend sind die vielen Dhaus, die hier vor Anker liegen. Im Vorort Khalf befindet sich der Hochseehafen mit der Hafenverwaltung.

Weiter geht es zum 1 km entfernten **Hotel Hadhramaut.** Das Hotel, eine gepflegte Unterkunft mit Swimmingpool, Restaurant, schöner Terrasse und herrlicher Lage am Meer, ist eine Alternative zu den Stadthotels von Mukalla. Auch Tagesgäste können hier bei einem Getränk auf der Terrasse entspannen.

Hotels

- **Al Ahgaf Hotel,**
am Stadion, Tel. (05) 303473, Fax (05) 303448, 1-Bett 3500, 2-Bett 4000, 3-Bett 5000 Rial.
- **Al Salama Hotel (Al Salamh Hotel),**
in der Altstadt, Tel (05) 305210, 2-Bett 2800, 3-Bett 3200 Rial, ohne Frühstück, Bad im Zimmer.
- **Mukalla Corniche,**
in der Altstadt, Tel. (05) 319444, Fax (05) 319 445, 2-Bett 2500, 3-Bett 3000 Rial, ohne Frühstück, Bad im Zimmer.
- **Holiday Inn,**
Tel. (05) 306160, Fax (05) 306150, 1-Bett 150 US$, 2-Bett 180 US$, Suite 230 US$, inkl. Frühstück; Strand, Pool, Bar, 9 km östlich von Alt-Mukalla am Meer, himuk_fc@y.net.ye. Das Hotel gehört zur saudischen Bin Laden Gruppe.
- **Hadhramaut Hotel,**
Tel. (05) 302060, Fax (05) 303134, hadmot.htl@y.net.ye, 1-Bett 83 US$, 2-Bett 97 US$, Suite 138 US$, inkl. Frühstück; sehr gutes Hotel, Pool, 3 km östlich von Alt-Mukalla am Meer.
- **Half Moon Hotel,**
am Meerwasserkanal, Tel. (05) 302767, Fax (05) 302778, 2-Bett 2500 Rial, 3-Bett 2800 Rial, Du/WC im Zimmer, halfmoonhotel@yemen.net.ye.
- **Gulf Hotel,**
am Meerwasserkanal, Tel. (05) 304147, Fax (05) 3034273, 1-Bett 2500, 2-Bett 3000, Frühstück 250 Rial, zu empfehlen.
- **Ryboon City Hotel,**
an der Straße nach Aden, Tel. (05) 303606, Fax (05) 304211, www.Rc-hotels.com, 1-Bett 4580, 2-Bett 5235, 3-Bett 6545 Rial, Frühstück 300 Rial; modernes Hotel.
- **Al Bustan Hotel,**
im Stadtteil Dies, Tel. (05) 318772, Fax (05) 318775, aalhamdy@hotmail.com, 1-Bett 55 US$, 2-Bett 65 US$, inkl. Frühstück, Wäscheservice.

Essen und Trinken

Garküchen mit Fischgerichten liegen in Alt-Mukalla am Platz vor der Rauda-Moschee. Als Spezialität gilt hier *Fatta mauz* (zerkleinertes Fladenbrot mit Bananen vermischt). Ein gutes Restaurant in Form eines Schiffes (Al-Safina Restaurant) lohnt gegenüber der Rauda-Moschee einen Besuch (bei der Recherche Anfang 2008 geschlossen). Teestuben mit schönem Meerblick gibt es in der Altstadt auf der Promenade am Meer.

Über gute Restaurants verfügen auch die Hotels *Holiday Inn* und *Hadhramaut.*

Reisegenehmigungen

Wer auf dem Luftweg in Mukalla eingetroffen ist und über kein Reisepermit für die Weiterfahrt verfügt, erhält dieses Papier bei der Touristenpolizei *(Schurta as Siachi)* im Stadtteil Dies.

Transport in Mukalla

Stadtbusse und Sammeltaxen verbinden die Stadtteile Mukallas. Ihre Haltestellen sind dem Stadtplan zu entnehmen.

Fernbusse

Abfahrtsorte für die Busse nach Sejuhn, Aden und Sana'a siehe Stadtplan.

- **Mukalla – Aden, 1150 km:**
11 Std., 6.30 Uhr, 2000 Rial
- **Mukalla – Sejuhn,** 320 km:
6 Std., 6.30 Uhr, 1000 Rial
- **Mukalla – Sana'a, 812 km:**
12 Std., 7, 19, 20 Uhr, 2200 Rial
- **Mukalla – Seihut:**
15.30 Uhr, 1000 Rial
- **Mukalla – Al Räitha:**
15.30 Uhr, 1500 Rial

Sammeltaxen

Die Sammeltaxen zum Wadi Hadramaut und nach Schechr fahren im Stadtteil Dies ab. Mit dem Stadttaxi für 300 Rial dorthin fahren (Farza Sejuhn).

Flughafen 150 Rial, **Sejuhn** 1500 Rial, **Wadi Do'an** 1300 Rial, **Schechr** 200 Rial, **Räil Ba Wazier** 150 Rial. Nach Al Räitha in Schechr umsteigen.

Die Sammeltaxen nach **Aden** fahren 300 m westlich des Fischmarkts ab (1,5 km westlich vom Sultanspalast). **Ataak** 1000 Rial, **Aden** 1800 Rial.

Verbindungen Yemenia Airlines

Riyan, der **Flughafen von Mukalla,** liegt 32 km entfernt an der Straße nach Schechr.

- **Inlandsflüge:**
Mukalla – Sana'a (täglich)
Mukalla – Aden (Mo, Sa)
Mukalla – Sokotra (Mo, Fr)
Mukalla – Al Räitha (So)
- *Yemenia* in Mukalla: Tel. (05) 303444

Schiffe

Derzeit sind keine Mitfahrten auf Frachtschiffen möglich. Passagierschiffe legen in Mukalla nicht an. Zweimal im Jahr kommen Kreuzfahrtschiffe für einen kurzen Stopp. Wer mit einer Dhau nach Sokotra fahren möchte (Überfahrt 36 Std.), muss direkt mit dem Kapitän verhandeln (im alten Hafen).

Rundfahrt 6. Tag: Mukalla – Räil Ba Wazier – Schechr – Tabahla – Mukalla

Mukalla – Räil Ba Wazier: 46 km
Räil Ba Wazier – Schechr: 35 km
Schechr – Tabahla: 11 km

1 km nach der Abfahrt im Stadtteil Dies liegt links der Straße auf überhängendem Felsen die gut restaurierte **alte Zollstation Husn al Ghuweizi** (erbaut 1716), die den Verkehr nach Schechr und in das Wadi Hadramaut kontrollierte. Auf der gegenüberliegenden Straßenseite ihr Pendant.

Km 9: Von rechts mündet die Straße, die von Alt-Mukalla am Meer entlang nach Khalf, dem Hadhramaut Hotel und dem Holiday Inn Hotel führt.

Km 24: Links die Asphaltstraße zum Wadi Hadramaut. Kurz danach links ein Militärflugplatz.

Km 30: Links die Thunfischfabrik.

Km 32: Rechts der **Flughafen Riyan.**

Km 35: Links der Ort **Schachier,** mit dem Abzweig links zum 5 km entfernten Räil Ba Wazier. Hier den Tageskilometerzähler auf Null stellen.

Km 9,6: Im Kreisverkehr in Räil Ba Wazier halb links halten.

Km 11,3: In diesem Kreisverkehr links abbiegen und 200 m geradeaus fahren zu einer mächtigen **Schule** mit der Aufschrift in englischer Sprache: „He who wants to be a leader let him be a bridge" und dem Datum 1.9.1997.

Zurück zum letztgenannten Kreisverkehr. Dort links und nach 100 m rechts. Nach 400 m halb links und nach

800 m noch einmal rechts zum 300 m entfernten Eingang des **Sommerpalastes** fahren.

Räil Ba Wazier

Räil <ghayl, rhayl> ist ein sabäisches Wort für „permanent aus der Erde austretendes und dahinfließendes Wasser". Bawazier war der Name des Religionsgelehrten Scheich *Abdulrahman Bin Omer Ba Wazier*, der hier ein Zentrum für Erziehung und Wissenschaft gründete. Räil Ba Wazier behielt seine Rolle in der Lehre; so wurde 1944 die erste Mittelschule und 1949 eine Pädagogische Hochschule gegründet.

Der in den 1920er Jahren errichtete **Sommerpalast** der Qaiti-Sultane von Mukalla liegt inmitten von Gärten westlich der Kleinstadt. Vor der Frontfassade der Residenz befindet sich ein großes Becken, das gelegentlich mit Grundwasser gefüllt wird. Der Palast diente bis 1995 als Hotel und ist seitdem dem Verfall preisgegeben.

Im Jahr 1937 übernachtete der Arabienforscher *Philby* dort. Den Garten beschrieb er wie folgt: „Ich kann nicht mehr sagen, als dass dies der bei weitem beste Garten ist, den ich irgendwo in Arabien gesehen habe."

Räil Ba Wazier ist eine mit Palmen bestandene Oase mit reichem Grundwasserangebot und das bedeutendste **Tabakanbaugebiet** des südlichen Jemen. Die Qualität des Tabaks war so berühmt, dass er bis zum 19. Jahrhundert nach Syrien und Ägypten verkauft wurde. Der Tabak wird im August eingesät und im Dezember geerntet. Die für die Wasserpfeifen verwendete Sorte „Humumi" hat besonders ausgeprägte Rippen.

Das beste **Henna** des südlichen Jemen wächst hier. Die Blätter des Henna-Strauches werden zerstoßen und als graugrünes Pulver verkauft. Zusammen mit Wasser ergibt Hennapulver einen orangeroten Brei, der mehrere Stunden (zumeist über Nacht) im Handballen zusammengepresst wird (Tücherwickel erzeugen den nötigen Druck). Fingernägel und Handinnenflächen der Mädchen und Frauen werden auf diese Art für mehrere Wochen dunkelrot gefärbt. Professioneller geht es zu, wenn Henna-Malerinnen kunstvolle Muster auf Arme und Beine der auf Schönheit bedachten Bräute zeichnen. Gelegentlich färben sich ältere Männer ihren Bart und ältere Frauen ihr Haar mit Henna rötlich.

Nördlich von Räil Ba Wazier lohnen drei große **Erdlöcher** einen Besuch. Aus ihnen wird Wasser für die Feldbewässerung gepumpt.

Es muss zu dem vorgenannten Kreisverkehr (Km 11,3) zurückgefahren werden. Dort, von Süden aus gesehen (Mukalla – Schechr Straße), rechts abbiegen und den Tageskilometerzähler auf Null stellen.

Km 1,9: Links abbiegen.

Km 2,3: Noch einmal links abbiegen.

Km 3,1: Halb links auf der alten Kopfsteinpflasterstraße weiterfahren.

Km 3,7: Links liegt der mächtige Sinterkrater **Hauma.** Gegenüber unserem ersten Besuch (1991) wurde so viel Wasser abgepumpt, dass nur noch ein kleiner Teich zurückgeblieben ist. Es handelt sich um Kaltwasser, in dem Frösche und kleine Fische leben. Der flache Hügel mit dem Kraterloch ist vor langer Zeit wahrscheinlich durch den Austritt warmen, kalkhaltigen Wassers gebildet worden, denn das Material der Wandung ist Travertin.

100 m weiter auf der Kopfsteinpflasterstraße kann rechts ein ähnlicher Krater besichtigt werden, der durch ständigen Pumpenbetrieb kein Wasser mehr enthält.

Dann weiter auf der Straße durch ein Tabakfeld auf den nächsten Hügel (Al Guff) zuhalten, an dessen Fuß sich das dritte Kraterloch befindet. Mit mehreren Pumpen wird hier warmes Wasser entnommen, so dass auch dieses Loch trockenen Fußes betreten werden kann.

Zurück an der Straße Mukalla – Schechr den Kilometerzähler auf Null stellen und links nach Schechr abbiegen.

Km 15: Beiderseits der Straße Kalkbrennöfen.

Vom Flughafen Riyan bis nach Schechr läuft die Fernstraße in Sichtweite der Küste. Die wasserarme, sandige Landschaft erlaubt keine Landwirtschaft, die Menschen erlangen durch Fischfang ihr Einkommen.

Bei **Km 24** ist Schechr erreicht.

Km 25,7: 300 m vor dem Stadttor zweigt nach Norden die Straße in Richtung Tabahla ab. Hier geradeaus zum Stadtzentrum von Schechr fahren.

Km 26: Das westliche Stadttor **Bab Al Khor** ist restauriert und liegt wie auf einem Kreisverkehr zwischen den Fahrbahnen. Es hat außen zwei Kanonen und ein mit spitzen Nägeln versehenes Holztor.

Km 27: Der zentrale Platz in Schechr mit dem Sultanspalast rechts.

Schechr <Shihr>, 70.000 Einwohner

Geschichte: Ende des 13. Jhs., auf seinem Weg nach China, beschrieb *Marco Polo* Schechr, das er Escier nannte, als wichtige Hafenstadt des Rassulidenreiches. Auch erwähnte er den Indienhandel der Kaufleute mit Weihrauch, Datteln und arabischen Pferden. Die Portugiesen eroberten nach Sokotra (1507) Schechr im Jahr 1523 als ersten Landstützpunkt. Große Teile der Stadt wurden dabei zerstört.

1660 gelang dem zaiditischen Herrscher Imam *Mutawakkil,* ausgehend von Sana'a und Marib, die Eroberung des Hadramaut und Dhofars. Schechr wurde ein wichtiger Hafenstützpunkt der Zaiditen.

Die Stadt war ein beliebter Handelsplatz für **indische Kaufleute.** Im 17. Jh. waren hier 300 hinduistische Händler tätig.

Der Ort unterstand im Laufe der Jahrhunderte vielen Herrschern: dem Kinda-Stamm im 16. Jh., den Emiraten Al-Fars und Al-Badajanah, den Al-Kathiri und den Al-Bureik und von 1867–1967 den Qaiti, die hier bis 1915 ihren Regierungssitz hatten. Seit der Verlagerung des politischen Lebens nach Mukalla ist Schechr nur noch Fischereiort.

Stadtrundgang

Am zentralen Platz von Schechr liegen der ehemalige **Sultanspalast** und gegenüber die **Festungsanlage Qasr ibn Aiyash,** in der jetzt eine Schule untergebracht ist. Der wuchtige Bau stammt vom Ende des 19. Jhs., als der erste Qaiti-Sultan *Abdallah ibn Omar* Schechr erobern konnte.

Neben der Festung geht es in das **Sukgelände** mit reichhaltigem Gemüseangebot und zur überdachten Halle, wo Frisch- und Trockenfisch und die von Jemeniten als Delikatesse geschätzten Rückenflossen der Haie angeboten werden. Die Haie erinnern den Besucher daran, dass das Baden im Meer nicht nur angenehme Seiten hat.

Am **zentralen Platz** laden traditionelle **Garküchen** zur Rast ein. Eier- und Fischspeisen nach Schechr'er Rezepten werden im *Bahameesh-Restaurant* serviert (rechts, stadteinwärts).

Der Stadtrundgang beginnt am **Bab Aidrus** (das Osttor), zu dem vom Zentrum mit dem Taxi (200 Rial) gefahren werden kann. Hier wird in Läden alter Silberschmuck verkauft.

Von der **Stadtmauer,** die Schechr U-förmig umgab – die vierte Seite bildete das Meer – sind nur Reste erhalten. Bei dem Besuch von *Hans Helfritz* 1932 war die Mauer noch intakt und mit 36 Wachttürmen gesichert. Während der Qaiti-Regierungszeit war die Mauer als starker Schutzwall ausgebaut worden, mit einer Länge von 3,5 km, 5,70 m Höhe und 1,15 m Dicke und den heute noch bestehenden Stadttoren.

Vor dem restaurierten **Aidrus-Tor** stehen zwei Kanonen mit der Jahreszahl 1796. Das hölzerne Stadttor hat eine Blechverkleidung und weist innen durch das Türblatt getriebene Stahlnägel auf, deren Spitzen 10 cm weit herausragen.

Links des Tores ist die **Stadtmauer** aus Lehm auf 30 m Länge erhalten und zeigt auf der Innenseite den ehemaligen **Wehrgang.** An diesem Mauerrest vorbeilaufend und dessen Richtung beibehaltend, folgen zwei Mauerabschnitte, deren Wachttürme als Wohnungen genutzt werden. Dann ein rechtwinkliger, gut erhaltener Mauerknick. Im folgenden Mauerabschnitt ist ein weiß verputzter **Wachtturm** heute bewohnt.

Die Stelle, wo die Stadtmauer am Meer endet, wird von einem Erdwall und Gebäudefundamenten markiert.

Auf dem rechts folgenden Strandabschnitt lässt sich die Bedeutung der **Fischerei** für den südlichen Jemen studieren. Boote, die ihren Fang anlanden und mit vereinten Kräften auf den Strand gezogen werden, Männer beim Netzeflicken und Fischverkauf. Oberhalb des Strandes dienen betonierte Flächen dem Trocknen von Fischen. Wenn die Boote gegen 15 Uhr vom Meer zurückkehren, wird der Fang direkt am Strand ausgenommen und verkauft. Von hier stammt der Fisch, der für die Bewohner des Wadi Hadramaut und die Beduinen der Provinz ein wichtiges Nahrungsmittel ist. Da Schechr keinen Tiefseehafen hat, ankern größere Schiffe draußen vor den Korallenbänken und müssen mit Booten entladen werden.

Das bekannteste Produkt des Ortes ist **Aid,** im Küstensand **getrocknete kleine Fische,** die als konzentrierte Kraftnahrung auf Reisen, Viehfutter oder auch Düngemittel genutzt werden. Da die Vegetation im nördlichen Teil der Provinz Hadramaut zur Ernährung der Kamelherden kaum ausreicht, wird dort – Hunderte von Kilometern vom Meer entfernt – Aid an die Tiere verfüttert.

Am Strand entlanglaufend, vorbei an einer Teestube, wird das gegenüberliegende Ende der Stadtbefestigung an zwei steinernen, in das Meer hineinragenden Mauerstümpfen erreicht. Hier sollte rechts auf einem Erdwall zur Al Khor-Moschee und dem dahinter liegenden Stadttor Al Khor abbiegen. Das **Bab Al Khor** ist restauriert, hat außen zwei Kanonen und ein mit spitzen Nägeln versehenes Holztor. Da die Stadtmauer von hier bis zum Bab Aidrus nicht erhalten ist, sollte zum zentralen Platz zurückgegangen werden. 100 m hinter dem Stadttor liegt links eine der Tuchwebereien Schechrs.

Hotels

- **City Center Tourism Hotel,**
an der Straße nach Mukalla, Tel. (05) 334621, Fax (05) 334623, 2-Bett 2000, 3-Bett 2500 Rial; sauber, Zimmer mit Du/WC.
- **Funduk Nishama,**
an der Straße nach Seihut, nahe Bab Aidrus, Tel. (05) 335120, 2-Bett 1800, 3-Bett 2300 Rial; Zimmer mit Du/WC.
- **Al Achowan Hotel,**
an der Straße nach Seihut, nahe Bab Aidrus, Tel. (05) 332124, 1-Bett 1200 (Du/WC auf dem Flur), 2-Bett 1800, 3-Bett 4200 Rial, Dusche/WC im Zimmer.

Fernbusse

Das **Busbüro** befindet sich gegenüber dem *City Center Hotel*.

- **Seihut** um 6.30 Uhr, 1000 Rial
- **Aden** 15.30 Uhr, 2200 Rial
- **Al Räitha** 6.30 Uhr, 1400 Rial

Sammeltaxen

Die Sammeltaxen fahren vom zentralen Platz in Schechr ab. **Seihut** 600 Rial, **Al Räitha** 1500 Rial, **Mukalla** 200 Rial.

Abstecher von Schechr: Tabahla

Am zuvor genannten Km 25,7 (300 m westlich des Bab Al Khor) der Straße nach Norden folgen und den Tageskilometerzähler auf Null stellen.

Km 2,2: Im Kreisverkehr links abbiegen.

Die Asphaltstraße folgt dem Verlauf der alten Kopfsteinplasterstraße in das Wadi Hadramaut. Links ist über weite Strecken die alte Wasserversorgung von Schechr in Form eines gemauerten Kanals erhalten, der seinen Ausgang bei Tabahla nahm.

Km 9,3: Rechts in eine Piste abbiegen, die das sandige Flussbett quert.

Km 10,7: Am jenseitigen Rand des Tales nicht geradeaus nach Tabahla hinein, sondern links abbiegen.

Km 11,3: Noch einmal links abbiegen und 400 m weit zu einem **Wasserbecken** fahren.

Von diesem Becken dem Kanal mit seinem warmen Wasser zu Fuß für 300 m zum Ursprung folgen, einem gemauerten Brunnenschacht im Trockental. Das heiße Wasser steigt ohne die Hilfe einer Pumpe auf und wird in gemauerten Becken gesammelt, wo es sich so weit abkühlt, dass es in den Palmenplantagen genutzt werden kann.

Die Häuser von Tabahla wurden auf einem 30 m hohen Sinterhügel errichtet, der einen Durchmesser von 100 m hat. Bei unserem ersten Besuch im Jahre 1991 strömte das warme Wasser noch vom Gipfel dieses Hügels und floss in Rinnen in mehreren Richtungen zu den Gärten. Die **Kanäle** sind im Ort noch erhalten, Wasser fließt hier aufgrund der allerorts im Jemen zu beobachtenden Grundwasserabsenkung nicht mehr.

Nach dem Rundgang in Tabahla geht es zurück zur Asphaltstraße. Nach Norden führt die wenig befahrene Strecke über die **Passhöhe Abdallah Gharib** in sechs Stunden zum Wadi Äddem <Idim> und nach Tarim im Wadi Hadramaut. Auf diesem Weg gelangte 1932 und 1935 der Deutsche *Hans Helfritz* in zehntägiger Reise mit Kamelkarawanen in das Wadi Hadramaut.

Die erste Autopiste zwischen Schechr und Mukalla verlief nicht am Meer, sondern führte über Tabahla hinaus nach Norden und bog 14 km hinter Schechr nach Westen ab. Wer diesem Abzweig (er führt nach Räil Ba Wazier) folgt, kommt an der Ruinenstadt **Schiklinza** vorbei, die 1523 von Flüchtlingen aus Schechr gegründet wurde, die die Hafenstadt nach der portugiesischen Besetzung verlassen hatten. Im 18. Jahrhundert wurde Schiklinza schließlich wegen ständiger Trinkwasserprobleme aufgegeben.

Weiterfahrt von Schechr: Al Hami, Seihut, Qishn, Al Räitha, Hauf

Schechr – Seihut: 205 km
Seihut – Al Räitha: 218 km

Mit der Fertigstellung der Asphaltstraße und vier Straßentunnels zwischen Seihut und der Grenze zum Oman im Jahre 2005 ist die östlichste Provinz des Jemen (Machra) für den Tourismus ein leicht erreichbares Ziel geworden. Der Reisende hat die Wahl zwischen einer kombinierten Reise Jemen/Oman bzw. der Weiterreise von **Al Räitha** <Al Ghaydah> im großen Bogen durch das nördliche Machra-Land zum Wadi Hadramaut.

Im Folgenden ist die Strecke **Schechr – Seihut – Qishn – Al Räitha – Hauf** beschrieben. Zur Weiterfahrt von Al Räitha nach Schehenn, Thamud und dem Wadi Hadramaut siehe Rundreise 2, 3. Tag.

Am östlichen Stadttor von Schechr den Kilometerzähler auf Null stellen.

Km 6,6: Am Ortseingang von **Al Hami** liegt rechts eine Bootswerft. Im Zentrum des Küstenortes links zu einem 200 m entfernten Palmenhain abbiegen. Die hier entspringenden heißen Quellen bewässern über offene Kanäle Gärten mit u.a. Kokospalmen und münden in ein großes Wasserbecken.

Auch der Strand mit seinen schlanken Fischerbooten lohnt einen Besuch. Al Hami hat sich in den letzten Jahren stark vergrößert. Große, neue Wohnhäuser, kleinen Palästen gleich, mit hohen Mauern, liegen links der Straße. Auf der Weiterfahrt zeigen mit Steinen abgegrenzte Flächen, dass hier in den nächsten Jahren viele neue Gebäude entstehen werden.

Km 48,5: Die Ortschaft **Dies** mit Palmen und Bewässerungskanälen.

Km 79,2: Der kleine Ort **Dambat** mit Palmen.

Km 86: Die nächsten 17 Kilometer führen durch ausgedehnte Lavafelder.

Km 92: Der größere Ort **Qusay'ir** mit flachen Zementhäusern.

Km 102: Rechts die Häuser von Tarath und links fünf **Vulkankegel**.

Km 110: Die Kleinstadt **Ar-Räida.**

Km 187: Das Wadi Massiela (der Unterlauf des Wadi Hadramaut) wird auf einer langen Brücke überquert.

Km 205: Die Kleinstadt **Seihut** ist erreicht.

Seihut <Sayhut>

Am Ortseingang an der Hauptdurchgangsstraße liegt rechts die Fischfabrik, links ein altes Fort und 400 m links der Durchgangsstraße die Altstadt mit stattlichen Wohnhäusern. Der Geschäftsbetrieb mit Läden, Restaurants, Tankstelle und einem Hotel hat sich an die Hauptstraße verlagert. Es fallen hier zahlreiche frei herumlaufende Rinder auf. Interessant ist der **Fischerhafen** (rechts der Durchgangsstraße) mit seinen schmalen, spitz zulaufenden Booten (Huri genannt), einem Strand aus groben Kieselsteinen und einem kleinen Markt für den Verkauf von Frischfisch.

Von Seihut fahren Busse und Sammeltaxen nach Schechr (600 Rial) und Al Räitha (1000 Rial).

- **The Gulf Tourist Hotel** *(Al Khaleej)*, rechts der Hauptstraße, Tel. (05) 640032, 2-Bett 1800, 3-Bett 2300 Rial. Du/WC auf dem Flur.

In Seihut den Kilometerzähler auf Null stellen und weiter nach Osten fahren.

Die folgende Strecke besticht durch ihre Nähe zum Meer und mit kurvenreichen Gebirgspassagen. Zwei Kaps (Arabisch: Ras) werden umfahren.

Km 20,7: Nach einer Gebirgsstrecke ist der Ort **Yjogud** erreicht.

114j Foto: bs

Km 77: Die Kleinstadt **Qishn** mit Fischerbooten und ausgebreiteten Netzen am Ortseingang rechts.

Qishn war bis zur sozialistischen Zeit der Sitz des Sultans von Machra. Der Ort verfügt über keine Restaurants und hat eine sehr einfache Unterkunft. Im Ortskern beeindrucken viele prächtige Häuser, zum Teil farbig dekoriert.

Hinter Qishn folgt die Straße immer dicht dem Meer und Strand, die Landschaft beeindruckt durch die vielen Sanddünen. Das **Kap Ras Darjah** wird umfahren.

Km 130: Rechts die Ortschaft **Haswayn,** mit einem Palmengürtel.

Km 154: Mit vier **Straßentunnels** – der längste misst 1,7 km – wurde Mitte 2005 der letzte Abschnitt der Küstenstraße Richtung Oman fertig gestellt. Auf der Straßenkarte wird deutlich, welch eine Zeitersparnis durch die Asphaltierung der Straße und den Bau der Tunnels erlangt wurde.

Km 165,5: Am Ende der Gebirgs- und Tunnelstrecke ist der Hafen von **Nischtuhn** erreicht (Fotografierverbot).

Auf halber Strecke nach Al Räitha wird der kleine Ort **Dabut** mit Fischereihafen, Fischfabrik und stattlichen Häusern durchfahren.

Km 218: Der Ortsanfang von Al Räitha ist erreicht; links das Gefängnis, rechts der Gouverneurspalast.

Beduinen in der Ostprovinz Machra

Al Räitha <Al Ghaydah> (25.000 Einwohner)

Die **Hauptstadt der Provinz Machra** verfügt über ein lebhaftes Geschäftszentrum, hat aber keine touristischen Reize. Mit einer Infrastruktur in Form eines Flughafen, eines *Yemenia*-Büros, mehrerer Hotels, einer Post, Telefonzentralen, Internet Cafés und Restaurants bietet sich die Stadt als Übernachtungsort an, bevor weiter nach Osten zur omanischen Grenze bzw. über Thamud zum Wadi Hadramaut gefahren wird.

- **Al Khaleej Tourist Hotel,** an der Straße nach Seihut, Tel. (05) 610948, 2-Bett 1900, 3-Bett 2700 Rial, Du/WC im Zimmer, guter Standard.
- **Taj Plaza Hotel,** im Zentrum, Tel. (05) 611222, Fax (05) 610601, 1-Bett 2200, 2-Bett 3300, 3-Bett 4400 Rial, guter Standard.
- **Taj Al-Arab Hotel,** nahe Zentrum, Tel. (05) 610621, Fax (05) 610625, 2-Bett 2800, 3-Bett 4200 Rial, gutes Hotel mit Restaurant.
- **Aden Hotel,** Tel. (05) 610822 / 210819, 2-Bett 1600, 3-Bett 2000, Du/WC im Zimmer.
- **Taj Plaza Hotel,** im Zentrum, Tel (05) 611222, Fax (05) 610601, 1-Bett 2200, 2-Bett 3300, 3-Bett 4400 Rial, Du/WC im Zimmer.
- **Bin Yemani Hotel,** im Zentrum, 2-Bett 1300, 3-Bett 1800 Rial.
- **Yemen East Gate Hotel,** im Zentrum, 2-Bett 1700 Rial, sehr einfach.

Verkehrsverbindungen

- **Busse** fahren von Al Räitha einmal täglich nach Mukalla (1500 Rial) und Sejuhn (2800 Rial).
- **Sammeltaxen** fahren nach Schechr (1500 Rial), Sejuhn (2500 Rial) und Hauf (700 Rial).
- **Inlandsflüge** der *Yemenia Airline:* Sana'a (So).
- **Yemenia-Büro** in Al Räitha: Tel. (05) 612041.

Weiterfahrt von Al Räitha: Hauf und Grenze Oman

Am östlichen Ortsausgang von Al Räitha den Kilometerzähler auf Null stellen.

Km 4,2: Geradeaus geht es über Thamut zum 839 km entfernten **Wadi Hadramaut** (s. Rundreise 2, 3. Tag). Hier rechts nach Hauf <Hawf> abbiegen.

Km 40: Rechts bei einer Tribüne findet in der flachen Sandebene einmal jährlich im Sommer das Kamelrennen von Fäidmi statt.

Km 41: Der Ort **Fäidmi** <Al Faydami>. Die Straße verläuft nun auf einem schmalen Streifen zwischen dem Meer und den Bergen. Nach Überqueren eines breiten Wadis geht die Fahrt durch den kleinen Ort **Al Fatik** und dann am Strand entlang.

Km 76: Mit intensivem Geruch macht sich ein Gelände am Meer bemerkbar, wo Fisch getrocknet, in Säcke verpackt und später unter dem Namen *Aid* (Sardinen) verkauft wird. Um Seevögeln die leckere Mahlzeit zu verwehren, stehen **Wächter mit Steinschleudern** bereit. Am Ende des Strandes geht es in die Berge und über einen Pass hinweg.

Km 87: Dorf **Dammgut** <Damqawt> wurde auf einer Terrasse über einem Wadi errichtet.

Auch die folgende Strecke bis Hauf beeindruckt durch landschaftliche Schönheit. Die Straße wurde teilweise in die Bergkante geschlagen, verläuft hoch über dem Ozean, mit Blick auf zahlreiche Sandbuchten, dann geht es wieder hinunter zum Meer. Mit etwas Glück können auf dieser Strecke **Delfine** beobachtet werden.

Km 109: Das lang gestreckte Straßendorf **Hauf** <Hawf> verfügt über ein Gesundheitszentrum, zwei Moscheen, eine Schule sowie einige Garküchen und weist ansonsten nur einfache Häuser auf. Es gibt keine Übernachtungsmöglichkeit.

Nachdem die Straße ab Mukalla durch eher vegetationsarme Landschaft führte, überraschen bei Hauf die im Sommer mit grünem Buschwerk bestandenen Berghänge, auch „Green Mountains of Hawf" genannt.

Km 121: Am Grenzübergang zum Oman führt die Asphaltstraße weiter nach Salahla.

Hinweis: Für die Weiterfahrt nach Salahla im Oman sind die Einreiseformalitäten des Sultanats Oman zu beachten. Da das Gebiet auf omanischer Seite militärisches Sperrgebiet ist, sind besondere **Reisegenehmigungen** notwendig. (Informationen bei der Botschaft des Sultanats Oman.)

Abstecher von Mukalla

Sokotra <Socotra, Soqotra>

„Dvipa Sukhadara" bzw. „Eipheba Sakhotora", **Insel der Glückseligkeit,** nannten indische Seefahrer das 800 km östlich von Aden und 480 km südöstlich von Mukalla im Indischen Ozean gelegene Sokotra. Die alten Griechen kannten die Insel als *Dyo-sacreeda,* aber auch als *fia-Soqa´tra* bzw. *Soqater.* Römer nannten sie *Dyo-Socor-Yahles* und *Dyo-Sotori.* Die Inselbevölkerung geht

Haltbarkeit des Kassenbons
Dieser Kassenbon ist im Thermo-Druck-Verfahren erstellt und verblasst im Laufe der Zeit. Um diesen Prozess nicht zu beschleunigen, bitte den Kassenbon nicht in Klarsichthüllen (enthalten Weichmacher) oder längerfristig in Leder-Brieftaschen (enthalten Gerbmittel) aufbewahren und eine längere Einwirkung von Sonnen- und Neonlicht vermeiden.

Ermächtigung zum Lastschrifteinzug
Ich ermächtige hiermit das umseitig genannte Unternehmen, den umseitig ausgewiesenen Rechnungsbetrag von meinem durch Konto-Nummer und Bankleitzahl bezeichneten Konto durch Lastschrift einzuziehen.

Ermächtigung zur Adressenweitergabe
Ich weise mein Kreditinstitut an, das durch die umseitig angegebene Bankleitzahl bezeichnet ist, bei Nichteinlösung oder bei Widerspruch gegen die Lastschrift dem Unternehmen oder einem von ihm beauftragten Dritten auf Aufforderung meinen Namen und meine Adresse mitzuteilen. In diesem Falle behält sich das Unternehmen vor, zu meinen Lasten seinen Anspruch gegen mich geltend zu machen. Verzug tritt gemäß § 286 III BGB bei Rücklastschriften ohne Mahnung ein.

Unterschrift (Betrag siehe Vorderseite)

Haltbarkeit des Kassenbons
Dieser Kassenbon ist im Thermo-Druck-Verfahren erstellt und verblasst im Laufe der Zeit. Um diesen Prozess nicht zu beschleunigen, bitte den Kassenbon nicht in Klarsichthüllen (enthalten Weichmacher) oder längerfristig in Leder-Brieftaschen (enthalten Gerbmittel) aufbewahren und eine längere Einwirkung von Sonnen- und Neonlicht vermeiden.

Ermächtigung zum Lastschrifteinzug
Ich ermächtige hiermit das umseitig genannte Unternehmen, den umseitig ausgewiesenen Rechnungsbetrag von meinem durch Konto-Nummer und Bankleitzahl bezeichneten Konto durch Lastschrift einzuziehen.

Ermächtigung zur Adressenweitergabe
Ich weise mein Kreditinstitut an, das durch die umseitig angegebene Bankleitzahl bezeichnet ist, bei Nichteinlösung oder bei Widerspruch gegen die Lastschrift dem Unternehmen oder einem von ihm beauftragten Dritten auf Aufforderung meinen Namen und meine Adresse mitzuteilen. In diesem Falle behält sich das Unternehmen vor, zu meinen Lasten seinen Anspruch gegen mich geltend zu machen. Verzug tritt gemäß § 286 III BGB bei Rücklastschriften ohne Mahnung ein.

Unterschrift (Betrag siehe Vorderseite)

Haltbarkeit des Kassenbons
Dieser Kassenbon ist im Thermo-Druck-Verfahren erstellt und verblasst im Laufe der Zeit. Um diesen Prozess nicht zu beschleunigen, bitte den Kassenbon nicht in Klarsichthüllen (enthalten Weichmacher) oder längerfristig in Leder-Brieftaschen (enthalten Gerbmittel) aufbewahren und eine längere Einwirkung von Sonnen- und Neonlicht vermeiden.

Ermächtigung zum Lastschrifteinzug
Ich ermächtige hiermit das umseitig genannte Unternehmen, den umseitig ausgewiesenen Rechnungsbetrag von meinem durch Konto-Nummer und Bankleitzahl bezeichneten Konto durch Lastschrift einzuziehen.

Ermächtigung zur Adressenweitergabe
Ich weise mein Kreditinstitut an, das durch die umseitig angegebene Bankleitzahl bezeichnet ist, bei Nichteinlösung oder bei Widerspruch

davon aus, dass Sokotra sich aus den arabischen Wörtern *Suk* (für Markt) und *Qatra* (Tropfen einer Flüssigkeit) zusammensetzt. Diese Erklärung ist unwahrscheinlich, da das Wort *Sokotra* älter ist als die arabische Sprache im Jemen.

Wegen des hohen Anteils endemischer Pflanzen und Tiere wird Sokotra auch als **„Galapagos des Indischen Ozeans"** bezeichnet. Der Afrikaforscher *Georg Schweinfurt* (1881 auf Sokotra) sprach von der „Eremitenklause der Menschheit."

Nachdem die Insel bis zur Vereinigung beider Jemen 1990 in einer Art Dornröschenschlaf versunken war und in der Literatur gern als **„letztes Paradies auf Erden"** bezeichnet wurde, soll die Entwicklung nun vorangetrieben werden. Entstanden sind, eine Allwetter-Landebahn, der Palast des Militärgouverneurs und Hotels in Hudäibu. Forciert wird der Ausbau des Asphaltstraßennetzes und des Hafens.

Der bessere Kontakt zum Festland hat zur Folge, dass Gesellschaft und Wirtschaft der Insel raschen Veränderungen unterworfen sind. Der Erhalt der als einmalig angesehenen Natur ist das oberste Ziel von Wissenschaftlern, die mit der Öffnung der Insel um deren ursprünglichen Zustand fürchten. Sanfter Tourismus und Schutz der seltenen Pflanzen in Naturreservaten wären die ideale Zukunft. Auf dem Umweltgipfel 1992 in Rio de Janeiro wurden 5 Mio. US-Dollar bereitgestellt um zu prüfen, ob Sokotra zu einem **Biosphärenreservat** erklärt werden kann. Seit 1993 wird in der UNESCO diskutiert, die Insel zu einem Weltkulturerbe deklarieren.

Bemüht um die materielle Kultur der Insel ist seit Jahren das Völkerkundemuseum in Leipzig. Eine große Anzahl von Exponaten wurde gesammelt und bildet die bemerkenswerte Sokotra-Sammlung: Schmuck, traditionelle Kleidung, Gefäße, Musikinstrumente und Handwerksgeräte.

Geografie

Die Hauptinsel hat eine Fläche von 3600 km² (der Bodensee, als Vergleich,

115J Foto: bs

Bergstraße auf Sokotra
mit Drachenblutbäumen

ist 536 km^2 groß), ist 130 km lang, 35 km breit und weist als höchste Erhebung den **Dschebbel Dryet** (1503 m) im Hadscher-Gebirge <Hajhir-Gebirge> auf. Zum Sokotra-Archipel, und somit zum Jemen, gehören die benachbarten Inseln **Abdalkuri** (360 km^2, einige hundert Bewohner), **Samhah** (70 km^2, einige wenige Fischerfamilien) und **Darsa** (5 km^2, unbewohnt) sowie die knapp aus dem Meer ragenden drei Felsen **Cal Farum** und die Klippe **Hertha.** Für Darsa und Samhah wird auch die Bezeichnung „die Brüder" verwendet. Sokotra ist die größte Insel des Jemen und der arabischen Welt sowie die zweitgrößte Insel im westlichen Indischen Ozean nach Madagaskar. Zum nächstliegenden Punkt der Arabischen Halbinsel sind es 300 km, nach Somalia 200 km. Abdalkuri liegt nur 100 km von Somalia entfernt.

Sokotra mit seinen Nachbarinseln gehört zum afrikanischen Küstenschelf und ist von diesem Kontinent von einer nur 910 m tiefen Wasserstraße getrennt. Zwischen der Arabischen Halbinsel und dem Inselkomplex liegt mit dem 5000 m tiefen **Golf von Aden** eine geologisch aktive Riftzone.

Für den Granit- und Gabbrokomplex im Zentrum der Insel wird ein Alter von 500 Mio. Jahren angegeben. Zu dieser Zeit war Sokotra Teil des Urkontinents Pangäa und lag südlich des Äquators. Mit der Aufspaltung Pangäas trennte sich Sokotra vor rund 60 Mio. Jahren von Afrika, driftete mit diesem Kontinent nordwärts bis zur heutigen Position und hat seitdem keinen Festland-Kontakt gehabt. Bis vor 20 Mio. Jahren sanken große Teile der Insel mehrmals unter den Meeresspiegel ab und wurden wieder gehoben. Während der Absenkphasen verblieb der Granitkern Sokotras oberhalb des Wasserspiegels, während sich in dem umgebenden Flachmeer Korallenriffe bildeten, die heute, nach der Hebung der Insel, im Osten und Westen die bis zu 800 m hohen Hochplateaus aus jungtertiärem Kalkgestein bilden. Dieser Kalkkörper ist von tief eingeschnittenen Erosionstälern durchzogen und weist zahlreiche Karsthöhlen auf. An vielen Stellen der Insel reichen die Kalkplateaus bis an das Meer, wo sie steile Küsten bilden.

Sokotra gehört zu den wenigen ozeanischen Inseln – andere Beispiele sind die Falkland-Inseln, Madagaskar oder die Seychellen – , die sich vom Festland abgespalten haben. Alle anderen Ozeaninseln haben sich durch vulkanische Tätigkeit aus dem Meer erhoben.

Bei den Stränden Sokotras handelt es sich nicht um Quarzsand (wie in der Sahara oder an der Nordsee), sondern um zerriebene Korallen bzw. Muscheln. Durch den starken Wind wird dieser Sand bis weit hinauf in das Gebirge getrieben.

Geschichte

Wegen seiner Lage am Ausgang des Golfs von Aden in den Indischen Ozean und wegen seines Süßwasserreichtums war Sokotra schon früh ein bevorzugter Stützpunkt europäischer Seefahrer auf dem Weg nach Südostasien. Der Reisebericht eines unbekannten griechischen Seefahrers, „Periplus des Erythräischen Meeres“, spricht im 1. Jh. n.Chr. von Griechen, Indern und Arabern, die auf Sokotra (Dioscorides) vom Handel mit Gewürzen leben. Die Insel wird als wasserreich, mit Flüssen, Krokodilen, vielen Schlangen und sehr großen Eidechsen beschrieben.

Die tückischen Winde und Strömungen ließen viele Segelschiffe an den Klippen Sokotras zerschellen. Eine Sage macht dafür die Schönheit der Frauen an der Nordostküste verantwortlich. Mit ihrer Anmut und einladenden Handbewegungen sollen sie die Schiffe in die Untiefen gelockt haben.

Der Apostel *Thomas* soll Jahre 52 auf Sokotra eine **christliche Gemeinde** gegründet haben. Im Jahr 524 unterstand Sokotra dem Nestor *Katholikos von Babylon.* Ein Bischof von Sokotra leitete im Jahre 900 von Sokotra aus die Missionierung des Jemen. Im 10. Jahrhundert schrieb der jemenitische Geograf *Hamdani,* dass die meisten Einwohner Sokotras Christen seien. Als **Marco Polo** ca. 1295 auf dem Rückweg von China auf Sokotra Station machte, waren Kirchen noch vorhanden. Vermutlich im 15. Jahrhundert kam Sokotra unter die Herrschaft des Sultans von Machra. Der jemenitische Geschichtsschreiber *Hamdani* (gest. 945) setzt dieses Ereignis jedoch bereits in das 10. Jahrhundert.

1507 errichteten die Portugiesen einen Stützpunkt im Ort **Suk <Shiq>** im Nordosten der Insel. Nach ihrem Abzug 50 Jahre später und einer kurzen Phase holländischer Besetzung herrschte der Sultan von Machra über die Insel.

1857 bereiste der Österreicher *Wilhelm von Tegetthoff* im Auftrag seiner Regierung das Rote Meer, um Informationen zu dem neuen Seeweg vor Öffnung des Suez-Kanals einzuholen. Außerdem sollte er mögliche Orte zur Einrichtung einer österreichischen Deportationskolonie ausfindig machen. Er kartierte u.a. die Küste Sokotras und schlug aus o.g. Grund vor, die Insel für 100.000 Maria Theresien-Taler zu kaufen.

Von 1876–1967 stand Sokotra unter britischer Verwaltung. 1967 wurde die Insel Teil der Volksrepublik Südjemen.

1956 unternahmen Wissenschaftler der Universität Oxford erste Grabungen auf der Insel. Im Ort Suk <Shiq> wurden Reste der christlichen Kirche aus dem Jahre 1507 gefunden und das Fort aus der Portugiesenzeit untersucht.

Bevölkerung und Wirtschaft

1840 wurden auf Sokotra 4000 Einwohner gezählt, heute sind es 50.000–80.000 (genaue Zahlen gibt es nicht). Die Insel gehörte in sozialistischer Zeit verwaltungstechnisch zu Aden, nach der Vereinigung des Jemen im Jahre 1990 wurde sie Teil der Provinz Hadramaut. In Sokotras **Hauptstadt Hudäibu** (ca. 8000 Einwohner) befinden sich die Verwaltungseinrichtungen, die Schule, Hotels und das einzige Krankenhaus des Archipels. Während sich im Küstenbereich seit dem 12. Jh. eine Bevölkerung aus Arabern, Indern, Afrikanern und Portugiesen niedergelassen hat und als Handwerker, Händler und Fischer arbeitet, wird die Bergregion von einer Urbevölkerung besiedelt, deren Sprache das **Sokotri** ist. Sprachgeschichtlich ist Sokotri (es ist keine Schriftsprache) noch älter als das Altsüdarabische und gehört neben Mehri (das in der Provinz Machra gesprochen wird) somit zu den Ursprachen auf südarabischem Gebiet.

Von der Bergbevölkerung, die von den Küstenbewohnern als Beduinen bezeichnet wird, lebt ein kleiner Teil in **Höhlen** des Karstgesteins, sonst in Häusern aus Natursteinen. Diese Menschen finden ihr kärgliches Auskommen mit Viehzucht (Schafe, Ziegen, Zwergrinder).

Gegerbte Ziegenhäute wurden von der Bergbevölkerung als Behältnisse für Milch und Datteln verwendet. Töpferwaren werden von Frauen in der Nähe der wenigen **Tonvorkommen** hergestellt, wobei sie die Produkte mit der Hand formen, an der Luft trocknen und u.a. mit dem zerriebenen Harz des Drachenblutbaumes rot anmalen.

Die Gewinnung von **Drachenbaumharz,** Weihrauch und Myrrhe spielte viele Jahrhunderte lang eine wichtige Rolle und brachte durch den Export bis zum Mittelmeerraum einen bescheidenen Wohlstand. Die drei genannten Harze wurden bis nach Ägypten und zum Mittelmeer exportiert. Da heute nur noch für den lokalen Markt produziert wird, sind diese Aktivitäten stark

116J Foto: bs

zurückgegangen. Auf den Hängen des Zentralgebirges und im Osten der Insel zeugen aufgelassene Terrassen von der einstigen kommerziellen Nutzung des Weihrauchstrauches.

Im nördlichen Inselbereich belegen ummauerte ehemalige Hirsefelder, dass dieses Grundnahrungsmittel bis vor wenigen Jahren angebaut wurde, bevor Reis- und Weizenimporte für billigen Ersatz sorgten. Nur 2% der Gesamtfläche werden für Kulturpflanzen genutzt (zumeist Dattelpalmen), 80% sind Weideland, der Rest ist Hochgebirge.

Der Anbau von Gemüse und Feldfrüchten spielt eine geringe Rolle. Kat wird vom Festland eingeflogen.

Die Gewässer um Sokotra sind fischreich, da hier – wie an der Südostküste des Jemen auch – kaltes, nährstoffreiches **Tiefseewasser** aufsteigt. Das wichtigste Exportgut ist gepökelter bzw. tiefgefrorener Fisch. Haiflossen werden bis nach Südostasien exportiert, wo sie als angeblich potenzsteigerndes Mittel auf der Speisekarte stehen.

Bei seinem Besuch im Jahre 1998 kündigte Staatspräsident *Ali Abdallah Salach* an, Sokotra zu einer **Freihandelszone** zu erklären und somit für Investoren attraktiver zu machen. Die inzwischen erfolgte Asphaltierung der

Fischer auf Sokotra

Landebahn des Flughafens und der Ausbau des Hafens bei Hudäibu waren Maßnahmen, die Insel ganzjährig mit dem Festland zu verbinden, was während starker Monsunwinde zuvor nicht möglich gewesen war.

Da Ölvorkommen vor den Küsten Sokotras vermutet werden, wurden Ölbohrkonzessionen vergeben.

Klima

Sokotra ist Teil des ariden Gürtels, der sich durch die Sahara und Somalia bis hierher erstreckt. Außerhalb des Hochgebirges fallen jährlich nur durchschnittlich 200 mm Niederschläge in Form von kurzen, heftigen Regenfällen. Der geringe Bewuchs und die in kurzen Zeiträumen abfließenden großen Wassermassen haben tief eingeschnittene Täler geschaffen. Die **Monsunwinde** wechseln zweimal jährlich. Von Mai bis Oktober bläst der Monsun z.T. in Orkanstärke aus Südwest, von November bis März weht ein schwächerer Wind aus Nordost. Da der Nordostwind vom trockenen asiatischen Kontinent kommt, bringt er kaum Niederschläge. Die **Regenzeit** kann von August bis Ende Dezember angesetzt werden.

Die Temperaturen betragen im Sommer in der Küstenregion mehr als 40 °C und liegen im Winter nicht unter 20 °C. Auf den höchsten Gipfeln kann die Nachttemperatur im Winter auf Werte von 5 °C absinken.

Windstille und daher die **besten Bademöglichkeiten** bietet der **April.** Da im Winter häufig Wolken in den Bergen hängen, ist dies für Fotografen eine ungünstige Reisezeit.

Flora und Fauna

Die Zahl endemischer Pflanzen wird auf Sokotra mit rund 270 angegeben, was dreimal mehr ist als auf einem Gebiet gleicher Größe auf den angrenzenden Festländern. Diese Einzigartigkeit liegt an der isolierten Lage der Insel, die seit etwa 60 Mio. Jahren keine Landverbindung zum Festland hatte. Es haben sich seit der Abspaltung vom Urkontinent Pangäa auf Sokotra **Pflanzen** erhalten und weiter entwickelt, die auf den benachbarten Festländern inzwischen ausgestorben sind oder dort verdrängt wurden. Weiter oben wurde dargelegt, dass Teile Sokotras mehrfach unter den Meeresspiegel absanken. Da dies für den zentralen Granitkomplex nicht zutraf, kann die Insel zu Recht als Arche Noah für die Tier- und Pflanzenwelt angesehen werden.

Leider wird die ursprüngliche Flora durch Überweidung und Bevölkerungszuwachs immer weiter zurückgedrängt. Verbiss durch Schafe und Ziegen sowie der Holzeinschlag (Feuerholz für die Speisezubereitung) haben zu großen **Schäden** an der Vegetation geführt. So sind die ehemals ausgedehnten Mangrovenwälder an der Küste zu einem großen Teil abgeholzt worden.

Die durchschnittlich 200 mm Niederschläge pro Jahr sind für den Pflanzenwuchs extrem wenig, da – aufgrund der starken Sonneneinstrahlung – das Verdunstungspotential deutlich höher liegt und es somit kein für Pflanzen erreichbares Grundwasser gibt. Unterhalb der Wolkengrenze siedeln daher Pflanzen, die den sporadisch fallenden Regen speichern können. Im Hochgebirge, in der **Wolkenzone,** bedeuten Wolkenkondensation und der nächtliche Tau eine nicht unerhebliche Wasserzufuhr für die Pflanzen, so dass sich dort eine geschlossene Baum- und Strauchvegetation herausgebildet hat.

Dem **Granitgebirge** im Zentrum der Insel entspringen die wenigen ganzjährig fließenden Bäche, entlang denen sich eine eindrucksvolle Vegetation gebildet hat und deren Wasser für die Kultivierung der Dattelpalmen genutzt wird.

Im Bereich der Flora ragt der **Drachenblutbaum** *(Dracaena cinnabari)* heraus. Er heißt auf Sokotri *„a'arhiuhb"* und auf Arabisch *„dam al-akawein"* (= Blut der zwei Brüder, was an den Mord von Kain an Abel erinnern soll). Im Ostteil der Insel ist dieser Baum in Höhenlagen zwischen 500–1000 m mit seiner typischen Schirmkrone (Pilzform) heimisch, im trockenen Westen hingegen nicht zu finden. Er gehört zur Familie der Agaven, kann bis zu 12 m hoch werden und bezieht seinen Namen vom dunkelroten Harz. Dieses „Drachenblut" (auf Sokotri heißt es *„edah"*, auf Arabisch *„katir"* oder *„dam al-akawein")* wird durch Einritzen des Stammes gewonnen. Es tritt in rötlicher Farbe aus und wird beim Eintrocknen schwarz. Die trockenen Harzbrocken werden zu Pulver zerrieben und in der **traditionellen Medizin** für Augen-, Haut- und Darmkrankheiten, als keimtötendes sowie blutstillendes Mittel, aber auch zur Wundheilung genutzt. Mit Wasser verdünntes Drachenblutpulver wirkt mehrmals täglich eingenommen bei Hals- und Rachenentzündungen sowie bei Magengeschwüren. Gelegentlich wird das geschmolzene Drachenblut im Munde zerkaut. Bereits die römischen Gladiatoren schätzten das Pulver gegen Wundinfektionen. In der Töpferei dient es als Färbemittel.

In Hudäibu kann das **Rohharz** des Baumes bzw. das orange-rot geschmolzene Produkt gekauft werden; im Hochland wird es den Touristen von der lokalen Bevölkerung angeboten.

Es gibt weltweit rund 60 Arten von Drachenblutbäumen, die meisten davon im tropischen Afrika. Die hochstämmigen Arten wachsen auch auf den Kanarischen Inseln, den Kapverdischen Inseln, Madeira und den Azoren, sind aber nur auf Sokotra in solch großer Zahl vertreten.

Der Sokotra-Drachenblutbaum verfügt über einen 3 m hohen Stamm, von dem nahezu waagerecht Astarme abzweigen, die sich weiter verzweigen, so dass von unten gegen ein fast geschlossenes waagerechtes Astwerk geschaut wird. Ein flacher, **linsenförmiger Schirm** aus grünen, schwertförmigen Blättern bildet die Baumkrone. Der Stamm hat keine Jahresringe, so dass sich das Alter eines Baumes nur an der Anzahl der Astabzweige grob ermitteln lässt.

Weihrauch (Boswellia) und **Myrrhe** (Commiphora) spielten in der Vergangenheit eine große Rolle, werden heute aber nur noch für den lokalen Gebrauch geerntet. Sieben Weihrauch- und vier Myrrhearten wurden auf der Insel festgestellt und sind an ihren rosafarbenen Blüten zu erkennen. Vermutlich wurden Weihrauch und Myrrhe im Altertum über den Hafen Qana (siehe auch im Kapitel „Rundreise 2, 7. Tag") exportiert.

Von den 100 Aloe-Arten auf Sokotra sind zwei endemisch. Der wilde **Granatapfel** wurde wahrscheinlich in andere arabische und tropische Länder verbracht und kultiviert.

Flaschenbäume (ein Hundsgiftgewächs) werden bis zu 6 m hoch und sind häufig anzutreffen. In einigen Landstrichen sind die Hänge übersät von Flaschenbäumen mit ihrer bauchigen Form. Der **Gurkenbaum** (dendrosicyos socotrana) ist ein Kürbisgewächs und auf Sokotra endemisch.

In der Fauna sind die ziegelroten **Krabben** die weltweit einzigen Süßwasserkrabben und u.a. am Mittellauf des Wadi Ayhaft zu finden.

Die Korallenriffe entlang der Küste sind das Habitat **seltener Fische.** Eine Untersuchung der *Senckenberg Gesellschaft* im Jahre 2000 ergab „730 Fischarten in 283 Gattungen und 110 Familien (...). Die artenreichsten Familie sind die Lippfische (Labride) mit 73 Arten, gefolgt von Grundeln (Gobiidae) mit 46, Riffbarschen (Pomacentridae) mit 44, Sägebarsche (Serranidae) mit 37 und Doktorfischen (Acanthuridae) mit 29 Arten. Knorpelfische (Chondrichthyes) sind mit 35 Arten vertreten." Internet: www.senckenberg.de/root/index.php?page_id=1361.

Es gibt auf der Insel rund **40 Säugetierarten,** die durch den Menschen eingeführt wurden (u.a. Rinder, Esel, Ziegen, Schafe, Kamele). D.h. auf Sokotra gab es vor der menschlichen Besiedlung keine Säugetiere. Kamele dienen im Küstenbereich als Transportmittel.

118J Foto: bs

42 Vogelarten sind auf Sokotra bekannt, darunter der sehr häufig anzutreffende, fast zahme **Schmutzgeier** (auch „Ägyptischer Geier" genannt).

Für Touristen eher unangenehm sind **Skorpione.** Hunde gibt es auf Sokotra nicht. Laut einem Bericht der *Yemen Times* vom 15. Dezember 2007 wurde die Insel nach einer erfolgreichen Sprühaktion als frei von Malariamücken erklärt.

Tourismus

Seitdem 1998 die Landebahn asphaltiert wurde, ist Sokotra ganzjährig mit dem Flugzeug erreichbar. Nur während heftiger Monsunstürme kann es im Sommer gelegentlich zu Flugausfällen kommen. *Yemenia* bietet wöchentlich einen Flug von Aden und einen weiteren von Sana'a mit jeweils Zwischenlandungen in Mukalla an. Einen Passagierschiffsverkehr zur Insel gibt es nicht. Sokotra wurde im Jahre 2004 von 500 Touristen besucht, 2007 waren es rund 1400 Besucher. Mit der vorhandenen Infrastruktur (Hotels, Fahrzeuge, Führer) ist die Insel damit an der Grenze ihrer Belastbarkeit angelangt.

Das **touristische Potential** Sokotras wird von uns Autoren nicht so euphorisch angesehen, wie die Broschüren von Reiseveranstaltern glauben machen wollen („Das letzte Paradies auf Erden"). Sokotra ist ohne Frage ein Eldorado für Spezialisten: d.h. für Vogelkundler und Planzenexperten. Aber wie viele endemische Pflanzen oder Tiere hat der Kurzzeittourist am Ende seiner Reise gesehen? Viele Besucher werden überrascht sein, dass die Insel weniger grün ist als erwartet wurde. Die wenigen Täler mit dichter Vegetation (z.B. das Wadi Ayhaft) haben entsprechende Pendants auch auf dem jemenitischen Festland (z.B. am Dschebbel Burra).

Drei Besonderheiten für den interessierten Touristen weist Sokotra hingegen auf: die weltweit größte Dichte an Drachenblutbäumen, die große Zahl an Flaschenbäumen (mit ihren herrlich leuchtend rosa Blüten) und eine Unmenge an **Geiern.**

Sehr schön sind – abhängig vom Wellengang – die **Badestrände** an der Südküste, im Nordwesten bei Qalansia und im Nordosten bei Er-Herr. Auf die fehlende Infrastruktur in Form von Toiletten, Trinkwasser und Restaurants an diesen Orten muss jedoch hingewiesen werden. Wanderungen bieten sich zu Karsthöhlen, in tief eingeschnittene Täler mit Wasserläufen und Palmen (Bademöglichkeiten) und als Gebirgsdurchquerung (Ein- oder Mehrtagestouren) an.

Erkundungen auf eigene Faust sind auf Sokotra nicht erwünscht. Die Fahrzeuge werden von lokalen Fahrern gesteuert und von einem zusätzlichen Guide begleitet, der mindestens eine Fremdsprache spricht. Bei Wanderungen, die zwei bis drei Stunden überschreiten, wird in der Regel noch ein ortskundiger Führer hinzugezogen. Die große Zahl an lokalen Begleitern schafft Arbeitsplätze auf der Insel, macht eine Reise auf Sokotra aber nicht billig.

Da Inlandsflüge der *Yemenia Airlines* relativ teuer sind, sollte bei der Buchung geprüft werden, ob ein Sokotra-Ticket in Verbindung mit einem *Yemenia*-Auslandsflugticket billiger ist, als ein Billigticket einer anderen Fluggesellschaft von Europa nach Sana'a plus ein *Yemenia*-Inlandsflugticket nach Sokotra. Die Rundreise im Jemen kann aus Kostengründen so gelegt werden, dass von Mukalla nach Sokotra geflogen wird. Dies ist preiswerter als ein Flug ab Sana'a oder Aden, der ohnehin in Mukalla zwischenlandet.

Rundreise auf Sokotra

Wer nicht mit einem europäischen Reiseunternehmen unterwegs ist, kann die Rundreise auf Sokotra bei einem Reiseveranstalter in Sana'a buchen

Inselbewohner

(s. „Praktische Reisetipps, Reiseveranstalter“). Aber auch am Flughafen von Hudäibu stehen Autos mit Fahrern bereit, die Touristen auf der Insel begleiten. Wer Sokotra von den Hotels in Hudäibu aus in Form von Tagesausflügen erkunden möchte, sollte die Entfernungen beachten. Hotels gibt es außerhalb von Hudäibu nicht, und wer Wert auf gehobenen Komfort legt, dem werden auch diese Herbergen nicht zusagen. Reiseveranstalter, die Mehrtagestouren anbieten, haben in der Regel Zeltübernachtungen im Programm. Sie sorgen für Zelte, Matratzen, Koch- und Essgeschirr, Gasflasche und Herd.

Vorschlag für eine 7-tägige Rundreise auf Sokotra

Zu beachten ist, dass es auf dieser Route bei Zeltübernachtungen keine Toiletten und **nur in Er-Herr fließendes Wasser** aus einem Rohr gibt!

1. Tag: Hinflug und Fahrt zum Strand von Er-Herr (Zeltübernachtung)

2. Tag: Höhle Hok und Homhill (Zeltübernachtung)

3. Tag: Südküste Nogutt (Zeltübernachtung)

4. Tag: Höhle Guhb und Dixam-Plateau (Zeltübernachtung)

5. Tag: Strand von Qalansia (Zeltübernachtung)

6. Tag: Wadi Ayhaft (Zeltübernachtung)

7. Tag: Hudäibu (Hotelübernachtung)

8. Tag: Rückflug

1. Tag: Er-Herr

13 km sind es nach Osten vom Flughafen bis zum Hauptort **Hudäibu <Hadibu>** mit seinen 8000 Einwohnern, vier Hotels und dem Marktgelände, wo Lebensmittel und Wasserflaschen für die nächsten Tage eingekauft werden müssen. An der Flughafenstraße sollte in Hudäibu das Büro des *SCDP (Socotra Conservation and Development Programme)* mit der **Öko-Tourismusbehörde** (Informationen, Broschüren, Ansichtskarten) aufgesucht werden. Empfehlenswert ist hier der Erwerb des Büchleins „Socotra, the birds and plants“, ein hilfreicher Begleiter für Flora und Fauna auf Sokotra. Neben diesem Informationszentrum ist der Handicraft-Laden der *Socotra Women Association* einen Besuch wert. In dieser Ausstellung können **typische Erzeugnisse** von Sokotra gekauft werden: traditionelle Kleider, Tücher, Weihrauchgefäße, Töpferwaren, Körbe, Flechtwaren. Beachtenswert sind die kleinen, aus Ton modellierten Tierfiguren, dunkelrot bemalt mit dem Saft des Drachenblutbaumes.

Der steinige Strand von Hudäibu mit seiner starken Brandung lädt nicht zum Baden ein. „Und abends sind wir noch zum *Rolling Stones*-Konzert an den Strand gegangen“, teilten uns Reisende mit und meinten damit die Bewegung der Steine in der Brandung.

In Hudäibu wird der Kilometerzähler auf Null gestellt.

7 km auf der Asphaltstraße nach Osten liegen rechts das Elektrizitätswerk und die Fischfabrik sowie links die Ortschaft **Suk <Shiq>,** in der Häuser aus Korallensteinen und Dächer aus Palmwedeln auffallen. Auch die kleinen Gärten mit Dattelpalmen sind von Zäunen aus Palmwedeln umgeben. Inmitten des Ortes sind die Reste der christlichen Kirche aus portugiesischer Zeit (Anfang des 16. Jhs.) zu besichtigen (der Fußboden und Basen von Säulen sind erhalten).

Km 10,3: Der **Hafen von Sokotra,** wo gelegentlich Fischern beim Verladen tiefgekühlter Fische zugeschaut werden kann.

Km 11,7: Links der Straße drei **Panzerwracks.**

Km 26,1: Geradeaus geht es zur Südküste. Hier links **Richtung Homhill** abbiegen.

Km 33: Die Furt über den Meeresarm **Khor Qaryah.** Kurz vor der Furt sind Kalkbrennöfen zu beachten.

Km 34,1: Am Abzweig zum **Homhill-Plateau** (rechts) geradeaus weiterfahren.

Km 37: Links ist das **Kap Di Hamri** mit seinen zwei Felsnasen zu sehen.

Dort wurde ein von UNDP unterstütztes **„Zeltplatzprojekt"** eingerichtet, was von der lokalen Bevölkerung betrieben wird. Zum Meer hin entstanden einfache Gebäude für Touristen. Frisches Wasser (keine Duschen) steht in Kübeln zur Verfügung. Es gibt Toilettenhäuschen. Bei Bedarf werden Matratzen und Decken gebracht und wird Essen gekocht. *Di Hamri* wird – ruhiges Meer vorausgesetzt – als **„bester Schnorchelplatz"** der Insel bezeichnet.

Km 42,8: Direkt rechts an der Straße eine **Felswohnung.**

Km 47,5: Links der Piste sind auf dem Strand kleine **Steinhaufen** zu beachten. Es handelt sich um 5 Meter tiefe Löcher, in denen Kalk mit den Stämmen von Palmen gebrannt wird.

Km 49,5: Das **Wadi Schiffha** mit einem Süßwasserbach wird durchquert. Rechts oben auf dem Gebirgskamm ist das Homhill-Gebiet mit seinen Drachenblutbäumen zu sehen. Ab hier sind die steilen Gebirgswände überraschend grün.

Km 52,7: Rechts führt ein Fußweg in 2 Stunden zur **Tropfsteinhöhle Hok** empor (siehe 2. Tag).

Km 61,4: Rechts ist ein natürlicher Steinbogen zu beachten.

Km 63: Die Straße führt durch ein Gebiet weißer Sanddünen. Das Material wird bis weit den Berghang hinauf getrieben.

Km 68,6: Die grüne **Oase Er-Herr** direkt am Meer ist erreicht. Für die ersten touristischen Sokotra-Besucher war dies eines der kleinen „Paradiese" der Insel. Hier tritt ein Bachlauf aus dem Fuße des Kalkgebirges aus und ergießt sich in das Meer. Ein Teil des Wassers wird mit einem Rohr zu einer Dusche am Strand geleitet. Der weiße Strand lädt zum Baden ein. Wer genug Kondition hat, besteigt die riesige Düne, die sich am Abhang des Felsmassivs gebildet hat. Beiderseits des Bachlaufs sind Grünflächen (Rasen) und Büsche mit vielen Geiern. Den einstigen „Geheimtipp" Er-Herr haben inzwischen alle Reisegruppen entdeckt und so wird nun an diesem **Natur-Zeltplatz** gekocht und gegrillt.

Auf einer schlechten Piste kann 8 km weiter zum Dorf Irsell und zum Ostkap Ras Irsell weitergefahren werden.

2. Tag: Homhill

Es geht auf der gleichen Strecke 16,1 km zurück zum vorgenannten

Km 52,7 und dort links in ca. 2 Std. zur Tropfsteinhöhle Hok empor. Für diese Tour ist ein lokaler Führer mitzunehmen, denn der Weg ist stellenweise schlecht zu finden. Der Eingang der Höhle erinnert mit herunterhängenden Stalaktiten und Moosen an das Riesenmaul eines Hais. Die Höhle ist 6 km lang, wovon etwa die Hälfte mit einer Taschenlampe begangen werden kann. Im Innern beeindrucken **Tropfsteingebilde** in bizarren Formen. Der Weg durch die Höhle ist teilweise durch Seile gesichert, je nach Jahreszeit mehr oder weniger matschig und weist Wasserlachen auf. Die Stalaktiten sind in der Regel feucht und z.T. so dick, dass sie von einer Person nicht umfasst werden können. Es wird durch größere und kleinere „Räume" gegangen; die Besichtigung kann (ein Weg) gut eine Stunde oder mehr in Anspruch nehmen. Besucher mit Kreislaufproblemen sollten sich diese Besichtigung nicht zumuten, da die Luft in der Höhle stickig ist.

18,6 km zurück nach Westen führt links die Straße hoch zum 15 km entfernten Homhill-Plateau mit seinen zahlreichen Drachenblut-, Flaschen- und Weihrauchbäumen, die in einem offiziell ausgewiesenen **Naturreservat** stehen. Auf diesem Plateau leben etwa 300 Menschen mit Schafen, Ziegen und Rindern. Eine örtliche Kooperative unterhält einen Zeltplatz, anderenorts darf in dem Schutzgebiet nicht gezeltet werden.

Vier **Wanderungen** von 1 bis 3 Stunden Länge nehmen am Zeltplatz ihren Anfang. Eine kurze, einfache Tour führt zu einem Naturwasserbecken und zu Drachenblutbäumen, eine andere, anspruchsvollere, zu einem Steilabbruch, von dem nach Norden auf das tief unten liegende Meer geschaut werden kann.

Ein weiterer **Rundgang** ist zu alten, knorrigen Weihrauchbäumen möglich. Es kann auch in 2–3 Stunden in einem Wadi (mit zahlreichen Drachenblutbäumen) in die Küstenebene zum vorausgeschickten Auto abgestiegen werden. Für die längeren Touren – vor allem für die Letztgenannte – empfehlen sich lokale Führer aus der Siedlung Homhill.

3. Tag: Südküste Nogutt

23 Kilometer zurück zum vorgenannten Abzweig km 26,1 fahren, links abbiegen und den Kilometerzähler auf Null stellen.

Die Piste windet sich in vielen Kehren durch die Berge, manchmal steil hinauf und herunter, führt nur selten an vereinzelt stehenden Häusern oder kleinen Siedlungen vorbei, lässt den Blick tief in **Wadis,** dann wieder weit über Hänge mit Weihrauch- und Flaschenbäumen schweifen. Diese Strecke gibt einen ausgezeichneten Eindruck von der Bergwelt auf Sokotra.

Km 18: Die kleine Ortschaft Dische. Kurz danach fließt im Tal ganzjährig Wasser, in dem die zuvor beschriebenen Süßwasserkrabben zu beachten sind.

Km 43: Die 25 km lange Südküste Nogutt ist erreicht.

Km 51: Links **Salzgewinnungsfelder,** wo in einer Lagune eingesickertes Meereswasser unter Sonneneinstrahlung verdunstet. Die Bewohner einer nahe gelegenen Siedlung schürfen das Salz und verpacken es in Säcken, die am Straßenrand zum Abholen bereitstehen.

Km 54: Am Strand von **Aumag** dürfen Touristen ihre Zelte aufschlagen, aber es gibt weder Toiletten noch fließendes Wasser. Oberhalb des Strandes bietet ein Palmenhain mit Flechtwerkwänden Windschutz und die Möglichkeit die mitgebrachten Gaskocher zu betreiben.

4. Tag: Di Guhb und Dixam

Den Kilometerzähler auf Null stellen. Nach Durchfahren des kleinen Ortes **Mahata** mit Schule und Gesundheitszentrum ist nach 8 km am Fuße des Gebirges die **Tropfsteinhöhle Di Guhb** erreicht. Das Loch im Kalksteinmassiv ist so groß (ca. 15 m), dass die Autos hineinfahren. Da die Kaverne nur eine geringe Tiefe hat, ist zur Erkundung keine Taschenlampe erforderlich. Beeindruckend sind die mächtigen mit Farnen und Moosen behangenen Stalaktiten am Eingang, von denen Wasser tropft.

Es geht zurück zur Hauptpiste in der Ebene und in Richtung Westen.

Km 23: Beginn der Serpentinenauffahrt in das Hochland.

Km 40,5: Dreihundert Meter vor einer Schule geht es rechts zum 500 Meter entfernten Steilabhang mit Blick auf gut 1000 Drachenblutbäume des Dixam-Plateaus. Hier ist es den Reisegruppen erlaubt ihre Zelte aufzuschlagen. Eine Autopiste führt am Rande der

119j Foto: bs

Kante zwischen Drachenblutbäumen hindurch nach Süden und dann in **Serpentinen** hinab in das tief eingeschnittene Wadi Dirrho. Zu diesem Wadi sollte jedoch auf einem Wanderweg in zwei Stunden abgestiegen werden, denn so kann die Schönheit und Erhabenheit der Drachenblutbäume hautnah empfunden werden. Alte, umgestürzte Bäume geben ihr Inneres preis: die Agavengewächse haben keine Baumringe, sondern feine, kapillarähnliche Fasern. Flaschen- und Gurkenbäume begleiten den Weg hinab in das Tal mit seinem Flüsschen, Palmen und der Fahrpiste. Dort, wo die Piste das Tal quert, gibt es 100 m talabwärts mehrere palmenbestandene Wasserlöcher, in denen gebadet werden kann. Die Piste führt jenseits des Tales hinauf zum **Dixam-Plateau** mit dem zuvor beschriebenen Wald aus Drachenblutbäumen.

5. Tag: Qalansia

Es wird die zuvor beschriebenen 500 m zur Hauptstraße zurückgefahren und rechts abgebogen. Das Gebiet ist trocken und hat – abgesehen von den Drachenblutbäumen – keine Reize. Bei klarem Wetter bieten sich jedoch schöne Blicke auf die höchsten Gipfel des Granitgebirges. Nach 30 km, einen Kilometer vor Erreichen der Küstenstraße, sollte das Auto geparkt und links zu den 100 m entfernten prähistorischen Bodenritzungen gegangen werden, die Fußspuren und andere Symbole zeigen. Die Gravierungen sind noch nicht datiert, haben jedoch ein Alter von mindestens 2000 Jahren.

Km 32,3: Auf der Küstenstraße links nach **Qalansia** abbiegen.

Km 34,2: Zwei Panzerwracks rechts der Straße.

Km 50,4: Links nach **Qalansia** fahren. Der Straßenbau entlang der Küste nach Qalansia musste nach Protesten der Einwohner eingestellt werden, da ein schützenswerter **Eierablegestrand** für Schildkröten durchschnitten worden wäre.

Km 75,4: Nach einer Fahrt durch die Berge mit karger Landschaft ist das breite **Wadi Schaade** erreicht.

Km 80,4: In **Qalansia** gibt es weder Restaurant noch Hotel, jedoch einige Lebensmittelläden. Der Hauptort des westlichen Verwaltungsbezirks von Sokotra liegt am Meer und verfügt über einen Strand mit vielen Fischerbooten.

Km 81,4: Östlich des Ortes ist der beeindruckende **Sandstrand von Qalansia** erreicht. Vom Parkplatz der Autos (auf einer Passhöhe) öffnet sich der Blick auf den weißen „Traumstrand", der beste Bademöglichkeiten bietet.

Von Qalansia wird ein **Tagesausflug** per Boot zum **Westkap Shoab** angeboten, wo Reste von Mangrovenwäldern erhalten sind und wo es sich herrlich schnorcheln lässt.

Eine Zeltübernachtung (ohne Toilette und fließend Wasser) ist außerhalb der Häuser von Qalansia (oder in Strandnähe) möglich.

6. Tag: Wadi Ayhaft

Von Qalansia die zuvor beschriebenen 49 km bis zum Abzweig des Dixam-Plateaus zurückfahren. 13 km weiter geht es links zum Flugplatz und rechts

121 | Foto: bs

Der Strand von Qalansia

auf einer Piste 9,2 km weit in das grüne **Wadi Ayhaft.** Die Piste steigt steil und sehr holprig zuerst rechts, dann links am Talrand hoch und führt in ein Gebiet mit hohen Bäumen und einer undurchdringlichen Vegetation. Vom Ende der Piste, wo in der Nähe einiger alter, weit ausladender Tamarindebäume gezeltet wird, sind es 1000 m zu Fuß im steinigen Wadi zu einer **Wasserstelle,** die sich zum Baden eignet. In diesem Gewässer sind die zahlreichen roten Süßwasserkrabben zu beachten.

7. Tag: Hudäibu

Es muss 9,2 km weit zur Küstenstraße zurückgefahren werden. Das dicke Eisenrohr im Tal leitet Trinkwasser zu der neben dem Rollfeld gelegenen Kaserne. 13 km sind es dann nach Osten bis zur Inselhauptstadt Hudäibu.

Hudäibu wird sich in den kommenden Jahren stark entwickeln. Wohngebäude, Verwaltungs- und Infrastruktureinrichtungen, dazu ein **Asphaltstraßennetz** werden der Stadt ein neues Gesicht geben. Bisher sind nur das neue Krankenhaus, der Gouverneurspalast, einige Moscheen und die Schule die markanten Gebäude. Im Ortszentrum bietet der einfache Markt alles für den täglichen Bedarf. Es gibt eine Telefonzentrale und ein Internet-Café.

Südlich von Hudäibu baut sich gut 1000 m hoch die Steilwand des Granitgebirges mit dem höchsten Inselberg, dem Dschebbel Dryet (1503 m) auf.

Hotels in Hudäibu

- **Taj Socotra Hotel,**
Tel. (05) 660469, Fax (05) 660629, DZ 3500 Rial. Saubere Zimmer mit Du/WC.
- **Summerland-Hotel,**
Tel. (05) 660350, Fax (05) 660370, summer land@yemen.net.ye. 1-Bett 25 US$, 2-Bett 35 US$ inkl. Frühstück. Du/WC auf dem Flur.
- **Hafj-Hotel,**
Tel. (05) 660469, DZ 4000 Rial. Einfach. Du/WC auf dem Flur.
- **Al-Jazeera-Hotel,**
Tel (05) 660447, DZ 2000 Rial. Sehr einfach. Du/WC auf dem Flur.

Essen und Trinken

In Hudäibu gibt es mehrere Garküchen. Empfehlenswert ist das Restaurant neben dem *Taj Socotra Hotel.*

Flugverbindungen der Yemenair

- **Sokotra – Mukalla – Aden** (Mo)
- **Sokotra – Mukalla – Sana'a** (Fr)

Literatur

- **Flora und Vegetationsökologie der Insel Soqotra,** *Bruno Mies,* Westarp Wissenschaften Verlag, Hohenwarsleben 2001.
- **Sokotra. Mensch und Natur,** *Wolfgang Wranik* (Hrsg.), Ludwig Reichert Verlag, Wiesbaden, 1999.
- **Saving Socotra,** *Edoardo Zandri,* UNDP, 2003.
- **Socotra, An Introduction to the Natural History of the Island and their People,** C. Cheung & Lyndon De Vantier, SCF, 2003.
- **Soqotra. Geschichte einer christlichen Insel im Indischen Ozean vom Altertum bis zur Neuzeit,** *Zoltan Biedermann,* Harassowitz Verlag 2006.
- **Socotra. Island of Tranquillity,** *Brian Doe,* Immel Publishing, London 1992.

Interessante Websites und Adressen

- **www.socotraisland.org**
- **www.friendsofsoqotra.org**
- **www.soqotra.com**
- **www.uni-rostock.de/fakult/manafak/biologie/wranik/socotra/index.htm**
- **Socotra Eco-Tourism Society (SES),** Tel./Fax 00976-5-660132, ecosocotra@socotraisland.org, Büro in Hudäibu geöffnet Sa bis Do, 8–18 Uhr.
- **Socotra Adventure Tours,** Tel. 00967-5-5660136, Mobil 00967-77777 9618, info@socotraislandadventure.com, www. socotraislandadventure.com.

7. Tag: Mukalla – Ataak

Entfernung: 321 km
Fahrzeit: 4 Std.
Besichtigung: Qana, Nagb al Hadscher

Es gibt **zwei Optionen** für die ersten 17 km von Muballa in Richtung Aden:

Option 1: Über die alte Brücke

Km 0: Am westlichen Ende der Brücke sind auf der rechten Seite Gräber der beim Straßenbau gestorbenen chinesischen Arbeiter zu beachten. Die 1978 fertig gestellte Straße Aden – Mukalla war ein chinesisches Entwicklungshilfeprojekt.

Km 4: Auf einem Felsen hoch über der Straße liegt rechts der **Palast des Staatspräsidenten,** wenn er in Mukalla zu Gast ist.

Km 9: Der **Stadtteil Fua** mit modernen Häusern, Palmen, Papaya- und Bananenplantagen ist erreicht. Fua war zu britischer Kolonialzeit der Flugplatz von

Mukalla. Heute ist dieser Vorort ein Beispiel für die ausufernde Bautätigkeit in jemenitischen Städten.

Km 13,6: Rechts das Krankenhaus von Fua.

Km 17,0: In einem Kreisverkehr mündet von links die Straße „Option 2".

Option 2: Über die neue Brücke am Sultanspalast

Km 1,1: Links der **Fischmarkt.**

Km 1,4: Links die **Sammeltaxen** nach Aden und Ataak.

Km 3,8: Rechts auf einem Hügel der **Präsidentenpalast.**

Km 11,1: Links ein **Truppenparadeplatz** mit Tribüne.

Km 17,0: In einem Kreisverkehr mündet von rechts die Straße „Option 1".

Km 22: In großen **Kalkbrennöfen** wird der zum Hausanstrich unerlässliche Grundstoff *(nura)* hergestellt.

Km 24: Rechts der Straße der Felsdurchstich der alten Küstenstraße.

Km 24,5: Der Sandstrand von Brumm <Broom> mit seinen 20 cm hohen Sandkegeln, die durch Krebse aufgehäuft werden.

Km 27: Der **Fischerort Brumm** <Broom> am Meer mit einem kleinen, lebhaften Suk und Garküchen. Im Westen des Ortes liegt ein weiterer schöner Sandstrand. Hinter Brumm umgeht die Küstenstraße die vorspringende Landzunge Ras Brumm. Zerklüftete, schroffe Berge bestimmen das Bild.

Km 28: Rechts das Kuppelgrab eines Heiligen.

Km 48: Im kleinen **Fischerort Husseisa** <Husihsa> wird an der Straße getrockneter Fisch verkauft. Es gibt eine Teestube.

Km 66: Schroffe, schwarze Berge, in die gelber Sand geweht ist. Dieser Streckenabschnitt wird von der britischen Reiseautorin **Freya Stark** 1933 wie folgt beschrieben: „Es läßt sich keine grimmigere Küste denken. Die Berge steigen scharf und nackt in schwarzen Windungen gleichsam wie aus der Finsternis der Erde auf, einsam und hart wie der Tod und mit einer weltverlassenen, knorrigen Schönheit. Ihre Felshänge drängen einer hinter dem anderen der See zu, deren leuchtend bewegte Wellen das Chaos der öden Schlünde und Grate in sanfteren und lebendigeren Formen zu wiederholen scheinen."

Km 75: Der kleine Ort **Mayfa** <Maifa'a> mit Abzweig in das Wadi Hadscher.

Abstecher in das Wadi Hadscher <Hajer>

Nach der Fertigstellung einer Asphaltstraße ist die Fahrt im ganzjährig Wasser führenden Tal erheblich erleichtert worden. Der Flusslauf wird auf Furten durchquert, so dass die Reise bei Hochwasser nicht möglich ist. Es fällt auf, dass trotz des reichlich vorhandenen Wassers im Unterlauf nur wenig Landwirtschaft betrieben wird. Die Straße folgt nicht unmittelbar dem Talgrund, so wird bei **Km 53,5** ein Pass überquert, bevor es zurück zum Flusslauf geht.

Km 62,5: Rechts oben ist der alte **Karawanenweg** mit aufgeschichteten Steinböschungen zu sehen.

Km 63,5: Das tief eingeschnittene Canyon des Wadi Hadscher wird weit oben umgangen.

Km 68,5: Die Häuser von **Al Jawl** – sie bedeuten die erste größere Ortschaft im Wadi Hadscher – liegen am Rande einer großen Palmenoase.

Hier endet die Asphaltstraße und führt als Piste zu den **heißen Quellen** bei Sidara und weiter hinauf zum Dschol-Plateau. Für die Fahrt zum Wadi Amd bzw. Wadi Do'an sind zwei Tage anzusetzen.

Zurück im Ort Mayfa wird der Tageskilometerzähler auf Null gestellt.

Km 3,2: Die Brücke über das zuvor beschriebene **Wadi Hadscher** <Hajar>.

Km 14,5: Die Straße führt dicht am Strand mit seinen spitzen Krebs-Sandhäufchen entlang.

Km 25,8: Tankstelle.

Km 29,5: Links ausgedehnte Lavaströme.

Km 35,0: Links ein vulkanischer **Ringkrater,** der zur Straße hin offen ist. Der in die vulkanischen Berge gewehte Flugsand erinnert an Schneefelder.

Km 36,5: Lavaströme von rechts.

Km 40,1: Links auf eine Fahrspur zum Fuß des 300 m entfernten Vulkankegels abbiegen, dem letzten Vulkan vor der flachen Küstenebene von Bir Ali. Wenn nicht direkt zum höchsten Punkt des Vulkankomplexes **(Dschebbel Schuran)** hochgestiegen wird, sondern links davon zu einem flachen Kamm (15 Min.), tut sich dort der Überraschungsblick in einen **wassergefüllten Vulkankrater** auf. Ein Fußweg führt hinab zu dem stark salzhaltigen See. Da es in diesem Küstenabschnitt so gut wie nie regnet, muss es sich um aufgestiegenes Grund- oder Meereswasser handeln. Die lokale Bevölkerung sagt, dass der Wasserstand mit den Gezeiten schwankt, was wir nicht prüfen konnten. Nach reinem Augenschein ist der Wasserspiegel im Kratersee jedoch deutlich höher als im Meer.

Der Vulkan Schuran ist in einer **surtseyanischen Eruption** entstanden, d.h. der Ausbruch passierte in Ufernähe, so dass Meerwasser in den Schlot eindringen konnte. Dadurch kam es zu Wasserdampfexplosionen, die das Magma in kleinste Fragmente (Asche) zertrümmerten. Das Material des Berges ist verfestigte Asche mit Einschlüssen von grünem **Olivin** und Kalk. Da Olivin ein Tiefengestein ist, deutet der Befund darauf hin, dass dieses Magma aus großen Tiefen rasch aufgestiegen ist und nicht längere Zeit in Magmakammern verweilt hat. Das Kalkgestein repräsentiert das durch den Ausbruch durchschlagene Grundgebirge.

Der Besucher sollte zum höchsten Punkt des Komplexes aufsteigen. Dort reicht der Blick nach Westen in einen weiteren (flacheren) Krater, aus dem sich ca. **zwanzig Vulkankegel** erheben. Diese Vulkane haben massive Lavaströme entlassen, die den großen Krater aufgefüllt und sich dann über dessen Rand hinaus nach Westen (in Richtung Bir Ali) ergossen haben. Die Lava sieht so frisch aus, als wäre sie erst wenige Tage alt.

Km 44,5: Am Checkpoint des Fischerorts **Bir Ali** (rechts eine alte Kanone) führt eine Piste in den Ort, an den Strand und zum Hafen.

Ortskern und Seefront von Bir Ali (auch Äin Ali genannt) machen mit einfachen Steinhäusern einen trostlosen

Eindruck. Interessant ist der Fischereihafen am östlichen Ortsrand.

In Bir Ali gibt es keine Unterkünfte. Viele organisierte Reisegruppen übernachten unter freiem Himmel oder in offenen Schilfhütten am Strand von Qana (3 km westlich).

Von Bir Ali zum zuvor bestiegenen Vulkan Schuran zurückschauend, sind deutlich die schwarzen Lavaströme zu erkennen, die über den Kraterrand geflossen sind.

Km 46,6: Links wird auf einer Fahrspur zum 3 km entfernten **Berg Husn al Ghurab** abgebogen. Der Strand ist hier übersät mit spitzen, 20 cm hohen Sandpyramiden, dem Auswurf von Löchern, die sich Krebse gegraben haben. Entweder verschwinden die Tiere bei Annäherung blitzschnell in die Löcher oder sie streben in breiter Front dem rettenden Wasser zu.

Am Nordrand des Vulkans liegt direkt am Strand eine einfache **Übernachtungsanlage.** Dies ist eine gute Alternative für Reisende, die das politisch unruhige Ataak als Übernachtungsort scheuen und es gibt hier, neben Gold Mohur in Aden, den besten Badestrand im Jemen. Es können Liegen mit Sonnenschutz, Süßwasserduschen und Toiletten genutzt werden. Der Manager bietet Bootstouren von 1½ bis 4 Stunden zu benachbarten Inseln an (mit Möglichkeit zum Schnorcheln).

- **Qana Tourist Complex,**
Tel. (05) 211169, Mobil 777486030, Eintritt für Tagesbesucher 1000 Rial. Übernachtung pro Person 1500 Rial, Frühstück 400 Rial, Abendessen 1200 Rial. In der Anlage stehen Kabinen mit Duschen/WC, aber es gibt auch Räume mit eigener Innentoilette (2000 Rial p.P.). Die mit Palmwedeln verkleideten Häuschen sind zum Meer hin offen.

Qana

Eine markante Erhebung, die sich in der flachen Küstenebene als Halbinsel aus dem Meer erhebt, ist **Husn al Ghurab, die Rabenfestung.** Der Berg lohnt eine Besteigung wegen der vorislamischen **Befestigungsanlage Urr Mawiyat,** den vorislamischen Inschriften, den Zisternen auf seinem Gipfel und dem großartigen Blick über die Bucht von Bir Ali.

Husn al Ghurab wird gemeinhin als Vulkan bezeichnet, müsste daher über einen zentralen Förderschlot verfügen. Es kann sich nach unserer Ansicht aber auch genauso gut um den Rest eines Lava-Deckenergusses handeln. Klarheit würde erst der Nachweis eines Förderschlotes bringen.

Version 1: Vulkan

Der Aufbau zeigt, dass es drei Eruptionsphasen gab. Der Ausbruch begann als **surtseyanische Tätigkeit,** d.h. wegen der Ufernähe konnte Meerwasser in den Schlot eindringen, wodurch es zu Wasserdampfexplosionen kam. Magma wurde in kleinste Fragmente zertrümmert, diese lagerten sich ab und bildeten den Unterbau des Vulkans. In einer zweiten Phase traten Lavaströme aus, überdeckten die Lockerstoffe und bildeten den oberen (basaltischen) Teil des Vulkans. Zuletzt wurde Schlacke ausgeworfen, die in bräunlicher und schwarzer Farbe auf der Gipfelhochfläche zu finden ist. In den Jahrhunderten seit dem Ende der Aktivität ist der zuvor weiche Unterbau des Vulkans zu einer harten Masse verbacken.

Version 2: Deckenerguss

Über eine durch eine surtseyanische Eruption (siehe zuvor) geschaffene Basis hat sich ein Lavastrom ergossen, der an ganz anderer Stelle ausgetreten sein kann. Über die Jahrtausende ist die einstmals flächenmäßig sehr viel größere Decke bis auf diesen Rest wegerodiert, wobei der harte Basalt das darunter befindliche weichere Material vor Erosion schützt. Die Schlackenteilchen auf der Gipfelfläche sind der Rest von Bausteinen, die von anderswo herbeigeschafft wurden.

Bei beiden Versionen muss die obere Basaltschicht einst flächenmäßig sehr viel größer gewesen sein, denn basaltische Lavaströme sind so flüssig, dass sie auf einem kleinen surtseyanischen Vulkan keine viele Zehner Meter mächtige Deckschicht bilden können.

Husn al Ghurab hat zwei Aufstiegswege. Der bereits von der Ferne sichtbare Pfad auf der rechten (südlichen) Seite ist im oberen Teil steinschlaggefährdet und sollte nicht benutzt werden. Der **Hauptzugang** führt auf der linken (nördlichen) Seite in Serpentinen empor.

Knapp unterhalb des Gipfels läuft der Weg für einige Meter waagerecht. Hier ist links in 1,7 m Höhe eine vorislamische **Inschrift** eingemeißelt. Sie berichtet von der Errichtung der Festung Urr Mawiyat auf dem Gipfel im Jahre 525 n. Chr. und von Reparaturarbeiten an Befestigungsanlagen, Zisternen und dem Zugangsweg Anfang des 6. Jhs. n.Chr.

Auf der nahezu kreisrunden Gipfelfläche (Durchmesser 400 m) sind vier Zisternen und deren Wasserzulaufrinnen zu besichtigen. Die 20 Gebäude- und Turmreste zeigen die einst große Bedeutung dieser Anlage als Schutz für die Hafenstadt Qana und den Beginn der Weihrauchstraße. Auf dem höchsten Punkt des Vulkans – dem Südrand – haben sich Reste eines einst mächtigen Leuchtturms erhalten, der den Seefahrern zur Zeit der Weihrauchstraße den Weg in den Hafen wies. Von hier sollte ein Blick über die Fernstraße Mukalla – Aden hinweg nach Norden zu einem weiteren Vulkankegel mit Gipfelkrater geworfen werden.

Die **Ruinen von Qana,** der Hafenstadt des Königreichs Hadramaut, liegen unterhalb der Rabenfestung auf dessen Nordwestseite. Der beste Überblick auf die 1974 teilweise ausgegrabene Stadt aus schwarzem Vulkangestein bietet sich vom Aufstiegspfad. Die 300 x 500 m große Unterstadt, in der mehr als hundert Häuser vermutet werden, liegt 2,50 bis 5 m über dem Strandniveau. Eine das gesamte Areal umgebende Befestigungsanlage konnte nicht nachgewiesen werden. Im äußersten Südwesten der Stadt wurde ein großer Tempel freigelegt und auf das 4. Jh. n.Chr. datiert. Am Westrand Qanas konnte eine Synagoge nachgewiesen werden. Die Bedeutung von Husn al Ghurab erschloss sich dem britischen Schiffsoffizier *Wellsted,* der 1834 auf dem Berg vorislamische Inschriften kopierte und in London übersetzen ließ. Er war danach sicher, den **Weihrauchhafen** Qana entdeckt zu haben und

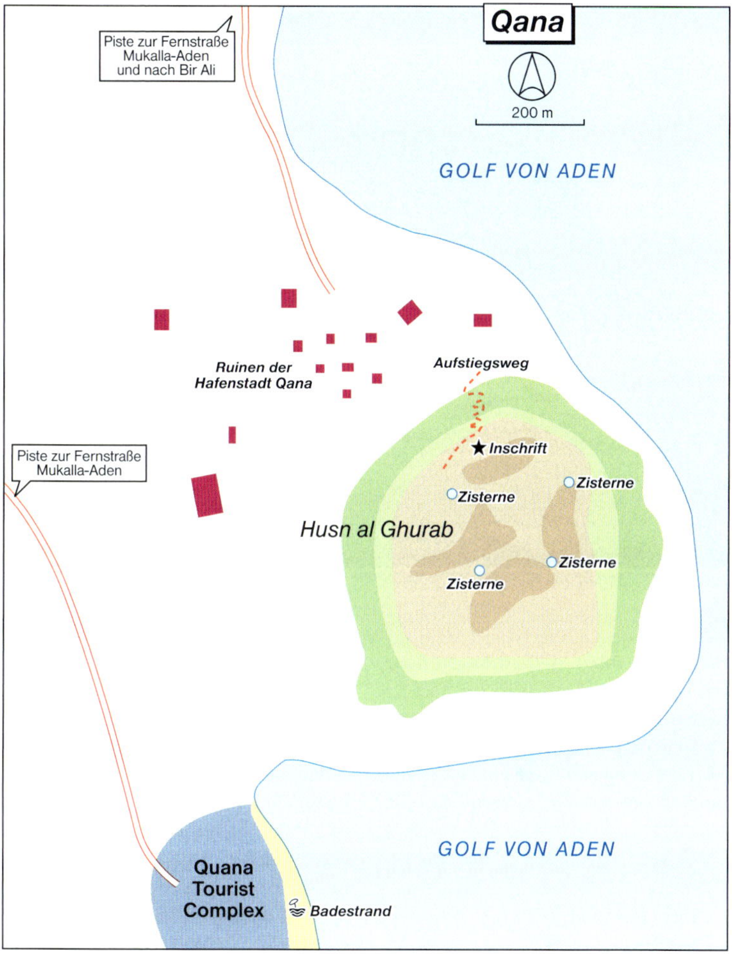

folgte der Weihrauchstraße 1835 bis Nagb al Hadscher (s.u.).

Der Reisebericht eines unbekannten griechischen Seefahrers, „Periplus des Erythräischen Meeres", beschreibt Qana im 1. Jh. n.Chr. wie folgt: „Und gleich hinter dem Kap (die Rabenfestung, die Verf.), das von dieser Bucht vorspringt, ist wieder eine Marktstadt an der Küste, Cana im Weihrauchland. Binnenwärts von diesem Ort liegt die Hauptstadt Sabbatha (Schabwa, die Verf.), in der

123| Foto: bs

der König wohnt. All das Räucherharz, das im Lande erzeugt wird, wird auf Kamelen an diesen Ort (Schabwa, die Verf.) gebracht, um hier gespeichert zu werden, und nach Cana auf Flößen, die nach Landessitte von aufgeblasenen Häuten getragen werden. Cana treibt Handel auch mit den afrikanischen Häfen, mit Barygaza (in Indien, die Verf.), Oman und Persien."

Ausgrabungsfunde belegen, dass Qana bereits im 2. Jh. v.Chr. als Hafenstadt existierte. Seine Blüte erreichte die Stadt vom 2.–5. Jh. n.Chr., im 6. Jh. setzte der Niedergang ein und im 7. Jh. zogen die letzten Bewohner fort. Funde aus Qana – darunter ein großes Stück Weihrauch – sind im Museum von Ataak ausgestellt. Römischen Quellen zufolge war Qana zur Blütezeit des Königreichs Hadramaut (140–190 n.Chr.) ein wichtiger Hafen für die römische Handelsschifffahrt zwischen Ägypten und Indien.

Qana ist der ehemalige Hafen der Weihrauchstraße

Weiter nach Nagb al Hadscher

Von der Rabenfestung zurück zur Asphaltstraße fahren, den Kilometerzähler auf 0 stellen und links Richtung Aden abbiegen. Beiderseits der Straße dominieren Lavaströme und Vulkankegel die Landschaft.

Km 4,8: Links vorn ein **Vulkan** mit großem Gipfelkrater.

Km 15,8: Der Ölverladehafen **Balhaff.**

Km 39,2: Links der Abzweig der neuen Asphaltstraße, die am Meer entlang nach Aden führt und 85 km kürzer ist als die Strecke über Habbahn/Nakkaba. Die kurze **Route** bietet keine landschaftlichen Reize, umgeht aber das politisch unruhige Gebiet um Ataak. Entlang dieser Strecke sind zu beachten: Bei Km 51,3 (ab Abzweig Qana) die **Ölanlage Ö'schäiba,** Km 91,4 das **Heiligengrab** von Scheich *Abdu Sammet,* Km 161,8 links auf einem Hügel der Ort **Husn Bl'ead,** Km 194,8 der größere Ort **Ahwar,** Km 223,8 rechts **Vulkankegel** mit ausgeprägtem Krater, Km 230 ausgedehnte Lavafelder mit bizarr zerbrochenen Formationen, Km 305,8 rechts ein **Heiligengrab.** Bei Km 310,8 (einen Kilometer vor Schukra) mündet von rechts die Hauptroute von Mukalla. **Wir empfehlen, beim vorgenannten Km 39,2 geradeaus weiter Richtung Ataak zu fahren.**

Km 41,7: Bei **Al Äin** (1 km rechts der Straße) verlässt die Straße den Indischen Ozean. Al Äin, mit seinen grünen Palmen, ist ein willkommener Farbtupfer in einer endlosen Sandwüste. Im Ort eine Moschee und das Kuppelgrab des Scheichs *Abdallah Ba Mabed.*

Km 57: Die nächsten 5 km führen durch das Gebiet der großen Sanddünen, die in breiter Front die Straße immer wieder unter sich begraben.

Km 69: Links eine kaum befahrene Piste zu den **heißen Quellen von Rudum** (1 Std.). Jemeniten suchen den „Badeort" bei Gelenkerkrankungen und Hautausschlägen auf.

Km 74: Links das große **Wadi Mayfa,** das parallel zur Straße verläuft.

Km 93: In **Ar Räida** fallen blaue Fensterläden und farbige Friese an den Häuserwänden auf.

Km 96: As Salahma mit beeindruckenden Lehmhäusern.

Km 102: In **Ar-Rugga** ist links der Abzweig nach Nagb al Hadscher, dessen Ruinen auf einer Erhebung im Trockental zu sehen sind. Um die Ruinenstadt zu erreichen, muss das steinige Wadi Mayfa durchquert werden.

Nagb al Hadscher

Nagb al Hadscher <Nagb al Hajer>, das ehemalige Mayfat, war zur Zeit vorislamischer Königreiche Hauptort des südlichen Hadramaut und wichtigste Station an der **Weihrauchstraße** zwischen Qana und Timna.

Das 200 x 400 m große **Ruinengelände** erstreckt sich über zwei Hügel und ist von einer teilweise gut erhaltenen **Stadtmauer** umgeben, die vorspringende eckige Türme aufweist. Am südlichen Stadttor ist (im Durchgang) auf der rechten Seite in 3 m Höhe ein vorislamischer **Inschriftenstein** eingebaut. Am weniger gut erhaltenen Nordtor sind Grundmauern von Häusern und der ehemalige Stadtbrunnen zu sehen. Der Inschriftenstein am Südtor berichtet: „HBSL, der Sohn des SGB, war verantwortlich für den Bau der Mauer von MYFT und ihr Tor aus Stein, Holz und Flechtwerk, desgleichen vom Fundament bis zum Dach für Häuser, die an der Mauer stehen. Mit ihr war auch sein Sohn SDQYD als Baumeister tätig." In den alten südarabischen Inschriften wurden Vokale nicht geschrieben. MYFT steht für Mayfat.

Die Stadtmauer von Mayfat gehört mit sorgfältig behauenen Steinblöcken zu den besterhaltenen vorislamischen Bauwerken im südlichen Jemen. Überraschend die geringe Mauerdicke, die einem entschlossen vorgetragenen Angriff nicht lange standgehalten hätte.

Im Südosten, außerhalb der Stadtmauer, befindet sich die alte **Nekropole.** Bei den seltenen Regengüssen dieser Region werden hier immer wieder menschliche Gebeine freigespült.

Von den Ruinen Mayfats fällt der Blick in das steinige Trockental. Wie mächtige Ablagerungen auf der Südseite Nagb al Hadschers belegen, wurde dort in vorislamischer Zeit intensiv Landwirtschaft betrieben. Zur Bewässerung der Felder wurde dem Wadi Mayfa zwei Kilometer oberhalb der Stadt mit einem schräg zur Flussrichtung gestellten Einlaufdamm Wasser entnommen und mittels eines künstlichen Felsdurchstichs auf die südlichen Felder gelenkt. Der in das Gestein gemeißelte, 170 m lange und 12 m tiefe vorislamische Kanal kann 1300 m talaufwärts über den Felsrücken hinweg – auf dem die Ruinenstadt liegt – erreicht werden.

Nagb al Hadscher wurde im Jahre 1835 vom britischen Schiffsoffizier *J.R. Wellsted* entdeckt. Er beschrieb eine Stadtmauer, die 10 m hoch war, quadratische Türme an den Stadttoren und einen länglichen Tempel, der unter dem Schutt seines eingebrochenen Daches begraben lag. Wir verlassen Nagb al Hadscher mit *Wellsteds* Kommentar von 1835: „Die Ruinen von Nakab al Hadscher sind, an sich betrachtet, freilich nichts weiter als ein Haufen von Trümmern, mit einer Mauer umgeben. Doch die Größe der Bausteine und die Kunst, mit der sie zusammengefügt und aufgeführt sind, die Thürme und der große Umfang des Baues würden ihnen in jedem anderen Theile der Welt Bedeutung geben."

Km 107: Die Brücke über das Wadi Mayfa, das danach verlassen wird.

Km 108: Die schönen **Lehmhäuser von Azzahn** kommen in Sicht.

Km 108,7: Rechts das **Al-Ezz Tourism Hotel,** Tel. 269029, 2-Bett 2000, 3-Bett 2800 Rial, Du/WC auf dem Gang.

In der **Kleinstadt Azzahn,** der ehemaligen Residenz der Wahidi-Sultane, ist die **Lehmarchitektur der Turmhäuser** sehenswert. Die Stuckarbeiten über den Eingängen und Steinbockhörner zieren die wuchtige Bauten. Im östlichen Ortsbereich, zwischen Alt- und Neubauten, leitet eine tiefe, mit Pflanzen bewachsene Rinne Wasser von einer höher gelegenen Quelle hinab zu einer Zisterne.

Km 113: Die Straße folgt dem **Wadi Amakin** aufwärts.

Km 120: Die Ortschaft **Madar** mit schönen Lehmhäusern.

Km 132: Nach Überquerung eines Passes ist das **Wadi Habbahn** mit beeindruckenden Dörfern erreicht.

Km 160: Links in 1 km Entfernung lohnen die **Lehmhochhäuser von Habbahn** einen Besuch. Interessant sind Stuckarbeiten über den Türen (zum Teil mit Muscheln eingelegte Muster). Der Ort hat einen hohen Bevölkerungsanteil an **Sa'da** (siehe 3. Tag, Tarim). Bis zu ihrer Übersiedlung nach Israel in den Jahren 1947 bis 1950 war Habbahn der Ort im südlichen Jemen mit den meisten **Juden,** deren Häuser in der Nähe der verfallenen Festungsanlage standen. Wegen seiner jüdischen Silberschmiede befand sich hier der bedeutendste Silberwarenmarkt im südlichen Jemen. Die bis vor wenigen Jahren hier produzierenden moslemischen Silberschmiede haben ihre Werkstätten geschlossen, dieser Handwerkszweig hat sich nach Ataak verlagert.

Km 165: In der Ortschaft **Nakkaba** wird rechts nach Ataak abgebogen und der Kilometerzähler auf Null gestellt. Das Straßenschild zeigt 283 km nach Mukalla, 334 km nach Aden und 36 km nach Ataak. Das Ortsbild prägen neben den traditionellen Lehmhäusern auch imposante neue Stein- bzw. Zementhäuser. Hier endet das Gebiet der grauen Lehmhäuser, das uns auf den letzten 60 km begleitet hat. Diese Lehmsorte ist deutlich teurer als die braune Ausführung, was den Wohlstand der Besitzer zeigt.

Die beeindruckenden Felswände treten hinter Nakkaba immer weiter zurück. Entlang der Straße verläuft unterirdisch die Rohölleitung aus dem Schabwa-Ölfeld zum Hafen Balhaff.

Km 14: Links zweigt eine Straße nach **As Said** im Wadi Jischbum ab (22 km).

Km 22: Rechts die Ortschaft **Chimir** mit Lehmhäusern, verziert mit weißen Zinnen und aufgesetzten Mafratschen.

Km 36: Die Kleinstadt **Ataak.**

Was verbindet die deutsche Stadt Köln mit Azzahn?

Es sind die im Kölner Dom lagernden **Gebeine der Heiligen Drei Könige,** die von Gesandten der römischen Kaiserin *Helena* (257–336 n.Chr.) bei der Ortschaft Sessania Adrumetorium (vermutlich Azzahn) ausgegraben wurden und über Konstantinopel Ende des 4. Jhs. nach Mailand gelangten. Nach der Eroberung Mailands durch Kaiser *Friedrich Barbarossa* (1158) schenkte dieser die Gebeine seinem Kanzler, dem Erzbischof *Rainald von Dassel,* der die Kostbarkeiten 1164 nach Köln transportieren ließ.

Ataak <Ataq>

15.000 Einwohner, 1150 m

In Ataak, der **Hauptstadt der Provinz Schabwa,** belegt die rege Bautätigkeit, dass sich der Ort bald zu einer ansehnlichen Stadt vergrößern wird. Motor der Entwicklung sind die Ölvorkommen des nördlich gelegenen Schabwa-Feldes. In wenigen Jahren wird Ataak Drehscheibe des Verkehrs zwischen dem Wadi Hadramaut und Aden bzw. zwischen Sana'a und Mukalla sein. Asphaltstraßen führen nach Aden, Mukalla und über Marib nach Sana'a. Die Straße zum Ölfeld, nach Al Abr und weiter in das Wadi Hadramaut ist bereits teilweise asphaltiert.

Ataak ist ein gesichtsloser Verwaltungs-, Garnisons- und Marktort. Touristisch interessant ist die **ehemalige Residenz des Scheichs von Ober-Aulaqi.**

An der Verkehrsinsel, wo die Umgehungsstraße nach Alt-Ataak rechts abbiegt, geht es zu den für Touristen wichtigsten Einrichtungen: Nach 2 km ist das *Gulf Hotel* erreicht, nach einem weiteren Kilometer die **Busstation** und der Halteplatz der Sammeltaxen. In Richtung Suk liegen nun die **Große Moschee,** der **Palast** und das **Schabwa-Museum.**

Hotels

- **Dubai Hotel,**
Tel. 201041, Fax 203825, 2-Bett 2500 Rial, Du/WC im Zimmer, Frühstück 1000 Rial pro Person; gut, sauber, Restaurant.
- **Gulf Hotel,**
Tel. (0946) 202142, 1-Bett 3000, 2-Bett 3300 Rial; mit AC, Du/WC im Zimmer.

Essen und Trinken

Schmackhafte Gerichte gibt es im **Restaurant Ali Baba.**

Busse

Da Ataak derzeit nur von Pauschaltouristen besucht werden kann, dürfen die Busse von Ataak nach Sana'a, Mukalla und Aden von Touristen nicht benutzt werden.

Sammeltaxen

Siehe Hinweis bei „Busse".

Ataak-Museum

Das Museum war bei unserer Recherche Anfang 2008 bis auf unbestimmte Zeit geschlossen.

Abstecher 1 von Ataak: nach Beihahn und Timna

Entfernung: 170 km bis Timna
Fahrzeit: 2 Std.

Diese Fahrt zur bedeutenden archäologischen Stadt Timna ist in Rundreise 2, 2. Tag beschrieben.

Abstecher 2 von Ataak: nach Schabwa

Entfernung: 120 km
Fahrzeit: 3–4 Std. (ein Weg)
Straße: Piste

Ataak ist der günstigste Ausgangspunkt zur Besichtigung von Schabwa, einst Hauptstadt des Königreichs Hadramaut. Es gibt jedoch nur wenige Reiseveranstalter, die diese Strecke fahren. Anders wird die Situation in einigen Jahren sein, wenn die Straße von Ataak zu den Erdölfeldern von Schabwa fertig gestellt ist.

Die Strecke von Ataak nach Schabwa und die Weiterfahrt zum Wadi Hadramaut ist im Rahmen der Rundreise 2, 2. Tag beschrieben.

Abstecher 3 von Ataak: nach Marib

Entfernung: 312 km
Fahrzeit: 4 Std.

Mit der Fertigstellung der Asphaltstraße zwischen Beihahn und Harieb im Jahre 2002 ist die Reise von Ataak über Marib nach Sana'a erheblich vereinfacht worden. Zur Beschreibung siehe Rundreise 2, 2. Tag.

8. Tag: Ataak – Aden

Entfernung: 370 km
Fahrzeit: 6 Std.
Straße: Asphalt, im Wadi Jischbum Piste
Besichtigung: Wadi Jischbum, Schukra

Für die Weiterfahrt nach Aden ist im Folgenden die Strecke über das beeindruckende **Wadi Jischbum** bis nach Nakkaba beschrieben. Wer für diese Tour keine Genehmigung erhält, fährt auf der Asphaltstraße von Ataak nach Nakkaba.

Durch das Wadi Jischbum

Entfernung: 84 km
Fahrzeit: 4 Std.
Straße: schlechte Piste

Die Fahrt durch das Wadi Jischbum ist wegen der imponierenden Häuser, des dichten Baumbestandes und des im Unterlauf fließenden Wassers ein „Muss“. Zudem ist das Wadi Jischbum historisches Gelände. Hier entlang führte ein Zweig der **Weihrauchstraße** von der Hafenstadt Qana über Nagb al Hadscher und Jischbum nach Timna.

Die Fahrt geht von Ataak 22 km Richtung Nakkaba und an einem Abzweig rechts auf einer Asphaltstraße zum 22 km entfernten **As Said.** Der Ort ist ein imposantes Ensemble vier- bis sechsstöckiger, dicht an dicht stehender Lehmhäuser mit farbigen Fensterläden. Beeindruckend die Häuserfassaden mit Moschee und Friedhof am Ortsausgang nach Jischbum.

As Said war bis zur 1967er Revolution Sitz des Scheichs von Ober-Aulaqi, dessen **Palast** sich im Ort erhalten hat und dessen Herrschaft von Nakkaba über Jischbum und As Said bis Ataak reichte.

As Said, der größte Ort im Wadi Jischbum, verfügt über die meisten Geschäfte und den größten Markt.

Durch das baumbestandene, sandige Flussbett geht es im überraschend stark besiedelte Tal abwärts. Große, befestigte Erddämme leiten den seltenen Wasserstrom auf die Felder. Imponierend die Architektur der grauen, mehrgeschossigen **Lehmhäuser.** Dazwischen klotzige Gebäude aus behauenen Natursteinen, die Fugen weiß ausgemalt. Die Häuser verraten einen Reichtum, der mit Landwirtschaft allein nicht verdient worden sein kann. Als Erklärung gilt auch hier, dass viele Männer des Wadi Jischbum im Ausland arbeiten und ihr Einkommen nach Hause überweisen.

Die Menge an Neubauten lässt in Anbetracht des seltenen Regens und der vielen Tiefbrunnen befürchten, dass dem Tal eines Tages das Wasser ausgeht. Aber noch scheint das Gleichgewicht zu stimmen, wie fließendes Wasser im unteren Talabschnitt zeigt. Der Sand im Wadi ist streckenweise so tief, dass selbst Geländefahrzeuge nur mit Mühe durchkommen.

Auch im Wadi Jischbum fällt eine **besondere Sitztechnik der Männer** auf, die sich einen Gurt um Rücken und Knie legen und in dieser Stellung stundenlang hocken können ohne zu ermüden. Das bei Nichtgebrauch um die Schulter getragene Sitzband (*habia* genannt) ist gewebt, gehäkelt oder ein bestickter Stoffstreifen.

Die nächsten Orte im Wadi sind **Jischbum** und **As Sufahl,** beide mit großen, alten Lehmhäusern, die Stuckarbeiten über den Türen aufweisen. Wissenschaftler vermuten, dass Jischbum eine Gründung von Schabwa-Bewohnern ist, nachdem die Hauptstadt des Königreichs Hadramaut im 3. Jh. n.Chr. von sabäischen Truppen erobert und niedergebrannt worden war.

Hinter As Sufahl wird das Wadi Jischbum enger, die Zahl der Häuser geht zurück. Kurz bevor ein steiler Talabschnitt hoch auf der linken Talseite umfahren werden muss, fließt im Wadi ein Bächlein. Hier arbeiten Pumpanlagen, die mit mehreren über Berg und Tal verlaufenden Rohren die südlich gelegenen Orte Nakkaba und Habbahn mit Trinkwasser versorgen.

Nachdem der Engpass umgangen ist, geht es auf der Talsohle zur Straßenbrücke Aden – Mukalla in Nakkaba. Die Piste führt unter der Brücke hindurch und rechts zur Asphaltstraße hinauf.

Weiterfahrt Nakkaba – Aden

Entfernung: 340 km
Fahrzeit: 5 Std.
Besichtigung: Schukra

Km 0: Abfahrt in Nakkaba am Abzweig Mukalla – Aden – Ataak.

Km 0,4: Am Ortsausgang von Nakkaba führt eine Brücke über das tief eingeschnittene **Wadi Jischbum.** Die Piste in dieses Tal zweigt 100 m hinter der Brücke links ab, geht steil hinunter und links unter der Brücke hindurch talaufwärts zu den sehenswerten Orten As Sufahl, Jischbum und As Said. Diese Strecke ist identisch mit der **Weihrauchstraße,** die von Qana über Nagb al Hadscher, Jischbum und Timna nach Marib führte.

Km 2: Die Ortschaft **Al Aram.**

Km 38: Der **Beni-Islam-Pass.**

Km 45: Mit **Machfitt** beginnt die Provinz Abian.

Km 85: Verkauf von Palmsaft *(nabiez)* von fliegenden Händlern an der Straße. Die Flüssigkeit wird in dieser Gegend von einer besonders kleinen Palmenart gezapft und mit Wasser vermischt. Da das Getränk in der Hitze schnell zu gären beginnt, muss es binnen zwei Tagen getrunken werden.

Km 97: Rechts der Abzweig zu den **heißen Quellen Al Hami** (1 km). Neben dem Quelltopf mit ca. 60°C heißem Wasser und weiteren warmen Wasserlöchern beeindruckt das Tal mit dichtem Bewuchs und Weideflächen.

Km 146: Die Kleinstadt **Mudiyah** mit einfachen Restaurants. Am Ende des Ortes liegt rechts ein großer Friedhof mit Gräbern aus dem Revolutionsjahr 1967.

Km 164,7: Rechts und links der Straße stehen 3 m hohe **Termitenhügel** (Termite = *nammel).*

Km 172,6: Bei den ersten Häusern von **Am Ain** zweigt rechts eine Straße ab, die über Lödar (11 km), Mukäiras (49 km) und Al Bäitha (69 km) nach Sana'a (337 km) führt.

Abstecher nach Mukäiras und Ammadi

Entfernung: 49 km nach Mukäiras
Fahrzeit: mit dem Auto 45 Minuten

Von Am Ain sind es 11 km nach Norden bis **Lödar** <Lawdar>. Die Kleinstadt liegt am Fuße des Audhali-Gebirges auf 1000 m Höhe und war bis zur 1967er Revolution eine Residenz der Audhali-Sultane, die ihren Hauptsitz in Mukäiras hatten. Die drei Sultanshäuser liegen auf den Hügeln 2 km westlich (rechts der Straße nach Mukäiras). Das Gebiet um Lödar wird landwirtschaftlich genutzt, aber Aussaat und Ernten sind von unsicheren Regenfällen abhängig. Die Stadt mit einem großen Sukgelände (Läden, Garküchen) und zwei schlanken Minaretten lohnt keine Besichtigung.

Die Asphaltstraße zum 38 km entfernten Mukäiras zweigt am südlichen Ortsrand von Lödar nach Westen ab. Der Bau wurde 1993 abgeschlossen und bedeutet seitdem eine **gute Verbindung nach Sana'a.** 1938 hatte es ein britisches Vermessungsteam für unmöglich erachtet, eine Trasse in die nahezu senkrechte, 1300 m hohe Bergwand zwischen Lödar und Mukäiras zu bauen. Vorgeschlagen wurde eine Kabelbahn für den Personen- und Lastentransport. Die Idee einer Seilbahn in Südarabien war jedoch so abenteuerlich, dass 1958 mit dem Straßenbau begonnen wurde. In knapp dreijähriger Bauzeit mussten 40.000 t Explosivstoffe eingesetzt werden, um die 10 km lange Steilstrecke mit 45 Haarnadelkurven in das vulkanische Granit- und Doleritgestein zu sprengen. Die neue Asphaltstraße von 1993 folgt der alten Trasse, so dass von der „englischen Straße" nichts mehr zu sehen ist.

5 km hinter Lödar windet sich die Straße in engen, endlosen Serpentinen in die Berge hinein und überbrückt dabei eine Höhendifferenz von mehr als 1000 m. Nach Erreichen des **Thira-Passes** geht es auf der Mukäiras-Hochebene durch ein landwirtschaftlich intensiv genutztes Gebiet mit zahlreichen Ortschaften.

500 m vor Mukäiras biegt nach rechts die Asphaltstraße nach Al Bäitha ab (20 km).

Mukäiras <Mukayris> (5000 Einwohner, 2100 m) ist bekannt für sein **kühles Hochgebirgsklima** in den heißen Sommermonaten. Zur Zeit der britischen Besatzung hatte Mukäiras einen Militärflugplatz und war ein wichtiger Stützpunkt gegen das royalistische Nordjemen. Bis zu 5000 britische Soldaten waren hier stationiert.

Das architektonisch reizlose Mukäiras ist eine wichtige Durchgangsstation auf dem Weg von Sana'a in den südöstlichen Jemen. Dienstags ist Wochenmarkt.

11 km nördlich von Mukäiras (1 Stunde Fahrt auf sehr schlechter Piste) liegt **die vorislamische Stadt Amaadi** <Am Adiya> bei der Ortschaft Kariesch. Das ausgedehnte Ruinengelände kann nur in Begleitung eines Ortskundigen gefunden werden. Mehrere zum Teil gut erhaltene Steinstufenwege leiten aus der Ebene den Berg hinauf. Der wichtigste Zugang befindet sich im Südwesten, wo eine 3 m breite Steinstraße in die ehemalige Stadt führt.

Das Gelände macht den Eindruck, als habe ein Erdbeben die zum Hausbau verwendeten Steine durcheinander geschleudert. An einigen Stellen ragen Gebäudefundamente aus dem Meer von Steinen. Mit seinen vorislamischen Inschriftensteinen wird Amaadi als wichtige Stadt des **Königreichs Aussan** an einer Verbindungsstraße zwischen Timna und der Küste angesehen, die zumindest bis zur Zeitenwende Bestand hatte.

Zu besichtigen sind die **Reste der östlichen Stadtmauer.** Von den fünf Stadttoren ist das im Norden am besten erhalten. Die Stadt hatte einen Durchmesser von 300 m und war mit 7 ha eine der größten im alten Südarabien. Amaadi ist terrassenförmig an einen Berghang gebaut. Die in ihren Grundmauern erhaltenen Gebäude sind mit Treppen verbunden. Von den **zahlreichen Zisternen** ist die an der Stadtmauer im Südosten am besten erhalten.

Nur die unteren Schichten der Gebäude sind mit behauenen Steinen ausgeführt. Aber auch diese Steine sind nicht in der aufwendigen Quaderform angefertigt, sondern laufen hinter der glatten Außenfläche nach innen kegelförmig zu (Wollsackform) und sind nur roh bearbeitet.

Weiterfahrt von Am Ain nach Aden

Auf der **Fernstraße Mukalla – Aden** am Abzweig Lödar (Km 172,6) den Kilometerzähler auf 0 stellen und weiter Richtung Aden fahren.

Hinter dem Ortsende von Am Ain sind weitere Termitenhügel zu sehen. Der folgende Streckenabschnitt bis Schukra bietet mit Schlackenkegeln und weiten Lavafeldern Einblick in die **vulkanische Vergangenheit** des Jemen, in eine Zeit, als sich die Arabische Halbinsel von Afrika zu trennen begann. Terrassenfelder in den Talsenken warten auf den spärlichen Regen dieses Trockengebietes.

Km 58: Links zweigt die neue Asphaltstraße ab, die am Meer entlang nach Mukalla führt (Siehe 7. Tag).

Km 59: Am Ortsanfang von **Schukra** <Shuqrah> links auf einer Asphaltstraße zum 1 km entfernten Fischereihafen mit der Rampe für das Trocknen von Fischen abbiegen. Am Strand herrscht reger Betrieb. Fischernetze werden repariert, Boote ans Ufer geschleppt und entladen, Kinder toben mit Spielzeug umher. Trotz der harten Arbeit herrscht eine freundliche Stimmung. Schukra hat keinen Tiefseehafen, kann daher nur von Küstenschiffen angelaufen werden.

Der Fischerort war vor der Kolonialzeit **Hauptstadt des Fadhli-Sultanats.** Während der britischen Herrschaft verlegte die Fadhli-Dynastie ihren Sitz nach Zin'dschibar.

Zurück an der **Fernstraße Mukalla – Aden** den Tageskilometerzähler auf Null stellen. Hinter Schukra läuft die Straße Richtung Aden 40 km weit durch eine sandige, vegetationsarme Küstenebene. Kurz vor Zin'dschibar wird das häufig Wasser führende Wadi Hassan gequert.

Bei **Km 45,3** zweigt rechts die Umgehungsstraße der Provinzhauptstadt Zin'dschibar ab. Geradeaus geht es zum Zentrum.

Zin'dschibar <Zinjibar> (20.000 Einwohner) – von der Bevölkerung auch Abian genannt – hat durch sein landwirtschaftliches Potenzial bescheidenen Wohlstand erlangt. Da der Golf von Aden 8 km entfernt liegt, spielen Fischfang und Bootsbau keine Rolle. Zin'dschibar war bis zur 1967er Revolution Residenz der Fadhli-Sultane und ist heute die **Hauptstadt der Provinz Abian.** Die Stadt hat keinen touristischen Reiz.

Mit Zin'dschibar ist der Unterlauf des **Wadi Abian** erreicht, dessen Quellgebiet bei der himjaritischen Hauptstadt Thafar liegt und in dessen Mittelabschnitt sich die heißen Quellen von Hammam Dammt befinden. Das Wadi Abian gehört zu den wenigen landwirtschaftlich nutzbaren Gebieten im südlichen Jemen und hat ausgedehnte Baumwoll-, Gemüse- und Viehfutterfelder. Zudem werden Pfirsiche, Papayas, Mangos und Bananen angebaut.

Km 48,3: Die Brücke über das Wadi Abian.

Km 72: Vorn links taucht das **vulkanische Massiv** von Aden auf.

Km 94,3: Rechts zweigt die Straße nach Scheich Othman und Sana'a ab.

Km 100,6: Rechts ein weiterer Abzweig nach Scheich Othman.

Km 100,9: Beginn der **Strandpromenade von Aden.**

Km 102: Rechts der **Flughafen von Aden.** Hier links entlang der Corniche am Meer weiterfahren.

Km 105,3: Ein Kreisverkehr mit dem Modell einer Windmühle, wie sie zur Bewässerung der Salzfelder benutzt wurde.

Km 105,6: Links das **First Class Hotel Mercure.**

Km 108: Der **Stadtteil Crater** von Aden ist erreicht.

Wenn am Km 100,6 nach Scheich Othman abgebogen wird, geht die Fahrt durch die **Salzgewinnungsfelder von Khormaksar.** Beiderseits der Straße sind Gebäudereste von sechs **Windmühlen** zu sehen (runde, 5 m hohe Türme), die bis zur Mitte des 20. Jhs. Meerwasser mit Windkraft auf die Salzfelder gepumpt haben (zur Meersalzgewinnung in Khormaksar siehe 10. Tag).

9. Tag: Aden

900.000 Einwohner

Geografie Adens

Aden verdankt seine günstige Lage einem im Pliozän zum letzten Mal ausgebrochenen Vulkan. Der sich aus dem Ozean erhebende Vulkan bot der Stadt Schutz zum Lande hin, und da die **vulkanische Caldera** auf einer Seite ins Meer eingebrochen war, konnte hier ein geschützter Hafen entstehen.

Wann sich Aden von einer Insel zu einer Halbinsel wandelte, ist in der Literatur nicht eindeutig festzumachen. Möglicherweise ist der Vulkanberg in den vergangenen zwei Jahrtausenden durch tektonische Hebungen und Senkungen mit dem Festland mehrfach verbunden bzw. getrennt gewesen.

Im „Periplus des Erythräischen Meeres" (1. Jh. n.Chr.) und bei *Ptolemäus* (2. Jh. n.Chr.) wird Aden als Halbinsel erwähnt. Der arabische Geschichtsschreiber *Ibn Mojawir* notierte im 13.

Jh., dass der Herrscher *Saddad bin Ad* einen **Damm zwischen Aden und dem Festland** errichten ließ (vermutlich im 2. bis 5. Jh.). Der gleiche Autor berichtet, dass die Perser im 6. Jh. diesen Damm zerstörten und ihn später wieder herstellten. Der abgebildete Stich von *Braun/ Hogenberg* (1574) zeigt Aden als Insel.

Der sich unter Wasser fortsetzende Steilabhang des Vulkans beschert Aden einen der wenigen natürlichen Tiefseehäfen im südlichen Arabien.

Für die Besiedlung von Aden war entscheidend, dass der rund 560 m hohe Vulkanrest genügend Regen auffing, um die Stadt jahrhundertelang von Wasserlieferungen vom Festland unabhängig zu machen. Der **Adener Vulkan ist Teil des Riftvulkanismus,** der seine Ursache im Auseinanderdriften der Arabischen und Afrikanischen Platte hat. Mit Djibouti als zentralem Knotenpunkt kreuzen sich in dieser Region **zwei Grabenbrüche:** Der Ostafrikanische Graben, der sich noch nicht so weit gedehnt hat, dass er zu einem Meeresarm geworden ist, setzt sich im Roten Meer und bis zum Jordangraben fort; fast senkrecht dazu verläuft, parallel zur südjemenitischen Küste, der Grabenbruch des Golf von Aden. Der Vulkanismus in Aden stammt somit aus der Zeit, als Südarabien vom Horn von Afrika (heutiges Somalia) wegdriftete.

Geschichte Adens

Legenden ranken sich um die **Präsenz biblischer Personen** in Aden. Im Stadtgebiet sollen die Gräber von *Kain* und *Abel* (arab. *Habiel* und *Kabiel)* liegen, und hier soll *Noah* seine Arche gebaut haben. Die lange Geschichte Adens ist im Alten Testament dokumentiert. In Ezechiel 27/23 wird die Stadt als Handelspartner der phönizischen Hafenstadt Tyros genannt.

Erwähnung findet Aden im Reisebericht eines unbekannten griechischen Seefahrers („Periplus des Erythräischen Meeres", 1. Jh. n.Chr) als **„Eudaemon**

Arabia", eine Ortschaft am Meeresufer mit Anker- und Wasserplätzen, die besser seien als diejenigen der der Insel Perim gegenüberliegenden Hafenstadt Qalis.

Aden war zur Zeit des Periplus durch Kriege verwüstet und ein unbedeutender Hafen im Vergleich zu Muza (Mocha) und Qana. Der Name „Eudaemon" (d.h. glücklich) stammt aus einer Zeit, als noch keine Schiffe von Ägypten nach Indien segelten und alle Waren in Eudaemon Arabia umgeladen werden mussten.

Welche Rolle Aden zur Zeit der jemenitischen Königreiche spielte, konnte noch nicht belegt werden. Die Stadt lag im Gebiet des **Königreichs Aussan,** das bis 450 v.Chr. existierte und Handelsniederlassungen in Ostafrika unterhielt. Aussan muss als Seefahrernation einen florierenden Hafen gehabt haben. Wissenschaftler vermuten jedoch, dass dies nicht Aden war, das damals als Vulkaninsel im Meer lag.

Die bekannte Geschichte beginnt im 6. Jh., als die den Jemen erobernden **Abessinier** in Aden eine christliche Kirche bauten. Die Nachfolger der von 750–847 Teile des Jemen beherrschenden Abbasiden, die Ziyadiden (825–1018), regierten die Tihama und den südlichen Jemen von Zabied aus. Mitte des 9. Jhs. sagte sich der **Stamm der Beni Ma'am** im südlichen Jemen von den Ziyadiden los und begründete seine Herrschaft über Aden, Laheck und Schechr.

Die von 1037–1138 im mittleren Jemen residierenden **Fatimiden** konnten die Vormachtstellung der Beni Ma'am brechen und regierten unter ihrem Statthalter *Abu al Su'ud ibn Zuray* den südlichen Jemen von 1075–1174.

Unter den 1173–1229 im Jemen herrschenden **Aijubiden** war Aden deren wichtigster Stützpunkt im Südjemen. Es ist überliefert, dass die Hafensteuer die gewaltige Summe von jährlich 600.000 Dinar einbrachte. Zu dieser Zeit soll Aden 80.000 Einwohner gehabt haben.

Ab dem 10. Jh. wurden hier **Münzen** geprägt. Während der aijubidischen Regentschaft wurden in Zabied 45% aller Goldmünzen geschlagen, die Adener Münzanstalt nahm mit 25% den zweiten Rang ein.

Als **Marco Polo** 1276 auf seinem Weg nach China in Aden Station machte, hatte die Stadt 80.000 Einwohner und 360 Moscheen.

Im 14. Jh. besuchte der Reiseschriftsteller **Ibn Batuta** Aden. Er beschrieb eine Stadt ohne landwirtschaftliche Anbauflächen, Bäume und Wasserquellen. Als Wasserversorgung nannte er Zisternen, in denen Regenwasser gesammelt wurde. Laut *Batuta* waren die Adener vor Reichtum prahlerisch und stolz.

Überliefert sind **Reisen chinesischer Abgesandter** nach Aden in der Mitte des 15. Jhs. Sie brachten Geschenke ihres Kaisers, der als Gegenleistung die Unterwerfung des Jemen erwartete. Die Abgesandten berichteten, dass ihnen der jemenitische König und die Be-

Aden im 16. Jahrhundert

völkerung hochmütig entgegentraten. Beeindruckt waren die Chinesen von der gut geschulten Kavallerie des Königs. Als beispiellos in der Welt rühmten sie die Fertigkeiten der Schmuckhandwerker. Gebührenden Raum nimmt in den chinesischen Reiseberichten der **hohe Stand der Astronomie** ein. Auf den Tag genau würden jemenitische Astronomen Frühling und Herbst, Springfluten, Mond- und Sonnenfinsternisse vorhersagen.

1503 schilderte der Italiener **Ludovico di Varthema** Aden als schönste und wohlgebauteste unter allen Städten in Arabia Felix. Beeindruckt war er von den fünf Festungsanlagen, die er als die unbezwingbarsten beschrieb, die er jemals gesehen habe.

Zur Kontrolle der Schifffahrt nach Ostasien besetzte **Portugal** 1507 Muskat sowie die Inseln Sokotra und Perim. Aden konnte trotz längerer Belagerung 1513 nicht eingenommen werden. *Albuquerque* – Statthalter in Ostindien und Befehlshaber der portugiesischen Truppen – versuchte vergeblich, die Seemauern mit Sturmleitern ersteigen zu lassen.

Aufgrund des ägyptischen Indienhandels wurde Südarabien für die in Kairo residierenden **Mamelucken** interessant. 1515 nahmen sie den zentralen Jemen ein, aber auch sie scheiterten 1515 und 1516 an Aden.

Nicht nur die strategische Lage, sondern auch die von ihnen auf rund 200.000 Goldstücke jährlich geschätzten Einnahmen aus dem Hafenbetrieb waren der Grund für die **osmanische Flotte,** Aden anzugreifen und 1538 zu erobern. Als Handelshafen verlor Aden nun an Bedeutung, während Mocha aufgrund des Kaffeehandels einen Aufschwung erlebte.

Ein Jahrhundert später (1630) konnten die im Hinterland von Aden siedelnden Stämme die osmanischen Besatzer vertreiben, die 1636 auch ihre letzten Stützpunkte im Jemen aufgeben mussten. Aus osmanischer Zeit haben sich in Aden die **Kanonen** auf der Insel Sira, die Kanonen im Stadtgarten (Tanks) von Crater und die befestigten Eselspfade auf den Dschebbel Schamsan und Dschebbel Hadied erhalten.

Für die mehr als drei Monate lange Fahrt mit Segelschiffen zwischen England und Indien wurde Aden im 17. Jh. ein wichtiger Hafen zum Nachbunkern von Wasser. Später, zur Zeit der Dampfschiffe, wurde Kohle nachgeladen.

Einen der ersten Berichte über ein öffentliches Bad in Südarabien verfasste 1713 der französische **Kapitän de la Roque** nach seinem Besuch eines Hammams in Aden. Er lobte die Sauberkeit, die Verkleidung aus Marmor, den zentralen Dom mit seinen Lichtöffnungen, die Säulengalerien und die abgetrennten Räume für Toiletten, Waschanlagen und zum Umkleiden. Das Bad – so *de la Roque* – müsse keinen Vergleich mit den besten Bädern der Türkei scheuen.

Anfang des 18. Jhs. schwächte sich der Einfluss des zaiditischen Jemen auf die südlichen Landesteile ab. 1728 ließ der **Abdhali-Sultan von Laheck** den Statthalter des Imam ermorden und begründete ein Sultanat, das Aden einschloss.

Für den Ostindienhandel benötigten die **Briten** einen Stützpunkt am Aus-

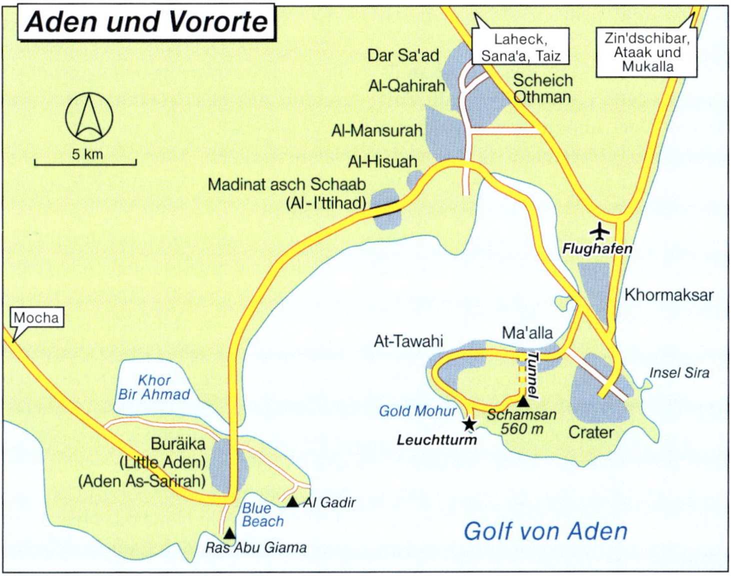

gang des Roten Meeres. 1800 war ein britischer Angriff auf Aden zurückgeschlagen worden. 1802 erreichte der britische Emissär *Sir Home Popham* in friedlicher Mission ein Abkommen mit *Sultan Ahmad bin Abdul Karim* über folgende Punkte: freie Zufahrt für britische Schiffe nach Aden, Handel mit britischen Waren, Errichtung eines Handelskontors und Anlage eines christlichen Friedhofs. Auch *Sultan Ahmad* hatte Interesse an einem friedlichen Auskommen mit den Briten, hatte die Stadt doch schwer darunter gelitten, dass der Hafen von Mocha wichtigster Handelsstützpunkt in Südarabien war und Aden nur noch von Küstenfischerbooten angelaufen wurde. 1834 wurde eine Kohlestation von den Briten eingerichtet.

Als im Hafen von Aden das unter britischer Flagge segelnde Schiff „Deria Dowlett“ geentert und geplündert wurde, war der Vorwand für eine Strafexpedition gefunden. **Am 19. Januar 1839 wurde Aden** von britischen Truppen **eingenommen** und der Indienverwaltung in Bombay unterstellt. Hauptmann *Haynes,* Kommandeur der Okkupationstruppen, beschrieb die einstmals blühende Stadt als zu einem Dorf geschrumpft, das ein Bild des Jammers böte. Nur 600 Einwohner zählten die Briten, davon 250 Juden und 50 Baniyans (hinduistische Inder).

1843 schlossen Großbritannien und der Sultan von Laheck einen Friedensvertrag, wonach Aden für jährlich 6000 Dollar abgetreten wurde. 1882 kamen

Buräika und Scheich Othman durch Kauf hinzu.

Mit der **Öffnung des Suez-Kanals 1869** begann die **bedeutendste Zeit Adens.** Der Güterumschlag stieg von nahezu Null (1839) auf 37.000 t im Jahr 1855; 1960 betrug er 26 Mio. t. Die Mehrzahl dieser Waren wurde mit britischen Dampfschiffen transportiert. Von den 26 Mio. t im Jahr 1960 betrug der Anteil der mit arabischen Küstenseglern (Daus) angelandeten Güter gerade einmal 140.000 t.

Mit der Bedeutung Adens stieg die **Bevölkerungszahl.** Ein Heer von Saisonarbeitern strömte aus dem Hinterland in die Häfen von Ma'alla und Tawahi. Da diese Arbeiter ihre Familien zurückließen, d.h. ihre Arbeitskraft bei Aussaat und Ernte im Oktober und Juni im Heimatdorf benötigt wurde, kam es in diesen Monaten regelmäßig zu einem Arbeitskräftemangel im Adener Hafen. Viele Lastträger kamen aus Mocha (Mitte des 19. Jahrhunderts waren es 32%). Der Aufschwung Adens beschleunigte somit den Niedergang Mochas und führte zu einer Arbeitermigration. Dass eine wachsende Zahl von Saisonarbeitern aus Mocha sich langfristig in Aden niederließ, zeigt der Anteil an weiblichen Emigranten von Mocha nach Aden, der in den 50er Jahren des 19. Jahrhunderts bei 70% lag, d.h. viele Männer ließen ihre Familien nachkommen. Mit dem Zuzug fremder Arbeitskräfte änderte sich die Bevölkerung von einer arabischen zu einer internationalen Gemeinschaft aus Arabern, Indern, Somalis, Ägyptern und Juden.

Der Adener Hafen lag lange Zeit im Wettstreit mit Djibouti und der Insel Perim, wo keine Hafengebühren erhoben wurden. Mit der Gründung einer Hafengesellschaft und dem Ausbau des Hafens begann Aden ab dem Jahr 1890, den Konkurrenten den Rang abzulaufen.

Als Zwischenstation des durch England dominierten Ostasienhandels wurde Aden zum zweitwichtigsten Kohlebunkerhafen und mit 8000 Schiffsbewegungen pro Jahr **(1965)** der **drittgrößte Hafen der Welt** nach New York und Liverpool. 200.000 Transitpassagiere und 27.000 Touristen wurden jährlich gezählt. 80% des nordjemenitischen Außenhandels wurde bis 1961 (Jahr des Hafenausbaus in Hudäida) über Aden abgewickelt. Um den Brennstoffbedarf der Dampfschiffe zu decken, war eine Flotte von Frachtschiffen damit beschäftigt, Kohle aus Großbritannien herbeizuschaffen. Die Ölraffinerie trug dazu bei, den Wohlstand zu mehren.

1962 zählte die Stadt 200.000 Einwohner. Große Bedeutung erlangten die Trinkwasservorkommen im Unterlauf des Wadi Tuban bei Laheck.

Am **01. April 1937** wurde Aden im Zuge der kolonialen Selbstverwaltung **britische Kronkolonie** und kam als Protektorat unter Londoner Verwaltung. Nach dem II. Weltkrieg wuchs das Selbstbewusstsein der Bevölkerung, der aufkommende Nationalismus forderte Unabhängigkeit. In *NLF* und *FLOSY* sammelten sich die unzufriedenen Kräfte.

Das Jahr **1967** bedeutete eine doppelte Zäsur. Am 29. November zogen die letzten britischen Truppen ab, und einen Tag später wurde Aden mit der **Gründung der Volksrepublik Südjemen** Hauptstadt des Landes. Mit dem Abzug der Briten gingen die Schiffsbewegungen stark zurück, drastisch ausgewirkt hatte sich bereits im Juni 1967 die Schließung des Suez-Kanals aufgrund des Jom-Kippur-Krieges. Als Folge dieser Sperrung konzentrierte sich die Schiffsbautechnik auf große Frachter, die ihr Ziel ohne Zwischenstopps für Kohle-, Öl-, Wasser- oder Nahrungsmittelergänzung anlaufen konnten. Diese für Bunkerhäfen ungünstige Entwicklung wirkte sich auf Aden aus. Trotz Wiedereröffnung des Suez-Kanals liegen die Schiffsbewegungen im Adener Hafen heute nur bei 12% der einstigen Rekordzahl.

Mit der sozialistischen Revolution setzte eine rege **Bautätigkeit** ein. Trotz des feuchtheißen Klimas wirkten die Arbeitsplätze in der Öl-, Textil- und Schiffsbauindustrie als Magnet für die Bevölkerungsansiedlung. 420.000 Menschen lebten in den 1980er Jahren in Aden und den Vorstädten.

Im **Januar 1986** wurden in einem **blutigen Machtwechsel** große Teile der Stadt bei Straßenkämpfen zerstört, etwa 13.000 Menschen fanden den Tod. Am 22. Mai 1990, mit der Vereinigung von Nord- und Südjemen, verlor Aden seine Hauptstadtfunktion an Sana'a, bleibt aber ein wichtiger Industriestandort und der größte Hafen des Landes. **1999** wurde Aden zum **Freihafen** erklärt, wodurch ausländische Investoren angelockt werden sollen. Entsprechende Bauvorhaben und Hafenerweiterungen wurden in Angriff genommen, so ging der Containerterminal am 19. März 1999 in Betrieb. Seitdem haben einige Reedereien ihre Aktivitäten hierher verlegt, da die Stadt über einen Hafen mit 15–20 m Wassertiefe verfügt, der wegen der Vulkanberge ganzjährig gegen Stürme geschützt ist und an einer wichtigen Schiffsroute liegt. Aden soll sich zu einem Containerumschlagsplatz für Ostafrika, Arabien und Indien entwickeln.

Während des **Bürgerkriegs von Mai bis Juli 1994** (angestrebte Separation des Südens vom Norden) wurde Aden schwer beschädigt. Nach der Einnahme der Stadt durch nordjemenitische Truppen kam es zu schweren Übergriffen, was die Moral der Bevölkerung nachhaltig traf. Regierungsgebäude, Museen, Schulen, Hotels und Kirchen wurden zerstört und geplündert.

Besichtigung des Stadtteils Crater

Insel Sira

Im alten Hafen führt eine Straße zur Insel Sira. Dieser aufgeschüttete Damm, mit Anlegeplätzen für Fischerboote und dem Fischmarkt, ist bei Einbruch der Dunkelheit ein beliebter Treffpunkt der Adener Bevölkerung. An offenen Ständen werden Fische gebraten und zum sofortigen Verzehr verkauft.

Auf Sira der links abbiegenden Straße zu den letzten Häusern folgen. 40 Meter vor dem Fußweg hinauf zum Gipfel der Insel liegt rechts das nicht mehr gepflegte das Grab des Parsen-Heiligen *Abu Ali al Farsi* (siehe „Turm des Schweigens" weiter unten). 40 m weiter

Aden – Stadtteil Crater عدن
Insel Sira
Festung
Kleiner Hafen
Khormaksar, Scheich Othman
Sultanspalast/ Nationalmuseum
Salama-Minarett
Stadion
Hotel Rimbaud
Husseini-Moschee
Aidrus Road
Beihani-Moschee
Bank Street
King Salomon Street
Hassan Ali Street
Sabeel Street
Scheich Abdallah Street
Main Bazar Street
Taxen/Busse n. Khormaksar Scheich Othman
Queen Arwa Road
Hindu-Tempel
Militär-Museum
Aban-Moschee
Suk al Tanaki
Bohra-Moschee
Friedhof
Ma'alla
Gulf
Al Amer
Taxen n. Maalal Tawahi
Taxen/Busse n. Khormaksar Scheich Othman
Sailaa Street
Markthalle
Aidrus-Moschee
Main Bazar Street
Medina
Bohra Bazar
Al Wafa
Al Tauwali Street
Al Tawilah Street
Spielplatz
Playfair Tank
Turm des Schweigens
Eingang Zisternen
Park
0
300 m
Hotel
Restaurant
Museum
Moschee
Kirche
Post
Zisterne
Fußweg Dschebbel, Schamsan

124| Foto: bs

führt rechts ein 2 m breiter Fußweg in 20 Minuten zu einer kreisrunden **Festung** auf dem höchsten Punkt der Insel. Der Steinbau ist von einem Trockengraben umgeben und kann nicht begangen werden, da die Zugbrücke fehlt. Die Aufleger der Brücke und Öffnungen für die Zugketten sind erhalten.

Beim britischen Angriff auf Aden am 19. Januar 1839 wurde zuerst Sira eingenommen. Von hier wurde Aden beschossen und schließlich erobert. Das Fort errichteten die Briten 1845 zum Schutz des Hafens.

Blick auf den Stadtteil Crater in Aden

Die Altstadt im Stadtteil Crater

Wie schon geschildert, hat sich der vulkanische Berg in vorgeschichtlicher Zeit aus dem Indischen Ozean erhoben. Die dem Meer zugewandte Seite des noch 560 m hohen Vulkans ist abgesunken und durch Wind und Wellen abgetragen. Zurück blieb ein **runder Krater** (genau gesagt ist es eine Caldera) mit 4 km Durchmesser, in dessen Mitte die Altstadt mit dem bezeichnenden Namen Crater liegt.

Die einstige Insel hat durch die vorrückende sandige Küste im Stadtteil Khormaksar Landanschluss erhalten. Wie die Karte von *Braun/Hogenberg* aus dem Jahre 1574 zeigt, war die Altstadt gegen die See hin mit einer Mauer gesichert, von der nichts erhalten ist. Die seitliche und rückwärtige Verteidigung übernahmen Anlagen auf dem Bergrücken des Kraters, von denen Reste geblieben sind.

Während der britischen Kolonialzeit 1839–1967 hat sich das Bild der Altstadt gründlich geändert. Im Jahr 1856 wurden die traditionellen Strohhütten von der Kolonialmacht mit der Maßgabe niedergerissen, dass die Bewohner innerhalb einer festgesetzten Frist Steinhäuser zu errichten hatten oder ihrer Grundstücke verlustig gingen. Zum Ende dieser Aktion (1867) wurden 17.564 Einwohner und 1840 Steinhäuser gezählt. Diese Zwangsmaßnahme drückt sich heute darin aus, dass Aden (für Arabien untypisch) eine Stadt mit einem quadratischen Netzwerk von Straßen ist.

Der **alte Hafen** im Stadtteil Crater hat seine Bedeutung verloren. Nur noch wenige Fischerboote legen hier an.

Die **neuen Häfen** befinden sich in den Stadtteilen Tawahi (Passagierschiffe), Ma'alla und Buräika (Fracht- und Containerschiffe).

Wenden wir uns nach Verlassen der Halbinsel Sira und nach Überschreiten des Dammes nach rechts, so fällt rege Bautätigkeit auf. Die Promenade wird hier zu einer **„Flaniermeile"** ausgebaut.

Einkaufszentrum Aden Mall

Bereits fertig gestellt sind die Restaurants *Al Sharawan* und *Pizza Hut*. Die Straße gegenüber von *Pizza Hut* führt zum Nationalmuseum. Östlich von *Pizza Hut* (an der Straße nach Mukalla) wurde im November 2003 die **Crater Shopping Mall** eröffnet, ein supermodernes Einkaufszentrum mit viel Chrom, Rolltreppen und teuren Markengeschäften.

Das Nationalmuseum

Öffnungszeiten: Sa bis Do 8–14 Uhr; **Eintritt 500 Rial.**

Das Nationalmuseum *(Mat'haf al Wadani)* ist im ehemaligen Palast des Sultans von Laheck untergebracht. Eine „pseudoklassizistische Buckingham-Imitationsfassade" wurde dem Palast von einem Journalisten attestiert. Das Museum nahm durch Plünderungen während des Bürgerkriegs im Juli 1994 schweren Schaden, als rund 250 Einzelobjekte gestohlen wurden. In einer groß angelegten Suchaktion – unter Beteiligung von Interpol – konnten die meisten Antiquitäten aufgefunden und ins Museum zurückgebracht werden. Die Objekte gehörten einst zur Privatsammlung von *Kahity Muncherjee* und gingen nach dessen Tod in Staatseigentum über.

Die Ausstellung zeigt einen **Querschnitt vorislamischer Fundstücke** aus den ehemaligen Königreichen Saba, Kataban, Aussan, Hadramaut und Himjar. Die bedeutendsten Exponate sind: die Bronzestatue einer Frau aus Timna, Votivstatuen aus Alabaster, ein Alabaster-Halbrelief der Glück bringenden Göttin *Dhat Hamyan,* die Alabasterstatue des Gottes *Dhat Qisman* und bronzene Inschriftentafeln aus Timna.

Die wichtigsten Ausstellungsstücke sind **drei Alabasterstatuen der Könige von Aussan,** die Nomaden in der Nähe von Schabwa gefunden haben sollen. Die Inschriften auf den Sockeln geben die Namen der Könige an: Statue 1 (70 cm) – *Yasdugal Faran,* Statue 2 (87 cm) – *Midal Salhan* (Sohn des Yasdugal), Statue 3 (80 cm) – *Yasdag al Faran.* Die Statuen haben gleiche Form und Haltung, mit nach vorn abgewinkelten Unterarmen und geballter Faust. Die Kleidung verrät griechischen Einfluss.

Das **Museum** beherbergt eine Schmucksammlung aus der Zeit vorislamischer Königreiche.

Die **Islam-Abteilung** zeigt ein Modell der Stadt Schibam (Hadramaut), Holzarbeiten, Ton- und Glasgefäße sowie Münzen verschiedener Epochen.

Die **ethnografische Abteilung** im 1. Stock ist sehenswert. Der Zugang ist links vom Haupteingang (um die Ecke, eine Treppe hoch). In der Eingangshalle ist ein Segelboot-Modell ausgestellt, es gibt alte Fotos von Aden, ein traditionelles Schlafzimmer, alte Musikinstrumente und eine bemerkenswerte Sammlung traditioneller Volksmedizin. In einem großen Raum ist ein traditionelles Wohnzimmer aufgebaut. Es sind Holzschlösser, Holz-, Ton- und Steingefäße, mit Muscheln belegte Gefäße und geflochtene Körbe zu sehen. In Vitrinen sind alte Münzen, Dolche und Silber-

127j Foto: bs

schmuck ausgestellt. Beeindruckend ist die Sammlung traditioneller Kleider und Textilien.

Ein weiterer Raum zeigt eine jemenitische Küche. Es sind Beschneidungswerkzeuge ausgestellt, Brenneisen gegen Krankheiten, Schröpfinstrumente, landwirtschaftliche Geräte und Waffen.

Salama-Minarett

Der Weg zum Zentrum führt an dem freistehenden Salama-Minarett vorbei (**Minara** genannt). In Crater gibt es nur wenige Gebäude, die älter als 150 Jahre sind. Zu den Ausnahmen gehört das Minarett der Salama-Moschee zwischen Postamt und Al Hubeishi-Stadion. Das achteckige Minarett wurde 1770 gebaut, die dazugehörige Moschee später abgerissen.

Hotel Rimbaud

Schräg gegenüber dem „Minara", liegt das Hotel Rimbaud. **Jean Arthur Rimbaud** kam 1880 als 25-Jähriger nach Aden, nachdem er sich in Frankreich mit zahlreichen literarischen Schriften einen Namen gemacht hatte. Aden war für ihn nur eine Station von vielen (u.a. Afrika), wo er Arbeit und einen Lebenssinn zu finden suchte. „Aden ist ein schrecklicher Fels, ohne einen Grashalm oder einen Tropfen genießbaren Wassers. Man trinkt destilliertes Meerwasser. Die Hitze ist hier unerträglich ...", schrieb er seiner Familie. Einige Jahre arbeitete er („... an dem widerwärtigsten Ort der Welt") in der Firma eines französischen Kaffeehändlers, unterbrach den Aufenthalt im ungeliebten Aden immer wieder mit Geschäftsreisen in das heutige Äthiopien, von wo er 1891 nach Frankreich zurückkehrte und dort im selben Jahr starb.

Das Haus war in den 1990er Jahren ein französisches Kulturzentrum und wurde dann in ein Hotel umgewandelt.

Aidrus-Moschee

Die Aidrus Road auf der Südostseite des Stadions führt zum wichtigsten islamischen Bauwerk Adens, der Aidrus Moschee <Al Idroos>. Unterwegs ist links die im indischen Stil errichtete **Al Husseini-Moschee** zu beachten, in der gläubige Schiiten ihre Betstätte haben. Ihr Erbauer lebte zeitweise in Indien und beeinflusste somit den verspielten Baustil.

Vorbei an einem Friedhof (links der Straße) geht es zur **Al Aidrus-Moschee.** Sie stammt in ihrer heutigen Form aus dem Jahre 1859 und wurde zu Ehren des moslemischen Geistlichen *Abu Baker bin Abdallah al Aidrus* errichtet, der um 1500 von Tarim nach Aden kam und als Schutzheiliger der Stadt gilt. Zu seinem Grab wird jedes Jahr eine große Wallfahrt unternommen. Die Moschee wird von einem Minarett mit drei umlaufenden Holzgalerien dominiert. Der Haupteingang hat einen quadratischen Vorbau mit einer kleinen Dachkuppel. Über dem Tor ist ein kleines Muschelfries eingelassen.

Links der Eingangshalle liegt der große Betraum mit grünen Säulen, wo den ganzen Tag über Gläubige zusammenkommen. Er darf von Touristen nicht betreten werden. Wegen der vielen Gläubigen ist beim Besuch der Moschee auf angepasste Kleidung und respektvolles Verhalten zu achten.

In einem rechts an die Eingangshalle angrenzenden Raum befinden sich die **Grabkästen des Schutzheiligen Aidrus** und seiner Angehörigen. Im Bürgerkrieg 1994 wurden die Grabkästen durch religiöse Eiferer beschädigt und die Zugangstüren abtransportiert, so dass nur noch die Rahmen im Originalzustand erhalten sind. Zu den alten Türen erzählt die Überlieferung, dass beim Bau der Moschee das Holz zu deren Anfertigung fehlte. Eines Tages lagen die Türen aus Indien angeschwemmt in passender Größe und fertig geschnitzt am Strand, eine Tat, die dem Heiligen *Aidrus* zugeschrieben wird.

Und noch eine Geschichte wird von *Aidrus* erzählt: Als der Geistliche bereits in Aden weilte, war sein Gefolgsmann *Scheich Sa'ad as Suweihi* in Tarim (Wadi Hadramaut) bei der Feldarbeit und baute Bewässerungskanäle. *Aidrus* erlaubte sich einen Streich und zog in Aden mit seinem Zahnputzhölzchen eine Rille in den Boden, worauf das Wasser im Garten von Tarim umgeleitet wurde. Der darüber erboste Tarimer schleuderte einen großen Klumpen Erde in Richtung Aden. An der Stelle, wo dieser die Wand der Aidrus-Moschee durchschlug, wurde ein Fenster eingesetzt, das noch heute als „Tarim-Fenster" bezeichnet wird.

Beim Verlassen der Moschee fällt der Blick auf einen Friedhof. Auch hier wurden 1994 von konservativen Moslems aus dem nördlichen Jemen (oder Saudi-Arabien) Grabsteine umgeworfen und zerstört, weil der im südlichen Jemen praktizierte „Heiligenkult" als unislamisch angesehen wird.

Wohnviertel

Die Aidrus Road abwärts gehend, kann in eine der Straßen links abgebogen werden. Dies ist ein Wohnviertel, erst zur Saila Street hin nehmen die Geschäfte zu. Es lassen sich schöne alte Bürgerhäuser mit interessanten Stilelementen entdecken, so in der King Salomon Street und in der Sabeel Street (auf der linken Seite).

Interessante Gebetshäuser sind die sunnitische **Beihani-Moschee** (früher Askalani genannt) ohne Minarett in der Hassan Ali Street, der indische **Tempel Shree Trikamraiji Haveli** mit zwei Löwen auf dem Dach und kanellierten Halbsäulen ebenfalls in der Hassan Ali Street und die **Bohra-Moschee** in der Scheich Abdallah Street, ein längliches, zweistöckiges Gebäude mit brauner gotischer Tür, vergitterten Fenstern, dunkelgrünen Vorhängen und weißer Bemalung. Die Bohra-Moschee dient einer ismailitischen Untergruppe, den Bohras, als Betstätte (siehe unter „Suk"). Zur Bohra-Moschee gelangt der Besucher wie folgt: Von der Südwestecke des Militärmuseums 20 m nach Südwesten gehen, links abbiegen. Nach 100 m liegt rechts das zweistöckige Gebäude. Der Shree Trikamraiji Haveli Tempel ist wie folgt zu erreichen: 370 m von der Ostecke des Militärmuseums nach Südosten gehen, wo links der Tempel steht. 150 m vom Tempel weiter nach Südosten erhebt sich rechts die Beihani-Moschee.

Das Militärmuseum

Öffnungszeiten: täglich 9–13, 16.30–19.30 Uhr, Freitag geschlossen, Eintritt 400 Rial.

Östlich des Sukgeländes liegt an der Saila Street das Militärmuseum *(Mat'haf al Dschäisch)*. Das Museum wurde am 22. Juni 1971 eröffnet und stellt den **Befreiungskampf gegen die britische Kolonialmacht** und die Entwicklung des ehemaligen Südjemen bis zu den Straßenkämpfen 1986 dar. Die Fotos zeigen eindrucksvoll die sinnlosen Zerstörungen und Menschenopfer.

Zimmer 1 *(Occupation Hall)* ist dem Kampf gegen die Briten gewidmet. In Zimmer 2 *(Revolution Hall)* sind Bilder und Ausstellungsstücke zur Unabhängigkeit 1967 zu sehen. Zimmer 3 *(Victory Hall)* zeigt die Entwicklung im südlichen Jemen seit der Revolution 1967. Zwei Räume im oberen Stockwerk sind der Revolution von 1986 *(13 th January Hall)* und den Landstreitkräften *(Land Force Hall)* gewidmet.

Anglikanische Kirche/ Holy Family Kirche

200 m nordöstlich des Militärmuseums stößt die Saila Street auf eine große, verkehrsreiche Kreuzung, von der links die Queen Arwa Road abzweigt. Geradeaus, auf einem Hügel, liegt die zu britischer Zeit errichtete **anglikanische Holy Family Church.** Das Kirchenschiff ist intakt, hat jedoch ein stilfremdes Wellblechdach. Einen Kirchturm gab es auch in britischer Zeit nicht. Der Zugang zu der Kirche ist nur Reisegruppen nach vorheriger Anmeldung möglich.

Unterhalb der Kirche warten die Taxen und Busse nach Khormaksar. Auf dem dahinterliegenden freien Gelände befand sich ein christlicher Friedhof, links daneben ein jüdisches Gebetshaus. Daran grenzt eine hohe Mauer, hinter der sich die katholische **Holy Family Church** und mehrere Gebäude einer jemenitischen Schule befinden.

Die Kirche wurde 1885 erbaut und mit der Machtübernahme der Kommunisten 1967 nationalisiert. Nach massiver Intervention von britischer und italienischer Seite wurde die Holy Family Church – genau wie die St. Francis Church in Tawahi – an die katholische Gemeinde zurückgegeben. **Freitags** wird eine **Messe** abgehalten.

Die Tanks (Zisternen)

Öffnungszeiten: täglich 7.30–12 und 13.30–18 Uhr, Eintritt 250 Rial.

Die am Militärmuseum vorbeiführende Saila Street (weiter oben heißt sie At Tauwali) führt zu den Zisternen von Aden. Auf halber Strecke lohnt der **Municipal Market** rechts der Straße einen Besuch, wo Fisch und Fleisch verkauft wird.

Der Eingang zu dem Garten, in dem die Zisternen liegen, kann nicht verfehlt werden, da hier die At Tauwali-Straße um 180° abknickt und zum Sukgelände zurückführt. In diesem Straßenbogen (rechts der Straße), hinter einer hohen Mauer kaum sichtbar, liegt der kreisrunde Playfair-Tank, die unterste Zisterne der Anlage. Der Zugang zum **Playfair-Tank** ist über einen davor liegenden Spielplatz (Tor ca. 100 m vor dem Playfair-Tank) möglich.

Das Eingangstor zu dem Park mit den übrigen Zisternen befindet sich im Scheitelpunkt der Straßenkurve. Ein Schild am Eingang weist auf die Verantwortung der UNESCO/UNDP für dieses **kulturhistorische Denkmal** hin. Während die Engländer die Anlage als „Tanks“ bezeichneten, kennen die Adener sie nur unter der arabischen Bezeichnung **„As Sahariedsch“.**

Nach Durchschreiten der Pforte geht es in einen Garten mit tropischen Pflanzen, der während des britischen Protektorats angelegt wurde. Kanonen erinnern an die osmanischen Besetzung.

In der Verlängerung des Gartens liegt das enge **Tauwali-Tal** mit den als Meisterwerk südarabischer Ingenieurskunst gerühmten **Zisternen.** Die treppenförmig, immer höher das Tal hinauf angelegten Becken nehmen den seltenen Regen dieser Region auf. Außer den obersten Becken sind alle anderen den größten Teil des Jahres trocken. Bemerkenswert ist die Architektur der Gesamtanlage mit vielen Stufen, Treppen, Durchlässen, Überläufen, Verbindungskanälen und einem Kuppelbau. Im oberen Teil der Anlage stehen alte Bäume mit mächtigen Luftwurzeln. Am letzten bequem erreichbaren Tank führen Stufen zum Wasserspiegel hinab.

Die 17 Zisternen fassen 90.000 m^3 Wasser. Das größte Becken ist 10 m tief und 44 m breit. Die Tanks waren jahrhundertelang in Vergessenheit geraten und mit von den Bergen heruntergewaschenem Geröll und Sand gefüllt. Die Bevölkerung hatte Steine zum Hausbau abgetragen, so dass die Anlage zum großen Teil zerstört war.

1854 wurden die Tanks durch den britischen Leutnant *Lambert* wiederentdeckt und in einer großen Restaurierungsaktion bis 1858 durch die Kolonialmacht instand gesetzt. Eine Hinweistafel im unteren Teil erinnert an die Entdeckung und Renovierung.

In den Jahren 1864, 1870, 1953 und 1993 fielen so reiche Niederschläge, dass alle Wasserbecken voll liefen. Die Legende sagt, dass der Ortsheilige *Abu Bakr* ein Menschenleben als Opfer fordert, wenn die Zisternen vollständig gefüllt sind. Dies trat auch tatsächlich ein, als im September 1953 ein kleiner Junge in einem der Becken ertrank. Bei der großen Flut von 1993 wurden Häuser und Menschen fortgerissen.

Dass die Zisternen in den letzten Jahrzehnten selten ganz mit Wasser gefüllt waren, ist Beleg für ihre große Kapazität, zeigt aber auch, dass die Zulaufrinnen im oberen Teil der Anlage defekt sind. Für den Fall, dass nach starkem Regen die Anlage überläuft, dienen die Straßen At Tauwali und Saila als Abfluss. Im unteren Teil der Saila Street führt ein Trockental die letzten Meter zum Meer.

Nur die neun untersten Tanks können auf breiten Wegen besichtigt werden. Der obere Teil der Anlage ist auf Treppenstufen, die sich links den Berg hinaufziehen, für (schwindelfreie) Besucher erreichbar. Wer den oberen Teil der Anlage dennoch besuchen möchte, kann den Umweg über den „Turm des Schweigens“ nehmen (siehe weiter unten). Im oberen Teil sind die Reste von Zulaufkanälen und Dämmen zu sehen, die Regenwasser über große Entfernungen zu den Tanks leiten.

Über das **Alter der Zisternen** gibt es keine gesicherten Erkenntnisse. Da Aden bis vor wenigen hundert Jahren noch eine Insel ohne Wasserversorgung vom Festland war, ist anzunehmen, dass die ersten Tanks zeitgleich mit der Gründung der Stadt gebaut wurden. Einige Historiker gehen davon aus, dass die Baumeister die Himjariten waren und setzen das Baudatum zu Beginn unserer Zeitrechnung an. Arabische Quellen berichten von einem viel späteren Bau im Mittelalter.

Das Zisternensystem diente der Wasserbevorratung und der Nutzung in den Haushalten. Die Sammelbecken bewahrten Aden aber auch vor Überflutungen bei starken Regenfällen. Heute wird das Trinkwasser Adens bei Laheck im Wadi Tuban gewonnen.

Die Adener Bevölkerung nutzt die Zisternenanlagen als **Freizeitgelände.** Am Spätnachmittag spazieren Paare, Gruppen von Frauen und Familien durch die Anlage. Männer sitzen in Nischen und kauen Kat.

Suk

Vom Eingangstor des Zisternengeländes führt die Straße zu einem 400 m entfernten Platz. Hier beginnt rechter Hand die größte Geschäftsstraße **Main Bazaar,** von der die wichtigsten Sukgassen abzweigen.

Die erste nach links führende Gasse **Bohra Bazaar** hat Läden mit indischen Namen, die von den aus Indien stammenden Bohras, einer ismailitischen Splittergruppe, betrieben werden. Die Bohras gehören der gleichen Gruppe von Ismailiten an, die ihr Zentrum in Hotäb bei Menaacha haben. Im Gegensatz zu den aus Indien stammenden Bohra-Ismailiten sind ihre Glaubensbrüder aus Hotäb zum ismailitischen Glauben bekehrte Jemeniten. Neben den Bohras gibt es in Aden eine weitere ismailitische Gruppe, die Hodschas, deren Oberhaupt der *Aga Khan* ist.

Auch hinduistische Inder siedelten als Händler an den Küsten des Südjemen. Schriftstücke nennen im Jahre 1384 ein hinduistisches Stadtviertel in Aden, Harat al Baniyan. 1708–1713 beschrieb der französische Kapitän *de la Roque,* dass der Handel Arabiens zum großen Teil in den Händen der Baniyans läge.

Vom Bohra Bazaar führt die erste Gasse rechts zum **Suk al Tanaki.** Hier werden aus dem Blech alter Ölkanister Siebe, Handschaufeln und Trichter hergestellt.

Die Straße Bohra Bazaar führt auf den einstigen Standort der ältesten Moschee Adens zu, der **Aban-Moschee** aus dem 9. Jh. Auch dieses Gebäude wurde 1994 von fundamentalistischen Moslems zerstört. An ihrer Stelle steht inzwischen eine moderne Moschee.

Im Suk von Aden werden Jasminblüten zu Ketten gesteckt, Tongefäße aus heimischer Produktion verkauft, in engen Winkeln arbeiten Scherenschleifer und Schuhflicker. Anders als im Suk von Sana'a sind hier kaum noch Werkstätten zu finden. Es gibt Refugien für spielende Kinder und Erwachsene, die an kleinen Tischen beim beliebten Domino sitzen. Teile des Suks dienen dem Verkauf von Kat, das aus dem Anbaugebiet **A-Thali** und den Gebirgen um Taiz stammt.

Turm des Schweigens

Hierher wurden bis in die 1970er Jahre die **Verstorbenen der Adener Parsengemeinde** gebracht.

Der Aufstieg zum Turm des Schweigens (arabisch: *Burdsch as Sukuht*) bietet sich wegen des günstigen Lichts auf Crater am späten Nachmittag an. Vom Eingangstor der Tanks geht es die At Tauwali Street in Richtung Militärmuseum hinab. Links abbiegen und 100 m zu einer Mauer gehen, die rechts den Hang hochzieht. Direkt hinter der Mauer auf Treppenstufen aufwärts bis zu einem querenden Weg und links weiter aufwärts steigen. Der etwa 2 m breite Weg ist zum Teil mit Stufen ausgerüstet und führt hinauf zum **Turm des Schweigens** (25 Minuten ab den Tanks). Seit 2006 ist ein zweiter Aufstiegsweg möglich: Vom Eingangstor der Tanks rechts die Straße At Tauwali 180 m weit hinuntergehen, rechts in eine Straße abbiegen und nach 100 m am Berghang links hochsteigen. Dieser Weg führt zu der zuvor beschriebenen Mauer mit den Treppenstufen.

Das Gelände ist weitläufig von einer weiß verputzten Mauer umgeben. Im Innern stehen verfallene Gebäude und ein runder, 3 m hoher Turm (Durchmesser 20 m), der oben offen ist und eine kleine Zugangstür aufweist. Der Turm des Schweigens hat – wie seine Vorbilder im Iran und in Indien – im Zentrum ein kreisrundes, zementiertes Loch von 10 m Durchmesser (Tiefe 2 m). Das Loch ist mit einer 3 m hohen Mauer umgeben, die ebenso hoch wie die Außenmauer ist und vier Öffnungen aufweist. Zwischen Innen- und Außenwand verläuft ein 5 m breiter Gang, in dessen Fußboden (der ein leichtes Gefälle zur Turmmitte hat) 1 cm tiefe Wannen und Rinnen eingelassen sind. Zwischen Außen- und Innenwand bilden die Wannen zwei Kreissegmente. In diese Segmente legten die Totenträger die verstorbenen Parsen auf eiserne Katafalke, Kinder in das innere, Frauen und Männer in das äußere Segment, die Frauen mehr zur Mitte und die Männer zur Außenwand hin. (In Indien und Persien haben die Türme in der Regel drei Kreissegmente, das innere für Kinder, das mittlere für Frauen, das äußere für Männer.) Rinnen dienten dem Abfluss des Urins in die zentrale Grube.

Hans Helfritz schreibt 1932 in seinem Buch „Chicago der Wüste“: „Ist ein Parse gestorben, so läßt man, wenn sich der Leichenzug am Fuße des Gebirges befindet, zwei Hunde, einen weißen und einen schwarzen, den steilen Weg hinauflaufen. Kommt der weiße zuerst an, so gelangt der Tote in den Himmel, ist es der schwarze, so ist dem Toten die Hölle beschieden.“ Die Parsen sind eine ursprünglich aus Persien (daher der Name) stammende Gemeinschaft, die der **Lehre des Zarathustra** angehört. *Zarathustra,* der im 7. Jh. v.Chr. lebte, vereinigte die altiranische Götterwelt unter dem Schöpfergott *Ahura Mazda* und gründete die zweitälteste monotheistische Religion der Welt. Bis zum 7. Jh. war der **Zoroastrismus** Staatsreligion in Persien. Mit der Eroberung Persiens durch die Araber (636 n.Chr.) verlagerte sich der Schwerpunkt der parsischen Religion nach Indien. Heute leben dort (v.a. in Bombay) 100.000 Parsen. Die Zahl der Parsen im Iran wird auf 20.000 geschätzt.

Mittelpunkt des parsischen Tempels ist ein **heiliges Feuer,** das mit Sandelholz genährt wird und so rein ist, dass sich ihm der höchste Priester nur mit einem Mundtuch nähern darf. Die Adener Parsen kamen mit der britischen Kolonialmacht aus Bombay nach Südarabien. Auch in Aden brannte das heilige Feuer. Als der letzte Hohepriester sein Ende kommen sah, wurde in den 1970er Jahren das Feuer in einer aufwendigen Aktion mit einer Sondermaschine der Air India nach Bombay überführt, wo es jetzt im Feuertempel von Lonavala weiterbrennt.

Um Feuer nicht mit Menschenkörpern zu verunreinigen, darf ein verstorbener Parse nicht verbrannt werden, und um die heilige Erde nicht zu beflecken, sind Erdbestattungen ebenso wenig erlaubt. Ein Parse findet seine letzte Ruhe im Turm des Schweigens, der nur von parsischen Totenträgern betreten werden darf. Der Tote wird auf dem Boden abgesetzt und den Geiern überlassen. Nach einigen Tagen kehren die Totenträger die Knochen der Toten in das Loch in der Mitte des Turmes. Die Erinnerung an den Verstorbenen lebt in Hausaltären fort.

Dschebbel Schamsan (560 m)

Der Aufstieg zum Dschebbel Schamsan ist eine schweißtreibende Tour und sollte nur in den Wintermonaten durchgeführt werden.

Es gibt **drei Aufstiegsmöglichkeiten:**

1. An der Straße von Ma'alla nach Crater, führt hinter der Passhöhe die zweite Straße rechts (ca. 500 m ab dem Pass) zum Tor eines Steinbruchs. Wer mit einem lokalen Taxifahrer hierher kommt, darf (je nach Tagesform des Torwächters ...) weiterfahren. Vorbei an zwei steinernen Staudämmen (siehe „Die Tanks ") auf einer Piste bis zu ihrem höchsten Punkt fahren (der Weg endet weiter unten an einem weiteren Staudamm). Rechts führt ein breiter Steinstufenweg hinauf zum Dschebbel Schamsan (75 Minuten Aufstieg).

Der Gipfel mit den Resten einer **Befestigungsanlage** bietet einen fantastischen **Rundblick über Aden.** Von hier lässt sich die zum Meer hin offene, 4 km große vulkanische Caldera mit ihren steilen Wänden erkennen. Gut zu sehen sind der Flugplatz, die Salzgewinnungsanlagen, der Strand im Norden, die Strände von Gold Mohur im Südwesten, Little Aden im Westen und der Hafen von Ma'alla im Norden.

Wer den steilen Abstieg von der Passhöhe (5 Minuten vor dem Gipfel) nach Norden nicht scheut, gelangt zur Straße, die von Gold Mohur durch den Tunnel nach Ma'alla führt.

2. Wer am Tor zum Steinbruch keinen Zutritt erhält, steigt zum Turm des Schweigens auf und hält auf den in der Ferne bereits deutlich sichtbaren Steinstufenweg zu, der zum Gipfel des Schamsan führt. Zunächst kann einem Fußweg hangparallel gefolgt werden, wobei zahlreiche Höhlen im hellen Tuffgestein passiert werden, dann geht es weglos mit mehreren Auf- und Abstiegen zum Ende der zuvor beschriebenen Autopiste am obersten Staudamm der „Adener Tanks". Hier der Piste bis zu ihrem Scheitelpunkt folgen und auf dem zuvor beschriebenen Steinstufenweg aufwärts steigen.

3. Die dritte Möglichkeit beginnt im Gelände der „Adener Tanks". Dort dem nur für Schwindelfreie geeigneten Stufenweg (links vor dem letzten Tank) aufwärts zum höchsten Staudamm der Anlage folgen, an der die zuvor beschriebene Autopiste endet. Der Piste bis zu ihrem Scheitelpunkt folgen und auf dem Steinstufenweg aufwärts steigen.

Hotels in Crater

- **Al Amar,**
Al Midan Street, Tel. (02) 250000, Fax (02) 256304, alamer_group@y.net.ye, 2-Bett 30 US$, inkl. Frühstück, guter Standard, empfehlenswert.
- **Al Medina,**
Tawali Street, Tel. (02) 251311, 2-Bett 1800, 1-Bett 2000, 2-Bett 2500 Rial; AC, Du/WC auf dem Flur, sauber, zu empfehlen.
- **Al Wafa,**
Ghandi Street, Tel. (02) 256340, 1-Bett 2500, 2-Bett 3000 Rial, AC, Du/WC im Zimmer, sauber, zu empfehlen.
- **Aden Gulf Hotel,**
Ghandy Street, Tel. (02) 253900, Fax (02) 251710, 2-Bett 3000, 3-Bett 3500 Rial, Du/WC im Zimmer, sauber.
- **Rimbaud Tourist Hotel,**
am Stadion, Tel. (02) 255899, Fax (02) 255896, 1-Bett 3000, 2-Bett 3500 Rial, ohne Frühstück, Dusche/WC im Zimmer, einfach, schöne Stuckarbeiten im Haus „mit dem maroden Charme vergangener Zeiten".
- **Yemen Nights Tourism Hotel,**
an der Straße nach Ma'alla, Tel. (02) 256093, Fax (02) 254357, 2-Bett 3000 Rial, 3-Bett 5000 Rial, Frühstück 400 Rial, Du/WC im Zimmer, AC, Stuckarbeiten in den Fluren, zu empfehlen.

Restaurants in Crater

In Crater gibt es auf dem Platz im Schnittpunkt von Tauwali Street und Main Bazaar mehrere gute, traditionelle **Garküchen.** Gut schmeckt *Mudabagia,* ein sättigender Doppel-Pfannkuchen mit Ei-Gemüsefüllung, der auf einer heißen Herdplatte gebacken wird. Eine andere Spezialität ist indisch-indonesischen Ursprungs: *Balowa,* dünne, sehr fetthaltige Fladenbrote. Sie werden zusammen mit Milchtee verspeist.

In speziellen **Teestuben** wird das Teeglas auf einer Untertasse serviert, in die der Tee geschüttet und das Balowa gedippt wird.

Das angenehme **Restaurant Al Reem** liegt neben dem Hotel Al Wafa. Zwei feine Restaurants **(Pizza Hut** und **Al Sharawan)** mit gekühlten Räumen befinden sich zwischen dem Nationalmuseum und der Halbinsel Sira an der Uferpromenade.

Krankenhäuser

- **Refinery Hospital,**
im Stadtteil Little Aden, Tel. (02) 376600/376250.
- **Saber Hospital,**
im Stadtteil Al Mansura, Tel. (02) 340269/792967.

Transport in Crater

Die Haltestellen der **Sammeltaxen** und **Minibusse** sind dem Stadtplan zu entnehmen. Fahrten kosten nach Ma'alla 35 Rial, Tawahi 35 Rial, Scheich Othman 50 Rial. **Einzeltaxen** („taxi special") verlangen 400–500 Rial. Die Taxifahrt nach Scheich Othman kostet 700 Rial.

Geldwechsel in Crater

Wechselstuben liegen am Anfang und am oberen Ende des Main Bazaar (nahe Saila Street).

Post/Telefon/Internet

Schräg gegenüber vom *Hotel Rimbaud* an der Hauptstraße befindet sich das Postamt, in dem auch die Telefonzentrale untergebracht ist. Öffnungszeiten: 8.30–12.30 und 16.30–18.30 Uhr, Fr und Donnerstagnachmittag geschlossen. Weitere Telefonzentralen sowie Internet Cafés sind auf das gesamte Stadtgebiet verteilt.

Reisegenehmigungen

Siehe Stadtteil Tawahi.

Weitere Besichtigungspunkte in und um Aden

Abstecher 1: Ma'alla

Die Hauptstraße von Crater nach Ma'alla ist im Andenken an die fatimidische Herrscherin Queen Arwa Road benannt (siehe Dschibbla, Rundreise 1, 2. Tag). Die mehrspurige Straße führt hinauf zum Dschebbel Hadied mit Forts aus der Osmanenzeit. An dieser Straße sollen nach alten Überlieferungen **Kain und Abel** (arabisch: *Kabiel* und *Habiel*) begraben liegen.

Die Passhöhe wurde erst Mitte des 20. Jhs. auf heutige Breite erweitert. Zuvor war dieser einzige Zugang nach Aden eine enge Passage mit einer zur Verteidigung darüber gespannten Brücke. Teile der Wehranlage sind beiderseits der Passhöhe zu sehen.

Auf der Straße von Crater nach Ma'alla folgt hinter der Passhöhe ein Kreisverkehr, in dessen Zentrum ein Brunnen mit dem Modell der Brücken- und Befestigungsanlage steht, die einst den Zugang nach Crater schützte. 300 m weiter liegt rechts vor den ersten Häusern von Ma'alla der jüdische Friedhof.

Die meisten Häuser Ma'allas wurden in den 1960er Jahren zu britischer Zeit gebaut. Moderne fünfstöckige Wohnblocks prägen das Bild der Hauptstraße, die heute Scharaa Madram heißt, nach einem Freiheitskämpfer gegen die Engländer. In britischer Zeit hieß sie Main Road (Scharaa Rais).

Die **Hauptstraße** lag nicht immer so weit vom Wasser entfernt, noch Anfang der 1950er Jahre verlief hier die Uferpromenade. Von 1954–1957 wurden die Hafenbecken von Ma'alla vertieft und die Materialien zur Landgewinnung genutzt. Gebäude, die auf diesem neuen Gelände errichtet wurden, erhielten Eisen-Beton-Pfeiler als Gründung. Heute ist das Eisen angerostet, und ein Erdbeben hätte katastrophale Folgen.

Für einen Besuch Ma'allas empfehlen wir, das Taxi 300 m hinter dem Brückenmodell zu verlassen und zum Anfang der Madram-Straße zu laufen. Linker Hand der alte von einer Mauer umgebene **Friedhof der jüdischen Gemeinde** (1946 zählte sie noch 7300 Mitglieder). Es spricht für die Toleranz der Adener Bevölkerung, dass trotz aller politischer Differenzen mit Israel dieser Friedhof erhalten blieb und die Gräber nicht zerstört wurden. In den Jahren 1947–1950 emigrierten die Adener Juden nach Israel.

Es geht nun zur Ampel an der großen Kreuzung, wo mehrere Straßen zusammentreffen. Auf der rechten Straßenseite das viel besuchte **China-Restaurant Ching Sing** mit roter Fassade.

Weiter auf der linken Seite steht ein auffallend schönes, mit Stuck verziertes Haus aus der Kolonialzeit. 200 m weiter ist rechts das 2 m tief in das Straßenpflaster eingelassene **Grab des islamischen Heiligen (Walli) Scheich Ahmad asch Scheddali** zu beachten. Der Besuch des Grabes soll Hilfe bei Krankheiten und Kinderlosigkeit bringen. Die schlichte, zumeist verschlossene Anlage ist von einem grünen Metallgitter umgeben und mit einem Wellblechdach geschützt. Den Giebelkasten über der Grabstätte bedecken ein rosablaues Tuch und zwei Bücher.

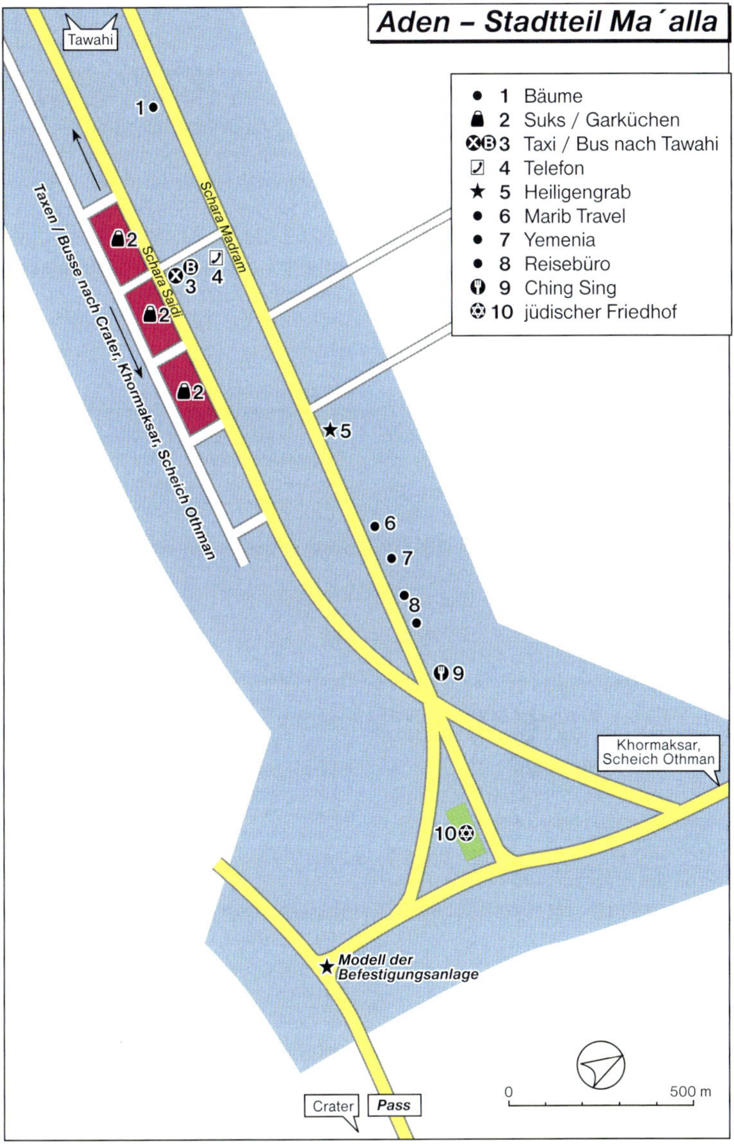
Aden – Stadtteil Ma´alla
1 Bäume
2 Suks / Garküchen
3 Taxi / Bus nach Tawahi
4 Telefon
5 Heiligengrab
6 Marib Travel
7 Yemenia
8 Reisebüro
9 Ching Sing
10 jüdischer Friedhof
Tawahi
Taxen / Busse nach Crater, Khormaksar, Scheich Othman
Schara Madram
Schara Saidi
Khormaksar, Scheich Othman
Modell der Befestigungsanlage
Crater
Pass
0
500 m

An der Madram Street liegen beiderseits die Vertretungen von Flugbüros und anderer Wirtschaftsunternehmen.

An zwei auffallend großen Bäumen (den einzigen an dieser Straße) endet der Gang auf der Madram-Straße, die geradeaus nach Tawahi führt. Wenden wir uns nach links in die Parallelstraße (Scharaa Saidi), so wird deutlich, dass sich hier das eigentliche Leben der Bewohner Ma'allas abspielt. Suks, Geschäfte, Teestuben, Garküchen liegen dicht an dicht. Auf der Scharaa Saidi fahren Busse und Taxen nach Tawahi, auf der parallelen Straße weiter oberhalb die Busse und Taxen nach Crater, Scheich Othman und Khormaksar.

Ma'alla war der **Dau-Hafen** von Aden. Hier legten indische und arabische Handelsherren mit ihren hochbordigen Segelschiffen an, löschten Waren und warteten auf günstige Winde für die Weiterfahrt. Auf den Ma'alla vorgelagerten Inseln befanden sich die Werften für hölzerne Segler.

In Ma'alla soll sich der Legende nach die Königin von Saba auf ihrem Weg zu *Salomo* eingeschifft haben.

An der direkten Straßenverbindung von Ma'alla nach Gold Mohur liegt auf halber Strecke zum Straßentunnel links der Straße im Stadtviertel Hafuhn eine christliche Kirche mit einem großen **britischen Friedhof.**

Abstecher 2: Khormaksar

Der Name dieses Stadtteils bedeutet „durchbrochener Meeresarm“. **Das Villenviertel** Khormaksar liegt dort, wo die Insel Aden in den letzten Jahrhunderten durch Anschwemmungen Landanschluss erhielt. Hier befinden sich ein Krankenhaus, der **Flughafen,** das deutsche Generalkonsulat und das Aden-Golden Tulip-Hotel. Khormaksar war das Wohnviertel britischer Offiziersfamilien. Noch heute sind an einigen Häusern die Hinweise „married quarters“ und „single quarters“ zu sehen.

100 m vom Hotel *Aden Golden Tulip* entfernt befindet sich das **Deutsche Generalkonsulat** (geöffnet 16–18 Uhr außer Mi und Fr, siehe Kapitel „Botschaften“).

- **Hotel Aden-Golden Tulip,**
Tel. (02) 232911, Fax (02) 235655, info@goldentulipadenhotel.com, www.goldentulipadenhotel.com. 1-Bett 120 US$, 2-Bett 130 US$, inkl. Frühstück; Pool, Health Club, Restaurant, Bar und Tennisplatz.
- **Hotel Mercure,**
direkt am Strand Richtung Mukalla, Tel. (02) 238666, Fax (02) 238660, mercureaden@y.net.ye, 1-Bett 120 US$, 2-Bett 150 US$, Suite 170 US$, inkl. Frühstück; Pool, Restaurant, Bar.

Flugverbindungen der Yemenia

Der **Flugplatz von Aden** befindet sich im Stadtteil Khormaksar.

- **Aden – Sana'a** (täglich)
- **Aden – Mukalla** (Mo, Mi, Sa)
- **Aden – Sejuhn** (Di)
- **Aden – Mukalla – Sokotra** (Mo)
- **Yemenia** in Aden: Tel. (02) 253848, 253291

Abstecher 3: Tawahi

Der Stadtteil Tawahi ist neben Crater das interessanteste Viertel Adens. Es liegt auf der Nordseite der Halbinsel an der von Crater über Ma'alla und Tawahi nach Gold Mohur führenden Straße. Im Stadtteil Tawahi, zu britischer Zeit **Steamer Point** genannt, legen Passagierschiffe an.

Aden – Stadtteil Tawahi
1 Christ Church und Ras Morbut Clinic
2 St. Francis Church
3 Aufstieg zu Little Ben
4 Uhrenturm Little Ben
5 Scheich Ahmad-Moschee
6 Steamer Point/ Prince of Wales Pier
7 Aziz Bookshop
8 LAX Silver Store
9 Minibusse/Taxen nach Ma'alla, Crater
10 Park
11 Statue Queen Victoria
12 Restaurant
13 Denkmal des unbekanntes Soldaten
14 Gefängnis
15 Hafenverwaltung
16 Crescent Hotel
17 Gebäude von 1955/1956
18 Touristenbehörde
19 Rock Hotel
Gold Mohur
Inner Harbour
Flint Island
Ma'alla und Crater
0
300 m

129J Foto: bs

Die Sehenswürdigkeiten Tawahis können von den Hotels zu Fuß erreicht werden.

Von Ma'alla aus gesehen liegt vor dem *Crescent Hotel* das Büro der Touristenpolizei, wo **Reisepermits** ausgestellt werden.

Queen Victoria im Stadtteil Tawahi

Aziz-Buchladen

Auf dem Platz westlich des *Crescent Hotels* steht das große, weiße Denkmal für den **„unbekannten Soldaten".**

Auf dem nächsten Platz, der ovalförmig von zwei Straßen begrenzt ist, befindet sich die bronzene **Statue von Queen Victoria,** während deren Regentschaft (1837–1901) Aden der britischen Krone einverleibt wurde. Anlässlich des 50-jährigen Thronjubiläums von *Königin Elizabeth II.* im Jahr 2002 wurde die Statue als britisches Geschenk (wie auch „Little Ben", s.u.) restauriert.

Am Südrand dieses Platzes ist die Station für die **Sammeltaxen** nach Ma'alla und Crater. Am westlichen Ende dieses Parks – hinter dem Gebäude der Schiffsgesellschaft – links abbiegen.

Über die nächste Kreuzung hinweg liegt links der **LAX Silver Store,** ein Antiquitätenladen mit großem Angebot (Silberschmuck, alte Leder- und Messingwaren, Muscheln und präparierte Fische).

Zurückgehen und links in die Hauptstraße abbiegen. Einer der nächsten Läden auf der linken Seite ist **Aziz-Bookstore.** In dem 1927 eröffneten Laden können Secondhand-Bücher, Postkarten aus britischer und neuerer Zeit, Sammler-Briefmarken und allerlei Raritäten gekauft werden. Auf dem Angebot lagern die Spinnengewebe, und lägen nicht Times- und Newsweek-Magazine aus, entstünde der Eindruck, *Lord Nelson* persönlich käme jeden Moment herein und wünsche Christmas Greeting Cards zu kaufen.

200 Meter sind es zum Anleger für Passagierschiffe, in britischer Zeit **„Prince of Wales Pier"** genannt. Der offene Steinbau hat eine interessante Holzbalkenkonstruktion für den Dachstuhl. Hier gibt es Hinweisschilder für Ein- und Ausgang aus englischer Zeit. In einem Kiosk rechts des Eingangs (geöffnet von 9–13 und 16–20.30 Uhr) wird eine gute Auswahl an neuen und alten Briefmarken, Ansichtskarten, Silberschmuck und Büchern angeboten.

Am Anleger – mit Steinbänken und schöner Bepflanzung – kann ein Motorboot für eine **Hafenrundfahrt** gechartert werden: 30 US$ pro Boot, unabhängig von der Zahl der Passagiere.

Die Pier ist der Anlegeplatz von Yachten. Große Schiffe ankern draußen und setzen ihre Passagiere mit Beibooten an der „Prince of Wales Pier" ab. In den frühen 1960er Jahren lagen hier so viele Schiffe auf Reede, dass ihre Aufenthaltsdauer auf sechs Stunden beschränkt war. Einen regelmäßigen Passagierverkehr nach Dschidda, Hudäida, Djibouti, Mukalla oder Oman gibt es nicht.

Auf der dem Anleger gegenüberliegenden Straßenseite fällt der Blick auf die **Scheich Ahmad-Moschee,** das älteste Gebäude in Tawahi. Daneben das Pass- und Zollamt für Schiffspassagiere.

Die Anhöhe oberhalb der Scheich Ahmad-Moschee schmückt ein Uhrturm, der 1890 von der britischen Kolonialmacht errichtet wurde. Der dem Londoner Big Ben nachempfundene **„Little Ben"** wurde beim Regierungsumsturz 1986 zerstört, danach notdürftig repariert und im Jahre 2002 anläss-

Rundreise 2

131 | Foto: bs

130J Foto: bs

lich des 50. Thronjubiläums von Königin *Elisabeth II.* mit britischen Geldern saniert. Von der Nordwestseite führt ein steiler Steinstufenweg zu „Little Ben" hinauf. Oben bietet sich ein Panoramablick Blick auf Tawahi und das Hafengelände. Für das Hafengebiet gilt Fotografierverbot.

Prince of Wales Pier

300 m westlich des Anlegers liegt an der nach Gold Mohur führenden Straße die 1892 erbaute und *Franz von Assisi* gewidmete katholische **St. Francis Church,** in der samstags und sonntags eine Messe in englischer Sprache gelesen wird. Im Jahre 1951 wurde der Glockenturm angebaut, mit drei in Italien gegossenen Glocken, die nicht mehr geläutet werden. Eine lebensgroße weibliche Marmorstatue schmückt den First des Kirchenschiffs. Trotz einiger Beschädigung hat sie die Revolutionen von 1967, 1986 und 1994 überstanden. In allen Zeiten, wo divergierende Gruppen in Aden gegeneinander kämpften, blieben auch die Kirchen nicht ungeschoren, es kam zu Plünderungen und Zerstörungen. Deshalb wurden der

Haupteingang zur Straße und die Seitenfenster zugemauert. Sieben Bischöfe haben in der St. Francis Church gewirkt. Sie wohnten - wie der jetzige Pfarrer - in dem angrenzenden zweistöckigen Gebäude.

Eine weitere Kirche, die 1863 erbaute protestantische **Christ Church,** befindet sich 300 m weiter in Richtung Gold Mohur. Auch sie war nach der Vertreibung der Briten durch den Staat konfisziert worden, ist aber wieder im Besitz der anglikanischen Kirche. Fast vollständig renoviert, wurde sie 1994 im Bürgerkrieg stark beschädigt. Nach erneuter Renovierung finden jeden Freitag Gottesdienste statt. Der Kirche angegliedert ist die **Ras Morbut Klinik.**

An dieser Stelle sollte die Besichtigung Tawahis abgebrochen und mit dem Taxi zum Gold Mohur-Strand (5 km; s.u.) weitergefahren werden.

- **Rock Hotel,**
Tel. (02) 202087, Fax (02) 204404, 2-Bett 2200, ohne Frühstück. Schöner Blick vom Restaurant auf Tawahi.
- **Crescent Hotel** (neu),
Tel. (02) 203471, Fax (02) 204597, crescent@y.net.ye, 1-Bett 30 US$, 2-Bett 40 US$, mit Frühstück; Mobiliar aus britischer Kolonialzeit im renovierten Haus, 30 m vom alten *Crescent Hotel* entfernt.
- **Crescent Hotel** (alt)
Bei unserer Recherche Anfang 2008 geschlossen.
- Tawahi verfügt über eine große Zahl an **Garküchen.**
- Die **Busse und Taxen** zu den anderen Stadtteilen stehen am Park: Ma'alla 25 Rial, Crater 35 Rial.

Abstecher 4: Gold Mohur Beach

Der Küstenbereich des kleinen Stadtteils Gold Mohur ist das Ziel vieler Ausländer und der Adener Bevölkerung. Sandstrand, Wasser und Entspannung - Gold Mohur war schon immer gleichbedeutend mit Freizeit.

Die Straße von Tawahi führt am Meer entlang und durch einen Straßentunnel nach Gold Mohur. Die alte, einspurige Straße ist zwischen Tunnel und Meer erhalten. Ein zweiter, längerer Tunnel verbindet Gold Mohur mit Ma'alla.

Von Tawahi aus dem Tunnel kommend, fällt der Blick auf drei Buchten mit Sandstränden. Der erste Strand **Gold Mohur Bay** wird hauptsächlich von jemenitischen Familien besucht. Umkleide- und Duschmöglichkeiten sind nicht vorhanden, an einem Kiosk werden Getränke und Kekse verkauft.

Am Ende dieses Strands schiebt sich eine Landzunge aus Vulkangestein in das Meer, an deren Ende sich ein großes Loch oder Tor gebildet hat: **Elephant Rock.** Wie ein Elefantenrüssel sieht dieses Gebilde aus, und somit heißt die nächste Bucht auch **Elephant's Bay.** Die Straße windet sich über die Gold Mohur Bay hinüber zur Elephant's Bay und dem langen Sandstrand, **Gold Mohur Beach** genannt. Der Strand ist in drei Einzelstrände durch Zäune abgeteilt. Der erste Strand wird vom *Yemeni Club* verwaltet. Der Eintritt ist frei, geöffnet ist täglich von 8-20 Uhr. Es gibt Alkohol, montags und freitags Discotanz. Der nächste Strand gehört zum *Gold Mohur Hotel.* Der letzte Strand wird vom *Gold Mohur Club* betrieben und von Ausländern und Jemeniten v.a. am Wochenende frequentiert. Für 250 Rial Eintritt steht eine saubere, gepflegte Anlage zur Verfügung (Restaurant, Ca-

135j Foto: bs

feteria, Toiletten, Umkleideräume, Tische, Sonnenschirme). Das Restaurant besitzt eine Alkoholkonzession. Am Donnerstag, Freitag und Montag wird in der Disco getanzt. Geöffnet täglich 8–24 Uhr, Do und Fr bis 3 Uhr morgens.

Da die südjemenitische Küste keine schattigen Palmenstrände bietet, ist der Strand von Gold Mohur (neben dem von Bir Ali) der einzige empfehlenswerte Ort für einen **mehrtägigen Badeurlaub.** Baden im Jemen ist wegen der Haie ein viel diskutiertes Thema. Die im Wasser des Gold Mohur-Strandes ausgebrachten Netze sind zwar nicht im allerbesten Zustand, aber sie schützen zuverlässiger als das offene Meer an einem idyllischen Strand anderswo.

Die von Ma'alla und Tawahi kommende Asphaltstraße endet hinter Gold Mohur an einem **Leuchtturm,** wo von einem großen Parkplatz zu einem weiteren Sandstrand abgestiegen werden kann. **„Wreck Beach"** wird diese Bucht genannt oder **„Lover's Beach",** und so steht es sogar auf der offiziellen „Tourist Map of Aden".

Strand von Gold Mohur, Aden

- **Sheraton Gold Mohur,**
Tel. (02) 204010, Fax (02) 205158, reservation.adenyemen@sheraton.com, 1-Bett 120, 2-Bett 130 US$, einschl. Frühstück, + 15% Tax; eigener Strand, Restaurant, Pool, Health Club.
- **Elephant Bay Beach Resort,**
Tel. (02) 202055, Fax (02) 201592, ebbraden@y.net.ye, 1-Bett 70 US$, 2-Bett 80 US$, inkl. Tax und Frühstück, Chalet mit zwei Betten 80 US$; eigener Strand, Tennisplatz, Health Club, Pool, Restaurant.

Anmerkung: In den Bars der Hotels in Tawahi und Gold Mohur wird **Alkohol** ausgeschenkt. In einigen Hotels ist täglich **Disco.**

Abstecher 5: Scheich Othman

Die nördlich von Aden gelegenen Stadtteile Scheich Othman und Al Mansuhra sind **Arbeitervororte.**

In Scheich Othman ist touristisch die **An Nur-Moschee** interessant (400 m nördlich des zentralen Platzes, von dem die Sammeltaxis fahren). Für eine jemenitische Moschee ungewöhnlich, befindet sich der Betraum im Obergeschoss, während das Erdgeschoss als überdachtes Sukgelände dient.

Zwischen dem Taxiplatz und der An Nur-Moschee liegt die **Al Haschemi-Moschee.** „Masjid al Haschemi" steht auf dem weißen Turm und an der hinteren Wand mit grüner Schrift. Neben der Moschee gab es zwei schmale Wohnhäuser und das **Kuppelgrab** des Heiligen *Al Haschemi,* zu dem jährlich eine Wallfahrt unternommen wurde. Auch das Haschemi-Grab wurde 1994 Opfer fundamentalistisch-islamischer Zerstörung und ist nicht wieder aufgebaut worden.

Bis Scheich Othman drangen 1915 die Osmanen vor bei ihrem Versuch, Aden zu erobern. Als das Unterfangen am britischen Widerstand scheiterte, zogen sie sich nach Laheck und später in den Nordjemen zurück.

Eine Baumwollfabrik in diesem Stadtviertel verarbeitet täglich rund 250 t Baumwolle zu Stoffen.

In **Al Mansuhra** (südlich von Scheich Othman) produzierte bis zum Krieg 1994 die **Seera-Bierbrauerei,** die einzige der Arabischen Halbinsel. Dieser Betrieb war den Islamisten stets ein Dorn im Auge. Im ersten Jahr der Vereinigung hatte die Brauerei einen Rekordausstoß von 6 Millionen Liter Bier. 22 Millionen US$ Steuern brachte die Produktion. Nach der Einnahme Adens durch nordjemenitische Truppen 1994 wurde die Anlage zerstört.

Scheich Othman ist der „Umschlagplatz" für Reisende. Hier starten und enden **Fernbusse und Sammeltaxen.** Zu beachten ist, dass es zwei verschiedene Abfahrtsplätze gibt, von denen die Taxen starten.

- **Busstation der Gesellschaft Al-Esayi:**
Von Khormaksar kommend vom Ende des Meeresdammes 800 m geradeaus.
Hudäida: 6 und 14 Uhr, 1300 Rial, 7 Std.
Sana'a: 14 Uhr, 1500 Rial, 7 Std.
Mukalla: 6 Uhr, 2000 Rial, 7 Std.
Ataak: 6 Uhr, 1200 Rial, 4 Std.
- **Sammeltaxen:**
Von der Station „Farza al Gahira" nach **Sana'a** 1500 Rial, **Taiz** 800 Rial, **Hammam Dammt** 600 Rial.
Von der Station „Farza al Haschemi" nach *Schukra* 200 Rial, **Ataak** 1000 Rial, **Mukalla** 1800 Rial.

Abstecher 6: Buräika (Little Aden)

Die Sammeltaxen nach Buräika fahren vom Sammeltaxiplatz „Farza al Haschemi" in Scheich Othman ab (18 km, 20 Minuten Fahrzeit). Hinter dem Stadtteil Mansuhra beginnen links der Straße

Palmenhaine, die sich bis zum Meer hinziehen. Dann führt die Straße durch **Madinat asch Schaab** (Volksstadt). Dieses Arbeiterviertel – 1959 als Verwaltungsstadt gegründet und zeitweise Bundeshauptstadt der Südarabischen Föderation – liegt am Wadi Kabier, dem Unterlauf des **Wadi Tuban.** Das Flusstal ist am westlichen Ortsausgang als leichte Bodendepression in einer strauchebestandenen, sandigen Ebene zu erkennen. Linker Hand, am jenseitigen Ufer der Bucht, liegt Tawahi mit dem Uhrenturm „Little Ben". Das Gebiet zwischen Mansuhra und Buräika ist für eine Bebauung und Erweiterung der Freihandelszone vorgesehen. „Land Area reserved for free zone" ist auf vielen Schildern zu lesen.

Eine Brücke führt über einen Meeresarm zur Halbinsel Buräika (Little Aden). Die Fahrt endet am Ortseingang von Buräika mit den Verkaufsständen für Gemüse und Obst. Hier gibt es Teestuben, Garküchen und Taxen für weitere Unternehmungen.

Buräika ist ein **neuer Stadtteil,** der sich um die Raffinerie gebildet hat. Wie Crater ist auch Little Aden ein **Vulkanberg,** mit dem Dschebbel Ihsam als höchster Erhebung.

Auf der vorgenannten Brücke den Kilometerzähler auf Null stellen.

Km 0,6: Im Kreisverkehr geradeaus fahren.

Km 2,0: Im Kreisverkehr am Meer rechts fahren.

Km 2,7: Halbrechts abbiegen.

Km 6,0: Rechts liegt 200 m entfernt der von einer Mauer umgebene **britische Militärfriedhof „Silent Valley"** mit einem großen, weißen Kreuz auf einem Felsen.

Am Eingangstor legt der Aufseher dem Besucher ein „visitor book" zum Eintragen vor. Das weitläufige, gut gepflegte Gelände scheint für viele weitere britische Kolonialjahre angelegt worden zu sein, denn nur ein kleiner Teil des Friedhofs ist mit Gräbern belegt. Die Jahreszahlen auf den Grabsteinen geben als Todesjahre 1964–1967 an. Das Alter der Bestatteten (drei Monate und älter) zeigt, dass hier nicht nur Militärs ihre letzte Ruhe gefunden haben. Der Besucher mag nachdenklich werden in Anbetracht des Gedenkspruchs auf einer der Grabplatten: „A corner of a foreign field that is forever England."

Weitere Besichtigungspunkte in Buräika sind **Blue Beach** und der **Berg Al Gadier.** Am vorgenannten Kreisverkehr am Meer (Km 2,0) rechts abbiegen. Nach 900 m nicht rechts zum britischen Militärfriedhof fahren, sondern geradeaus zum 1,2 km entfernten Ende der Straße am Blue Beach. Der markante Berg an dieser Bucht ist der **Dschebbel al Gadier,** zu dem auf 787 Stufen in 15 Minuten aufgestiegen werden kann. Es bietet sich von oben ein schöner Blick auf Aden, Buräika und dem Blue Beach. Die Seilbahn, die Blue Beach einst mit dem Berg Gadier verband, ist nicht mehr in Betrieb.

Nach dem Abstieg geht es vorbei an der modernen Fischzuchtanlage und Krabbenfarm zum Strand des **Blue Beach.** Sonnendächer, ein Kiosk für Getränke und leichte Verpflegung sowie der Aden Refinary Club sind auf Besucher eingestellt. Der Club ist freitags von 7–12 und 18–23 Uhr geöffnet, an anderen Wochentagen (außer Sa) von 18–20 Uhr. Hier kann unter Bäumen Picknick gemacht oder im Restaurant gespeist werden.

Hotel in Buräika

- **Al Kdeer Tourist Hotel,** gute Lage, direkt am Strand, Tel. (02) 375822, 2-Bett 2500 Rial.

Weiterfahrt von Buräika nach Mocha

Nach dem Bau einer Asphaltstraße am Meer entlang zum Bab al Mandab und weiter nach Mocha ist dies die schnellste Verbindung von Aden in die Tihama. Da die 250 km lange Strecke über eine flache, trockene Steppe führt, ist sie für Touristen nicht empfehlenswert. Reine Fahrzeit: 3 Stunden.

Km 6,0: Der zuvor beschriebene britische **Militärfriedhof.**

Km 9,0: Wo die Straße aus dem Vulkanmassiv in die sandige Küstenebene hinausführt liegt links eine Kirche mit freistehendem Uhrenturm aus britischer Kolonialzeit.

Km 23,3: Bei der Tankstelle von Emran rechts abbiegen.

Km 51: Salzgewinnungsfelder.

Km 96,3: Die wenigen Häuser von **Khor Omira.**

Km 120,6: Ras Alara mit Moschee und Schule. Links ein altes Fort, rechts ein Heiligen-Grab.

Km 161,1: Der einfache Fischerort **Al Saqiyah.**

Km 172,8: Links liegt der südwestlichste Punkt des Jemen, das **Ras Bab al Mandab** (Ras = Kap), der afrikanische Kontinent ist nur 27 km entfernt. Die Meerenge „Bab al Mandab" (Tor der Tränen) ist für den Schiffsverkehr zwischen Europa und dem Indischen Ozean von herausragender Bedeutung. Nur Tanker, die zu groß für den Suezkanal sind, müssen um das Kap der Guten Hoffnung fahren. Seinen Namen hat die Meerenge möglicherweise in der Zeit des Sklavenhandels bekommen, als arabische Sklavenhändler mit ihrer lebenden Fracht hier durchfuhren. Das Tor der Tränen gehört heute zu den Gebieten der Erde, die für Waffenschmuggel und Piraterie bekannt sind.

Dem Ras Bab al Mandab vorgelagert ist die jemenitische Insel Perim, die außer Militärpersonal keine Einwohner hat. Strategisch bedeutsam, aber ohne Frischwasser, ist sie nur für militärische Zwecke wichtig. Es wird derzeit diskutiert, vom Jemen – über Perim hinweg – eine Brücke nach Afrika zu bauen.

Km 204,8: Dhabab ist der einzige größere Ort der Strecke.

Km 250,8: Mocha ist erreicht. Zur Weiterfahrt siehe Rundreise 1, 4. Tag.

10. Tag: Aden – Sana'a

Entfernung: 352 km
Fahrzeit: 5 Std.
Besichtigung: Laheck, Habiläin, A-Thali, Hammam Dammt

Busse und Sammeltaxen Richtung Sana'a fahren in Aden im Stadtteil Scheich Othman von der Station Farza al Gahira ab (siehe bei Aden).

Von Ma'alla kommend, geht die Fahrt über den lang gestreckten Damm. Links liegt der Hafen von Ma'alla, rechts erstrecken sich der Flughafen und die Salzgewinnungsfelder. Im flachen Wasser suchen häufig Flamingos, Pelikane und Fischreiher nach Nahrung.

Rechts stehen in 2 km Entfernung die Reste von sechs **„Windmühlen"**, die ihrer Flügel beraubt wurden. Diese runden Gebäude mit weißen Stoffflügeln sind auf alten Adener Postkarten in voller Pracht zu bewundern. Hier wurde kein Korn gemahlen, sondern mit Windenergie Meerwasser auf die 16 km^2 großen **Salzgewinnungsfelder** von Khormaksar gepumpt. Anfang des 20. Jhs. wurden jährlich 400.000 t Salz produziert, drei Viertel davon vor allem nach Japan und Indien exportiert.

Nachdem die Salzfelder mit Meereswasser einige Zentimeter hoch geflutet waren, begann die Sonne ihre Verdunstungsarbeit. Das Wechselspiel von Fluten und Verdunsten wurde zwei Wochen lang wiederholt, bis 15 cm Rohsalz auf den Feldern lag. Die harte Salzschicht musste mit Spitzhacken aufgebrochen, in Eimer geschaufelt und zum Rand der Salzfelder getragen werden. Dort übernahmen auf Schienen laufende und von Kamelen gezogene Loren den Transport zu den Salzmühlen in Khormaksar. Wegen rückläufiger Nachfrage – Indien produzierte sein Meersalz inzwischen selbst – war die Salzmenge beim Abzug der Briten 1967 auf 175.000 Tonnen pro Jahr zurückgegangen. Gegenwärtig werden in Khormaksar jährlich noch rund 50.000 Tonnen Salz produziert.

Am Ende des Straßendammes den Kilometerzähler auf 0 stellen.

Km 20,3: Links der Abzweig nach At Turrba (Beschreibung Rundreise 1, 3. Tag).

Km 26: Rechts nach Laheck abbiegen.

Km 27,6: Im Zentrum von Laheck ist der ehemalige **Sultanspalast** erreicht.

Laheck <Lahj, Lahedsch>

30.000 Einwohner

In einem landwirtschaftlich intensiv genutzten Gebiet liegt die **Provinzhauptstadt** Laheck. Das häufig Wasser führende Wadi Tuban, dessen Oberlauf die regenreiche Ibb-Region entwässert, erlaubt den Anbau von vielerlei Gemüse, Papayas, Bananen und Baumwolle.

Bis zur sozialistischen Revolution im Jahr 1967 war Laheck Hauptstadt des gleichnamigen Sultanats, dessen Herrschaftsbereich bis vor die Tore von Aden reichte. Der **Sultanspalast** im Zentrum wurde nach der Revolution in eine Parteischule verwandelt, steht heute leer und befindet sich in einem beklagenswerten Zustand. Von hier fahren die Busse nach Aden (350 Rial).

An der 200 m östlich des Sultanspalastes gelegene **Asch Schaab-Moschee** zeigen Stuckmuster die Handschrift des indischen Baumeisters. In dem Gebäude links des Haupteingangs sind die Gräber eines Sultans und zweier lokaler Persönlichkeiten durch die Öffnungen der Holzfenster zu sehen.

Nördlich der Stadtgrenze liegt inmitten von Gärten die ehemalige Sommerresidenz der Sultane.

Heftig umkämpft war Laheck im I. Weltkrieg von osmanischen und britischen Truppen. 1915 wurde der osmanische Versuch, die Briten aus dem südlichen Jemen und Aden zu vertreiben, an der Stadtgrenze zurückgeschlagen.

Zurück auf der **Fernstraße Aden – Sana'a** ist bei **Km 59,6** der Abzweig links zum 102 km entfernten Taiz erreicht. Hier Kilometerzähler auf Null stellen und Richtung Sana'a weiterfahren.

Km 6,0: Links ein Zementwerk.

Km 8,5: Das Tal wird auf Furten mehrmals gequert.

Km 31,3: Nachdem sich die Straße in die Berge hinein gewunden hat, ist **Habiläin** erreicht.

Habiläin

Habiläin war ein wichtiger britischer Militärflugplatz und machte Geschichte, als hier am **14. Oktober 1963** das britische Militär von Kämpfern der NLF (Nationale Befreiungsfront) angegriffen wurde. Diese Attacke gilt als **Startschuss des Befreiungskampfes** gegen die britischen Besetzer. Ein Museum im Ort, 400 m rechts der Durchgangsstraße, ist nach dem Bürgerkrieg 1994 zu einer Militärstation umfunktioniert worden und kann nicht betreten werden. Vor dem „Museum" steht die Statue eines Freiheitskämpfers mit dem Gewehr in der erhobenen rechten Hand.

- **Al Salam Hotel,**
an der Ausfallstraße nach Sana'a, Tel. (02) 572666, Fax (02) 572850, 1-Bett 1500, 2-Bett 2000 Rial, Bad im Zimmer.

Km 61,7: In einer Rechtskurve ist ein Aufschluss von vulkanischen Basaltpfeilern zu beachten.

Bei **Km 68,2** ist **A-Thali** erreicht.

A-Thali <Ad Dhala>

Das Gebirge um das auf 1420 m gelegene A-Thali ist das größte **Katanbaugebiet** des ehemaligen Südjemen. Der Katanbau hat nach der Vereinigung 1990 an Bedeutung gewonnen, da der Konsum der „Droge" im ehemaligen Südjemen freigegeben wurde.

Bis zur Gründung der Volksrepublik Südjemen 1967 war A-Thali Sitz eines Emirs. Touristisch von Belang ist die **Burganlage,** die sich auf einem Berg rechts der Straße erhebt. Neben der verfallenen Anlage stehen die ehemaligen Häuser der Herrscherfamilie und das weiß verputzte, von einer Wehrmauer umgebene **Haus des Emirs.** Diese Häuser wurden nach der Flucht des Emirs 1967 enteignet und wohnungslosen Bedürftigen zur Verfügung gestellt.

Der **Wochenmarkt** wird in A-Thali **donnerstags** abgehalten.

Am nördlichen Ortsausgang, etwa 100 m rechts der Hauptstraße, befindet sich das kleine **Museum.** Der sechseckige Bau mit aufgesetzten bemalten Zinnen ist täglich (außer Fr) von 8–12 Uhr geöffnet. Die Fundstücke stammen aus Schukka, Habil al Gubba, vom Dschebbel Thamar und Dschebbel Gehaf. Die vorislamischen Stücke sind aus Alabaster. Votivgaben in Form von Körperteilen und Tonfiguren erwecken das Interesse. Daneben sind Patronen, Gewehre, Granaten, Steingefäße, Gießzangen, Töpfe, alte Kleider und Fotos vom Befreiungskampf gegen die Briten ausgestellt.

Gebäude mit europäischer Architektur an der nördlichen Ausfallstraße erinnern an die 1950er und -60er Jahre, als A-Thali wegen seines moderaten Klimas die bedeutendste **Sommerfrische** der britischen Kolonialbeamten und ihrer Familien war.

- **Al Nouras Hotel,**
links der Durchgangsstraße, Tel. (02) 434163, Fax (02) 533578, 1-Bett 1200, 2-Bett 1500 Rial, ohne Frühstück, Du/WC im Zimmer.

Km 71,3: Unmittelbar rechts der Straße das Kuppelgrab eines Heiligen.

Km 87,6: In **Kattaba** erinnert rechts der Straße eine weiße Säule an die **ehemalige Grenze zwischen Nord- und Südjemen** und an die 1990 erreichte Einheit („wahida"). Die Inschrift lautet: „Am 22. Mai 1990 kam die Vereinigung von Nordjemen und Südjemen." Die weitere Fahrt geht durch ein Gebiet mit intensiver Landwirtschaft: Kat und Hirse werden angepflanzt. In den Kat-Plantagen fallen viele neue Zement-Wachtürme auf.

Km 99: Bei der Fahrt hinauf in das Gebirge ist das nächste **Hochplateau** erreicht.

Km 126: Die Ortsgrenze von **Hammam Dammt.**

Km 126,9: Rechts zweigt die Straße zur alten **Imamsbrücke** ab. Hammam Dammt mit seinen heißen Quellen ist in Rundreise 1 beschrieben.

Km 49 ab Hammam Dammt: In der Kleinstadt **Jariem** an der Fernstraße Sana'a – Taiz rechts abbiegen. Die Strecke Jariem – Sana'a ist im Rahmen der Rundreise 1 beschrieben.

135J Foto: bs

Km 36 ab Jariem: Damahr.
Km 33 ab Damahr: Maabar.
Km 60 ab Maabar: Sana'a.

Alternativstrecke 10. Tag: Aden – Taiz

Entfernung: 160 km
Fahrzeit: 2½ Std.

Von Aden kann mit Bussen oder Sammeltaxen vom Stadtteil Scheich Othman (siehe dort) auf direktem Weg nach Taiz gefahren werden.

Beim oben beschriebenen **Km 59,6 (Fernstraße Aden – Sana'a)** links nach Taiz abbiegen und den Kilometerzähler auf 0 stellen.

Km 28: Rechts das **Kuppelgrab** von Scheich *Thabet.*

Km 39: Die ehemalige **Grenze** zwischen dem Nord- und Südjemen wird überquert.

Km 59: Ar Rahidah, ein Marktflecken in einem Seitental des Wadi Warazahn mit dem Kuppelgrab *Gubba Abdul Malik.* 200 m hinter dem Grab führt links eine Asphaltstraße in das schön gelegene **Hayfahn-Gebirge** mit dem Hauptort Hayfahn (15 km). Dieser Abstecher ist wegen der gut erhaltenen Terrassenfelder und den tief eingeschnittenen Tälern ein absolutes Muss. Zurück an der **Straße Aden – Taiz** den Kilometerzähler auf Null stellen.

Km 7: Das **Wadi Warazahn,** der Oberlauf des Wadi Tubahn, wird bei einem Sukgelände überquert. Markttag ist Freitag.

Km 38: In der Ortschaft **Haubahn** ist die Fernstraße Taiz – Sana'a erreicht. Hier links zum 6 km entfernten Taiz abbiegen. Taiz ist in Rundreise 1 beschrieben.

Alternativstrecke 10. Tag: Aden – Mocha

Die Fahrt entlang der Küste von Aden zum Bab al Mandab und weiter nach Mocha ist am 9. Tag als Weiterfahrt von Buräika beschrieben.

Im Hayfahn-Gebirge

149J Foto: bs

صابون
Naseem
مقبنه
MKBANA
هجده
HAGDAH
تعز
TAIZ
Makbana Road

Anhang

162J Foto: bs

172J Foto: bs

Straßenschilder bei Taiz

Mann vom Dschebbel Munäbbich, Saada-Provinz

Eiswagen

Sprache

Arabisch ist die Muttersprache von etwa 140 Millionen Menschen in Nordafrika und Vorderasien. Da Arabisch die Koransprache ist, sind Kenntnisse des Arabischen in allen islamischen Ländern verbreitet. In den arabischen Ländern werden unterschiedliche Dialekte gesprochen. Für Jemeniten ist eine Unterhaltung mit anderen Arabern kein Problem.

Ethnologen unterscheiden im Jemen neben dem Standard Arabisch **vier Dialekte** und **zwei Sprachen.**

Dialekte: Sanaani Arabisch (gesprochen zw. Sana'a und Dhamar), **Südjemenitisches Arabisch** (auch Taizzi-Adeni Arabisch genannt), **Hadrami Arabisch** (im Hadramaut) und **Jüdisch-Jemenitisches Arabisch.**

Sprachen: Auf der Insel Sokotra und in der Provinz Machra wird heute auch Arabisch gesprochen, die ursprünglichen Sprachen aber sind das **Socotri** bzw. das **Mehri.** Sie werden von Sprachwissenschaftlern als neusüdarabische Sprachen bezeichnet, obwohl sie sprachgeschichtlich älter sind als das Altsüdarabische. Sowohl Socotri als auch Mehri sind keine Schriftsprachen.

Das Englisch-Sprachniveau im Jemen ist sehr niedrig. **Englisch** wird jedoch für den Reisenden i.d.R. die einzige Verständigungsmöglichkeit sein. Es kann nicht davon ausgegangen werden, dass in den Geschäften, Fahrkartenbüros der Überlandbusse, in Restaurants und an Hotelrezeptionen Englisch gesprochen wird. Die Hilfsbereitschaft der Jemeniten ist allerdings sehr groß, so dass letztendlich jeder Reisende ans Ziel gelangt.

Transkrition

Da die **arabische Schrift** sich von der lateinischen unterscheidet, muss das Gehörte in diese übertragen werden. Das führt zu **Variationen in der Schreibweise.** Der Tourist wird Ortsnamen in Reiseführern und auf Karten in unterschiedlichster Schreibweise finden. So wird z.B. Saada auch Sada, Saadah, Sa'dah oder Sa'da geschrieben.

Wir haben uns bemüht, die Umschrift arabischer Worte und Sätze so zu wählen, dass sie von deutscher Zunge direkt gesprochen werden können. Ausnahme ist „th", das wie ein englisches „th" (wie bei „this") mit vorgeschobener Zunge gesprochen wird.

Die jemenitischen Gerichte in den Restaurants werden im Abschnitt „Essen und Trinken" vorgestellt.

Sprechführer

Ein handlicher und hilfreicher Sprechführer, der zudem noch gute Informationen zum jemenitischen Alltagsleben gibt, ist der Kauderwelsch-Band 108: **„Jemenitisch-Arabisch – Wort für Wort"** von *Heiner Walther* – auch erhältlich als AusspracheTrainer auf CD – erschienen im REISE KNOW-HOW Verlag.

Hinweis:
- Unterstrichene Silben werden betont.
- Der scharfe s-Laut wird als „ß" dargestellt.
- Der stimmhafte s-Laut (wie in Saft) wird als z dargestellt.

Häufig benutzte Vokabeln

Ausländer	atschnabi
Gast	däif
Freund (in)	sadieg (a)
Christ	naßrani
Kann ich helfen?	äi chittma?
Schreibstift	gallamm
Foto	ßura
Fotokopie	ßura
Sonne	schamms
Es muss sein	lahzim
normal	ahdi
Haus	bäit
Garten	bustan, hadiga
Burg, Festung	hußn, galla'a
Los! Auf geht's! Komm!	jalla!
Was ist los? Was gibt's?	äsch fi?
Es tut mir Leid	anna ahsif
Es macht nichts	malesch
Palast	gaßr
Flughafen	matar
Tür, Tor	bab
Moschee	dschaama
gut	tamahm, kwäis
ausgezeichnet	mummtas
Weg	tariek
Fußweg	tariek rid'schel
Straße	tariek ßajara
Auto	ßajara
Flugzeug	teijara
Benzin	bennzin
Berg	dschebbel
Flusstal	wadi
Markt	ßuk
Hotel	funduk
danke	schukran
bitte	afoan
Was kostet es?	bikamm
viel	kathier
Schluss, genug	chalaß
Kann ich?	mumkin?
ja	aiwa
nein	la

Begrüßung

Friede sei mit dir – assalamu aläikum
Antwort: wa aläikum assalam
Guten Morgen – ßabaah alchär
Antwort: ßabaah annur
Guten Tag – assalamu aläikum
Guten Abend – massa alchär
Antwort: massa annur
Willkommen – ahlann wa sahlann
Antwort: achlann biek
Hallo – marhaba
Wie geht's? – keef haalack?
Antwort: alhammdulila (Gott sei Lob)/ bichär (gut)/la bass (es geht)

Verabschiedung

Auf Wiedersehen – ma ßalama
Gott segne dich – Allah jißellimack
Gott beschütze dich – Allah jaäinack

Restaurant

Siehe im Abschnitt „Essen und Trinken".
Gibt es hier ein Restaurant?
fi matt'am hinna?

Einkauf

Ich möchte ...	aschti ...
Wir möchten ...	nischti ...
ein Kilo	kilu
drei Kilo	thalaatha kilu
halbes Kilo	nuß kilu
fünf Liter	chamßa litr
viertel Liter	ruba litr
Wie viel kostet das?	bikamm hatha?
Wie viel kostet alles?	bikamm kull?

Wie viel kostet ein halbes Kilo?
bikamm nuß kilo?

Mineralwasser	ma'a, moia
Milch	chalieb
Papiertaschentücher	manadill
Seife	ßabun
kaltes Getränk	barit
Cola	barit assuat, kula
Sinalco	barit asfar
Es gibt keine .../nicht ...	mafisch

Krankheit

Ich möchte zu einem Arzt
Aschti illa duktur
Ich möchte ins Krankenhaus
Aschti illa mustaschfa
Wo ist ein Arzt (Krankenhaus)?
Fäin duktur (mustaschfa)?
Wo ist ein Arzt, der Englisch spricht?
Fäin duktur hua jitkallam inglezi?
Mir ist schwindlig – Fi daucha

Ich will ein Medikament gegen ...
Aschti äiladsch hag ...

Durchfall	botn timschi
Fieber	harare
Schmerzen	wodscha
Kopfschmerzen	wodscha al ras
Bauchschmerzen	wodscha al botn
Untersuchung	fa'has
Labor	muchtaba
Apotheke	ßaidelija
Spritze	ibra
Tabletten	habub
Medizin gegen ...	äiladsch hag ...

Hotel

Gibt es hier ein Hotel?
fi funduk hinna?
Wo ist das Hotel Sheba?
fäin al funduk saba?
Ich möchte ein Zimmer
aschti rurfa
Wie viel kostet das Zimmer?
bikamm al rurfa?
Ist das Zimmer mit Dusche?
ad'dusch daachill ar'rurfa?
Wo ist die Toilette/Dusche?
fäin al hammamm/a'dusch?
Ich bleibe drei Tage
idschliß thalaatha aijahm
Wir bleiben zwei Tage
nadschliß io'mien
Ich fahre morgen nach Sana'a
arkapp illa Sana'a bukra
Gibt es ein Handtuch?
fi manschafa?

Unterhaltung

Woher kommst du? – anta min fäin?
Aus welchem Land kommst du?
äisch balladack? oder: dschinßia äisch?
Ich komme aus Deutschland
ana min allmania
Österreich – nammßa
Schweiz – ßwißra
Niederlande – hollanda
Bist du verheiratet? – anta muttazautsch?
Ja – aiwa/Nein – la
Hast du Kinder? – andack atfal?
Ich habe drei Kinder
andi thalaatha atfal
Ich habe vier Söhne
andi arba'a aulat
Ich habe eine Tochter
andi wahida bint
Wie alt bist du? – ümrack kam?
Ich bin 23 Jahre
ümri thalaatha-wa-aschrien
Wie gefällt dir der Jemen?
keef al Jemen?
Gestern war ich in Taiz
amms kunnt fi Taiz
Du musst ... – laazim ...

Reisen

Ich möchte zum Abfahrtsort der Busse nach Taiz!
aschti illa al baß illa Taiz!
Ich möchte zum Abfahrtsort der Sammeltaxen nach Ibb!
aschti illa al taxi illa Ibb!
Wo fahren die Busse nach Hadscha ab?
al baß illa Hadscha fäin?
Wieviel kostet die Fahrkarte nach Saada?
bikamm at tathkira illa Saada?
Wo ist der Abzweig nach Dschibbla?
fäin al mafrak illa Dschibbla?
Wie weit ist es bis Hudäida?
al maßafa illa Hudäida kamm?
Wieviel Stunden sind es bis Zabied?
kamm ßa'a illa Zabied?
Gibt es ein Sammeltaxi nach Udäin?
fi taxi illa Udäin?
Halt (bitte) an!
tagaff lausamacht oder: alla dschamb!

Hinweis:
In den vorstehenden Fragesätzen wird die weibliche Form wie folgt gebildet: Anstelle der Endungen „ack" (wie in chaalack, andack, ümrack, lack, balladack) wird „isch" angehängt: chaalisch, andisch, ümrisch, lisch, balladisch. Anstelle von „anta" (du) wird „anti" gesprochen.

Zahlen

viel/mehr	kathier/akther
wenig/weniger	galiel/agall
1/4	ruba
1/2	nuß
1	wahit
2	ithnäin
3	thalaatha
4	arba'a
5	chamßa
6	ßitta
7	ßabba'a
8	thamaania
9	tißa'a
10	aschara
11	hiddaascher
12	ithnaascher
13	thalla'taascher
14	arba'taascher
20	aschrien
21	wahitt-aschrien
29	tißa-aschrien
30	thalla'thien
40	arba'ien
50	cham'ßien
60	ßit'tien
70	ßabba'ien
80	thamma'nien
90	tißa'ien
100	mia
123	mia-thalaatha aschrien
200	miatäin
300	thalaath-mia
900	tißa-mia
1000	alf
2000	alfäin
3000	thalaatha-alf
100.000	miat-alf

Ausnahme: Bei 2, 200 und 2000 wird nicht „ithnäin ai'jam" (Tage), „ithnäin-mia kilu" (Kilo) oder „ithnäin-alf Rial" gesagt, sondern „ijomien", „miatäin kilu" und „alfäin Rial".

Zeiten

vorgestern – gabbel ammß
gestern – ammß
heute – alljom
morgen – bukra
übermorgen – baad bukra
nach einer Woche – baad ißbua

Wochentage

Freitag – ijom all'dschumma
Samstag – ijom as'sabbt
Sonntag – ijom all'achatt
Montag – ijom all'ithnäin
Dienstag – ijom all'thuluth
Mittwoch – ijom ar'rubuhr
Donnerstag – ijom all'chamieß

Sprachkurse

Wer Spaß am Arabischlernen hat und dies mit dem Kennenlernen des Jemen verbinden will, den möchten wir auf die Möglichkeit von Sprachkursen in Sana'a hinweisen.

Mehrere Sprachschulen bieten Kurse für Anfänger und Fortgeschrittene an (Hocharabisch, jemenitisches Arabisch). Der Unterricht findet in Kleingruppen oder individuell statt. Es kann Unterricht stundenweise genommen werden oder auch ein Jahreskurs.

Unterkunft, Verpflegung, Ausflüge, Besichtigungen, Teilnahme an Festlichkeiten und Einführung in Familien (also Rundum-Betreuung) können von den Sprachschulen organisiert werden.

Preisbeispiele:

5 Wochen 1565, 10 Wochen 2325 Euro. Flug, Unterkunft im Doppelzimmer, Internet, Halbpension, 5 Tage Unterricht bei 4 Std. Gruppen- oder 2 Std. Einzelunterricht pro Tag, 2 Tagesausflüge.

4 Wochen 763 US$
Unterkunft in Einzelzimmer, Gruppenunterricht 16 Std./Woche, 2 Tagesausflüge, eine zweitägige Wanderung,

4 Wochen 680 US$
Einzelunterricht, 4 Std./Tag, 5 Tage/Woche, dazu 125 US$ Unterkunft im Einzelzimmer. Eine Privatstunde kostet zwischen 10 und 15 US$.

- **CALES** – Center for Arabic Language and Eastern Studies
Azzumar Street, Old Sana'a
P.O.Box 29107, Sana'a
Tel. 00967-1-292090, Fax 00967-1-281700
E-Mail: cales@ust.edu;
cales@y.net.de,
www.y.net.ye/cales

- **SIAL** – Sana'a Institute for the Arabic Language, P.O.Box 5734, Sana'a, Tel. 00967-1-284330, Fax 00967-1-28429, info@sialyemen.com, www.sialyemen.com.
- **Yemen College of Middle Eastern Studies,** P.O.Box 3671, Sana'a, Tel. 00967-1-270200, Fax 00967-1-270127, ycmes@ycmes.com, www.ycmes.org.
- **British Yemenic Arabic Institute,** P.O.Box 16204, Sana'a, Tel. 00967-1-417527, allardyce@y.net.ye, www.study-arabic.com.

Bücher, Filme und Landkarten

Bücher

- *Albrecht, H.*
1001 Reform im Jemen.
Lit Verlag, Münster 2002
- *Ali, Miriam/Wain, Jana*
Hinter dem Schleier aus Angst und Tränen.
Heyne Verlag, München 1996
- *Al-Sabri, R.*
Klimagerechtes Bauen in der heiß-feuchten Tihama-Region des Jemen
Shaker, Aachen 1999
- *Arnaud, Th.-J.*
Im Reiche der Königin von Saba – Eine Jemenfahrt 1843. Karolinger Verlag, Wien 1999
- *Baran, C.*
Souks. Märkte und Basare von Aleppo bis Sanaa. München 2004
- *Becker, Höhfeld, Kopp*
Kaffee aus Arabien. Steiner Verlag, Wiesbaden 1979
- *Beyer, R.*
Die Königin von Saba.
Gustav Lübbe Verl., Bergisch Gladbach 1991
- *Bitsch, J.*
Hinter Arabiens Schleier.
Ullstein Verlag, Frankfurt 1961
- *Bollinger, R.*
Revolution zur Einheit.
Hoffmann und Campe, Hamburg 1984
- *Botschaft der Bundesrepublik Deutschland, Sana'a (Hrsg)*
Hermann Burchardt im Jemen, Photographische Reisen 1900–1909. Sana'a 2005
- *Botschaft der Bundesrepublik Deutschland, Sana'a (Hrsg.)*
Neugier trieb mich um die Welt, Hans Helfritz im Jemen. Sana'a 2007
- *Brandes, J.-D.*
Spuren im Wüstenwand. Die Geschichte der Beduinen vom Jemen bis zum Maghreb.
Thorbecke, Stuttgart 2001
- *Bruck, von G.*
Islam, Memory and Morality in Yemen.
Palgrave Macmillan, New York 2005
- *Brunner, U.*
Jemen: Vom Weihrauch zum Erdöl.
Böhlau Verlag, Wien 1999
- *Daum, W.*
Märchen aus dem Jemen. Staatl. Museum für Völkerkunde, München 1999
- *Daum, W.*
Jemen. Edition Erdmann, Tübingen 1980
- *Daum, W.* (Hrsg.)
Die Königin von Saba.
Belser Verlag, Stuttgart 1988.
- *Daum, W.* (Hrsg.)
Jemen. Pinguin-Verlag, Innsbruck und Umschau-Verlag, Frankfurt/Main
- *Daum, W.*
Jemen – Das südliche Tor Arabiens.
Tübingen 1980
- *De Villiers, G.*
Malko – Blutige Hölle Jemen (Ein Krimi).
Cora Verlag, Berlin 1987
- *Dequin, H.*
Arabische Republik Jemen, Wirtschaftsgeographie, Riyadh 1976
- *Diederichs, I.* (Hrsg.)
Märchen aus dem Land der Königin von Saba. Eugen Diederichs Verlag, Köln 1987.
- *Doe, Brian*
Südarabien. Antike Reiche am Indischen Ozean. Lübbe, Bergisch Gladbach 1970
- *Dostal, W.*
Der Markt von Sana.
Verlag der Österreichischen Akademie der Wissenschaften, Wien 1979

• *Dreibholz, U.*
Frühe Koranfragmente aus der Großen Moschee in Sana'a.
Dt. Archäolog. Institut, Berlin 2004
• *Dresch, P.*
A History of Modern Yemen.
Cambridge University Press, 2001
• *Frese-Weghöft, G.*
Frauen im Jemen.
rororo aktuell, Reinbek 1986.
• *Gasser, H.*
Jemen. Bildband.
Ed. Panorama Bibliothek, Mannheim 2006
• *Gerlach, E.*
Sand über den Tempeln Arabiens.
Brockhaus Verlag, Leipzig 1967
• *Gerlach, E.*
Aus dem Harem in die Welt.
Brockhaus Verlag, Leipzig 1962
• *Gingrich, Heiss*
Beiträge zur Ethnographie der Provinz Sa'da.
Verlag der Österreichischen Akademie der Wissenschaften, Wien 1986
• *Glaser, E.*
Die Reise nach Marib, 1888.
Faksimili der Ausgabe von 1913.
Olms Verlag, Hildesheim 2005
• *Heinze, M.*
Weiblichkeit und öffentlicher Raum im Jemen. EB-Verlag, Hamburg 2006
• *Helfritz, H.*
Entdeckungsreisen in Süd-Arabien.
DuMont, Köln 1977
• *Hitz, F.*
Zuerst die Freunde, dann die Frau.
Klaus Schwarz Verlag, Berlin 2005
• *Hoeck, E.*
Ich sah den Jemen ohne Schleier.
Verlag Frieling & Partner. Berlin 1998
• *Hubaishi, Müller-Hohenstein*
An introduction to the vegetation of Yemen.
Eschborn 1984, Vertrieb: TZ-Verlagsgesellschaft, 64380 Roßdorf
• *Jargy S., Saint-Hilaire*
Jemen und sein Bergvolk am Roten Meer.
Mondo Verlag, Lausanne o. A.
• *Jenner, M.*
Jemen: Neu entdeckt.
Buchimport H.H. Petersen, Hamburg 1983
• *Kabasci, K.*
KulturSchock Jemen. Reise Know-How
• *Kasparek,M./Hock, S.*
Jemen. Das Harazgebirge. Natur-Kultur-Trekking. GTZ (Hrsg.), Heidelberg 2006
• *Keller, U.*
Wie willst du sie heiraten, wo du sie doch gar nicht kennst?
• *Kleinert, U.*
Die Königin von Saba.
Notschriften Verlag, Radebeul 2007
Klaus Schwarz Verlag, Berlin 2002
• *Kopp, H. (Hrsg.)*
Länderkunde Jemen.
Reichert Verlag, Wiesbaden 2005
• *Kortler, F.*
Alt-arabische Träume, Bildband,
Perlinger Verlag, A-Wörgl 1982
• *Knupp, M.*
Wochenmärkte im Jemen.
Geogr. Institut d. Univ. zu Köln, Köln 2001
• *Lüders, M.*
Das Lächeln des Propheten – eine arabische Reise. Rotbuch Verlag, Hamburg 1996
• *Maimonides*
Der Brief in den Jemen – Texte zum Messias
ParErga, Berlin 2002
• *Maltzan, H., Freiherr von*
Reise nach Südarabien.
Faksimili der Ausgabe von 1873.
Olms Verlag, 2004
• *Maréchaux, P.* und *M.*
Jemen – Bilder aus dem Weihrauchland.
Köln 1980.
• *Maréchaux, P.* und *M.*
Jemen. Ein Bildband.
Verlag Das Andere, Nürnberg 1993
• *Meissner, R.*
Die südjemenitischen Juden.
Verlag Lang, Frankfurt/M. 1999
• *Ministerium für Kultur und Tourismus der Arabischen Republik Jemen (Hrsg.)*
Cultural Tourist Guide (CTG), Marib.
• *Müller, W. W.*
Südarabien im Altertum: Kommentierte Bibliographie der Jahre 1973 bis 1996.
VML Verlag, Rahden 2001
• *Muhsen, Zana*
Noch einmal meine Mutter sehen.
Heyne-Verlag, München 1991
• *Muhsen, Zana*
Verschleppt im Jemen.
Heyne-Verlag, München 2005

● *Niebuhr, C.*
Entdeckungen im Orient 1761–1767.
Thienemanns Vlg., Stuttgart 1973

● *Niewöhner-Eberhard, E.*
Sa'da. Dr. Ludwig Reichert Verlag,
Wiesbaden 1985.

● *Nippa, A.*
Haus und Familie in arabischen Ländern.
Verlag Beck, München 1991

● *Orth, Gudrun*
Qat, Koran, Kalaschnikow.
Books on Demand, Norderstedt 2005

● *Orth, Günther (Hrsg.)*
Gesichter und Orte. Moderne Erzählungen.
Books on Demand, Norderstedt 2004

● *Orth, Günther*
Die Farbe des Regens.
Klaus Schwarz Verlag, Berlin

● *Paluch, M.*
Yemeni Voices.
The British Council, Sana'a 2001

● *Pfullmann, U.*
Durch Wüste und Steppe: Entdeckerlexikon arabische Halbinsel; Biographien und Berichte. Trafo Verlag, Berlin 2001

● *Pfullmann, U. (Hrsg.)*
Adolph von Wredes Reise in Hadramaut.
Trafo Verlag, Berlin 2006

● *Quist, Dieter,* Im Norden des Jemen

● *Raunig/Müller/Nebes/Daum*
Im Land der Königin von Saba. Kunstschätze aus dem antiken Jemen.
Ausstellungskatalog,
Museum für Völkerkunde, München 1999

● *Rautenbach, L.*
Fatime. Fackelverlag, Stuttgart 1958

● *Rohrbach, C.*
Im Reich der Königin von Saba –
Auf Karawanenwegen im Jemen.
Verlag Frederking & Thaler,
München 1999

● *Röth, D. (Hrsg.)*
Arabische Märchen aus dem Weihrauchland.
Edition Amalia, Bern 2001

● *Schopen, A.*
Traditionelle Heilmittel im Jemen.
Franz Steiner Verlag, Wiesbaden 1983

● *Schönig, H.*
Schminken, Düfte und Räucherwerk der Jemenitinnen.
Ergon Verlag, Würzburg 2002

● *Schweizer-Scolari, P./Pasca, L.*
Jemen – Begegnungen, Bildband,
Edition Schweizer, CH-4133 Pratteln, 1994

● *Serjeant, Lewcock*
Saná – An Arabian Islamic City.
World of Islamic Trust, London 1983

● *Sitte, F.*
Jemen: Krummdolch und Erdöl.
Verlag Styria, Köln 1988

● *Sitte, F.*
Brennpunkt Jemen.
Verlag Styria, Wien 1973

● *Stark, F.*
Jemen – das südliche Tor Arabiens.
Weitbrecht Verlag in K. Thienemanns Verlag,
Stuttgart 1992

● *Studienkreis f. Tourismus u. Entwicklung<*
Sympathie Magazin, Jemen verstehen,
www.sympathiemagazin.de; 2005

● *Stone, F.*
Studies on the Tihama.
Longman Group, London 1985

● *Thesiger, W.*
Die Brunnen der Wüste.
Mit den Beduinen durch das unbekannte Arabien. München 1991

● *Torday, P.*
Lachsfischen im Jemen. Roman,
Berlin Verlag, Berlin 2007

● *Tunkel, T.*
Jemen. Orient erlesen.
Wieser-Verlag, Klagenfurt 2006

● *Varanda, F.*
Art of Building in Yemen. The MIT Press,
Cambridge/England, 1982 (zu beziehen über Otto Harrassowitz-Verlag, Wiesbaden)

● *Wald, P.*
Der Jemen. DuMont Buchverlag, Köln 1991

● *Weikenmeier, P.* und *A.*
Jemen. Landschaft, Menschen, Kulturgeschichte. Belser Verlag, Stuttgart 1999

● *Weir, Sh.*
A Tribal Order. Politics and Law in the Mountains of Yemen. British Museum Press,
London 2007

● *Willeitner, J.*
Jemen. Weihrauchstraße und Wüstenstädte.
Hirmer Verlag, München 1999

● *Willhardt, J.*
Kulturbegegnung mit dem Jemen.
Klaus Schwarz Verlag, Berlin 2004

- *Winter, J.*
Der Stein ist aus gefrorenen Wolken (Auswahl zeitgenössischer jemen. Literatur). jenswinter@maktoob.com, Sana'a 2004
- *Wissmann, Hermann von*
Zur Archäologie und antiken Geographie von Südarabien. Leiden 1968
- *Wöhrlin, T.*
Begegnungen mit dem Jemen, ein Bleistift-portrait; Maienstein Verlag Kirchzarten 1996
- *Wöhrlin, T.*
Hölzerne Haustüren im Jemen. Reichert Verlag, Wiesbaden 1999
- **Literatur zum Hadramaut und zur Insel Sokotra** siehe Exkurs „Wadi Hadramaut" und „Sokotra".

Film/Video/DVD

- **Der Richter und der Fanatiker (Dokumentarfilm, Dialog mit Islamisten im Jemen, 2005).**
56 Min., *Tom Meffert* und *Dagmar Diebels,* mail@zinnober.de, www.landesfilmdienst.de
- **Explosion der Stille (Dokumentarfilm, Frauen im Jemen, 2002).**
45 Min., *Annette von Wangenheim*
- Alle Hefte des **Jemen-Report** (Magazin der Deutsch-Jem. Gesellschaft von 1970 bis 2005) auf **DVD**
40 Euro,
DJG, Kartäuserstr. 23, 79102 Freiburg, jemen @t-online.de

Landkarten

- **Därr Expeditionsservice,**
Theresienstr. 66, 80333 München, Tel. 089/282032, Fax 089/282525, info@daerr.de, www.daerr.de
- **Dr. Götze, Land und Karte,**
Alstertor 14-18, 20095 Hamburg, Tel. 040/3574630, Fax 040/35746344, info@mapshop-hamburg.de, www.mapshop-hamburg.de
- **Deutsch-Jemenitische Ges. e. V.,**
Kartäuserstr. 23, 79102 Freiburg, Tel. 0761/7071113, Fax 0761/7071114, jemen@t-online.de,

Empfehlenswert sind zwei Karten:

- **Jemen-Karte** von **Reise Know-How/ world mapping project™;** die Karte im Maßstab 1:850.000 zeichnet sich durch ein klassifiziertes Straßennetz, durch Höhenlinien und -schichten, GPS-Tauglichkeit und einen ausführlichen Ortsindex aus.
- Die **Touristenkarte der Deutsch-Jemenitischen Gesellschaft** im Maßstab 1:1 Mio. ist für Pauschal- und Individualreisende ausreichend genau, enthält zudem wichtige Informationen zu Entfernungen und Markttagen sowie einige Detailkarten (Umgebung der Wanderregion Menaacha, Stadtpläne).

174j Foto: bs

Feiertagsausflug in Aden

Anhang

Know-How auf einen Blick

PANORAMA

Australien
Cuba
Kambodscha
Mundo Maya
Rajasthans Palasthotels
Südafrika
Thailand
Thailands Bergvölker und Seenomaden
Tibet
Vietnam

Edition RKH

Abenteuer Anden
Auf Heiligen Spuren
Durchgedreht – Sieben Jahre im Sattel
Inder, Leben und Riten
Mona und Lisa
Myanmar – Land der Pagoden
Please wait to be seated
Rad ab!
Salzkarawane
Südwärts durch Lateinamerika
Suerte – 8 Monate durch Südamerika
Taiga Tour
USA – Unlimited Mileage

Praxis

Aktiv Marokko
All inclusive?
Australien: Outback/Bush
Australien: Reisen/Jobben
Auto durch Südamerika
Ayurveda erleben
Buddhismus erleben
Canyoning
Clever buchen/fliegen
Daoismus erleben
Drogen in Reiseländern
Essbare Früchte Asiens
Expeditionsmobil
Fernreisen, Fahrzeug
Fliegen ohne Angst
Frau allein unterwegs
Früchte Asiens
Fun u. Sport im Schnee
Geolog. Erscheinungen
GPS f. Auto, Motorrad
Handy global
Hinduismus erleben
Höhlen erkunden
Hund, Verreisen mit
Indien und Nepal, Wohnmobil
Japan: Reisen und Jobben
Kartenlesen
Konfuzianismus erleben
Kreuzfahrt-Handbuch
Küstensegeln
Langzeitreisen
Maya-Kultur erleben
Mountainbiking
Mushing/Hundeschlitten
Neuseeland: Reisen und Jobben
Nordkap Routenbuch
Orientierung mit Kompass und GPS
Panamericana
Paragliding-Handbuch
Pferdetrekking
Radreisen
Reisefotografie
Reisefotografie digital
Reisekochbuch
Reiserecht
Respektvoll reisen
Safari-Handbuch Afrika
Selbstdiagnose unterwegs
Shopping Guide USA
Sicherheit am Meer
Sonne, Wind, Reisewetter
Sprachen lernen
Südamerika, Auto
Survival-Handbuch Naturkatastrophen
Tango in Buenos Aires
Tauchen Kaltwasser
Tauchen Warmwasser
Transsib – Moskau-Peking
Trekking-Handbuch
Trekking/Amerika
Trekking/Asien Afrika, Neuseeland
Tropenreisen
Unterkunft/Mietwagen
USA Shopping Guide
Verreisen mit Hund
Volunteering
Vulkane besteigen
Wann wohin reisen?
Was kriecht u. krabbelt in den Tropen?
Wildnis-Ausrüstung
Wildnis-Backpacking
Wildnis-Küche
Winterwandern
Wohnmobil-Ausrüstung
Wohnmobil-Reisen
Wracktauchen
Wüstenfahren

KulturSchock

Fernziele

Afghanistan
Ägypten
Argentinien
Australien
Brasilien
China, Taiwan
Cuba
Ecuador
Familienmanagement im Ausland
Kl. Golfstaaten, Oman
Indien
Iran
Japan
Jemen
Kambodscha
Laos
Leben in fremden Kulturen
Marokko
Mexiko
Mumbai (Bombay)
Pakistan
Peru
Russland
Thailand
Thailands Bergvölker und Seenomaden
Türkei
USA
Vietnam
Vorderer Orient

Wo man unsere Reiseliteratur bekommt:
Jede Buchhandlung Deutschlands, der Schweiz, Österreichs und der Benelux-Staaten kann unsere Bücher beziehen. Wer sie dort nicht findet, kann alle Bücher über unsere **Internet-Shops** bestellen.
Auf den Homepages gibt es **Informationen** zu allen Titeln:
www.reise-know-how.de oder **www.reisebuch.de**

HILFE!

Dieses Reisehandbuch ist gespickt mit unzähligen Adressen, Preisen, Tipps und Infos. Nur vor Ort kann überprüft werden, was noch stimmt, was sich verändert hat, ob Preise gestiegen oder gefallen sind, ob ein Hotel, ein Restaurant immer noch empfehlenswert ist oder nicht mehr, ob ein Ziel noch oder jetzt erreichbar ist, ob es eine lohnende Alternative gibt usw.

Unsere Autoren sind zwar stetig unterwegs und versuchen, alle zwei Jahre eine komplette Aktualisierung zu erstellen, aber auf die Mithilfe von Reisenden können sie nicht verzichten.

Darum: Schreiben Sie uns, was sich geändert hat, was besser sein könnte, was gestrichen bzw. ergänzt werden soll. Nur so bleibt dieses Buch immer aktuell und zuverlässig. Wenn sich die Infos direkt auf das Buch beziehen, würde die Seitenangabe uns die Arbeit sehr erleichtern. Gut verwertbare Informationen belohnt der Verlag mit einem Sprechführer Ihrer Wahl aus der über 200 Bände umfassenden Reihe „Kauderwelsch" (siehe unten).

Bitte schreiben Sie an:

REISE KNOW-HOW Verlag Peter Rump GmbH, Postfach 140666, D-33626 Bielefeld, oder per E-Mail an: info@reise-know-how.de

Danke!

Kauderwelsch-Sprechführer – sprechen und verstehen rund um den Globus

Afrikaans • Albanisch • Amerikanisch – *American Slang, More American Slang,* Amerikanisch oder Britisch? • Amharisch • Arabisch – Hocharabisch, für Ägypten, Algerien, Golfstaaten, Irak, Jemen, Marokko, • Palästina & Syrien, Sudan, Tunesien • Armenisch • *Bairisch* • Balinesisch • Baskisch • Bengali • *Berlinerisch* • Brasilianisch • Bulgarisch • Burmesisch • Cebuano • Chinesisch – Hochchinesisch, kulinarisch • Dänisch • Deutsch – *Allemand, Almanca, Duits, German, Nemjetzkii, Tedesco* • *Elsässisch* • Englisch – *British Slang, Australian Slang, Canadian Slang, Neuseeland Slang,* für Australien, für Indien • Färöisch • Esperanto • Estnisch • Finnisch • Französisch – kulinarisch, für den Senegal, für Tunesien, *Französisch Slang, Franko-Kanadisch* • Galicisch • Georgisch • Griechisch • Guarani • Gujarati • Hausa • Hebräisch • Hieroglyphisch • Hindi • Indonesisch • Irisch-Gälisch • Isländisch • Italienisch – *Italienisch Slang,* für Opernfans, kulinarisch • Japanisch • Javanisch • Jiddisch • Kantonesisch • Kasachisch • Katalanisch • Khmer • Kirgisisch • Kisuaheli • Kinyarwanda • *Kölsch* • Koreanisch • Kreol für Trinidad & Tobago • Kroatisch • Kurdisch • Laotisch • Lettisch • Lëtzebuergesch • Lingala • Litauisch • Madagassisch • Mazedonisch • Malaiisch • Mallorquinisch • Maltesisch • Mandinka • Marathi • Modernes Latein • Mongolisch • Nepali • Niederländisch – *Niederländisch Slang,* Flämisch • Norwegisch • Paschto • Patois • Persisch • Pidgin-English • *Plattdüütsch* • Polnisch • Portugiesisch • Punjabi • Quechua • *Ruhrdeutsch* • Rumänisch • Russisch • *Sächsisch* • *Schwäbisch* • Schwedisch • *Schwiizertüütsch* • *Scots* • Serbisch • Singhalesisch • Sizilianisch • Slowakisch • Slowenisch • Spanisch – *Spanisch Slang,* für Lateinamerika, für Argentinien, Chile, Costa Rica, Cuba, Dominikanische Republik, Ecuador, Guatemala, Honduras, Mexiko, Nicaragua, Panama, Peru, Venezuela, kulinarisch • Tadschikisch • Tagalog • Tamil • Tatarisch • Thai • Tibetisch • Tschechisch • Türkisch • Twi • Ukrainisch • Ungarisch • Urdu • Usbekisch • Vietnamesisch • Walisisch • Weißrussisch • *Wienerisch* • Wolof • Xhosa

SUNTOURS
Expeditionen · Karawanen · Trekking
Die Wüsten Arabiens · Sahara & Sahel
Maghreb · Südliches Afrika
Folgen Sie uns in die schönsten Wüsten
und Savannen der Erde.
Seit mehr als 25 Jahren unterwegs
mit erfahrenen Guides.
SUNTOURS GmbH
Dorfstr. 14 / Dornholzhausen · D – 35428 Langgöns
Tel. +49 (0) 6447 92103 · Fax +49 (0) 6447 92104
www.suntours.de

sound trip®
Neu bei
Reise Know-How
Reise Know-How
ISBN 978-3-8317-5101-3
Australia
ISBN 978-3-8317-5106-8
Argentina
ISBN 978-3-8317-5109-9
China
ISBN 978-3-8317-5102-0
Finland
ISBN 978-3-8317-5108-2
Japan
ISBN 978-3-8317-5105-1
Cuba
ISBN 978-3-8317-5104-4
Switzerland
ISBN 978-3-8317-5103-7
The Balkans
ISBN 978-3-8317-5107-5
Northeast Brazil
ISBN 978-3-8317-5110-5
Northern Africa
Die Compilations der CD-Reihe sound trip stellen die typische Musik eines Landes oder einer Region vor.
Die mit zehn Veröffentlichungen startende Reihe ist der Beginn einer einzigartigen Sammlung, einer Weltenzyklopädie aktueller Musik.
Jedes Jahr sollen unter dem Musik-Label sound trip mindestens zehn CDs hinzukommen.
Jede Audio-CD ca. 50–60 Min. Spieldauer. 22-seitiges Booklet. Im Buchhandel erhältlich. Unverbindl. Preisempf.: 15,90 € [D]
Kostenlose Hörprobe im Internet unter:
in cooperation with
piranha
www.reise-know-how.de

Register

Anhang

Die Autoren

Petra Brixel (Lehrerin, Jahrgang 1947) und **Gerd Simper** (Ingenieur und Politologe, Jahrgang 1949) haben vier Jahre als Entwicklungshelfer im Jemen gelebt. In der Kleinstadt Saada war Petra Brixel im Rahmen der non-formalen Ausbildung als Textillehrerin für Mädchen und Frauen tätig. Gerd Simper arbeitete als Ausbilder für Wasserinstallateure im District Training Center.

Die Autoren haben in den 1980er Jahren den Jemen hautnah kennen gelernt und bereits 1988 ihr erstes Jemen-Reisehandbuch (damals nur Nordjemen) im Verlag Reise Know-How herausgebracht. Seitdem bereisen sie den Jemen regelmäßig, um Veränderungen mitzuerleben und das Buch auf den neuesten Stand zu bringen. Doch nicht nur das, was sich ändert, soll registriert werden, sondern auch, was Bestand hat – und das ist Gott sei Dank eine Menge –, wird immer wieder voller Erleichterung und Freude wahrgenommen.

Mit Lichtbildvorträgen, Seminaren, Ausstellungen und der Beratungstätigkeit im Rahmen der Deutsch-Jemenitischen Gesellschaft geben die Autoren ihr Fachwissen und die Liebe zum Jemen weiter.

Danksagung

Ganz herzlich bedanken wir uns bei allen Jemen-Reisenden, die uns seit der ersten Auflage des Buches im Jahre 1988 in ausführlichen Briefen ihre Eindrücke und Erfahrungen, Informationen und Tipps, Lob und Tadel mitgeteilt haben.

Viele Reisende waren zum wiederholten Male im Jemen. Ihre engagierten und detaillierten Zuschriften füllen dicke Ordner. Das Feedback und der Kontakt zu allen Jemen-Fans hat uns gezeigt, dass es sich lohnt, den Jemen weiterhin als Reiseland zu empfehlen.

Wir hoffen, dass der Dialog auch in Zukunft Bestand hat. Bitte schreiben Sie uns an die Verlagsadresse (Post oder Mail).

138| Foto: bs